러시아사

김학준
1943년 심양에서 출생
현재 단국대학교에서 연구생활

장덕준
1959년 경남 창녕에서 출생
뉴욕주립대학교(버팔로 캠퍼스)에서 소련을 전공해 정치학박사학위를 받았다. 국민대학교 사회과학대학 학장 및 한국슬라브학회 회장을 역임했다. 현재 국민대학교 교수다.

러시아사

1991년 6월 15일 초판 발행
1999년 1월 9일 제1개정판
2005년 7월 15일 완전 개정판
2018년 10월 20일 증보 개정판 인쇄
2018년 10월 25일 증보 개정판 발행

지은이 _ 김학준
펴낸이 _ 장호성
기 획 _ 김남필
편 집 _ 성두현
마케팅 _ 김민배
펴낸곳 _ 단국대학교출판부
등 록 _ 1968.2.27 : No. 제03-00095호
주 소 _ 경기도 용인시 수지구 죽전로 152
전 화 _ 031-8005-2405
팩 스 _ 031-8021-7154

값 28,000원

ISBN 978-89-7092-705-3 93920

러시아사

김학준·장덕준 분담 집필

단국대학교출판부

들어가면서...

1 이 책의 제목은 『러시아사』다. 여기서 러시아사라고 할 때, 그것은 물론 소비에트러시아를, 곧 소련을 포함한다. 그러므로 이 책은 집필이 끝난 때인 1991년 1월까지의 러시아의 역사를 다루었다.

이 책은 4부로 구성되었다. 제1부는 고대 루시로부터 키예프 루시의 시대와 몽골-타타르의 지배 시대를 거쳐 모스크바대공국의 시대까지를 다루었다. 제2부는 제정러시아의 시대를, 곧 로마노프왕조의 시대를 다루었다. 제3부는 소비에트러시아의 시대를 다루었다. 그리고 제4부는 러시아연방공화국의 역사를 다루었다.

각 시기에 대한 지면의 배분에서는 오늘날의 우리 겨레의 삶에 더 많이 연결되어 있는 소비에트러시아에, 그리고 그 소비에트러시아에 직접적으로 연결된 제정러시아에 우선 순위를 주었다. 바꾸어 말해, 제정러시아 이후의 러시아의 역사를 그 이전의 러시아의 역사보다 많이 다루었다.

이 책은 세계 각국사 총서의 하나이므로 출판사가 제시한 지침을 따랐다. 그리하여 비전공자를 포함한 일반독자들이 큰 어려움 없이 읽을 수 있도록 썼다. 세계 각국사 총서의 범례에 따라 각주는 달지 않았으며, 책의 끝부분에 참고문헌의 목록을 제시하는 것으로 갈음했다.

2 이 책을 쓰면서, 지은이는 이미 출판했던 이 방면의 졸저들과 졸고들로부터 많은 부분들을 끌어 썼다. 1976년에 일지사(一志社)에서 펴냈던 『소련정치론』, 1979년에 문학과지성사에서 펴냈던 『러시아혁명사』, 1983년에 정음사(正音社)에서 펴냈던 『마르크시즘의 이해』, 1985년에 서울대학교 출판부에서 출판했던 『소련외교론 서설(증보판)』 등이 그 보기들이다. 그렇게 할 수 있도록 허락해준 위의 출판사들에게 감사한다.

이번에 『러시아사』를 내게 됨을 계기로 이 책을 지은이의 소련연구총서 첫째 번 책으로 삼도록 한다. 이어 앞으로 「러시아혁명사』와 『마르크시즘의 이해』를 적절히 배합하여 『러시아혁명사』로 고쳐 씀으로써 둘째 번 책으로 삼고 『소련정치론』을 같은 제목 아래 고쳐 씀으로써 셋째 번 책으로 삼으며 『소련외교론 서설』을 『소련외교론』으로 고쳐 씀으로써 넷째 번 책으로 삼고자 한다.

3 앞으로 지적한 졸저들과 그리고 그 졸저들에 인용된 책들 밖에 다음의 책들도 새롭게 많이 참고했다. 우선, 국내학자의 저서로는 한국정신문화연구원의 정치학 교수인 안택원(安澤源) 박사의 편저인『소련정치의 체계적 이해』(경남대학교 출판부 1986)와 역시 안 박사의 저서인『신(新) 소련정치론』(박영사, 1987) 및『소련, 그 열정과 좌절: 역사, 철학 그리고 사회주의』(인간사랑, 1989)를 지적하고자 한다. 이 세 책들은 대체로 1970년대 중반 이후의 시기에 관심을 두었으며, 고르바초프(Mikhail Gorbachev) 체제가 출범한 이후의 시기에 대해서도 분석하고 있어서, 최근의 흐름을 이해하는 데 도움이 되었다.

이어 번역서로는, 첫째가 도서출판 까치가 1982년에 펴낸『러시아의 역사 1801~1976』이다. 뉴욕의 옥스퍼드대학교 출판부가 1977년에 펴낸 랴자노프스키(Nicholas V. Riasanovsky)의『러시아의 역사(*A History of Russia*)』 제3판 가운데 후반부를 김현택(金炫澤) 교수가 옮긴 것이다. 19세기 이후의 제정러시아를 살피고, 1917년의 러시아혁명을 자세히 분석한 뒤 1976년까지의 소련사를 다루었다.

둘째가 동아일보사가 1988년에 펴낸『러시아의 역사 : 고대 루시에서 볼셰비키 혁명까지』이다. 모스크바국립대학교 역사학과 세르게이 니칸드로비치 시로프(Sergei Nikandrovich Syrob) 교수가 쓰고, 소련 과학아카데미의 역사학 박사들이 함께 검토해 출판한 이 책은, 소련의 역사학자가 쓴 러시아사라는 점에 의미가 있다. 한국외국어대학교 소련문제연구소 소장 기연수(奇連洙) 교수가 번역했다.

셋째가 홍성사(弘盛社)가 1988년에 펴낸『소련사』이다. 런던대학교 호스킹(Geoffery Hosking) 교수가 런던의 폰타나 출판사(Fontana Press)에서 펴낸『소련의 역사(*A History of the Soviet Union*)』를 외무부의 소련전문가로, 현재 유고슬라비아 주재 한국대사관에서 1등서기관으로 봉직하고 있는 김영석(金榮錫) 석사가 번역했다. 이 책은, 호스킹의 시각으로는, 소련의 이해를 위해 매우 중요한 시기인 스탈린의 통치시기에 많은 관심을 쏟았다는 데 특정이 있다.

마지막으로, 영문 저서로는, 첫째, 미국 포틀랜드주립대학교 역사학과의 드미트리신(Basil Dmytryshyn) 교수의『간략한 소련사(*USSR: A Concise History*)』 제4판을 참조했다. 미국의 러시아사 분야의 지도적 학자들 가운데 한 사람인 지은이는 러시아에 관한 주요한 책들을 출판했는데, 이 책은 1980년대 중반까지의 소련의 정치적·경제적·외교적 전개에 초점을 맞추고 있다. 뉴욕의 찰스 스크라이브너스 선스(Charles Scribner's Sons)에서 1984년에 나왔다.

둘째, 미국 리하이대학교 역사학과의 배리(Donald D.Barry) 교수와 메릴랜드대학교 역사학과의 배너 배리(Carol Barner Barry) 교수가 함께 써서 뉴저지주 잉글우드클리프스(Englewood Cliffs)의 프렌티스홀(Prentice Hall) 출판사에서 1982년에 펴낸『현대 소련 정치론 입문(*Contemporary Soviet Politics : An Introduction*)』제2판을 참조했다. 이 책은 1980년대 초까지의 소련의 정치와 경제와 외교 및 사회를 개괄적인 수준에서 설명하고 있다. 셋째 옥스퍼드대학교 교수인 브라운(Archie Brown)과 케이저(Michael Kaser)가 함께 편집해서 인디애나대학교 출판부에서 1982년에 출판한『1980년대를 위한 소련의 정책(*Soviet Policy for the 1980's*)』을 참조했다.

이 책들 밖에도 어느 특정한 시기나 주제를 다룬 책들을 보조자료로 새롭게 읽었다. 예컨대, 미국의 직업적 저술가인 매시(Robert K. Massie)가 쓰고 뉴욕의 알프레드 노프(Alfred A. Knopf) 출판사가 1981년에 펴낸『표트르 대제 : 그의 생애와 세계(*Peter the Great : His Life and World*)』는 로마노프왕조의 전기(前期)를 이해하는 데 많은 도움을 주었다.

[4] 서울대학교 정치학과에서 소련정치론 강좌를 처음 맡았던 1975년 그 때부터, 지은이는 본인 스스로가 소련전문가가 아님을 공석에서나 사석에서 여러 차례 강조해왔다. 어느 특정한 지역의 전문가라고 할 때, 적어도 다음 세 가지 요건을 갖추어야 한다. 첫째, 그 지역언어를 충분히 이해할 수 있을 것. 그리하여 그 지역언어로 쓰인 문헌을 스스로 다룰 수 있어야 한다. 둘째, 그 지역에서, 또는 그 지역에의 접근이 불가능한 경우에는 그 지역에 준하는 지역이나 연구소에서, 어느 일정 기간 연구한 경험을 갖출 것. 셋째 그 지역을 대상으로 한 박사학위논문 수준의 저술을 했을 것. 이 요건들 가운데 어느 한 요건도 지은이는 충족시키지 못하고 있다. 그런데도 워낙 소련전문가가 희귀했던 시절이어서, 학과의 결정에 따라 지은이는 대타자(代打者)로 소련정치론 강좌를 맡았고, 그 강좌를 맡은 뒤 수강생들의 편의를 위해 몇 권의 교과서와 몇 편의 논문을 쓴 것이

소련전문가로 오해받는 원인이 되었다.

전문가로 오해받는 데 따른 부담에서 벗어나고자 1982년 봄에 처음으로 이 책의 집필을 권유받았을 때도 여러 차례 사양했다. 그러나 원래 가장 적임의 집필자로 꼽혀 의뢰를 받았던 서울대학교 서양사학과 교수 이인호(李仁浩) 박사가 저자를 지목해 자기 대신 꼭 맡아줘야겠다고 말씀해 다시 대타자로 서게 되었다. 대타자로 선 뒤에도 출판사를 상대로 여러 차례 다른 분에게 맡길 것을 호소했었다. 그 가장 중요한 동기는, 이 무렵이면 소련전문가라고 불리기에 손색이 없는 분들이 적잖게 나왔기 때문이었다. 게다가 지은이가 비학문적인 일에 개입되어 붓을 들 여유를 얻기 어려웠기 때문이었다. 그런데도 출판사는 무려 아홉 해 동안 초지일관으로 지은이의 졸고를 기다려주었다. 죄송스러우면서도 고맙게 생각한다. 그리고 결과적으로 이 책의 산파역을 맡아 준 이인호 교수에게 깊이 감사드린다.

이 책 끝 부분에 실린 자료들은 서울대학교 정치학과 박사과정을 수료하고 경남대학교 극동문제연구소 연구원으로 봉직하는 신병식(申柄湜) 석사가 마련해 주었다. 고맙게 생각하며, 그의 학문의 길에 늘 하느님의 보살피심이 있기를 기원한다.

5 이 책에는 내용에 있어서 많은 오류가 있을 수 있으며 이 점에 대한 책임은 전적으로 지은이에게 있으므로 잘 가르쳐주시기 바란다. 이 책이 러시아의 역사 전반에 대한 일반독지들의 이해를 높이는 데 조금이라도 도움이 된다면 큰 기쁨이면서 보람이겠다.

1991년 1월 9일

평생을 자녀들의 교육에 헌신하신 사랑하는 어머님의 소천 1주기를 맞아

지은이

* 교정을 보는 과정에서 집필 완료 날짜 이후의 사태들 가운데 중요한 것들을 포함시켰다.

증보 1판 책머리에

[1] 졸저 『러시아사』 초판이 출판된 때는 1991년 6월이었다. 이 때로부터 2개월 남짓하게 지나 소련공산당은 불법화되었으며 다시 그때로부터 4개월 남짓하게 지나 소련은 해체되었다.

소련의 해체는, 결국 소련을 구성하였던 15개 공화국들이 모두 개별적 주권 국가로 독립했음을 의미했다. 그리고 소련은 15개 구성공화국들 가운데 영토와 인구에서, 그리고 정치적·군사적 영향력은 물론 경제적·문화적 영향력에서 압도적으로 우월한 러시아연방공화국에 의해 계승되었다.

러시아연방공화국은 사회주의 또는 마르크시즘·레닌이즘을 버리고 시장 경제의 원리와 서구식 민주주의를 지향하고 있다. 이로써 러시아의 역사는 새로운 국면을 맞이하였다.

[2] 초판은 1995년의 5쇄에 이르도록 이처럼 큰 혁명적 변화를 반영하지 못했다. 지은이가 여러 다른 일들에 얽매어 증보에 손을 대지 않았기 때문이었다. 이제 6쇄를 계획한다는 말을 듣게 되자 더 이상 초판 그대로 내버려 둘 수 없다는 강박관념에 사로 잡히게 되었다. 마침 방학이어서 증보를 시도할 수 있었다. 지은이의 신문 스크랩, 1993년 12월과 1995년 3월 및 1995년 6월의 러시아 방문 때 얻었던 자료들 그리고 이 방면 전문가들의 저술들을 활용했다.

[3] 이 책은 여전히 미흡한 점을 많이 안고 있다. 이 점에 대해 독자 여러분에게 죄송스럽게 생각한다. 잘 가르쳐주시면 다음 판에는 꼭 반영하고자 한다.

1999년 1월 9일

평생을 자녀들의 교육에 헌신하신 사랑하는 어머님의 소천 9주기를 맞아

지은이

증보 2판 책머리에

이 증보 2판에서, 제1부로부터 제3부까지는 부분적인 수정과 증보에, 제4부는 전면적인 수정과 보완에 역점을 두었다. 제1부로부터 제3부까지의 부분적인 수정과 증보, 그리고 제4부의 제22장과 제23장의 집필은 이 책의 원저자인 김학준 선생님이 이미 끝내셨다. 따라서, 본인은 선생님의 권고에 따라 제24장과 제25장을 집필했다.

학부과정과 석사과정에서 선생님으로부터 소련의 정치와 외교에 대해 강의를 들었으며, 그것이 계기가 되어 미국 켄트주립대학교 정치학과 석사과정과 뉴욕주립대학교(버팔로 소재) 정치학과 박사과정에서 소련의 정치와 외교를 전공해 학위를 받고 귀국한 뒤 국민대학교에서 러시아의 국내정치와 국제관계를 강의하는 교수로 봉직하게 되었다. 이러한 인연을 지난 제자로서 선생님의 노작을 증보하는 일을 맡게 된 것을 보람있게 생각한다.

2005년 6월 15일
러시아국립인문대학교에서
장덕준

새 개정증보판에 대해

1 이 책은 기존의 2005년판을 수정증보한 것이다. 부분적으로 표현을 좀 더 부드럽게 또는 쉽게 고쳤으며, 몇몇 사안들에 대해서는 설명을 덧붙이기도 했다. 그러나 본질적으로 손을 많이 본 부분은, 2005년판 이후에 러시아에서 전개된 상황이다.

2 이 책은 김학준과 장덕준의 공동저작이다. 제1장으로부터 제23장까지는 김학준이 썼으며, 제24장으로부터 제27장까지는 장덕준이 썼다.

이 책은 선사시대로부터 오늘날에 이르기까지의 러시아 역사를 서술한 것으로, 말하자면 러시아 통사에 해당된다. 이 책에는 아직도 부족한 점들이 적지 않다. 전문가들과 독자들로부터 많은 가르침이 있기를 바란다.

3 이 책은 초판에서 2005년판까지는 대한교과서주식회사가 편집과 출판을 맡아주었었다. 그러나 이 새 개정증보판은 단국대학교 출판부가 편집과 출판을 맡아주었다. 수익성이 거의 없는 이 책을 학문성(學問性)이라는 시각에서 맡아준 단국대학교 출판부에 대해 깊이 감사드린다.

2018년 8월 15일

대한민국정부수립70주년 기념일에

김학준 · 장덕준

차례

Ⅱ. 제정러시아의 역사

Ⅲ. 소비에트러시아의 역사

Ⅳ. 러시아연방의 역사

I 고대 루시로부터 모스크바대공국까지의 러시아의 역사

이 책은 4부로 구성되었다. 제1부는 고대(古代) 루시로부터 모스크바대공국(大公國)까지의 역사를 다뤘다. 제2부는 제정(帝政)러시아의 역사를 다뤘다. 제3부는 소비에트러시아, 곧 소련의 역사를 다뤘다. 제4부는 러시아연방공화국의 역사를 다뤘다.

제1부는 크게 보아 네 시기로 나눴다. 첫째, 고대 루시 이전의 시기이다. 둘째, 키예프(Kiev) 루시의 시기이다. 셋째, 몽골-타타르족 지배의 시기이다. 넷째, 모스크바대공국의 시기이다.

제1장_ 키예프 루시 이전의 시기

러시아의 역사는 아득한 옛날의 선사시대로까지 거슬러 올라간다. 그러나 그 역사는 어디까지나 러시아에 살았던 여러 많은 민족들의 역사이다. 그들은 국가를 세우는 단계에 이르지 못한 채 서로 싸우기도 하고 이동하기도 하면서 20세기에 가까운 세월을 보냈다. 그러다가 9세기쯤에 와서야 국가를 세우게 되었는데, 그것이 키예프 루시이다. 제1장은 이 키예프 루시 이전의 시기를 다루기로 한다.

1. 초기 문화

러시아의 역사를 인류발상(人類發祥)의 시점까지 거슬러 올라가 논의할 수 있겠다. 기연수(奇連洙) 교수가 번역한 『러시아의 역사』에 따르면, 고고학자들은 러시아의 몇몇 곳들에서, 예컨대 아르메니아(Armenia)를 비롯한 소아시아지역과 중앙아시아지역에서 발견된 '검은 돌'들, 곧 석기를 통해 이미 700,000년 이전부터 러시아의 남쪽지방에 사람들이 살았다는 사실을 알아냈다. 고고학자들에 의해 이 '검은 돌'들이 고대인(古代人)들의 석기라는 사실이 밝혀지기 이전에는 이 지역의 사람들은 그것을 '악마의 손가락'이라고 생각했고, 이것이 발견된 곳을 '악마의 언덕' 이라고 불렀다. 이 원시인들은 도끼와 칼 같은 도구들을 쓰고 불도 이용하면서 주로 사냥을 하면서 살았다.

400,000년쯤 지난 시점에 러시아 역시 대빙하기(大氷河期)를 겪게 되자, 사람들은 남쪽으로 이동해 주로 동굴을 자신들의 주거지로 삼아 씨족공동체를 이루었다. 약 15,000년 전부터는 간빙기(間氷期)가 시작되어 얼음은 녹고, 러시아에는 오늘날과 비슷한 기후가 나타났다. 그리하여 사람들은 러시아의 넓은 영토 여러 곳에 흩어져 살게 되었다. 대체로 이 시기에 사냥꾼들은 여신(女神)을 숭배했다. 그래서 그들은 작은 여성상(女性像)을 만들었는데, 고고학자들은 그것을 비너스(Venus)라고 부른다.

농경사회의 형성과 우라르투 국가의 수립

그 뒤 꽤 긴 세월이 흘러 사람들은 농경사회를 이룩했다. 그것을 증명하는 대표적인 유적이 우크라이나(Ukraine)의 수도 키예프(Kiev)로부터 멀지 않은 트리폴리예(Tripolié) 마을에서 19세기에 발견된 고대 부락이다. 드네프르강(the Dniepr River)의 어느 한 강변에 자리잡은 이 부락들 역시 씨족공동체를 이루고 살았다. 처음에는 모권제(母權制) 사회로 어머니가 씨족의 우두머리였는데, 차차 부권제(父權制) 사회로 바뀌면서 아버지가 씨족의 우두머리가 되었다. 이들은 이른바 트리폴리예 문화를 형성하였다.

이들의 문화는 신석기 문화로 이들은 주변지역들에도 영향을 주었던 것 같다. 이웃의 우크라이나 지역과 몰도바 지역에서도 뒷날 트리폴리예 마을과 아주 비슷한 마을이 많이 발견된 것이다. 이들이 남긴 문화적 유산들 가운데 하나가 예쁘게 채색한 갖가지 토기들이다. 어느 시기인가 확실하지 않은 시점에서 트리폴리예 문화는 사라졌다. 그 원인도 밝혀지지 않았다. 역사학자들은 그들이 외부의 유목민족으로부터 무력공격을 받고 정복된 것이 아닌가 짐작할 뿐이다.

기원전 18세기께 이 지역의 문화는 구리[銅 : 동] 문화로 바뀌었고,

곧 청동 문화로 바뀌었다. 이 때 중요한 역할을 수행한 사람들은 카프카스산맥 지역에 살던 사람들이었던 것으로 짐작된다. 이들은 구리와 주석 및 안티몬을 갖고 있어서 합금을 만들어 낼 수 있었다. 그뿐 아니라, 이들은 금과 은을 넉넉히 갖고 있었다. 이러한 금속자원들을 활용해 이들은 많은 금속제품들을 만들어 썼던 것으로 보인다.

농경사회가 이곳 저곳에 자리잡은 뒤 초원지대의 한 곳에서 나라가 생겨났다. 오늘날의 소아시아의 한 지역에서 기원전 9세기에 성립된 우라르투(Urartu)가 그것이다. 이 나라에 대해 사람들이 알게 된 계기는 이 지역에 있는 한 산의 바위에 새겨진 이상한 글자들을 발견함으로써 마련되었다. 소련의 고고학자들이 이 글자들을 오랜 노력 끝에 읽어보니, 그것들은 바로 우라르투의 황제가 자신의 치적을 기록해 놓은 것이었다. 화강암 바위에 새겨진 이 기록들은 오늘날까지도 보존되어 있다.

우라르투의 수도는, 오늘날 터키에서 가장 높은 산인 아라라트(Ararat)산 근처의 투시파(Tushpa)라는 곳으로, 고고학자들은 여기서 큰 궁전들의 유적을 찾아 냈다. 기연수 교수가 번역한 『러시아의 역사』에 따르면, 이 나라의 주민들은 농업과 원예와 목축업에 종사했으며, 금속으로 작업도구나 무기를 만들 줄 알았고 짐승의 털로 옷을 지을 줄도 알았다. 또, 이 나라는 노예제국가로서 그때로서는 높은 수준의 문화를 가진 나라였다. 이 시대에 건설된 관개용 수로는 오늘날까지도 이용되고 있으며, 철로 만든 투구와 방패 및 창은 물론, 금과 은으로 만든 장식품들이나 청동화병의 무늬나 궁전의 벽화들은 이 나라의 예술 수준이 높았음을 말해준다. 그러나 기원전 6세기에 이르러 노예들이 반란을 일으켜 나라가 뿌리째 흔들렸으며, 결국 이웃 민족들에 의해 무너졌다.

키메리아족의 국가수립

우라르투가 성립되고 존속한 시기에 러시아의 남부에는 키메리아족(Cimmerians)이 하나의 국가를 형성하고 살았던 것 같다. 이 족(族)에 대한 우리의 정보는 아주 적다. 호머(Homer 또는 Homerus)의 시(詩)에는 '세계의 서쪽 끝 저 멀리 안개와 암흑 속에 사는 사람들'로 묘사되었는데, 그들에 대한 문헌에서의 언급은 이것이 전부일 정도다. 그래서 몇 가지 짐작만이 남아 있을 뿐으로, 그들은 인도유럽어족의 한 지파(支派)인 트라키아족(Thracians)에 속했으며 코커서스(Caucasus)-러시아어로는 카프카스-로 까지 깊숙하게 침투했던 것 같다. 역사학자들은 그들이 대체로 기원전 10세기부터 기원전 7세기까지 남부러시아를 지배했던 것으로 추정한다.

2. 스키타이제국과 사르마티아제국의 흥망

스키타이제국의 흥망

한편, 기원전 8~7세기쯤 흑해 지방의 초원지대에 유목민족인 스키타이족(Scythians)이 자리잡기 시작했다. 우라르투의 유적들이 소련의 고고학자 들에 의해 발굴되기 이전에는 러시아의 역사를 이야기할 때 보통 이 스키타이족으로부터 시작했다. 그 까닭은 이들이 오늘날의 러시아 영토에 살았던 민족들 가운데 역사 기록에서 언급된 최초의 민족이기 때문이다. 고대 그리스의 문헌들, 예컨대 기원전 5세기에 활동했던 그리스의 역사가 헤로도투스(Herodotus)가 쓴 『역사』는 고대 그리스사람들이 교역과 식민의 대상으로 삼았던 스키타이족의 모습을 보여주면서, 그들을 키메리아족 또는 메오티아족(Maeotians)의 후계자라고 지적했던 것이다. 역사학자들은 스키타이족이 키메리아족을 정복한 것으로 생각한다.

스키타이족은 인도유럽어족에 속했으며 이란어를 썼다. 그러나 그들에게는 몽골족의 요소들이 섞여 있었다. 그들은 기본적으로 유목민들이어서 천막과 같은 이동식(移動式) 집에서 살았는데, 이 집은 주로 황소들이 끌었다. 그들은 말을 몇 마리 갖고 있느냐에 따라 빈부를 따졌으며, 말을 음식으로 쓰기도 했고 말젖을 즐겨 마시기도 했다. 그러나 그들은 농사를 짓기도 했다.

스키타이족의 황금제 빗(위), 사슴 모양의 장식판(아래))

헤로도투스는 "스키타이족은 모든 외국적 습관들을 극도로 증오했다"고 썼다. 그렇다고 해서, 스키타이족의 생활습관이 이웃들의 생활습관에 비해 세련된 것은 아니었다. 헤로도투스는 스키타이족의 생활습관이 훨씬 덜 세련됐다고 보았다. 그들은 적군의 해골을 잔으로 썼으며, 왕이 죽으면 왕이 사랑했던 말들과 시종들을 함께 묻었다. 그들은 또 여신을 숭배했다.

스키타이족은 하나의 제국을 이룩했다. 그렇다고 해서 그것이 하나의 강력한 중앙집권적 국가는 아니었고 여러 부족들의 느슨한 연합체제였다. 이들의 물질생활은 넉넉했던 것으로 짐작된다. 귀족이나 고관의 무덤에서 아주 화려한 금세공 같은 것이 수없이 발견되었기 때문이며, 이러한 이들의 문화적 영향은 중앙아시아에서는 물론이거니와 먼 시베리아에서도 발견되었기 때문이다. 이들은 강력한 군대를 유지했던 것으로 보이는데, 그 중심은 언제나 전투태세를 갖춘 기마병부대였던 것 같으며, 초토작전에 능했던 것 같다. 위세를 떨치던 페르시아의 황제 다리우스(Darius)의 군대를 격퇴시킨 것도 스키타이의 기마병부대였다. 다리우스는 패전한 뒤 귀국해 "스키타이는 존재하지 않았다. 이쪽에 있는 것 같아 공격하면 이미 사라졌고, 저쪽에 있는 것 같아 공격하면 거기서도 이미 사라졌다"고 탄식했다. 이것은 스키타이의 기마병들이 얼마나 신속하게 이동하며 싸웠는가를 말해주었다. 이러한 부국강병에 힘입어 스키타이제국은 한때 이 지역에서 이른바 스키타이의 평화(Pax Scythia)를 누렸던 것으로 짐작된다.

사르마티아제국의 흥망

알렉산더대왕(Alexander the Great)의 시대, 곧 기원전 4세기쯤 스키타이족은 사르마티아족(Sarmatians)의 공격을 받고 이들에 복속되거나 다른 곳으로 밀려났다. 사르마티아족은 스키타이족과 같은 아시아의 유목민족으로, 알란(Alan) 또는 안트(Ante) 등으로 불렸다. 러시아라는 단어의 핵심적 부분인 로스(Rhos) 또는 루스(Rus)라는 용어가 알란족의 일파인 루스 아스(Rukhs-As, Light Alans)에서 나왔다는 일부의 주장이 나올 만큼, 이 사르마티아사람들이 러시아 초기 역사의 형성에 한 역할을 맡았던 것은 확실하다. 이들은 몇 세기 뒤 이 지역으로 내려온 슬라브족과 섞여 살게 된다. 그들은 대체로 기원전 3세기 말로부터 기원후 3세기 초까지 남부러시아를 지배했다.

사르마티아사람들도 하나의 제국을 이룩하고 살았으며, 그래서 역사책들은 이 제국을 사르마티아제국이라고 부른다. 이 제국 역시 하나의 강력한 중앙집권적 국가는 아니었다. 스키타이제국이 그러했듯, 사르마티아제국도 여러 부족들의 느슨한 연합체제였다. 그들은 대체로 기원전 3세기 말로부터 기원후 3세기 초까지 남부러시아를 지배했다.

사르마티아제국 역시 강력한 군대를 유지했으며 그것은 중기병(重騎兵)과 경기병(輕騎兵)으로 구성되어 있었다. 그들은 갑옷을 입고 창과 장검을 지녔으며, 말을 탈 때 두 발을 받쳐주는 등자(鐙子)를 썼다. 이들은 이웃에 있던 공화제 로마와 제국 로마 모두를 때로는 위협하기도 했으며, 로마의 군사전략에 적지 않은 영향을 주었다. 뒷날 사르마티아사람들은 자신들의 제국이 쇠퇴하면서 로마로 서서히 편입되어갔으며, 그리하여 3세기께에 로마의 군사조직에서 상당한 부분을 차지하기에 이르렀다.

여기서 중요하게 토론되어야 할 대목이 있다. 그것은 남부러시아를 중심으로 스키타이족과 사르마티아족이 각각 제국을 이룩하고 부국강병을 자랑하던 때, 그 이웃에 위치한 흑해의 북부 해안과 러시아의 초원에서는 그리스의 문화와 이란의 문화가 번창하고 있었다는 사실이다. 대체로 그리스사람들과 이란사람들은 여러 세기에 걸쳐 서로 교역하는 가운데 함께 어울려 살았다. 그들 사이에 결혼이 이뤄졌고 이란사람들의 그리스화(化)와 그리스사람들의 이란화(化)가 동시에 이뤄졌다. 그런데 스키타이족과 사르마티아족은 그리스사람들과 이란사람들이, 특히 그리스사람들이, 남부러시아에 이주해 건립한 그들 자신의 지역들을 파괴하려고 하지 않았다. 그리하여 특히 그리스 문화가 스키타이족이나 사르마티아족에게 흘러들어가기에 이르렀다.

3. 고트국, 아바르국, 하자르국 등의 등장과 소멸

초원의 지배자는 서기 3세기부터 9세기까지 여러 차례 바뀌었다. 우선 게르만족의 한 지파인 고트족(Goths)이 발트해(the Baltic Sea) 지역으로부터 남쪽으로 내려오다가 사르마티아족을 정복했다. 그들은 남부러시아에 이르러 비시고트족(Visigoths)과 오스트로고트족(Ostrogoths)으로 나뉘었으며, 후자는 흑해에서 발트해에 이르는 광대한 지역에 큰 국가를 세웠다. 고트족의 러시아 지배는 대체로 기원후 200년에서 370년까지 계속됐다. 그들은 훌륭한 병사들이었고 항해자들이었다. 그러나 그들의 문화수준은 남부러시아의 문화수준에 뒤떨어졌으며, 그리하여 이 지역의 문화에 거의 아무런 기여를 하지 못했다.

고트족은 영어로 훈족(Huns)이라고 알려진 흉노족에게 정복됐다. 흉노족은 터키어 계통의 민족이지만 몽골족과 우그리안족(Ugrians)의 요소들을 끌어안고 있었는데, 중앙아시아로부터 초원의 길을 따라 남부러시아로 침공해 들어가면서 고트족을 패배시킨 것이다. 유목민족이면서 기마민족인 흉노족은 곧 서유럽으로 침략의 발길을 돌려 이탈리아까지 정복했으며, 그 과정에서 게르만족 및 이란족과 피를 섞게 됐고 한때는 유럽에서 가장 강력한 무력을 떨쳤다.

그러나 서기 453년에 최고지도자 아틸라(Attila)가 갑자기 죽으면서 흉노족의 국가 역시 붕괴됐다. 아틸라는 유럽에 강한 인상을 남겼다. 잔인하면서 무서운, 그러나 카리스마를 지닌 지도자로 각인됐으며, 그리하여 뒷날 그를 주제로 한 예술작품들이 창작된다. 아틸라가 죽은 뒤, 불가족(Bulgars)의 큰 무리가, 그리고 우티구르족(Utigurs)과 쿠트리구르족(Kutrigurs)의 작은 무리들이, 잠시 남부러시아를 지배했다.

서기 558년에 남부러시아에는 새로운 지배자가 등장했다. 아바르족(Avars)이 그들이었다. 그들은 흉노족과 비슷하게 몽골족의 피가 섞인 터키어 계통의 아시아사람들로 고트족이나 흉노족처럼 문화수준이 낮은 원시적인 사람들에 가까웠다. 그들은 남부러시아에 하나의 강력한 군사국가를 세웠는데, 이 국가는 대체로 1세기 정도 존속하면서 때로는 동부러시아로까지 판도를 넓혔다. 그들은 한때 비잔틴제국(Byzantine Empire)을 군사적으로 위협하기도 했으며, 비록 성공하지는 못했으나, 샤르마뉴(Charlemagne) 대제와 그의 제국 프랑크(Frank)—오늘날의 프랑스—를 상대로 전쟁을 벌이기도 했다. 그러나 그들은 위세가 쇠하면서 흔적도 없이 사라졌다.

아바르족에 이어 남부러시아를 지배한 민족은 하자르족(Khazars)이었다. 그들 역시 터키어 계통의 아시아민족이었다. 그들은 서기 7세기에 동남러시아의 초원에 하자르국을 세웠다. 이로 말미암아 이 지역의 (1) 불가르족은 둘로 나뉘어 하나는 오늘날의 불가리아를 세우게 되고 다른 하나는 동북러시아로 이동해 별도의 나라를 세우게 되며, (2) 우티구르족과 쿠트리구르족은 아조브(Azov)해와 돈(Don)강 주변의 땅에 몰려 살게 된다.

하자르족의 역사적 역할은 특이했다. 그들은 아랍사람들과 여러 차례 싸웠으며 이슬람교가 유럽으로 전파되는 것을 막았다. 그들은 또 상업에 능해, 유럽과 아시아 및 아랍 사이에 위치한 자신들의 지리를 잘 활용해 자신들의 거주지를 국제적 교류지로 만들었다. 자연히 국제적 교역을 통해 재부(財富)를 쌓았으며 국제적 안목에서 자신들의 법들에 관용과 계몽의 요소들을 많이 포함시켰다. 그들은 여러 종교들에 대해서도 너그러웠다. 그래서 그들이 이룩한 세계에는 이슬람교, 기독교, 유대교가 공존했으며 이방인의 신앙도 허용됐다. 그러나 8세기와 9세기에 그들은, 특히 지배층은 유대교를 수용했다.

하자르족은 수도를 볼가강 하류의 아틸(Atil)에 세웠다. 이 도시는 원래 짐승의 껍질로 만든 천막들이 밀집했던 곳이었으나 하자르족의 대외무역이 활발해지면서 하나의 큰 상업도시로 발전했으며, 그리하여 좋은 목욕탕들과 시장들을 갖추기에 이르렀고 마침내 수도로까지 격상됐다.

비잔틴제국은 하자르족의 상업적 역할을 중시했다. 그들과의 무역은 비잔틴제국에게 매우 중요해졌기 때문이었다. 그래서 9세기에 터키족이 하자르족을 군사적으로 위협하자 비잔틴제국의 황제는 돈 강변의 사르킬(Sarkil)에 요새를 세워주었다. 이 요새는 초원에 세워진 최초의 석조 요새였다. 그뿐만 아니라, 비잔틴제국은 하자르족의 최고 지도자인 카간(Khakan 또는 Kagan)에 대해 최고의 외교의전을 베풀어주었다. 카간의 사절을 로마교황의 사절이나 프랑스의 사절보다 우대했던 것이다. 이러한 배경에서, 하자르 공주의 아들이 로마제국의 황제로 등극할 수 있었으니, 그가 바로 레오 Ⅳ세(Leo Ⅳ)였다.

이렇게 번창하던 하자르족을 끊임없이 괴롭힌 민족이 터키족이었다. 특히 터키족의 한 지파인 피체네그족(Pechenegs)이 하자르족에게 위협을 가했다. 하자르족은 처음에는 피체네그족을 물리치는 데 성공했으며, 그래서 피체네그족은 서쪽으로 쫓겨가면서 마자르족(Magyars)을 카르파티아산맥(the Carpathians) 너머로 몰아냈다. 마자르족은 거기서 오늘날의 마자르공화국, 곧 영어표기로의 헝가리를 세웠는데, 어떤 학자들은 마자르족을 말갈족과 동일한 족속으로 여긴다. 다른 한편으로, 피체네그족은 드네프르강 하류에 정착했다.

11세기에 들어서면서, 터키족의 다른 지파인 폴로브치족(Polovtsy)이 하자르족과 피체네그족을 공격해 그들을 복속시켰다. 폴로브치족은 잔인하고 야만적이었다. 예컨대, 그들은 사람이든 짐승이든 죽여서 피를 흘리게 하는 행위를 명예스럽게 여겼으며, 죽은 것과 더러운 것을 즐겨 먹었고, 사위와 장모 사이에 형부와 처제 사이에 시동생과 형수 사이에 결혼하는 것을 예사로 여겼다.

그런데 여기서 기억돼야 할 것이 있다. 그것은 앞에서 거명된 민족들 가운데 어느 민족도 러시아 역사에서 결코 주역이 되지 못했다는 사실이다.

4. 동슬라브족의 정착

삼림지대의 역사는 초원지대의 그것과는 달리 진행되었다. 삼림지대의 주인공들은 크게 보아 핀(Finns)과 리투아니안(Lithuanians)과 슬라브(Slavs)의 세 민족이었다. 여기서는 러시아 역사의 주역인 슬라브족에 역점을 두어 살피기로한다.

슬라브족이라는 용어가 문헌에 처음 나타난 것은 6세기에 들어서이다. 곧, 기원 530년에 그리스사람들의 문헌에 처음 나타났고, 이것을 당대의 역사학자들이 대중화시킨 것이다. 그러나 기원전 5세기에 헤로도투스가 말한 뉴리안(Newrian), 기원 1세기에 로마의 플리니(Pliny)와 타키투스(Tacitus)가 말한 베네티(Veneti 또는 Venedi), 기원 2세기에 그리스의 톨레미(Ptolemy)가 말한 베네데(Venedae), 그리고 기원 6세기에 고트족의 조르다네스(Jordanes)가 말한 베네테(Venethae)는 모두 슬라브족을 지적한 것이 거의 확실하다. 이들은 대개 북쪽의 발트해 서쪽의 비스툴라강(the Vistula River), 남쪽의 카르파티아산맥, 동쪽의 드네프르강을 잇는 하나의 지역, 곧 지난날 소련의 유럽 부분 가운데 동북부 지역 안에 살았다.

슬라브족은 기원 1~2세기 무렵부터 민족이동을 시작하여 사방으로 흩어졌다. 그들은 군대조직을 갖지 않았으며, 따라서 그들의 이동은 비조직적이며 늘어져 5세기께 끝났다. 서쪽으로 흘러들어가 로마가톨릭을 받아들이고 서유럽권에 통합된 것이 서(西)슬라브족으로,

오늘날의 폴란드사람들(Poles)과 체코사람들(Czechs)과 슬로바키아사람들(Slovaks)이 여기에 속한다. 남서쪽으로 흘러 발칸반도(the Balkan Peninsula)에 정착한 것이 오늘날의 세르비아사람들(Serbs)과 크로아티아사람들(Croats)과 슬로베니아사람들(Slovenes)과 불가리아사람들로 흔히 남슬라브족으로 불린다. 그리고 드네프르강을 넘어 동쪽으로 흘러가 핀우그리아사람들(Finni Ugrians)을 복속시킨 것이 동(東)슬라브족이다. 이 세 갈래 슬라브족들의 언어는 모두 인도유럽어족에 속한다.

9세기께 새 터전에 자리잡은 동슬라브족의 판도는 대체로 북으로는 오늘날의 핀란드, 남으로는 흑해, 동으로는 돈강에까지 미쳤다. 이 동슬라브족은 언어를 기준으로 차차 대(大)러시아사람들(Great Russians)과 소(小)러시아사람들(Little Russians 또는 Ukrainian)과 백(白)러시아사람들(White Russians 또는 Byelorussians)로 나뉘어갔으며, 이들이 바로 러시아 역사의 주역으로 등장하게 된다. 이 가운데서도 대러시아사람들이 지배적인 민족이 되어 오늘날 러시아 인구의 절반을 차지하고 있다.

동슬라브족이 어떻게 살았는지에 대한 기록은 드물다. 그들은 자신들의 문자를 갖고 있지 못했으며 그래서 성문기록(成文記錄)을 남기지 못했기 때문이다. 우리가 오늘날 그들에 대해 가지고 있는 지식은 이웃 민족들의, 곧 아랍사람들과 하자르사람들 및 비잔틴사람들의 기록에서 얻은 것이다. 이렇게 기록이 제한되어 있지만 여러 가지 자료들을 종합하건대, 8세기 현재의 시점에서 그들은 대개 12개의 독립된 부족들로 구성되었던 것 같다.

동슬라브족의 생활은 대체로 매우 어려웠던 것 같다. 워낙 지리적 및 생태적 환경이 좋지 않았기 때문이었다. 그들은 우선 수렵과 어업에 치중했던 것 같다. 동시에 그들은 농사·축산·양봉·직조 등에도 힘을 쏟았던 것 같으며, 어떤 부족들은 이웃 지역들과 무역을 활발히 벌이기도 해서 그들이 사는지역들에 차차 도시들이 들어서게 되었다.

그 도시의 수는 정확히 알려지지 않았다. 그러나 대체로 238개 정도였다는 것이 통설이다. 그 도시들 가운데 오늘날까지도 그 이름을 유지하고 있는 것들이 노브고로드(Novgorod)와 스몰렌스크(Smolensk) 및 키예프(Kiev) 등이다.

이 도시들은 대체로 세 계층으로 구성되었던 것 같다. 상층에는 귀족 또는 원로가 있고, 하층에는 노예가 있으며, 그 사이에 자유농어민이 있었다. 자유농어민은 사유재산을 지녔으며 국방과 납세의 의무를 수행했다. 이 세 계층들 사이의 관계가 어떠했는지는 자세하지 않다.

동슬라브족도 종교를 갖고 있었다. 그들은 기본적으로 자연을 숭배하여, 예컨대 하늘과 빛의 신(神)인 스바로그(Svarog), 자연의 아버지이며 동시에 모든 선(善)의 창조자로 숭배된 태양의 신인 다즈보그(Dazhbog), 천둥과 번개와 전쟁의 신인 페룬(Perun), 바람의 신이며 무사들의 보호자인 스트리보그(Stribog), 대지(大地)의 모신(母神)인 모코쉬(Mokoshi), 가축의 신인 볼레스(Volles) 등을 믿었다. 그들은 그러한 신들 가운데 페룬을 우두머리 신으로 경배했다.

동슬라브족은 이러한 신들을 경배하는 사원들을 지었으며, 이러한 신들을 상징하는 성상물(聖像物)들을 언덕에 세우기도 했다. 이들은 동시에 조상을 숭배했고, 요정들을 숭배하기도 했다. 요정과 관련해서는, 집에는 도모보이(Domovoy)라는 요정이, 들판에는 폴레보이(Pollevoy)라는 요정이, 숲과 물에는 루살카(Rusalka)라는 요정이 있다고 믿었다. 우리가 앞으로 보게 되듯, 이들은 뒷날 기독교를 받아들이게 되며 그렇게 함으로써 비로소 재래의 토속신앙과 멀어지게 된다.

5. 주요한 민족들의 활동무대

여기서 잠시 우리가 살핀 여러 민족들의 활동무대가 어디었는지 살피기로 한다. 이미 지적됐듯, 그들이 활동하던 무대는 대체로 흑해의 북부지방과 볼가강의 하류지역을 포함하는 남부러시아였다. 그들은 시베리아나 시베리아의 동쪽에 대해서는 거의 몰랐으며 따라서 이 시기의 러시아역사에 시베리아는 전혀 등장하지 않았다.

남부러시아는 대체로 스텝(steppe)이라고 불리는 초원대(草原帶)이다. 이 초원대는 풍부한 부식토양(腐蝕土壤)의 체르노젬(chernozem), 곧 흑토대(黑土帶)를 포함하고 있는데, 이 흑토대는 오늘날에도 세계 굴지의 비옥한 농경지역이다. 따라서, 남부러시아를 장악했던 민족들은 목축과 농업을 겸할 수 있었다. 다른 한편으로, 남부러시아는 흑해를 끼고 있었고 에게해(the Aegean Sea)로 나갈 수 있어서 다른 지역들 또는 나라들과의 교역이 비교적 쉬웠다. 이것이 그 민족들로 하여금 국제무역에 진출하게 만들었다.

제2장_키예프 루시의 시기

우리는 앞에서 여러 민족들이 러시아의 땅에 그들 고유의 국가들을 세운 사실들에 대해 살폈다. 그러한 국가들이 엄연히 존재했는데도, 일반적으로 러시아 최초의 국가로는 키예프 루시(영어로는 Russia of the Kiev, Kievan Russia, Kievan Rus)를 가리킨다. 앞에서 거명된 그 국가들은 러시아사람들이 세운 국가들이 아니었기 때문이다.

여기서 잠시 설명해야 할 부분은 루시와 러시아이다. 루시라는 이름은 15세기 후반까지 쓰였다. 그러다가 모스크바대공국의 이반 Ⅲ세 때 러시아로 바뀌어 불리더니, 로마노프왕조 시대인 1721년에 표트르 Ⅰ세에 의해 러시아가 정식 이름으로 채택되었다. 이 장(章)은 약 350년 가까이 계속된 키예프 루시의 역사를 살피기로 한다.

1. 『초기 연대기』에 대한 고찰

그러면 키예프 루시는 어떻게 세워졌는가? 여기에 관한 가장 중요한 러시아인의 원자료(原資料)로 흔히 『초기 연대기(*The Primary Chronicle*)』를 꼽는다. 『지나간 시대의 이야기(*The Tale of Bygone Years*)』라고도 불리는 이 책은 키예프 루시의 성립을 앞뒤한 시기의 슬라브족의 역사를 말해준다. 이 책은 1037년과 1116년 사이에 또는 1113년께 키예프에 있는 크립트(Crypt)사원과 세인트 미카엘(St. Michael)사원에서 몇몇 승려들에 의해 쓰였거나, 또는 1116년께 키예프에서 승려 실베스트르(Sylvestr)에 의해 쓰인 것으로 알려지고 있다. 몇 해 뒤에 역시 이 지역의 승려 네스토르(Nestor)가 다시 다듬었으며 이것이 오늘날까지 전해 오는 『초기 연대기』의 원형이다. 그래서 『초기 연대기』는 흔히 『네스토르의 연대기』로 불린다.

이 책에는 두 개의 판본이 있다. 그 하나는 1377년에 승려 라우렌티우스(Laurentius)가 원전을 베끼고, 거기에다 1305년까지의 연대기를 덧붙인 라우렌티우스판(the Laurentius text)이다. 다른 하나는 15세기 중엽 이파티아 사원에서 원전에 12~13세기 키예프와 남러시아의 연대기를 덧붙인 이파티예프(the Hypatian version 또는 the Ipatsky version)이다. 하버드대학교의 크로스(Samuel H. Cross) 교수가 1930년에 하버드대학교 출판부에서 라우렌티우스판을 영역해 『러시아의 초기 연대기(*the Russian Primary Chronicle*)』로 출판한 것이 최초의 영역본이다. 이 책을 참조하고 다른 자료들을 소화한 서방학계의 설명을 아래에 소개하기로 한다.

2. 키예프 루시의 성립 : 노르만학설과 반(反)노르만 학설 및 종합적 설명

노르만학설

동슬라브족이 민족이동을 끝내고 정착한 무렵인 9세기께, 대체로 오늘날 우리가 스칸디나비아(Scandinavia)라고 부르는 북유럽에 근거지를 마련한 해양민족인 노르만사람들이 유럽을 활발히 침입하기 시작했다. 이들이 흔히 바이킹(Viking)으로 불린 만인(蠻人)들이었다. 그들은

노브고로드 왕국의 창건자 루리크

노스맨(Norseman) 또는 바랑지안(Varangian)으로 불리기도 했으며, 러시아어로는 바랴그라고 했다.

유럽의 많은 곳들을 정복한 이 해양민족은 곧 동슬라브족도 그들의 지배 아래 두었다. 그 때가 대체로 우리 역사의 후삼국시대에 해당하는 9세기 중엽이었다. 바랴그의 수장(首長)으로 이미 덴마크를 지배한 루리크(Rurik 또는 Ryunik, 슬라브 표기로는 Рюрик)가 862년께 북방의 노브고로드에, 그의 부하인 아스콜드(Askold)와 디르(Dir)는 남방의 키예프에, 각각 자리를 잡고 슬라브족을 괴롭혀 온 하자르족의 약탈을 막아주면서 슬라브족을 통치하기 시작했다.

루리크가 죽은 뒤 그를 계승한 올레그(Oleg)는 882년에 아스콜드와 디르를 죽이고 키예프를 장악함과 동시에 자신도 키예프로 옮겨 스스로 키예프 공후(公侯)라고 불렀다. 그는 키예프를 '루시의 모든 도시들의 어머니'라고 부르고, 이 곳을 중심으로 여러 지역의 슬라브족들을 정복했다. 이 키예프 루시가 바로 러시아 국가의 시작이다. 여기서 말하는 루시라는 이름은 15세기 후반까지 쓰였고 그뒤부터 러시아라고 불리게 된다.

그러면 루시 또는 러시아라는 말의 근원 곧 어원(語源)은 무엇인가? 이 물음에 대한 해답은 여럿이 있다. 서방학계가 제시한 해답들 가운데 하나는, "러스(Rus)라는 말이 핀란드어로 '노를 젓던 사람들(those who rowed)'을 뜻하는 루오치(ruotsi)에서 나왔고 그것은 해양민족인 바이킹을 가리킨다"는 해석이다. 다른 하나는, "바이킹들은 붉은 머리에 붉은 수염의 차림이어서 라틴어로 '붉다'라는 뜻의 러서스(russus)로 불리었다"는 해석이다. 두 해석 모두 러시아가 바이킹이 세운 나라라는 뜻을 담았다.

이상에서 살펴본 바와 같이, 키예프 루시가 북유럽으로부터 온 노르만사람들에 의해 세워졌다는 설명을 노르만학설이라고 부르고, 그 학설을 제시하거나 옹호하는 학자들을 노르만학파라고 부른다. 독일의 역사학자인 바이에르(Gottlieb Siegfried Bayer)와 역시 독일의 역사학자인 슐뢰저(August Ludwig von Schlözer) 등이 이 학파의 창시자들로 그들은 18세기에 이 이론을 내놓았다. 그들의 뒤를 이어 약 200년에 걸쳐 이 이론을 뒷받침하고 발전시킨 학자들이 나타났으며, 그리하여 이 이론은 학계에서 통설로 받아들여졌다.

반(反)노르만학설

그러나 노르만학설은 19세기 후반에 들어와서 특히 소련이 건국된 뒤에, 러시아 학자들에 의해 강력히 부인됐다. 이들을 반(反)노르만학파 또는 슬라브학파라고 부른다. 이들에 따르면 (1) 노르만학설의 주요한 근거인『초기 연대기』에는 믿기 어려운 설명들이 많고, (2) 무엇보다 20세기에 들어와 발굴된 고고학적 자료들은 노르만사람들이 스칸디나비아를 근거지로 삼기 이전에 동슬라브족은 이미 러시아 국가를 세워 발전시켰음을 보여주었으며, (3) 키예프 루시 역시 동슬라브족의 독자적인 노력의 결과로 성립되었다는 것이다.

반노르만학파의 설명은 거기서 훨씬 더 구체적으로 나아갔다. 그들은 (1) 러시아어에 들어 있는 노르만사람들의 단어는 6~7개에 지나지 않으며, (2) 항해에 관한 옛 러시아의 용어들은 거의 모두가 그리스어이고 무역에 관한 옛 러시아의 용어들은 동양어이거나 슬라브어이며, (3) 키예프 루시 시대의 문헌들은 스칸디나비아의 문헌들에 시대적으로 앞섰을 뿐만 아니라 비잔틴과 불가리아로부터 영향을 받았음을 보여준다고 주장했다. 이렇게 언어와 문헌을 중심으로 연구한 결과를 바탕으로 노르만학설을 부인한 대표적 학자가 제정러시아 때 슬라브언어 및 문학 분야에서 정상급의 전문가로 꼽히던 알렉세이 샤흐마토프(Aleksei A. Shakhmatov)였다.

종합적 설명

이상에서 살핀 노르만학파와 반노르만학파 사이의 논쟁이 고대 러시아사에 관한 중요한 논쟁들 가운데 하나인 '러시아 기원 논쟁'이다. 이 논쟁을 면밀히 분석한 드미트리신(Basil Dmytryshin) 교수에 따르면 어느 쪽도 결정적인 해답을 내리지 못했다. 그러나 이 논쟁을 통해 학자들은 (1) 『초기 연대기』에 포함된 많은 오류들을 바로 잡았고, (2) 이 논쟁 이전에는 키예프 루시가 세워진 것으로 추정된 해인 862년 이전에는 러시아사람들의 국가가 없었던 것으로 믿었던 학설이 깨어져 이제는 키예프 루시 이전의 러시아 국가에 대해서도 잘 알게 되었으며, (3) 설령 러시아가 그 초기에 북유럽으로부터 온 노르만사람들에 의해 세워졌다고 해도 그들은 그 뒤 이 지역에 등장하는 수많은 민족들과 뒤섞이고 슬라브족에게 동화되어 사실상 동질성을 잃었음을 알게 되었다. 다음에서 이들의 논쟁을 종합한 드미트리신 교수의 해석을 간추리기로한다.

동슬라브족은 여러 부족들로 나뉘어 살았다. 각 부족의 우두머리는 크냐지(Knyaz; князь), 곧 공후라고 불렸으며, 그의 권력은 상속됐다. 공후의 부락은 물이 채워진 깊은 참호들과 높은 토성 및 통나무울타리들 등으로 둘러싸였는데, 이것이 도시로 발전해나갔다. 이 과정에서 슬라브족의 한 부족인 폴랴네(the Polyanians)의 공후 키(Kii)가 동생들과 함께 드네프르강 연안의 높은 언덕에 도시를 세웠다는 전설이 내려오고 있다. 동생들은 형을 위해 형의 이름을 따서 이 도시를 키예프라고 불렀다. 키는 차리그라드, 곧 콘스탄티노플(Constantinople)을 방문해 비잔틴 황제의 영접을 받기도 했다. 콘스탄티노플은 오늘날 이스탄불로 불린다.

키가 죽은 뒤 그의 후손들이 키예프 국가의 초기 공후의 자리를 이어 갔다. 동슬라브사람들은 오랜 세월에 걸쳐 이웃의 다른 민족들과 싸웠다. 아시아로부터의 유목민족들인 훙노족으로부터는, 그리고 그 뒤를 이은 아바르족과 하자르족으로부터는 공격을 자주 받았고 반면에 다뉴브(Danube)강 – 독일어로는 도나우(Donau)강 – 연안 지역과 비잔틴제국에 대해서는 자주 쳐들어갔다. 이처럼 방어전과 공격전이 거듭되는 가운데 동슬라브사람들은 단결할 수 있었으며, 6세기에 이르러 키예프의 큰 강인 로시 또는 로시 주변에 살던, 그리하여 로시 또는 루시라는 이름을 갖게 된 부족을 중심으로 단결했다. 여기서 키예프 루시라는 공국(公國)이 자라났으며, 키예프 루시는 9세기 초에 동슬라브족의 거의 절반을 통합한 나라로 커졌다.

이상에서 살폈듯이, 노르만학설과는 달리, 노르만사람들이 도착하기 훨씬 이전에 동슬라브사람들 손에서 키예프 루시라는 이름의 고대 러시아 국가는 자라났던 것이다. 러시아 학계는 물론 이 설명을 채택하면서, 루시 또는 러시아의 어원이 바로 키예프의 큰 강인 로시 또는 루시에서 나왔음을 강조한다.

키예프 루시를 중심으로 힘을 뻗쳐 가던 동슬라브사람들의 땅에 바이킹이 나타난 것이 9세기 중엽이었다. 노르만학파가 제시한 이 시기에 대해서는 러시아의 학자들도 동의한다. 그러나 바이킹과 키예프 루시와의 관계가, 그리고 동슬라브사람들과의 관계가 전개되는 과정에 대해서는 러시아의 학자들은 노르만학파와는 다른 해석을 다음과 같이 제시한다.

바이킹의 수장 루리크는 862년에 부하들을 이끌고 노브고로드에 도착했다. 그러나 노브고로드를 점령하지 않고 이 도시 옆에 나란히 진영을 세워 커워나간 뒤 '루리크의 대도시'라고 부르면서 이 곳에 머물렀다. 20년 뒤 바이킹의 지휘자들 가운데 한 사람인 올레그는 부하들과 함께 이 곳으로부터 키예프로 가서 키예프 루시의 공후인 아스콜드를 죽인 뒤 키예프 루시의 공후가 되었다. 그는 동슬라브족의 여러 부족들로부터 공물을 거둬들였으며, 하자르족과 싸우기도 했고 차리그라드를 침공하기도 했다.

그러나 올레그는 자신이 키예프 루시의 주인이라고는 생각하지 않았으며, 그래서 차리그라드를 원정한 뒤에는 키예프로 돌아가지 않고 원래의 본거지로 돌아갔다. 이처럼 바이킹이 키예프 루시를 통치한 것은 일시적인 것이었고, 그들의 통치가 고대 러시아 국가의 발달과정에서 본질적으로 중요한 역할을 한 것은 아니었다.

그런데 반노르만학파의 학자들 가운데는 같은 반노르만학파에 속한 학자들이 제시한 이러한 설명조차 믿기 어렵다고 반박하는 학자들도 있다. 루리크와 올레그의 얘기는 가공일 개연성이 크다는 것이다. 루리크와 올레그의 얘기는 『초기 연대기』에서만 보일 뿐, 그 이전의 키예프 문헌 어느 곳에서도 보이지 않는다는 점, 그리고 그러한 식의 얘기는 앵글로색슨 계통의 문헌에 이미 보인다는 점 등을 반박의 논거로 제시했다.

3. 키예프 루시의 성장과 발전

올레그와 이고리의 통치

그러면 키예프 루시의 역사는 언제부터 시작된 것으로 보아야 할 것인가? 결론부터 말해, 올레그가 882년에 키예프를 점령한 때로부터 시작된 것으로 본다. 그러나 과연 그가 앞에서 살핀 방식 그대로 키예프를 점령한 것인지에 대해서는 의문이 제기되어 왔다. 어떻든 그는 신하들의 도움을 받아 이웃의 동슬라브 부족들을 복속시켰으며, 그들로부터 공물 또는 세금을 거둘 수 있었다. 올레그는 자신의 힘이 커진 것을 확인하자 907년에 비잔틴제국을 공격해, 911년에 키예프 루시에 매우 유리한 무역협정을 이끌어냈다.

올레그가 913년에 죽자 루리크의 아들로 알려진, 그러나 올레그의 손에서 키워진 이고리(Igor)—영어로는 이골—가 후계자가 됐다. 이고리에 대한 설명은 러시아 문헌에서뿐만 아니라 그리스 문헌과 라틴 문헌에서도 등장한다. 이것으로 보아 절반 정도는 전설적인 올레그에 비해 이고리는 키예프 루시의 역사에서 최초의 실증적 통치자라고 하겠다.

이고리는 941년에 콘스탄티노플을 공격해 이 도시의 교외를 초토화하는 데 성공했다. 그러나 그의 함선들은 패배했다. 그 결과 944년에 맺어진 조약은 911년에 맺어진 조약에 비해 키예프 루시에게 훨씬 불리했다. 이고리는 943년에는 페르시아의 몇몇 지역들을 복속시키는 데 성공했다. 이 무렵 '숲 속의 사람들' 이란 뜻의 드레블리예사람들(the Drevlians)이 반란을 일으켰다. 키예프 루시의 지나친 요구에 맞춰 힘겹게 공물을 바치던 그들은, 키예프 루시가 두 차례나 콘스탄티노플과 전쟁하는 것을 보고 키예프 루시의 국력이 피폐해졌으리라는 판단 아래 조직적인 반란에 들어갔던 것이다. 이고리는 945년에 군대를 이끌고 스스로 징벌전을 벌였으나 붙잡히고 말았다. 드레블리예사람들은 이고리를 아주 잔인한 방법으로 죽였다.

올가의 통치와 기독교 수용

이고리의 죽음과 더불어 왕위는 그의 세 살짜리 어린애인 스뱌토슬라프(Svyatoslav)에게 넘어갔고, 이고리의 부인인 여걸 올가(Olga)가 태후로서 섭정의 역할을 맡았다. 올가는 우선 드레블리예사람들에 대한 복수전을 단계적으로 전개했다. 그녀는 우선 자신을 찾아온 드레블리예의 사신들을 적당히 속여서 큰 구덩이 속에 빠뜨려 산 채로 묻어 죽이거나, 목욕탕에 들어가게 해놓고 문을 잠근 뒤 익혀 죽였다. 그녀는 이어 그 사실들을 감춘 채 드레블리예로 가서는 연회를 베풀어 드레블리예의 귀족들을 초대한 다음 술을 많이 마시게 한 뒤 모조리 죽였다. 드레블리예의 백성들에 대해서도 화해의 표시를 보내 안심시켜놓고 약 5,000명을 죽였다. 러시아사람들은 오랫동안 그녀의 이러한 복수를 통쾌하게 여기면서, 그녀를 '지혜로운 러시아 여성'의 상징처럼 여겼다.

이처럼 일단 복수전을 성공시킨 뒤 그녀는 드레블리예를 여러 지역으로 나누고 각 지역에 징세관을 보내서 세금을 걷게 했는데, 각 지역 공통의 세율과 세법을 정해서 정세관들의 자의적인 정세를 막았으며, 징세의 횟수를 한 해에 한 차례로 한정해 드리블리예사람들의 원성을 낮추려고 노력했다. 이 때는 우리 역사에서 고려왕조 초기에 해당한다.

키예프 러시아의 역사에 올가의 이름을 특별히 기록하게 만든 것은 이러한 성취가 아니었다. 그것은 기독교의 수용이었다. 그녀는 957년에 콘스탄티노플을 방문하고 비잔틴제국으로부터 환대를 받았을 뿐만 아니라, 그리스정교의 세례를 받은 것이다. 그녀는 자신의 기독교 수용을 계기로 자신의 백성들도 기독교를 받아들이기를 바랐다.

그러나 백성들은 기독교를 거부했다. 한편 비잔틴제국은 키예프 루시가 비잔틴제국 황제의 정치적 권위와 콘스탄티노플 총주교의 종교적 권위를 인정할 것을 요구했다. 이러한 상황에서 올가는 로마가톨릭을 받아들이려고 했다. 그러나 교섭과정에서 오해가 생겨 성사되지 않았다. 이렇게 되면서, 키예프 루시에는 기독교에 반대하는 분위기가 크게 자라났다.

스뱌토슬라프의 통치와 위대한 모험의 시대

이 분위기를 조장한 중심인물이 바로 올가가 섭정한 자신의 아들 스뱌토슬라프였다. 그는 962년에 실권을 잡으면서 4대 공후로서의 위엄을 떨치는 가운데 수많은 전투와 전쟁을 통해 키예프 루시의 영토를 크게 넓혔다. 우선 그는 946년에 그동안 키예프 루시에 대해서가 아니라 하자르족에 대해 공물을 바쳐온 동슬라브의 한 족속인 뱌티치족(the Vyatichi)을 복속시킨 것을 시작으로, 볼가강 유역의 불가족을 공격해 그들의 수도를 굴복시켰다. 그는 이어 965년에 볼가강 하류로 내려가면서 이 지역의 터키부족들을 복속시켰으며, 마침내 하자르군대를 격파해 그들의 수도 아틸을 장악했다. 그의 군대는 진격을 계속하여 카스피아해에 이르렀으며 사만다르(Samandar)라는 핵심적 요새를 점령했고, 곧이어 알란족을 패퇴시킨 뒤 하자르의 요새인 사르킬(Sarkil)을 장악했다. 이로써 그는 키예프를 중심으로 동슬라브족을 통일하는 데 성공했다.

스뱌토슬라프는 968년부터 발칸지역에 대한 공격을 개시했다. 그는 비잔틴제국의 황제와 제휴해 우선 불가리아왕국을 공격해 수도를 장악함과 아울러 왕 보리스(Boris)를 사로잡았다. 그는 이제 볼가강으로부터 다뉴브평야에 이르는 광대한 영토를 자신의 지배 아래 두게 되었다. 이때 그는 자신은 발칸반도의 땅들을 사랑한다고 말하면서 수도를 키예프로부터 페레야슬라베츠(Pereyaslavets)로 옮기려는 의향을 나타내기도 했다. 그는 불가리아를 중심으로 발칸반도에 하나의 거대한 제국을 세우고자 했던 것이다.

스뱌토슬라프의 이러한 일련의 승리는 곧바로 비잔틴제국의 경계심을 불러일으켰다. 군사지도자이면서 황제인 치미스케스(John Tzimiskes)는 스뱌토슬라프가 발칸에서 떠나지 않는 점에 유의해 경비를 강화했다. 이것을 보고 스뱌토슬라프는 전격적으로 비잔틴제국을 공격해 주요 도시들을 장악하면서 콘스탄티노플을 위협했다. 그러나 치미스케스의 반격이 성공하면서 스뱌토슬라프는 후퇴하지 않을 수 없었고, 971년에 (1) 크림-영어로는 크리미아(the Crimea)-과 발칸을 모두 포기하고, (2) 장차 비잔틴제국을 공격하지 않을 것을 약속하는 조건으로 강화하지 않을 수 없었다.

스뱌토슬라프의 불운은 계속됐다. 그는 소수의 수행원들만을 거느리고 키예프로 돌아가다가 페체네그족과 맞부딪쳤으며 복병에 걸려들어 전사한 것이다. 승리자들은 자신들의 풍습에 따라 스뱌토슬라프의 해골에 금을 입혀 술잔으로 만들어 썼다. 이로써 제국을 형성하려던 키예프 루시의 꿈은 깨어졌으며, 동시에 반기독교적 분위기도 크게 꺾였다. 그러나 스뱌토슬라프의 꿈이 아주 잊혀지지는 않았다. 기연수 교수가 번역한 『러시아의 역사』는 그가 통치했던 시기를 '위대한 모험의 시대'로 묘사하면서 긍정적으로 평가한다.

블라디미르의 통치와 황금의 시대

스뱌토슬라프가 죽으면서 세 아들들 사이에 왕위를 둘러싼 싸움이 심각하게 벌어졌다. 우선, 큰아들로서 주로 키예프지역을 통치하던 야로폴크(Yaropolk)가 주로 드레블리예지역을 통치하던 바로 아래 동생 올레그를 죽였다. 이 소식에 놀란 막내동생 블라디미르(Vladimir)는 자신의 통치지역인 노브고로드를 떠나 스칸디나비아로 가서 그 곳 주민들 가운데서 용병을 뽑아 노브고로드로 돌아와 형과의 전쟁을 준비했다. 그러나 형제 사이의 전쟁은 더 이상 일어나지 않았다. 용병들이 형을 유인해 함정에 빠뜨린 뒤 죽였기 때문이다.

이제 블라디미르는 6대 공후가 되었다. 『초기 연대기』에 나타난 블라디미르는 인간의 양면성(兩面性)을 보여준다. 하나는 '죄인 블라디미르(Vladimir the Sinner)'였다. 그는 잔인했고 음모에 능했으며 배신을 잘한 비양심적인 통치자였다. 대주가(大酒家)이면서 육욕주의자(肉欲主義者)로서 7명의 아내와 800명의 첩을 두고 늘 마셔댔다. 다른 하나는 '성자 블라디미르(Vladimir the Saint)' 였다. 그는 교회를 짓고 학교를 세우며, 백성들의 안전과 복지를 위해 끊임없이 일한 현명한 통치자였다. 한 마디로, 그는 키예프 루시를 정치적으로나 문화적으로 더욱 튼튼히 키웠다.

블라디미르 대공으로 불린 그는 우선 비잔틴제국과 평화적인 관계를 두텁게 하려고 노력했다. 그리하여 그는 989년에 비잔틴제국의 황녀 안나(Anna)와 결혼하고, 기독교를, 곧 그리스정교를 받아들였다. 원래 그는 전통적인 신들을 경배했었다. 그래서 980년에는 궁전 밖의 언덕에 페룬을 비롯한 여러 신들을 모셔 놓은 만신전(萬神殿)을 세워 이 신전을 부족들 사이의 단결을 뒷받침하는 정치적 상징으로 활용하기도 했다. 그러나 이제 그는 자신의 모든 백성들에게 기독교를 믿도록 명령했다. 자신들의 고유한 신들을 믿던 백성들은 처음에는 저항했으나 차차 따랐으며, 그리하여 그리스정교를 통해 비잔틴 문화를 받아들였다. 이것은 물론 러시아에 대한 외국으로부터의 최초의 영향이었다고 하겠다.

비록 상층에 제한되기는 했으나, 교회슬라브어인 키릴문자의 개발, 그리고 교육의 보급, 건축과 예술의 발전, 기존 법률에 대한 기독교적 및 도덕적 개념의 도입을 통한 법률의 진화 등은 그리스정교의 영향이었다. 기독교가 그 이후 러시아의 역사에 미친 영향은 매우 컸다.

그래서 역사학자들은 989년을 키예프 루시의 역사에서 중요한 한 분기점으로 여겨, 그 이전의 시기를 '기독교 이전의 시기'로 부른다.

블라디미르 대공은 이어 동슬라브의 모든 부족들을 통합해 나갔다. 그 결과 그의 통치 기간에 키예프 루시는 강력한 국가로 자리 잡았다. 이 때문에 키예프 루시의 황금시대는 블라디미르의 통치시대에 준비된 것으로 역사가들은 평가한다. 그래서 역사학자들은 989년 이후부터 우리가 앞으로 곧 살필 야로슬라프 공후(Prince Yaroslav)의 시기까지를 묶어서 키예프 루시의 '황금의 시대'로 부른다.

야로슬라프의 통치와 업적

1015년에 블라디미르가 죽은 뒤 그의 열두 아들들 사이에서 골육상쟁의 처참한 후계싸움이 벌어졌다. 처음에는 장남 스뱌토폴크(Svyatopolk)가 공후가 되었는데, 그는 세 아우들을 죽이면서까지 자신의 권력을 굳히려 했다. 그러나 곧 또 다른 아우인 노브고로드의 통치자 야로슬라프의 도전을 받아 패배한 끝에 죽었으며, 이에 따라 1019년에 야로슬라프가 그 지위에 올랐다. 그렇다고 해서, 형제들 사이의 싸움이 끝나지는 않았다. 특히 트무토로칸(Tmutorokan)의 통치자 므스티슬라프(Mstislav)의 도전이 거셌다. 그래서 두 통치자는 1026년에 타협을 해 야로슬라프가 키예프와 드네프르강 서쪽의 땅을 차지하고, 므스티슬라브는 이 강의 동쪽 땅을 차지하기로 결정했다. 1036년에 므스티슬라브가 죽으면서 비로소 야로슬라프는 키예프 루시 전체를 통치할 수가 있었다.

야로슬라프는 노브고로드 시절에 '러시아의 정의(正義)'라는 뜻을 지닌 「루스카야 프라우다(*Ruskaya Pravda*)」를 제정했는데 이것이 루시의 최초의 법전이었다. 이 사실에서 부분적으로 보이듯 그는 현명한 통치자였다. 그리하여 그는 현자(賢者)라는 뜻인 무드리(Mudry)로 불려, 러시아의 역사에 '현자 야로슬라프(Yaloslav the Wise)'로 기록되어 었다. 이 이름에 걸맞게, 그는 키예프 루시를 여러 방면에서 반석 위에 올려놓았다. 기연수 교수가 번역한『러시아의 역사』가 "키예프 루시는 야로슬라프 무드리 시대에 가장 번성하였다"고 쓴 것은 키예프 루시의 역사에 대한 야로슬라프의 공헌을 잘 표현했다고 하겠다. 확실히 그의 통치기간이 키예프 루시의 황금시대였다.

대공(大公)으로 불린 야로슬라프의 업적을 몇 개의 분야별로 소개하면 다음과 같다. 첫째, 그는 대공의 계승에 관한 절차를 제도화했다. 원래 키예프 루시는 단일한 국가가 아니라 10~12개 정도의 공국들을 연합한 형태의 복합국가였다. 공국들 사이에는 서열이 있어서, 예컨대 키예프 루시는 1위였고, 노브고로드공국은 2위였다.

따라서, 예외도 있지만, 원칙상 어느 공국의 공후가 죽으면 순위에 있어서 그 공국 차하(次下) 공국의 공후가 그 자리를 계승하도록 규정되었고, 따라서 공국의 통치자들 사이에 연쇄이동이 일어났다. 이에 따라 공석이 된 서열 마지막 공국의 공후의 자리는 키예프공국의 한 공자가 메웠다. 이 제도를 윤번제라는 뜻의 로타(the Rota)라고 불렀다.

둘째, 그는 키예프를 키예프 루시의 명실상부한 중심지로 키웠다. 우선 키예프를 콘스탄티노플 식으로 꾸였다. 그 중심부에는 웅장하고 화려한「소피아 대사원(the Cathedral of Saint Sophia)」을 세웠다. '소피아'는 그리스어로 '지혜'를 뜻했다. 그는 또 키예프로 들어가는 정문을 황금의 대문으로 꾸몄으며, 인구를 늘려갔다. 그는 또 키예프를 수공업과 상업의 중심지로 키웠다. 그리하여 키예프는 '루시 도시들의 어머니'로 불렸다.

소피아 대사원(키예프)

셋째, 그는 루시의 교회를 비잔틴의 교회로부터 크게 독립시켰다. 콘스탄티노플 총주교의 허락 없이 루시의 성직자들 가운데서 키예프의 대주교와 노브고로드의 주교를 임명했으며, 루시의 성직자들을 길러내기 위한 고급학교인「키예프 페체르스크 수도원」을 세웠다.

넷째, 그는 루시의 문화를 크게 일으켰다. 특히,

키예프에 학교와 도서관을 많이 세웠다. 전반적으로 보아 키예프는 고대 루시 문화의 찬란한 중심지였다.

몽골군의 키예프 점령

다섯째, 그의 이러한 업적들이 겹쳐져, 키예프 루시는 러시아어라는 하나의 언어를 쓰며 하나의 공통된 문화를 가진 통일성(統一性)이 높은 나라로 자리 잡았다. 달리 표현해, '러시아사람들의 나라' 또는 '러시아사람들의 땅'이라는 관념이 이 시대에 성장한 것이다. 이러한 관념은 뒤에 키예프 루시가 몽골족의 지배 아래 들어갔을 때 러시아사람들로 하여금 러시아 국가의 광복과 부흥을 꿈꾸게 만드는 하나의 큰 정신적 원천이 된다.

4. 키예프 루시의 내란과 해체

야로슬라프는 1054년에 죽었다. 그 뒤 그의 다섯 아들들 사이에 전쟁이 벌어졌고, 얼마 동안 혼란이 계속되었다. 힘이 강한 쪽이 약한 쪽을 마구 죽이고, 도시들을 파괴하며, 아무곳에나 불을 지르는 '원시인들의 밀림의 법칙 시대'가 나타났다.

모노마흐의 통치

이 처절한 유혈의 내란을 끝내고자 야로슬라프의 후예들로서 키예프 루시의 실력자들인 공후들이 1097년에 키예프 근처인 류베치(Lyubech)에 모여 화해의 협약을 맺었다. 그들은 골육상쟁을 중단하고 키예프 루시를 수호해야 한다는 데 합의한 것이다. 그러나 이 협약은 공후들 사이의 배반과 음모와 복수로 말미암아 오래 가지 못하고 키예프 루시는 다시 내란에 빠졌다. 여기에 폴란드사람들과 마자르사람들까지 쳐들어와 키예프 루시는 폐허가 되다시피했다. 그뿐 아니라 1113년에 키예프의 백성들이 봉기해 부자들의 집들을 파괴하는 일도 있었다.

이 일을 계기로 야로슬라프의 손자이자 비잔틴제국 황제의 외손자로서, 현명하고 정력적이며 용감한 인물로 알려진 블라디미르 모노마흐(Vladimir Monomakh)가 키예프 루시의 대공의 자리에 올랐다. 그는 부자들을 어느 정도 누르는 한편 하층민들을 보호했으며 키예프 루시의 통일을 강화했다. 이로써 키예프 루시는 다시 한 차례 내부적으로는 번영하고 외부적으로는 국위를 떨칠 수 있었다. 그 업적으로 그는 오늘날까지도 존경받는 통치자로 기억되고 있다.

해체의 시대의 개막

블라디미르 모노마흐는 1125년에 죽었다. 이 때는 우리나라의 역사에서 고려왕조의 중기에 해당하며, 보다 더 구체적으로는 묘청(妙淸)의 난이 일어나기 10년 전이다. 그가 죽은 뒤 키예프 루시는 곧 몇몇의 독립된 공국들로 분열되었으며, 키예프는 키예프 루시의 수도로서의 자리를 잃었다. 이 때문에 역사가들은 그의 죽음과 동시에 키예프 루시의 네 번째 시기인 '해체의 시대'에 들어간 것으로 기록하고 있다.

독립된 공국으로 가장 큰 힘을 떨친 것은 수즈달(Suzdal)공국으로, 첫 번째 공후는 블라디미르 모노마흐의 아들 유리 돌고루키(Yuri Dolgoruki)였다. 그는 1147년에 핀란드어로 '축축한 강' 또는 '젖소의 강'이란 뜻의 모스크바를 창건했으며, 1156년에 이 도시 안에 나무로 된 성벽을 완공했는데 사람들은 그 성벽을 '크렘린'이라고 불렀다. 그는 1155년에 키예프를 공격해 키예프의 대공이 되었다. 그는 여러 곳들을 정복해 영지를 넓혀나갔으며, 그래서 '긴 손을 가진 사람'이란 뜻의 돌고루키라는 별명을 얻었던 것이다. 그는 1157년에 죽었으나 모스크바를 창건한 공로로 오늘날까지도 러시아사람들의 기억 속에 깊이 새겨져 있다. 1954년에 소련사람들은 모스크바에 그를 기리는 장엄한 기념상을 세움으로써 모스크바 창건자에 대한 자신들의 사랑과 존경을 나타냈다.

그의 아들 안드레이 보골륩스키(Andrei Bogolyubsky)는 대공이 되었으나 수즈달공국에 머물렀으며, 루시의 수도를 블라디미르로 옮겼다. 이 때로부터 수즈달공국은 블라디미르-수즈달(Vladimir Suzdal)공국으로 불렸다. 이것이 갖는 정치적 의미는 컸다. 키예프는 '러시아 모든 도시들의 어머니'로서의 지위를 잃었으며 키예프를 중심으로 하는 키예프 루시라는 국가는 사실상 없어졌기 때문이다. 그는 이러한 상황을 이용해 러시아 전체의 통치자가 되려는 야심을 갖고 여러 곳을 침공했으나 대체로 실패를 거듭했으며, 귀족들의 음모에 빠져 암살되었다.

그의 업적들 가운데 대표적인 것은 블라디미르를 크고 아름다운 도시로 발전시켜 후세에 남긴 일이다. 그는 수천 명에 이르는 건축가들과 건축기사들과 석공들과 조각가들 및 화가들을 이 곳에 살게 하고는, 이 도시를 키예프처럼 예술적으로 아름답고 화려하게 만들었다. 「우스펜스키(Uspensky) 대사원」도 이 때 지어졌다. 한 마디로 이 도시는 12세기 러시아 문화의 가장 위대한 기념비가 되었다.

그를 계승한 프세볼로드(Vsevolod) 대공은 안으로는 귀족들을 누르고 그들의 재산을 빼앗았으면서 밖으로는 약소민족들을 침략함으로써 블라디미르 수즈달공국을 강화했다. 이제 이 나라는 유럽의 큰 봉건국가가 되었다. 『러시아의 역사』에 따르면, 사람들은 이미 그 때에 이 나라의 군대는 "노(櫓)로써 볼가강의 물을 모두 튀겨 낼 수 있었고, 투구로는 돈강의 물을 다 퍼낼 수 있었다"고 말하곤 했다. 그러나 자식이 많아 '커다란 새둥지'로 불렸던 그가 1212년에 죽은 뒤 이 나라는 분열되기 시작했다.

블라디미르-수즈달공국이 성립될 무렵에 노브고로드 역시 키예프

〈성모 마리아 승천의 교회〉(블라디미르)

와의 관계를 끊고 독립된 공국의 길을 걸었다. 흔히 대(大)노브고로드로 불린 이 공국은 커다란 상업 중심지로 발전했으며 독립된 봉건국가로서 독자적인 화폐와 법률과 군대를 확보했고 높은 수준의 문화를 자랑했다. 그 때 루시의 모든 공국들에는 성인남자들의 민회(民會)인 베체(Veche)가 구성되어 있었다. 그런데 이 민회가 가장 활발했던 곳이 바로 노브고로드공국이었다. 이 공국은 자신의 독립을 상징하는 종(鍾)을 민회(民會)에 두었으며, 민회는 종을 울림으로써 민회의 개최를 주민들에게 알렸다.

그 밖의 다른 공국들도 독자적인 지위를 굳혀나갔다. 공국들 사이의 갈등은 차차 두드러졌으며 키예프 루시는 서서히 약화되었다. 이 틈을 타서 폴로베츠족은 루시의 여러 공국들을 자주 침공했으며, 이 때문에 루시는 전쟁에 시달려야 했다. 그 전쟁 가운데 가장 유명한 것이 노브고로드-세베르스키공국의, 다른 이름으로는 체르니고프(Chernigov)공국의 이고리 공후(Prince Igor)가 1185년에 벌인 전쟁이었다. 『러시아의 역사』에 따르면, 처참했던 이 전쟁의 많은 이야기들은 12세기 말 루시의 한 시인이 남긴 「이고리 군대의 원정담」에 잘 기록되었다.

이 전쟁에서 체르니고프공국은 크게 패배했으나, 그 뒤 국력을 길러 이웃 공국들을 침공해 학살과 약탈을 기록하기도 했다. 그들은 블라디미르에 「성모 마리아 승천의 교회(Church of the Assumption; 우스펜스키 사원)」와 같은 아름다운 건축물을 남겼다.

속령의 시대

여기서 이 무렵의 루시를 총괄해서 보면 8개 정도의 공국으로 분열되어 있었음을 알게 된다. 갈리시아-볼린(Galicia-Volhynya)공국, 노브고로드공국, 블라디미르-수즈달공국, 스몰렌스크공국, 폴로츠크(Polotsk)공국, 페레야슬라프(Pereyaslav)공국, 체르니고프공국, 그리고 랴잔(Ryazan)공국 등이 그것들이다. 이들 가운데 앞의 세 공국이 강력한 공국들이었다고 할 수 있다. 이렇게 볼 때, 중세기의 러시아는 '분열된 러시아'였던 것이다.

그런데 분열은 거기서 끝나지 않았다. 몇몇 공국들에서는 공후가 자신의 공국을 다시 나눠 아들들이나 형제들에게 나눠주었기 때문이다. 그래서 여기저기서 소공국들이 생겨났다. 이러한 맥락에서 이 '분열된 러시아'의 시대를 '속령(屬領 : appanage)의 시대'라고 부르기도 한다. 세자가 아닌 왕자가 다스리는 땅을 속령이라고 불렀기에 그런 용어가 나왔던 것이다.

이처럼 분열과 쇠락의 길을 걷는 루시에게 새로운 타격을 가한 것은 터키족의 일파로, 11~12세기에 회교도 최초의 큰 통일국가를 세운 셀주크(Seljuk)족이었다. 그들은 소아시아로 진출하면서 루시의 남쪽에 있는 여러 공국들을 침공하였으며, 비잔틴제국과 루시 사이의 교역로를 끊어 루시의 상업활동을 크게 위축시켰다.

5. 루시의 사회경제적 성격과 쇠락 원인들

루시의 사회경제적 성격

키예프 루시를 형성한 각 공국의 사회경제적 성격을 어떻게 보아야 할 것인가? 이 물음을 놓고 학자들은 많은 논쟁을 벌였다. 소련시대에는 마르크시즘적 분석에 따라 그것을 '봉건국가'라는 관점에서 설명했다. 그러나 그 개념을 적용하는 것은 무리라는 반론도 뒤따랐다.

여기서 소련시대의 설명에 따른다면, 키예프 루시를 형성한 각 공국은 정도의 차이는 있으나 기본적으로는 같은 성격의 봉건국가였다. 주된 지배계급은 보야린(Boyar, 러시아어로는 Боярин)이라고 부르는 대귀족으로 좋은 땅을 많이 차지한 대지주계급이었다. 그들의 영지는 세습되었으며 어느 경우에는 친위대를 거느렸고, 사실상 무제한의 권력을 누렸다. 공후로 하여금 보야린회의의 결정에 따르게 함으로써 공후를 자신들의 영향 아래 둔 경우가 흔했으며, 때로는 고집이 센 공후를 암살하기도 했다.

보야린 바로 아래에 상인계급이 있었다. 이들은 소아시아 및 비잔틴제국과의 무역을 포함해 갖가지 상업에 종사하면서 재부를 쌓았으며, 고리대금업을 번창시키기도 했다. 그들 역시 지배계급이었으며 이들 아래에 수공업자들이 있었다. 이들은 도공, 피혁공, 대장장이, 무기공 등의 구역들을 이루며 살았다. 이들 아래에 스메르드(Smerd)라고 부르는 소농민들이 있었다. 이들은 처음 얼마 동안은 자유인들이었으나 차차 보야린에게 예속되었다. 수공업자들과 소농민들은 지배받는 계급이었다.

공후는 대체로 보야린과 상인계급의 이익을 대변했다. 기독교 역시 이들의 편에 섰다. 기독교는 수공업자들과 소농민들에게 공후가 하느님의 뜻에 따라 통치하는 것이라고 가르친 것이다.

한편, 키예프 루시가 약화 또는 해체되는 과정에서 독자적인 지위를 갖게된 공국들 가운데는 민회를 발전시킨 경우가 있다. 노브고로드공국의 베체가 그 대표적인 보기로서 공후는 물론 주요 행정관들을 베체가 뽑았다. 베체는 고대 슬라브 사람들의 씨족회의에서 차차 발전되어 온 것으로 믿어진다. 미르(mir)라는 지역공동협력체 같은 것을 발전시킨 경우도 있었다.

루시 쇠락의 원인들

여기서 우리는 키예프 루시가 쇠락한 원인들이 무엇인지 생각해 보기로 한다. 첫째, 우리가 바로 앞에서 살핀 사회경제적 성격에서 원인을 찾을 수 있다. 대지주 또는 지주의 세력이 너무 컸음에 반해, 수공업자들과 소농민들의 생활은 매우 열악했다. 게다가 키예프 루시의 후반기에 농노들이 늘어났다. 이것은 계급들 사이의 갈등을 격화시켰으며 키예프 루시를 안으로부터 무너뜨렸다.

둘째, 키예프 루시를 둘러싼 국제적 상거래의 변화도 하나의 중요한 원인이 되었다. 11세기 이후 유럽과 소아시아, 유럽과 비잔틴제국을 잇는 무역로에 큰 변화가 일어났다. 유럽에서 이탈리아 상인들이 흥기하면서 그들은 키예프를 거치지 않고 지중해를 통해 비잔틴제국과 소아시아와 무역하기 시작한 것이다. 유럽의 십자군이 1204년에 콘스탄티노플을 약탈한 것, 그리고 이 무렵에 바그다드(Baghdad) 역시 쇠락한 것 등은 그 도시들과 키예프 사이의 무역을 크게 약화시켰다. 이것은 키예프 루시의 상인들을 크게 약화시켰으며, 자연히 도시빈민들의 생활을 매우 어렵게 만들었다.

셋째, 정치제도가 본질적으로 안고 있던 약점이 또 하나의 원인이었다. 야로슬라프가 세운 로타제는 공후의 계승권에 관해 공후의 아들과 공후의 동생의 순위를 애매하게 만들어 놓았기에 때로는 공후들 사이의 내전을 유발시키는 근거가 되기도 했다. 실제로 삼촌과 조카 사이의 갈등과 심지어 내전이 여러 차례 일어났다. 그나마 후기에 와서는 이 제도 자체가 전혀 작동하지 못했다. 게다가 공후들의 정치지도자로서의 자질이 모자랐다. 어떤 공후들은 지나치게 호전적이었으며 반면에 어떤 공후들은 나약했다.

제3장_몽골-타타르의 지배 시기

1. 몽골-타타르의 침공

쇠락과 해체의 길에 들어선 루시에게 치명적 일격을 가한 것은 몽골족이었다. 몽골족의 젊은 지도자 테무진(鐵木眞 : 철목진)은 주로 몽골의 북방과 중앙아시아에 살던 몽골족의 한 지파인 타타르(Tatar)족을 포함해 몽골족의 모든 지파들과 부족들을 통합함으로써 1206년에 칭기즈칸(Chingiz Kahn), 곧 성길사한(成吉思汗)의 지위에 오르자 곧바로 중국 대륙 그리고 호레즘(Khorezm) 왕국을 비롯한 그 일대의 중앙아시아를 공격해 광대한 지역들을 모두 정복함에 성공했다. 그의 용맹스런 군대는 여세를 몰아 마침내 루시에 공격의 화살을 돌렸다. 이 때까지 러시아사람들은 몽골이라는 이름을 들어본 일이 없었다. 따라서, 그들의 공격은, 역사학자들의 표현으로, “맑은 하늘에 갑자기 천둥 번개가 친 것”이나 다름 없었다.

첫 번째 전투는 1223년 5월에 있었다. 루시사람들은 용감하게 싸웠으나 '칼카강의 전투(Battle of the Kalka)'에서 패배했다. 몽골족과 타타르족이 주축을 형성한 정복자들은 패배자들을 잔인하게 다루었다. 몽골과 타타르의 장군들은 포로가 된 공후들과 대귀족들을 묶어서 땅위에 눕히고, 그 위에 널빤지를 깐 다음 그 널빤지 위에서 술잔치를 벌였다. 자연히 널빤지 아래에 깔린 사람들은 모조리 질식된 채 죽었다. 정복자들은 곧 남부 루시의 여러 도시들과 마을들에 불을 지르고 많은 사람들을 죽인 다음에야 카스피해의 초원지대를 거쳐 자신들의 본거지로 돌아갔다.

1227년에 칭기즈칸이 죽은 뒤 그의 차남으로 후계자가 된 오고타이칸(Ogotai Kahn)은 자신의 군대에게 아시아와 유럽 전체를 정복하라고 명령했다. 그리하여 1236년에 고려와 중국 남부 및 유럽에 대한 원정이 시작되었다. 유럽에 대한 원정은 칭기즈칸의 장남 주치(Juchi)의 장남인 바투(Batu the Splendid, 拔都 : 발도)가 직접 지휘했다. 약 150,000명에서 200,000명 사이의 병력으로 구성된 바투의 원정군은 우선 불가리아를 완전히 정복했다. 이어 루시의 한 공국인 랴잔공국을 침공했다. 랴잔공국은 이웃 공국들의 도움을 청했으나 거부당하자, 처음에는 랴잔공국의 공자로 하여금 엄청난 돈과 보물을 지닌 사절단을 이끌고 바투를 찾아가 달래게 했다. 그러나 바투는 돈과 보물을 받으면서도 사절단원들에게 각자의 아내와 딸을 바치라고 요구했다. 사절단이 이 요구를 거부하자 바투는 공자를 포함한 사절단원들을 모두 잔혹하게 죽였다. 이 소식을 듣고 공자의 아내는 젖먹이를 안은 채 높은 탑에서 뛰어내려 자살했다.

곧 전투가 시작되었다. 바투의 용맹하고 잔인한 대군에 맞서 랴잔의 작은 군대는 '죽기 아니면 살기'의 정신으로 싸웠다. 미친 듯이 날뛰는 바투의 대군은 이 공국의 수도를 공격하기 시작했고, 닷새만에 마침내 파벽기(破壁機)를 써서 성을 깨뜨렸다. 그리하여 1237년 12월에 랴잔공국의 수도는 함락되었다. 몽골군인들은 젖먹이까지를 포함한 모든 주민을 죽였으며, 그리하여 "죽은 사람을 위해 울도록 열려진 눈은 아무 곳에도 남아 있지 않았다"는 표현이 나왔을 정도로, 살아남은 사람은 아예 없었다. 게다가 교회이건 학교이건 가리지 않고 모든 건물들을 불살라, 이 도시는 완전히 폐허가 되었다.

그러나 러시아사람들의 입장에서 볼 때 이 전쟁은 랴잔사람들이 최선을 다한 방어전이었으며 그리하여 '랴잔의 방어전'으로 기록되어 왔다. 바투의 장군들도 "이제까지 우리가 수많은 전쟁을 치러왔으나, 이렇게 독하고 끈질기게 용맹스럽게 대항한 곳은 없었다"고 회고했다.

랴잔공국을 파괴한 뒤 원정군은 곧바로 수즈달공국을 공격해 수도 블라디미르를 장악하면서 학살과 방화를 저질렀다. 수즈달공국의 공후와 군대는 시트강(the Sit)을 끼고 결전을 벌였으나 전멸했다. 승승장구한 원정군은 이웃 공국들을 차례로 침공했다.

루시사람들은 완강하게 저항했다. 특히 코젤리스크(Kozelisk)라는 도시의 주민들은 무기가 떨어지자 맨손으로 싸워 적군을 무려 4,000명이나 죽였다. 그래서 침략자들은 이 도시를 '흉악한 도시'라고 불렀다. 그러나 루시의 공국들은 차례로 함락됐으며, 1240년에는 마침내 키예프가 함락됐다.

되풀이해 말하거니와, 원정군의 살육과 파괴는 역사에서 그 보기를 찾기 어려울 정도로 큰 규모였고 철저했다. 도시이고 농촌이고 가리지 않고 불사르거나 무너뜨렸으며, 노인이나 젖먹이거나 구별하지 않고 잔인하게 죽였다. 키예프의 경우, 수백 년 동안 키예프 루시의 수도이면서 '모든 러시아 도시들의 어머니'로서의 영화는 무참하게 깨어졌다. 1246년에 이 곳을 방문한 교황청의 외교관 카르피네(Giovanni da Piandel Carpine) 대주교의 기록에 따르면, 키예프는 '남은 것이라고는 아무것도 없는 곳'이 되었다. 그는 거기서 겨우 200개 정도의 초라한 집들을 발견할 수 있었는데 그나마 그 거주자들은 몽골인들의 노예들로 비참하게 살고 있었다.

루시사람들의 저항은 몽골인들을 패퇴시키지는 못했다. 그러나 그들의 저항은 몽골인들의 유럽침공에 제동을 건 효과를 낳았다. 뒷날 러시아사람들이 자랑스럽게 말하듯, 루시의 용맹스런 저항은 결과적으로 유럽 전체가 몽골-타타르의 손에 희생되는 것을 막았다.

2. 몽골-타타르의 지배

정복자 바투는 이 일대를 중심으로 1243년에 킵차크(Kipchak)칸국(汗國 : 한국)을 세웠다. 그 수도가 볼가강 하류 유역에 위치한 오늘날의 아스트라한(Astrakhan) 부근의 사라이(Sarai)였다. 킵차크칸국은 몽골제국의 일부로서, 바투는 몽골제국의 대칸(大汗 : 대한)에 복종했다. 자연히 루시의 공국들은 1240년부터 주권을 잃었다. 공국의 공후들은 킵차크칸국과 몽골제국에 복종했다. 이 때부터 루시사람들은 '몽골-타타르의 굴레'에 묶여 살게 되었다.

그 대신 킵차크칸국의 칸은 공후들을 승인하고 이들에게 각자의 공국에서 통치권을 행사할 수 있음을 인정하는 허가장 곧 야르리크(yarlyk)를 주었으며, 그들 가운데 한 공후를 선임해 대공으로 임명했다. 그 첫 공후가 블라디미르의 대공이었다. 이처럼 루시의 공국들에 대한 지배권이 킵차크칸국에 있었기에, 공후들은 킵차크의 칸을 상대로, 심지어는 그의 중신들은 물론이고 내시들과 애첩들에까지도 굴욕적 예방과 선물 공세를 계속해야 했으며, 때로는 몽골제국의 수도인 머나먼 카라코룸(Kharakorm)으로까지 찾아가야 했다.

여기서 반드시 논의되어야 할 것은 야르리크제도이다. 루시의 공후들이 현지에서 통치하려면 이 허가장을 받아야만 했으며, 따라서 이 허가장은 그 수령자에게는 세금을 거두어들이고 행정을 베풀 수 있는 권한의 표징이었다. 쉽게 말해, 그것은 돈과 권력의 통로였다.

그래서 루시의 공후들은 서로 이것을 얻으려고 했지만, 몽골의 칸은 그 점을 잘 알고 이것을 주기에 앞서 엄청난 세금과 함께 갖은 굴욕적 표경(表敬)을 요구했다. 예컨대, 사라이로 직접 찾아가 세 번 무릎을 꿇고 아홉 번 머리를 조아리는 고우토우(kowtow, 叩頭 : 고두)를 하게 하고, 그 밖에도 더욱 자기비하적인 인사를 하게 만들고도 공식적인 세금 밖에 뇌물을 요구했으며, 이 요구들에 대한 반응이 불만스러우면 현장에서 죽였다. 또, 루시 내부의 분열과 갈등을 조장하는 수단으로서 이 제도를 활용하기도 했다. 1240년부터 1480년까지 사라이를 방문한 루시의 공후들은 130명을 넘었다고 하는데, 이렇게 이 제도를 악랄하고도 교활하게 활용했기에 몽골정복자들은 그렇게 많지 않은 자신들의 관리들만을 상주시키고도 식민지를 효율적으로 착취하고 지배할 수 있었던 것이다.

킵차크칸국은 처음에는 징세관들과 그리고 그들을 힘으로 뒷받침하는 군대를 공국마다 상주시켰다. 징세관들의 징세는 철저해서 그들은 마치 거미줄에 걸려든 불운의 포로를 최후까지 흡혈하는 왕거미에 비유되곤 했다. 때때로 저항하고자 봉기했던 주민들은 혹독하게 다루어졌다. 그러나 1271년에 원(元)이라고 개칭한 몽골제국에서 궁정쿠테타가 일어난 1357년, 그리고 한족(漢族)의 주원장(朱元璋)이 명(明)의 건국을 선언하면서 원(元)을 중국대륙으로부터 몽골로 내쫓은 1368년 사이에 킵차크칸국 스스로의 힘은 줄어들고, 루시의 저항운동이 차차 거세어지면서 그들은 간접통치의 방식을 취하게 된다.

3. 몽골-타타르 지배의 유산

원제국은 1388년에 완전히 멸망했다. 그러나 킵자크칸국은 1502년까지 계속됐으며, 멸망하기 22년 전인 1480년까지 루시를 지배했다. 이것은 몽골-타타르의 지배가 1240년부터 240년 동안 계속되었음을 의미했다. 그러면 그것은 루시에 어떤 영향을 미쳤는가?

제정러시아 학자들의 견해

전통적으로 제정러시아의 역사학자들은 몽골-타타르의 지배시대에 대해 관심을 쏟지 않았다. 몽골-타타르는 루시를 전면적으로 파괴했으며 황폐화시켰다는 사실을 강조하는 것만으로 그들은 만족했다.

그러나 그들 가운데 몇몇 역사학자들은 몽골-타타르의 지배가 남긴 파괴적이고 부정적인 측면들을 자세히 연구했다. 그들에 따르면, 몽골-타타르의 지배는 루시를 비잔틴제국과 서유럽으로부터 절연시켜 루시에 개인주의와 근대주의가 도입되는 것을 막았다. 그 결과 루시는 문화적으로 후진성을 면하지 못하게 됐다. 다시 그들에 따르면, 만일 루시가 몽골-타타르의 지배를 받지 않았다고 한다면 루시는 서유럽에서 전개된 문예부흥과 종교개혁의 시대적 조류에 동참할 수 있었을 것이다. 그들은 또 (1) 몽골-타타르가 주로 남부러시아의 초원지대를 정복하게 되자 루시의 인구가 동북지방으로 이동해 경제활동과 정치권력이 그 지방으로 옮겨간 결과를 낳았으며, (2) 몽골-타타르의 경제적 착취가 극심했던 탓에 루시의 경제는 계속해서 피폐해졌다고 지적했다.

유라시아 학파의 견해

20세기에 들어와 특히 유럽으로 망명한 제정러시아의 역사학자들 사이에서 몽골-타타르의 지배 시대를 재평가하려는 움직임이 나타났다. 그 역사학자들을 유라시아학파라고 부르는데, 트루베츠코이(N. S. Trubetskoy) 공작과 베르나드스키(George Vernadsky) 등이 대표적 학자들이다. 이들이 제시한 재평가를 이해하기 위해 우리는 먼저 이 학파의 주요 논점들부터 살피기로 한다.

러시아역사의 기본적 성격이 유럽적이냐 아시아적이냐의 논쟁은 오랫동안 서양의 러시아사 전문가들 사이에서 진행됐다. 러시아가 '아시아적'이라는 관념은 특히 19세기에 크게 유행하여 서양사람들이 러시아를 생각할 때는 '시비리', 곧 '시베리아', '늑대', '동양 카자크족의 야만성' 등이었다. 1920년대에 모스크바에 주재한 『뉴욕 타임스(*New York Times*)』 특파원의 기사들도 소련을 '아시아적' 성격이란 시각에서 즐겨 다뤘고, 스탈린(Iosif Stalin)도 기본적으로 '동양적' 전제군주라는 각도에서 이해되는 경우가 많았다. 러시아의 지식인들 가운데도 러시아를 '아시아적' 과거에서 구출해야 한다고 생각한 사람들이 적잖았다.

그러나 거기에 반대되는 견해들도 제시됐다. 그 견해들은 러시아 역사의 유럽적 성격을 강조한 것이다. 그 대표적 견해가 체코슬로바키아의 학자이며 정치가인 마사리크(Tomáš G. Masaryk)가 제시한 견해로, 그는 1913년에 출판한 자신의 『러시아의 정신(*The Spints of Russia*)』에서 러시아의 역사는 분명히 유럽적 성격을 지녔다고 주장했다. 그는 러시아가 유럽의 일부이며 러시아는 본질적으로 유럽과 다른 데가 없다고 파악한 것이다. 그는 다만 러시아가 '후진(後進) 유럽'이라고 보았다.

이러한 논쟁에서 유라시아학파는 러시아를 아시아의 한 부분이라고 보면서, 러시아의 역사는 근본적으로 아시아의 역사에 연결된 것이라는 견해를 제시했다. 그리고 그 근거로 몽골-타타르가 러시아를 무려 240년에 걸쳐 지배한 사실을 상기시키면서 몽골-타타르의 지배가 남긴 유산을 '긍정적이면서 창조적으로' 이해한 것이다. 그 대표적 학자가 앞에서 소개한 베르나드스키이다.

그에 따르면, 몽골-타타르의 지배는 우선 러시아에 강력하고 기율이 섰으며 단일주적(單一柱的)인 전체주의체제를 세워주었다. 우리가 제2장에서 보았듯, 키예프 루시는 하나의 통일된 국가라기보다는 공국들의 연합체였다. 그나마 후기에 와서는 '분열의 시대' 또는 '속령의 시대'라는 말들에 함축되었듯 단일국가로서의 일체성(一體性)이 크게 약화되었다. 그런데 몽골-타타르의 지배는 몽골제국의 특성인 절대주의와 중앙집권주의를 러시아에 심어주었다는 것이다. 그는 몽골-타타르의 지배 후반에 성장한 모스크바대공국의 전제군주가 몽골제국의 칸을 모방한 것이었다고 보면서, 모스크바대공국을 몽골제국의 정치체제와 정치제도 및 법률 등을 답습한 절대주의국가라고 주장했다.

다시 그에 따르면, 몽골-타타르의 지배는 행정·재정·징세·호구조사·우편·도로 등에 대해서도 큰 영향을 미쳤다. 몽골-타타르가 (1) 징세액을 높이기 위해 인두세를 도입하고 또 호구조사를 제도화한 것, (2) 주류판매의 국가독점을 제도화함으로써 정부의 재정을 충실하게 하려고 한 것, (3) 몽골제국의 수도와 몽골제국이 통치하는 모든 지역들 사이의 의사소통을 원활히 하기 위해 시작한 도로망의 확충과 역마제(驛馬制)의 실시, 그리고 그것을 통한 우편제의 실시 등을 러시아에서도 되풀이한 것 등이 러시아에 긍정적으로 이바지했다는 것이었다. 그는 또 몽골의 군사제도, 특히 기마병제도가 러시아에 수용되었다고 보았다.

유라시아학파가 지적한 유산들 가운데 절대주의와 군국주의의 전통에 대해서는 이미 제정러시아의 저명한 역사학자들, 예컨대, 카람진(Nikolai M. Karamzin)과 밀류코프(Pavel Milyukov) 등도 지적했었다. 그들 역시 몽골-타타르의 지배가 남긴 절대주의와 군국주의의 전통이 제정러시아로 계승됐다고 보았던 것이다.

랴자노프스키의 견해

그러나 많은 역사학자들은 유라시아학파의 그러한 논리전개에 동의하지 않는다. 랴자노프스키(Nicholas V. Riasanovsky)가 대표적인 경우이다. 그에 따르면, 몽골-타타르의 지배시대에 러시아에 도입됐다는 제도들 가운데 상당히 많은 것들은 키예프 루시가 실시하던 제도들의 변형이거나 또는 몽골-타타르의 지배 이전에 서유럽에서 도입됐던 것들이라는 것이다. 그는 몽골-타타르의 공헌으로 인정되어야 할 것들이 있음을 완전히 부인하지는 않았다. 예컨대, 러시아어로 동전을 의미하는 뎅가(denga)와 돈을 의미하는 뎅기(dengi)는 모두 몽골어에서 나왔으며, 이것은 몽골-타타르의 지배자들이 러시아에 화폐와 동전을 널리 보급시켰다는 주장을 뒷받침한다는 것이다. 그러나 그는 몽골-타타르의 공헌은 매우 제한된 것으로 보아야 한다고 주장했다.

여기서 랴자노프스키는 중요한 논점을 제시했다. 그것은 몽골-타타르의 지배가 240년이란 긴 세월에 걸쳤는데도 러시아의 사회와 문화를 바꿔 놓지 못했다는 주장이다. 몽골-타타르의 유목민 사회와 문화에 대조되게, 러시아는 농경적 사회와 문화를 유지했으며 러시아정교를 유지했다는 것이다. 결론적으로, 그는 몽골-타타르가 러시아에 미친 영향은 아랍세계가 서유럽에 미친 영향에 비교가 되지 않을 정도로 미약했다고 보았다.

4. 리투아니아의 북방 루시의 지배

몽골족이 루시의 공국들의 대부분을 정복하던 바로 그 시점에 발트연안의 넓은 지역들을 통일해 리투아니아대공국을 세운 멘도브그(Mendovg)는 루시의 북방에 위치한 공국들을 침략해 복속시켰다. 그의 후예로서 리투아니아를 북방의 강대국으로 키운 게디민(Gedymin)은 이들에 대한 지배를 강화했으며, 이에 따라 루시의 북방에 위치한 공국들은 리투아니아와 폴란드가 '루블린 동맹(the Union of Lublin)'을 통해 '이론적으로' 하나의 나라로 통합된 1569년까지 리투아니아의 지배를 받으며 살아야 했다.

대체로 이 시점부터 리투아니아는 높은 수준의 문화를 지닌 폴란드에 기울어짐과 아울러 사실상 약소국이 되어 루시에 대한 지배권을 잃었다. 이로써 루시사람들은 리투아니아의 지배로부터 상당히 많이 벗어났다. 그러나 폴란드의 영향력이 커지면서 루시사람들은 폴란드의 문화를 받아들였다.

이상에서 살폈듯이, 루시의 북방에 위치한 공국들이 리투아니아의 지배를 받았던 시대를 학자들에 따라서는 '리투아니아-러시아공국(the Lithuanian - Russian Princedom)'의 시대라고 부른다. 그런데 이 시대를 말하면서 꼭 지적해야 할 사실이 있다. 그것은 이 시대에 러시아민족의 언어적 및 민족적 분화가 빠르게 진행되었다는 사실이다. 곧 러시아민족은 (1) 흔히 러시아사람들(Russians)이라고 불리는 대(大)러시아사람들(the Great Russians), (2) 백(白)러시아사람들(the White Russians), (3) 흔히 소(小)러시아사람들(the Little Russians)이라고 불리는 우크라이나사람들로 나뉜 것이다.

제4장_모스크바대공국의 성장과 러시아의 부흥

몽골-타타르의 굴레 속에서도 러시아사람들은 독립의 날을 기다리며 민족정신을 잃지 않았다. 그 가운데, 몽골-타타르의 지배를 비교적 덜 받던 모스크바공국이 차차 힘을 길러 러시아의 중심으로 자라났다. 모스크바공국은 1480년에 마침내 몽골과의 관계를 끊고 러시아를 독립국가로 새롭게 키웠다. 16세기 말에 들어가 러시아는 큰 혼란상태에 빠지게 되는데, 이 '혼란의 시대'를 이겨 내고 1613년에 로마노프왕조가 시작된다. 이 장(章)은 모스크바공국의 성장으로부터 시작해서 로마노프왕조가 세워지기 직전까지의 시기를 다루기로 한다.

1. 모스크바공국의 성립과 모스크바대공국으로의 성장

모스크바공국의 성립

몽골-타타르의 지배 아래서 정치적으로 크게 성장한 곳은 모스크바였다. 제2장의 제4절에서 설명했듯이, 모스크바는 블라디미르-수즈달공국의 변경에 자리잡은 조그만 요새 도시였다. 그러면 이러한 도시가 어떻게 해서 독립된 공국으로까지 크게 자라나게 되었는가?

첫째, 모스크바의 지리적 위치가 주는 혜택이었다. 한편으로는 랴잔공국과 니제고로드공국에 둘러싸여 킵차크칸국의 직접적 침공을 피할 수 있었고, 다른 한편으로는 노브고로드공국과 프스코프공국 및 스몰렌스크공국에 둘러싸여 독일사람들과 스웨덴사람들 및 리투아니아사람들의 직접적 침공을 피할 수 있었다. 모스크바의 이러한 지리적 혜택에 눈을 돌린 다른 지역의 루시사람들은 이 곳으로 이주했다.

모스크바는 또 무역의 길들이 서로 통하는 곳이었다. 그래서 여러 지역의 상인들이 이 곳을 지나거나 이 곳에서 무역을 했으며, 그 결과 모스크바는 상업의 중심지로 자라면서 부유한 도시가 되었다.

둘째, 모스크바의 이러한 이점들을 공후들이 잘 활용했다. 이와 관련해 우선 알렉산드르 넵스키(Aleksandr Nevsky, 1252~1263)를 살펴야 하겠다. 그는 원래 노브고로드의 공후로서 우선 1240년에 스웨덴사람들의 침략을 네바강의 전투에서 잘 막아 냄으로써 '네바'라는 이름이 들어간 넵스키라는 이름을 얻었다. 그는 이어 1242년에 독일기사단의 침략을 블라디미르-수즈달공국의 지원 아래, 오늘날의 에스토니아(Estonia)에 위치한 추드호(Lake Chud 또는 Lake Peipus)의 얼음 위에서 무찔렀다. 러시아사람들은 오늘날까지도 이것을 '얼음 위의 대접전'이라고 자랑스럽게 부른다.

자연히 알렉산드르 넵스키는 루시 전체의 민족적 영웅으로 떠올랐다. 그는 오늘날까지도 러시아사람들로부터 위대한 민족적 영웅으로 존경을 받는다. 예컨대, 소련의 세계적 영화인 에이젠슈테인(Sergei Eisenstein)은 「알렉산드르 넵스키」라는 영화를 만들었으며, 역시 소련의 세계적 작곡가 프로코피예프(Sergei Prokofiev)는 같은 이름의 음악을 창작했다. 그래서 소련은 알렉산드르 넵스키 무공훈장을 제정해 조국의 수호를 위해 뛰어난 공로를 남긴 군인에게 주었다. 이 제도는 오늘날 러시아연방공화국에서도 실시되고 있다.

알렉산드르 넵스키는 곧 모스크바를 안고 있는 블라디미르-수즈달공국의 공후가 되었으며, 루시의 많은 곳들을 정복한 몽골-타타르의 침공을 외교적으로 잘 막아냈다. 곧, 그는 몽골-타타르에 대한 항전은 자신이 다스리는 백성들의 대살륙을 의미할 뿐이라고 판단해 침략자에 협조하기로 결정하고 몽골제국의 우위성을 받아들였을 뿐만 아니라 정기적으로 조공을 바쳤다. 그 결과 몽골제국은 그에게 '루시의 대공'이라는 칭호를 주었으며 그의 영지를 침공하지 않았다. 이러한 지위를 이용해, 그는 이웃 노브고르드공국과 다른 공국들의 수호에 이바지했는데, 여기서 가장 많은 혜택을 받은 곳이 모스크바였다.

그리하여 모스크바는 그가 죽은 1263년에 그의 아들 다니엘(Daniel)을 공후로 하는 공국으로 독립해 나갔다. 러시아정교는 뒷날 넵스키가 루시사람들이 학살되는 것을 막은 공로를 인정해 그를 성인(聖人)의 반열에 세워준다.

모스크바대공국으로의 성장

모스크바공국의 초창기의 공후들은 모스크바공국의 영토를 계속해서 넓혀나갔다. 3대 공후 이반 다닐로비치(1325~1341)는 영토를 넓혀나갔을 뿐만 아니라, 자신의 재산을 크게 늘려 칼리타, 곧 '돈주머니'라는 별명을 얻기도 했다. 이반 칼리타(Ivan Kalita)는 킵차크칸국의 칸을 능란하게 다루었다. 킵차크칸국의 수도 사라이를 자주 찾아가 칸과 그의 아내들에게 값비싼 선물을 바쳤으며, 그 대가로 '모든 루시의 대공'이라는 칭호를 얻었다. 그리하여 모스크바공국은 모스크바대공국으로 격상됐으며, 이제 모스크바대공국은 루시의 정치적 중심지로 뿌리를 내렸다.

이 무렵 몽골-타타르에 대한 루시사람들의 민족적 반항심이 차츰 커졌다. 이렇게 되자 킵차크칸국은 루시의 여러 공국들에 상주시켰던 징세관들을 불러들이고, 그 대신에 루시의 공후들로 하여금 세금을 거둬 바치게 했다. 이반 칼리타는 어느 다른 공후들보다 먼저 공물과 세금을 바쳤다. 그러자 킵차크칸국은 그에게 모든 루시의 공물과 세금을 거두어 바치게 하는 권한을 주었다. 이로써 루시의 모든 공후들은 더욱더 모스크바대공국에 예속되게 되었다. 이반 칼리타의 이러한 정책이 반민족적인 것은 아니었다. 왜냐하면, 많은 학자들이 공통되게 평가했듯이, 칼리타의 교묘한 현실적 정책은 당시 루시민족을 파괴적인 몽골-타타르의 침략으로부터 구하는 결과를 가져왔기 때문이다.

이반 칼리타는 능란한 수완으로 모스크바를 종교적으로도 모든 루시의 중심으로 키우는 데 성공했다. 1326년에 루시의 모든 정교교회들의 수장(首長)인 '키예프와 모든 루시 교회의 총주교'가 모스크바를 방문하던 가운데 죽자 이반 칼리타는 그를 성인이라고 선언하고 그의 사당을 크게 지었으며, 그의 후계자에게 모스크바에 영구히 머물도록 설득했다. 이에 따라 그는 '키예프와 모든 루시 교회의 총주교'라는 칭호를 유지하면서 모스크바에 정착했고, 이것은 모스크바에 정교의 중심이라는 후광을 얹어주었다.

이반 칼리타가 1341년에 죽은 뒤 그의 아들들인 시메온 고르디(Simeon the Proud)와 이반 크라스니(Ivan Ⅱ : Ivan the Fair)가 차례로 대공의 지위에 올라 아버지의 정책을 잘 받들어 모스크바대공국의 영토는 차츰 넓어졌다. 이 과정에서 대주교 알렉세이(Aleksei)가 중요한 역할을 성공적으로 수행했다. 그는 모스크바대공국의 정사(政事)에 많은 조언을 해주었으며 다른 공국들로부터 모스크바를 방문하는 사절들을 슬기롭게 맞이했다. 무엇보다 그는 몽골-타타르의 지배자들을 상대로 외교를 잘 했다. 이 시기에 킵차크칸국은 쇠락의 길에 접어들었다. 내부에서 권력투쟁이 일어났고, 그것은 1357년부터 마침내 내전으로 확대되어 그 때로부터 20년에 걸쳐 유혈전쟁이 계속되는 가운데 약 20명의 칸들이 명멸했다. 이처럼 킵차크칸국이 내전을 겪으며 몰락을 거듭하게 된 것은 모스크바에게는 다행스러웠다. 그러나 서쪽에서 리투아니아의 힘이 성장하고 있었으며, 그리하여 모스크바의 통치자들은 서쪽 국경선의 방어에 관심을 쏟지 않을 수 없었다.

이러한 상황에서, 이반 2세가 1359년에 죽었다. 곧바로 대공위(大公位)의 계승을 둘러싼 갈등이 빚어졌다. 이반 2세의 아들로 아홉 살인 드미트리가 즉위하게 되자 이반 2세의 동생으로 블라디미르-수즈달공국의 공후인 드미트리가 도전함으로써, 키예프 루시 시절의 전형적인 숙질(叔姪) 사이의 싸움이 재연된 것이었다. 이미 힘을 잃은 킵차크칸국은 두 사람 모두에 대한 지지를 표시했다. 그러나 모스크바대공국의 유력자들은, 심지어 상공인들도, 소년 드미트리를 공개적으로 지지했다. 이것을 보고 숙부 드미트리는 도전을 포기했다.

2. 모스크바대공국의 몽골에 대한 승전

드미트리 대공은 대주교 알렉세이의 도움을 받으며 모스크바대공국을 유능하게 이끌었다. 그는 우선 트베르(Tver)공국의 침공을 잘 막아냈다. 이 공국의 공후는 킵차크칸국으로부터 대공의 칭호를 받게 되자 모스크바대공국을 적대시하는 리투아니아를 반(反)모스크바연합전선에 끌어들여 1368년과 1372년에 모스크바대공국을 공격했다. 드미트리 대공은 이 공격을 둔화시켜 리투아니아와 강화함과 아울러 트베르로 하여금 모스크바대공국의 우위를 인정하게 만들었다.

드미트리 대공은 곧이어 랴잔공국의 복속을 받아냈으며 불가족으로부터 공물을 정기적으로 바치겠다는 약속을 얻어냈다. 랴잔공국과 불가족이 모두 킵차크칸국에 공물을 바쳐왔음에 비추어 드미트리 대공의 성공은 모스크바대공국의 힘이 커지고 위세가 신장되고 있음에 반해, 킵차크칸국은 극복하기 어려운 위기에 직면해 있음이 누구에게나 확실해졌다.

상황의 이러한 반전은 옛 키예프 루시의 땅 전역에서 몽골-타타르에 대한 민족적 저항을 고양시켰다. 그 한 보기가 1374년에 소련시기의 고리키시(市)이자 오늘날의 니즈니노브고로드(Nizhny Novgorod)에서 있었던 시민들의 봉기였다. 시민들은 칸이 보낸 사절과 그 수행 병사들을 모조리 죽인 것이다.

자연히 몽골-타타르 지배자들과 루시사람들 사이에 충돌이 잦아졌다. 그 충돌은 마침내 1378년에 모스크바대공국의 군대와 킵차크칸국의 군대가 보자강(the Vozha)의 유역에서 맞부딪치는 것으로 이어졌다. 이 전투는 모스크바의 승리로 마무리됐다. 충격을 받은 킵차크칸국의 칸 마마이(Khan Mamai)는 리투아니아와 제휴하고 1380년에 200,000명의 대군을 이끈 채 모스크바대공국을 공격했다. 드미트리 대공은 리투아니아군이 합류하기 전에 킵차크군을 상대하기로 결심한 뒤 150,000명의 대군을 이끌고 돈강을 건넜다. 9월 8일에 쿨리코보의 들판에서는 글자 그대로 격렬한 혈전이 벌어졌다. 드리트리도 전투 중에 의식을 잃고 쓰러져 시체 더미 속에 묻혔다가 겨우 발견됐다. 전투는 마지막 단계에서 모스크바대공국 군대의 복병전이 승리하면서 킵차크칸국의 완패로 끝났다. 전장으로 진격해오던 리투아니아군은 이 소식을 듣고 회군했다. 그리하여 드미트리는 돈강의 이름이 들어간 드미트리 돈스코이(Dmitry Donskoi)로 불리게 되었다.

쿨리코보의 승전이 가지는 의미는 매우 컸다. 그것은 무엇보다 몽골-타타르가 자랑하던 '불패의 신화'를 깨뜨렸으며 따라서 키예프 루시에 속했던 루시의 모든 지역에서 루시사람들의 자신감을 높여 주었다. 그것은 자연히 드미트리 대공과 모스크바대공국의 위신을 빠르게 성장시켰다. 이제 모스크바대공국은 루시의 중심으로 확실하게 자리잡았으며, 모스크바대공국을 중심으로 한 루시의 통일노력에 힘이 붙게 됐다.

그러나 쿨리코보 승전의 대가는 엄청나게 컸음이 똑같이 지적되어야 할 것이다. 쿨리코보에서 패배한 몽골군대는 패장 마마이 칸을 처형하고 스스로 칸의 지위에 오른 토크타미시(Tokhtamysh)의 지휘 아래 2년 뒤 보복해왔는데, 그 동안 군대를 훈련시키지 않았던 드미트리 돈스코이는 겁을 먹고 모스크바를 버린 채 달아났던 것이다. 토크타미시는 속임수를 써서 백성들만이 지키는 모스크바를 점령한 뒤 약 24,000명을 죽이고 도시 전체에 불을 질렀다. 모스크바는 다시 완전히 몽골-타타르의 지배 아래 들어갔다. 이것을 보고 드미트리 돈스코이는 다시 엄청난 배상금을 지불한 뒤 무릎을 꿇고 몽골에 복종할 것을 맹세했으며 그리하여 타타르의 지배는 1세기쯤 더 계속되었다.

그렇다고 해서 토크타미시는 완전한 승리자이고 드미트리는 완전한 패배자였던 것은 아니다. 토크타미시가 드미트리의 항복을 받았음은 사실이나 동북방 러시아 지역에 대한 모스크바의 지배권을 꺾지는 못했던 것이다. 반면에 드미트리는 비록 토크타미시에게는 항복했으나 그의 군대가 철수하자마자 즉시 자신이 위급했던 당시 돕지 않고 오히려 토크타미시를 도운 랴잔공국을 비롯한 이웃의 몇몇 공국들을 징벌하고 동북방 러시아 지역에 대한 모스크바의 지배권을 여전히 굳게 지켰다. 그렇게 함으로써 그는 모스크바를 앞으로 실현될 민족적 부흥과 통일의 강력한 중심지로 키워 나갔다.

드미트리 돈스코이의 치적으로 기록되어야 할 또 하나의 것은 1367년에 크렘린을 석조건물로 개축한 일이다. 크렘린이란 원래 고대 러시아의 성채(城砦)와 내성(內城)을 가리키는 말이다. 하얀 돌로 된 크렘린이 건설된 때부터 모스크바는 '하얀 돌벽의 모스크바'로 불렸다.

3. 몽골-타타르로부터의 해방과 이반 Ⅲ세

바실리 Ⅰ세와 바실리 Ⅱ세의 통치

드리트리 돈스코이의 시대 이후 모스크바대공국에 의한 다른 공국들의 병합은 촉진되었다. 우선 그의 후계자인 바실리 Ⅰ세(Vasily Ⅰ, 1389~1425)와 바실리 Ⅱ세(Vasily Ⅱ, 1425~1462)는 이웃 공국들을 하나하나 병합해 나갔다. 그 가운데 바실리 Ⅰ세는 드미트리의 아들로서, 신중하고 이지적인 통치자였다. 그는 특히 토크타미시에게 인질로 잡혀 살던 시절에 몽골-타타르의 약점을 잘 파악해 놓았기 때문에 그들을 상대함에 있어서 그것을 적절히 활용했다. 그는 1395년에 잠시 위기에 직면했다. 중동과 소아시아를 침공한 데 이어 랴잔공국을 초토화시켰을 뿐만 아니라 킵차크칸국에 결정적인 타격을 입힌 티무르(Timur, 영어로는 Tamerlane : 태멀레인)가 모스크바대공국을 향해 진격하기 시작했기 때문이었다. 그러나 다행스럽게도 티무르는 중도에 공격을 포기하고 귀국했다. 그는 칭기즈칸의 후예임을 자처하면서 소아시아와 중동 일대에 거대한 제국을 세웠으며, 수도를 오늘날 우즈베키스탄의 제2 도시 사마르칸트(Samarkand)에 두었다. 그러나 1405년에 죽으면서 그의 제국은 붕괴된다.

이어 바실리 Ⅱ세는 1452년에 킵차크칸국에서 망명해 온 몽골의 공자 카심(Kasim)과 그를 추종하는 몽골의 귀족들을 받아들이고 그들에게 일정한 영지를 주어 카시모프공국을 세우게 했다. 카시모프공국은 물론 모스크바대공국의 종주권을 받아들였다. 이로써 루시와 몽골의 관계에서 결정적 전환이 마련됐다. 바실리 Ⅱ세는 승세를 몰아 1456년에 무력으로 노브고로드를 눌러 야젤비치 조약(the Treaty of Yazhelbitsy)을 맺게 하고, 노브고로드에 대한 모스크바의 우월성을 받아들이게 했다. 이 업적으로 그는 모스크바대공국의 역사에서 최초의 절대군주로 평가된다.

이반 Ⅲ세, 몽골의 지배를 거부하고 황제의 칭호를 쓰다

그러나 특히 1462년에 즉위해 1505년까지 그 자리에 있었던 이반 Ⅲ세(Ivan Ⅲ) 때, 모스크바대공국은 루시의 대부분을 통합한 크고 센 나라로 자라난다. 이 시기는 우리 역사의 경우 조선초기에 해당한다.

바실리 Ⅱ세의 아들인 이반 Ⅲ세는 1472년에 비잔틴제국의 마지막 황제인 콘스탄티노스 팔레올로고스(Constantine Palaeologus)의 조카딸 소피아 팔레올로고스(Sophia Palaeologus)와 결혼한 뒤 스스로를 비잔틴 황제의 계승자임과 그리스정교의 수장임을 참칭하고 모스크바를 '제3의 로마'라고 선언하는 한편, 비잔틴제국의 상징인 쌍두독수리의 깃발을

이반 Ⅲ세

자신의 옥새의 도안으로 씀으로써 자신의 위신을 크게 높였다. 그는 1471년과 1478년 두 차례에 걸쳐 모든 루시 땅의 통합을 반대하는 노브고로드를 공략해 항복을 받고 모스크바대공국에 편입시켰다. 노브고로드의 독립과 자유를 상징하던 베체의 종을 모스크바로 옮겨갔으며 자신을 주공(主公)이라고 부르던 관습을 없애고 주권자(Sovelign, 러시아어로 Государ)라고 부르게 했다. 그리고 자신의 대리자로서 총독을 파견해 통치하게 했다.

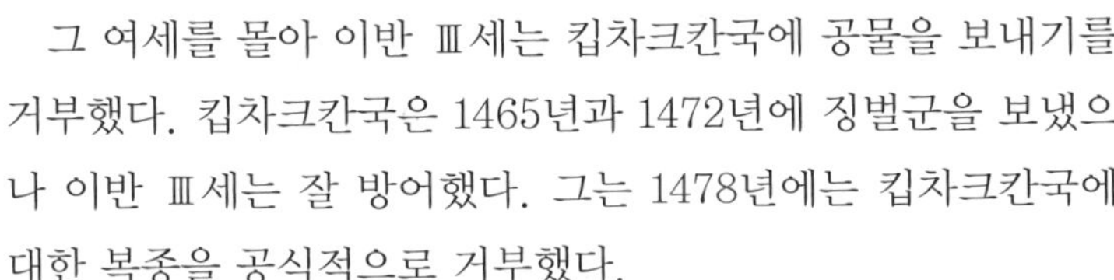

그 여세를 몰아 이반 Ⅲ세는 킵차크칸국에 공물을 보내기를 거부했다. 킵차크칸국은 1465년과 1472년에 징벌군을 보냈으나 이반 Ⅲ세는 잘 방어했다. 그는 1478년에는 킵차크칸국에 대한 복종을 공식적으로 거부했다.

1480년에 킵차크칸국의 칸 아흐마트(Akhmat)가 싸움을 걸어왔으나 그는 쉽게 물리쳤으며, 이 때문에 아흐마트는 살해되었고 1500년께 킵차크칸국은 사실상 무너졌다. 그러나 카잔(Kazan)을 본거지로 하는 몽골세력이 모스크바대공국을 괴롭혔는데 이반 Ⅲ세는 외교력과 군사력을 적절히 배합해서 이 세력도 물리쳤다. 그 결과 자신감을 강화하게 된 루시의 여러 지역들은 그 뒤 간헐적으로 일어난 몽골-타타르의 공격을 잘 제압할 수 있었다. 이러한 공로로 그는 이반 대제(Ivan the Great)라고 불렸다.

이 때로부터 이반 Ⅲ세는 사모데르제츠(Samoderzhets)라는 칭호를 썼다. 이것은 비잔틴제국의 황제가 쓰던 칭호로, 전제군주라는 뜻과 독립군주라는 뜻을 함께 지녔다. 그는 또 '모든 루시사람들의 전제군주'라는 칭호를 썼다. 이 경우의 전제군주를 러시아 말로 '차리'라고 불렀다. 영어로는 '차르(Tsar)'로 표기되는 이 단어는 로마의 황제를 뜻하는 라틴어의 '케자르(Caesar)'에서 시작되었고 비잔틴제국으로 흘러들어갔다가 다시 모스크바대공국으로 전파된 것이다. 이 말은 뒷날 독일에서 '카이저(Kaiser)'로 쓰인다.

이반 Ⅲ세는 또 본격적인 국가 행정조직과 법전을 만들어냈으며,

〈선지자 엘리야〉 노브고로드-프스코프 화풍의 성상화

이탈리아 건축가들을 불러 새로운 크렘린을 건설하는 등 상당한 치적을 남겼다. 그러나 그가 만들어낸 제도들 가운데 가장 중요한 것은, 정복한 땅을 군의 장교들에게 나누어주고 그 대가로 그에 대한 충성과 복무를 요구하는 새로운 토지소유제 포메스티예(pomestie)를 도입한 것이었다. 이것은 군주와 군을 잇고 토지에 바탕을 둔 귀족의 힘을 약화시킨 결과도 낳았지만, 농노제의 탄생을 가져왔다. 농노제를 법적으로 뒷받침한 것은 그가 1497년에 편찬한 「수제브니크(*Sudebnik*)」라는 법전이었다.

이 법전은 키예프 루시의 법전인 「루스카야 프라우다」를 모방한 것으로, 모스크바대공국의 전역에 공통되게 적용되는 사법제도를 설정했으며, 관리들의 부패를 방지하기 위한 제도적 장치들을 마련했고, 귀족들 및 지주들의 행동에 제한을 두는 규정들을 제시했으며 일반백성들에 대한 형벌을 규정했다. 이 법전은 또 이반 Ⅲ세를 '모스크바의 대공'이라고 규정하지 않고, '모든 루시사람들의 대공'이라고 규정함과 아울러, 무장반란과 주권자에 대한 음모를 극형에 처한다고 선언해 이반 Ⅲ세의 정치적 및 법적 지위를 높였다. 한 마디로, 이 법전은 모든 루시지역들에 대한 모스크바대공국의 중심적 권위가 성장하고 있음을 과시했다. 이 법전은 1550년에 이반 Ⅳ세에 의해 왕권을 더욱 강화하는 방향으로 개정된다.

러시아 문화의 발전

이 무렵에 러시아의 문화 역시 크게 발전했다. 이미 몇 세기 전부터 외국의 침략자들에 맞서 씨운 러시아국민들의 무용담이 구비문학의 형태로 전승되어 왔는데, 14세기와 15세기 사이에 이러한 구비문학은 더욱 성장했다. 그 대표적인 작품들이 「바투의 루시침략에 관한 전설」, 「체르니고프의 미하일 공후의 살해에 관한 이야기」, 「루시 땅의 파괴에 관한 강론」, 「알렉산드르 넵스키의 생애」, 「셰프칼(Shevkal)의 전설」, 「돈강의 저편에」 등이다. 또, 같은 시기에 주로 공후와 대주교 및 수도원 설립자를 소재로 하는 전기문학이 발전했다.

미술과 건축 및 조각 부문에서도 업적들이 쏟아져나왔다. 예컨대, 이반 Ⅲ세는 새로운 크렘린을 건설했으며 이 안에 다섯 개의 둥근 지붕으로 된 「우스펜스키 사원」을 비롯해 여러 화려한 건물들을 세웠다. 그는 크렘린 동쪽 담벼락 부근에 광장을 만들었는데 대체로 16세기 이후 '붉은 광장'으로 불렸다. 러시아사람들에게 붉은 색은 아름다운 색이면서 중요한 색이다. 따라서 '붉은 광장'은 '아름다운 광장' 또는 '중요한 광장'의 뜻을 담고 있다.

이반 Ⅲ세는 또, 이탈리아의 건축가 피오라반티(Ridolfo Fioravanti)를 불러들여 블라디미르의 「성모 마리아 승천의 교회」를 모방한 또 하나의 「성모 마리아 승천의 교회」를 짓게 했다. 그는 이어 프스코프의 건축가들을 불러 「성모 마리아에 대한 수태(受胎) 고지(告知)의 교회」를 짓게 했다. 이 건축물은 8년의 긴 역사 끝에 1490년에 완성되었다.

이 시대의 회화에서 걸작들은 성상화(聖像畵) 부문에서 나왔다. 대표적인 화가는 1370년께 태어나 1430년에 죽은 루블레프(Andrei Rublev)였으며, 그의 걸작 「삼위일체」와 「구세주」는 세계적인 찬양을 받았다. 이 시대의 화풍으로는 우선 노브고로드와 프스코프 지역을 대표한 노브고로드-프스코프 화풍을 꼽을 수 있는데, 그 대표작은 15세기의 「선지자 엘리야(the Prophet Elijah)」이다. 이어 로스토프와 수즈달 지역을 대표한 로스토프-수즈달 화풍을 꼽을 수 있는데, 그 대표작은 14세기께의 「성 니콜라이와 그의 선택된 제자」라고 하겠다.

4. 모스크바대공국의 팽창과 이반 Ⅳ세

단일국가로서의 러시아 국가가 일어나다

이반 Ⅲ세가 죽은 뒤 그의 아들 바실리 Ⅲ세(Vasily Ⅲ)가 즉위해 1533년까지 통치했다. 이 시기에 루시 땅은 마침내 모스크바대공국의 손에서 통합을 보았다. 『러시아의 역사』에서 지적되었듯이, 이로써 동유럽에는 면적이 280만 제곱킬로미터에 이르고 인구가 900만을 헤아리는 거대한 단일적 중앙집권국가로서의 러시아 국가가 일어났다.

지난날의 공후들은 모스크바 대공의 지배를 받는 대귀족들이 되었다. 그러나 대귀족들은 대귀족회의를 통해 대공의 권력을 제한할 수 있었다. 국내외의 모든 중대한 문제들에 대해서 대공은 대귀족회의와 더불어 결정해야 했으며, 따라서 『러시아의 역사』가 밝혔듯이, 정부의 명령서들은 "대공은 명령을 내렸고 대귀족들은 이를 가결했다" 식으로 작성되었다.

이반 Ⅳ세, 중앙집권을 추진하다

바실리 Ⅲ세는 1533년에 죽었다. 바실리 Ⅲ세의 아들인 후계자 이반 Ⅳ세는 세 살밖에 되지 않았다. 그래서 그의 어머니인 대공비 옐레나(Yelena)가 그녀의 형제들인 글린스키(Glinsky) 가문의 공작들과 함께 통치했다. 이때부터 권력투쟁이 벌어졌다. 대공비가 독살되었다는 소문 속에 죽으면서 권력은 슈이스키(Shuisky) 가문에게 넘어갔다. 그러나 곧 벨스키(Belsky) 가문에게, 이어 보론초프(Vorontsov) 가문에게, 이어 다시 슈이스키 가문에게, 그리고 마침내 글린스키 가문에게 돌아갔다. 『러시아의 역사』에 따르면, 이 과정에서 유혈숙청이 잇달았으며, 한번 권력을 쥔 집안은 자신들의 치부에만 몰두했다.

일련의 궁정혁명은 어린 이반 Ⅳ세를 병적인 성격의 소유자로 만들었다. 그의 평생을 지배한 의심하는 버릇과 잔인한 성품 및 편집광은 이 과정에서 형성된 것이다. 그러나 『러시아의 역사』가 지적했듯이, 그가 "타고난 예지와 뛰어난 언변, 그리고 평론가적인 재능을 지니고 있었다"는 것도 사실이었다.

그는 귀족들 사이의 집안 싸움이 어느 정도 멈춰진 때인 1547년에 17세의 소년으로 즉위했다. 그는 러시아 역사상 처음으로 차르로서의 대관식을 가졌다. 크렘린의 「우스펜스키 사원」에서 거행된 이 대관식은 대주교 마카리가 주재했으며, 마카리 대주교는 축사를 통해 차르의 권력이 하느님으로부터 나왔다는 황권신수설(皇權神授說)을 강조했다. 이 대관식으로 말미암아 이반 Ⅳ세의 권위는 강화되었으며 러시아 국가의 국제적 위신은 높아졌다. 그는 같은 해에 로마노프(Romanov) 집안의 아나스타샤(Anastasia)와 결혼식을 올리면서, 결혼식을 성대하고도 엄숙하게 치러 황실의 위엄을 높였다.

그가 즉위한 직후인 1547년 6월에 모스크바에서 큰 불이 일어났다. 이 불로 1,700여 명의 주민들이 죽고, 거의 모든 주민들이 집을 잃었다. 왕궁도, 왕가의 보물들도, 그리고 무기고까지도 타버렸다. 글린스키 가문이 불을 질렀다는 소문이 나돌면서, 주민들은 흥분 속에 들고 일어나 이반 Ⅳ세의 외삼촌인 유리 글린스키 공작(Prince Yuri Glinsky)을 찢어죽임과 아울러 글린스키 집안의 집들을 파괴했다. 그들은 이반 Ⅳ세에까지 몰려가 글린스키 집안의 사람들을 내놓도록 요구했다. 이반 Ⅳ세는 감춰둔 사람들이 없다고 다짐함으로써 군중들을 겨우 해산시킬 수 있었다.

개혁의 시대

앞에서 설명했듯이, 이반 Ⅳ세는 즉위하기 전에 여러 차례 겪은 궁정혁명을 통해 대귀족들에 대한 불신을 키웠다. 그들은 러시아의 통일을 강화하는 일에는 관심이 없고 자신들의 힘을 그대로 유지시켜 자신들의 세습영지 안에서 전제적인 지배자로 남는 일에 몰두할 뿐이라는 사실을 깊이 깨닫기에 이르렀다. 모스크바의 큰 불 때 있었던 백성들의 반(反)귀족봉기는 이반 Ⅳ세가 대귀족에 대해 지녔던 불신을 더욱 강화했다. 그리하여 그는 대귀족에 의한 정치보다는 자신의 명령에 복종하여 공무나 군무에 종사하는 관리들을 통한 통치에 더 많이 의존했다. 이 시점부터 그는 술과 여자에 빠져지냈던 생활에서 벗어나 개혁에 몰두했다. 이로써 그의 통치의 제 1기인 개혁의 시대는 시작된다.

앞에서 이미 암시되었듯이, 이반 Ⅳ세의 일차적 관심은 중앙집권의 강화였다. 이 목표를 이루고자 그는 우선 이즈브란나야 라다(Izbrannaya Rada)를 세웠다. 라다(Rada)는 원래 우크라이나지방의 인민집회를 가리키는 말이며, 이즈브란나야 라다는 '선발된 인민회의'로 번역될 수 있다. 이 기구에는 이반 Ⅳ세에 충실하고 모스크바의 융성을 위해 노력하며 중앙집권화를 지지하는 귀족들이 참여했다. 이 기구는 모든 대귀족과 귀족들, 그리고 성직자들의 이해관계를 조정하고자 노력하면서 국가의 중앙집권화 정책을 수행해 나갔다.

이반 Ⅳ세는 대귀족의 힘을 꺾고 중앙집권을 강화하기 위한 또 하나의 노력으로, 즉위 2년 뒤인 1549년에 '선출된 협의회'라는 뜻을 가진 젬스키 소보르(Zemsky Sobor)를 구성했다. 하위의 귀족과 성직자와 관리 및 도시부르주아지의 대표들로 구성된 이 기구는 러시아의 역사에서 각 계층의 대표자들이 모인 최초의 국민회의였다. 이 회의의 첫 모임에서 이반 Ⅳ세는 대귀족들의 권력남용을 비난하고 러시아 국가의 통일을 더욱 굳건히 하기 위해 함께 뭉치자고 호소했는데, 이 호소야말로 이반 Ⅳ세가 이 기구를 발족시킨 참뜻을 그대로 말해주었다. 그는 이 회의를 여러 차례 소집했으며, 1566년에는 상인의 대표와 수공업자의 대표까지 불렀다. 이로써 러시아에는 계급대표들에 바탕을 둔 군주제가 세워졌다.

같은 맥락에서, 이반 Ⅳ세는 1551년에 '100교구의 협의회'라는 이름의 교회협의회를 소집했다. 이 협의회는 교회의 국가 및 사회와의 관계, 교회와 성직자의 문제에 관한 교회의 권한 등을 규정한 명령들을 제정했다. 이것은 한편으로는 전국의 교회들을 모스크바 총주교의 지도체제 아래 단일화시키는 결과를 가져왔다. 그러나 이것은 다른 한편으로는 교회에 대한 차르의 통제력을 상당히 강화시켰다. 예컨대, 이제부터 교회는 차르의 명시적 허락 없이는 땅을 살 수 없게 됐고, 차르가 제정한 수제브니크라는 법전을 따르기로 동의했다.

힘있는 중앙집권의 국가를 세우려는 이반 Ⅳ세의 노력은 계속되었다. 그는 이즈브란나야 라다를 통해 많은 개혁안들을 추진했다. 우선, 성(省)이라는 이름의 중앙정부기구들을 확대시켰다. 이어 지방행정제도를 바꾸었다. 첫째, 대귀족이 맡던 지방장관들을 중앙정부가 임명했다. 둘째, 주민들이 내는 코름(korm)이라는 이름의 세금으로 지방장관들이 봉급을 받던 이른바 부지제도(扶持制度)를 폐지하고 그 대신 중앙정부가 그들에게 봉급을 주었다. 셋째, 지방장관들로부터 재판권과 징세권을 빼앗아 그 권한들을 별도로 신설된 재판소장에게 맡겼다. 한편 중앙정부는 화기로 무장한 보병 상비군 스트렐치(Streltsy)를 창설했고, 포병을 강화했으며, 지방의 대귀족들에게 국가가 전쟁에 직면했을 때 무장 기병대를 끌고 모스크바로 와야 한다는 의무를 부과했다. 넷째, 교회를 개혁하여 교회와 사원의 대금업과 지나친 토지소유를 금지시켰으며 중앙정부에 대한 충성을 높이도록 조처했다.

공포정치의 시대

이러한 조처들은 대귀족들의 불평과 불만을 낳았다. 기회를 엿보던 그들은 1560년에 황비 아나스타샤가 죽자 이즈브란나야 라다의 핵심 간부들이 그녀를 독살했다는 소문을 퍼뜨렸다. 실의에 빠져 발작을 일으킨 이반 Ⅳ세는 이 소문을 믿고 이즈브란나야 라다를 해산함과 아울러 문제의 지도자들을 유배시켰다. 이로써 이반 Ⅳ세의 통치는 새로운 시기, 곧 그의 통치의 제 2기로 접어 들었다.

그것은 공포정치의 시대였다. 이반 Ⅳ세는 1565년에 오프리치니나(oprichnina)를 확보했다. 이 오프리치니나라는 러시아말은 원래 황실의 땅 또는 황실령(皇室領)을 뜻한다. 이제 이반 Ⅳ세는 그 안에서 전권을 지닌 주인이 되는 황실령을 확보한 것으로, 그 범위는 중부와 북부 지역의 땅까지 미쳤다. 그는 곧 오프리치니나를 수비하는 자신의 친위대를 조직하고 이것을 오프리치니키(oprichniki)라고 불렀다. 그 수는 처음에는 약 1,000명이었다가 차차 늘더니 나중에는 약 6,000명에 이르렀다. 어떤 책들은 그들을 이반 Ⅳ세의 헌병 또는 비밀경찰로 번역했다. 크게 보아 틀린 말은 아니다. 이들은 국가의 반역자들을 개가 그렇게 하듯 모조리 물어뜯어 쓸어버리겠다는 뜻으로 검은 옷을 입고 검은 말을 탔으며, 말 안장에는 개의 머리와 빗자루를 달고 다녔다. 그리하여 오프리치니키라는 말이 공포 또는 혼란이라는 말로 바뀌어 버렸다.

실제에 있어서 오프리치니키는 이반 Ⅳ세가 베푸는 혜택 아래 이반 Ⅳ세가 반대파에 대해 가하는 유혈테러에 충실하면서도 무자비한 도구가 되었다. 예컨대, 1570년에는 모스크바의 예속에 여전히 불만을 품는 노브고로드에 들이닥쳐 5주일 동안 고문과 처형을 계속했고, 모스크바로 돌아와서는 수백 명의 관리들을 악형 속에 죽였다. 그들은 이반 Ⅳ세의 사촌형제인 스타리차의 블라디미르(Vladimir of Staritsa) 공과 그의 가족들 및 친척과 친구들, 총주교 필립(Philip) 등도 투옥해 악형을 가한 뒤 처형했다. 이반 Ⅳ세가 이반 뇌제(雷帝) 또는 이반 공포제(恐怖帝, Ivan Grozny, Ivan the Terrible, John the Dread)로 불리는 까닭이 여기에 있다. 이 때는 우리 역사에서 조선왕조의 14대 군주 선조 때에 해당된다.

그러면 오프리치니키의 역할은 어떻게 평가될 수 있을까? 오프리치니키는 이반 Ⅳ세의 자의적인 전제정치를 뒷받침함으로써 차르체제를 강화하고, 따라서 봉건적 분열의 잔재를 일소하는 가운데 중앙집권화를 촉진하는 데 이바지했다. 그러나 오프리치니키의 무제한적 폭력행사는 나라 전체가 사실상 내전에 빠진 것 같은 무법적 상황을 만들어 냈다. 더구나 방화와 파괴 속에 농민들과 도시빈민층은 생활의 피폐를 겪어야 했다. 이렇게 국가적 재난이 커지면서 이반 Ⅳ세는 1572년에 오프리치니키를 폐지했다. 그러나 내전상태는 1575년까지 계속됐다.

이반 Ⅳ세의 외치

이반 Ⅳ세는 안으로는 러시아 국가의 통일을 강화하면서, 밖으로는 국가의 팽창을 추구했다. 그는 우선 세 차례의 원정을 통해 1552년에 타타르사람들의 나라인 카잔칸국을 붕괴시켰고, 1556년에 또 하나의 타타르 나라인 아스트라한칸국을 정복했다. 이로써 러시아는 우랄산맥까지 이르는 '커다란 다민족 국가'가 되었다. 또 볼가강 전체를 확보함으로써 동방의 여러 나라들과의 무역을 확대하게 되었다. 그것들뿐만이 아니었다. 러시아사람들은 아시아로 눈을 돌리게 되었으며 아시아 쪽으로 식민화의 큰 물결을 일으키게 되었다. 그 결과 사마라(Samara)와 사라토프(Saratov) 같은 새로운 도시들이 들어서기에 이르렀다.

남쪽으로 땅을 넓힌 이반 Ⅳ세는 북쪽으로 눈을 돌려 발트해로, 그리고 발트해를 지나 대서양으로 진출하려고 했다. 그러나 이 지역의 봉건영주들이나 국가들은 그의 야심을 가로막았다. 이 무렵인 1553년에, 북해를 통해 동방으로 진출할 수 있는 해로를 찾으려던 영국의 상인 챈슬러(Richard Chancelour)가 폭풍 때문에 오늘날의 아르한겔스크(Arkhangelsk)인 러시아 북부의 조그만 마을 아르한겔에 표착했다. 이반 Ⅳ세는 그를 만나 본 뒤에 그가 발견한 해로로 대서양에 진출할 수 있다고 생각했으며, 이 해로를 통해 특히 해양국가인 영국으로부터 러시아가 필요로 하는 전쟁물자를 사들이려고 마음먹었다. 그리하여 이반 Ⅳ세는 그를 통해 영국의 러시아통상을 허용한다고 선언했다. 이에 따라 몇 해 사이에 러시아의 여러 곳에 영국의 무역관이 생겼고 러시아는 이들을 통해 전쟁물자를 사들였다. 이반 Ⅳ세는 여기서 그치지 않고 1556년에 영국으로 대사를 보내 두 나라가 공수동맹(攻守同盟)을 맺자고 제의했으나 받아들여지지 않았다.

이반 Ⅳ세

발트해로 꼭 진출해야겠다고 결심을 굳힌 이반 Ⅳ세는 우선 1558년에 리보니아(Livonia)에 싸움을 걸어 독일의 봉건영주들이 창건했으며 장악하고 있는 리보니아기사단을 참패시켰다. 그러자 폴란드와 리투아니아와 스웨덴 및 덴마크 등이 연합하여 러시아 군대의 북진을 힘껏 막았다. 전쟁은 25년 동안 계속되었으며, 결국 승패가 분명하지 않은 상태에서 1583년에 휴전이 이루어졌다. 이 과정에서 모스크바로 가는 길목을 지키는 도시 프스코프는 '영웅적인 저항'을 과시했다고 하여, 『러시아의 역사』는 '프스코프의 방어'를 대서특필하고 있다. 그러나 오랫동안의 노력과 희생이 있었는데도 모스크바대공국이 리보니아지역에 대한 권한을 포기하고, 이로써 발트해로 나가는 중요한 길을 빼앗긴 것은 사실이다.

발트해로 진출하려는 노력은 꺾였으나 시베리아로의 진출은 이루어졌다. '시베리아(Siberia)'는 영어이고 러시아어로는 '시비리(Сибирь)'이다. '시비리'는 우랄산맥의 동쪽에 위치한 한 작은 나라의 이름 또는 그 나라의 수도의 이름이었다고 하며, 원래의 뜻은 이 지역을 지배한 몽골-타타르의 말로 '잠자는 땅'이었다고 한다. 어떻든 '시비리'라는 말은 1407년에 처음으로 러시아의 문헌에 등장했다. '시비리'는 그 무렵 '검은 황금'으로 불리던 담비의 모피를 쉽고 넉넉하게 얻을 수 있는 곳이어서 사냥꾼들이 몰려들었으며, 모스크바대공국 역시 담비의 모피를 비롯해 다른 동물들의 모피를 독점하려는 욕심에서 개척에 나섰던 것이다.

그러나 시베리아에 대한 본격적인 개척은 1581년에 카자크의 우두머리-카자크의 말로는 '아타만'-인 예르마크 티모페예비치(Yermak Timofeyevich)의 원정대에 의해 이뤄졌다. '카자크'란 원래 '이주민' 또는 '일당(日當) 노동자'란 뜻이다. 무거운 세금과 노역을 피해 변경지방으로 도망친 농노들 또는 그들의 자손들이 품팔이와 수렵 또는 약탈 등으로 생계를 유지했기에 그런 이름을 얻게 된 것이다. 예르마크는 그러한 카자크들의 우두머리로 볼가강 일대에서 약탈을 일삼다가 정부의 단속을 피해 우랄산맥 동쪽으로 이동했고 마침내 시비리를 정복하기에 이르렀다.

예르마크는 1583년에 자신의 힘의 한계를 느껴 본국정부에 지원을 요청했다. 이반 Ⅳ세는 여기에 응해 세묜 볼홉스키(Semyon Volkhovsky)를 대장으로 하는 지원군을 보냈으며, 그들은 합세해 이듬해에 이 곳의 타타르 나라인 쿠춤(Kuchum)칸국을 정복했다. 그러나 예르마크와 볼홉스키는 승리 속에 마음을 놓고 지내다가 타타르의 복수 부대에 쫓겨 죽었다. 그렇다고 해도 그의 원정이 성공함으로써 러시아사람들은 우랄산맥 너머 시베리아로 옮겨 살 수 있게 되었다.

이반 Ⅳ세 시대의 문화

스스로를 '르네상스의 군주'라고 불렀던 이반 Ⅳ세 때 러시아의 문화와 교육과 기술은 여러 방면으로 발전했다. 그 가운데 반드시 기억되어야 할 부분은 인쇄술의 창시(創始)이다. 1553년에 이반 Ⅳ세의 명령에 따라 세워진 국립인쇄소의 책임자 이반 표도로프(Ivan Fyodorov) 신부는 인쇄술을 창시해, 1564년에 그 첫 번째 책으로 『사도행전』을 펴낸 것이다. 그러나 그는 책을 인쇄하는 것이 마법이며 이단이라고 선언한 성직자들의, 그리고 인쇄술이 창시되기 이전에는 손으로 베껴서 한 권씩 만들던 전문적 필경사들의 탄압에 쫓겨야 했다. 비록 그렇다고 해도, 표도로프 신부의 업적은 결코 잊혀지지 않았다. 1964년에 소련사람들은 러시아 첫 인쇄본 책 출판에 대한 400주년 기념제를 성대하게 거행한 것이다.

이반 Ⅳ세의 시대에도 러시아의 미술과 건축에는 큰 업적들이 계속해서 나왔다. 보다 정확하게 말한다면, 바실리 Ⅲ세의 말기에 해당하는 1530년 부터 이반 Ⅳ세의 개혁의 시기에 해당하는 1555년까지의 25년 기간에 아름다운 교회들이 세워졌다. 그 대표적인 보기들이 콜로멘스코예(Kolomeskoye)에 세워진 「예수 승천의 교회」, 오스트로보(Ostrovo)에 세워진 「산상(山上)의 그리스도의 변용(變容)의 교회」, 그리고 디야코보(Diyakovo)에 세워진 「성(聖) 세례 요한의 교회」 등이다.

성 바실 교회(붉은 광장)

이반 Ⅳ세의 통치기간인 1555~1560년에는 모스크바의 건축가인 이반 바르마(Ivan Barma) 및 포스트니크 야코블레프(Postnik Yakovlev)로 하여금 카잔 정복을 기념하기 위해 붉은 광장에 「성(聖) 바실(Saint Basil) 교회」를 짓게 했다. 이반 Ⅳ세는 또 1547년의 '모스크바 큰 불' 이후에는 프스코프와 노브고로드로부터 미술가들을 불러들여 타버린 미술품들의 재생에 힘을 쏟게 했다. 그의 통치 말기에 부유한 상인인 스트로가노프(Stroganov)의 집안이 모스크바의 성상화 화가들을 대대적으로 뒷받침해, 그 때로부터 약 40년 동안 이른바 스트로가노프 화풍을 형성하면서 성상화의 발전이 이루어졌다. 그 대표적인 화가로 프로코피 치린(Prokopy Chirin)과 이스토마 사빈(Istoma Savin) 및 니키포르 사빈(Nikifor Savin) 등이 꼽혔다.

이반 Ⅳ세의 시대에 정치평론도 발전했다. 대표적인 정치평론가로 우선 페레스베토프(Ivan S. Peresvetov)를 꼽을 수 있는데, 그는 『술탄 마호메트의 전설(*The Legend of Sultan Moyammed*)』과 『하느님을 사랑했던 사람의 이야기(*The Tale of a Man Who Loved God*)』라는 책들을 남겼다. 이 책들에 일관된 주장은 공정한 법을 통해 정의를 실현해야 한다는 것이었다. 이어 쿠르브스키 공작(Prince Andrei M. Kurbsky)을 지적할 수 있다. 그의 대표작은 『모스크바 대공의 역사(*History of Grand Prince of Moscow*)』으로, 이 책은 이반 Ⅳ세의 '과격주의'를 '보수주의'의 입장에서 비판한 것이었다.

5. 혼란의 시대

이반 Ⅳ세는 1584년에 갑자기 죽었다. 이 때로부터 러시아는 '혼란의 시대(Smutnoye Vremya)'를 맞이하게 되었다. 1584년부터 1613년까지 29년 동안 – 또는 학자에 따라서는 1598년부터 1613년까지 15년 동안 – 계속된 이 시대는 로마노프왕조의 성립과 동시에 끝난다. 그 경위는 다음과 같다.

이반 칼리타 왕조의 폐막

이반 Ⅳ세에게는 원래 세 아들이 있었다. 황태자였던 장남 이반은 발작한 아버지의 쇠지팡이에 맞아 죽어 이반 Ⅳ세가 죽었을 때는 첫 번째 아내에게서 난 표도르(Fyodor, 1584~1598)와 일곱 번째 아내에게서 난 생후 6개월 된 드미트리가 있었다. 차르의 자리에는 당연히 표도르가 올랐다. 표도르는 테오도르(Theodore)라고도 불렸다. 그는 병약하고 어리석어 나라 일을 제대로 돌볼 수 없었다. 그렇지 않아도 이반 Ⅳ세의 무질서하고 발광적인 공포정치로 러시아는 황폐해진 터에 이처럼 무능력한 군주가 등장하니 혼란이 가속화될 수밖에 없었다. 그리하여 차르의 권력은 이반 Ⅳ세의 비밀경찰 두목이었으며 표도르의 처남인 대귀족 고두노프(Boris Godunov)에게 넘어갔다.

고두노프는 뛰어난 책략가로, 차르의 권력을 행사하게 되니 그 방면의 능력을 더욱 발휘하게 되었다. 모스크바 대주교구(大主教區)가 1588년에 콘스탄티노플 총주교구로부터 독립하여 모든 기독교권에서 다섯째 번의 총주교구로 승격된 것은 그의 책략에 의해서였다.

고두노프

한편, 드미트리는 고두노프의 명령에 따라 어머니와 함께 모스크바 북쪽의 작은 도시 우글리치(Uglich)로 쫓겨났다가 거기서 죽었으며, 어머니는 시골의 작은 사원으로 유배된 채 마르타(Martha)라는 이름의 수녀가 되었다. 그러나 곧바로 고두노프가 사람을 시켜 드미트리를 죽였다는 소문이 나돌았다. 사람들은 그 소문을 사실로 믿었다. 제정러시아의 시인 푸시킨(Aleksandr Pushkin)이 창작한 희곡 「보리스

고두노프」와 역시 제정러시아의 작곡가 무소르그스키(Modest Petrovich Mussorgsky)가 창작한 오페라 「보리스 고두노프」는 모두 그 소문을 사실로 받아들인 민중의 심정을 반영했다. 그러나 뒷날 베르나드스키를 비롯한 권위 있는 역사학자들은 드미트리는 칼을 갖고 놀다가 사고로 죽었을 뿐이며 고두노프가 죽였다는 증거가 없다고 설명한다. 한편, 표도르는 1598년 후계자가 없는 상태에서 죽었다. 이로써 이반 칼리타의 왕조는 막을 내렸다.

고두노프의 차르 즉위와 가짜 차르의 등장

후계자가 없는 상태에서 차르가 죽자 젬스키 소보르는 고두노프를 새 차르로 뽑았다. 이 과정에서 모스크바 총주교구가 힘껏 도왔다. 그러면 고두노프는 어떤 사람이었나? 그는 러시아정교를 받아들이고 루시화(化)된 몽골의 상층계급 가문에서 태어났다. 그렇지만 교육을 제대로 받지 못해 문맹에 가까웠다. 그러나 그는 궁정음모와 외교 및 국가경영에서 비상한 지력(知力)과 능력을 보여 주었다. 그는 차르가 되자 그러한 능력을 경제의 부흥과 국방력의 강화에 기울였다. 그리하여 특히 모스크바대공국의 영토를 상당히 늘리는 데 성공했다. 그러나 그의 정책은 대귀족계급의 불만을 일으켰으며, 그들은 이 '책략에 의한 비합법적 차르'를 타도해야겠다고 결심하게 되었다.

이 무렵 고두노프에게 매우 불리한 두 가지 사건이 일어났다. 첫째는 1601년부터 시작되어 3년 동안 계속된 큰 흉년으로 많은 사람들이 굶어 죽으면서 농민과 노예 및 도시민의 봉기가 시작된 것이다. 둘째는, 참칭자 드미트리의 출현이다 1603년에 폴란드에서 자신이 드미트리 황태자라는 한 젊은이가 나타난 것이다. 실제로는 추도프(Chudov) 사원의 한 사제로 1603년에 폴란드로 도망간 오트레피예프(Grigory Otrepyev)인 그는 "살해되었다는 드미트리는 사실 한 사제의 아들이었고 자신은 암살을 피해 살아 남았다"고 주장하면서 반(反)고두노프 원정을 선언했다. 이것은 러시아와 오랫동안 적대관계에 있던 폴란드의 음모였는데, 여기에 러시아의 반(反)로마가톨릭적 태도에 격분해 있던 교황청이 합세했다.

참칭자 드미트리가 드네프르강을 건너 모스크바로 진격할 무렵이던 1605년에 고두노프는 갑자기 죽고 그의 아들 표도르(Fyodor)가 제위에 올랐다. 고두노프에 반대하던 세력들은 참칭자를 지지했을 뿐만 아니라, 고두노프 일가를 죽이거나 박해했다. 이 소용돌이 속에 참칭자는 그 해 6월에 모스크바에 당당히 입성해 차르가 되었다. 진짜 드미트리의 어머니는 유배에서 풀려나 가짜 드미트리가 자신의 진짜 아들이라고 거짓 증언해 주었으며, 모스크바 총주교구의 총주교가 그에게 차르의 관을 씌워주어 누구도 그의 주장을 반박하기 어려웠다.

가짜 드미트리 황제는 자신의 즉위를 도운 폴란드사람들을 고관으로 임명하고, 폴란드 용병들과 자신에게 충성하는 귀족들에게 국고를 열어주었다. 폴란드 용병들은 개선군처럼 돌아다니며 갖가지 횡포를 부렸다. 여기에 가짜 드미트리의 폴란드적이며 가톨릭적인 행태까지 덧붙여져, 드미트리에 관련된 모든 것들은 이제 러시아사람들의 반감을 불러일으키기에 충분했다. 이에 러시아의 대귀족들은 바실리 슈이스키(Vasily I. Shuisky)의 지도로 '대변혁'을 추진해 마침내 가짜 드미트리를 죽이고 그의 추종세력을 몰아냈다. 제위에는 바실리 슈이스키가 올랐다. 그러나 그의 통치는 모스크바시(市)에 국한되었을 뿐이며 그 밖의 지역들에서는 여전히 혼란이 계속되었다.

농민전쟁의 발발

이 무렵에 농민전쟁이 일어났다. 이 농민전쟁을 이해하기 위해서는 당시 러시아 농민들의 지위를 살필 필요가 있다. 새삼 강조할 필요 없이, 농민들은 인구의 대다수를 차지하고 있었다. 그런데 그들의 소득은 매우 작았으며 사회경제적 지위는 열악했다. 왜냐하면 농민들은 거의 모두가 국가에 봉사하는 관리들과 군인들 및 향신들의 땅을 경작해주며 그 대가를 받았는데, 후자들은 자신들이 국가에 의무적으로 바쳐야 할 돈을 농민들을 쥐어짜냄으로써 확보하고자 했기 때문이다. 농민들은 또 후자들을 위해 부역을 제공하여야 했으며, 교회가 요구하는 헌금과 부역에도 응하여야 했다. 중부러시아의 경우, 오프리치니키의 행패로 말미암아 농촌은 황폐해졌으며 이것은 농민들에게 엄청난 손해를 끼쳤다.

이러한 상황 아래서, 농민들은 가혹한 주인을 떠나 상대적으로 자비로운 주인을 찾고자 했고 또는 어느 누구에게도 속박받지 않는 곳으로 가고자 했다. 농민들의 이러한 행동이 지주들의 수입에 부정적인 영향을 끼치자 그들은 차르를 움직였다. 그리하여 이반 Ⅲ세는 1497년에 농민들의 이동을 성인(聖人) 게오르기 유리(Georgi Yury) 기념일인 11월 26일의 '유리의 날'을 앞뒤한 2주일에 한정하고, 이 때 농민들은 부역을 이행하며, 소작료와 토지 이용에 대한 '특별 경작세'를 지불하도록 하는 법령을 발표했다. 이 제도 아래서 봉건영주들 사이에는 농민을 서로 차지하려는 다툼이 벌어졌다. 『러시아의 역사』에 따르면, "부유한 대귀족들과 수도원들이 소지주들에게서 농민들을 꾀어내고 이들을 대신하여 특별경작세를 지불해 주었다." 그러자 이반 Ⅳ세 때에는 몇 해 동안 그나마의 이동마저 금지시켰다. 1597년께는 노예는 죽을 때까지 주인에게 봉사해야만 된다는 가혹한 법령까지 나왔다.

이미 최악의 상태에 빠진 농민들을 더욱 괴롭힌 것은 만성적인 흉년이었다. 이것은 이반 Ⅳ세의 후반기인 공포의 통치시대에 두드러졌는데, 특히 1601년부터 1603년까지가 극심했다.

이러한 상황에서 벗어나고자 많은 농민들은 폭력과 탈출 가운데 어느 한 가지 방법을 택했다. 폭력이란 물론 가혹한 주인과 그 가족을 죽이는 일로부터 시작하여 떼를 지어 반항하는 방법이었다. 이 경우 당국의 대응은 혹독한 처형과 진압이었다. 탈출이란 물론 달아나는 방법이었다. 보다 나을 것으로 기대되는 다른 주인을 찾아가거나 또는 봉건영주들에게 속하지 않은 자유로운 땅으로 떠나곤 했다. 특히 남부러시아에서 몽골-타타르가 쇠망해 비옥한 땅이 주인 없는 상태로 놓여지자 그들은 이 곳으로 발길을 돌리고자 했다. 그러나 거의 모두 중도에서 체포되어 혹독히 다루어졌다.

자연히 농민들과 도시빈민들의 불만과 원성이 쌓이게 됐다. 그리하여 그들은 자신들을 박해하는 대귀족과 지주와 지방관에 맞서 싸우는 한편, 자신들을 구원해 줄 '좋은' 차르의 출현을 열망했다. 여기서 그들은 가짜 드미트리 Ⅰ세나, 당시 민중 속에 나타났던 그 밖의 많은 참칭자들을 지지하기에 이르렀다.

볼로트니코프의 반란

이러한 분위기를 틈타, 카자크사람으로 노예 출신인 이반 이사예비치 볼로트니코프(Ivan I. Bolotnikov)가 키예프 동북방의 한 작은 도시인 푸티블(Putivl)을 거점으로 '차르 드미트리'의 지방관임을 자처하면서 농민과 노예와 도시빈민이 주축이 된 반란을 일으켰다. 1606년 7월에 모스크바로 진군하는 동안 곳곳에서 차르의 군대를 격파하자 70개의 이르는 도시들에서 호응봉기가 뒤따랐다. 상황이 이렇게 펼쳐지자 프로코피 랴푸노프(Prokopy Lyapunov)와 이스토마 파슈코프(Istoma Pashkov)의 지휘 아래 툴라(Tula)와 랴잔의 귀족들의 부대마저 볼로트니코프에 가담했다. 차르 슈이스키를 거세하고 싶었던 이 귀족들은 반란군의 힘을 빌리려고 했던 것이다.

승세를 타면서 볼로트니코프의 반란군은 같은 해 10월에 모스크바에 접근했다. 이 시점에서 랴푸노프와 파슈코프는 황군 쪽으로 넘어갔다. 그들은 반란의 반(反)지배계급적 본질과 반란군의 엄청난 규모를 뒤늦게 깨달았던 것이다. 이 바람에 반란군은 패배했으며, 수천 명이 처형되었다. 한편, 패주한 볼로트니코프는 칼루가(Kaluga)에 진을 치고 다섯 달을 버티다가 툴라로 후퇴해 다시 다섯 달을 버텼으나 항복하면 용서한다는 차르의 공약을 믿고 1607년 10월에 항복하였다. 그러나 차르는 볼로트니코프를 비롯한 많은 지휘자들을 처형하였다. 이 일련의 농민반란을 『러시아의 역사』는 다음과 같이 평가했다.

"농민들의 소요는 몇 해 더 계속되었다. 나라의 곳곳에서 농민, 노예, 도시 상공인들의 개별적인 봉기가 일어났지만 가혹한 탄압의 철퇴 아래 차츰 수그러들었다. 그러나 이러한 참패에도 불구하고 이반 볼로트니코프가 이끈 농민전쟁은 봉건영주들을 몹시 놀라게 했고, 농민들의 결정적인 농노화를 여러 해 동안 지연시켰으며, 라진의 농민전쟁, 그리고 푸가초프의 농민전쟁을 위한 토양을 마련했던 것이다"

가짜 차르의 재등장과 외국의 침입

농민전쟁이 가라앉은 그 다음 해에 폴란드의 봉건영주들은 국왕 지그문트Ⅲ세(King Sigmund Ⅲ)와 공모하여 또 한 차례의 가짜 드미트리 연극을 벌였다. 가짜 드미트리 Ⅱ세에게 군대와 무기를 주고 모스크바로 진격하게 하여, 그의 군대는 1608년 여름에 마침내 모스크바의 투시노(Tushino) 마을에 진지를 구축하기에 이르렀다. 가짜 드미트리의 죽음을 믿지 않았던, 아니 믿기를 거부했던 농민들은 새로운 가짜 차르의 출현을 뜨겁게 환영했다.

이처럼 가짜 차르의 군대가 세력을 떨치자 차르 슈이스키에 불만을 품었던 몇몇 대귀족들과 귀족들이 투시노로 넘어갔다. 첫 번째 가짜 드미트리와 결혼했던 마리나 므니스제치(Marina Mniszech)는 두 번째 가짜 드미트리가 자신의 남편이라고 인정했으며, 첫 번째 가짜 드미트리를 자신의 아들이라고 인정했던 수녀 마르타는 두 번째 가짜 드미트리에 대해서도 자신의 아들임에 틀림없다고 확인해주었다. 자연히 투시노는 권력의 중심으로 바뀌었으며, 차르 슈이스키의 지위는 매우 위태롭게 되었다. 한편, 가짜 차르를 뒷받침하는 폴란드 용병부대는 전국을 휩쓸면서 주민들을 약탈했다. 이로써 가짜 차르는 모스크바사람들로부터 '투시노의 도적'이라는 지탄을 받게 되었다.

러시아의 혼란을 틈타 스웨덴은 노브고로드를 점령했고, 폴란드는 스몰렌스크를 비롯한 러시아의 많은 지역들을 공공연히 침략했다. 차르의 반격도 유효하여, 1610년 초에는 가짜 차르를 죽일 수 있었다. 그러나 폴란드침략군은 모스크바로 진격해들어왔고, 이에 호응하여 러시아 대귀족 7명이 차르 슈이스키를 폐위시킨 뒤 폴란드 왕자 블라디슬라프(Vladislav)를 새로운 차르로 선출했다. 곧이어 점령자들의 방화와 살육과 강탈이 무자비하게 벌어졌다. 이제 러시아 국가는 사실상 사라지는 듯했다.

러시아국민의 궐기

국가적 위기에 직면하여, 그 동안 죽은 듯했던 러시아국민 모두가 일어섰다. 처음에는 총주교 헤르모게네스(Patriarch Hermogenes)가 궐기를 호소했다. 곧 니즈니노브고로드 상공인들의 지도자인 쿠즈마 미닌(Kuzma Minin)이 포자르스키 공작(Prince Dmitry Pozharsky)을 총사령관으로 하는 국민군을 조직해 폴란드에 대한 민족적 항쟁을 벌였다. 이 항쟁에는 곧 토지귀족과 상인은 물론 농민과 농노까지 참가했고, 카자크와 타타르도 참가하여 기세를 올렸다. 이에 쫓겨난 폴란드점령군은 모스크바 성 안으로 퇴각했으나, 굶주림에 시달려 1612년 11월에 항복하고 말았다. 이로써 러시아 국가는 되살아났으며, 로마노프왕조가 열리는 계기가 마련되었다.

이렇게 러시아 국가가 되살아나는 과정에서 러시아사람들 가운데 많은 애국자들이 나타났다. 그 대표적인 경우가 농부 이반 수사닌(Ivan Susanin)이었다. 그는 폴란드의 한 부대를 속여 함정에 빠지게 했으며, 그 결과 침략자들을 죽게 만들었으나 자신도 목숨을 잃었다. 러시아사람들은 뒷날 그를 노래와 시 속에서 찬양의 뜻을 표시한다. 같은 맥락에서, 제정러시아의 작곡가 글린카(Mikhail I. Glinka)는 1834년에 「이반 수사

미닌과 포자르스키의 동상

닌」이란 오페라를 만든다.

국가가 되살아나기는 했지만 그렇게 되기까지 러시아에서 벌어진 혼란은 그렇지 않아도 경제적으로나 기술적으로 낙후한 러시아를 더욱 피폐하게 만들었다. 거듭 말하건대, 그 이후의 시대에도 그러했지만 모스크바대공국의 시대에도 러시아는 농업이 주도적인 국가였다. 상업과 수공업 및 무역에 종사하는 사람들이 있었으나 그 수는 아주 적었으며, 국민의 대부분은 농업에 종사했다. 그런데 영농기술을 포함한 과학과 기술의 수준은 원시적 상태에 머물고 있어서 농업생산물은 빈약했다. 이 빈약한 생산물의 대부분을 극소수의 대귀족과 관리들이 차지함으로써, 러시아 국민의 대부분은 유럽의 다른 나라들의 국민들에 비해 매우 열악하고 비참하기까지 한 삶을 영위할 수밖에 없었다.

II 제정러시아의 역사

모스크바대공국으로 중흥하는 계기를 잡은 러시아가 하나의 제국을 형성하고 강대국의 지위를 굳힌 것은 로마노프왕조에 이르러서이다. 우리가 흔히 제정러시아라고 부르는 이 시대에 와서 러시아의 영토는 넓어지고, 차리즘(tsarism)으로 집약되는 전제정치체제는 완성된다.

로마노프왕조는 약 300년 동안 계속되면서, 유럽에서 합스부르크(Hapsburg)왕조와 더불어 두 개의 가장 전통 있고 강력한 왕조로서의 위신을 누린다. 그러나 이 두 왕조는, 뒷날 유럽에서 새롭게 등장한 호헨졸레른(Hohenzollern)왕조와 함께 모두 제1차 세계대전의 큰 격랑 속에 침몰하고 만다. 로마노프왕조의 경우, 1917년 2월에 제1차 세계대전에 영향을 받은 국내혁명, 이른바 2월혁명에 의해 무너지고 마는 것이다. 제2부를 통해서 우리는 약 300년에 걸쳤던 제정러시아의 역사를 살피게 될 것이다.

2월혁명에 의해 임시정부가 세워지고, 이 임시정부는 8개월 정도 계속되다가 10월혁명에 의해 무너진다. 이 임시정부는 로마노프왕조의 연장(延長)이 아니지만 그 기간도 제2부에서 다루기로 한다. 학자에 따라서는 이 기간을 소비에트러시아의 역사의 시작으로 보기도 한다는 점을 덧붙인다.

제5장_로마노프왕조의 성립과 강대국으로의 도약

차르의 전제권이 더욱 강화되고, 러시아가 유럽 국가의 일원으로 도약하게 된 것은 특히 5대 차르인 표트르 대제(Pyotr Alekseyevich Romanov, Peter the Great)의 통치시기이다. 그는 안으로는 서유럽화정책을 추진하여 후진 러시아를 근대화시킨 한편, 밖으로는 팽창정책을 추구하여 러시아의 세력을 크게 떨쳤다.

실제로 러시아를 제국으로 만든 것은 표트르 대제 바로 그 사람이다. 그 이전의 로마노프왕조는 모스크바대공국의 연장(延長)에 지나지 않았으며, 따라서 어떤 학자들은 표트르 대제 이전의 로마노프왕조 시대를 모스크바대공국의 시대에 넣어서 기술하기도 하고, 제정러시아의 역사 기술을 표트르 대제부터 시작하기도 한다. 그러나 우리는 제정러시아의 역사를 로마노프왕조의 개창(開創)으로부터 기술하기로 하고, 이 장(章)은 로마노프왕조의 개창으로부터 표트르 대제의 통치시기까지를 살피기로 한다. 그렇게 함으로써 표트르 대제에 이르러 러시아제국이 성립되는 과정을 그 근원으로부터 살피기로 한다.

1. 로마노프왕조의 개창과 그 기본성격

폴란드점령군이 항복하고 모스크바가 해방되자 국민군 총사령관 포자르스키 공작은 이듬해인 1613년에 새 정부를 구성하기 위해 젬스키 소보르를 소집했다. 러시아 역사상 '모든 자유 계급'의 대표가 처음 참석한 것으로 평가되는 이 국민의회는 로마노프 집안의 17세 소년인 미하일 로마노프(Mikhail Romanov)를 차르에 선출하여 로마노프왕조를 출발시켰다. 이 때는 우리 역사에서 조선왕조 15대 군주 광해군(光海君) 때에 해당한다.

미하일은 이반 Ⅳ세의 첫 황후의 오빠의 손자이다. 그는 최고 통치자가 되기에는 마음이 약한 사람이었다고 한다. 그의 즉위와 더불어 그 동안 폴란드에 인질로 잡혀 있던 부친 표도르 로마노프(Fyodor Romanov: 나중에 모스크바 총대주교 Filaret로 불림)가 돌아와 1613~1633년의 기간에 공동차르(Cotsar)로 선언되었다.

로마노프왕조는 이처럼 국민군과 그리고 비교적 광범위한 계층의 이익을 대표한 국민의회에 의해 탄생되었다. 그러나 그 통치자들은 국민과의 협조를 통한 통치보다는 모스크바대공국 때 굳어진 전제정치에 의존했다. 미하일의 즉위 때부터 약 10년 동안 왕조의 기반이 불안정한 상태에서 젬스키 소보르는 해마다 열렸다. 그러나 왕조 초기의 문제가 어느 정도 가라 앉게 되자 차르는 이 기관을 멀리하기 시작했고, 1670년대 이후에는 거의 소집하지 않았다. 일정한 선출방식이 마련된 예도 전혀 없었고, 소집될 때마다 구성원의 사회적 성격도 달라졌다. 귀족이나 향신(鄕紳)도 관료기구로의 충원을 더 희망했고 대의기구의 발전에는 관심이 없었다. 이로써 러시아는 전제정(專制政)으로 치닫게 되는데, 만일 로마노프왕조의 초기 지도자들이 젬스키 소보르를 발전시켜나가고 그 왕조 탄생의 밑거름이었던 국민과의 협력을 중시했더라면

미하일 로마노프

러시아의 역사와 세계의 역사는 크게 달라졌을 것이다.

그러면 러시아 전제정의 상징이자 핵심인 차르는 어떤 존재인가? 이 물음에 대답하기 위해 우선 2대 차르의 명칭 전체를 예시해 본다. 그것은 '모든 대러시아와 소러시아와 백러시아의 대군주, 황제, 그리고 대공 알렉세이 미하일로비치 전제자(the Great Lord, Tsar and Grand Duke, Aleksei Mikhailovich, of All Great and Little and White Russia, Autocrat)'라는 긴 이름이다. 여기서 가장 중요한 용어는 '전제자(專制者)'이다. 그는 국가의 원수로 3권을 장악하며, 러시아정교의 수장을 겸함으로써 그 어느 것에 의해서도 제약받지 않는 절대군주의 지위를 지녔다. 헌법도, 제도화된 내각도, 선출된 입법부도, 정당도 존재하지 않았다.

절대자로서의 차르는 반신반인적(半神半人的) 존재였다. 이 점은 "오직 하느님과 차르만이 아신다"라든가 "하늘에서는 하나뿐인 태양이 빛나고, 땅에서는 러시아의 차르가 빛난다"라든지 또는 "하느님과 차르를 통해 러시아는 강하다"라든가 "하느님에게 가는 길은 매우 높다. 그리고 차르에게 가는 길은 매우 멀다"라든지, "하늘은 높다. 그러나 차르는 더 높고 멀다" 등의 러시아 속담에 잘 나타나 있다.

한편, 차리즘의 러시아는 경제적으로는 유럽에서 가장 후진된 사회여서, 19세기 중반까지 농노제 또는 부역경제(賦役經濟)가 지배적이었다. 1840~1860년대에 가서야 비로소 기계제 대공업이 도입되었으나, 그래도 농노제적 대귀족, 곧 대지주가 정치력과 경제력을 장악했고, 자본제와 봉건제가 엇갈린 채 반(半)봉건사회를 형성하고 있었다.

이러한 사회를 개혁하기에는 차리즘은 너무 취약했다. 전제체제가 반드시 '강력한 정부'는 아니었던 것이다. 따라서 농민반란과 반체제 운동이 끊임없이 일어나면서 차차 러시아혁명의 길을 닦게 되는 것이다.

2. 초기 차르들의 통치시기 : 모스크바 시대의 계속

도시의 봉기

여기서 우선 1대 차르로부터 3대 차르까지의 시기, 곧 표트르 대제 직전까지의 시기를 연대기적으로 살피기로 한다. 1대 차르 미하일의 경우, 그가 직면한 상황은 글자 그대로 참혹한 것이었다. 비록 모스크바를 해방하여 새 왕조를 세우는 데는 성공했으나 폴란드와의 전쟁 그리고 스웨덴과의 전쟁은 여전히 계속되었으며, 몇 해 뒤 종전에 들어갔으나 땅을 떼어 주지 않으면 안 되었다. 구체적으로 말해, 1617년에는 영국의 중재로 스웨덴과 평화협정을 맺고 핀란드만 일대를 넘겨주었으며, 이듬해에는 스몰렌스크와 노브고로드의 북부를 폴란드에 넘겨주었다. 1632년부터 2년 동안 스몰렌스크를 되찾고자 폴란드와 전쟁을 했으나 패배로 끝났다.

1645년에 그가 죽고 외아들인 알렉세이 미하일로비치(Aleksei Mikhailovich, 1645~1676)가 제위에 올랐다. 그는 매우 경건하고 신앙심이 깊어 수도원을 자주 찾았고 그리하여 16세의 나이에 제위에 올랐을 때 '젊은 수도사'라고 불릴 정도였다. 권력은 자연히 그를 양육했으며 황후 마리야 밀로슬랍스카야(Mariya Miloslavskya)의 형부인 모로조프(B. 1. Morozov), 그리고 밀로슬랍스키(Miloslavsky) 집안으로 넘어갔다. 이 가운데 특히 모로조프가 권력을 농단하여 국민들의 원성을 샀다.

국민들의 원성은 우선 도시의 봉기로 나타났다. 세금을 면제받던 대귀족들과 부유한 상인들과 황실관리들의 횡포에 맞서 지나친 납세의무에 시달리던 도시 외곽의 상공인들과 빈민들이 1648년에 모스크바를 비롯한 여러 도시들에서 봉기한 것이다. 모로조프는 상비군에 발포를 명령했으나 상비군은 오히려 봉기한 군중의 편을 들었다. 힘을 얻은 군중은 지배계층의 집들을 파괴했다.

모스크바의 경우, 모로조프를 비롯한 고위층의 집들과 재산을 파괴하는 한편, 포병대장 트라하니오토프(P. T. Trakhaniotov)와 상공인지역 관리관 플레셰예프(L. S. Pleshcheev)를 죽였다. 그들은 모로조프의 처형을 요구했는데, 차르의 직접적 호소로 모스크바에서 추방하는 선에서 타협되었다. 한편, 정부는 불합리하던 세금제도를 어느 정도 개선했다.

도시의 봉기는 1650년에 프스코프와 노브고로드에서 되풀이되었다. 정부가 스웨덴을 위해 이 두 도시에서 곡물을 조직적으로 사들임에 따라 곡물의 값이 지나치게 오른 데 대한 저항이었다. 프스코프의 경우에는 잠시나마 인민공화국의 형태마저 등장했다. 두 곳 모두에서 정부군에 의해 봉기는 진압되었다.

도시의 봉기는 1662년에도 있었다. 벌써 13년째 폴란드와 전쟁을 계속함으로써 재정난에 부닥친 정부는 세금을 지나치게 물리고, 빈민들로부터조차 세금을 무자비하게 거두어들였다. 뿐만 아니라 동화(銅貨)를 새로 만들어, 세금은 은화로 받으면서 수공업자들에게는 동화로 대금을 지불했다. 정부가 하는 짓을 보고 몇몇 대귀족들과 상인들도 동화를 만들어 썼다. 이에 따라 동화의 가치는 급속히 내려갔고 동화파동 속에 물가가 마구 뛰어 상공인지역의 사람들은 굶주림에 시달렸다.

1662년 7월에 모스크바의 거리에는 동화를 만든 차르 측근의 대귀족들을 비난하는 공고문들이 나붙었다. 여기에 자극된 주민들이 황궁으로 몰려가 이른바 동전반란을 일으켰다. 이에 맞서 차르는 무력을 동원함으로써 겨우 진압할 수 있었다. 진압의 과정은 참혹했다. 약 7,000명을 죽였으며, 약 15,000명을 불구자로 만든 뒤 유배지로 보냈고, 그 나머지 사람들의 이마에는 반란자를 뜻하는 러시아어 분토프쉬크(buntovshchik)의 머리 글자 B가 문신으로 새겨졌다.

조선과의 전투

대체로 이 무렵인 1654년과 1658년에 러시아는 흑룡강 그리고 송화강 일대에서 조선군과 전투를 별였다. 러시아가 1651년에 이 지역으로까지 진출하면서 우선 청나라 군대와 충돌하게 되고 청이 조선에 원군을 요청함에 따라, 17대 효종은 두 차례에 걸쳐 원군을 파견해 러시아군을 물리친 것이다. 이때 조선은 러시아를 '나선(羅禪)'이라고 불렀다. 이것은 조선과 러시아 사이의 만남이면서 첫 전투였다.

라진의 반란을 비롯한 농민의 반란

이른바 동전반란이 진압된 때로부터 5년 뒤인 1667년에는 농민의 반란, 곧 저 유명한 스테판 티모페예비치 라진(Stenka Razin 또는 Stepan Timofeyerich Razin)의 반란이 일어났다. 그 먼 원인은 1649년에 젬스키 소보르가 새 법령집 「울로제니예(*Ulozhenie*)」를 채택하면서 귀족들의 거센 주장에 따라 농민들을 완전히 농노화하는 조항들을 삽입한 데서 찾아진다. 『러시아의 역사』에 따르면, 이 조항들에 근거해 "세습대귀족들과 봉토귀족들의 땅에 살고 있던 모든 농민가족들은 토지소유자의 영원한 소유재산으로 선언되었다. 이들은 유리의 날마저도 주인을 떠날 수 있는 권리를 상실하게 되었으며, 봉건영주들은 기한이 없이 무한정으로 도망간 농민들을 찾아내어 다시 데려올 수 있도록 허용되었다." 이러한 제도 아래 농민들의 생활은 극도로 비참해졌던 것이다.

자연히 농민들은 여러 곳에서 반란을 일으켰다. 우크라이나에서 일어난 농민반란은 전쟁의 규모로 커졌으며, 리투아니아에서 봉기한 농민들은 귀족들을 불에 태워 죽이기조차 했다. 한편 카자크사람들은 자신들의 거주지들을 중심으로 반란을 일으켰다. 이러한 식으로 거의 매년 농민들은 반란을 일으켰다. 그러한 연장선 위에서 라진의 대규모 반란이 일어났던 것이다.

카자크사람 라진은 전국을 걸어서 돌아다니며 도시빈민들과 농노들 및 농민들의 참상을 목격하고 반란을 꿈꾸었다. 그는 1667년 봄에 마침내 하층 카자크 원정대를 조직해 볼가강과 카스피해와 우랄강을 거치면서 여러 도시들을 황폐화시키고 노예시장을 파괴했다. 그는 페르시아왕이 파견한 70척 군함과 4,000명의 병사도 격파했다.

라진은 자신의 세력이 커지자 차르에 충성을 서약했다. 자신과 자신의 추종자들은 모두 차르에 충성하고자 하며, 다만 차르의 뜻에 어긋나게 백성을 착취하는 못된 관리들을 타도하려고 할 뿐이라고 주장했다. 이것은 일부의 지방의 관리들과 성직자들로 하여금 그를 지지하게 만들었다. 그는 또 모든 카자크사람들의 완전한 해방을 약속했다. 이것은 카자크사람들로 하여금 전적으로 그를 지지하게 만들었다.

지지자들이 잇달아 뒤따라 규모가 커지자 라진의 부대는 1670년 봄에 다시 볼가강으로 진출한 뒤 이 일대에서 세력을 크게 떨쳤다. 『러시아의 역사』는 "라진에 의해 시작된 운동의 물결은 거대한 반봉건적 인민전쟁으로 변하였다"고 썼다. 그러나 오늘날의 울리야노프스크(Uliyanovsk)인 심비르스크(Simbirsk)에서 차르의 군대에 패배함을 계기로 반란군의 기세는 꺾이기 시작했다.

라진은 1671년 4월에 돈강에서 붙잡혀 두 달 뒤 모스크바에서 모진 고문 끝에 처형되었다. 『러시아의 역사』에 따르면, 망나니는 처음에는 그의 한 팔을 자르고, 다음에는 그의 한 다리를 잘랐으며, 그 다음에 가서 목을 쳤다. 이 야만스런 처형과정에서 그는 한 마디의 신음도 내지 않음으로써 영웅적인 반란수령으로서의 위대한 정신력을 과시했다. 오늘날까지도 러시아사람들이 즐겨 부르는 민요 「스텐카 라진」은 그에 대한 민중의 동정과 사랑을 반영하고 있다.

라진의 처형에 이어 나라 전체에서 100,000여 명에 이르는 반란자들이 혹독하게 처형되었다. 그들 가운데는 여성 지휘자였던 농부(農婦) 알료나(Alyona)가 있었다. 그녀는 화형을 당하면서도 끝까지 의지를 굽히지 않았다.

교회의 분열

도시에서의 봉기와 농촌에서의 반란이 잇닿는 동안 러시아 교회는 분열되었다. 러시아 교회의 분열 과정에는 세 주인공이 개입되어 있었으니, 차르 알렉세이와 총주교 니콘(Patriarch Nikon)과 사제장 아바쿰

(Archpriest Avvakum)이 그들이다. 앞에서 이미 지적했듯이, 알렉세이는 러시아의 모든 차르들 가운데 가장 신앙심 깊은 차르로 평가되었는데, 역설적으로 그의 치세 때 교회가 분열되고 니콘은 외로운 시골길에서 죽는 한편 아바쿰은 화형된다. 종교적 대결자였던 니콘과 아바쿰은 모두 주견이 강하고 광신적 요소를 가졌기에 교회의 분열을 재촉했던 것이다.

원래 차르 알렉세이는 니콘을 깊이 존경하여 1652년에 그의 앞에서 무릎을 꿇고 울며 빌면서 총주교에 취임할 것을 부닥했다. 니콘은 차르가 자신을 차르의 으뜸 가는 목자이며 교리와 관습과 기강에서의 아버지로 섬길 뿐만 아니라, 러시아정교를 개혁하려는 자신의 모든 노력을 절대지지해야 한다는 조건 아래 총주교의 자리에 올랐다. 니콘은 1654년에 고위성직자들로 구성된 종교회의에서 전면적인 개혁안을 채택하고 이를 과감히 추진했다. 러시아적 전통을 중시하는 이른바 구교도들이 여기에 반발했다. 그 대표가 바로 아바쿰이었다. 차르는 니콘을 지지하는 반면, 아바쿰과 몇몇 추종자들을 시베리아로 추방했다.

구교도들은 굽히지 않았다. 몇몇 대귀족들도 구교도들의 운동을 지지했다. 『러시아의 역사』에 따르면, “이들은 구습을 지키고, 차르의 중앙집권화된 권력을 약화시키기 위해 이 운동을 이용했던 것이다. 많은 농민과 외곽 상공인 지대의 사람들에게는 구교파 운동이 농노제와 차르 지방관들의 횡포에 대한 항의의 한 형태로 생각되었었다.”

처음에는 굳게 단결되어 있던 알렉세이와 니콘 사이에 금이 가기 시작한 것이 이 무렵이었다. 차르는 나이를 먹으면서 차르 위에 서서 정부에 영향을 끼치려는 니콘에게 차차 반발하게 된 것이다. 대주권자(Great Sovereign)라는 칭호를 함께 쓰던 두 사람의 대립은 1658년 여름에 표면으로 나타났고, 차르는 결국 니콘에게서 총주교직을 박탈한 뒤 그를 수도원으로 쫓아냈다. 니콘은 알렉세이가 죽은 뒤에야 사면을 받아 모스크바로 돌아오게 되지만 길에서 죽는다.

알렉세이와 니콘 사이에 갈등이 벌어지자 구교도들의 개혁운동은 활발해졌다. 그러나 차르는 이들을 파문하고 화형에 처했다. 아바쿰도 처형되었다. 이에 그들은 볼가강 너머의 숲 속으로 들어가 종교공동체를 이루고 살았다. 정부는 거기까지 쫓아가 구교도들을 화형에 처했으며, 이러한 탄압 속에서 어떤 공동체의 구성원들은 기도소에 모여 기도문을 노래하며 불을 지르고 타 죽어갔다. 『러시아의 역사』에 따르면, "이와 같은 장작불 집단자살을 통해 1675~1695년 사이에 불에 타 죽은 사람이 20,000명이나 되었다."

구교도들을 이렇게 박해했지만 정부는 교회의 분열을 극복해 낼 수 없었다. 구교도들은 많은 농민과 수공업자와 상인 등의 지지를 받아 가며 신앙을 지켰고, 그리하여 18세기에 이르러 정부는 그들의 권리를 인정하지 않을 수 없었다.

우크라이나의 편입

차르 알렉세이의 통치기간에 러시아의 대외관계 역시 시끄러웠다. 우선, 폴란드와의 전쟁이 계속되었다. 이번 경우에는 우크라이나문제가 개재되었다. 폴란드에 예속되었던 우크라이나는 독립전쟁을 계속하면서 자신이 독립한 뒤 러시아에 '결합' 되어도 좋다는 제의와 함께 러시아의 지원을 요청했다. 1653년에 러시아는 폴란드에 대해 우크라이나와의 전쟁을 중지하도록 요구했으나 거절당했다.

이에 러시아는 우크라이나를 러시아의 일원으로 받아들이고 폴란드에 선전포고를 했다. 폴란드와 러시아 사이의 전쟁은 13년 동안 계속되다가 1667년에 강화조약으로 귀결되었다. 이 조약에 따라 우크라이나의 왼쪽은 러시아로 돌아갔고, 그 오른쪽은 그대로 폴란드에 남게 되었다. 러시아의 옛 수도이며 우크라이나의 수도인 키예프는 2년 뒤 폴란드로 넘어가게 되었다. 이어 1659년부터 러시아는 스웨덴과도 싸웠으나 전과(戰果)가 좋지 못해, 1661년에 카르디스 조약(the Treaty of Cardis)을 맺고 발트해연안 지역을 스웨덴에게 내놓았다.

차르 알렉세이는 1676년에 죽었다. 이에 따라 그의 첫 황후의 첫아들 표도르(Fyodor)가 즉위했다. 15세였던 그는 반(半) 환자였기 때문에 대관식에 제 발로 걸어갈 수가 없었다. 두 차례의 결혼을 통해서도 후계자를 출생시키지 못한 채 그는 1682년에 27세로 죽었다.

3. 표트르 I세의 즉위를 둘러싼 궁정의 권력투쟁

소피야의 섭정시대

3대 차르 표도르의 죽음은 2대 차르 알렉세이 때부터 자라나던 궁정 안의 권력투쟁을 표출시켰다. 앞에서 부분적으로 지적했듯이, 차르 알렉세이 때는 첫 번째 황후의 밀로슬라프스키 집안이 정권을 장악했다. 첫 번째 황후가 죽은 뒤 알렉세이는 나리시킨(Naryshkin) 집안에서 두 번째 황후를 취했고, 이로써 정권은 나리시킨 집안으로 넘어갔다. 알렉세이가 죽은 첫 번째 황후의 첫 아들 표도르가 즉위하면서 권력의 추는 다시 밀로슬라프스키 집안으로 옮겨졌다.

누워서 러시아를 통치하던 표도르가 후사를 남기지 못한 채 죽은 뒤 계승의 문제는 심각해졌다. 후보는 알렉세이의 첫 번째 황후의 둘째 아들이며 표도르의 동생인 이반과 그리고 알렉세이의 두 번째 황후의 아들이며 표도르의 이복 동생인 표트르 두 사람이었다. 두 황후의 집안이 4대 차르의 자리를 놓고, 즉 정권의 향방을 놓고, 다시 한 차례 대결하게 된 것이다.

궁정의 관례를 따질 때, 첫 번째 황후의 아들일 뿐만 아니라, 표트르보다 6살 위인 이반이 당연히 계승해야 했다. 그러나 이반은 장님에 가까웠고 다리를 절었으며 말하는 데 어려움이 있었음에 반해 표트르는 나이에 비해 몸이 컸고 활동적이었으며 영민했다. 그러한 대비(對比)보다 더욱 중요했던 것은, 어떤 소년이 차르가 되든지 반드시 나타날 섭정이 어느 집안에서 나올 것이냐였다. 대귀족들은 나리슈킨 집안을 선호하는 편이었고, 총주교 역시 표트르를 지지하는 입장이어서 귀족회의는 결국 표트르를 새로운 차르로 선포했다.

표트르 I세

그러나 정권의 귀속문제가 그렇게 쉽게 끝나지는 않았다. 황녀 소피야를 중심으로 하는 밀로슬라프스키 집안이 끝내 승복하지 않은 것이다. 성격이 강한 소피야는 자신의 동복동생 이반이 차르가 또는 적어도 공동차르가 되어야 한다는 집념을 가지고 밀로슬라프스키 집안 사람들과 상의해 스트렐치(the Streltsy), 곧 모스크바 친위대를 동원하게 되었다. 그러면 스트렐치란 무엇인가?

이 무렵 22개 연대 약 23,000명으로 구성된 이 군대는 크렘린을 경비하면서 '정부를 위기로부터 보호하는' 일을, 간단히 말해, 차르의 보호를 일차적 책임으로 삼고 있었다. 지적(知的) 수준이 낮았고 정치에 대해 무식했으며, 쇄신을 싫어하고 개혁을 반대하는 대신에 언제나 기존의 방식을 좋아하는 그들은 차르의 비호 아래 많은 특권을 누리고 있었다. 그들이야말로 '러시아에서 권력에의 열쇠'였다.

소피야를 중심으로 하는 밀로슬라프스키 집안은 이들을 이용하기로 마음 먹고 나쁜 소문을 만들어 퍼뜨렸다. 나리슈킨 집안이 외국 의사들을 매수해 차르 표도르를 독살한 뒤 자기 집안에 연결된 표트르를 불법적으로 차르의 자리에 선출했다는 것, 그리고 새 집권세력은 외국인들을 정부나 군대의 요직들에 배치해 러시아적인 전통질서의 기둥들인 러시아정교와 스트렐치를 탄압할 예정이라는 것 등이 바로 그것이다. 이 소문을 듣자, 단순한 스트렐치들은 흥분되어 궁성으로 뛰어들어가 곧바로 나리슈킨 집안의 권신들을 학살했으며, 이반을 제1 차르로, 표트르를 제2 차르로 선포했다. 소피야는 이반의, 곧 이반 V세의 친누이로서 섭정이 되었다.

독신의 여자였던 소피야의 섭정시대는 1682년부터 1689년까지, 곧 25세 때부터 32세 때까지 7년 동안 계속되었다. 이 시기에 그녀의 통치를 뒷받침한 신하들은 외삼촌인 이반 밀로슬라프스키, 스트렐치의 신임 사령관인 표도르 샤클로비티(Fyodor Shaklovity), 고승(高僧) 실베스테르 메드베데프(Sylvester Medvedev), 그리고 바실리 골리친 공(Prince Vasily Vasilyevich Golitsyn) 등이었다. 이들 가운데 가장 중요했던 이는 소피야가 자신의 권력과 사랑을 함께 나누었던 골리친으로 사실상 총리직에 있었던 그는 그 때의 러시아의 지배층 인사로는 드물게 친서방적이었으며, 러시아의 서유럽화를 추진하려는 계획을 부분적으로 추진해나갔다. 그러나 전반적으로 볼 때, 소피야와 골리친은 국내정치에서는 큰 업적을 남기지 못한 편이었다.

그 대신에 그들은 대외정책에서 괄목할 만한 업적을 남겼다. 주변의 국가들과 평화를 유지한다는 원칙 아래, 영토를 넓히려는 생각도 실지(失地)를 회복한다는 생각도 함께 버림으로써 러시아를 오랫동안의 전화(戰禍)로부터 벗어나게 했다. 이어 폴란드와의 협상을 통해 키예프를 영구히 확보할 수 있었다.

앞에서 지적했듯이, 1667년에 맺은 폴란드와의 강화조약에서 러시아는 2년 뒤 키예프를 폴란드에 돌려준다고 다짐했었다. 그러나 러시아의 도시들 가운데 가장 오래된 도시이며 키예프 루시의 수도였고 우크라이나의 수도인, 따라서 러시아사람들에게 너무나 많은 것을 의미하는 러시아정교의 이 고도(古都)를, 더구나 가톨릭의 폴란드에게 넘겨준다는 것은 어렵고 고통스러웠으며 생각도 할 수 없는 일이었다. 그래서 러시아는 협상하며 시간을 끌었는데, 마침내 소피야에 이르러 골리친의 성공적인 교섭을 통해 매듭을 보았던 것이다. 매시(Robert Massie)가 쓴 『표트르 대제』에 따르면, 폴란드 국왕은 키예프를 잃는다는 생각에 너무나 가슴이 황량했던 나머지, "조약에 동의했을 때 눈물이 두 눈에서 흘러내렸다."

키예프를 확보하는 대가로 러시아는 오토만제국(the Ottoman Empire)과 전쟁 중인 폴란드와 스웨덴의 편에 서기로 동의했다. 이로써 러시아는 자신의 역사에서 처음으로 공동의 적에 맞서기 위해 유럽열강의 연합에 참여하게 된 셈이다. 러시아가 대항해야 할 직접적인 적은 오토만제국의 속국인 크림의 칸(汗)이었다. 1687년에 골리친은 첫 번째 원정을 떠났다. 그러나 결과는 공식적인 승전의 선언과는 달리 패배였다. 그러므로 그가 1689년에 두 번째 원정을 떠날 때는 집 앞에 정적들이 은밀히 가져다 놓은 관을 지켜보아야만 했다. 이 원정 역시 공식적인 승전의 선언과는 달리 패배로 끝났다. 이 해에 러시아는 청(淸)나라와 러시아의 네르친스크(Nerchinsk: 중국어로는 尼布楚)에서 조약을 맺고, 두 나라 사이의 국경을 확정했다.

표트르의 반격

이 무렵 소피야는 차르로 즉위하려는 계획을 은밀히 추진하고 있었다. 소피야의 욕망을 눈치챈 반(反)소피야 및 반(反)골리친 세력은 자연히 표트르를 중심으로 모여들었다. 그 동안 모스크바 근교의 마을인 프레오브라젠스코예(Preobrazhenskoe)에 머물며 자신의 소년병부대들과 함께 병정놀이에 몰두하는 한편 수학과 포병술과 역사학 등을 공부하던 그는, 골리친이 두 번째의 패전을 기록한 1689년에 결혼함으로써 러시아의 관습에 따라 성년으로 간주되고 있었던 것이다. 그의 배우자는 예브도키야 로푸히나(Yevdokiya Lopukhina)였다. 이들 사이에 뒷날 황태자 알렉세이(Aleksei)가 출생하는데, 황후가 된 예브도키야는 '부정(不貞)'을 저질렀다는 이유로 돈스코이 수도원으로 유배된다.

소피야와 표트르 사이에 긴장이 높아가던 어느 날 밤 소피야가 스트렐치를 동원했다는 소식이 전해졌다. 표트르는 서둘러 트로이츠키 수도원(the Trinity-St. Sergius Monastery)으로 달아났다. 이 수도원은 그 자체가 견고한 요새였을 뿐만 아니라, 매우 큰 정치적 상징성을 갖고 있었다. 그 곳은 러시아에서 가장 신성한 곳으로 여겨지고 있었으며 차르의 가족들이 위기에 빠졌을 때 쓰이는 전통적인 피난처였다. 만일 표트르의 지지자들이 러시아 국민들을 참칭자에 맞서 차르를 구원하는 전선에 동원하려는 목적에서 차르가 트로이츠키 수도원으로 달아나는 그림을 그려 전국에 돌린다면 그 효과는 엄청나게 클 것이었다. 스트렐치조차도 그 곳을 공격하기 위한 진군을 결심하기 쉽지 않을 것이었다. 실제로 표트르의 어머니, 곧 모태후와 그의 황비는 물론 총주교와 궁정 대귀족들 그리고 그의 소년병부대가 곧 바로 달려왔다. 대세는 표트르에게 기울었고 그리하여 표트르는 소피야를 '새처녀'라는 뜻의 노보데비치(Novodevichy) 수도원에 유폐함과 아울러 그녀의 측근들을 처형하거나 유배시킬 수 있었다. 그러나 표트르는 골리친의 경우 자신에게 충성을 서약하자 뒷날 유배에서 풀고 복권시킨다. 이때는 대체로 조선왕조 19대 숙중 치세에 해당한다.

소피야 섭정에 대한 평가

소피야는 1704년에 47세의 나이로 죽을 때까지 그러니까 15년 동안 수도원 밖을 한 번도 나가지 못했다. 그러면 러시아 최초의 여성지배자였던 소피야 섭정을 어떻게 평가할 수 있는가? 찬양하는 쪽은 그녀 이전에 러시아에는 결코 있어 본 일이 없는 현명한 정부를 그녀가 이끌었다고 주장하고, 비판하는 쪽은 표트르가 열게 될 러시아 근대화의 길을 가로막았던 구질서의 마지막 지배자였다고 주장한다. 그러나 그 어느 쪽도 정확한 평가는 아니다. 그녀의 통치기간은 러시아의 과도기였다. 2대 차르 알렉세이와 3대 차르 표도르는 이미 온건한 변화와 개혁을 제도화했었으며, 그녀는 이 속도를 늦추지도 재촉하지도 않은 채 그것이 계속되도록 했고, 그렇게 함으로써 표트르가 닦을 러시아 근대화의 길을 예비했던 것이다.

소피야가 러시아의 역사에서 기억되어야 할 대목은 러시아의 지배자로서가 아니라, 러시아의 여성으로서일 것이다. 몇 백 년 동안 러시아의 여성들은 내실(內室)의 어둠 속에 묻혀 지냈다. 그녀는 이 관습을 깨고 한낮의 햇빛을 향해 뛰쳐나왔으며 정권마저 장악했다. 비록 차르의 자리에 있었던 것은 아니나, 권력의 정상에 있었던 그녀의 뒤를 따라 러시아의 역사에는 네 명의 여성 황제가 등장하게 된다.

소피야 섭정이 몰락했다고 하여 제2 차르 표트르가 곧바로 국정을 맡지는 않았다. 그는 모든 정사를 사실상의 병자인 이반 V세에게 맡긴 채 자신의 소년병부대들과 함께 병정놀이를 계속했다. 그러나 권력은 이제 표트르의 어머니의 친정인 나리슈킨 집안으로 돌아갔다.

4. 표트르사절단의 서유럽 방문

아조프에서의 승전

소피야 섭정의 시대가 끝나 이반 V세가 명목상의 통치를 맡은 때로부터 6년이 지난 1695년에, 러시아는 흑해로의 출구를 열기 위해 오토만제국과의 전쟁을 다시 시작했다. 포병 상등병으로 참전한 표트르는 이 전쟁을 실질적으로 이끌고, 돈강 하구에 있는 오토만제국의 요새 아조프(Azov)를 공략했다. 러시아군대는 큰 희생을 치렀으나 성공하지 못한 채 회군하지 않을 수 없었다.

표트르는 패전의 원인을 함대의 부족에서 찾았다. 러시아군대는 아조프 요새를 포위해 놓고도 오토만해군이 바다를 통해 식량과 군수품을 공급하는 것을 함대의 부족으로 막지 못했던 것이다. 그 쓰라린 경험을 교훈삼아 표트르는 보로네즈(Voronezh) 근교에서 함대를 건설했다. 그 스스로, 때로는 목수로, 때로는 노동자로 이 일에 참가했다. 마침내 함대가 건설되자 이에 따라 1696년 6월에 러시아함대는 돈강을 따라 아조프해로 나와 아조프를 봉쇄함으로써 아조프의 지배자 파샤(Pasha)의 항복을 받아낼 수 있었다. 그러나 흑해는 여전히 오토만제국이 장악했다. 그뿐만 아니라, 1710년에는 오토만제국의 공격을 이겨내지 못해 아조프를 빼앗기고 만다. 이것은 표트르의 남진정책이 종당에는 좌절되었음을 뜻한다.

표트르가 보로네즈에서 함대를 건설하면서 아조프에 대한 공격을 준비하던 1699년 2월에 제1 차르 이반 V세가 29세의 나이로 죽었다.

이에 따라 표트르는 유일한 차르로서 러시아 국가의 실질적인 최고지배자가 되었다. 곧이어 그는 아조프전쟁에 참전해 승리를 거두었다. 차르 알렉세이 이후 러시아가 처음 이룩한 주요한 군사적 승리로 기록되는 아조프의 승전은 '유일한 최고지배자'로서의 그의 권위를 더욱 높인 중요한 계기였다. 특히, 모스크바로의 개선행진에 한 사람의 병사로 참가한 그의 '겸손'은 국민들에게 많은 감명을 주었다. 이때는 조선왕조 19대 숙종 치세에 해당한다.

대사절단의 유럽 순방

러시아가 아조프 요새를 함락시킨 일은 서유럽의 많은 나라들을 놀라게 했다. 이 분위기를 이용해 표트르는 오토만제국에 맞서기 위한 유럽국가들 사이의 동맹을 성립시킬 목적에서 '대사절단(the Great Embassy)'을 구성해 서유럽의 여러 나라들을 순방하게 했다. 그는 이 사절단에 귀족들을 포함시켜 각자가 방문하는 나라에서 무엇이든 유용한 기술과 지식을 배워오도록 지시했다. 자신의 전문 분야에서 충분히 배웠다는 증명서 없이는 아예 귀국하지 못한다는 엄격한 규칙을 세우기도 했다. 그뿐만 아니라 그 스스로가 차르로서가 아니라 '포병 상등병 표트르 미하일로프'라는 이름으로 이 사절단에 참가했다. 250명 이상으로 구성된 이 사절단에서 어느 누구라도 그를 차르라고 부르거나, 또는 차르가 사절단에 포함되어 있다는 말을 하는 경우에는 사형에 처하도록 규정했다.

'대사절단'은 1697년 3월에 모스크바를 떠났다. 그들은 우선 발트해연안의 리보니아를 통과했다. 오늘날의 라트비아(Latvia)에 해당하는 이 곳은 그 때 스웨덴이 장악하고 있었으며, 스웨덴은 리보니아의 수도 리가(Riga)를 발트해 방면의 가장 중요한 요새로 만들어놓았다. 이 점에 착안해 표트르는 축성술을 열심히 배웠다. 이 곳으로부터 '대사절단'은 쿠를랜드(Courland) 공국을 거쳐 독일로 들어갔다. 스웨덴을 견제하기 위해서는 러시아의 도움이 필요하다고 느끼던 프로이센(영어로는 프러시아) 국왕 프리드리히 I세(Friedrich I)의 환대 속에 표트르는 스스로 포병술을 익혔다.

이어 홀란드(Holland)를 방문했다. 오늘날의 북부 네덜란드에 해당하는 이 나라는 그 때 유럽에서 가장 부유하고, 가장 도시화되었으며, 가장 국제적인 곳이었다. 그뿐 아니라 이 시점에서 홀란드는 자신의 역사에서 가장 큰 국력과 가장 높은 국위를 자랑하고 있었다. 표트르는 이 곳에서 스스로 목수가 되어 조선술을 배웠고 군함을 건조했으며, 공장과 학교를 방문했고, 의학에도 관심을 보였다. 이어 방문한 영국에서 그는 해양군사학을 공부했으며, 관상대를 찾아보고 의회를 참관했다. 군주의 권한을 의회가 제한한다는 사실을 받아들일 수는 없었으나 백성들이 진실되게 그리고 공개적으로 군주에게 말하는 것은 좋은 일이라고 그는 논평했다.

'대사절단'의 다음 목적지는 오스트리아였다. 로버트 매시가 재치있게 표현했듯,그 때 오스트리아는 합스부르크세계의 중심이었고 오스트리아의 수도 빈(Wien, 영어로는 Vienna)은 합스부르크세계의 심장이었다. 합스부르크세계의 정점인 레오폴트 I세(Leopold I)는 신성로마제국의 황제로서 오스트리아의 대공과 보헤미아의 왕과 헝가리의 왕을 겸하고 있었다. 그리하여 그는 교황을 제외하고는 자신과 동렬에 설 수 있는 인간이란 한 사람도 없다는 자부심에 가득 차 있었다. 러시아의 차르를 '천막 속에서 생활하는 동방의 공후들 가운데 하나' 정도로 여기는 그를 표트르가 굳이 찾은 중요한 이유는, 오토만제국에 반대하는 동맹, 곧 '터키사람들을 유럽에서 영원히 쫓아내기 위한 동맹' 속에 그를 끌어넣으려는 데 있었다. 표트르는 이 목적을 이룩할 수 없었다. 오스트리아가 오토만제국으로부터 현상(現狀)의 유지를 골격으로 삼는 평화조약 체결 제의를 받아들였기 때문이다.

오스트리아에서 이탈리아로 출발하려던 때인 1696년 7월에, 표트르는 스트렐치의 일부가 반란을 일으켰다는 급한 보고를 받고 귀국을 서둘렀다. 폴란드에 들어와서 반란이 진압되었다는 보고를 받은 그는 15개월에 걸쳤던 외유를 마치고 8월에 모스크바로 돌아왔다.

5. 표트르의 서유럽화정책 : 모스크바의 시대로부터 제국의 시대로

생활습관의 개혁

귀국과 더불어 표트르는 친위병 반란자들을 직접 심문했다. 단근질까지 가하는 가혹한 고문 끝에 밀로슬라프스키 가문과 소피야가 개입되었다는 자백을 얻어낸 그는 스스로가 최고 처형관이 되어 1,700명이 넘는 관련자들을 무자비하게 처형했다. 소피야에 대해서는 삭발과 여승의 길을 밟게 했으며, 그녀와 연관된 것으로 보이는 197명은 그녀가 유폐생활을 보내는 사원 부근에서 처형했고, 특히 3명은 그녀의 침실 창문 앞에서 처형했다. 황태자 알렉세이가 음모에 관련되었다는 사실을 자신의 직접 심문을 통해 확인한 그는 친아들마저 용서하지 않고 투옥한 뒤 독살했다. 이로써 그는 '처형관 차르'라는 별명을 얻었다.

표트르는 곧이어 러시아사람들의 생활습관들 가운데 '미개한 관습'으로 여겨지던 부분들을 서유럽화시키기 시작했다. 그 작업은 턱수염 깎기에서 시작되었다. 러시아정교를 신봉하는 러시아사람들에게 턱수염은 종교적 신앙과 자기존경(自己尊敬)의 기본적 상징이었다. 예수그리스도와 그의 제자들, 그리고 예언자들이 지녔던 턱수염은 하느님이 준 장식품으로 여겼던 것이다.

그리하여 이반 뇌제 같은 이는 "턱수염을 깎는다는 것은 모든 순교자들의 피로써도 씻을 수 없는 죄이며, 하느님이 창조한 인간의 상(像)을 훼손시키는 행위"라고 선언했었고, 신부들은 턱수염 없는 사람을 기독교 밖에서 사는 수치스런 사람으로 여겨 그에 대한 축복을 거부했다. 17세기 중엽 이후 턱수염이 없는 외국인 상인들과 병사들과 기술자들이 모스크바에 자주 나타나면서, 황실은 턱수염에 대한 종전의 태도를 조금씩 바꾸었다. 예컨대, 표트르의 아버지 알렉세이는 원하는 사람은 턱수염을 깎아도 좋다고 선언했던 것이다.

그런데도 턱수염을 깎는 이는 거의 없었으며, 총주교는 오히려 "하느님은 턱수염 없는 인간을 만들지 않았다. 턱수염을 깎는 것은 어리석은 일일 뿐만 아니라 불명예스러운 일이며 치명적인 죄이다"라고 역습했다. 이러한 분위기에 맞서 표트르는 자신의 턱수염을 깎았고, 스스로 면도기를 들고 측근 고관들의 턱수염을 깎아주었을 뿐만 아니라, 성직자와 농민을 제외한 모든 사람들은 턱수염을 깎아야 한다는 법령마저 실시했다. 이것 때문에 그는 '이발사 차르'라는별명을 얻었다.

반발은 당연히 심각했다. 사람들은 '처형관 차르' 보다 더 나쁜 것이 '이발사 차르'라고 주장하기에 이르렀다. 그리하여 타협안으로 일정한 세금을 낸 사람에게는 작은 동메달을 주어 턱수염깎기 단속에서 벗어나게 했다.

표트르는 또 러시아 귀족들이 즐겨 입는 외투의 긴 옷자락을 자르게 했으며, 재단사들에게는 유럽식의 의복을 입게 했다. 표트르는 이어 일종의 사교 모임인 '야회(夜會)'를 권장했으며 스스로 야회에 자주 참가해 술을 마시거나 춤도 추었고 이야기와 농담을 나누었다.

또, 『러시아의 역사』에 따르면, "장화를 신고 춤을 추지 말 것, 손수건에 큰 소리를 내어 코를 풀지 말 것, 손가락으로 코를 후비지 말 것, 손가락을 핥지 말 것, 음식 앞에서 머리를 긁지 말 것, 쩝쩝 소리를 내며 음식을 먹지 말 것" 등의 내용을 담은 『젊은이들의 교훈서』를 발간해 젊은 귀족들의 행실을 서유럽화시키고자 했다. 하인들 앞에서 젊은 귀족들이 외국어로, 특히 프랑스어로 말하는 것이 권장된 것도 이 때였다.

새 수도의 건설

표트르의 개혁이 생활습관의 개혁에 멈추지만은 않았다. 그것은 정치제도를 크게 고치는 선으로까지 확대되었으며, 그 기본적인 출발점은 절대권의 강화였다. 절대주의를 철저히 신봉했던 그는 "차르가 나라의 주인으로 모든 권력을 쥔 채 통치해야 하며, 차르의 전권적이고 전면적인 통치를 뒷받침하기 위해서 러시아의 모든 정치제도는 고쳐져야 한다"고 굳게 믿었던 것이다. 그는 자신의 믿음을 실천할 만한 용기와 담력도 갖고 있었다. 키가 2미터가 넘었기 때문에 어떠한 사람들의 무리 속에서도 쉽게 눈에 들어왔던 그는, 언제나 힘차게 걸어 다니는 데다가 보폭이 커서 동행자들은 뛰다시피 따라다녀야 했다. 힘도 장사였다. 이러한 사람인지라, 자신이 정한 목표를 달성하기 위해서는 어떠한 장애물 앞에서도 멈추지 않았다.

그러면 표트르의 제도개혁은 어떻게 전개되었는가? 그는 자신의 개혁정치를 상징하기 위해 1703년부터 네바(Neva) 강변에 서유럽식의 새 도시를 세우기 시작했다. 네바라는 단어는 핀란드어로 '늪'이란 뜻이다. 여기서 이미 엿보이듯이, 네바강변의 땅은 매우 거칠고 건강에 이롭지 못했다. 아무도 이 곳에 사람의 거주지를 세워나갈 수 있다고 생각하지 못했다. 그런데도 표트르는 그러한 통념에 대담하게 도전해 큰 규모의 토목공사에 착수한 것이다.

이 사업에는 엄청난 노동력이 동원되었다. 주로 해외로부터 불러들인 건축기술자들의 지휘 아래 러시아 전국에서 끌려온 목수들과

겨울궁전(페테르부르크)

여름궁전의 분수대(페테르부르크)

석공들과 일반 노동자들이 매우 춥고 습하며, 전염병이 나도는 열악한 상황 아래 임금을 제대로 받지 못한 채 눈물과 원한 속에 하루 종일 일해야 했다. 1712년에 가서야 새 도시 건설은 대체로 끝났는데 100,000명 정도의 노동자가 작업 도중에 죽었다는 소문이 나돌았다. 뒷날 원성이 어느 정도 가라앉고서야 그 숫자는 30,000명 정도인 것으로 고쳐졌다. 어떻든 이 엄청난 희생 때문에 새 도시는 '뼈 위에 세워진 도시'라는 별명을 얻기에 이르렀다.

표트르는 새 도시에 자신의 '여름궁전'과 '정원'을 만들었으며, 1712년에 수도를 모스크바로부터 이 곳으로 옮겼다. 새 도시는 러시아어로는 독일어적 성격이 강한 '쌍뜨빼쩨르부르그' -흔히 '상트페테르부르크'로 표기된다-로, 영어로는 '세인트피터즈버그(St. Petersburg)'로 불리었다. 그것은 '표트르의 도시'라는 뜻이었다. 여기서 '표트르'는 예수의 수제자 '베드로'를 의미했다.

새 도시로 수도를 옮기면서 러시아는 모스크바대공국의 틀로부터 벗어났다. 바꾸어 말해, 로마노프왕조의 개창 이후에도 계속된 모스크바 시대가 이제서야 끝났던 것이다.

이 도시의 한쪽에는 작은 섬 하나를 완전히 뒤덮은 요새가 세워졌다. 러시아어로는 '페트로파블로프스크'로, 영어로는 '피터 앤 폴'로 불리는 이 요새에는 큰 규모의 감옥이 들어섰는데, 뒷날 러시아혁명사의 크고 작은 주인공들이 한 번쯤 거치는 곳이 된다. 다른 한쪽에는 또 하나의 작은 섬 크론슈타트(Kronstadt) 하나를 뒤덮은 요새가 세워졌다. 크론슈타트 해군요새가 그것으로, 이 요새는 러시아와 적대관계가 있던 스웨덴군함이 네바강으로 들어 오는 것을 막으려는 데 그 일차적 목적이 있었다. 이 해군요새 덕분에 페테르부르크는 러시아의 매우 중요한 항구로서 기능하게 되었다.

새로운 수도는 그 초기에는 인기가 없었다. 백성들은 말할 것도 없고 황실사람들조차 아주 싫어했고 표트르가 죽으면 함께 사라질 것이라고 생각했다. 표트르, 그리고 표트르가 가장 믿는 신하인 멘시코프(Aleksandr Danilovich Menshikov)는 예외에 속했다. 멘시코프는 새 도시가 '북방의 베니스'가 될 것이며, 수많은 외국인들이 새 도시의 아름다움을 즐기기 위해 몰려올 것이라고 예언했다. 그 예언은 적중했다. 페테르부르크는 번창을 거듭하는 가운데 '북방의 베니스' 또는 '흰 눈 속의 바빌론'으로서의 정평을 얻어갔고, 외국인들의 발길이 끊이지 않았다.

뒷날 러시아의 시인 푸시킨(Aleksandr Sergeyevich Pushikin)은 자신의 서사시 「청동의 기사」를 통해 이 도시를 '유럽으로 나아가는 창문'이라고 부르면서 표트르를 찬양했다. 볼셰비키혁명이 성공한 뒤 러시아 사람들은 이 도시를 레닌그라드(Leningrad)로 개칭했다. 자신들이 가장 존경하는 레닌(Vladimir I. Lenin)에게 자신들이 지닌 것들 가운데 '가장 좋은 것'인 이 도시를 바쳐야 한다는 생각에서였다. 그러나 소련이 해체된 뒤, 이 도시의 이름은 원래의 이름으로 돌아갔다. 이것들은 표트르의 야심적인 건설사업이 역사 속에 성공했음을 뜻하는 것이었다.

새 제도의 마련

표트르의 개혁정치는 새로운 관료제도의 마련으로 이어졌다. 그는 상비군을 창설하고, 자질에 바탕을 둔 관료제도를 안출하는 등, 그에게 충성을 바치는 새로운 상층계급을 만들어 구귀족을 견제했다. 군대와 법원 및 문관에 14등급의 계급제도가 마련되었고, 승진은 가장 유능한 이에게 주어졌다. 이 제도는 나중에 족벌주의와 뇌물과 정실 따위로 부패해졌으나, 레닌의 볼셰비키혁명에 의해 폐지되는 1917년까지 존속했다.

그는 또 1711년에는 제국통치원(帝國統治院)을 만들어 귀족원을 대치시켰다. 제국통치원은 내각과 비슷한 성격의 자문기관이다. 이 기구 아래에 외무부와 법무부와 군무부(軍務部)와 상업부와 광업부를 비롯한 국가의 여러 분야에서의 행정을 맡은 여덟 부를 두었으며, 각 부에 다시 35명으로 구성된 운영위원회를 두어 행정력이 한 개인에 집중되는 것을 막고, 그럼으로써 자신의 권력을 강화하려 했다. 그는 이어 전국을 8개의 구베르니아(Guberniya), 곧 성(省)으로 나누고 각 성마다 지사를 임명했는데, 그 수가 1719년에는 12개로 늘어났다.

표트르는 자신의 개혁정치를 지속적으로 추진하려면 전문가들과 숙련된 기술자들이 많이 배출되어야 한다고 믿었다. 그리하여 그는 우선 어린이들을 위한 산술학교를 세웠으며, 항해학교와 포병학교 및 공병학교, 그리고 해양아카데미와 같은 군사학교를 세웠고, 공장지대에는 숙련공을 길러내는 기술학교를 세웠으며, 병원에는 부속 의학교를 세웠다. 교회에만 학교가 세워져 '교회학교'만이 존재하던 러시아에서 글자 그대로 학교혁명과 교육혁명이 일어난 것이다.

표트르는 귀족들에게도 교육을 강요했다. 귀족들이 새로운 러시아의 지도적 세력이 되어야 한다고 믿었기에 그들을 해외로 보내 선진 학문들을 배워 오도록 독려했으며, 글을 모르는 귀족들에게는 결혼을 금지시켰다.

표트르는 글자에서도 개혁을 가져왔다. 책의 인쇄와 기초학문의 교육을 보다 쉽게 하기 위해서는 복잡한 교회슬라브어 문자를 좀더 간편한 시민 문자로 바꾸어야 한다고 믿고 그렇게 성사시켰다. 그것은 약간의 수정을 거쳐 오늘날까지 쓰여지고 있다. 그는 이어 1703년에 러시아 최초의 신문으로 '소식' 또는 '통보(通報)'라는 뜻의 『베도모스티(*Vedomosti*)』를 발행했다. 표트르는 러시아의 역사와 지리에 대한 연구도 장려했다. 1719년에는 페테르부르크에 러시아 최초의 「자연 및 역사 박물관」을 세웠고, 1724년에는 「과학아카데미」를 세웠다. 러시아의 지도가 작성된 것도, 그리고 시베리아의 천연자원에 대한 조사가 실시된 것도 모두 그의 명령에 따른 결과였다.

표트르가 추친한 개혁정치는, 우리가 앞에서 보았듯이, 학교들을 증설했고, 출판을 장려했으며, 연구와 조사를 뒷받침했기에, 자연히 새로운 지적(知的) 분위기를 만들어냈다. 이 시기에 지도적인 지식인으로 나타난 포소슈코프(Ivan T. Pososhkov)는 『빈부(貧富)에 대한 책』을 써서 표트르 대제에게 바쳤다. 이 책은 러시아의 결함이 무엇이며, 그것을 어떻게 고칠 것인가를 주로 다루었다. 바로 이 책 때문에 그는 표트르가 죽은 뒤 반개혁세력에 의해 투옥되고 감옥에서 죽는다.

프로코포비치(Feofan Prokopovich) 역시 표트르의 개혁을 지지했다. 유럽의 여러 대학들에서 수학한 그는 러시아의 군주가 계몽군주가 되어야 한다고 주장했으며, 「왕의 권위와 영예에 관한 설교」와 「정의가 군주의 의지이다」 및 「표트르 대제의 추념(追念)을 영광화시키는 문제에 대한 의견」 등의 저술을 통해 표트르 대제의 통치를 이론적으로 뒷받침했다.

표트르의 개혁정치는 러시아정교의 조직개혁으로까지 이어졌다. 그는 국가로부터 독립된 총주교의 강력한 일원적 지휘 체제 아래 놓여 있는 러시아정교를 차르에게 복속시켜야 한다고 일찍부터 마음먹었는데, 우리가 곧 살피게 되듯이 1721년에 대(大)북방전쟁에 승리함에 따라 자신의 권위가 크게 올라가자 이 기회를 활용하게 되었다. 곧 이 해에 종교령(宗敎令)을 제정하고 공포하여 러시아정교의 총주교구를 폐지하고, 자신이 임명한 민간인 행정관인 대사장(大司長)의 감독을 받는 신성종교행정회의(Holy Governing Synod)로 대치시킨 것이다. 볼세비키혁명에 의해 폐지될 때까지 거의 200년 동안 존속하게 되는 이 제도 아래 신부가 되려는 사람은 사실상 국가가 세운 신학교에서 일정

기간을 수학해야 했으며, 차르를 무조건 수호하는 것이 자신의 임무들 가운데 하나임을 선서해야 했다. 이로써 차르에 대한 교회의 예속을 공식화함에 성공했다.

표트르는 고질적인 관료들의 부패를 척결하기 위해 노력했다. 그 과정에서 우선 시베리아 총독으로 시베리아 개발에 관련된 이권들을 나눠주는 대가로 엄청난 재부를 축적한 마트베이 가가린(Matvey Gagarin)을 교수형으로 처형했다. 이어 그 동안 관리들의 부정을 조사해 온 검찰총장 알렉세이 네스토프(Aleksei Nestov)의 부정을 확인하게 되자 그에게 산 채로 빠르게 움직이는 바퀴에 매달려 갈기갈기 찢겨 죽게 하는 형을 선고하고 그렇게 집행했다. 표트르는 자신의 총신 멘시코프의 상상을 뛰어넘는 부정축재를 확인하고 스스로 교정할 것을 지시했다. 예컨대, 멘시코프가 8,000명의 농노들을 소유한 사실을 확인하고 그 수를 7,000명으로 줄이라고 지시한 것이다. 멘시코프는 자신에게 내려질 벌을 두려워해 병으로 누웠다가 죽었다.

제정러시아로의 도약

내정의 개혁을 추진함과 아울러 표트르는 스웨덴과의 전쟁인 대북방전쟁을 줄기차게 수행해나갔다. 1700년부터 무려 21년 동안 계속된 이 전쟁에서 그는 마침내 스웨덴을 완전히 굴복시킬 수 있었다. 이에 따른 니슈타트 조약(the Treaty of Nystadt)에 의해 러시아는 발트연안의 광대한 지역을 장악함으로써 고대 노브고로드의 땅을 되찾았을 뿐만 아니라, 서유럽으로 나아갈 수 있는 직접적 해로를 열었다. 러시아는 이제 세계 열강의 하나가 되었다.

여기에 맞추어, 이 해에 그는 국호도 '러시아차르 대국(Grand States of the Russian Tsardom)'으로부터 '모든 러시아사람들의 제국(Empire of All the Russians)'으로 고치고, 영어의 엠퍼러(Emperor), 곧 황제에 해당하는 임페라토르(Imperator)라는 칭호를 함께 쓰기 시작했다. 이것은 중요한 의미를 가진다. 다시 말하거니와, 이것은 러시아가 글자 그대로 제정러시아가 되었으며, 모스크바대공국의 시대가 끝났음을 의미하는 것이다. 이 때가 우리 역사에서는 조선왕조 19대 숙종(肅宗)과 21대 영조(英祖) 사이의 경종(景宗) 치세에 해당된다.

표트르 대제의 치적에 대한 평가

이처럼 표트르는 대내외정책에서 큰 업적을 남겼다. 그러나 그의 개혁정치는 표면적인 것에 지나지 않았고 러시아 대다수의 인구를 차지하는 농민들에게는 아무런 혜택이 없었다. 농민들과 농노들은 오히려 계속되는 전쟁으로 말미암아 아주 무거운 세금과 부역 및 병역에 시달려야 했다. 따라서, 표트르의 치세 동안 크고 작은 농민반란들이 끊이지 않았다. 그 대표적인 것이 1707년에 돈강과 볼가강 일대를 뒤덮었던 카자크사람 콘드라지예 불라빈(Kondratziye Bulavin)의 반란이다. 상공인들도 징세의 희생자가 되었으며, 그리하여 1705년에는 카스피해의 서북방에 연한 도시 아스트라한에서 봉기하기도 했다.

한 마디로, 표트르의 개혁정치는 소수의 상층부와 무수한 일반대중 사이에, 도시의 '공식적인 러시아'와 농촌의 '옛 러시아' 사이에, 깊은 분열을 가져왔다. 그것은 단순히 치자와 피치자의 분열이 아니라, 교육을 받고서 유럽화된 상층부와 러시아의 전통적인 가치체계 속에 사는 무식한 농민대중 사이의 깊은 문화적 분열이었다.

그러나 전체적으로 볼 때 표트르의 개혁정치는 부정적인 측면보다는 긍정적인 측면이 훨씬 더 많다는 것이 역사가들의 객관적인 평가이다. 그는 러시아를 어두운 과거로부터 끌어내어 근대화와 계몽의 길로 들어서게 했으며, 유럽 세계의 당당한 일원으로 성장시킨 것이다. 확실히 그는 대제라는 이름에 충분히 어울릴 만한 위대한 업적을 러시아 역사에 남긴 것이다. 그리하여 오늘날에도 러시아사람들은 자신들의 역사에서 가장 위대했던 지도자로 그를 꼽는다.

제6장_귀족의 황금시대 속에서의 반동정책

표트르 대제, 곧 표트르 I세가 죽은 1725년부터 니콜라이 I세(Nikolai I, 1825~1855)가 죽은 1855년까지 약 130년 동안 러시아는 반동정책의 시대를 경험하게 되었다. 우선 러시아의 영토는 크게 넓혀지고, 귀족들의 힘이 크게 늘어나면서 귀족계급의 '황금 시대'가 펼쳐지는 가운데 러시아의 봉건제도는 최고의 발전단계에 이르렀다. 이것은 농민들에 대한 착취와 수탈 위에서 가능했던 것으로, 달리 표현해, 반동정책이 강화됨을 뜻했다. 이 시기에 서유럽에서는 자유민주주의 운동이 거세게 일어나고 있었으나, 러시아는 그것을 철저히 외면했던 것이다.

19세기에 들어서면서 러시아에서도 봉건제도를 깨뜨리려는 운동이 싹트기 시작했다. 1825년 12월에는 한 무리의 장교들이 반란을 일으키는 일도 일어났다. 여기에 대한 러시아 황실의 대처는 강권과 억압을 바탕으로 삼는 반동정책이었다. 그러나 봉건제도는 심각한 위기에 빠져들고 있었다.

1. 예카테리나 Ⅱ세의 대내외정책

표트르 Ⅰ세가 죽은 1725년부터 알렉산드르 Ⅰ세(Aleksandr Ⅰ, 1801~1825)가 즉위한 1801년까지 76년 동안 제위(帝位)의 계승은 극도의 난맥상을 보여 권력의 소재는 열 차례나 옮겨졌는데 그 가운데 일곱 차례는 아버지와 아들 사이의, 또는 남편과 아내 사이의, 살해와 쿠데타 등 비정규적 방법에 의한 것이었다. 그리하여 옐리자베타(Yelizabeta, 1741~1762) 여제와 또다른 여제인 예카테리나 Ⅱ세(Yekaterina Ⅱ, 1762~1796)를 제외하면 모두 10년 미만이라는 짧은 기간 재위(在位)했을 뿐이다. 또, 그러한 정치적 소용돌이 속에서 안나(Anna, 1730~1740) 여제 때는 그녀의 총신인 비론 백작(Count Ernst Johann Von Biron)이 실권자가 되어 학정을 편, '비론의 학정 시대'를 경험하기도 했다. 이 혼란을 이용해 귀족층은 황궁수비대를 조종하여 제위의 계승을 좌우하면서 권력을 크게 늘려갔다.

귀족특권장과 농노의 확대

옐리자베타 여제

여기서 우리는 잠시 러시아의 사회계층구조를 살펴야 하겠다. 18세기 러시아의 사회는 3개의 기본적 계층으로 구성되어 있었으니, 귀족들과 도시민들 및 농민들이 그것이다. 이 가운데 가장 큰 영향력을 쥐었던 계층은 귀족들이었다. 그들은 1750년 이전에는 실랴헤트스트보(Shilyakhetstvo)로 불리었고, 1750년 이후에는 드보랸스트보(Dvoryanstvo)로 불리었다.

이들의 힘은 표트로 대제 때 상당히 커졌다. 그러나 이들은 국가로부터 많은 특권을 받은 대신에 종신토록 군대와 관직에서 봉사해야 할 의무를 지고 있었다.

귀족의 힘이 가장 빠르게 커진 시기는 1762년 한 해 동안 재위했던 표트르 Ⅲ세 때였다. 그는 귀족은 국가에 대한 모든 의무, 곧 납세와 병역과 체형으로부터 면제된다는 귀족특권장을 내준 것이다. 그는 곧 아내의 손에 모살되는데, 그녀가 바로 러시아 역사에 여걸로 기록되어 있는 예카테리나 Ⅱ세이다. 그녀는 본명이 소피야(조피, Sophie Friederike Auguste)로, 프로이센 장군의 딸이었다. 그녀는 15세에 러시아황실에 들어와 러시아정교에 입교하여 예카테리나라는 세례명을 받고 뒷날 표트르 Ⅲ세로 즉위하는 황태자와 결혼했다가 남편을 죽이면서까지 제위에 올랐다.

그녀의 즉위과정에 역시 귀족과 황궁수비대의 도움이 컸다. 그리하여 그녀는 곧 귀족특권장을 다시 확인해주었으며 1785년에는 새로운 귀족특권장을 발표했는데, 그것은 귀족의 특권을 더욱 확대한 것이다. 이후의 이 시기를 '귀족의 황금시대' 또는 '귀족의 독재시대'라고 부르는 까닭이 거기에 있다.

그뿐 아니라, 예카테리나 Ⅱ세는 농노제를 크게 확대시켰다. 당시 러시아의 농민은, 크게 보아 (1) 국가와 교회와 사원 등이 소유한 땅을 경작하는 농민, 곧 국가농민, (2) 지주 등이 개인적으로 소유한 농노, (3) 기타로 나뉘었다. 1796년 현재 모든 농민의 52%가 국가농민이었고, 42%가 개인적으로 소유된 농노였다.

농노는 다시 가속농노(家屬農奴; domestic serf)와 경작농노(耕作農奴; field serf)로 나뉜다. 가속농노는 땅은 전혀 가지지 못한 채 주인 집에 살면서 그 집안의 온갖 잡일을 다하는 대가로 자신의 의식주를 해결한다. 농노들 가운데 가장 비참한 무리가 바로 이 가속농노이다. 이에 비해, 경작농노는 주인에게서 일정한 집과 땅을 받아 농사를 짓는데 바르쉬니(barshchiny)와 오브로치니(obrochny)의 두 종류로 나뉜다. 바르쉬니는 1주일에 사흘은 주인을 위해 일하고, 사흘은 자기 땅에서 일하지만, 주인이 요구하면 돈을 내야 한다. 오브로치니는 자기 땅에서만 일하고 주인에게 일정한 액수의 돈 -그것은 오브로크

예카테리나 Ⅱ세

(obrok)라고 불렸다.—과 농산물 또는 가축을 바친다. 오브로치니의 생활이 바르쉬니의 생활보다 나은 것임은 물론이다. 그런데 예카테리나 Ⅱ세는 국가농민의 대부분도 사유화시켜 이들을 농노로 전락하게 만들었다.

농노의 확대 추세는 예카테리나 Ⅱ세의 아들 파벨 Ⅰ세(Pavel Ⅰ, 1796~1801)에 의해 더욱 빨라졌다. 파벨 I세는 공식적으로 예카테리나 Ⅱ세와 표트르 Ⅲ세 사이의 하나뿐인 혈육이다. 그러나 파벨 I세가 표트르 Ⅲ세의 아들이 아니라, 예카테리나 Ⅱ세가 거느렸던 적어도 21인 총신(寵臣) 들의 하나인 살티코프(Sergius Saltykov)의 아들이라는 소문이 유력했다. 우리가 앞으로 살필 게르첸(Aleksandr Herzen)은 자신이 1858년에 펴낸『예카테리나 Ⅱ세 회고록(*Memoirs of the Empress Catherine Ⅱ Written by Herself*)』에서, 파벨이 살티코프의 아들임은 예카테리나도 분명히 시인했다고 단언했다. 만일 이것이 사실이라면 로마노프황가는 표트르 Ⅲ세에게서 끝난 것이라고 역사가들은 주장한다. 어쨌든 파벨 I세는 어머니의 정책을 보다 더 충실히 계승하여 농노를 양산시킴으로써 1800년 현재 3,600만 여 인구의 절반 이상인 2,000여 만 명이 '사람보다는 오히려 짐승에 가까운' 비참한 농노의 생활을 하지 않으면 안 되었다.

푸가초프의 반란

이 때문에 예카테리나 Ⅱ세의 치세 34년 동안 약 60개의 농민반란이, 그리고 파벨 I세의 치세 5년 동안 78개의 농민소요가 있었으며, 그 대부분이 군대의 출동 없이는 진압될 수 없는 과격한 성질의 것이었다. 그 대표적인 것이 1772년부터 1774년까지 계속된 푸가초프(Emilian Pugachev)의 반란이다.

우리는 앞에서 카자크사람 불라빈의 반란을 지적했었다. 이 반란이 실패한 뒤에도 카자크사람들의 불만과 복수심은 가라앉지 않았다. 카자크사람 푸가초프는 이 기운과 반(反)러시아적인 폴란드의 지원에 힘입어 표트르 Ⅲ세라고 자칭하면서 혁명의 깃발을 들었다. 소수민족들과 농민들 및 농노들의 호응을 얻은 그는 1774년에 카잔시(市)를 불사르고 사라토프시를 장악한 뒤 제도(帝都)로 진격해 들어갔다. 놀란 여제(女帝)는 당대 최고의 명장으로 터키와의 전쟁을 지휘하던 알렉산드르 바실리에비치 수보로프(Aleksandr B. Suvorov)를 급히 불러들여 대적하게 함으로써 겨우 진압할 수 있었다. 푸시킨은 자신의 소설『대위의 딸』에서 이 반란을 다루며 농민들과 농노들에 대한 깊은 애정을 표시한다.

푸가초프의 반란은 러시아의 농민들이 농노제에 맞서 일으킨 러시아 역사에서 가장 큰 반란이었다. 그것은 실패했지만 봉건주의의 바탕을 뒤흔들어 놓았으며, 혁명적 반봉건주의사상이 빠르게 자라나게 만든 중요한 계기가 되었다. 그러한 맥락에서, 지난날 소련의 역사가들은 물론 오늘날 러시아의 역사가들도 이 사건에 큰 뜻을 부여하고 있다.

푸가초프의 반란이 이처럼 심각했기에 예카테리나 Ⅱ세는 이러한 일이 다시는 일어나지 못하도록 하기 위한 강력한 대책 마련에 부심하게 되었다. 그 결과가 1775년에 발표된 행정개혁안이다. 그녀는 백성들을 보다 더 확실하게 장악해야겠다는 판단에서 성(省)을 더 작게 나누었다. 곧, 인구 300,000명에서 400,000명 사이의 규모를 성의 단위로 삼은 것이다. 그리하여 전국은 1796년 현재 50개의 성으로 나뉘게 되었다. 중요한 성에는 총독을, 덜 중요한 성에는 지사를 두었는데, 황제가 아주 믿는 이들만이 임명될 수 있었다. 그들은 자신의 관할구역에서 막강한 권력을 행사했다.

예카테리나 Ⅱ세는 그 사이인 1782년에 네바강 옆 광장에 표트르 대제의 청동기마상을 세웠다. 앞발을 든 말 위에 포트르 대제가 타고 있고, 말은 뒷 발로 뱀을 밟은 채 하늘로 뛰어오르려는 모습을 하고 있었다. 그녀는 이 상으로써 황실의 위엄을 세우고 백성들의 정신적 기둥으로 삼고자 한 것이다. 이 때는 우리 역사에서 조선의 22대 군주 정조(正祖)의 치세에 해당한다.

밖으로의 팽창정책

표트르 대제가 죽은 뒤부터 예카테리나 여제까지의 71년 동안, 러시아는 대외적으로 팽창정책을 수행하여 상당한 성과를 거두었다. 안나 여제 때 폴란드 왕위계승전쟁(1733~1738)에 개입해 오스트리아를 지원했고, 엘리자베타 여제 때는 오스트리아 왕위계승전쟁(1740~1748) 및 7년 전쟁(1756~1763)에 개입하는 등, 유럽 문제에 적극적으로 뛰어들었다.

러시아의 대외적인 팽창정책은 예카테리나 Ⅱ세에 의해 더욱 활발해졌다. 예카테리나 Ⅱ세는 우선 1783년에 크림반도를 장악하는 데 성공했고, 이에 반발하여 도전한 터키를 1791년에 굴복시킴으로써 흑해와 지중해로의 진출을 가능하게 만들었다. 그리고 세 차례에 걸쳐 폴란드의 분할에 참여했다. 1772~1773년에는 프로이센 및 오스트리아와 함께, 1793년에는 프로이센과 함께, 그리고 1795년에는 다시 프로이센 및 오스트리아와 함께 폴란드를 분할함으로써, 유럽대륙에서 면적으로 3위를, 인구로 4위를 차지하던 폴란드를 지도 위에서 없앤 것이다. 폴란드는 제1차 세계대전이 끝난 때로부터 1년이 지난 1919년에야 독립을 얻는다.

폴란드 분할에의 참여를 통해 러시아는 리투아니아와 우크라이나 전역을 차지함에 성공했으며, 이어 시베리아와 동북아시아로 진출해 이 지역을 개척했고, 여세를 몰아 1741년에 북미대륙의 알래스카(Alaska)에까지 진출했다. 러시아사람들은 이미 1649년께 태평양 연안에 도달했었다. 그 때로부터 거의 100년이 지나 그들은 알래스카에까지 진출함에 성공한 것이다. 이로써 그들은 원주민의 말로는 '위대한 땅'이라는 뜻의 알래스카까지 진출한 최초의 유럽인들이 되었다.

다른 한편으로, 러시아는 영국에 대항하기 위해 프랑스와 스페인 및 오스트리아를 끌어들여 4국동맹을 결성시키려고 애썼다. 그러나 1789년에 프랑스에서 혁명이 일어나자 태도를 바꾸어 프랑스 개입에 앞장 섰다.

예카테리나 Ⅱ세가 이처럼 대외적 팽창정책을 성공적으로 수행할 때 손발이 되어 준 대표적 장군이 바로 푸가초프의 농민전쟁을 진압한 수보로프였다. 1730년에 태어나 1800년에 죽을 때까지 생애의 대부분을 전장(戰場)에서 보낸 그는 일생 동안 35회의 전투에서 군대를 지휘했는데, 거의 언제나 작은 병력으로 싸웠으나 한 차례도 지지 않았다. 그가 마지막으로 치른 전쟁은 1799년에 프랑스를 상대로 이탈리아의 북부에서 치른 전쟁이었다. 그는 70살의 나이에 병사들과 함께 걸으면서 알프스산맥을 넘는 영웅적인 행군을 감행하여, 북부이탈리아를 프랑스군대의 점령으로부터 완전히 벗어나게 하였다. 그는 지난날 소련 정부와 국민 모두에 의해 위대한 장군으로 추모되었고, 오늘날에도 러시아 정부와 국민 모두에 의해 역시 위대한 장군으로 추모되고 있다.

2. 러시아의 지성계와 프랑스대혁명 및 그것이 러시아의 대내외정책에 미친 영향

러시아의 지성계

러시아가 대외적으로 유럽의 큰 나라로 성장하고 있는 동안, 특히 예카테리나 Ⅱ세 때, 대내적으로는 학술과 예술 부문에서도 비록 더디나마 발전하는 길을 걸었다. 1724년에 과학아카데미가 개원한 데 이어, 1750년에는 러시아 최초의 극장이 야로슬라블에서 문을 열었으며, 1755년에는 모스크바대학교가 철학부와 법학부 및 의학부를 중심으로 개교했고, 1757년에는 예술아카데미가 개원했으며, 1765년에는 자유경제연구회가 발족해 농업과 경제에 대한 지식을 보급시켰다. 이때가 우리 역사에서는 조선 영조의 치세에 해당한다.

이 무렵에 중등의 보통교육을 위한 학교로 중학교가 세워졌다. 중학교는 귀족과 상인의 자제들은 받아들이면서도 농민과 상공인의 자녀들은 받아들이지 않았다. 천민들이 교육을 받으면 봉건체제에 반항하게 될 것이라는 지배층의 믿음 때문이었다. 따라서 러시아사람들의 대부분은 문맹상태로 남아 있었다. 여자들도 중학교에 들어갈 수 없었다. 다만, 귀족의 딸들을 위한 여학교가 예카테리나 Ⅱ세에 의해 1764년에 수도 상트페테르부르크의 중앙에 위치한 스몰니(Smolny)에 세워졌고, 곧이어 역시 예카테리나 Ⅱ세에 의해 큰 상인의 딸들을 위한 여학교가 세워졌을 뿐이다.

이러한 제약 속에서도 뛰어난 학자와 예술가가 쏟아져나왔다. 그 대표적인 학자가 가난한 농어민의 아들로 태어난 미하일 바실리예비치 로모노소프(Mikhail V. Lomonosov, 1711~1765)였다. 독일유학을 거친 그는 과학아카데미의 회원과 교수로서 자연과학과 인문과학 모두에 크게 이바지했으며, 문학에서도 큰 업적을 남겨 오늘날까지도 '근대 러시아문학의 아버지'로 꼽히고 있다. 모스크바국립대학교도 그의 계획안에 따라 창설된 것이다. 그래서 모스크바국립대학교는 오늘날까지 로모노소프대학교로도 불린다. 그는 오늘날까지도 위대한 학자이며 '근대 러시아의 레오나르도 다 빈치(Leonardo da Vinci)'로 추모되고 있다.

역사학의 발달도 이루어졌다. 로모노소프는 『고대 러시아의 역사』를 출판해 우리가 제2장에서 살폈던 노르만학파의 학설을 반박했다. 이어 '러시아 역사학의 아버지'로 꼽히는 타티셰프(Vasily N. Tatishchev, 1686~1750)가 5권으로 된 『러시아의 역사』를 출판했다. 법학에서는 아담 스미스(Adam Smith)의 제자인 데스니츠키(Semyon E. Desnitsky, 1740~1789)가 귀국해 모스크바국립대학교 법학부를 중심으로 러시아 법학을 발전시켜, '러시아 법학의 창건자'라는 칭호를 얻게 되었다. 이들 밖에도 천문학에서는 루모프스키(Stepan Ya. Rumovsky, 1734~1812)가 태두로 나타났으며, 철학 및 수학과 기계학에서는 코젤스키(Yakov P. Kozelsky, 1728~1794)가 등장했다.

학문과 예술이 발달한 가운데 18세기 후반에 들어서면서는 프랑스 계몽주의자들의 사상도 진보적 지식인들 사이에 전파되었다. 볼테르

(Voltaire)와 디드로(Denis Diderot) 및 루소(Jean Jacques Rousseau) 등의 저술들이 러시아어로 역간되었으며, 여기에 영향을 받은 러시아의 계몽주의자들은 군주제와 봉건제에 대해 비판적인 글들을 발표했다.

이 무렵의 저술가들로서는 우선 '러시아의 최초 고전주의적 학자'로 꼽히는 칸테미르 공(Prince Antiokh D. Kantemir)과 궁정시인이면서 철학자인 트레디아콥스키(Vasily K. Trediakovsky, 1703~1768)를 지목할 수 있다. 이들은 주로 프랑스의 고전들과 소설들을 번역했다. 이어 수마로코프(Aleksandr P. Sumarokov, 1717~1777)를 지적할 수 있는데, 그는 주로 극작에 치중했으며 프랑스 극작가들의 희곡들을 많이 번역했다. 폰비진(Denis I. Fonvizin, 1745~1792) 역시 극작가로 이름을 날리면서 황실의 족벌주의와 위선을 풍자하는 한편 농촌의 부패도 통렬히 비판했다. 한편, 데르자빈(Gavriil R. Derzhavin, 1743~1816)은 시인으로 민중의 사랑을 받았다.

프랑스대혁명의 영향

예카테리나 Ⅱ세도 집권 초기에는 프랑스 계몽주의자들의 저술을 열심히 읽었다. 그녀는 한편으로는 계몽군주라는 명성을 얻고 싶었으며, 다른 한편으로는 그들의 사상 속에서 절대주의와 농노제의 정당성을 찾고 싶었던 것이다. 그러나 프랑스대혁명의 발발은 그녀의 태도를 크게 바꾸어 놓았다. 그녀는 프랑스대혁명은 계몽사상가들이 퍼뜨린 사상의 '나쁜 열매'라고 보고, 그들의 저술들의 대부분을 버림과 동시에 억압적인 통치를 더욱 굳혔다.

예카테리나 Ⅱ세의 억압통치는 파벨 Ⅰ세의 뒤를 이은 알렉산드르 Ⅰ세(Aleksandr Ⅰ, 1801~1825)에 의해 계승되었다. 이 때는 우리 역사에서 조선왕조 제23대 순조(純祖)의 치세에 해당된다. 알렉산드르 Ⅰ세는 자유주의자로서 제위에 올랐으나, 결국 반동정치로 기운 황제로 흔히 평가되고 있다. 그는 청년기에 루소를 비롯한 프랑스 계몽사상가들에 빠져 있었으며, 세습군주제에 반대하고, 선거에 의한 정치제도와 농노해방에 호감을 갖고 있었다고 한다. 그가 즉위한 뒤 교육부를 신설하여 각급 학교를 증설하고, 그의 뛰어난 보좌관이던 스페란스키(Mikhail M. Speransky, 1772~1839)로 하여금 1809년에 제한된 범위 안에서만 일종의 대의제 헌법안을 마련하게 했던 것도, 그를 자유주의자로 보는 한 증거로 지적되고 있다.

그러나 그의 정책은 프랑스대혁명에 자극받아 반동적인 방향으로 돌아섰다. 더구나 아버지를 죽이고 자신이 황제가 되는, 귀족과 황궁수비대의 쿠데타에 묵시적으로 참여했기에 이들에게 좌우되기도 했다. 그리하여 파벨 I세가 취소했던 귀족특권장을 그는 즉위와 더불어 복구시켰고, 막강한 힘을 가진 경찰부를 창설하여 국내통치를 강화했으며, 약간의 자유주의적 성향을 가진 사상과 서적도 탄압했다. 한편 그의 자문기관으로 국가회의와 각료회의를 각각 설치했다.

나폴레옹전쟁에서의 승리

프랑스대혁명에 뒤따른 나폴레옹(Bonaparte Napoleon, 1769~1821)의 유럽정복전쟁은 알렉산드르 I세로 하여금 여러 차례 유럽의 전쟁들에 개입하게 만들었다. 그는 1804년에는 영국과 오스트리아 및 스웨덴과 함께 프랑스에 대항하는 연합전선을 형성했으나 이듬해 아우스테를리츠(Austerlitz)에서 참패했고, 다시 오스트리아 대신 프로이센을 참가시켜 싸웠으나 1807년에 프리들란트(Friedland)에서 패배했다. 별수없이 그는 1807년 7월에 나폴레옹 그리고 프로이센의 프리드리히 빌헬름 3세(Friedrich Wilhelm III)와 함께 오늘날의 러시아연방 칼리닌그라드주 소베츠크(Sovetsk)시에 해당하는 틸지트(Tilsit)에서 평화조약(the Treaty of Tilsit)을 체결하고, 유럽의 국가들은 영국과 무역을 해서는 안된다는 나폴레옹의 대륙봉쇄령을 받아들였다. 나폴레옹은 대륙봉쇄령으로써

알렉산드르 I세

영국을 고사시키고 굴복시키고자 한 것이다.

이 때문에 러시아는 외화획득의 주종(主宗)인 밀을 영국에 팔 수가 없어서, 국고는 메말라갔고 경제도 파탄에 직면했다. 알렉산드르 I세가 견디다 못해 1812년에 대륙봉쇄령을 깨뜨리자, 나폴레옹은 징벌전에 나서 1812년 6월 24일 밤을 기해 600,000여 명의 대군을 이끌고 러시아를 침략하기 시작했다. 알렉산드르 I세는, 자기 자신은 싫어했으나 병사들과 국민들이 좋아하는 67세의 노장 미하일 일라리오노비치 쿠투조프(Mikhail I. Kutuzov)를 총사령관으로 임명하고 나폴레옹의 침략에 맞서게 했다.

수보로프의 전우이자 추종자이기도 한 쿠투조프는 우선 모스크바 근교의 보로디노(Borodino)에서 영웅적으로 싸워, 러시아군대를 분쇄시키려던 나폴레옹의 시도를 저지시켰다. 이것이 역사상 유명한 '보로디노 전투'로서, 9월 7일 하루 동안 계속된 이 전투에 대해 나폴레옹은 뒷날 "내 생애에서 가장 무서웠던 전투는 보로디노에서의 전투였다"고 썼다.

브로디노 전투

보로디노 전투를 사실상 성공적으로 마무리지은 쿠투조프는, 그러나 여전히 큰 병력을 유지한 러시아에 대한 침공을 계속하려는 나폴레옹의 야심을 꺾기 위해서는 초토작전을 써야 한다고 생각했다. 그래서 "모스크바를 잃는다고 해서 러시아를 잃은 것은 아니다"라는 선견지명(先見之明)이 높은 가

알렉산드르 I세의 원주 기념비

르침으로써 정부와 군대를 설득하며 후퇴를 명령했다. 이에 따라 나폴레옹은 9월 14일에 모스크바를 점령할 수 있었다. 그러나 모스크바는 텅 비어 있었으며, 곧이어 초토작전에 따라 러시아사람들이 고의적으로 지른 큰 불에 휩싸였다. 게다가 러시아 국내에서는 애국심이 급속히 자라나 국민군의 수는 차차 커졌으며 여러 곳들에서 빨치산투쟁들이 벌어졌다. 견디다 못한 나폴레옹은 10월 19일에 마침내 퇴각하기 시작했지만, 쿠투조프의 군대와 빨치산들은 퇴각로의 곳곳에서 나폴레옹의 '위대한 군대'를 괴롭혔다.

그리하여 약 30,000명 정도의 병사들만이 병들고 지친 몸으로 겨우 귀국할 수 있었다. 이로써 나폴레옹의 부관 세규르(Segiur) 장군이 썼듯이, '세계정복은 중단되었으며 지난 20년 동안의 연전연승이 모두 수포로 돌아가고 말았다." 러시아로서는 오늘날까지도 러시아의 많은 사람들에게 기억되는 '1812년의 조국전쟁'에서 승리한 것이다. 이 전쟁의 모든 과정이 톨스토이의 소설『전쟁과 평화』에서 주제를 형성했으며, 차이콥스키의 관현악「1812년 서곡」에 표현됐다. 이때가 우리 역사에서는 홍경래(洪景來)의 난이 진압된 해에 해당된다.

알렉산드르 I세는 승세를 몰아 영국과 오스트리아 및 프로이센과 다시 동맹을 형성하고, 1813년 10월에 '열국(列國)의 전투'라고 알려진 라이프치히(Leibzig) 전투에서 나폴레옹에 대해 결정적 승리를 거두었으며, 1814년 3월 31일에 동맹국들과 더불어 당당하게 파리에 입성했다. 연합국은 1814년 4월에 나폴레옹을 이탈리아의 서해안 북부에 위치한 엘바(Elba) 섬으로 유배를 보냈다.

쿠투조프 장군의 병사들(쿠투조프 장군 동상의 뒷부분 모습)

알렉산드르 I세는 이어 니폴레옹의 패퇴에 따라 1814년 9월부터 1815년 6월까지 오스트리아의 수도 빈에서 계속된 빈 회의(Congress of Wien)를 주도하면서 유럽의 모든 혁명세력들을 탄압하기 위한 이른바 신성동맹(Holy Alliance)을 제의했다. 그의 제의는 받아들여져, 러시아·오스트리아·프로이센 세 나라는 1815년 9월에 파리에서 신성동맹을 결성했다. 그러나 이 동맹은 '신성하지도 못하고', '반동적'이며 '반민주적'이라는 비판을 받는 가운데 실제로는 큰 힘을 발휘하지 못했다. 그 사이인 1815년 2월에 엘바를 탈출하고 다시 황위에 오른 나폴레옹은 결국 1815년 10월에 벨기에의 동남부에 위치한 워털루에서 영국과 프로이센의 연합군에 패전해 아프리카의 외딴 섬 세인트 헬레나(St. Helena)로 유배됐다가 1821년에 거기서 죽는다.

나폴레옹전쟁에 앞선 1801년과 1803~1810년 사이에, 알렉산드르 I세는 소아시아의 그루지야를 병합하고, 1809년에는 스웨덴으로부터 핀란드를 탈취했으며, 1812년에는 터키로부터 베사라비아(Bessarabia)를 탈취했다. 거기에 더해, 나폴레옹전쟁에서도 승전국의 일원이 됨으로써 러시아는 알렉산드르 I세의 시기에 일등국의 지위를 얻게 됐다.

러시아의 국제적 지위가 고양되면서 사기가 크게 오른 러시아사람들은 항해와 탐험에 적극적으로 나서기에 이르렀다. 그리하여 1800년대 전반기에 러시아의 항해가들은 세계를 약 40회에 걸쳐 일주했다. 그들의 항해는 북극해와 남극해에 이르렀으며, 태평양의 여러 섬들을

러시아과학아카데미 산하 동방학연구소

찾게 만들었고 미주의 서북해안까지 진출했다. 자연히 지리학이 크게 발달했으며 그것은 1845년에 러시아지리학회의 창립으로 이어졌다. 그 뒤 이 학회는 러시아는 물론 유럽의 여러 나라들에 대해서도 지리학의 중심으로 자리를 잡게 된다.

이러한 분위기 속에서 아시아에 대한 학문적 관심이 자연스럽게 성장해, 1818년에는 수도 상트페테르부르크에 제국과학아카데미 산하 기관으로 아시아박물관을 세워 아시아에 관련된 자료들을 모아 보관시키기에 이르렀다. 이 아시아박물관이 훗날 소련 과학아카데미 산하의 동방학연구소(Institute of Oriental Studies)로 격상되며, 이 연구소는 1950년에 모스크바로 이전하고 2007년에 상트페테르부르크에 분소(分所)를 두었다. 다만 소련의 해체에 따라 이름이 러시아 과학아카데미 산하 동방학연구소로 바뀌었다. 약 500명의 전문학자들을 끌어안고, 한반도를 포함한 아시아 그리고 이집트를 포함한 북아프리카에 관해 러시아 학계에 대해서 뿐만 아니라, 세계학계에 크게 기여한 이 연구소는 2018년 10월에 창립 200주년을 기념했다.

3. 데카브리스트의 반란과 니콜라이 I세의 반동정치 : 봉건체제의 위기

출판업의 발전: 노비코프와 라디셰프의 등장

나폴레옹전쟁과, 그리고 이것에 따른 외교는 러시아의 재정을 크게 압박했고, 그것은 또 국내에 상당한 불안을 조성했다. 그러나 나폴레옹전쟁이 러시아에 미친 가장 큰 영향은 이 전쟁에 참가했던 귀족 및 상류층의 자제들 사이에 자유주의적 사상이 팽배해진 사실로 나타났다. 이들은 1776년의 미국독립전쟁과 1789년의 프랑스대혁명을 가져온 자유주의적 및 입헌주의적 사상과 제도를 목격하고 아직도 절대군주 아래 시달리는 러시아의 비참한 상태와 비교하게 된 것이다.

이들은 자연히 다양한 비밀결사들을 조직하고 입헌군주제 또는 완전한 공화제로의 정치체제의 개편과 농노의 해방 그리고 농민에 대한 토지소유, 또는 경작권의 인정 등 사회구조의 개편을 광범위하게 논의했다. 물론, 이들 이전에도 농노의 문제로 깊은 고뇌에 빠지고, 이들의 해방을 주장하다가 처벌된 용감한 양심적인 사람들이 있었다. 예카테리나 Ⅱ세 시대의 니콜라이 노비코프(Nikolai I. Novikov, 1744~1818)와 알렉산드르 라디셰프(Aleksandr N. Radishchev, 1749~1802)가 그 대표적인 사람들이다.

러시아 최초의 사설 출판업자이면서, 아니 러시아 출판업의 창시자이면서 작가인 노비코프는 페테르부르크에서 풍자잡지인 『수펄』과 『화가』를 발간하면서 전제정치와 농노제의 문제점들을 고발했으며, 이로써 러시아의 1780년대는 '노비코프의 10년'이라고까지 불리었다. 그는 반차르적인 자유석공회(自由石工會 : Freemason 또는 Freemasonry) 회원들의 지원을 받았다. 프리메이슨은 많은 지식인들이 참여한 비밀결사로 그들 사이에서 암호를 썼다.

한편, 관리 출신인 라디셰프는 독일유학을 마치고 돌아와 루소의 저작들을 비롯한 프랑스 계몽사상가들의 저작들을 소개했다. 그는 1790년에 『페테르부르크에서 모스크바로의 여행(*A Journey from St. Petersburg to Moscow*)』을 출판했으며, 이 책을 통해 농노제의 해악과 농노들의 비참함을 고발했다.

지식인들의 이러한 출판활동은 1800년대에 들어서면서 더욱 활발해졌다. 자연히 출판사들이 늘어났으며 잡지들이 많이 발행됐다. 1800년부터 1860년까지의 시기에 무려 546개의 새로운 잡지가 발행되기에 이르렀다. 그러한 잡지들 가운데 유명했던 것이 역사학자 니콜라이 카람진(Nikolai M. Karamzin, 1776~1826)이 편집을 맡았던 『유럽통보』였다. 이어 『러시아통보』와 『모스크바인』 및 『모스크바통신』 등이 출간됐다.

데카브리스트의 반란

그러나 농노의 해방을 집단적으로 생각하고 논의한 최초의 사람들은 바로 유럽전쟁에서 돌아와 비밀결사대에 가담한 귀족층의 청년장교들이었다. 그 대표자는 우크라이나에서 남부협회를 조직한 파벨 이바노비치 페스텔(Pavel I. Pestel) 대령, 그리고 페테르부르크에서 북부협회를 조직한 황궁수비대 참모장 니키타 미하일로비치 무라비요프(Nikita M. Muravyov)였다. 그러면 이처럼 '반(反)체제적' 사상을 지녔던 청년장교들의 이론적 근거는 무엇이었는가? 그 출발점은 '위로부터의 예방혁명론'이었다. 현존체제를 지배층 스스로가 개혁하지 않으면 무식한 농민층이 봉기해 모든 것을 깊은 사려 없이 무자비하게 파괴할 것이기 때문에 그러한 무섭고 불행한 사태를 예방하기 위해서는 선진적인 입장의 자신들이 과감히 궐기해야 한다는 것이었다. 바로 이러한 입장 때문에 그들은 자신들의 거사에 인민대중을 참여시킨다는 생각을 전혀 갖지 않았다.

자신들 사이의 토론을 활성화하는 가운데 남부협회와 북부협회는 서로 긴밀히 연락하면서 쿠데타를 계획했다. 이 과정에서 페스텔은

데카브리스트의 반란

『러시아의 정의(正義)』를 저술하여 전제정치의 폐지와 입헌군주공화국의 수립과 농노의 해방 및 농민에게의 토지분배를 골격으로 하는 혁명적 강령을 제시했다. 마침내 이들은 알렉산드르 I세의 별세에 뒤따라 니콜라이 I세가 즉위하게 되는 전환기를 이용해 1825년 12월 14일에 세르게이 트루베츠코이 공(Prince Sergei Trubetskoy)을 지도자로 앞세워 병사들을 이끌고 '헌법'을 외치며 반란을 일으켰다.

반란은 곧 진압되고 말았다. 이것을 '데카브리스트의 반란'이라고 부른다. 데카브리스트는 영어로는 디셈브리스트(Decembrist)라고 번역됨에 나타나듯이 '12월 당원'이라는 뜻으로 그들이 12월에 거사했다고 해서 그렇게 불리는 것이다. 이 때는 우리 역사에서 조선 시대 순조 말기에 해당된다.

마주르(Anatoly G. Mazour) 교수는 데카브리스트의 반란을 차르의 전제정치에 대한 러시아 역사상 최초의 주요한 정치적 항의라고 평가했다. 이 반란은 비록 실패해서 그 지도자들이 처형되거나 유배되기는 했으나, 그 정신은 다음 세대의 러시아 혁명가들의 사상적 기원이 되었기 때문이다. 레닌은 뒷날 「게르첸의 회상」이라는 글에서, '데카브리스트들은 〔러시아사회주의 아버지인〕 게르첸을 각성시켰고 게르첸은 혁명적 선동을 시작했다. 〔그 이후의 혁명은〕 이것이 차차 확대되고 강화되어나간 것이다"라고 썼다.

여기서 덧붙이고자 하는 것은 이 반란에 연좌된 사람들이, 그 이전의 정치범들처럼, 시베리아로, 특히 바이칼호수의 물줄기를 이어받는 앙가라(Angara) 강변에 위치한 이르쿠츠크(Irkutsk)로 유배됐다는 사실이다. 그 뒤에도 정치범들은 이 곳으로 유배됐다. 그리하여 그들의 문화적 활동에 힘 입어, 이 곳은 시베리아의 문화적 중심지로 성장하며 궁정문화와 귀족문화를 보존하게 됐다. 이르쿠츠크가 '시베리아의 파리'로 불리게 된 배경이 거기에 있다.

몽둥이 차르

한편, 데카브리스트의 반란 속에 즉위한 니콜라이 I세는 심리적으로 탄압에 의한 통치로 기울어져 1825년부터 1855년까지 계속된 그의 30년 치세는 강권과 억압으로 특징지어진다. 이 때는 우리 역사에서 조선왕조 순조 말기로부터 헌종(憲宗)을 거쳐 철종(哲宗) 말기에 걸치는 시기에 해당된다.

니콜라이 I세는 우선 제국통치원을 강화함으로써 자신의 통치기구들을 확대했다. 그는 특히 그 산하에 제3부를 두어 비밀경찰 또는 정치경찰의 기능을 감당하게 하고, 반체제의 가능성이 있는 모든 사람들에 대한 감시와 체포, 그리고 사상의 통제 및 검열을 철저히 수행하게 했다. 이 제3부는 뒷날 오흐라나(Okhrana)라고 불린다.

니콜라이 I세는 이어 헌병대를 창설했다. 벤켄도르프(Aleksandr von Benckendorff) 장군을 대장으로 하는 이 헌병대 역시 정치경찰의 기능을 수행하였다. 특히 1848년에 유럽을 뒤흔든 시민혁명이 유럽의 곳곳에서 일어나자, 국내적 통제를 더욱 강화해 많은 지식인들을 투옥하는 등 강권정치를 굳혀 나갔다. 그리하여 그는 '몽둥이 차르'라는 별명을 얻게 되었다.

니콜라이 I세의 강권정치는 교육에서도 마찬가지였다. '정교(正敎) 신앙, 전제정치, 국민성(Orthodox, Autocracy, Nationality)'의 세 원칙을 표방한 그의 교육은 황실에 충실한 인간만을 주조함으로써 그의 절대권을 굳히려는 데 일차적 목표를 두었다. 1848년의 혁명 이후에는 철학교육과 해외유학을 중단시키는 한편 군사교육을 강화해 자유주의의 전파를 막으려고 안간힘을 썼다. 이러한 정책은 문교대신 우바로프(Sergei Uvarov)에 의해 충실히 수행되었다.

니콜라이 I세

그러나 그의 치세에 러시아의 법전이 정리되고 편찬되었음은 특기할 만하다. 1833년에 스페란스키는 1649년의 법전으로부터 니콜라이 I세까지의 법전을 망라하여『러시아

제국의 법률 전집』 45권과 이것을 요약한 『러시아 제국의 법률 개요』 15권을 간행한 것이다.

유럽의 헌병

니콜라이 I세는 국내에서 자유주의적 사상을 탄압했을 뿐만 아니라, 국외에서도 다른 나라들의 혁명운동을 탄압하고자 했다. 그리하여 1830년의 7월혁명에서 1848년의 2월혁명에 이르기까지 예컨대 폴란드독립운동과 헝가리독립운동 및 프랑스혁명 등에 사사건건 개입했다. 이로써 그는 '유럽의 헌병'이라는 조롱을 받았다.

니콜라이 I세는 여기서 그치지 않고 지중해로의 진출을 시도하여, 그가 '유럽의 병자'라고 부른 터키와 1853년에 전단(戰端)을 열었다. 여기에 영국이 즉각적으로 저항하고 나섰다. 월슈(Warren B. Walsh) 교수의 재치 있는 표현을 빌리건대, "고래(=영국)는 코끼리(=러시아)가 양서류(兩棲類)가 되는 것을 바라지 않았다." 따라서 영국은 프랑스와 함께 터키를 지원하여 1854년부터 러시아와 맞서 겨루니, 이것이 크림전쟁이다. 영국의 간호사 나이팅게일(Florence Nightingale, 1820~1910)이 적군과 아군을 가리지 않고 치료함으로써 간호의 역사에 새 장을 연 것이 바로 이 크림전쟁에서였다.

크림전쟁에서의 패전

전쟁은 주로 러시아의 주요 해군기지로 러시아 흑해함대의 모항(母港)인 세바스토폴(Sevastopol)을 중심으로 전개되었다. 러시아의 수비대는 이 곳의 백성들과 함께 영웅적으로 싸웠으나 1855년에 영국과 프랑스의 연합군에게 지고 말았다. 전쟁은 몇 달 동안 더 계속되었으며, 1856년 3월에 파리에서 강화조약을 체결하는 것으로써 매듭지어졌다. 서유럽의 국가들이 근대화된 무기와 군사장비로 공격하는 데 반해 러시아는 낡은 무기와 군사장비로 맞싸우게 되었으니, 예컨대 연합군이 증기로 움직이는 전함들을 내세움에 반해 러시아는 목선으로 맞싸울 수밖에 없었으니, 그 결과는 뻔한 것이었다. 시로프의『러시아의 역사』가 적절히 지적했듯이, "낙후된 봉건농노제의 러시아는 서유럽의 자본주의 국가들과의 충돌에서 패하고 말았던 것이다."

이로써 러시아는 지중해 및 발칸 방향으로의 남진이 저지되고 흑해가 중립화되어 그 국위가 크게 손상되었다. 여기에 니콜라이 Ⅰ세는자존심이 상해 음독자살하고 말았다는 소문 나돌았다. 그러나 그의 주치의는 그가 폐렴으로 서거했다고 증언했다.

러시아는 패전했으나 러시아사람들은 오늘날에 이르기까지 '영웅적인 세바스토폴의 방어전'을 자랑스럽게 기억하고 있다. 당시 포병장교로 참전했던, 그리고 뒷날 러시아의 세계적 문호로 성장하는 레프 톨스토이 백작(Count Lev N. Tolstoy, 1829~1910)은『세바스토폴의 이야기들』을 써서, 이 전쟁의 쓰라린 경험을 러시아사람들로 하여금 오랫동안 기억하게 만들었다.

4. 민족문화의 성장과 발전

니콜라이 Ⅰ세의 숨막히는 어두운 반동의 시대에 역설적으로 러시아의 민족문화는 계속해서 성장하고 발전했다. 벤켄도르프는 "인민들의 지식수준이 군주의 그것과 같아지지 않게 하기 위해서는 교육을 너무 서둘러서는 안 된다"고 주장했고, 니콜라이 Ⅰ세 역시 농민들의 자녀들이 중학교나 대학에 들어가는 것을 금지했다. 그러나 러시아사회는 적어도 기술자와 농학자와 의사의 증가를 요구했으므로 전문학교와 대학을 늘리지 않을 수 없었다. 이러한 새로운 고등교육기관들을 중심으로 과학적 사고가 발전하고 문화적 활동이 확산된 것이다.

자연과학 및 인문과학

그리하여 19세기 전반기에 러시아에는 뛰어난 학자들과 문인들이 쏟아져 나왔다. 우선 자연과학계를 보도록 한다. 수학에서는 23세에 교수가 된 위대한 수학자 니콜라이 이바노비치 로바첼스키(Nikolay I. Robachevsky, 1792~1856)의 업적이 가장 컸다. 그는 1826년 2월 11일에 「평행선의 정리(定理)에 관한 엄밀한 증명과 기하학 기초요강」을 발표했다. 수학자들은 이 날을 '비(非)유클리드 기하학'의 탄생일로 여기며, 그의 이론은 뒷날 상대성이론의 창출에 활용된다. 오스트로그라드스키(Mikhail V. Ostrogradsky, 1801~1861)는 대수학과 확률론에서, 부냐콥스키(Viktor 1. Bunyakovsky, 1804~1889)는 확률론에서 중요한 논문들을 발표했다.

생물학에서는 고랴니노프(P. F. Goryaninov)가 대표적이었다. 그는 모든 동식물들이 통일된 구조원리에 의해 세포들로 이루어졌다는 결론을 내림으로써, 세포이론 창시자들 가운데 한 사람이 되었다. 화학에서는 지닌(Nikolai N. Zinin, 1812~1880)이 대표적이었다. 영국과 독일 및 프랑스 등 유럽의 여러 나라들에서 연구한 그는 '러시아 화학학파'를 창건했다. 그들 밖에도 야금학자 아노소프(Pavel Anosov), 물리학자이면서 전기공학자인 페트로프(Vasily Petrov), 천문학자 스트루베(Jacob Struve), 진화론 분야의 선구자 판더(Christian H. Pander, 1794~1865), 비교해부학자 바에르(Karl M. Baer, 1792~1876), 외과의사 피로고프(Nikolay I. Pirogov) 등이 세계적인 명성을 얻었다. 특히, 피로고프는 때때로 바에르와 함께 연구하면서 러시아의 외과의학을 세계의 일류수준으로 끌어올렸다는 평가를 받았다.

인문과학계에서는 카람진의 활동이 돋보였다. 러시아의 최초의 대중적 역사가로 꼽히는 카람진은 『러시아 국가의 역사』 전 12권을 통해 가장 화려했던 러시아의 과거를 아주 쉽게 재구성함으로써 교육 받은 대중으로부터 많은 찬사를 받았다. 사료를 풍부하게 활용한 이 책은 전제체제와 강력한 군주가 러시아를 위대하게 만들었으며, 그러므로 그러한 제도는 그대로 유지되어야 한다고 강조했다. 우바로프가 제창했던 '정교신앙, 전제정치, 국민성'의 세 원칙을 묶은, 이른바 관제 국민주의이론을 지지했던 러시아사 교수인 포고진(Mikhail P. Pogodin)과 역시 러시아사 교수인 솔로비요프(Sergei M. Solovyov) 같은 사람들도 이 시기에 활동했다.

세계적 문인들

문학 방면에서는 문자 그대로 '세계적으로 빛을 내는 별'들이 쏟아져 나타났다. 우선, 러시아사람들이 오늘날까지도 숭배하는 알렉산드르 푸시킨을 꼽을 수 있다. 1799년에 태어나 1837년의 한 결투에서 별세한 그는 시 「루슬란과 류드밀라(*Ruslan and Lyudmila*)」를 완성한 1802년부터 죽을 때까지, 모든 점에서 보아 러시아 제일의 시인이며 제일의 산문가로 칭송되었다. 「예브게니 오네긴(*Yevgeny Onegin*)」이 그의 가장 아름다운 운문이라면, 『대위의 딸』은 그의 대표적인 산문으로 기억되고 있다. 특히 「삶이 그대를 속일지라도 슬퍼하거나 노여워하지 말라. 슬픈 날을 참고 견디면 기쁜 날이 오고야 말리니」(1825)라는 시는 많은 사람들에게 희망을 주었다. 그는 또 러시아에서 사실주의문학을 확립한 작가로, 또는 국민문학을 창시한 작가로, 또는 러시아 문어를 확립한 작가로, 높이 평가되고 있다. 그래서 이반 투르게네프(Ivan S. Turgenev: 1818~1883)는 "푸시킨 이후의 작가는 푸시킨이 개척한 길을 갈 수밖에 없다"는 말로써 그를 찬양했다.

푸시킨

레르몬토프

푸시킨은 또한 데카브리스트의 옹호자이면서 전제정과 농노제의 혐오자였다. 그리하여 그는 유형생활을 감내해야 했고 마침내는 궁정 측근자들의 사주를 받은 결투에서 목숨을 잃게 된 것이다. 그러나 러시아사람들은 진정으로 그를 사랑했다. 그래서 그의 장례식에는 정부당국이 방해했는데도 참으로 많은 조문객들이 참석했다.

고골

푸시킨과 같은 시대에 활약한 그리고 푸시킨에 다음 가는 시인으로 꼽힌 레르몬토프(Mikhail Yuriyevch Lermontov, 1814~1841) 역시 푸시킨과 사상 및 생애에 있어서 비슷한 길을 걸었다. 방대한 장편 서사시 「악마」를 남긴 그 역시 유형생활을 경험해야 했고 궁정 측근자들의 사주를 받은 결투에서 목숨을 잃었다.

「지혜의 슬픔」이라는 불후의 명작을 남긴 극작가 그리보예도프(Aleksandr S. Grivoyedov, 1795~1829)의 업적도 이와 비슷했다. 이 희곡은 농노제를 비판한 까닭으로 검열을 통과하지 못했다. 따라서 필사본 상태에서 회람됐는데, 나중에는 필사본의 복사본이 무려 40,000부에 이르렀다. 같은 극작가인 크릴로프(Ivan A. Krylov, 1769~1844)는 우화문학에서 일가를 이루었다.

또 역사학 교수이면서, 1630년대에 폴란드를 상대로 투쟁한 카자크의 연대장 타라스 불바(Taras Bulba, 우리나라에서는 1960년대초 미국영화 「대장 부리바」로 널리 알려졌음)의 전설적인 생애를 소설화한 『타라스 불바』, 그리고 『검찰관』과 『외투』 및 『죽은 영혼들』과 같은 명작을 남긴 고골(Nikolai Gogol, 1809~1852)은 뛰어난 산문작품들로 러시아문학에서 산문의 꽃을 피웠다. 그의 작품들은 모두 민중의 사랑을 받았는데, 특히 러시아 관리들의 부정과 부패를 풍자한 희곡 『검찰관』이 많이 읽혔다. 그는 차차 '비판적 사실주의'의 경향을 보였으며, 그것은 농노제에 대한 신랄한 공격으로 이어졌다.

이러한 작가들에 이어 투르게네프, 톨스토이(1828~1910), 도스토옙스키(Fydor Mikhailovich Dostoevsky, 1821~1881) 그리고 곤차로프(Ivan A. Goncharov, 1812~1891) 등이 문단을 이끌었다. 이들에 대해서는 다음 장(章)에서 자세히 살피기로 한다.

음악과 미술 및 건축

민족음악의 분야에서는 오늘날까지도 러시아 민족음악의 아버지로 추앙 받는 글린카(Mikhail I. Glinka, 1804~1857)가 단연 대표적이다. 그는 "음악을 만드는 것은 민중이다. 우리 예술가들은 그것을 편곡할 뿐이다"는 신념을 일생 동안 유지했다. 그리하여 그는 대중의 음악적 창조를 강력히 지지하고 그것을 위한 예술의 민중성을 앞세웠다. 이 점에서 그는 '민족적 민요 문화에 뿌리박은 새로운 민족적 음악언어'를 만들어 냈다는 평가를 받았다. 한 마디로, 그는 "과거 100년간의 최고의 유산을 흡수하고 그것을 바탕으로 음악 분야에서 민족적 리얼리즘 예술의 기초를 닦았다"는 칭송을 들었다. 같은 맥락에서, 그는 '위대한 러시아 음악파의 시조' 또는 '러시아 음악사에 새로운 고전시대를 연 천재적 작곡가'라는 칭송을 들었다. 글린카가 민족음악의 확립에 결정적으로 이바지한 작곡가였다면, 페트로프(Osip A. Petrov, 1807~1878)는 민족오페라의 확립에 결정적으로 이바지한 가수였다. 그는 글린카의 대표적 오페라 「이반 수사닌」에서 수사닌의 역을 성공적으로 수행해 명성을 떨쳤다. 그의 아내 보로비요바(Anna Vorobyova) 역시 오페라 가수로 명성이 높았다.

글린카의 전통을 계승한 작곡가가 알렉산드르 다르고미시스키(Aleksandr S. Dargomyzhysky, 1813~1869)였다. 그의 대표적 작품으로는 오페라 「루살카(*Rusalka*)」와 오페라 「돌의 나그네(*Stone Guest*)」 그리고 프랑스의 문호 빅토르 위고(Victor Hugo)의 『파리의 노트르담』에 등장하는 여주인공을 주제로 삼은 오페라 「에스메랄드」 등이 꼽힌다. 그의 음악적 특징은 표현의 정확성을 기하고 음악과 시를 완전히 융합시킨 데 있다고 전문가들은 논평했다.

문학과 음악의 발전 속에 소극장이 발전했다. 그 대표적 소극장이 1824년에 모스크바에서 창립된 「말리이 테아트르」였다. 이 소극장을 중심으로 활약한 명배우가 쉡킨(Milkhail S. Shchepkin, 1788~1863)과 모찰로프(Pavel S. Mochalov, 1800~1848)였다. 쉡킨은 농노의 신분에서 해방되면서 약 40년에 걸쳐 연극에 모든 힘을 쏟았다. 모찰로프는 비극배우로 유명했으며 특히 셰익스피어(William Shakespeare)의 햄릿(Hamlet) 역할을 뛰어나게 수행했다.

카잔 대성당(페테르부르크)

미술도 높은 수준으로 발전했다. 알렉산드르 Ⅰ세와 니콜라이 Ⅰ세는 모두 표트르 대제와 예카테리나 여제처럼 열렬한 미술후원자들이었으며, 특히 건축후원자들이었다. 우선 건축에 대해 말하면, 두 황제는 거의 전적으로 수도에 황궁들과 사원들 및 공공건물들을 웅장하고 화려하게 짓도록 뒷받침했으며, 그리하여 이른바 황제적 스타일이라는 건축풍이 자리잡게 되었다. 알렉산드르 Ⅰ세 때 시작되어 알렉산드르 Ⅱ세 때 완성되는 석조건물로 오늘날까지도 유명한 것이 달마시아의 성인 이삭(St. Isac of Dalmatia)을 기념한 「이삭 성당」이다.

여기에는 러시아 국내외의 건축가들의 노력이 컸다. 국내의 건축가로는, 페테르부르크에 저 유명한 해군본부 건물을 설계한 자하로프(Andreyan Zakharov, 1761~1811), 그리고 농노 출신으로서 역시 페테르부르크에 「카잔성당」을 지었고 수도의 외곽에 황궁들을 지은 보로니힌(Andrey Voronikhin, 1759~1814)이 대표적이었다. 해외의 건축가로는 페테르부르크에 참모본부 건물과 알렉산드르 극장 등을 지은 로시(Carlo I. Rossi) 그리고 페테르부르크에 「새로운 에르미타시 궁전(the New Hermitage)」을 지은 레온 폰 클렌체(Leon von Klenze)와 「이삭성당」을 지은 오귀스트 드 몽 페랑(August de Mont Ferand) 등이 유명했다.

에르미타시 궁전은 원래 예카테리나 Ⅱ세가 측근 신하들이나 외국의 명사들을 초청하여 미술품을 감상하던 장소였다. 그러나, 이 궁전을 새로 지은 뒤에는 공중에 개방하지 않았다. 뒷날 소련의 국립박물관으로 쓰였으며, 오늘날에도 러시아의 국립박물관으로 쓰이고 있다. 세계 3대 박물관 또는 미술관의 하나로 꼽히는 이 곳에는 약 3백만 점의 미술품이 소장됐는데, 1분에 1점씩 보아도 5년을 소비해야 전부를 볼 수 있다고 러시아사람들은 자랑스럽게 말한다.

5. 지식인들의 논쟁과 혁명사상의 배태

인텔리겐치아의등장

여기서 중요하게 지적되어야 할 것은 니콜라이 Ⅰ세의 반동의 시대에는 민족문화가 발전했을 뿐만 아니라 역설적으로 러시아의 전제주의와 농노국가체제에 깊은 회의를 품고 농노들의 비참한 생활에 '양심의 매를 맞으며' 내일의 러시아를 구상하는 지식인층이 대두했다는 사실이다. 러시아민중을 대변하고 계몽하는 한편, 국가개조의 민족적 사명감을 가진 이 지식계층을 인텔리겐치아(Intelligentsia)라고 불렀다.

인텔리겐치아라는 단어가 러시아어 속에 자리잡은 것은 1860년대에 이르러서이지만, 이 단어에 해당하는 사회계층은 이미 17세기 말부터 러시아사회에 존재하고 있었다. 이들의 성격에 대해 하버드대학교의 리처드 파이프스(Richard Pipes) 교수는 '개방적이며 비직업적인 교육을 받고 비종교적 성향을 가진 소수의 사람들'이라고 정의했다. 그런데 이들의 수는 1736년에 있었던 향신에 대한 의무교육제도의 도입과 그리고 1762년에 있었던 귀족에 대한 병역 및 부역의 면제특권에 힘입어 18세기 중반부터 부쩍 늘어났다.

19세기에 들어서면서, 이들의 수는 더욱 늘어났고, 러시아의 무수한 대중과는 유리되어 있는 이들을 통해 유럽의 여러 갈래의 사상들은 다양하게 해석되면서 서서히 러시아의 얼어붙은 땅으로 흘러들어오기 시작했다. 이 과정을 거쳐 19세기 중반까지에는 더욱 좁은 의미에서의, 그리고 더욱 주관적인 의미에서의 인텔리겐치아가 나타났다. 게르첸과 벨린스키(Vissarion G. Belinsky, 1811~1848) 및 스탄케비치와 페트라셰프스키 서클(the Stankevich and Petrashevtski circles)의 회원들이 그 대표적인 사람들이다. 이들은 예카테리나 Ⅱ세 시대의 비판적 사상가였던 노비코프와 라디셰프로 대표되는 과격주의의 전통을 계승해 그것을 발전시키고 있었다.

서유럽주의의 성립: 차다예프의 등장

그들은 자연히 제정러시아의 현실과 미래에 대해 논쟁하게 되었는데, 그것은 크게 보아 서유럽주의(Westernism)와 슬라브주의(Slavophilism)로 나누어지며, 모두 러시아 혁명사상의 형성에 큰 영향을 끼친다. 이 논쟁의 내용을 자세히 살피기로 한다.

우선, 서유럽주의에 대해서이다. 러시아정교나 전제체제의 신성불가침성이 국시(國是)로 되어 었던 지적(知的) 풍토 속에서 가장 충격적인 도전장을 낸 사람은 차다예프(Pyotr Ya. Chaadaev, 1794~1856)였다. 이인호 교수가 이미 지적했듯이, 그가 1836년에 『망원경』이라는 잡지에 발표한 「역사 철학에 관한 서한 제1호」는 니콜라이 체제와 국시를 완전히 부정한 것으로, 게르첸의 말을 빌리면 마치 '암흑을 꿰뚫는 총성'과도 같은 충격적 효과를 가진 것이었다. 특히, 예카테리나 Ⅱ세 때의 정치가요 역사가였던 셰르바토프(Mikhail M. Shcherbatov)의 외손으로, 명문귀족 출신으로만 구성된 기마장교를 역임한 그의 논문이기에 니콜라이정권에게는 더욱 당혹스러운 것이었다. 그리하여 정부당국은 그를 광인(狂人)으로 선언하고 자택에 연금시킨다.

차다예프는 당대의 다른 지식인들과 마찬가지로 러시아와 유럽 사이에는 근본적인 문화적 차이가 있음을 인정했다. 그러나 그는 이러한 차이에서 러시아의 독특한 우수성을 발견한 것이 아니라 오히려 러시아의 낙후성을 발견한 것이다. 그리고 그 낙후성의 원인을 러시아의 기독교문명권으로부터의 이탈에서 찾았다. 서유럽이 기독교철학에 힘입어 인간을 동물에서 구별하여 도덕적인 존재로 행동할 수 있도록 하는 의무와 정의와 권리 및 질서 등의 이념을 발전시켜 왔음에 비해 러시아는 기독교문명권으로부터 벗어나 이러한 이념과 떨어졌다는 것이다. 그의 결론은, 따라서 러시아는 정신적 고립상태에서 벗어나 서유럽과의 특히 기독교와의 접촉을 통해 모든 것을 배움으로써 의미 있는 역사를 이룩해야 된다는 것이었다.

차다예프의 논문은 재야지식인들 사이에 격렬한 논쟁을 불러일으켰다. 그들은 우선 러시아가 문화적으로 서유럽의 영향에 압도되어 자율성을 지키지 못하고 있으며, 현재의 상태가 바람직한 것이 되지 못한다는 주장을 대체로 시인했다. 그러나 어디에서 무엇이 잘못되어 왔으며 시정히는 방법이 무엇인가에 대해서는 주장이 엇갈렸다.

자파드니키(Zapadniki), 곧 서유럽화주의자들의 중심적 인물이 된 벨린스키와 게르첸은 러시아가 하루 빨리 모든 것을 서유럽으로부터 배워 후진성을 극복해야 한다고 주장하고, 서유럽의 합리주의적 전통과 그것에서 파생하는 가치들을 발전의 척도로 보았다. 이들이 종교가 아니라 합리주의라는 개념으로 문제에 접근했다는 것은 차다예프와의 차이점이라고 할 수 있다. 그러나 이들은 모두 무지와 몽매 속의 러시아 역사는 표트르 대제의 서유럽화개혁에 의해 비로소 의미 있는 역사가 되었으며, 이 서유럽화개혁이 아직도 성숙기에 이르지 못했고 그것에 역행하는 타성이 충분히 극복되지 않았으므로 니콜라이 전제체제와 같은 이상한 현상이 존재한다고 보았다.

슬라브주의의성립

이들에 비해, 러시아 문명의 특성을 강조한 이들이 슬라뱌노필리(Slavyanophily), 곧 슬라브주의자들로, 그들은 대체로 니콜라이 체제에 대해 비판적인 태도를 보였다. 그 대표적인 지식인들이 이반 키레옙스키(Ivan Kireyevsky, 1806~1856), 알렉세이 호먀코프(Aleksei S. Khomyakov), 콘스탄틴 악사코프(Konstantin Aksakov, 1817~1860) 등이다. 이들은 유럽이 러시아보다 정치적으로나 경제적으로 부강하다는 점은 인정되지만 도덕적으로는 러시아가 유럽보다 더 순수하고 덜 부패되었다고 주장했다.

그들은, 유럽이 로마가톨릭과 개신교의 '사설(邪說)' 때문에 신앙과 신의(神意)를 잃었으며, 유럽국가들은 원래 정복과 폭력 및 인민의 예속 위에 세워진 것이어서 그 법률도 도덕성이 약하고 또 인간의 인격보다는 재산권이 중시되며, 인간정신의 다른 모든 기능은 무시되어 있다고 보았다. 이에 비해 러시아는 서유럽화개혁이 있기 전까지는 부패되지 않은 덕성이 보존되어 있는 사회였다고 보고, 그 기둥을 러시아정교와 그리고 농촌의 공동체인 미르에서 찾았다. 러시아정교야말로 진정한 신앙으로 신의(神意)에 부합되는 것이며, 미르야말로 각자가 개인과 이기주의를 버리고 공동이익 속에 융합하여 사는 인민의 연합체로서 러시아사회의 도덕성의 원천이라는 것이다.

그런데 표트르 대제의 서유럽화개혁은 러시아정교를 국가에 예속시켰고, 또 '농촌 러시아'와는 별개의 '국가 러시아'를 만들어 강압적인 관료체제가 나타났다고 슬라브주의자들은 보았다. 서유럽주의자들이 표트르 대제의 개혁을 의미 있는 새로운 러시아의 시작이라고 파악한 데 반해, 슬라브주의자들은 표트르 대제의 개혁을 모든 역사악(歷史惡)의 근원으로 보았으며, 탄압적인 니콜라이 I세의 정권 같은 현상도 그릇된 서유럽화정책의 당연한 귀결이라고 보았다.

슬라브주의는 또 한 사람의 슬라브주의자 악사코프(Ivan S. Aksakov, 1823~1886)에 의해 범(汎)슬라브주의로 발전했다. 그는 러시안슬라브만이 러시아정교의 진정한 신봉자이면서 수호자이며, 이것의 큰 적이 바로 로마가톨릭이라고 주장했다. 따라서, 러시아정교를 로마가톨릭의 세계에 살고 있는 러시안슬라브에게 확장시킬 사명을 러시아는 갖고 있다고 주장했다. 도스토옙스키의 소설 『백치』도 이러한 성향을 강하게 나타내고 있다.

슬라브주의자들의 러시아정교 및 러시아적인 것에 대한 강조와 서유럽에 대한 무분별한 비판은 '러시아 국민성'을 표방한 니콜라이 I세의 강압통치를 지지하는 것으로 나타났다. 그러나 그들의 대부분은 관료권력의 축소와 개인자유의 신장 및 농노제의 폐지 등을 주장했으며, 이러한 점에서 볼 때 그들이 서유럽주의자들보다 덜 진보적이며 덜 자유주의적인 것은 아니었다.

이상으로 서유럽주의자들의 입장과 슬라브주의자들의 입장을 각각 살펴 보았거니와, 마지막으로 지적되어야 할 점은 양자 사이에 일종의 이화수정(異花受精)이 일어났다는 사실이다. 어떤 슬라브주의자들이 한때 서유럽주의 쪽으로 기울어졌던 반면에 어떤 서유럽주의자들은 자신들의 지적 발전에 있어서 슬라브주의의 시기를 거치기도 했다. 동시에 서로 사이에 영향을 끼쳐 복합적인 결과를 낳기도 했다.

게르첸, 벨린스키, 바쿠닌의 등장

여기서 우리는, 이 시대에 혁명사상이 싹틈에 있어 많은 영향을 끼친 세 사람을 개별적으로 살필 필요성을 느낀다. 게르첸과 벨린스키 및 바쿠닌이 바로 그들로, 그들 가운데서도 게르첸의 영향이 가장 컸다고 하겠다.

게르첸, 영어로는 헤르젠으로 더 널리 알려진 이 사상가는 러시아 최초의 사회주의자로서, 흔히 '러시아 사회주의의 아버지'라고 불린다. 왜냐하면, 게르첸 이전에도 러시아사회의 모순을 공격하고 차르의 전제체제에 대한 혁명을 꿈꾸었던 사상가들이 적지 않았지만 러시아에서 공개적으로 사회주의를 자신의 정치철학으로 받아들인 최초의 사상가는 게르첸이었기 때문이다.

게르첸이 사회주의라고 할 때, 그것은 사회의 완전한 변형, 즉 차르 전제체제의 파괴뿐만 아니라 새롭고 평등한 사회질서의 창조를 의미했다. 19세기에 러시아 혁명가들이 열심히 논의한 문제들 가운데 하나는 정치혁명과 사회혁명의 관계였다. 바꾸어 말해 그것은 혁명가에 의한 정치권력의 장악이 선행되어야 하느냐 또는 사회의 변혁이 먼저 와야 하느냐의 논쟁이었다. 게르첸은 이 물음에 관해 명백한 대답을 주지는 않았다. 그러나 그는 정치권력의 혁명적 장악만으로 러시아의 문제를 해결할 수 없으며, 사회혁명이 반드시 수반되어야 한다고 확신하고 있었다.

그는 원래 서유럽주의자로 출발하여 슬라브주의자로 전환한 사람으로, 스스로의 사회주의를 슬라브주의와 결합시켰다. 또 러시아는 반드시 사회주의를 경과할 것임을 강조했을 뿐만 아니라 러시아가 사회주의를 거쳐간 그 길을 유럽도 밟아나가야 한다고 역설하기도 했다. 그리고 러시아가 밟아야 할 사회주의의 길을 농민과 미르에 보존되어 있는 러시아의 생활양식에서 찾았다.

투옥과 유형의 길을 밟으며 자신의 신념을 위해 싸웠던 게르첸이 가장 눈 부시게 활동한 시기는 니콜라이 I세 치하의 1840년대였다. 이 때문에 그는 '1840년대 사람들'의 대표자로 불리게 된 것이다. 그는 1847년에 영국으로 망명해 『북극성』이라는 문학 선집과 『종(鍾)』이라는 비판적 잡지를 간행하며 반차리즘투쟁을 계속하다가 끝내 귀국하지 못하고 1870년에 스위스에서 별세했다.

게르첸으로부터 가장 직접적인 충격을 받은 반체제적 지식인이 바로 벨린스키였다. 벨린스키는 게르첸이 해외망명의 길을 걸은 1847년 그 이듬 해에 만 37세의 젊은 나이에 폐결핵으로 별세한 문학평론가였다. 그의 대표적 반체제 문서인 「고골에게 보내는 편지」는 차리즘에 대한 날카로운 기소장으로, 그는 이 글을 통해 인민혁명이 반드시 일어나 모든 사람들이 자유롭고 평등하게 사는 사회주의국가를 세울 것임을 예언했다.

여기서 반드시 지적되어야 할 점은 벨린스키의 등장은 반체제운동계에서 이른바 라즈노치네츠(Raznochinets)의 등장을 상징했다는 사실이다. 라즈노치네츠란 잡계급(雜階級) 지식인이라는 뜻이다. 이제 반체제운동은 더 이상 귀족과 지주 출신 지식인의 독점물이 아니라 귀족도 아니고 지주도 아닌 소시민 지식인으로까지 확대되었음을 의미했다.

게르첸과 벨린스키가 모두 사회주의국가의 건설을 지향하는 혁명운동가였음에 비해 바쿠닌(Mikhail A. Bakunin, 1814~1876)은 아나키즘(Anarchism), 이른바 무정부주의를 지향하는 혁명운동가였다. 그는 차리즘의 러시아만이 악의 근원인 것이 아니라 모든 국가가 악의 근원이므로 모든 국가가 파괴되어야 한다고 주장했으며, 모든 국가의 파괴를 위해서는 폭력과 소요 및 대중봉기를 비롯한 모든 형태의 파괴적 무기들이 동원되어야 한다고 역설했다.

제7장_혁명운동의 확산과 정부의 대응

19세기 후반에 들어서면서부터 전제정과 농노제의 2대 기둥으로 상징되는 로마노프왕조의 차리즘은 더욱더 개혁을 강요당하게 되었다. 따라서, 알렉산드르 Ⅱ세처럼 제한된 자유주의정책을 추구한 황제도 있었다. 그러나 황실은 대내적으로는 전제통치를 강화하고, 또 내외적으로는 여러 차례의 전쟁을 일으킴으로써, 그것들을 통해 국내적 모순을 해소시키려고 노력했다.

반동정책의 강화는 자연히 혁명사상과 혁명운동을 급격히 발효시켰다. 그 대표적 보기가 혁명적 인텔리겐치아 그룹인 인민주의자들이 인민주의의 이름 아래 전개한 '인민으로의 운동'이다. 그러나 이 운동이 사실상 좌절되면서 러시아에는 여러 종류의 새로운 혁명적 사상과 운동이 자라나게 된다.

이 장(章)에서는 주로 이러한 혁명사상과 혁명운동의 내용과 성격 및 그 성장과정을 살펴봄과 아울러, 이 시기에 전개된 러시아의 대내외정책을 설명하고자 한다.

1. 알렉산드르 Ⅱ세의 개혁정치와 대외정책

니콜라이 Ⅰ세의 뒤를 이어 1855년에 즉위해 1881년까지 26년 동안 재위했던 그의 장남 알렉산드르 Ⅱ세의 통치시기는 개혁의 시대이면서 혁명단체발흥의 시대로 흔히 불린다. 그러면 먼저 알렉산드르 Ⅱ세의 치적을 살피기로 한다.

농노의 해방

알렉산드르 Ⅱ세의 통치는 크림전쟁의 패전으로 말미암은 니콜라이 Ⅰ세의 사망과 더불어 시작되었다. 크림에서의 패전은 러시아가 유럽의 강대국들에 비해 후진국임을 입증한 것이었으며 패전의 산물인 파리조약은 러시아의 대외활동을 크게 제약함으로써 국제정치에서의 러시아의 몰락을 상징했다. 이제 개혁은 불가피한 과제가 되었다.

여기서 알렉산드르 Ⅱ세는 파리조약의 체결과 동시에 평화선언을 발표하고 국내적 개혁과 근대화를 다짐했다. 실제로 그는 이 조약이 체결된 1861년 그 해에 농노를 해방했으며 이어 1862년에는 예산제도를 개혁했고, 1864년에는 지방자치 기구인 젬스트보(zemstvo)의회를 신설함과 아울러 사법제도를 개혁했으며, 1870년에는 지방정부를 개편했고, 1874년에는 계급의 차별 없는 징병제를 채택했다. 이 때는 우리 역사에서 대체로 조선왕조 철종(哲宗) 말기와 고종(高宗) 초기에 해당한다.

알렉산드르 Ⅱ세

이 일련의 개혁들 가운데 가장 핵심적인 것은 그를 '해방자 차르'로 부르게 만든 농노의 해방이었다. 그는 약 5,000만 명의 농민과 농노의 지위에 직접적인 영향을 끼친 역사적인 농노해방령에 1861년 2월 19일에 서명하고, 이것을 같은 해 3월 5일에 공포했던 것이다. 그러면 그는 왜 이 시점에서 농노를 해방하게 되었던가?

첫째, 교환경제가 성장함으로써 농노제는 낡은 것이 되었다. 1840~1860년대에 기계제대공업이 도입되었는데, 농노제 때문에 자유로운 임금노동자를 얻을 수 없어 그 발전이 저지되고 있었으며 따라서 기업가들은 농노제의 폐지를 옹호하게 되었던 것이다.

둘째, 토지를 주지 않으면서 농노만 해방시키면 결국 생계의 수단이 없어져서, 그들을 더욱 쉽게 착취할 수 있으리라는 지주들의 교활한 계산이 작용했다. 우리가 뒤에서 살피게 되듯이 실제로 농노의 해방은 지주에게 압도적으로 유리하게 실현된다.

셋째, 인도주의 및 자유주의 정신이라는 시대적 압력이 거세게 작용했다. 사실 비인도적이며 야만적인 농노제는 19세기의 유럽사회에서는 상상도 할 수 없는 부끄러운 존재였다. 어느 한 지주는 개 몇 마리를 데리고 나오고 다른 한 지주는 농노일가를 데리고 나와 서로 교환하는, 경우에 따라서는 농노의 가족 일부만을 내주어 어머니와 자식이 울면서 헤어지게 하는 비정한 일들은 이제 더 이상 유지하기 어려운 한계를 만났던 것이다.

넷째, 농민반란에 대한 두려움이 크게 작용했다. 1848년 한 해에만 107개의 농민반란이 일어났었으며, 1854~1855년에 일어난 격렬한 농민반란은 더 이상 농노제를 유지하는 것이 불가능하다는 것을 지배계급에 깨우쳐주었다. 알렉산드르 Ⅱ세의 즉위에서부터 해방선언까지의 다섯 해 동안에도 농민의 반란은 끊이지 않았다.

다섯째, 알렉산드르 Ⅱ세의 확고한 결심이다. 그는 진보적인 견해와는 무관한 사람이었지만, 농노제를 그대로 존속시키다가는 혁명을 피할 수 없을 것이라는 현실만큼은 냉정하게 인식하고 있었다. 그래서 그는 귀족의 대표들 앞에서 “농노제가 스스로 아래로부터 폐지되는 것을 기다리기보다는 위로부터 폐지시키는 것이 더 낫다”고 강조했던 것이며, 실제로 농민개혁안을 작성하기 위한 귀족위원회를 수도와 각 성(省)에서 열게 했던 것이다.

이러한 배경에서 실시된 농노의 해방은 러시아의 사회구조에 비추어 볼 때 개혁 이상의 혁명이었다. 이제 농민들은 지주의 허락 없이도 결혼을 하고 취업할 수 있게 되었을 뿐만 아니라 상업과 각종 부업에도 종사하고 자신의 재산을 유산으로 물려줄 수 있는 권리도 얻게 되었다. 그 결과 러시아에는 공업과 상업의 발달 및 농업경영의 자본주의적 양식(樣式)의 발달을 위해 보다 좋은 여건이 조성되었다.

해방된 농노의 해방되지 않은 부담

그러나 다른 한편으로는 농노의 해방이 타협적이며 기만적인 성격을 지녔던 것도 사실이다. 우선 국가는 농노가 생계를 영위할 만한 농토를 분배받도록 보장한다고 선언했고, 이 원칙에 따라 농노들이 지주를 위해서가 아니라 스스로를 위해 경작하던 농토를 분여지(分與地)라 하여 나누어주었다. 그런데 분여지는 농민이나 농가에게 개별적으로 주어지는 것이 아니라 미르를 통해 주어지는 것이어서 농민은 미르의 통제를 받지 않을 수 없게 되었다.

분여지도 농노의 수에 비해서는 불충분한 것이었을 뿐만 아니라, 토지매수금(土地買收金)도 농노가 감당하기에는 너무 비싸게 책정되었다. 그리고 그 매수금의 20%는 지주에게 직접 지불해야 하고 나머지 80%는 국가가 지주에게 물어 주지만, 농노는 그 돈을 49년 동안 연리 6%의 높은 이자를 포함해 정부에 갚아야 했다. 그리고 이 상환이 끝나야만 비로소 농민은 그 토지의 소유자로 인정되었다. 그런데 이 매수금과 상환금 때문에 농민은 결과적으로 더 불리하게 지주에게 매이는 꼴이 되었고, 이 때문에 농민과 지주는 더욱 적대적인 계급이 되었다.

농노의 해방은 지주만이 참가해온 지방행정기구의 개편을 불가피하게 만들었다. 따라서, 내무대신의 직속 보좌관으로 자유주의적 개혁가이던 니콜라이 밀류틴(Nikolai A. Milyutin)의 구상에 바탕을 두고 농민들도 참여할 수 있도록 성(省)과 지구(地區)에 각각 젬스트보의회를 신설했다. 지구 젬스트보의회는 농민계급과 지주계급 및 도시민계급의 대표들로써 구성되었지만, 일정한 재산을 가진 사람만 투표권이 있었고 그나마 간접선거의 방식을 취했다. 한편, 성 젬스트보의회는 3년 임기로 지구 젬스트보의회에 의해 선출되었으나, 대부분 지주계급에 의해 지배되었다.

아시아로의 진출

알렉산드르 Ⅱ세는 대내적으로 개혁정치를 힘있게 펴나가는 한편 대외적으로 활발한 진출을 꾀하였다. 이러한 맥락에서 성과가 가장 두드러진 부분은 아시아에서의 '거대한 팽창'이었다. 니콜라이 Ⅰ세는 남(南)카자크스탄을 병합하고 여기에 오늘날 알마티(Almaty)라는 큰 도시로 발전한 베르노예(Vernoe) 요새를 세웠었는데, 알렉산드르 Ⅱ세는 이 곳을 거점으로 삼아 대체로 1865년부터 1876년까지의 시기에 중앙아시아의 대표적인 세 개의 봉건국가들인 코칸트(Kokand)와 부하라(Bukhara) 및 히바(Khiva)를 정복했던 것이다. 코칸트칸국의 타슈켄트가 러시아의 손 안으로 들어온 것도 이때였다. 이러한 터전이 구축되었기에 1880년대에는 투르크멘(Turkmen)까지 병합할 수 있었고, 1895년에는 영국과의 조약을 통해 아프가니스탄과의 국경을 확정할 수 있게 되었다. 러시아는 이 지역의 넓은 점령지에 투르케스탄(Turkestan) 식민총독부를 설치했다.

알렉산드르 Ⅱ세는 태평양지역으로도 진출했다. 우선 에브피미 바실리예비치 푸쨔틴(Yevfimy Vasilyevich Putyatin) 해군중장으로 하여금 중국 · 일본 · 조선 등 동아시아국가들을 순방하도록 지시해, 푸쨔틴은 전함 팔라다(Pallada)를 이끌고 1852~1859년에 이 일대를 순항했다. 이 과정에 팔라다는 1854년 4월에 거문도에 정박했다. 푸쨔틴은 조선국왕 철종에게 러시아와 조선의 국교수립을 제의했으나 받아들여지지 않았다. 이 전함에 동승한 문인 이반 곤차로프는 귀국한 뒤 『전함 팔라다』를 출판했는데, 조선에 대해 좋지 않게 썼다.

알렉산드르 Ⅱ세는 특히, 정력적이고 야심적인 동시베리아 총독 니콜라이 무라비요프(Nikolai Muravyov)의 개척사업에 힘입어 아무르지역으로의 진출이 성공한 것을 바탕삼아 중국으로부터 1858년에는 아이훈조약(the Treaty of Aigun)을, 그리고 1860년에는 베이징조약(the Treaty of Peking)을 각각 얻어 냄으로써 영토를 넓힐 수 있었다. 이 조약들을 통해 제정러시아는 시베리아의 국경선을 보다 더 뚜렷하게 확정지을 수 있었으며, 그리하여 하바롭스크(Khavarovsk) 및 블라디보스토크(V1adivostok)와 같은 새로운 도시들을 세울 수 있었다.

하바롭스크는 우수리강과 아무르강이 합류하는 지점에 세워진 도시로, 이 지역을 개척한 탐험가 하바로프(Yerofey P. Khavarov)의 이름을 땄다. 한편 블라디보스토크는 '동방(Vostok)'을 '지배(vladet)'하라는 뜻에서, 특히 부동항을 얻기 위해, 개발된 '군항의 도시'였다. 이렇게 동북아시아로 영토를 넓히는 데 성공했으나, 1867년에는 크림전쟁이 빚어낸 전비를 갚기 위해 알래스카를 720만 달러에 미국으로 팔아넘기는 어리석음을 저지르기도 했다.

대체로 이 시기에, 조선인들의 연해주로의 이주가 시작됐다. 러시아에서는 알렉산드르 2세 때이며 조선에서는 철종때인 1863년에 함경도의 가난한 농민들이 농토를 찾아 국경을 넘은 것이다. 그 이후 이주는 계속됐으며, 일정한 규모의 조선인 마을들이 들어섰다. 그리고 1905년의 을사늑약과 1910년의 경술국치를 계기로 항일독립운동가들이 이곳으로 이주하면서 자신들의 활동거점으로 활용한다.

터키와의 전쟁에서의 승리

알렉산드르 Ⅱ세는 소아시아에서 숙적인 터키와의 전쟁에서 승리함으로써 발칸반도로의 진출도 꾀할 수 있었다. 당시 발칸반도의 여러 민족들은 터키의 지배로부터 벗어나기 위해 봉기했으나 열세에 처했는데, 알렉산드르 Ⅱ세가 범슬라브주의의 깃발 아래 1877년에 터키에 선전포고를 함으로써 발칸의 소수민족들을 고무시켰고, 이듬해 마침내 승리를 거두어 터키에 대해 산스테파노조약(the Treaty of San Stefano)을 강요할 수 있었다. 이스탄불 근교의 한 마을인 산스테파노에서 체결된 이 조약은 러시아의 영토를 넓혀 줄 뿐만 아니라 몬테네그로(Montenegro)와 세르비아(Serbia) 및 루마니아에 완전한 독립을 허용하게 하였고, 새로운 국가로서 불가리아의 탄생을 보장했다. 전반적으로 보아, 발칸반도에 대한 러시아의 영향력이 크게 늘어났다.

이 점에 대해 영국과 오스트리아-헝가리합병제국(Austro-Hungarian Empire)이 반발했다. 두 나라는 전쟁도 사양하지 않겠다고 위협하면서 산스테파노 조약의 개정을 요구했다. 그리하여 같은 해에 베를린에서 회의가 열렸다. 러시아 대표로는 노련하고 현명한 외교관으로, 당시 80세이던 외무대신 고르차코프 공작(Prince Aleksandr Gorchakov)이 참석했다. '정직한 중개인'을 자임하면서 회의를 중재한 프로이센의 국무총리 비스마르크(Otto Eduard Leopold von Bismarck, 1815~1898)는 영국과 오스트리아-헝가리의 편에 섰으며, 따라서 산스테파노조약의 대부분은 고쳐졌다.

알렉산드르 Ⅱ세는 그 밖에도 1864년에 일어난 폴란드의 반란을 진압할 수 있었다. 대외관계의 전반을 볼 때 알렉산드르 Ⅱ세 때에 와서 크림전쟁의 패배로 좌하점으로 내려갔던 러시아의 위신은 크게 회복되었다. 그러나 러시아의 국제적 위신이 매우 높던 1830년대에 비교하면 미흡했다.

활발해진 해외탐사

러시아의 국제적 위신상승은 러시아 지리학자들과 탐험가들의 해외탐사로 이어졌다. 우선 세묘노프-탄-샨스키(Pyotr Petrovich Semyonov-Tyan-Shansky, 1827~1914)는 1865년에 러시아사람으로는 처음으로 텐산(天山 : 천산)에 오름으로써 중앙아시아 탐험의 첫 장을 열었다. 이어 지리학자 니콜라이 프르제발리스키(Nikolai M. Przhevalisky, 1839~1888)는 1890년대에 다섯 차례에 걸쳐 아시아를 탐험했다.

또 니콜라이 미클루호-마클라이(Nikolai Miklukho-Maklai, 1846~1888)는 오세아니아의 섬들을 탐험했다. 그는 그 섬들의 원주민들을 만나면서 그들을 사랑하게 되었고 그리하여 인종차별주의에 대항해 싸웠다. 지리학자이며 기후학자인 알렉산드르 보예이코프(Aleksandr I. Voeykov, 1842~1916)는 남북미주와 인도 및 동북아시아를 탐험한 것으로 유명했다.

2. 러시아혁명주의의 성장과 '1860년대의 사람들'

프랑스의 정치사상가 알렉시 드 토크빌(Alexis de Tocqueville, 1805~1859)은 "부패한 정부에게 가장 위험스러운 시기는 그 정부가 개혁을 시작할 때"라고 지적했었다. 개혁의 시도는 개혁되어야 할 사회적 해악의 존재를 공식적으로 시인하는 것이며, 또 국민의 기대를 부풀게 하는 것이다. 그러나 개혁이 그 사회적 해악을 교정하지 못하면 기대는 좌절과 분노와 초조로 바뀌고, 혁명의 저력이 된다는 것이다. 알렉산드르 II세의 통치가 바로 여기에 해당한다. 그의 개혁정치는 '기대상승의 혁명'과 더불어 '기대좌절의 혁명'을 가져왔다. 그리하여 러시아를 총체적으로 혁명해야 한다는 이른바 러시아혁명주의가 크게 자라나게 되는 것이었다.

체르니솁스키

체르니솁스키의 사상과 행동

바로 이 시기에 러시아혁명주의를 정립하고 발전시키며 확산시킨 이들이 '1860년대의 사람들'이다. 이들은 자신들을 반체제혁명운동의 새 세대로 자처하고, 선배들을 옛 세대라고 비판하면서 '1840년대의 사람들' 보다 훨씬 더 과격하게 사고하고 행동했다. 그들 가운데 대표적 이론가이며 운동가가 니콜라이 체르니솁스키(Nikolai Gavrilovich Chernyshevsky, 1828~1889)였다. 체르니솁스키 역시 라즈노치네츠 출신으로 이미 대학생 시절에 차리즘의 파괴를, 곧 러시아의 혁명을 주장하게 되었다. 지방의 교사로 출발했던 그는 곧 수도의 출판계로 전직하여 벨린스키의 제자로 당대의 정상급 시인인 네크라소프(Nikolai Nekrasov)가 이끌던 잡지 『소브레멘니크(*Sovremennick* : 동시대, 현대, 동시대인, 현대인 등으로 번역)』의 편집에 참여하게 되었다. 『동시대인』은 『러시아의 말(*Russkoe Slovo*)』과 더불어 과격한 잡지로서 쌍벽을 이루고 있었다.

1860년대에 들어서면서 러시아에서 제일 가는 월간지로 자리를 굳히게 되는 『동시대인』에서의 활동을 통해 그는 곧 도브롤류보프(Nikolai Dobrolyubov) 및 피사레프(Dmitry Pisarev)와 같은 젊은 급진주의자들을 만나게 되었고, 이들과 함께 과격한 혁명주의를 전파하기 시작했다. 그들 가운데 피사레프는 제정러시아의 독특한 사상적 조류인 니힐리즘(Nihilism), 이른바 허무주의를 정립하고 전파한 사람들 가운데 대표적인 사람으로 꼽힌다.

이들에게는 곧바로 불운이 뒤따랐다. 도브롤류보프와 피사레프는 요절했고 체르니솁스키는 투옥되었다. 만 34세의 체르니솁스키는 그때로부터 2년 동안 계속된 첫 번째 옥중생활을 보람 있게 보냈다. 『무엇을 해야 하나? 새로운 사람들에 대한 이야기들(*What Is To Be Done?: Tales about New People*)』이라는 정치소설의 집필을 통해 '사회주의 러시아 국가의 상(像)'을 제시한 것이다.

그는 여기서 지식인의 사명은 인민을 교육함과 아울러 지배층을 각성시키는 것이라고 가르쳤다. 보다 구체적으로, 그는 지식인에 의해 계몽된 인민이 이끈 차리즘의 타도와 사회주의에 입각한 '새로운 사회질서'의 창건을 제창했다. 그러면 농업적인 국가인 러시아가 어떻게 사회주의적 질서에 도달할 수 있다는 것인가? 유럽에서 이미 비판되고 있는 불건전하고 부도덕한 자본주의의 단계를 거쳐야 할 것이 아닌가? 이 물음에 대해 그는 '회피의 원칙'과 '역사의 도약 이론'을 제시했다. 러시아는 러시아 특유의 농촌공동체적 전통을 잘 살림으로써 자본주의의 단계를 회피하고 사회주의의 단계로 도약할 수 있다는 것이었다. 그의 이러한 주장은 물론 헤겔(Georg W.Friedrich Hegel, 1770~1831)이 제시했던 변증법적 역사발전과정의 부인이었다. 그러나 그 주장은 러시아의 농민을 바탕으로 사회주의혁명을 성취하고 싶었던 1860년대와 1870년대의 러시아 청년들에게 큰 자극을 주었다.

그는 감옥생활을 끝내고도 시베리아와 유럽러시아에서 모두 24년의 유형생활을 보내야 했고, 죽기 몇 달 앞서 겨우 풀려났으나 끝내 자신의 굳은 신념을 바꾸지 않았다. 따라서 그의 사상은 당대와 후기의 혁명가들에게 큰 영향을 끼쳤다. 동시에 농민을 위한 순수한 순교자의 정신을 갖춘『무엇을 해야 하나?』의 주인공 라흐메토프(Rakhmetov)는 청년들과 혁명가들의 이상적인 상(像)이 되었다. 뒷날 레닌이 자신의 주요 저작들의 하나에 바로 체르니셉스키의 소설 이름을 그대로 붙인 것은 그의 영향의 한 구체적 보기라고 하겠다.

라브로프의 사상과 행동

체르니셉스키 만큼의 비중을 차지하지는 못했으나, 그와 마찬가지로 인민에 대한 계몽과 교육을 통해 인민봉기를 유발시킴으로써 차리즘을 타도하고 종국적으로는 혁명가들에 의해 사회주의국가를 세울 것을 강조한 주요한 '1860년대의 사람들'의 하나로 라브로프(Pyotr L. Lavrov, 1823~1900)를 지적할 수 있다. 그는 1860년대를 통해 "인민 대중이 혁명에서 주요한 역할을 수행할 것이며, 차르의 전제체제도 결국 인민의 대중적 봉기에 의해 타도될 것이지만, 지금으로서는 인민이 혁명을 일으킬 준비가 되어 있지 않으며, 따라서 농민의 계몽을 통해서, 그리고 농민에게 사회주의사상을 계속적으로 주입시킴으로써 농민혁명을 유도할 수 있다"는 인민계몽론을 전개했다.

라브로프 역시 당국의 탄압을 받게 되었다. 그리하여 스위스로 망명해 자신의 지지자들과 함께 '전진(前進)'이란 뜻의『브피료트(*Vperëd*)』라는 잡지의 발간에 모든 힘을 쏟았다. 여기서 그는 자연히 바쿠닌 지지자들과 대결하게 되었다. 바쿠닌 지지자들은 라브로프의 이론을 점진론이라고 비판하면서 보다 더 조직적이고 음모적인 방식을 통한 즉각적인 투쟁을 옹호했던 것이다.

라브로프는 자신의 이론을 보다 더 체계화하여 1875년에 『미래사회에서의 국가의 요소(*The Element of the State in the Future Society*)』를 출간했다. 이 책을 통해 그는 "인민대중이 혁명에서 주요한 역할을 수행할 것이며 차리즘도 결국 대중봉기에 의해 타도될 것"이라는 종전의 주장을 되풀이했다. 그러나 대중은 비록 차리즘을 붕괴시킬 수는 있어도 새로운 정권을 세울 능력은 없으며, 따라서 '비판적으로 사고하는 개인들'의 무리가 중핵(中核)을 형성한 혁명가들의 당(黨)이 바로 새로운 정권을 세워야 한다는 점을 강조했다. 그는 특히 혁명의 기회가 당도했을 때 당은 즉시 행동으로 옮겨 갈 준비가 되어 있지 않으면 안된다고 주장했다.

라브로프의 주장은 거기서 한 걸음 더 나아갔다. 그는 "권력을 장악한 다음에 당은 러시아 사회구조의 '혁명적 변혁'을 시도해야 한다"고 주장한 것이다. 그런데 대중은 대체로 혁명에 무관심하거나 혁명정부의 정책에 적대적일 수 있다. 이 점을 인정해 그는 "이들이 새 질서를 받아들일 때까지의 '과도적 기간'에는 사회주의 혁명정당이 독재정치를 실시해야 한다"고 제의했다. 이것을 그는 '과도기적 독재'라고 불렀으며, 이 과도기적 독재를 담당하는 정부를 '집행부 회의'라고 부르고 이 기구를 당이 통제해야 한다고 주장했다. 그는 이어 러시아에 사회주의정권이 세워지면 서방의 자본주의국가들이 침공할 염려가 있으므로 이것에 대비해 '사회주의군대'를 창설해야 한다고 제의하고, 그러면서도 이 군대가 반혁명활동을 하지 못하도록 당에 충실한 정치장교의 감시를 받아야 한다고 덧붙였다.

3. 나로드니키의 운동과 분열

게르첸과 바쿠닌의, 그리고 더욱 직접적으로는 체르니셉스키의, 또 부분적으로는 라브로프의 영향은, 1860년대 말과 1870년대 초에 대학생들과 지식인들이 시작한 '브 나로드(V Narod)' 운동, 곧 '인민으로'의 운동으로 나타났다. 이 운동에 참여한 사람을 나로드니크(Narodnik), 곧 인민주의자라고 불렀다. 복수(複數)로 표시할 때는 나로드니키(Narodniki)가 된다.

「토지와 자유」의 창당

인민주의자들의 대부분은 물론 귀족층 또는 상류층의 청년들이었다. 그들이 부모의 맹렬한 반대를 뿌리치고 농촌에 뛰어드는 모습은, 지리학자였으며 귀족으로서 무정부주의적 반체제운동에 참여했던 크로포트킨 공작(Prince Pyotr Kropotkin, 1842~1921)의 회고록『어느 혁명주의자의 회고(*Memoirs of a Revolutionist*)』에 잘 나타났다. "너는 멸망하고 말거야"라는 부모의 경고를 무시하고 수많은 젊은 남녀들이 농촌으로 뛰어들었으며, 그 가운데 약 2,500명은 농촌의 교사나 의사로 또는 수의사나 간호사로 인민을 위한 봉사에 전념했다. 그들 가운데 바쿠닌의 추종자들은 인민의 봉기를 돕기 위해 차리즘에 대한 저항을 고취시키는 데 힘을 쏟았으며, 라브로프의 추종자들은 농민의 계몽과 교육 및 농촌의 부흥에 정성을 기울였다.

인민주의자들의 운동은 1873년과 1874년에 정점에 이르렀다. 그러나 그 시점에서 그들은 자신들이 생각했던 농민의 '혁명적 에너지'를 폭발시킬 수 없음을 깨닫지 않을 수 없었다. 무지한 농민들은 이 운동의 성격을 이해할 수 없었고, 오히려 이들을 경찰에 넘기거나 돌팔매질로 쫓아내는 경우가 많았다. 경찰은 경찰대로 자신들이 찾아낼 수 있는 모든 인민주의자들을 적극적으로 체포했다. 1877년에 있었던 인민주의자들에 대한 집단적 재판은 인민주의운동의 슬픈 종말을 상징하는 것이었다.

실의와 좌절 속에서도 인민주의자들은 다시 기운을 내어 농민들의 입맛에 맞는 구호를 만드는 한편 보다 음모적인 조직을 만드는 쪽으로 전략을 바꾸었다. 그리하여 그들은 1876년에 「젬랴 이 볼랴(Zemlya i Volya)'」 곧 「토지와 자유」라는 이름의 지하당을 만들기에 이르렀다. 이 때가 우리 역사에서는 '은둔의 왕국'이던 조선이 강화도조약(江華島條約)을 통해 일본을 상대로 개항했던 병자년(丙子年)에 해당된다.

이 지하당은 곧 강령과 헌장을 모두 마련하고 새로운 당원들을 받아들였다. 당 조직은 바쿠닌의 이론에 따라 고도로 중앙집권적이면서 동시에 고도로 음모적인 형태를 취했다. 소수의 간부들로 '기본 서클'을 구성하고 이 '기본 서클'이 당 전체를 그리고 대중 전체를 혁명으로 유도한다는 것이었다. 이러한 당 조직원리는 뒷날 레닌에게 많은 영향을 준다.

출범한 때로부터 얼마 안 된 1876년 12월에 이 지하당은 페테르부르크의 카잔광장에서 첫 번째의 공개적 시위를 벌임으로써 자신의 존재를 러시아 전체에 알렸다. 지식인들과 노동자들의 공동시위로 계획된, 그러나 지식인들의 단독시위로 끝난 이 시위는 「젬랴 이 볼랴」라고 쓴 붉은 깃발이 나부끼는 가운데 "사회주의 혁명 만세! 젬랴 이 볼랴 만세!"가 외쳐졌다는 점에서, 러시아의 혁명운동에서 영원히 기억될 사건이었다. 물론 이 시위는 곧바로 진압되었다.

지하당의 조직을 통해 인민주의 활동을 강화해나갔지만, 농민들의 반응은 여전히 냉담했다. "농민들은 잠재적인 혁명주의자들이므로, 그들을 깨우쳐 주기만 하면 곧바로 대규모 봉기에 나설 것"이라는 바쿠닌적인 농민관(農民觀)은 현실과는 너무나 다른 것이었다. 무엇보다 차르에 대한 농민의 충성심은 매우 깊었다. "차르를 위해 무기를 들라"고 교묘히 속일 때에야 비로소 그들은 관리나 지주에 맞서 싸울 정도로 차르에게 바치는 농민의 충성심은 강한 것이었다. 농노집안에서 태어나 간부급 혁명가로 성장한 안드레이 이바노비치 젤랴보프(Andrei Ivanovich Zhelyabov)가 "우리는 마치 얼음을 깨뜨려 가며 헤엄치는 물고

기와 같다"고 탄식한 것은 결코 과장이 아니었다.

「토지와 자유」의 분당

그렇다고 해서 인민주의혁명가들 모두가 실의와 낙담에 빠지지는 않았다. 시골 구석에 파고들며 그 곳의 농민들과 함께 생활하던 이른바 시골운동파는 자신들의 혁명사업이 이제 막 시작되었을 뿐이며, 장래에는 훌륭한 결실이 있을 것이라는 희망을 간직하고 있었다. 그러나 전반적으로 볼 때, 인민주의자들의 운동은 농민의 대규모 봉기를 촉발시키는 데 성공하지 못하고 있음이 확실했다.

이러한 한계 앞에서 그들은 자신들이 걸어온 길을 되돌아보게 되었으며, 보다 적절한 처방이 무엇인가를 따져 보게 되었다. 대부분의 혁명가들은 정부의 고관들에 대한 폭력행사에서 해답을 찾고자 했다. 그러나 폭력행사를 반대하는 혁명가들도 나타났다. 소수의 혁명가들이 수도에서 몇몇 고관들에 대하여 폭력을 써 보았자 그것은 반체제운동에 대한 탄압의 강화만 가져올 뿐 무수한 농민대중에게는 아무런 자극도 주지 않는다고 판단한 것이다. 실제로 폭력행사에 대한 정부의 대응은 매우 강경해, 혁명가들의 체포와 처형은 훨씬 철저해졌다.

위기의 중대한 시점에서 「젬랴 이 볼랴」는 1879년 6월에 당 대회를 열고 당 노선에 대한 토론을 벌였다. 그 결과는 분당이었다. 폭력옹호론자들은 「나로드나야 볼랴(Narodnaya Volya)」, 곧 「인민의 의지(People's Will)」를 출범시켰고, 폭력반대론자들은 「쵸르니 페레델(Cherny Peredel)」, 곧 「흑토 재분배」를 출범시켰다. 「흑토 재분배」라는 이름은 농촌혁명을 통해 농민들에게 토지를 재분배한다는 정통 인민주의자들의 이념을 반영한 것이다.

네차예프와 트카초프의 등장

이 무렵, 해외망명지에서 중요한 혁명이론이 전개되어 「인민의 의

지」 당 계열의 투쟁가들에게 적지 않은 영향을 주었다. 그것은 바로 트카초프(Pyotr N. Tkachev, 1844~1886)의 이론이었다.

42세라는 짧은 생애의 대부분을 형무소와 망명지에서 보냈고, 죽은 뒤 파리의 공동묘지 한 구석에 겨우 세를 내어 묻혀야 했던 사회주의자 트카초프 역시 '1860년대의 사람들'에 속했다. 그의 생애의 중요한 전환은, 동년배로서 바쿠닌의 추종자였던 네차예프(Sergei G. Nechaev, 1847~1882)와의 만남, 또는 '네차예프 사건'에의 연루를 통해 일어났다. 네차예프는『혁명의 교리』를 쓴 과격한 급진적 폭력혁명가로서, 소수의 엘리트에 의한 혁명적 정당을 통한 혁명의 성취를 옹호했다. 그는 「도끼의 사회」 및 「인민의 정의」라고 불린 혁명단체를 조직하고 당원의 절제와 극기 및 엄격한 규율 등을 강조하는 한편, "혁명을 촉진하는 행위라면 그 무엇이든지 도덕적이며 혁명을 저해하는 행위라면 그 무엇이든지 비도덕적이다"라는 새로운 도덕률을 제시함으로써, 폭력행사에 대해 도덕적 정당성을 부과한 장본인이다. 뒷날 레닌이 그의 주장을 모두 받아들이면서 특히 뒷부분과 관련해, "이 점을 기억하라. 우리와 같은 입장을 취하지 않는 자는 우리에게 반대하는 자이며, 우리에게 반대하는 자는 우리의 적이다. 우리의 적은 어떠한 수단에 의해서라도 절멸(絕滅)되어야 한다"고 논평한 것은 유명하다.

네차예프의 혁명론에 대체로 공감한 트카초프는 해외에서의 망명생활을 통해 농민계몽론적인 인민주의에, 특히 라브로프의 이론에 반대하면서 폭력혁명론을 옹호하는 가운데 자신의 입장을 보다 더 이론적으로 정리했다. 그 결과가 1876년에 출판한 저서『혁명과 국가(*Revolution and the State*)』이다. 여기서 그는 우선 러시아에는 서유럽의 어느 선진된 공업국가들에서 보다 혁명의 기운이 임박해 있다고 보면서도 그러나 혁명을 위한 기회는 혁명가들에 의해 즉각적으로 포착되지 않으면 결코 다시 오지 않는다고 주장했다. 그의 주장은 러시아가 부르주아 자본주의의 단계를 거치지 않고도 사회주의에 도달할 수 있다는 것이었으며 혁명과정의 '주관적 요소'를 더 강조한 것이었다.

혁명의 방법론과 관련해 트카초프는 소수의 음모자들에 의한 혁명을 주장했다. 그는 우선 정치혁명이 사회구조의 변형 이전에 이루어져야 한다고 주장했다. 그는 이어 정치혁명은 대중 사이에서의 운동에 의해 성취되는 것이 아니라 대중의 전위대로서 대중을 위해 헌신할 소수 혁명가들의 음모와 그 음모에 바탕을 둔 폭력의 행사에 의해 성취되는 것이라고 보았다. 이 소수의 혁명가들이 일단 정권을 장악한 다음에 국가의 권력으로 러시아 사회구조의 변형을, 곧 '위로부터의 사회혁명'을 수행해야 한다고 주장한 것이다.

우리가 앞으로 자세히 살피게 되듯이, 트카초프의 이러한 혁명이론은 뒷날 레닌의 혁명이론에 큰 영향을 끼친다. 레닌의 주요 저작들 가운데 하나로 1918년에 출판된 『국가와 혁명(*The State and Revolution*)』은 바로 트카초프의 저서에서 따온 것이며, 그의 '전위대 이론'과 '엘리트에 의한 당 지도 이론' 및 '소수 혁명가들에 의한 권력의 장악 이론' 따위는 거의 모두 트카초프에게서 배운 것이다.

알렉산드르 II세의 암살

트카초프의 이론은 「인민의 의지」 당원들에게도 적잖은 영향을 주었다. 소수의 혁명가들이 국가권력의 핵심부에 대해 폭력을 행사함으로써 농민혁명을 폭발시킬 계기를 잡을 수 있다는 확신을 더욱 굳힌 「인민의 의지」 당원들은 1879년 8월에 알렉산드르 Ⅱ세에게 사형을 선고한 것이다. 이 때부터 '차르 사냥' 또는 '야수 사냥'이 시작되었으며, 여러 차례의 실패 끝에 1881년 3월에 마침내 '사냥'에 성공할 수 있었다. 알렉산드르 Ⅱ세가 한 대학생이 던진 폭탄에 맞아 죽은 것이다.

알렉산드르 Ⅱ세의 뒤를 이은 그의 아들 알렉산드르 Ⅲ세(Aleksandr Ⅲ, 1881~1894)는 인민주의 혁명가들에 대한 대대적인 복수에 들어갔다. 수백 명의 인민주의 혁명가들이 체포되었고, 젤랴보프를 비롯한 지도부급 청년들이 교수형을 당했으며 나머지는 투옥되거나 유배되었다. 많은 지식인들은 이제 인민주의운동도 한물이 갔다고 생각하게 되었다.

알렉산드르 Ⅱ세의 암살

확실히 인민주의자들은 농민들을 혁명의 길로 이끌지 못했다. 1891년과 1892년의 이태 동안 러시아 농촌은 거의 절망적인 기근을 겪었으며, 그래서 아직도 인민주의적 혁명운동에 기대를 걸던 지식인들은 그들이 그처럼 오랫동안 기다려 온 농민반란이 시작될 것으로 믿었지만, 농민들은 결코 일어나지 않았던 것이다.

그러면 왜 인민주의자들은 농민혁명을 유발시킬 수 없었던가? 우선 그들의 진단에 문제가 있었다. 러시아가 자본주의과정을 '회피' 하고 사회주의로 '도약'할 수 있으리라는 그들의 이론적 전제가 그릇된 것이었다. 러시아는 이미 자본주의의 길로 들어섰으며, 이에 따라 러시아에는 노동자라는 새로운 계급이 발생하고 있었다. 그러므로 혁명을 일으킬 인민이란 농민이 아니라 바로 노동자였던 것이다. 또 개인적인 폭력행사의 방법에도 문제가 있었다. 그러한 방법으로 말미암아 그들은 대중들로부터 유리되었고 파멸의 길로 빠져들게 되었다.

4. 알렉산드르 Ⅲ세의 반동통치와 노동운동의 자라남

반개혁의 시대

아버지 차르가 인민주의자들의 손에 폭사하는 것을 보면서 36세의 젊은 나이에 즉위한 알렉산드르 Ⅲ세는 본능적으로 차리즘의 강화로 기울어졌다. 이로써 '반개혁(反改革)의 시대'가 열렸는데, 이 '반개혁'은 그의 아들로서 제정러시아의 마지막 차르가 되는 니콜라이 Ⅱ세의 치세 때도 계속되며, 따라서 역사학자들은 제정러시아의 마지막 두 차르의 시대를 묶어 '반개혁의 시대'라고 부른다. 다만, 두 차르 사이에는 개개인의 성격적인 차이가 있었다. 알렉산드르Ⅲ세는 강한 사람이었지만, 니콜라이 Ⅱ세는 우유부단하고 나약한 사람이었던 것이다. 여기서는 알렉산드르 Ⅲ세의 통치만 다루기로 한다.

알렉산드르 Ⅲ세가 혁명을 탄압하고 차리즘을 강화시켜야겠다고 결심했을 때 그를 적극적으로 뒷받침했던 '반동의 기수들'로 셋을 꼽을 수 있다, 알렉산드르 Ⅲ세의 가정교사였으며 1880년에 신성종교행정회의의 의장이었고 모스크바국립대학교 법학부 교수를 지낸 포베도노스체프(Konstantin P. Pobedonostsev), 그리고 1882년에 각각 내무대신과 문교대신이 된 드미트리 톨스토이(Dmitry A. Tolstoy)와 델랴노프(Ivan D. Delyanov)가 그들이었다.

알렉산드르 Ⅲ세

이 셋 가운데서도 대표적인 사람이 포베도노스체프였다. 그는 인간이란 원래 약하고 악하며 인간의 이성이라는 것도 오류성과 위험성을 동시에 지니고 있어서 인간에 대한 강력한 통제가 요청된다고 전제했다. 여기서부터 그는 국가의 가장 고귀한 목적은 사람들 사이에 법률과 질서와 안정 및 통합을 유지시키는 데 있으므로 차르는 전제주의를 더욱 강화하고, 러시아정교를 통한 교화를 더욱 충실히 함으로써 그 목적을 달성해야 한다고 주장했다.

이러한 통치철학을 뒷받침하기 위해 알렉산드르 Ⅲ세는 1881년 늦은 여름에 「임시 법규」를 발표했다. 이것은 '공공의 질서를 위협하는 사람들'을 군법회의를 통해 체포하여 수사하고 재판하여 투옥하거나 유형시키는 것을 가능하게 만들었으며, 또 이 과정에 관련된 관리들이 광범위한 권리를 행사하는 것을 허용했다. 원래 3년의 시한부로 발표된 이 법규는 계속해서 갱신되었으며, 그 결과 알렉산드르 Ⅲ세의 통치는 계엄통치나 다름 없었다.

알렉산드르 Ⅲ세는 또 이듬해에 새로운 언론규제령을 내려, 특히 급진적 언론을 철저히 억눌렀으며 온건한 자유주의적 언론도 통제했다. 이어 새로운 대학령을 발표해, 대학의 자치를 사실상 폐지했고 각급 교육기관에서 종교교육을 강화했다. 농민들에 대한 통제를 강화하기 위해서는 젬스키 나찰니크(zemsky nachalnik)라는 새로운 지방관리를 각급 지방행정기관에 파견했는데, 행정권에 사법권까지 지닌 이 관리들은 농민들에 대한 직접적인 행정적 및 사법적 통제권을 행사했다.

알렉산드르 Ⅱ세가 채택했던 젬스트보 제도도 크게 후퇴시켰다. 곧, 젬스트보 의원을 선출할 수 있는 유권자의 법적 조건을 크게 제약해 유권자의 수를 엄청나게 줄였는데 그들은 거의 전부가 상당한 수준의 재산을 가진 귀족들이었다. 같은 조처 아래, 농민들은 의원 후보들만을 선출히는 선(線)으로 그 권리가 줄어들었다.

알렉산드르 Ⅲ세는 러시아정교를 통한 러시아화정책을 강력히 추진했다. 그는 러시아정교를 믿지 않는 사람들에 대해 차별하거나 박해하는 정책을 썼으며, 러시아의 판도 안에 사는 많은 소수민족들 또는 이민족들에게 러시아정교를 믿도록 강요했다. 그의 이러한 정책은 폴란드사람들과 핀란드사람들 및 그루지아사람들 그리고 아르메나아사람들에게까지 확대되었다. 이 정책으로가장 큰 고통을 받은 소수민족은 유대인들이었다. 이미 여러 조처들에 의해 그 권리가 상당히 제한되어 있었던 유대인들에게 새로운 제한조처들이 추가되었던 것이다.

노동자들의 열악한 생활

알렉산드르 Ⅲ세의 반동적 정책의 대상들에서 노동자들이 예외일 수는 없었다. 앞에서 이미 몇 차례 지적했듯이, 알렉산드르 Ⅱ세의 개혁정치시대 이후 러시아에서는 자본주의적 생산이 점진적으로 발달하고 있었으며, 그 결과로 노동자들이 늘어나고 있었다. 노동자들의 생활조건은 너무나 열악했다. 노동자들은 숨이 막힐 정도로 비좁고 어두운 작업장에서 하루에 12~14시간씩 일하면서도 아주 낮은 임금을 받았으며, 게다가 벌금이란 이름으로 임금의 많은 부분을 공제당했다. 부녀자들과 아이들도 공장에서 성인남자들과 거의 똑같이 일했으나 그 대가는 훨씬 더 적었다. 노동자들은 토굴이나 움막에 살면서 잠은 판자 바닥에서 잤다. 그들은 과로와 만성적인 영양실조, 비위생적인 생활환경 등으로 말미암아 결핵 등에 쉽게 감염되곤 하였다. 자연히 그들은 40세도 채 되기 전에 죽었으며, 그들의 자녀들 역시 대부분이 어린 나이에 죽었다.

더 이상 견디기 어려워진 노동자들은 임금인상과 작업시간단축을 요구하면서 동맹파업에 호소하기 시작했다. 그 가운데 가장 심각했던 동맹파업은 1885년 1월에 블라디미르성(省) 니콜리스코예 마을의 한 면방직공장에서 일어났다. 티모페이 모로조프(T. Morozov)가 경영하는 이 공장에서 일하는 약 12,000명의 노동자들이 페테르부르크의 노동운동계에서 풍부한 경험을 쌓은 표트르 모이센코(Pyotr Moisenko)의 일사불란한 지휘 아래 봉기한 것이다. 놀란 성(省) 지사는 군대를 동원해서야 겨우 파업을 진압할 수 있었다. 그래도 노동자들은 꺾이지 않았다. 1886년 5월에 파업 지도자 33인에 대한 재판이 열렸을 때 그들은 조금도 굽힘이 없이 자신들의 처참한 생활상을 폭로하면서 공장주의 야만적인 착취상을 규탄했다.

이 사건은 정부당국의 간담을 서늘하게 만들었으며, 알렉산드르 Ⅲ세로 하여금 1886년 6월에 새로운 법률을 공포하게 만들었다. 이 법률은 공장주들로 하여금 적어도 한 달에 한 번 임금을 지급할 것, 그리고 해고할 경우에는 당사자에게 2주 전에 미리 알릴 것을 의무화했다. 또, 공장주들이 노동자들에게 부과하는 벌금이 임금의 1/3을 넘을 수 없게 하고, 징수된 벌금은 모두 노동자들의 특별공제조합의 몫이 되도록 했다. 한편, 공장주들은 공장주들대로 이 사건 이후에는 노동자들에 대해 신중한 태도를 취하기 시작했다. 확실히 모로조프 공장의 파업은 그 뒤의 러시아의 노동운동에 매우 큰 영향을 끼친 것이다.

이상에서 우리는 알렉산드르 Ⅲ세의 반동적 정책들을 살펴보았는데, 아무리 반동적 차르라고 하여 모든 정책을 역사에 거슬리는 방향으로만 끌고갈 수는 없었다. 재정 및 경제 분야에서는 몇 가지 건설적인 조치들을 취했다. 그 대표적인 보기가 재무대신 분게(Nikolai Kh. Bunge, 1823~1895)가 농민을 위한 토지은행을 설립하고 인두세를 폐지한 것 그리고 그의 후임자들인 비시네그라드스키(Ivan A. Vyshnegradsky)와 비테(Sergey Vitte)가 국철(國鐵)을 확충하고 중공업을 진흥한 것 등이었다.

5. 학문과 예술의 발달

1855년으로부터 1894년에 이르는 39년에 걸친 알렉산드르 Ⅱ세와 알렉산드르 Ⅲ세의 통치시기에 러시아에서는 학문과 예술에서 많은 발달을 보았다.

자연과학의 발달

우선 자연과학의 분야에서 파프누티 리보비치 체비쇼프(Pafnuty L. Chebyshev)와 소피야 코발렙스카야(Sofiya V. Kovalevskaya)는 세계적 수학자로서의 명성을 떨쳤다. 그들 가운데 1850년에 태어나 1891년에 죽은 소피야 코발렙스카야의 경우가 더욱 두드러졌다. 러시아에서는 여성들의 대학입학이 허용되지 않았기 때문에 그녀는 독일에서 대학을 다녀야 했으며, 러시아에서는 여성들에게 교수직이 주어지지 않았기 때문에 스웨덴의 스톡홀름대학교에서 교수가 될 수밖에 없었다.

화학에서도 세계적인 학자들이 나타났다. 그들 가운데 가장 뛰어난 이는 드미트리 멘델레예프(Dmitry I. Mendeleyev, 1834~1907)였다. 그는 1869년에 화학 원소의 주기율을 발견하고 그 표를 만들어 이미 알려진 원소들을 하나의 체계로 통합하고 앞날의 발견들을 정확히 전망할 수 있게 도왔다. 그는 사람의 입에 가장 알맞는 보드카의 도수는 40도라고 규정한 것으로도 유명하다. 물리학에는 자기학(磁氣學)과 전기학의 스톨레토프(Aleksandr G. Stoletov), 광학의 레베데프(Pyotr N. Lebedev)와 야블로치코프(Pavel Yablochkov), 로켓과 우주물리학의 치올콥스키(K. E. Tsiolkovsky), 무선전신을 발명한 포포프(Aleksandr S. Popov) 등이 있었다. 포포프의 경우 1895년 4월 25일 – 신력으로 5월 7일 – 에 무전기록기를 실연했는데, 사람들은 이 날을 라디오가 발명된 날로 여긴다.

멘델레예프

이어 생물학에는 코발렙스키 형제 곧 동물학의 알렉산드르 코발렙스키(Aleksandr Kovalevsky)와 고생물학의 블라디미르 코발렙스키(Vladimir Kovalevsky)가 나타났다. 그들과 나란히 '식균(食菌) 작용'을 발견한 미생물학과 세균학의 메치니코프(Ilya P. I. Mechnikov)와 해부학의 피로고프(Nikolai I. Pirogov)와 정신신경학의 세체노프(Ivan M. Sechenov) 및 생리학의 파블로프(Ivan Pavlov) 등이 세계적인 연구들을 발표했다.

알렉산드르 포포프

세체노프는 1829년에 태어나 1905년에 죽었는데 생리학자로도 명성을 떨쳤다. 그는 자연현상을 유물론적으로 해석해 "생물의 행위는, 특히 인간의 행위는, 환경의 거대하고 지배적인 영향을 받는다"는 명제를 제시했다. 이로써 그는 '러시아 생리학파의 창설자'라는 일컬음을 받았다. 그의 후학이 1849년에 태어나 1936년에 죽은 파블로프였다. 그는 이미 1880년대에 개를 상대로 한 획기적인 실험을 시작해 마침내 조건반사의 존재를 확인하고 그 본질을 밝혔다. 이 공로로 그는 1904년에 노벨 생리·의학상을 받았다. 지질학에서는 도쿠차예프(Vasily V. Dokuchaev)가 독보적인 존재였다.

사회과학과 인문학의 발달

사회과학과 인문학도 융성했다. 러시아의 학자들은 법학·동양학·경제학·민속학·문학 등 모든 학문에서 결실을 거두었던 것이다.

문학은 이 시대에 큰 작품들을 쏟아 냈다. 투르게네프의 대표적인 소설들인 『루딘(*Rudin*)』, 『사냥꾼의 일기』, 『아버지들과 아들들』, 『처녀지(處女地)』 등이, 도스토옙스키의 대표적인 소설들인 『가난한 사람들』, 『죽음의 집의 기록들』, 『죄와 벌』, 『백치』, 『악령』, 『카라마조프 집안의 형제들』 등이, 톨스토이의 대표적인 소설들인 『전쟁과 평화』, 『안나 카레니나』, 『바보 이반』, 『크로이체르 소나타』, 『부활』 등이, 체호프(Anton P. Chekhov)의 소설집 『황혼 속에서』와 희곡 『이바노프(*Ivanov*)』, 『세 자매들』, 『갈매기』, 『벚나무 과수원』 등이, 그리고 곤차로프(Ivan A. Goncharov)의 대표적인 소설 『오블로모프(*Oblomov*)』가 모두 이 시대에 출판되었다.

이들 가운데서도 특히 톨스토이와 도스토옙스키는 세계적 문호로 쌍벽을 이뤘다. 대지주의 후예로 야스나야 폴랴나라는 이름의 큰 영지를 지녔던 톨스토이는 농민들의 비참한 생활을 언제나 동정하면서 농민들에 대한 깊은 사랑을 표시했다. 『바보 이반』에서는 땀 흘려 일하지 않는 사람은 식탁에 앉아 빵을 먹을 수 없다는 교훈을 설파함으로써 빵의 생산자인 농민을 격려했으며 불로소득의 생활을 하는 귀족을 비웃었다. 이러한 사상을 지녔던 그는 『안나 카레니나』를 발표한 1877년 이후 농민적 무정부주의, 기독교적 인간애, 무저항을 통한 평화의 성취 등을 강조했다. 그의 사상은 러시아에서 뿐만 아니라 세계의 많은 나라들에서 신봉자를 확보했다.

투르게네프

도스토옙스키

톨스토이

톨스토이의 위상이 이러했는데도, 그가 1899년에 자신의 마지막 장편소설 『부활』을 통해 러시아 지배층의 부패와 교회의 위선을 과감하게 폭로하자 러시아정교는 1901년에 그를 파문했다. 그가 '반기독교적이며 반교회적인 허위를 유포' 했다는 것이었다. 러시아정교가 톨스토이를 파문한 것은 유럽의 웃음거리가 되었다. 러시아의 인민들은 그를 지지했으며, 그리하여 그가 1910년 11월에 82세의 나이로 죽었을 때, 학생들과 노동자들은 그에게 조의를 표하면서 동시에 차리즘에 항의를 나타내는 시위를 벌였다. 이처럼 러시아정교로부터는 파문의 대상이 되고 러시아인민으로부터는 지지의 대상이 된 『부활』은 『전쟁과 평화』 그리고 『안나 카레니나』와 더불어 톨스토이의 3대 명작으로 꼽힌다.

도스토옙스키는 톨스토이와는 달리 가난한 군의관의 아들로 태어났으며 그래서 도시의 빈민들에 대해 깊은 동정심을 지니고 살았다. 그가 1845년에 발표한 처녀장편소설 『가난한 사람들』은 이러한 성향을 반영한 것이었다. 그는 결국 차리즘에 반대하는 혁명에 개입되어 사형장으로 끌려가기에 이르렀다. 그러나 특사를 받아 유형생활을 했다. 이러한 경력에 비추어, 그는 복수심에 휩싸일 법했으며 혁명을 고취할 만했다. 그러나 그는 결국 기독교적 신앙과 무저항의 길을 제시했다. 이 점은 특히 가난한 대학생 라스콜리니코프의 살인사건으로 시작되는 『죄와 벌』, 그리고 『카라마조프 집안의 형제들』에서 두드러지게 나타났다. 이렇게 기독교적 신앙과 무저항의 길을 제시했다는 점에서 그는 톨스토이와 유사성을 보였다.

톨스토이와 도스토옙스키에 대조되게 혁명을 강조한 대표적 작가가 고리키(Maksim Gorky; 본명은 Aleksei Maksimovich Peshkov, 1868~1936)였다. 그는 하층민의 집안에서 태어나 러시아 전국을 방랑하며 가난하고 착취받는 민중의 슬픔에 익숙해졌다. 그리하여 그는 마르크시즘을 받아들이고 혁명의 필요성에 공감했으며, '사회주의적 사실주의'에 서서 희곡과 단편을 썼다. 그는 1905년에 볼셰비키당에 가입하고 레닌과 친해지면서 더욱 혁명적이 되었으며, 이러한 배경에서 1906년에 장편소설 『어머니』를 발표했다. 이 소설은 무산자들에게 엄청난 감명을 주었으며, 프롤레타리아 혁명을 위한 '문학적 선언'으로 받아들여졌다. 그는 『소시민』, 『밤 주막』, 『적(敵)』 등의 작품들로도 명성을 얻었다.

연극의 발달

문학이 발전하면서 연극 역시 발전했다. 가장 중요했던 사람은 무려 50편의 희곡을 쓴 오스트롭스키(Aleksandr N. Ostrovsky, 1823~1886)였다. 그의 대표작으로는 『가난은 죄가 아니다』와 『지참금 없는 처녀』 등이 꼽혔다. 그의 작품은 1853년에 처음 무대에 올려졌다. 이것은 외국의 번안물이나 번역극 대신에 러시아 극작가의 작품이 공연됐다는 점에서, '러시아 연극의 새로운 시대'를 연 것으로 평가됐다. 살티코프 셰드린(Saltykov Shchedrin, 1826~1889)이 당시 추악한 사회의 부패를 고발한 희곡들도 주목을 끌었다. 이처럼 활발한 활동은 1898년에 극작가이면서 소설가인 네미로비치-단첸코(Vladimir I. Nemirovich-Danchenko, 1858~1943)가 자신의 동료 스타니슬랍스키(Konstantin S. Stanislavsky, 1863~1938)와 함께 모스크바예술극장을 창설하는 것으로 이어졌다.

이 시기에 뛰어난 배우들이 활약했다. 오스트롭스키의 연극에는 사돕스키(Prov M. Sadovsky, 1818~1872)가 자주 등장했는데, 그는 민중적 배우로 명성을 떨쳤다. 예르몰로바(Maria N. Yermolova, 1853~1928)는 '러시아 최고의 비극배우'라는 칭송을 받았다. 어떤 평론가는 그녀를 '러시아 연극의 영웅교향곡'이라고 불렀다. 페도도바(Glikeriya N. Fedotova, 1846~1925) 역시 훌륭한 여배우였다.

미술의 발전

미술에서도 큰 발전이 있었다. 여기서 특히 기억되어야 할 사람들은 「14인의 반란」에 참가했던 화가들과 「이동(移動)그림전람동우회」에 참가했던 화가들이다. 「14인의 반란」은 1863년에 당국이 베푼 권위 있는 회화전에의 참여를 페테르부르크예술아카데미 졸업 예정자 14인이 거부한 사건을 말한다. 이반 크람스코이(Ivan N. Kramskoy)를 비롯한 그들은 당국이 요구하는 종교적이고 신화적인 주제를 끝까지 거부하고 아카데미를 나와 페테르부르크화가협동조합을 결성한 뒤 대중의 생활에 연관된 그림들을 그려낸 것이다. 크람스코이는 「황야의 예수 그리스도」를 그린 화가로 널리 알려진 거장으로, 곧 모스크바에서 「이동그림전람동우회」를 이끌면서, 해마다 도시를 옮겨가며 작품전시회를 열어 미술의 대중화에 크게 이바지했다. 여기에서 러시아의 숲을 참으로 아름답게 그린 시시킨(Ivan Ivanovich Shishkin, 1832~1898)도 참여했다. 이들을 흔히 페레드비즈니크스(peredvizhniks), 곧 방랑자파(派)라고 불렀다.

이 사회의식파(社會意識派) 밖에 두 개의 서로 대립되는 화풍이 있었다. 하나는, 예술아카데미 중심의 고전적 또는 준(準)고전적 화풍으로, 「폼페이 최후의 날」을 그린 브률로프(Karl P. Bryullov)와 「음악인」을 그린 키프렌스키(Orest A. Kiprensky) 및 「농촌의 아낙네」를 그린 베네치아노프(Aleksei G. Venetsianov, 1780~1847) 등이 대표적이다. 다른 하나는, 사회비판적 및 이데올로기적 화풍에 반대하고 미술적 표현의 완전한 자유를 옹호했다. 그들 가운데는 풍경화의 레비탄(Isaak I. Levitan, 1860~1900)과 고대 루시의 아름다움에 치중한 빌리빈(Ivan Ya. Bilibin)과 낭만주의의 베누아(Aleksandr N. Benua)와 성상화(聖像畵)의 바스네초프(Viktor M. Vasnetsov, 1848~1926) 등이 있었다.

이들 밖에 물론 인상파와 표현파 및 미래파 등이 있었다. 또, 혁명의 대의(大義)를 위해 봉사할 뜻이 있음을 선언했지만 막상 혁명이 임박했거나 일어났을 때는 외국으로 망명한 사람들도 있었다. 1866년에

〈폼페이 최후의 날〉, 브률로프

태어나 현대적 화풍에 속한 추상화화가로서 국제적 명성을 얻은 칸딘스키(Vasily V. Kandinsky)가 대표적 보기였다. 미학에 관한 이론가이기도 했던 그는 '표현주의적 정서적 경향'에서 출발해 점차 '합리주의적 경향'으로 바뀌어갔는데, 1944년에 망명지 프랑스에서 별세했다. 그와 비슷했던 화가가 1887년에 태어난 샤갈(Marc Chagall; Moishe Shagal)이었다. 그는 볼셰비키혁명이 일어난 직후 프랑스로 망명해 '현대 부르주아 미술계'를 이끌다가 1985년에 거기서 별세했다.

음악의 발전

이 시기에 음악 역시 크게 발전했다. 우선 무소르그스키(Modest Petrovich Mussorgsky, 1839~1881)와 림스키-코르사코프(Nikolai Rimsky-

Korsakov, 1844~1906) 등이 「강력한 동지」라는 모임을 구성하고 1860년대의 사회사상을 반영하면서 음악활동을 이끌었다. 이 과정에서 무소르그스키는 '고통받고 억압받는 민중'의 목소리를 반영했다는 평가를 받았다. 그는 민중적 음악극 「호반쉬나」를 쓰다가 완성하지 못한 채 별세했으나, 친구인 림스키-코르사코프가 완성했다. 림스키-코르사코프는 고골의 「5월의 밤」과 「크리스마스 이브」를 오페라로 만들어 명성을 높였으며, '오페라 작곡의 천재'라는 칭송을 들었다.

그들보다도 훨씬 높은 국제적 명성을 얻은 러시아의 음악가는 차이콥스키(Pyotr Ilyich Chaikovsky, 1840~1893)였다. 그는 글자 그대로 '19세기 러시아음악의 진짜 거인'이었다. 그는 제4교향곡과 제5교향곡, 그리고 〈비창(悲愴)〉으로 알려진 제6교향곡 밖에도 「잠자는 숲속의 미녀」, 「호두까기 인형」, 「백조의 호수」 등의 발레를 비롯해 많은 걸작들을 남겼다.

차이콥스키

차이콥스키의 세계보편적이면서도 러시아적인 음악전통은 라흐마니노프(Sergei V. Rakhmaninov, 1873~1943) 및 쇼스타코비치(Dmitry D. Shostakovich, 1906~1975)와 같은 후계자들에 의해 계승됐다. 그들 가운데, 라흐마니노프는 피아니스트로 출발한 작곡가로 피아노협주곡 제1번과 제2번 및 제3번을 완성했다. 그는 볼셰비키가 정권을 쥐자 거기에 반발해 스위스를 거쳐 미국으로 망명했으며 거기서 피아노협주곡 제4번과 제5번을 완성했다. 그의 피아노협주곡들 가운데 제3번이 가장 난해한 작품으로 받아들여진다.

안톤 루빈스타인

또다른 세계적 거장인 안톤 루빈스타인(Anton G. Rubinstein, 1829~1894)은 서양 고전음악의 중요성을 강조했으며, 1859년에는 페테르부르크에 러시아음악회를 세웠고 그 산하에 음악학교를 세웠다. 그는 1862년에는 이 학교를 개조해 음악원을 세웠다. 그의 동생 니콜라이 루빈스타인(Nikolai G. Rubinstein, 1835~1881) 역시 세계적 음악가였다. 뛰어난 작품들을 작곡했으나 작곡가로서 보다는 피아니스트와 지휘자로 명성을 떨쳤다. 그는 형이 세운 러시아음악회의 모스크바지부를 창설하고 또 산하에 음악원을 세워 후진양성에도 힘을 썼다. 그가 파리에서 별세했을 때, 거기서 거행된 장례식은 세계적 명사들이 참석한 가운데 엄숙하게 치러졌다. 관이 모스크바로 옮겨졌을 때 "모스크바 전체가 깊은 슬픔에 빠졌다"는 말이 나돌았다.

이 시기에 뛰어난 성악가들도 배출되었다. 대표적인 이들이 샬랴핀(Fyodor I. Shalyapin, 1873~1938), 예르쇼프(Ivan V. Yershov, 1867~1943), 소비노프(Leonid V. Sovinov, 1872~1934) 및 네즈다노바(Antonina V. Nezhdanova, 1873~1950) 등이었다. 그들 가운데 샬랴핀은 '러시아와 세계의 오페라계와 성악계의 역사에 한 시대를 긋는 대가수'라는 칭송을 들었다. 그는 러시아의 민요를 힘차면서도 아름답게 잘 부른 것으로도 유명했다. 그래서 오늘날에도 러시아사람들은 "우리는 샬랴핀보다 뛰어난 러시아 민요가수를 알지 못한다"고 말하곤 한다. 예르쇼프와 소비노프 역시 뛰어난 오페라 가수들이었다. 베이스였던 샬랴핀에 대조되게 그들은 테너였다. 그래서 예르쇼프의 경우에는 '테너에서의 샬랴핀'이란 평을 받았다. 한편, 네즈다노바는 오페라계 최고의 프리마돈나로 간주됐다.

발레의 발전

러시아가 특히 세계적으로 자랑하는 발레 역시 이 19세기 후반에 크게 발전했다. 원래 러시아의 발레는 이탈리아사람들과 프랑스사람들 및 스웨덴사람들에 의해서 시작되었다. 그러나 이바노프(Lev I. Ivanov)와 같은 러시아 안무가가 나와 러시아식 발레를 개발하였으며, 그 뒤를 이어 프레오브라젠스카야(Olga I. Preobrazhenskaya, 1870~1962)와 니진스키(Vatslav F. Nizhinsky, 1889~1950)와 같은 거장들이 나왔다. 그들 가운데 니진스키는 '전설적인 무용가' 또는 '이 시대 최고의 무용가'라는 칭송을 받았다.

그러한 토양 위에서 20세기 초에는 댜길레프(Sergey P. Dyagilev,

안나 파블로바

1872~1929)와 같은 세계적인 안무가이며 흥행사가 나와 러시아발레를 프랑스에, 그리고 이어 다른 유럽 국가들과 미국에 소개하기에 이르른다. 이 시기에 세계적 명성을 떨친 러시아의 발레리나들이 안나 파블로바(Anna P. Pavlova, 1881~1931)와 예카테리나 겔체르(Yekaterina V. Geltzer, 1876~1962) 등이다. 특히, 파블로바는 '러시아의 이상적 발레리나' 또는 '그 누구보다도 서정적인 발레리나'라는 칭송을 들었다.

그러나 러시아 백성들의 대부분은 여전히 문맹이었고, 교육과 문화의 혜택에서 벗어난 채로 살았다. 그들은 여전히 후진적이며 빈곤하고 압제적인 사회에서 고통받을 수밖에 없었다. 여기서 러시아의 비극은 준비되고 있었다.

제8장_러시아혁명가들의 마르크시즘 수용과 러시아사회민주당의 결성

앞 장(章)에서 살폈듯이, 1880년대는 확실히 러시아의 문화사(文化史)를 암흑시대처럼 가로질러 간 억압과 반동의 시대였다. 그리하여 사상계는 크게 위축됐다. 그러나 1880년대는 다른 한편으로는 억압과 반동에 맞서 혁명운동이 성장한 시기이기도 하다. 차르의 암살로 극점에 도달했다가 사실상 분열된 채 잠시 표류하던 러시아혁명주의는 이 시기에 마침내 마르크시즘을 받아들이고, 마르크시즘에 입각한 새로운 혁명적 조직을 출범시켰다. 다음에서 마르크시즘이 러시아의 혁명가들에게 받아들여지는 과정과 러시아사회민주당이 창당되는 과정을 살피기로 한다.

1. 플레하노프의 등장과 마르크시스트 조직의 출범

'문화적 암흑시대'는 러시아의 사상계를 크게 위축시켰으며, 그러한 분위기 속에서 신비적 관념론이 확산됐다. 그 대표적 사상가가 블라디미르 솔로비요프(Vladimir S. Soloviyov)였다. 유명한 역사학자 세르게이 솔로비요프(Sergei M. Soloviyov, 1820~1879)의 아들로 철학과 신학을 깊이 공부한 그는 신과 모든 신적(神的)인 것에 몰두할 것을 호소하였다. 그의 신비주의는 혁명가들로부터 반동적 사상이라고 비판받았다. 그러면 혁명가들은 어떤 사상을 수용했던가? 그것은 바로 마르크시즘이었다.

러시아에 마르크시즘을 체계적으로 수용하고 그것에 바탕을 두어 러시아 최초의 마르크시스트 조직을 탄생시킨 혁명가는 '러시아 마르크시즘의 아버지' 플레하노프(Georgy V. Plekhanov, 1856~1918)이다. 알렉산드르 I세가 즉위한 직후인 1856년에 향신의 아들로 태어난 플레하노프는 육군사관학교와 광산대학을 거치면서 체르니셉스키의 영향을 받았다. 그리하여 인민주의운동에 뛰어들었고, 마침내 우리가 앞 장(章)에서 살폈던 카잔광장의 시위를 주도하기에 이르렀으며, 결국 해외로 망명한다.

해외에서의 망명생활을 통해 플레하노프는 '지적(知的)인 방황'을 겪으면서 인민주의를 버리고 마르크시즘을 받아들이게 되었다. 그는 우선 "미르가 사회주의의 기반이 될 수 있고, 농민이 사회주의혁명 과정의 주역이 될 수 있다"는 인민주의자들의 생각은 낭만주의적이거나 공상주의적인 것이라고 비판하고, 러시아의 농촌과 농민은 그러한 활력을 전혀 갖고 있지 못하다고 주장하게 되었다. 그는 마르크시즘을 받아들였던 것으로, 그리하여 혁명은 산업발전의 산물이며, 혁명의 성패 여부는 일차적으로 객관적인 경제적 조건에 달려 있다고 보게 되었다. 그는 이처럼 역사의 운동법칙을 경제의 발전이라는 각도에서 파악했기 때문에, 「인민의 의지」 당이 혁명의 과정을 단축시키기 위한 방법으로 채택한 폭력주의의 무용성(無用性)을 주장한 것이다.

플레하노프는 러시아가 사회주의에 도달하기 위해서는 두 개의 서로 연결된 혁명을 거쳐야 한다고 보았다. 첫째, 러시아는 부르주아민주주의 혁명을 거쳐야 한다고 보았다. 따라서 이 단계에서 사회주의자들은 자유주의자들이나 다른 온건파들과 제휴하여 차르의 전제체제를 타도하고, 민권이 보장되는 헌정질서를 이룩해야 한다는 것이다.

둘째, 이 헌정질서 아래서 사회주의자들은 도시의 프롤레타리아를 조직하고 동원하여 사회주의혁명을 완수해야 한다고 보았다. 그는 만일 러시아가 이러한 단계를 밟음이 없이, 예컨대 트카초프와 라브로프의 혁명이론을 따라 사회주의혁명을 수행한다면 그것은 소수의 음모자들에 의한 독재로 전락할 것이라고 경고했다. 그의 이러한 주장들은 그가 1895년에 펴낸 저서『일원적 역사관의 발전』에 잘 나타났다.

플레하노프는 자신의 신념을 관철하기 위해 마르크스가 죽은 해인 1883년에 망명지 제네바에서「노동자해방그룹」을 창설했다. 이것은 러시아 역사에서 최초의 마르크시스트 조직이었다. 여기에는 악셀로드(Pavel B. Akselrod)와 도이치(Lev G. Deutsch) 그리고 도이치의 내연의 처인 자술리치(Vera I. Zasulich)가 참여했다.

「노동자해방그룹」을 창설한 직후 플레하노프는『사회주의와 정치적 투쟁』을 출판했고, 두 해 뒤인 1885년에는『우리의 차이점』을 출판했다. 앞의 책은 자신과 인민주의지들 사이의 논쟁을 골격으로 한 것이며, 뒤의 책은 그것을 보다 확대한 것이었다. 이 두 권의 책은 러시아에 마르크시즘의 기초를 닦아놓기에 충분한 것이었다. 이 책들은, 특히『우리의 차이점』은, 러시아에 흘러들어가 인민주의자들을 포함한 모든 혁명세력에 의해 읽혔으며, 그들의 사색에 커다란 영향을 주었다.

2. 1890년대의 러시아와 마르크시즘의 확산

1890년대의 러시아상황

러시아 밖에서 결성된 최초의 러시아 마르크시스트 조직인「노동자해방그룹」이 나타난 그 다음 해인 1884년에 러시아 안에서도 몇 개의 마르크시스트 조직들이 나타났으며, 1890년대에는 그 수가 제법 많아졌다. 1890년대에 들어오면서 러시아에는 마르크시즘운동이 자랄 수 있는 사회적 및 경제적 기반이 형성되어 갔던 것이다.

앞 장(章)에서도 이미 지적되었지만 1891년과 1892년 이태 동안 러시아에는 커다란 가뭄이 들었으며, 이것으로 말미암아 농민들은 말할 수 없는 참혹한 상태에 빠졌다. 수백만 명의 농민들이 굶주림과 질병에 시달렸다. 그런데도 정부는 아무런 구제책을 쓰지 않았다. 그러한 사실 자체가 도시에 알려지는 것을 막으려 했으며, 수도에는 곡식이 충분히 비축되어 있었으나 제대로 풀지 않았고 대외수출을 중단하지도 않았다.

정부의 이러한 무능과 냉혹은 반동의 시대인 1880년대에 침묵과 망각에 빠져 있던 많은 지식인들을 격분시켰으며, 겨울잠을 자던 사회의식을 소생시켰다. 슬라브주의적 자유주의자들과 온건파 자유주의자들은 구조사업대를 조직해 농촌으로 달려갔다. 이들에 비해 좌파적 자유주의자들과 혁명적 사회주의자들은 자선적인 방법이나 시혜적 방법으로 농민의 고통이 줄어드는 것은 아니라고 보고 오직 차리즘의 타도만이 해답이라고 맞섰다.

이 무렵인 1894년에, 우리 역사에서는 동학농민혁명이 일어나고 이것을 계기로 청(淸)과 일본 사이에 전쟁이 일어난 이 해에, 제정러시아의 마지막 차르가 되는 니콜라이 Ⅱ세(Nikolai Ⅱ)가 등극했다. 많은 사람들은 새 차르가 어떤 양보적인 조처들을 취할 것이라는 기대를 가졌다. 그러나 그 기대는 환상에 지나지 않았다. 그는 부황(父皇) 알렉산드르 Ⅲ세 시대의 악명 높은 반동주의자 포베도노스체프로부터 절대군주제가 가장 훌륭한 제도라고 배웠기 때문에, 1895년의 한 연설에서 상류층이 제의하는 온건한 수준의 개혁마저 '무의미한 꿈'이라고 단정하고, 전제주의 원칙에 대한 강력한 믿음을 분명히 함으로써 역설적으로 혁명세력의 결심을 더욱 굳혀주었다. '위로부터의 개혁'이 없다면 '아래로부터의 혁명'이 반드시 있어야 한다고 그들은 확신하게 된 것이다.

혁명세력의 확신을 더욱 굳혀준 사건이 1896년 5월에 일어났다. 이른바 '호딘카(Khodynka) 들판의 비극'이 그것이다. 황제가 자신의 대관식을 모스크바에 있는 크렘린의 우스펜스키대사원에서 거행하면서 인민축제를 열어 선물을 나누어줄 것이라고 발표하자, 축제의 장소로 지정된 호딘카 들판으로 헐벗고 굶주린 사람들이 아이들과 가족들을 모두 이끌고 몰려들었는데, 그 수효가 500,000명선에 이르면서 서로 밀치고 밀리다가 약 2,000명이 목숨을 잃었던 것이다. 그런데도 황실은 화려한 축제를 계속하는 잔인한 무감각을 과시함에 그쳤을 뿐이다.

마르크시즘에 대한 신뢰의 확산

이러한 상황 아래, 혁명가들은 '아래로부터의 혁명'에 더 깊이 몰두하면서 인민주의자들의 이론과 예측이 잘못된 것임을 깨달았다. 큰 기근을 계기로 자신들이 스스로 농촌을 살펴보니, "러시아의 농촌에는 본능적으로 공산주의적인 협동정신이 살아 있고 공동체적인 생활양식이 뿌리내려 있다"는 인민주의자들의 분석은 순전히 목가적인 관찰이었음을 확인할 수 있었다. "공산주의적인 러시아의 농촌공동체가 러시아 사회주의의 바탕이 될 수 있는 만큼, 러시아는 자본주의 단계를 밟지 않고도 사회주의 단계에 들어갈 수 있다"는 인민주의자들의 예견은 이제 더 이상 지탱될 수 없다고 그들은 믿게 되었다. "러시아의 농민들이 종국에는 봉기하여 차리즘을 타도하는 계기를 열 것"이라는 인민주의자들의 또 하나의 예견도 한낱 헛된 꿈이었음이 확실해졌다. 상상조차 할 수 없는 굶주림과 억눌림 아래서도 농민들은 일어나지 않았다. 자연히 혁명가들 사이에서 인민주의자들에 대한 믿음은 크게 약화되었다. 반면에 농촌공동체는 몰락할 것이며, 농민은 혁명적 잠재력을 갖고 있지 못하다고 주장했던 플레하노프의 분석에 대한 새삼스런 존경은, 그리고 그의 분석이 바탕을 두고 있는 마르크시즘에 대한 신뢰는 늘어났다.

마르크시즘적 분석에 대한 신뢰는 러시아에서 산업혁명이 진행됨과 아울러 한층 더 높아졌다. 알렉산드르 Ⅲ세의 치세 후반기인 1880년대 말과 1890년대 초에 러시아는 유능하고 활동적인 재무대신 비테(Sergei Yu. Vitte, 1899~1915)의 주도 아래 공업화를 추진했다. 니콜라이 Ⅱ세도 비테를 재무대신으로 기용해 공업화를 추진했으며, 이에 따라 러시아의 산수화적(山水畵的) 풍경은 이제 버섯처럼 솟아오른 공장들로 채워지기 시작함과 아울러 철도가 가설되고 도로가 넓혀졌다. 보호관세제도의 실시와 금융제도의 확장은 공업의 팽창을 촉진시켰다. 농노의 해방으로부터 30여 년이 지났기에 공장들은 노동자의 확보에 아무런 어려움을 겪지 않았다. 게다가 가뭄은 보수적인 농민들마저 도시로 떼를 지어 몰려들게 하였다.

이제는 러시아에 혁명적 잠재세력으로서 프롤레타리아트가 존재하고 있다는 주장을 아무도 부인할 수 없게 되었다. 실제로 그들은 보다 나은 임금과 노동조건을 위해 투쟁하고 있었다. 이러한 상황은 프롤레타리아트를 사회주의혁명의 주력세력으로 인정하고, 그 출발점으로 혁명이론을 전개하는 마르크시즘적 분석방법에 보다 많은 관심을 쏟게 만들었다.

러시아에서 마르크시즘의 성장을 도와준 또 하나의 요인은 그 초기에 정부가 취한 중립적 태도였다. 러시아의 마르크시스트들이 인민주의를 공격하자, 인민주의자들에게 오랫동안 시달려온 경찰은 마르크시스트들이 비록 차리즘에 대한 충성스런 세력은 결코 아니지만 인민주의자들에 대해 효과적인 견제세력이 될 수 있다고 판단하여 마르크시스트들의 활동에 제동을 걸지 않았다. 그 결과 인민주의에 대한 공개적 토론이 지식인들 사이에 확산됐으며, 이로써 '합법적인 마르크시즘의 시대'가 열린 것이다.

3. 레닌의 등장과 러시아사회민주노동당의 결성

「노동계급의 해방을 위한 투쟁의 동맹」의 결성

러시아 안에서 노동자계급이 형성되면서 그리고 이미 비참한 노동조건이 그 아래로 더욱 떨어지면서 노동자들을 계몽하고 조직하는 활동이 마르크시스트들 사이에 벌어졌다. 초기의 단계에서 그것은 서클 활동의 형태를 취했다. 합법적인 독서모임을 조직해 노동자들에게 글을 가르쳐주고, 서서히 그들의 의식을 계발해가는 활동이었다.

그러나 이 방식은 곧 비판을 받게 되었다. "불가피하게 소수밖에는 상대할 수 없는 이 방식으로는 광범위한 노동대중에 침투할 수 없다"고 지적하면서 보다 폭넓은 대중 속에서의 선동을 옹호하는 운동가들이 나타난 것이다. 이제 러시아에서 노동자계급이 양적으로 팽창하면서 노동자계급을 어떻게 효과적으로 계몽하고 조직하느냐의 문제가 일차적인 과제로 등장한 것이다.

이러한 여건 아래서 마르크시스트 조직들이 늘어나기 시작했거니와, 그 대표적인 보기가 니콜라이 Ⅱ세가 즉위한 그 다음 해인 1895년에 페테르부르크에서 세워진「노동계급의 해방을 위한 투쟁의 동맹」이었다. 이 동맹을 세운 이들이 바로 레닌 그리고 장차 그의 정적이 될 마르토프(Yulius O. Martov)이다.

그러면 레닌은 어떤 사람이었는가? 레닌은 본이름이 블라디미르 일리치 울리야노프(Vladimir Ilyich Ulyanov)로, 1870년 4월에 러시아 서부의 한 도시 심비르스크(Simbirsk)에서 차리즘에 충실하던 한 교육행정관의 아들로 태어났다. 어머니는 교육수준이 높은 독일계 여성이었다.

레닌

레닌의 생애에서의 중대한 첫 번째 변화는 1887년에 일어났다. 맏형으로 페테르부르크대학교의 학생이던 알레산드르 일리치 울리야노프(Aleksandr Ilyich Ulyanov)가 알렉산드르 Ⅲ세를 암살하려던 음모에 연루되어 처형된 것이다. 당시 카잔대학교 법학부의 1년생이던 레닌은 형의 사상과 행동에 큰 자극을 받았을 뿐만 아니라 곧 퇴교된다. 그러나 교외생으로서 카잔대학교를 졸업하고 변호사시험에 합격해, 1892년에는 사마라에서 개업허가를 받았다. 변호사업은 그의 취향에 맞지 않았다. 그는 마르크시즘 연구에 전념했으며 1893년에는 페테르부르크로 옮겨 마르크시스트적 노동운동에 뛰어들었고, 이러한 과정에서 평생의 반려자가 될 나데즈다 콘스탄티노브나 크룹스카야(Nadezhda Konstantinovna Krupskaya)를 만났다. 그녀는 야학에서 학생들을 가르치면서 노동운동에서도 적극적으로 활동하고 있었다.

레닌이 이론가로서 확고한 지위를 굳힌 때는 그 다음 해인 1894년이었다. 그는 「인민의 벗이란 무엇이며 그들은 사회민주주의자들에 맞서 어떻게 싸워야 하는가?」라는 글을 세 권의 노란 공책에 써서 동지들에게 회람시켰는데, 이 '작은 노란책'은 인민주의를, 특히 당대 정상급의 인민주의자 미하일롭스키(Nikolai K. Mikhailovsky)를 압도하고 있었다. "러시아는 인민주의자들이 아니라 마르크스가 가르친 길을 따라 프롤레타리아 계급혁명을 통해서만 구제될 수 있다"는 이 저술을 통해 그는 정통 마르크시즘의 수호자로 여겨지게 된 것이다.

레닌은 자신의 안목을 넓히기 위해서 이듬해에 서유럽을 여행했다. 스위스에서는 자신의 '살아 있는 우상' 플레하노프를, 그리고 독일에서는 또 하나의 '살아 있는 우상' 카우츠키(Karl Kautsky, 1854~1939)를 각각 만났다. 카우츠키는 독일사회민주당(SPD)의 대표적 이론가이며 기관지 『노이에 자이트(*Neue Zeit*, 새 시대)』의 편집인이었다. 레닌은 이들로부터 많은 격려를 받았으며 이들과의 조직적 연계를 성립시킬 수가 있었고, 그리하여 1895년에, 플레하노프의 「노동자해방그룹」과의 연계 아래 「노동계급의 해방을 위한 투쟁의 동맹」을 세웠다. 이 때 레닌의 나이는 만으로 25세였다.

레닌은 마르토프를 비롯한 동지들과 함께 「노동계급의 해방을 위한 투쟁의 동맹」을 통해 노동자들에 대한 선동사업을 확대시켰다. 그리하여 이 조직은 곧 「인민의 의지」 당이 깨어진 이후 러시아의 가장 효과적인 혁명조직으로 자라나게 되었다.

러시아사회민주노동당의 창당

여기서 자연히 경찰의 경계는 급속히 커졌으며 밀정들의 침투가 늘어났다. 그런데도 레닌과 그의 동지들은 눈치를 채지 못했으며, 「노동자의 대의(大義)」라는 지하신문의 창간을 준비했다. 이 신문 창간호의 교정지가 나온 그 해 12월에 밀정의 밀고에 의해 「노동계급의 해방을 위한 투쟁의 동맹」의 맹원들은 체포되었다.

레닌과 그의 연인 크룹스카야도 체포되어 동(東)시베리아의 슈셴스코예(Shushenskoye)로 유배되었다. 1900년 2월에 석방될 때까지 레닌은 다섯 해에 걸친 유배의 시기를 매우 효과적으로 보냈다. 1898년에는 크룹스카야와 결혼했으며, 1899년에는 『러시아에서의 자본주의의 발달』이라는 책을 출판했다. 그뿐 아니다. 정치적 투쟁보다 경제적 투쟁에 치중해서 '최소 저항의 길'을 밟을 것을 제의하는 이른바 경제주의를 날카롭게 비판하는 일에 앞장 서서 「17인의 항의」를 남기기도 했다.

이러한 가운데 러시아의 다양한 마르크시스트 단체의 지도자들은 1898년 3월에 민스크(Minsk)에서 러시아사회민주노동당 통칭 러시아사회민주당을 창당하는 대회를 열고 창당을 선언했다. 흔히 러시아사회민주당이라고 불리는 이 조직이 러시아의 최초의 마르크시스트 정당이다. 그러나 이 창당대회는 열리자마자 경찰의 기습을 받아 대의원들이 모두 체포되었으며, 그리하여 당 강령도 제시하지 못했다.

4. 볼셰비키와 멘셰비키로의 분열

레닌이즘의 형성

러시아사회민주당이 창당대회도 제대로 끝내지 못한 상황이 발생한 때로부터 두 해가 지난 1900년에 레닌을 비롯한 많은 정통 마르크시스트들이 석방되어 페테르부르크로 돌아왔다. 그들은 러시아사회민주당을 보다 더 광범위한 지지의 바탕 위에서 새롭게 출범시켜야겠다고 마음먹고 그 목표를 달성하기 위해 서유럽으로 망명의 길을 떠났다.

망명자들 가운데 가장 중요한 혁명가는 역시 레닌이었다. 그는 곧바로 플레하노프의 문하로 들어가 1900년 12월에 독일에서 '불꽃'이라는 뜻의 「이스크라(*Iskra*)」 라는 주간지를 창간했다. 이 신문에 레닌은 「우리 운동의 긴급한 과제」라는 논문을 발표했다. 이 논문은 "노동운동은 노동자가 아니라 사회주의 전위대를 자임하는 혁명가들이 이끌어야 한다는 것, 그리고 혁명가는 자신의 여가뿐 아니라 생활 전체를 혁명에 바칠 직업적 혁명가이어야 한다는 것"으로 요약된다. 레닌의 이러한 주장은 "노동계급의 해방은 노동계급 자신의 과업이다"라는 마르크스와 엥겔스의 가르침과는 아주 달랐으며, 트카초프의 가르침에 가까운 것이었다.

레닌은 자신의 주장을 더욱 발전시켜 1902년 3월에 제네바에서 저 유명한 『무엇을 해야 하나?(*What Is To Be Done?*)』라는 작은 책을 출판했다. 이 책은 곧 열리게 될 러시아사회민주당 제2차 대회에서 당과 당원을 어떻게 조직해야 할 것인가라는 문제를 집중적으로 다룬 것이었다.

여기서 레닌은 핵심 엘리트들 또는 직업적 혁명가들로 구성되는, 따라서 대중적 정당의 상(像)이라기보다는 오히려 엄격한 규율을 가진 군대식 노선의 '소수 음모가들'의 혁명적 정당의 상을 제시했다. 그 정당의 지도원리로 '민주적 중앙집권주의(democratic centralism)'를 제시했는데, 이 원리는 민주주의보다는 중앙집권주의에 더 큰 비중을 두고 있는 것으로, 결국 당의 권력은 중앙위원회에, 더 좁혀 말해, 중앙위원회의 소수 지도자들에 집중되어야 함을 의미했다. 레닌은 이 소수의 직업적 혁명가들이 노동계급의 전위대로서 노동자들의 계급의식을 일깨우고, 이들의 산발적인 투쟁을 더 큰 사회주의투쟁에 연결시켜야 한다고 주장했다. 확실히 이 책은 우리가 뒷날 볼셰비즘이라고 부르는 레닌주의의 뼈대를 보여준다.

당대회에 대비해 이론적 틀을 마련하고 그것을 전파하던 1902년 10월에 레닌은 한 진귀한 손님을 맞게 되었다. 자신보다 아홉 살 아래의 마르크시스트 혁명가 트로츠키(Lev D. Trotsky, 1879~1940)가 시베리아 유형지를 탈출해 레닌을 찾은 것이다. 트로츠키는 곧 『이스크라』의 편집위원회에 참여한다. 이 무렵에는 『이스크라』의 위신이 러시아 마르크시스트 운동계를 압도하고 있었다.

제2차 러시아사회민주당대회

이듬해인 1903년 7월에 마침내 제2차 당대회가 브뤼셀에서 열렸다. 그러나 경찰에 쫓겨나 8월에 런던에서 다시 열렸다. 플레하노프가 의장으로 사회를 본 이 대회에서 대의원들은 많은 문제들에서 의견의 일치를 보았다. 예컨대, 그들은 러시아가 일차적으로 부르주아혁명을 행하여 차리즘체제를 타도하고, 민주주의공화국을 세운 다음에 사회주의혁명을 시도해야 한다는 데 쉽게 합의했다.

그러나 당의 조직 및 행동의 원칙을 둘러싸고 의견이 갈렸다. 레닌은 우선 자신의 책에서 개진했던 당조직의 원칙을 제시했다. 그러나 마르토프 계열은 레닌의 원칙을 독재주의적 발상이라고 비판하고, 좀 더 광범위한 동조자들을 포함시킬 것과 민주주의적 조직원칙을 채택할 것을 요구했다. 마르토프 계열은 보다 서유럽화된 대중적이며 공개적인 정당으로 발전시키고 싶었던 것이다. 이들은 또 합법적인 방법을 통한 투쟁을, 곧 의회와 노조를 통한 투쟁을, 강조하고 혁명적 사변이 일어날 것을 기다리자고 주장했다.

의견이 팽팽하게 맞선 가운데 레닌은 의사(議事) 진행의 기술로써 잠시 다수를 확보할 수 있었다. 이 시점에서 그는 자신의 안을 채택하게 했으며, 이것을 기틀 삼아 자신의 세력을 다수파(多數派)라는 뜻을 지닌 볼셰비키(Bolsheviki)라고 부르게 했고, 자신을 반대하는 세력을 소수파(少數派)라는 뜻을 지닌 멘셰비키(Mensheviki)라고 부르게 했다. 볼셰비키와 멘셰비키는 볼셰비크와 멘셰비크의 복수(複數)형이다.

일시적으로 다수파를 형성했기 때문에 레닌은 자신의 의사를 계속해서 당에 관철시키기에는 힘이 모자랐다. 오히려 그를 반대하는 세력의 힘이 커졌다. 그들은 1903년 10월에 제네바에서 「재외혁명사회민주주의자연맹」을 결성하기에 이르렀고, 플레하노프도 그들을 『이스크라』의 편집진에 참여시켰다. 이에 레닌은 이 신문의 책임편집위원직을 사임하고, 투쟁의 다음 단계를 찾지 않으면 안 되었다.

이 무렵인 1904년 5월에 레닌은 「한 걸음 전진, 두 걸음 후퇴」라는 논문을 발표했다. 이 논문은 제2차 당대회의 의사록에 자신의 논평을 덧붙인 것인데, 볼셰비키의 입장을 옹호하고 멘셰비키를 '우익적 기회주의자들'로 매도하면서 새로운 당대회의 소집을 요구했다. 전체적으로 보아, 이 논문의 뼈대 역시 그가 「무엇을 해야 하나?」에서 개진했던 당이론과 혁명이론의 반복이었다.

이 논문을 발표한 뒤 레닌에게는 고무적인 사건이 일어났다. 보그다노프(Aleksandr A. Bogdanov, 1873~1928) 및 루나차르스키(Anatoly V. Lunacharsky, 1875~1933)와 같은 저명한 지식인들이 레닌에 대한 지지를 발표한 것이다. 이들 가운데 중요한 사람은 루나차르스키였다. 그는 문인이자 학자로서, 연극·음악·미술 등에 대해 조예가 깊었으며 예술이론가로 정평을 얻었다. 그는 서유럽의 예술계를 러시아에 정력적으로 소개한 것으로 유명했다.

이러한 지식인들의 지지에 힘입어 레닌은 1904년 11월에 볼셰비키만의 「당다수파의 위원회의 국(局)」 곧 「볼셰비키의 위원회의 국」을 출범시킬 수 있었다. 그리고 그 여세를 몰아 1905년 4월과 5월에 런던에서 볼셰비키 중심으로 러시아사회민주당 제3차 대회를 열었다. 이 대회에서 레닌은 멘셰비키를 파문할 수는 없었다. 그러나 그의 당조직원리와 혁명이론을 당의 공식적 노선으로 채택시킬 수 있었고, 당의 기관지로 '전진(前進)'이라는 뜻을 가진 『브피료트』라는 잡지를 창간시킬 수 있었다.

5. 비(非)마르크시스트적 혁명정당들과 비판적 지식인들

사회혁명당

차리즘체제에 반대하는 혁명가들과 지식인들이 모두 러시아사회민주당을 중심으로 결집되었던 것은 아니다. 1917년에 러시아혁명이 일어나기에 앞선 시기에 가장 큰 영향력을 가졌던 세력은 오히려 사회혁명당(Socialist Revolutionary Party)이었다.

사회혁명당은 1902년에 인민주의자들이 세웠다. 이 정당은, 비록 그 지도부가 부르주아 지식인들에 의해 구성되었다해도, 대다수 농민에 기반을 두었고, 1860년대 이후부터 계속되어온 인민주의운동의 정당한 후계자로 여겨졌기 때문에 러시아사회민주당보다 대중의 지지를 더 많이 받았다. 1905년에 개최된 제1차 당대회에서 이들은 자유민주주의, 농촌개혁, 토지재분배, 사유재산권의 보장 등을 강령으로 채택했다. 그러나 이들은「인민의 의지」당 시대와 마찬가지로 차리즘타도의 무기로 개별적 고위관리들에 대한 폭력행사를 공인하고, 이 목적을 위해 투쟁단을 산하기관으로 두었다.

입헌주의자들

러시아사회민주당이나 사회혁명당만한 영향력을 갖고 있지는 않았으나, 그래도 상당한 추종세력을 지녔던 반정부세력은 젬스트보의회를 통해 성장한 입헌주의자들이었다. 그래서 이들을 젬스트보 입헌주의자들(Zemstvo Constitutionalists)이라고 불렀다. 이들은 혁명보다는 개혁을 주장했으며, 그 개혁의 단서를 입헌군주제에서 찾으려 했다.

이들의 생각이 잘 나타난 책으로 치체린(Boris Chicherin, 1828~1904)이 익명으로 1899년에 출판한『20세기 전야(前夜)의 러시아』를 지적할 수 있다. 이 작은 책에서 그는 차르가 전제주의를 포기하고 선거를 통해 의회를 구성한 다음, 이 의회로 하여금 헌법을 제정하게 하고 책임정부제도를 수립하게 할 것을 권고했다.

이러한 생각을 가진 젬스트보 자유주의자들의 첫 모임은 모스크바 젬스트보 의장인 시포프(Dmitry Shipov, 1851~1920)에 의해 1894년에 마련되었다. 그러나 이 때만 해도 이들의 논의는 '가내공업의 부흥', '소방', '화재보험제' 따위에 국한되어 있었다. 그런데도 경찰의 탄압대상이 되고, 1901년에 이르러서는 황실이 젬스트보의회 자체를 탄압하기 시작했다. 여기에 맞서, 이들은 『해방』이라는 신문을 발행함과 동시에 1903년에는 정당이라기보다는 하나의 결사체인 「해방동맹」을 결성했다.

이들의 운동은 1904년 11월에 시포프가 소집하고, 그가 의장이 된 젬스트보 전체회의에서 젬스트보계획이 채택되었을 때 상당한 성과를 거두는 듯하였다. 이 계획은 양심과 종교와 언론 및 집회의 자유, 법 안에서 만인의 평등, 자의적 체포와 처벌의 금지, 지방자치제도의 확대를 요구하는 한편, 자유로운 총선거에 의한 의회를 구성하여 러시아가 '새로운 길'을 밟을 것을 제의했다.

그런데 이 입헌주의운동은 좌파와 우파 모두가 반대하였다. 전제체제를 옹호한 우파들, 예컨대 포베도노스체프 같은 사람은 '유럽적인 의회제도는 러시아에는 맞지 않는 우리 시대의 가장 큰 오류'라고 조롱하고, "의회제도는 영국이나 프랑스처럼 작은 나라에서는 가능하나, 영토는 너무 광대하고 사회는 너무 원시적이며 인민은 차리즘밖에 모를 정도로 너무 무식한 러시아에는 적합하지 않다"고 주장했다. 한편 차리즘의 전복을 목적으로 하는 좌파는 의회제도와 입헌정치란 자본주의 경제제도를 유지하려는 '몰락해 가는 부르주아민주주의자들의 고안'이라고 거부했다.

비판적 지식인들

이반 부닌

이 시기에 비(非)마르크시즘의 입장에 서서 차리즘체제에 비판적 자세를 취한 지식인들도 결코 적잖았다. 여기서는 우리가 제7장에서 다루지 않은 사람들을 중심으로 살피기로 한다.

코롤렌코(Vladimir G. Korolenko, 1853~1921)는 체호프의 동지였다. 그는 「마카르의 꿈」, 「숲은 술렁인다」, 「장님 음악가」, 「굶주린 배」 등의 작품들을 발표하면서, 민중의 고달픈 삶을 그렸다. 그는 자신의 예술적 자서전 『우리 동시대인의 역사』로 '빛나는 역사적 예술적 기념비'를 남겼다는 평가를 받았다. 부닌(Ivan A. Bunin, 1870~1953)은 1910년에 중편소설 「시골」을 발표하면서, 이 작품을 통해 귀족사회를 비판하고 몰락해가는 농촌에 대해 깊은 동정심을 표시했다. 그는 볼셰비키 혁명이 일어나자 해외로 망명하며, 1933년에 노벨문학상을 받는다.

소설과 희곡에서 재능을 발휘한 안드레예프(Leonid N. Andreyev, 1871~1919) 역시 러시아정교와 자본주의적 노예제, 그리고 무엇보다 차리즘을 비판했다. 그는 1905~1906년의 혁명에 참가하며, 고리키와 가까이 지낸다. 그러나 그는 차차 볼셰비즘에 반대하게 된다.

황실의 대응

이러한 반체제운동 또는 개혁운동에 대한 황실의 초기 대처방안은 두 가지였다. 첫째, 철저한 탄압이었다. 1894년과 1903년 사이에 이러한 운동과 관련되어 재판에 회부된 사람은 20,684명이었고 행정처분의 대상이 된 사람은 16,230명이었으며, 1903년 한 해에만 64,000건의 체포가 있었다.

둘째, 모스크바 경찰국장 주바토프(Sergei V. Zubatov, 1864~1917)가 내

놓은 노동조합의 관변화(官邊化)였다. 경찰이 노조를 조직하고 지원함으로써 사실상 노동운동을 통제하고, 그렇게 함으로써 노조가 사회주의혁명운동과 연결되는 것을 막으려는 것이었다. 흔히 주바토비즘 또는 경찰사회주의라고 불린 이 안은 1901년에 페테르부르크에서 처음 실시되어 어느 정도 성공을 거두었으나, 우크라이나의 오데사(Odessa)에서 실패하면서 곧 흐지부지되었다.

한편, 내무대신 플레베(Vyacheslav von Plehve, 1846~1904)는 승전이 확실한 지역에서 '멋진 작은 규모의 전쟁'을 일으키는 안과 유대인들 및 다른 소수민족들을 희생양으로 사용하는 방안도 제시했다. 그러나 1904년에 그 자신이 사회혁명당의 폭력주의자에 의해 암살되어 무산되었다. 그의 후임 스뱌토폴크 미르스키(Svyatopolk-Mirsky)는 결국 젬스트보를 통해 문제를 해결하려 하였고, 따라서, 1904년 11월에 젬스트보 전원회의의 소집을 허락했다. 그러나 젬스트보를 통한 개혁도 좌우의 반대로 성공하지 못했다.

제9장_1905년의 혁명으로부터 1917년 2월혁명까지 : 제정러시아의 종말

돌이켜 생각컨대, 1904년은 제정러시아의 종말이 시작된 해였다. 이 해에 니콜라이 Ⅱ세의 하나뿐인 아들, 곧 황태자가 태어났는데, 치유가 불가능했던 혈우병을 안고 태어난 이 비운의 황태자는 본의 아니게도 제정의 종말을 재촉하는 한 원인을 제공하게 된다. 또, 이 해에 레닌은 볼셰비키만으로 사실상 새로운 러시아사회민주당을 발족시켜 차리즘의 타도를 위한 무자비한 투쟁의 전선을 재정비하고 강화했다.

그러나 무엇보다 중요한 것은 이 해에 일본과의 전쟁이 일어났다는 사실이다. 러시아는 이 전쟁에서 패배함으로써 결정적인 파국을 맞았던 것이며, 여기에 자극되어 1905년 1월에 역사상 유명한 '피의 일요일'이라는 참극이 발생하게 되고, 다시 여기에 자극되어 민중의 소요와 반란은 전국적으로 번지게 되며, 종국적으로는 '12월의 무장봉기'로까지 확대된다.

1914년에 제1차 세계대전이 일어나고, 러시아가 여기에 참전하게 되면서 혁명의 불꽃은 잠시 약해지는 것 같았다. 그러나 패전과 이것에 따른 전 국민적 피로감은 그 때까지 쌓여 온 국내의 억압적 조치들과 정부의 무능과 부패에 대한 국민적 불만의 기폭제가 되어 1917년 2월혁명으로 폭발했다. 이 2월혁명으로 니콜라이 Ⅱ세는 퇴위할 수밖에 없었고, 그리하여 300년 이상 계속된 로마노프왕조는 마침내 무너지고 말았다. 이 장(章)은 러일전쟁의 발발로부터 2월혁명에 따른 제정의 붕괴까지의 12년의 시기를 설명하기로 한다.

1. 피의 일요일과 소비에트의 출현

일본과의 전쟁에서의 패배

우리는 앞 장(章)에서 러시아 전역에 걸쳐 혁명의 기운이 차츰 익어가자 플레베 내무장관이 이것을 억제시키기 위한 계획의 하나로 승리가 확실한 지역에서 작은 규모의 전쟁을 일으켜 보고자 했다는 사실을 지적했다. 일단 전쟁이 일어나면 외부의 적에 대한 국민들의 적개심이 불타오를 것이고, 이 러시아애국주의는 혁명적 열기를 식혀버릴 것이라고 그는 계산했던 것이다. 그런데 마침 일본과의 전쟁이 일어났다. 즉, 1904년 2월 8일 밤과 9일 새벽 사이에 일본의 잠수함은 선전을 포고하지도 않고 뤼순(旅順)항의 러시아함정을 공격한 것이다. 조선에 대한 지배, 그리고 더 나아가 만주와 중국에 대한 지배의 문제를 놓고 대립해 있던 러시아와 일본의 전쟁은 이렇게 시작되었다.

이 전쟁의 배경에는 중국에 대한 러시아의 '염치 없는 이중외교의 거의 완벽한 사례(事例)로서의 외교'가 깔려 있다. 중국이 일본과의 전쟁에서 패배해 1895년 4월에 시모노세키(下關: 하관)에서 굴욕적인 조약을 맺고, 일본에게 랴오둥반도(遼東半島 : 요동반도)와 타이완(臺灣 : 대만)을 비롯해 많은 땅을 할양하는 것을 보고, 러시아는 프랑스와 독일을 끌어들여 삼국간섭(三國干涉)을 함으로써 일본으로 하여금 자신의 요구들을 철회하게 만든 뒤, 그 대가로 중국으로부터 많은 이권을 얻어냈었다. 그렇게 한 뒤에도 일본의 침략으로부터 보호해 준다는 미명 아래 중국과 비밀협정을 맺고는 더 많은 땅과 이권을 빼앗아냈던 것인데, 그 약속은 지키지 않고 계속해서 중국으로부터 많은 이익을 취하고 있었다. 러시아의 이러한 태도는 러시아와 경쟁관계에 있던 영국으로 하여금 1902년에 일본과 동맹하게 만들었다. 이것에 힘입어 일본은 러시아를 상대로 전쟁을 걸게 된 것이다.

전쟁이 일어나자 플레베가 계산했던 그대로 러시아 안에서의 혁명적 열기는 꽤 가라앉았으며 애국적 정열이 그것을 대치했다. 그러나 그것은 오래 가지 못했다. 그 주요한 까닭은 러시아의 육군이 잘 싸우지 못했기 때문이다. 전쟁의 중요한 무대인 동북아시아는 러시아의 전력(戰力)이 모두 동원되기에는 너무나 멀었던 것이다. 비테가 1891년에 건설하기 시작해 1904년에 완공된 시베리아횡단열차는 단선(單線)에 지나지 않았으며, 바이칼호수에는 여름이면 작은 배로, 겨울이면 썰매로 건너지 않으면 안 될 큰 간격이 있었다. 바꾸어 말해, 유럽러시아가 중심적인 러시아제국의 엄청난 국력이 동북아시아에 효과적으로 이동될 길이 너무 좁았던 것이다.

그래서 러시아군 총사령관 쿠로파트킨(General Aleksei N. Kuropatkin)은 러시아의 힘이 동북아시아에 충분히 전달될 수 있는 시점까지 시베리아 내륙지방으로 일단 후퇴할 것을 제의했다. 그러나 황실에 가까운 장군들은 그의 제의에 반대했으며, 또 궁정의 회의에서 그의 제의가 채택되지 않도록 작용했다. 중앙으로부터 지원이 끊긴 상태에서도 뤼순의 러시아 수비대는 콘트라텐코(Roman I. Kontratenko) 장군의 지휘 아

시베리아 철도의 건설

래 여덟 달을 용하게 버텼다. 그러나 마침내 굶주림이 닥쳐오면서 기율도 흐트러져서 1904년 12월에 손을 들고 말았다. 이어 이듬해 2월에는 만주의 선양(瀋陽 : 심양)에서도, 그리고 5월에는 쓰시마(對馬島 : 대마도) 해협에서도 무너지고 말았다.

작은 섬나라라고 내려보았던 일본에게 패배했다는 사실은 황실의 위신을 여지없이 떨어뜨렸다. 황실에 대한 백성들의 불만과 저주도 그만큼 높아 갔으며, 그것은 다시 반체제운동을 연소시키는 동력의 원천으로 바뀌었다. "세바스토폴에서의 패배가 니콜라이 Ⅰ세 체제의 뿌리를 잡아뺀 것이라면, 뤼순에서의 패배는 니콜라이 Ⅱ세 정권의 기초가 분쇄될 것임을 기약하는 것"이라는 플레하노프의 경고가 적중한 것이다.

이처럼 혁명의 위협이 엄청나게 커지자 니콜라이 Ⅱ세는 1903년 이후 실각해있던 비테를 다시 공직으로 불러들인 데 이어 미국으로 보내 일본과의 '창피스런 조약' 체결을 성사시키도록 했다. 그 결과로 러시아는 미국 시어도어 루스벨트(Theodore Roosevelt) 대통령의 주선 아래 일본과 미국 뉴햄프셔(New Hampshire)주에 위치한 군항 포츠머스(Portsmouth)에서 1905년 8월에 포츠머스조약을 맺고 전쟁을 끝냈다. 차르는 자신의 백성들과의 '전쟁'을 위해 외국과의 전쟁을 중단한 것이다.

피의 일요일

황실의 위신이 대내외적으로 크게 실추한 시점이던 1905년 1월에 차리즘체제를 뒤흔든 혁명적 사변이 일어났다. 그러나 그것은 마르크시스트에 의해 시작된 것이 아니라 러시아정교의 한 신부에 의해서 시작되었다. 그가 바로 가폰(Georgy A. Gapon) 신부로, 그는 우리가 앞장(章)에서 살핀 주바토프의 '경찰 사회주의'에 연결되어 노동자들을 '옹호' 하는 활동을 벌이고 있었다. 그리하여 그는 정권에 대한 증오를 고용주들에게로 돌리게 할 수 있었으며, 노동자들로 하여금 '하느님이

피의 일요일

여, 차르를 보살펴주소서'라는 노래를 부르게 할 수 있었다.

이러한 사이였기에, 페테르부르크에서 가장 오래 되고 가장 큰 중공업공장인 푸틸로프(Putilov)기관차공장의 노동자들은 1904년 12월의 어느 날 마침내 가폰 신부의 지도 아래 공장에 대해 몇 가지 온건한 요구안을 작성해서 공장주에게 제출했다. 그러나 공장주는 그들을 해고하는 것으로써 대답했다. 그러자 이 공장의 모든 노동자들이 파업을 벌이면서 가폰에게 '존경하는 아버지 차르'에게 자기들을 데려가달라고 부탁했다.

가폰은 그 부탁을 받아들여 "노동자들이 저의 인솔 아래 겨울궁전 앞으로 행진할 것이며, 그 목적은 저희들의 가장 겸손한 청원을 받아주실 것을 호소하기 위한 것입니다"라는 점을 차르에게 미리 알렸다. 그러나 차르는 "노동자들을 선동하는 한 불온 신부가 문제를 일으키고 있는데 적절히 대처될 것"이라는 보고를 받고, 페테르부르크 남쪽에 위치한 차르스코예셀로(Tsarskoe Selo)의 별궁으로 떠났다. 가족들과 합류하기 위해서였다.

차르에게 계획을 미리 알린 그 다음 날인 1905년 1월 9일 일요일에 약 140,000명의 노동자들과 그들의 가족들이 다섯 개의 대열로 나

뛰어 겨울궁전 앞 큰 광장으로 행진했다. 그들은 차르가 별궁으로 떠난 사실을 몰랐기에 이 곳으로 왔던 것으로, 가폰 신부의 지시에 따라 전혀 무장하지 않은 그들은 대개 성상(聖像)을 들고 있었으며 찬송가를 부르고 있었다.

그러나 겨울궁전의 광장에 당도했을 때 무장한 군대와 경찰은 발포를 개시했다. 몇 차례의 일제 사격이 끝나자 비로소 대열은 흩어졌다. 가폰도 이 때 차르의 만행에 격분하여 몸을 숨겼다가 해외로 망명했지만, 1906년 봄에 귀국해서는 다시 경찰과 손을 잡았기에 사회혁명당에 의해 살해된다.

이 사건으로 몇 사람이 죽었거나 부상당했는지에 관한 정확한 기록은 없다. 죽은 사람들의 주검은 그들의 가족들이 치웠고, 부상당한 사람들 역시 그들의 가족들이 비밀리에 치료했기 때문이다. 한편, 노동자 쪽에서는 500여 명이 죽고 3,000여 명이 부상당한 것으로 집계했고, 다른 한편으로 변호사회의 조사위원회는 150여 명이 죽고 200여 명이 부상당한 것으로 집계했다. 후자의 집계를 따른다고 해도, '피의 일요일'이라고 명명되기에는 충분한 붉은 피가 흰 눈 위에 뿌려졌던 것이다.

그런데 차르에 대한 백성들의 분노를 결정적으로 폭발시킨 것은 노동자들에 대한 발포가 아니라 그 뒤에 일어난 사건이었다. 노동자들에 대한 발포소식에 격노한 학생들과 사태의 추이에 궁금해진 구경꾼들, 그리고 귀가하던 노동자들이 겨울궁전 앞으로 다시 모여들었을 때 다시 발포함으로써 더 많은 사상자들을 낸 사건이 바로 그것이다.

이 때로부터 백성들은 뜨거우면서도 무서운 분노를 폭발시켜나갔다. 우선 66개 도시에서 노동자들이 동맹파업을 벌였는데, 1월 한 달 동안 이와 같은 정치적 동맹파업에 가담한 사람이 440,000명 정도에 이르렀다. 이것은 지난 10년 동안의 파업노동자의 수를 훨씬 웃도는 것이었다. 구호도 더욱 과격해졌다. "차르는 물러가라" 또는 "공화국 만세"와 같은 구호 아래 집회와 시위가 끊이지 않았다. 마침내 러시아에서 혁명이 시작되었으며, 그것은 국제적인 호응을 넓혀갔다.

소비에트의 출현

'피의 일요일'을 중대한 계기로 하여 러시아에서는 혁명적인 사건들이 아주 빠른 속도로 여기저기에서 일어났다. 우선 같은 해 5월 1일에는 여러 도시들에서 큰 규모의 집단적인 시위가 일어났고 12일에는 이바노보 보즈네센스크(Ivanovo Voznesensk)에서 60,000명 규모의 노동자들이 참가한 가운데 동맹파업이 시작되었다. 여기서 중요하게 기록되어야 할 점은, 이바노보 보즈네센스크의 노동자들이 6월에 들어서서는 자신들의 독자적인 힘으로 자신들의 대표자들을 뽑고 그 대표자들의 소비에트(Soviet)를 구성했다는 사실이다. 영어의 카운슬(council)에 해당하는, 곧 협의회 또는 회의라는 뜻을 가진 소비에트는 이렇게 하여 탄생한 것으로, 이 소비에트가 러시아 역사에서 첫 소비에트이다.

혁명의 기운은 우선 농민들에게 번졌다. 이어 병사들에게도 파급되어 6월에는 전함 포템킨(Potemkin)호가 반란을 일으켰다. 당국은 이 반란을 진압하기 위해 함대를 보냈으나 이 함대에 속한 한 전함마저 반란을 지지하는 것을 보고 서둘러 중지시켰다. 포템킨호의 반란자들은 뒷날 항복하고 말지만, 이 사건은 혁명적 분위기가 전국적으로 얼마나 널리 확산되었던가를 웅변하는 것이었다. 이러한 맥락에서 이 반란의 20주년에 소련정부는 에이젠슈테인 감독이 「포템킨호의 반란」이란 영화를 만드는 것을 적극 돕는다.

전함 포템킨호(1906년 경)

10월에 들어가서는 마침내 총파업이 전국적으로 확산되었다. 페테르부트크의 철도노동자들에 의해 시작된 총파업은 2,500개 정도의 큰 공장의 노동자들을 포함한 전국의 모든 노동자들에게

페테르부르크노동자대표소비에트

파급되었다. 이번에도 각 산업 분야의 파업지도자들은 각각 자신들의 분야에서 노동자들의 대표기구인 소비에트를 조직하기 시작했고, 10월 14일에는 페테르부르크에서 250,000명의 노동자들을 대표하는 550명의 위원들로 '노동자대표들의 소비에트'를 발족시켰다. 미국의 학자이면서 공산주의자로 러시아혁명의 주역들인 레닌과 스탈린 및 트로츠키에 관한 책을 쓴 버트램 울프(Bertram D. Wolfe, 1896~1977)의 표현으로, 이제 러시아의 백성들은 차르와 차르의 정부가 아니라 이 소비에트를 새로운 희망의 눈으로 바라보게 되었으며, 이로써 러시아의 운명은 권력당국으로부터 파업을 벌이고 있는 노동자들의 손으로, 그리고 노동자들의 대표기구인 소비에트로 내려오게 되었다.

상황이 이렇게 바뀌면서 중산층의 지식인들과 전문직업인들 및 자유주의적 기업가들도 파업에 가담했다. 이어 주로 지식인들과 전문직업인들로 구성된 「동맹들의 동맹」이 파업을 공식적으로 선언하면서, 법정, 실험실, 병원, 대학, 회사, 관청에의 출근을 거부했다. 입헌주의자들도 최초의 전국적인 대회를 열고 파업을 지지하는 입장을 밝혔다. 이로써 파업에 가담한 인원은 모두 200만 명을 넘어섰다. 어느 나라의 역사에서도 이 파업처럼 더 큰 파괴력을 가진 파업을 찾아볼 수 없다고 할 정도로 1905년 10월의 총파업은 엄청나게 규모가 컸고 심각한 것이었다. 이 무렵에 페테르부르크 소비에트는 『이즈베스티야(*Izvestya*)』라는 신문을 발간하기 시작했다. 그 말은 '통보(通報)' 또는 '뉴스'라는 뜻이다.

혁명가들의 대응

이상에서 우리는 1905년의 혁명이 시작되고 전개되는 과정을 살폈다. 여기서 중요하게 지적되어야 할 점은 그 혁명이 그토록 오랫동안 과격한 혁명을 꿈꾸고 그 전략을 발전시킨 혁명가들의 집단에 의해서가 아니라, 그리고 그들의 계획이나 전략에 의해 어떤 명백한 방향으로 시작되고 지도되어서가 아니라, 백성들에 의해, 그리고 노동자들의 선도(先導)에 의해 자연발화적으로, 또 산발적으로 일어난 민중의 봉기였다는 사실이다. 이렇게 혁명이 백성들 스스로의 독자적인 힘에 의해 일어나고 확산되면서, 해외로 망명해 투쟁하던 러시아의 혁명가들이 귀국하기 시작했으며, 러시아 안의 혁명가들과 반정부인사들도 힘을 내기 시작했다. 이 과정에서 이들의 주장과 요구는 여러 갈래로 나타났는데, 우선 러시아 안의 요구들부터 살피기로 한다.

첫째는, 입헌주의자들이 주장했던 것과 같은 선거에 의한 제헌의회의 소집과 차르체제의 자유화를 뼈대로 하는 부르주아민주주의적인 요구이다. 둘째는, 사회혁명당이 주장했던 것과 같은 토지의 분배를 뼈대로 히는 농촌의 개혁을 위한 요구이다. 셋째는 노동조건의 개선을 뼈대로 하는 노동자들의 생활향상을 위한 요구이다. 그러나 전반적으로 볼 때, 부르주아민주주의적인 성향이 더 강했고 이 때문에 중산층의 지지를 받았다.

그러면 마르크시스트들의 태도는 어떠했는가? 여기서 볼셰비키와 멘셰비키는 다시 대립했다. 우선 볼셰비키는 1905년 4월부터 5월까지 런던에서 대회를 열고-이 대회를 볼셰비키는 러시아사회민주당 제3차 대회라고 주장했다-'중앙화된 혁명'을 강조하는 레닌을 뒷받침했다. 프롤레타리아계급에 바탕을 둔 엘리트적이며 중앙집권적인 당의 지도부가 수도로부터 혁명을 지도하고 지방으로 확산시켜 마침내 전국적인 권력장악을 실현해야 한다는 것이었다.

멘셰비키는 이 대회를 불법적인 대회라고 비난하면서 곧바로 제네바에서 자신의 대회를 열고 레닌의 '중앙화된 혁명'론을 거부했다. 그들은 그들의 이론적 대변자격인 악설로드가 정립한 '2단계 혁명'론을 고수했던 것이다. '피의 일요일'에 의해 촉발된 러시아의 혁명은 결국 부르주아지의 혁명으로 발전할 것이며, 부르주아민주주의정부 아래 프롤레타리아계급이 부르주아민주주의가 허용하는 모든 권리를 활용해 궁극적으로 사회주의혁명을 완수해야 한다는 뜻이었다. 그들은 러시아의 경제적 발전의 단계로 보아 사회주의혁명은 멀었다고 판단했던 것이다.

혁명의 전개를 이렇게 내다볼 때, 당은 우선 이제 막 시작된 부르주아혁명을 적극적으로 도와야 하며, 그렇게 하기 위해서는 프롤레타리아의 집권을 요구할 것이 아니라 중산계급을 도와야 하며, 그렇다면 당은 많은 백성들의 광범위한 지지 위에 서 있는 초계급적이며 개방적인 조직으로 바뀌는 것이 당연하다고 그들은 주장했다. 이러한 주장은 결국 볼셰비키적인 '중앙화된 혁명', 곧 '위로부터 지도되는 혁명'이 아니라, '아래로부터 올라가는 혁명'으로 이어지게 된다.

트로츠키

멘셰비키가 소비에트의 출현을 적극 지지했던 까닭이 거기에 있다. 멘셰비키에게 소비에트는 '아래로부터 올라가는' 개방적이고 민주적인 조직이었으며, 초계급적 조직으로 발전할 가능성을 크게 지닌 것으로 보였다. 그렇기 때문에 그들은 처음부터 페테르부르크소비에트에 뛰어들어 지도해나갔으며, 소비에트를 자신의 영향 아래 둘 수 있었다.

한편, 이 때 만 26세의 혁명가 트로츠키(Lev Trotsky, 1879~1940)는 독자적인 노선을 제시했다. 그는 부르주아혁명과 프롤레타리아혁명을 '결합'시킨 '압축된' 혁명을 수행해야 하되, 그 주도권은 프롤레타리아계급이 장악해야 한다고 제의하고, 이어 프롤레타리아혁명이 성취된 뒤에도 그 혁명은 '영구히' 계속되어야 한다고 주장했다. 그가 뒷날 소련의 정상급 권력자로서 펼치는 '영구혁명' 론의 씨앗은 이미 이 때 뿌려졌다고 할 수 있다. 그는 곧바로 귀국해 페테르부르크에서 노동자들의 파업운동과 소비에트에 모두 참여해 소비에트의 부의장으로 활약했다.

이러한 대립 속에서, 레닌은 같은 해 7월에 제네바에서 『민주적 혁명에서의 사회민주주의의 2개 전술』이라는 작은 책을 출판해 멘셰비키의 논리를 압도하려고 했다. 그는 우선 이번 혁명이 기본적으로 부르주아민주주의혁명이며, 따라서 즉각적으로 사회주의혁명으로 발전할 수 없다는 멘셰비키의 분석이 타당함을 인정했다. 그러면서도 그는 이 혁명이 노동자계급이 주도하는 사회주의혁명으로 발전할 수 있음을 강조했다.

2. 10월선언의 발표와 그 이후

10월선언의 발표와 정치세력들의 반응

10월의 총파업을 계기로 사실상의 반란이 전국적인 규모로 번지고, 페테르부르크소비에트가 사실상 또 하나의 정부로 등장해 황실의 보수계 신문이 "오늘날 러시아에는 2개의 정부가 있다"는 표현을 공식적으로 쓰는 지경에 이르자, 국무총리 비테는 사태를 수습하는 두 가지 방안을 마련하여 니콜라이 Ⅱ세에게 건의했다. 첫째 방안은 군부의 독재기구를 세우자는 것이다. 이것은 니콜라이 Ⅱ세의 아버지의 사촌인 니콜라이 대공(Grand Duke Nikolai)이 이 기구의 수반이 된다는 것을 전제하고 있었는데, 그 스스로가 반대함으로써 포기될 수밖에 없었다. 둘째 방안은 입헌정부를 세우자는 것이다. 첫째 방안이 포기된 상태에서 이것만이 선택으로 남자, 니콜라이 Ⅱ세는 마침내 1905

년 10월 17일에 국민의 기본권과 시민적 자유 및 선거에 의한 전국적 제헌의회의 창설을 약속하는 '10월선언'을 발표함으로써 사태를 무마하려 했다.

이 선언은 우선 입헌정부를 요구해온 중산층과 일부 혁명세력을 만족시킬 수 있었다. 그뿐만 아니라 이 선언에 대한 찬반을 둘러싸고 혁명세력이 분열되는 효과를 가져와 차르정부는 그런대로 위기를 넘길 수 있었다. 여기서 각 계층과 세력의 반응을 보기로 한다.

우선, 공장주들과 은행인들 및 지주들은 차르의 결정을 적극적으로 지지하면서 「10·17 동맹」을 결성하고 차리즘의 수호와 인민혁명의 타도를 표방했다. 이어 입헌주의자들은 입헌민주당을 창당했는데, 이들은 카데트(Kadet)라고 불렀다. 카데트는 '10월선언'을 지지하고, 그것의 실현을 다짐하는 이른바 10월파와, 그리고 '10월선언'을 지지하면서도 어느 정도 좌익화된 세력인 밀류코프(Pavel N. Milyukov)파로 나뉘었다. 밀류코프는 당대의 역사학자로 정평이 있었다.

차리즘타도에 앞장섰던 사회혁명당 안에서도 이 선언을 받아들이는 세력이 나왔다. 이른바 인민주의적 사회주의자로 불린 온건파는 차르가 스스로의 약속만이라도 그대로 실현한다면 참고 견딜 만하다고 생각한 것이다. 이에 반해 좌파는 그 이상의 사회혁명을, 곧 토지의 국유화와 재분배를 강력히 요구했다.

멘셰비키와 볼셰비키는 모두 격렬히 반대했다. 그들은 이 선언은 혁명을 좌절시키기 위한 고식책(姑息策)이라고 비판하고 선거를 거부하면서 더 큰 사회혁명을 요구한 것이다. 소비에트는 소비에트대로 독자적으로 정치범의 전면적인 특사, 토지의 분배, 8시간 노동제, 검열제의 폐지, 언론자유의 보장 등을 요구했고, 스스로 행동을 취해 부분적으로 확보하기도 했다. 그러나 파업은 중단하지 않을 수 없었다. 차르의 새 결정을 계기로 거대했던 혁명세력은 확실히 분열되었고 파업에 대한 열기는 차차 식어가고 있었기 때문이다.

숨쉴 여유를 어느 정도 갖게 된 정부와 극우파는 곧 반격에 나서기 시작했다. "나는 10월선언을 생각만 해도 짜증이 난다"는 니콜라이 Ⅱ

세와 "나는 머릿속에서는 헌법을 생각하지만 가슴 속에서는 그것에 침을 뱉는다"는 비테 총리는 차리즘의 수호를 위한 초법적인 폭력적 대처방안에 관심을 가졌으며, 그리하여 극우파에 속한 내무대신 두르노보(Pyotr N. Durnovo)는 「러시아인민동맹」과 「러시아국토동맹」 및 「검은 백인단(百人團)」과 같은 준(準)군대적 폭력단을 조직했다. 여기에는 주로 전과자들은 물론이거니와 불량배들과 깡패들 및 파산자들이 가담했는데, 이들은 경찰의 비호를 받았다.

12월 무장봉기

정부가 지원하는 폭력단들의 공격목표는 물론 혁명가들과 전투적 노동자들이었으며, 그 가운데서도 일차적으로는 소비에트의 간부들과 여기에 가담한 노동자들이었다. 이 때문에 위기를 느낀 노동자들은 스스로를 무장하기 시작했으며, 이에 맞서 정부는 12월 초순에 페테르부르크소비에트 의장 노사르(Georgy Nosar)를 체포했다. 소비에트는 즉각 이른바 재정선언을 발표하여 모든 국민들에게 납세를 그만두도록 그리고 정부에서 봉급을 받을 때에는 금이나 은으로 받도록 지시했다. 이 선언은 이어 외국의 자본가들에게는 앞으로 자신들의 혁명정부가 수립되면 차르의 부채를 인정하지 않겠다고 경고했다.

이제 정부와 소비에트 사이의 정면대결은 피할 수 없게 되었다. 소비에트 중앙집행위원회는 트로츠키의 사회 아래 새로운 총파업을 결의했다. 그러나 노동자들은 지쳐 있었으며 무력으로 나올 정부의 공격에 대한 자신들의 준비가 충분하지 않다는 것을 잘 알고 머뭇거리지 않을 수밖에 없었다. 다만 모스크바의 노동자들은 파업에 호응했으며, 부분적으로는 비록 빈약하게나마 무장하기도 했다. 실제로 그들은 무장투쟁을 벌이기도 했다.

모스크바 노동자들의 아흐레에 걸쳤던 시가전은 러시아황실의 정예부대인 세메넵스키(Semenevsky) 근위연대에 의해 진압되었다. 페테르부르크소비에트 역시 발족한 지 50여 일만에 와해되고 말았으며,

트로츠키도 이 때 체포되어 시베리아로 유배되었으나 곧 해외로 탈출했다.

두마의 운영과 스톨리핀의 토지개혁

혁명적 열기가 어느 정도 가라앉았으며 사태를 장악하게 되었다고 판단한 황실은 10월의 약속들을 축소시키기 시작했다. 1906년 3월에 황실은 선거에 관한 칙령을 발표했는데, 여기에는 러시아 역사상 처음으로 구성될 민선의회에 관한 구체적인 내용이 담겨져 있었다. 이 칙령은 (1) 다단계(多段階) 간선(間選)에 의해 구성되는 두마(Duma)는 일종의 하원이 되며, (2) 그것은 결국 상원격으로 황실의 지배 아래 있는 국가회의의 견제를 받을 것임을 암시하고, (3) 두마는 사실상 황제의 동의 없이는 예산과 법률을 고칠 수 없음을 선언했다. '두마'라는 러시아어는 영어의 '카운슬(council)'에 해당하며, '회의' 또는 '협의'라는 뜻을 가졌다.

황실은 이어 "전체 러시아의 차르에게 하느님이 부여한 최고의 전제권(專制權)이 귀속된다"고 선언했다. 이에 따라 모든 법안은 법률이 되기에 앞서 국가회의와 차르의 동의를 얻어야 했으며, 차르는 모든 법안에 대한 절대거부권은 물론이고, 기본권의 개정을 발의할 독단적 권한과 두마의 소집권과 해산권 및 비상사태선포권을 갖게 되었다. 이것으로도 모자라 집회와 결사 및 정치활동의 자유를 본질적으로 제약하는 법령을 발표했다. 슈만(Frederick L. Schuman) 교수가 지적했듯이, "이러한 권력구조는 영국의 튜더(Dudor)왕조 시대나 프랑스의 부르봉(Bourbon)왕조 시대에는 효과적으로 기능했을 것이지만, 아무리 낙후한 러시아에서일지라도 20세기의 시점에서 볼 때 인간의 필요를 충족시키기 위한 기구로서는 낡은 것이었다."

그런데도 전국적 규모의 민선의회의 구성은 그 자체가 러시아역사에서 처음 있는 일이었기 때문에 적어도 일반백성들 수준에서는 어느 정도 관심을 불러일으켰다. 그리하여 1906년 4월 27일에 처음 개원된 때로부터 1917년 2월에 혁명으로 폐지될 때까지 모두 세 차례 해산되고 네 차례 구성되기에 이른다. 전반적으로 보아 두마를 통한 입법활동은 시원치 않았다. 의원들도 경험이 모자랐지만 차르는 그나마 헌법을 위반하면서 필요에 따라 법률을 고쳤기 때문이다.

제1대 두마는 카데트에 의해 지배되었다. 이들은 497석 가운데 184석을 차지했고, 의회에 정당으로 등록한 유일한 교섭단체였다. 농민, 노동자, 사회혁명당 당원, 사회민주당 당원도 있었으나, 이들은 원내에서 정당의 이름 아래 활동하지 않고 개인적으로 활동했던 것이다.

카데트는 사회의 개혁보다는 헌법의 구조에 더 큰 관심을 보였으며, 영국식과 미국식의 정치제도를 도입하고자 제의했다. 카데트 스스로도 영국의 노동당을 자신들이 지향할 모델로 삼았다. 두마는 현 체제에 대한 의원들의 '분노'가 폭발히는 웅변장이 되었고, 따라서 '국민적 분노의 두마'라는 별명을 얻었다.

제1대 두마의 개원과 더불어 니콜라이 Ⅱ세는 내무대신 스톨리핀(Pyotr A. Stolypin)을 국무총리로 임명했다. 큰 지주의 집안에서 태어나 페테르부르크대학교를 졸업한 뒤 관계(官界)에 입신한 그는 한 지방의 총독 그리고 중앙정부의 내무대신을 역임하면서 혁명운동에 대해 '단호하면서도 공정하게' 대처함으로써 명성을 얻은 거구의 사나이였다. 만 44세의 나이로 국무총리가 되어서는 혁명세력에 대해서나 정부 안의 부패세력에 대해서 똑같이 무자비하게 대처했다. 그는 1911년 9월에 사회혁명당 당원에 의해 암살된다.

스톨리핀

스톨리핀은 우선 1906년 7월에 개원한 때로부터 73일밖에 지나지 않은 제1대 두마를 해산했다. 그리고는 제2대 두마가 구성되기에 앞서 정부 단독으로 토지개혁령을 제정해 실시했다. 그는 차리즘체제를 유지하기 위해서는 정부가 적극적인 개혁정치를 통해 농민들의 지지를 확보하는 것이 긴요하며, 그 목적을 위한 최선의 방법은 농민들을 미르에서 해방시켜 각자 자기 이름의 사유토지를 갖게 하는 것이라고 보았던 것이다. 따라서, 실시과정에서도 여러 차례의 보완을 거치고, 정부가 농민들을 재정적으로나 행정적으로 지원하면서 이 안을 밀고나갔다. 1906년부터 1914년 사이에 약 1,200만 농가세대의 약 600만 농민들이 개인의 이름으로나 가족의 이름으로 사유토지를 갖겠다는 청원서를 제출했다는 사실은, 이 안이 적어도 농민들의 관심을 사로잡는 데 성공했음을 의미했다. 그러나 그 개혁은 실시과정에서 더디어졌고 게다가 러시아가 제1차 세계대전에 개입하게 되어 소기의 효과를 내지 못했다.

제2대 두마의 운명도 제1대 두마의 그것과 비슷하여 1907년 3월에서 6월까지 약 100일 동안 존속했다. 그러나 이 두마에는 1대 두마를 거부했던 좌파정당들도 참여해, 의석 구성에서 좌파세력의 큰 성장을 보였다. 이것을 견제하기 위해 스톨리핀은 16명의 사회민주당 소속 의원들이 반국가활동을 했다는 혐의로 구속할 뜻을 의회에 통고하고 의회의 동의를 요청했다. 의회가 거부하자 그는 의회를 해산하는 한편 새로운 선거에 대비해 지주와 향신에 유리하게끔 선거법을 고쳤다. 이 행위는 물론 위헌적인 것이었다.

이 결과 1907년부터 1912년까지 존속한 제3대 두마와 1912년부터 1917년까지 존속한 제4대 두마는 거의 전적으로 지주와 향신 출신에 의해 지배되었다. 예컨대, 제1대 두마에서 25%, 제2대 두마에서 28%를 차지했던 향신은 제3대 두마에서 44%, 제4대 두마에서 51%를 각각 차지한 반면, 제1대 두마에서 39%, 제2대 두마에서 36%를 차지했던 농민은 제3대와 제4대 두마에서 19%로 떨어졌다. 극우 의원의 수는 2대의 10명에서 3대의 50명, 4대의 60명으로 늘어난 반면, 카데트는 1~2대에 비해 3~4대에서 절반으로 떨어졌으며 좌파세력은 거의 사라졌다. 3~4대 두마에서 가장 강력한 정치세력은 '10월선언'을 지지하는 「10·17 동맹」이었다.

3. 제1차 세계대전 참전과 그 영향

1913년에 로마노프왕조는 왕조개창 300주년을 맞았다. 이 무렵까지에는 러시아의 정치적·경제적·사회적 상황은 1905년에 겪었던 최악의 상황으로부터 차차 호전되는 것처럼 보이기도 했다. 산업도 각 부분에서 주목할 만한 발전을 나타냈으며 경제성장률은 유럽에서 제1위였다. 노동자들의 생활도 많이 개선되었고, 육군의 강화계획도 끝났으며, 두마도 그런 대로 입헌군주제의 모습을 보이면서 굴러가는 듯했다.

스트라빈스키(Igor F. Stravinsky, 1882~1971)의 「봄의 제전」과 댜길레프의 러시아 발레는 파리에서 대성황을 이뤘다. 스트라빈스키는 림스키-코르사코프의 제자로, 환상곡 「꽃불」과 발레곡 「불새」 및 오페라 「휘파람새」 등의 작곡가로 명성을 떨쳤으며 1914년 이후에는 서방세계에서 작품활동을 계속했다. 이처럼 표면적으로는 화려하기조차 한 300주년 축제 속에서 로마노프왕조는 1905년의 악몽을 잊은 듯했다. 그리하여 가까운 장래에 러시아에서 혁명이 일어날 가능성은 아주 적은 듯했다.

스트라빈스키

러시아의 참전과 경제파탄

그러나 1914년의 제1차 세계대전의 발발과 러시아의 참전은 러시아의 장래에 대한 환상을 깨뜨렸다. 1914년 7월 18일에 오스트리아-헝가리합병제국의 황태자인 페르디난트 대공(Archduke Franz Ferdinand) 부부가 발칸반도의 보스니아(Bosnia)의 주도(州都) 사라예보(Sarajevo)에서 세르비아의 한 청년의 저격을 받아 암살당한 사건이 일어났다. 이 사건을 개전 이유로 삼은 오스트리아-헝가리합병제국이 세르비아에 선전을 포고하고, 러시아가 그의 '슬라브족의 작은 형제국'인 세르비아를 지원할 것을 선언함과 동시에, 오스트리아-헝가리합병제국의 동맹국인 독일이 러시아와 러시아의 동맹국 프랑스에 선전을 포고하자 드디어 제1차 세계대전이 시작되고 러시아의 참전이 확실해졌다.

독일의 러시아에 대한 선전포고는 러시아국민의 적개심을 크게 불러일으켜 국민단결의 결정적 계기가 되었다. 일반백성들은 그들이 세르비아 형제국을 돕기 위한 명예로운 '정의의 전쟁'을 수행한다고 믿었으며, 또 서유럽 연합국과의 동맹은 러시아가 전후(戰後)에 영국과 프랑스 등 민주국가의 정치체제를 도입하게 될 중요한 계기라고 믿었다. 따라서, 차르가 총동원령을 내렸을 때 1,500만 명의 해당자가 총을 들었고, 개전 초 약 100만 명의 탈주자가 발생하리라는 예상과는 달리 불과 수천 명만이 전선을 이탈했을 뿐이었다. 장비가 부족했는데도 러시아군대는 잘 싸워서 프랑스가 독일군에 괴멸되는 것을 막을 수 있었다. 이 무렵, 러시아는 수도의 이름을 바꿨다. 독일식 명칭인 페테르부르크는 독일과의 전쟁을 수행하는 러시아국민들의 반감을 불러일으켰기에, 러시아식 명칭인 페트로그라드(Petrograd)로 바꾼 것이다.

그러나 1915년 초부터 전국(戰局)이 확대되면서 전쟁이 일찍 끝날 것이라는 기대가 무너졌고, 러시아의 군장비와 경제력의 한계가 드러나기 시작했다. 국내산업은 필요한 군수물자의 30% 정도밖에는 생산하지 못할 뿐만 아니라, 대륙과 발트해가 봉쇄당한 데 이어 터키가 독일과 오스트리아-헝가리합병제국에 가담하여 다르다넬스해협(the Dardanelles Straits)을 봉쇄함으로써 러시아는 외국과의 통상이 완전히 끊겨 큰 어려움에 빠지게 되었다. 연합국의 제한된 물자가 블라디보스토크와 아르한겔스크을 통해 들어왔으나, 국내행정이 또한 엉망이어서 이를 제때에 공급하지 못하는 경우가 많았다. 그리하여 "독일군이 포화로 맹공격을 가해와도 러시아군은 군도(軍刀)로써 응전할 수밖에 없는 상황"에 이르렀다. 1915년 전반기까지 러시아군의 전사자 수는 151,000명, 부상자는 683,000명, 포로가 된 병사가 895,000명에 이르렀다.

이에 따라 총사령관 니콜라이 대공은 퇴각령을 내림과 동시에 초토작전으로 독일군의 진격을 막으려 하였다. 그러나 이것은 서부 공업지대의 포기를 의미했을 뿐만 아니라 큰 규모의 피난민 및 포로의 무계획한 후방유입을 가져와 경제상태는 더욱 악화되었다. 특히 후자(後者)의 심각성에 대해 농림대신 크리보셰인(Aleksandr V. Krivoshein)은 "이 엄청난 이주는 러시아를 혁명과 파멸에 몰아넣을 것"이라고 경고할 정도였다. 인플레이션은 거듭되어, 물가지수는 전전(戰前)의 100에서 1915년 12월에 156, 1916년 6월에 196, 1916년 7월에 222로 뛰는 반면 생필품의 가격은 전전의 100에서 1916년 7월 현재, 육류는 332, 버터는 220, 밀가루는 265, 감자는 144, 소금은 585로 폭등했다. 농민들도 식량을 도시에 내놓지 않았고, 노동자들의 파업은 1914년 8~12월 간의 34,752건에서 1915년 한 해에 553,094건, 1916년 한 해에 1,086,354건으로 급증했다. 여기에 비례해 백성들 사이에 염전의식(厭戰意識)이 높아졌다. 이러한 절망적인 상태는 정부의 자신감상실과 무능으로 더욱 악화되었다.

라스푸틴의 국정농단

사실 당시 러시아의 궁정은 시베리아 출신의 방탕스런 괴승 라스푸틴(Grigory Rasputin)이 행사하는 '검은 힘'의 결정적인 지배 아래 농락되고 있었다. 이 괴승의 이야기는 니콜라이 Ⅱ세와 황후 알렉산드라(Empress Aleksandra Fyodorovna)의 유일한 아들인 알렉세이가 모계(母系)에서 이어받은 혈우병에서 시작된다. 황실이 동원할 수 있는 최고급의 의료진도 치료할 수 없었던 황태자의 이 병이, 과학적으로는 설명하기 어려운 이유로 라스푸틴에 의해서는 치료되었다고 믿게 된 황후는 1905~1906년경부터 나약한 차르를 통해 라스푸틴에게 조정을 농락하기에 충분한 권력을 주었고, 라스푸틴은 고관현직(高官顯職)의 교체를 좌우하면서 로마노프황가의 몰

라스푸틴

니콜라이 II세와 군사위원회 위원들

락을 재촉했다. 백성들도 원래 독일계이며 자존심과 허영이 강한 황후에 반감을 품고 었던 터에, 라스푸틴과의 관계를 의심하여 더욱 황실과는 멀어졌다.

이러한 상황 속에, 니콜라이 II세는 1916년 9월에 패국을 수습하겠다고 스스로 니콜라이 대공을 해임하고 총사령관의 지위에 올라 전진(戰陣)으로 나가는 어리석음을 저질렀다. 조정은 더욱 철저히 라스푸틴에 농락되었고, 황후와 라스푸틴의 '불륜관계'를 조롱하는 벽보들이 여기저기에 붙는 등 황제의 권위는 완전히 실추되었다. 결국 「검은 백인단」의 창립자 푸리시케비치(Vladimir M. Purishkevich)와 유스포프 공작(Prince Feliks Yusupov)을 포함한 귀족과 정신(廷臣)의 음모에 의해서 1916년 12월에 라스푸틴은 살해되었다. 그러나 혁명은 이미 눈앞에 닥치고 있었으며 이 괴물 같은 돌중의 검은 그림자는 그대로 남아서 로마노프왕조의 붕괴를 재촉하고 있었다.

4. 러시아사회민주당의 활동 : 레닌을 중심으로

이러한 상황에서 러시아사회민주당은 특히 레닌은 무엇을 하고 있었는가? 1905년의 혁명을 계기로 그리고 1905년 말과 1906년 초 사이부터 정부가 다시 강경한 탄압책을 쓰는 것을 계기로 러시아사회민주당의 두 파벌인 볼셰비키와 멘셰비키는 적어도 외부적으로는 어느 정도 단결된 자세를 보여주었다. 그렇게 된 배경에는 다음과 같은 두 개의 요인들이 복합적으로 작용했다.

첫째, 각 지방의 소비에트에서는 1905년의 총파업 때 두 파가 중앙의 수뇌부와 협의 없이 스스로 함께 일을 했다. 이 경험이 그 뒤에도 그대로 계속된 것이다. 둘째, 1906년 이후 혁명열이 감퇴한 데다가 정부의 박해가 심해지면서 혁명사업의 수행 그 자체가 어려워졌다.

여기서 멘셰비키 일부는 지하운동을 아예 청산하고 합법적 활동으로 전환할 것을 주장하는 이른바 청산주의노선을 걷기도 했다. 다른 한편으로, 스트루베(Peter Strube)와 베르쟈예프(Nikolai Berdyaev) 및 불가코프(Sergei Bulgakov)와 같이 마르크시즘으로부터 전향한 7명의 저명한 지식인들은 1909년에 『베히(*Vekhi* : 방향표지 또는 이정표)』라는 작은 책을 펴내고 급진적 지식인들을 공격하기도 했다. 이렇게 혁명적 열기가 떨어지고 당세가 크게 위축되자, 두 파는 협력의 길을 찾기에 이르렀던 것이다.

이러한 분위기였기에 두 파는 당의 단결을 과시하기 위해 기관지 『사회민주주의자』를 함께 발행했고 레닌도 편집진에 참여했다. 두 파는 또 공동으로 1906년 4월부터 5월까지에는 스톡홀름에서 제4차 당 대회를, 1907년 5월부터 6월까지는 런던에서 제5차 당 대회를 열었으며, 1908년과 1909년 및 1910년에 각각 당 중앙위원회를 열었다. 그러나 1911년부터 볼셰비키는, 특히 레닌은 다시 독자노선을 걷기 시작했다. 이 무렵 러시아에는 혁명적 열기가 새롭게 상승했기 때문이다.

1910년부터 나타난 이 조짐은 1911년에는 여러 도시들에서의 학생들의 동맹휴교로 뚜렷해지다가 1912년 4월의 이른바 레나강사건으로 하나의 현실로 굳어졌다. 레나강사건이란 레나강연안의 한 금광에서 너무나 비인도적인 착취에 시달리던 광부들이 파업을 일으켰을 때, 이 지역의 군대가 무력으로 무자비하게 진압한 참극을 말한다.

이러한 새로운 여건을 감안하여 레닌은 1911년부터 지노비예프(Grigory E. Zinoviev)와 카메네프(Lev B. Kamenev)와 리코프(Aleksei I. Rykov) 및 톰스키(Mikhail P. Tomsky) 등의 지원을 받아 다시 볼셰비키 단독으로 당을 이끌어가기 시작해, 이 해 10월에는 볼셰비키 만으로 러시아조직위원회를 수립했다. 그는 다시 이것을 모체로 1912년 1월

레닌의 동지들(좌로부터 스탈린, 류코프, 카메네프, 지노비예프)

에는 체코슬로바키아의 프라하(Praha)에서 새로이 러시아사회민주당 중앙위원회를구성했다. 여기에서 그 사이 무명의 혁명가였던 스탈린이 일약 중앙위원으로 선임되는데, 이 위원회는 레닌에게 충실했고, 또 레닌의 집권 시기에도 중요한 역할을 수행한다. '진리' 또는 '진실'이라는 뜻을 가진 『프라우다(*Pravda*)』가 1912년 4월에 창간된 것도 이 위원회의 결정에 의해서이다.

제1차 세계대전의 발발은 참전 여부를 둘러싸고 사회민주주의자들의 분열을 가져왔다. 독일의 사회민주당은 카우츠키를 포함하여 '국민전쟁'에의 참가를 지지했다. 원래 이 당에는 베른슈타인(Eduard Bernstein)처럼 "프롤레타리아계급에겐 조국이 없다"는 마르크스와 엥겔스의 주장을 일축하고, 독일의 노동자는 제국의회에 대표를 보내는 시민으로서 자기 계급에 대한 의무에 앞서 조국에 대한 책임을 져야 한다는 지도자들이 있었기에 참전결정이 크게 놀라운 것은 아니었다. 러시아의 두마에서도 사회민주당 의원들은 전원이 참전에 찬성투표했다. 그뿐 아니라, 플레하노프도 독일제국의 타도가 프롤레타리아혁명의 시발이라는 믿음으로 프랑스에 머물던 러시아망명객들에게 프랑스군 입대를 종용했다.

그러나 레닌을 비롯한 볼셰비키는 이것에 반대했다. 그는 1912년에 제2인터내셔널이 "전쟁이란 노동자들이 자본가의 이익을 위해, 왕조의 야욕을 위해, 비밀외교협정의 목적 수행을 위해 저희끼리 쏴 죽이는 짓이므로 노동자는 어떤 전쟁에도 참가해서는 안 되며, 사회주의자들은 이런 위기를 이용해서 민중을 일깨워 자본주의질서에 반항하게 해야 한다"는 결의안을 채택했음을 상기시켰다. 그는 또 전쟁이 러시아를 포함한 제국주의 국가들의 사회구조에 큰 긴장을 조성해 혁명 과정을 촉진시킬 것이라고 보았다.

레닌은 1915년 9월에 스위스의 짐메르발트(Zimmerwald)에서 '반전(反戰) 사회주의자대회'를 열고 각국에서 이 제국주의전쟁을 종결시키기 위한 내란을 일으킬 것을 호소했다. 이 모임이 제3인터내셔널의 핵심체가 된다. 그리고 여기서 개진한 자신의 주장을 이론적으로 다듬어 「제국주의 : 자본주의의 최고 단계(*Imperialism : The Highest Stage of Capitalism*)」를 1916년에 집필했다. 이 논문에서 레닌은 마르크스의 예언과는 달리 선진공업국가들에서 프롤레타리아혁명이 지체되어온 것은 그들이 해외에 식민지를 만들어 이것을 착취해 왔기 때문이라고 보았다. 곧, 값싼 원료와 노동력의 공급지이며, 동시에 값비싼 상품 및 자본수출의 시장인 식민지들을 갖게 됨으로써 선진공업국가들은 막대한 이윤을 획득하게 되었고, 이 이윤으로 노동계급의 상층을 매수했기에 계급투쟁과 사회주의혁명이 늦어지고 있다는 것이었다.

따라서, 레닌은 프롤레타리아혁명은 바로 선진공업국기들의 젖줄이며 선진공업국가들의 계급투쟁을 둔화시키는 장본인인 식민지들에서 민족해방혁명으로 시작되어야 한다고 주장했다. 이 분석 위에서, 그는 "프롤레타리아혁명은 식민지를 가진 선진공업국가에서보다 경제적으로 후진적이나 식민지가 없는 러시아에서 먼저 발생할 것이며, 그 혁명은 전쟁에 의해 촉진될 것이므로 사회주의자라면 러시아에서 프롤레타리아혁명이 촉진될 수 있도록 러시아의 패전을 도와야 한다"고 제의했다.

이렇게 러시아의 혁명을 위해 새로운 이론을 제시하고 선동하기도 했으나, 레닌을 포함한 볼셰비키도 그의 반대파인 멘셰비키도 1917년 2월의 러시아혁명 촉발에 직접적 영향을 끼치지도 못했고 예견하지도 못했다. 러시아 국내에 있던 볼셰비키 지도자들은 레닌의 지시대로 반전운동을 했기 때문에 거의 모두가 구금되거나 유배되었기에 표면에 나서지 못하고 있었다. 레닌 스스로 혁명이 폭발하기 바로 한 달 전에 "우리 늙은 세대는 이제 닥칠 결정적인 혁명전투를 보지 못하고 죽을 것 같다"고 말했으며, 혁명이 일어났다는 것도 망명지 스위스에서 그 지역의 한 신문을 보고야 겨우 알게 된다.

5. 2월혁명

1917년에 접어들면서 러시아의 상황은 나라 안팎 모두에서 빠르게 더욱 나빠졌다. 우선 국외정세를 보면, 무장이 제대로 되지 못한 러시아군대는 전선에서 계속해서 패배했고, 그리하여 수백만 명에 이르는 병사들이 그대로 죽어갔다.

나라 바깥의 이러한 형편은 나라 안에 즉각적이며 직접적인 영향을 주어 경제가 붕괴되었다. 그 뚜렷한 증거가 파업의 빈발과 대규모화였다. 1917년 1월과 2월의 2개월 사이에 연인원 676,300명이 참가한 1,330건의 파업이 발생했다. 정부의 고위층에서는 황후의 퇴위를, 의회의 일각에서는 황제의 퇴위와 이에 따른 섭정의 옹립을 거론하기 시작했다. 또, 일부 각료들은 민중의 신임을 받는 사람들로 새 내각을 구성하여 난국을 수습할 것을 황제에게 직접 건의하기에 이르렀다. 그러나 황제는 이를 받아들이지 않았다.

2월 중순부터, 수도 페트로그라드에는 시민들에 대한 식량공급이 더욱 어려워졌다. 그리하여 2월 15일 현재 열흘의 비축분밖에는 남지 않았다. 이에 따라 수도군관구 사령관 하발로프 장군(Sergey S. Khabalov)은 배급제를 실시했다.

그러나 2월 23일에 와서 드디어 영하 20도의 추위를 견디며 몇 시간째 장사진을 이룬 채 기다리고 섰던 시민들에게 '없다'라는 말이 떨어졌다. 여기에서부터 세계를 변혁시킨 러시아혁명이 시작되었다. 시민들이 빵을 요구하며 시위에 들어가자, 제2일에는 페트로그라드에서만 200,000명이 '라 마르세예즈(La Marseillaise)'를 부르고 붉은 기를 흔들며 시위에 참가했다. 이들의 구호는 벌써 '빵'에서 '전제체제 타도'로 바뀌어갔다. 군대와 경찰도 약간의 예외를 제외하고는 시위대에 동정적이었다. 전지(戰地)에 있는 니콜라이 Ⅱ세는 하발로프 장군에게 '내일까지' 진압할 것을 명령하는 전보를 보냈다. 그러나 하발로프의 거부에 이어 제3일부터 군부는 오히려 반란을 일으켜 시위대에 가담하기 시작했다.

제4일째인 2월 27일에, 정부는 니콜라이 Ⅱ세의 칙령에 따라 두마의 해산을 명했다. 두마는 일단 이 칙령을 받아들였다. 그러면서 두마의 주요한 정치단체들의 지도자들은 12명의 의원들로 임시위원회를 수립하고 우선 질서회복에 나섰다. 그러나 바로 그 날 노동자들과 병사들은 멘셰비키의 치헤이제(Nikolai S. Chkheidze)를 의장으로 하는 「노동자들과 병사들의 대표자들의 소비에트임시집행위원회(Provisional Executive Comrnittee of the Soviet of Workers' and Soldiers' Deputies)」를 결성했다. 그리고 곧 그들의 대변지로 『이즈베스티야』를 속간했다.

이 두 조직들 가운데 어느 한 쪽도 처음에는 스스로가 권력을 장악해야 한다는 생각이나 혁명에 대한 청사진을 갖지 않았다. 두마의 임시위원회는 여전히 차르가 '민중의 신임을 받는 내각'의 구성에 동의할 것을 기대하고 있었다. 한편, 소비에트의 역할에 대해서는 사회주의자들 사이에 이론이 엇갈려 있었다. 멘셰비키는 프롤레타리아사회

페트로그라드에 모인 시위대(1917년 6월 18일)

주의혁명이 성취되기 위해서는 우선 부르주아민주주의혁명이 이룩되어야 하며, 따라서 전제체제가 자유주의적 부르주아지에 의해 완전히 타도될 때까지는 사회주의자들은 권력의 장악을 회피해야 한다고 주장했다. 그들은 자신들의 역할을 노동자들을 도와 전제체제를 타도하는 것에 우선 한정하고 소비에트에 적극 참여했다.

볼셰비키도 기본적으로 비슷한 입장에 서 있었다. 물론 레닌은 러시아의 부르주아지는 민주적인 성격을 갖고 있지 않으며, 따라서 러시아에 있어서 부르주아민주주의혁명은 노농계급(勞農階級)의 동맹에 의해 이루어져야 한다는 이론을 제시해왔고, 혁명이 일어나자 두마의 임시위원회를 타도하고 소비에트가 임시혁명정부를 수립할 것을 제의했다. 유형지에서 이제 막 풀려나오기 시작한 국내의 볼셰비키는 뚜렷한 방안을 제시하지 못한 채, 우선 멘셰비키와 협력하는 자세를 취했다.

6. 니콜라이 2세의 퇴위와 제정의 붕괴

이러한 상황에서, 니콜라이 Ⅱ세는 페트로그라드 또는 그의 가족이 머무는 차르스코예셀로로 돌아가려고 전지를 출발했으나, 노동자들이 철로를 끊어 3월 1일에 프스코프에서 내렸다. 두마의 지도자들은 군주제를 살리는 유일한 길은 니콜라이 Ⅱ세의 퇴위와 르보프 공(Prince Georgy E. Lvov)을 수반으로 하는 새 내각의 구성밖에 없다고 판단하고, 군부의 동의를 얻어 프스코프로 차르를 방문해 이것을 통고했다. 니콜라이 Ⅱ세도 이것을 받아들여, 3월 2일에 실제(實弟) 미하일 대공(Grand Duke Mikhail)에의 양위 그리고 새 내각의 구성에 동의했다. 그러나 미하일 대공은 앞으로 구성될 제헌의회에 의해 추대되지 않는 한 제위를 계승할 뜻이 없다고 밝혀, 결국 르보프 공을 수반으로 하는 임시정부가 3월 2일에 구성되었다.

이로써 로마노프왕조의 시대는 끝났다. 이것이 2월혁명이며, 흔히 '부르주아민주주의혁명'이라 불린다. 임정의 요인들이 부르주아지 계열이며, 그들의 자유주의 성향은 군주제의 폐지에 국한되었기 때문이다. 한편, 니콜라이 Ⅱ세와 그의 가족들은 차르스코예셀로의 궁전에 연금되었다.

여기서 잠시 1905년의 혁명과 1917년 2월의 혁명을 비교하기로 한다. 흔히 "1905년의 혁명은 1917년 2월의 혁명을 위한 최후의 무대연습이었다"고 말할 정도로 두 혁명 사이에는 다음과 같은 유사점이 있다. 첫째, 두 혁명은 모두 패전 뒤에 왔다. 따라서, 정부의 사기는 크게 떨어져 대중봉기에 대항할 굳은 결의가 없었다. 둘째 두 혁명은 모두 자연발생적인 대중봉기로 시작되어, 정부와 반체제정당의 지도자들에게도 하나의 기습이었다. 셋째, 반체제 정당들의 지도자들은 정부에 대항할 조정된 계획이나 행동의 노선에 합의할 수 없었다.

그러나 다음과 같은 기본적인 차이점이 있었다. 첫째, 1905년의 혁명 당시에는 군부가 황실에 충성하여 대중봉기를 진압했으나, 1917년의 혁명에서 군부는 혁명세력을 지지했다. 둘째 1905년의 혁명 당시에는 혁명을 주도할 조직된 지도세력이 너무 늦게 형성되었으나, 1917년의 혁명 당시에는 혁명의 발발과 동시에 조직된 지도세력이 출현하여 대중봉기를 이끌어 나갔다. 소비에트가 바로 그것이었다.

제10장_임시정부의 수립으로부터 10월혁명까지 : 소비에트국가 탄생까지의 과도기

2월혁명은 확실히 러시아의 역사에서 뿐만 아니라 세계의 역사에서도 매우 큰 뜻을 갖는 획기적 사변이었다. 러시아를 300년 동안 지배해 온 전제체제를 무너뜨렸을 뿐만 아니라, 앞으로 곧 닥쳐올 볼셰비키 쿠데타의 성공을 예비하는 계기를 마련했던 것이다. 2월혁명의 즉각적인 산물은 부르주아민주주의적 정부의 탄생이었다. 이로써 러시아에는 임정을 중심으로 하는 부르주아민주주의정치의 실험시대가 열린 것이다. 그러나 상황이 그렇게 단순하지만은 않았다. 노동자들과 병사들의 대표들로 구성된 소비에트가 실질적 권력을 장악한 채 임정과 대치해 있었던 것이다. 이 불안정한 '이중권력(二重權力)'을 볼셰비키

임정 제1기의 각료 : 수반 르보프(전열 좌단) 법무장관 케렌스키(셋째 번)

의 손에 독점시킨 또 한 차례의 변혁이 1917년 10월에 일어난 10월혁명 또는 볼셰비키 쿠데타이다.

이 장(章)은 2월혁명의 결과로 태어난 임시정부가 10월에 무너질 때까지의, 곧 1917년 3월 2일부터 1917년 10월 25일까지의 237일을 세 개의 시기로 나누어 살피기로 한다. 첫째가 르보프 공을 수반으로 하고, 카데트와 「10·17동맹」 등 입헌민주주의를 표방하는 세력이 단독내각을 구성했던 3월 2일부터 5월 5일까지의 시기이다. 둘째가 르보프 공을 수반으로 하고, 앞의 세력이 소비에트세력과 연합했던 5월 5일부터 7월 7일까지의 시기이다. 셋째가 부르주아적 사회혁명당 당원인 변호사 알렉산드르 케렌스키(Aleksandr F. Kerensky)를 수반으로 하고 사회주의자들을 중심으로 내각을 구성했던 7월 7일부터 10월 25일까지의 시기이다.

1. 임정의 제1기 : 이중권력의 등장

소비에트에 압도된 임정

발족 당시의 임정은 10명의 각료로 구성됐으며, 2명은 「10·17동맹」에, 6명은 카데트에, 1명은 온건 우파에, 그리고 1명은 사회혁명당에 각각 속해 있었다. 이 분포에 나타나듯이, 임정은 입헌민주주의자들의 주도 아래 이끌어졌다. 외무장관에는 카데트의 밀류코프가, 전쟁장관에는 「10.17동맹」의 당수 구치코프(Aleksandr I. Guchkov)가, 법무장관에는 사회혁명당의 케렌스키가 각각 취임했다.

임정이 출범했으나 그 무엇 하나 안정된 것이 없었다. 러시아는 이제 차르체제에서 벗어났을 뿐이었고, 뚜렷한 항로를 찾지 못했다. "우리는 우리가 그저 어두운 동굴에서 막 탈출해 나와 밝은 한낮에 서 있는 느낌이다. 그리고 우리는 어디로 가야 할 것인지 또 무엇을 해야 할지 모르는 채 여기에 서 있는 것이다"라는 한 시민의 술회는 당시 러시아의 사회분위기를 정확히 말해 주었다.

우리는 앞에서 임정이 출발한 바로 그 날 노병(勞兵)소비에트임시집행위원회가 구성되었음을 지적했었다. 사실 이 노병소비에트는 그 권력과 권위에 있어서 임정을 능가했다. 두마 의원들이 임정의 구성을 서둘렀던 것도, 그렇게 하지 않으면 노병소비에트의 '무뢰한들'이 권력을 장악할지 모른다는 두려움이 컸기 때문이었다. 이처럼 노병소비에트의 힘이 컸기 때문에, 임정도 그 출발에 있어서 노병소비에트의 '인준'을 받지 않으면 안 되었다. 노병소비에트는 (1) 정치범의 특사, (2) 언론과 집회 및 파업의 자유, (3) 군인은 비(非)공무시에는 시민권을 가지나 공무시에는 엄격한 군율을 따를 것, (4) 계급과 민족 및 종교에 있어서의 차별폐지 등을 요구하고, 임정은 이를 받아들였으며 소비에트의 동의 또는 묵인 아래 각원을 선발했다. 그러나 러시아의 정치체제를 군주제로 할 것이냐 또는 공화제로 할 것이냐의 문제는 앞으로 소집될 제헌의회에서 결정하기로 했다.

물론, 임정은 미하일 대공으로부터 공식적 법통을 부여받았었다. 니콜라이 Ⅱ세에게서 제위의 승계를 제의받았던 그는 그 제의를 사양하면서, "임시정부가 두마의 주도로 출생하였으며, 제헌의회가 구성되어 인민의 의사를 표현할 때까지 완전한 권력을 부여받는다"고 선언했던 것이다. 따라서, 임정은 로마노프왕조와 두마의 정당한 계승자로서의 법적 지위를 지녔다. 그러나 혁명적 정치상황에서 그러한 법 논리는 힘을 쓸 수 없었다.

따라서, 러시아에는 '이중권력'이 동시에 존재하고 있었고, 공식적으로는 임시정부가 통치하나 실제로는 소비에트가 통치하는 셈이었다. 이 점에 대해, 당시 멘셰비키파 사회민주당 당원인 수하노프(Nikolai N. Sukhanov)는, "우리는 임정이 '통치한다'는 허구를 창조하고 유지하면서 실제로는 각종의 다양한 '행정'의 기능을 수행하지 않으면 안 되었다"고 술회했다. 소비에트의 대표들은 장관들의 정책과 조처가 소비에트의 노선에 적합한 것인가를 항상 점검했고 국민들과 기업들도 자신들의 문제들을 임정보다 소비에트로 가져갔다.

무엇보다 임정의 큰 약점은 통치를 위한 효과적인 물리력 또는 강제수단을 갖지 못했다는 사실이다. 3월 7일에 니콜라이 Ⅱ세와 그의 가족의 체포를 집행한 것도 소비에트였다. 그러나 소비에트는 정책과 행정에 대한 책임을 함께 지자는 임정의 제의를 거부했다.

임정은 또한 카리스마적 지도자를 갖지 못했다. 혼란기에 처해 권력의 기반이 약한 정부일수록 그나마 강력한 지도자들을 갖고 있어야 그런대로 어려움을 극복할 수 있다. 그러나 임정지도자들의 대부분은 나약한 부르주아민주주의적인 신사들이었다.

이처럼 권력과 권위와 카리스마를 갖지 못한 임시정부가 어느 정도 열의와 정력을 기울인 부문은 민권에 관한 부문으로 무수한 정치범들을 대거 석방하고 – 그러나 석방된 정치범들 가운데 그 어느 누구도 자신들의 석방에 대해 임정에 감사하지 않았다 – 사형제와 군사법정을 폐지시켰으며, 신앙과 민족에 바탕을 둔 시민의 차별을 폐지했다. 집회와 결사 및 언론의 자유를 보장했고, 사병(私兵)의 조직까지도 법적으로 허용했다. 레닌도 망명지에서 귀국했을 때인 4월 3일에 "러시아는 이제 세계의 모든 국가들 가운데 가장 자유롭다"고 말할 정도였다. 그러나 민권 분야 말고 결정적인 문제들에서는 상황을 정확히 파악하지 못했다. 전쟁문제와 토지문제가 그 대표적인 경우들이다.

전쟁문제와 토지문제

첫째, 전쟁문제이다. 혁명이 일어났을 때 국민들과 병사들은 이미 전쟁에 지쳐 있었다. 특히, 농촌 출신이 대다수를 차지한 병사들은 스스로 싸우기를 포기하고 병영을 이탈해 대규모로 귀향하고 있었다. 레닌은 이것을 보고 "병사들은 자기들의 발로써 평화 쪽에 투표했다"고 썼다.

그러나 임정의 수뇌들은 전쟁의 수행을 원했다. 우선, 입헌민주주의 사상을 가졌던 그들은, 특히 외무장관 밀류코프는, 서유럽 민주주의국가들과의 연대의식을 강하게 느꼈으며 이 의식은 신력(新曆)으로 1917년 4월 2일에 단행된 미국의 1차 세계대전에의 참전으로 더욱 높아졌다. 게다가 미국의 임정승인과 이에 따른 32,500만 달러의 차관공여는 임정의 속전 결의를 강화시켰다. 임정의 지도자들은 또 러시아가 다른 나라들과의 공약을 준수해야 한다는 국가로서의 의무감을 강조했으며, 승전을 통해 흑해를 러시아의 지배 아래 두려고 했고, 군을 계속 전쟁에 개입시킴으로써 소비에트와 결별시키려고 했다.

둘째, 토지문제이다. 대다수의 국민들이 평화를 열망했듯이, 거의 모든 농민은 토지의 즉각적인 무상재분배를 열망했다. 임정 일부에서도 처음에는 이 열망에 호응하는 정책을 취하려는 구상이 나왔다. 그러나 임정의 중심인물들은 스스로 토지를 소유한 중산계급의 대변자로 인식했고, 따라서 토지개혁을 과감히 수행하지 못했다. 물론 차르체제의 붕괴와 더불어 노동자들보다 더 과격해진 농민들은 정부의 결정을 기다리지 않고 스스로 지주나 중산층의 토지를 점령해서 분배했다. 따라서, 뒷날 볼셰비키가 자신들이 농민들에게 토지를 주었다고 주장하는 것은 사실과 맞지 않다. 볼셰비키가 집권했을 때는 농민들이 스스로 이미 토지를 차지해 정부가 나누어 줄 땅이 없었던 것이다.

임정이 상황을 오판한 배경

그러면 임정은 왜 상황을 이렇게 잘못 판단했는가? 우선, 임정 요인들과 임정을 지지한 부르주아지들은 2월혁명의 성격을 제대로 이해하지 못했다. 노동자들은 프롤레타리아혁명을 해서라도 일단 그들이 쟁취한 것들을 놓치지 않을 뿐만 아니라 그들의 생활조건을 근본적으로 개선해야 하겠다는 결의가 컸다. 농민들도 마찬가지였을 뿐만 아니라 과격도(過激度)에 있어서 오히려 노동자들을 능가했다. 그러나 부르주아들은 차르체제로부터 권력을 이양받은 것은 자기들이며 앞으로 몇 십 년 동안 그 권력이 유지될 것으로 믿었다. 이들은 프랑스혁명의 사례에서 보듯이, 혁명에는 주기가 있어서 과격파의 장악에서 보수파로의 반동이, 쉽게 말해 '러시아판 테르미도르(Thermidor)'가 올 것임을 믿었던 것이다.

이처럼 임시정부는 권력기반도 없었을 뿐만 아니라, 국정개혁을 뒤로 미루고 대독전(對獨戰)을 수행하기로 결정함으로써 국민의 여망에 부응하지 못해, 스스로의 생명을 단축시켰다. 그리하여 평화와 개혁을 약속한 소비에트에게, 특히 볼셰비키에게, 집권의 길을 열어준다.

2. 레닌의 귀국과 4월테제

소비에트가 실질적 권력의 행사를 확대함으로써 임정이 그나마의 제한된 권력마저 행사하지 못한 채 마비상태에 빠졌을 때 "임정을 타도하자! 모든 권력을 소비에트에게!"의 구호를 내건 레닌이 망명지 스위스에서 이른바 밀봉열차로 스웨덴과 핀란드를 거쳐 4월 3일에 페트로그라드의 여러 역(驛)들 가운데 하나인 핀란드 역(驛)에 도착했다. 그의 귀국은 대독전을 수행하는 임정을 약화시킬 것이라는 판단 아래 연합국의 방해를 받았으나, 레닌이 귀국하면 대독전을 중단시킬 것으

4월테제를 발표하는 레닌

로 계산한 독일정부의 주선으로 이루어질 수 있었다.

레닌은 귀국 다음 날 볼셰비키 간부회의를 소집하고, 이른바 4월테제를 발표했다. 그 골자는 다음과 같다.

(1) 자본주의의 타도 없이 종전하는 것은 불가능하다. 이 점을 군대 안에 널리 알리라.
(2) 당은 지금과 같은 과도기에서는 전술에서 신축성을 가져야 한다.
(3) 임정을 더 이상 지원하지 말라.
(4) 소비에트의 권력을 확장함과 동시에 소비에트 안에서 볼셰비키의 권력을 확장해야 한다.
(5) 의회제 공화국안은 받아들일 수 없다. 군대와 경찰 및 관료는 폐지되지 않으면 안 된다.
(6) 모든 지주의 재산은 몰수되어야 하며, 모든 토지는 국유화되어야 한다.
(7) 모든 은행은 소비에트의 통제를 받는 단일한 국립은행으로 통합되어야 한다.
(8) 생산과 분배에 대한 소비에트의 통제를 확대하라.
(9) 당 대회를 소집해 당 강령을 새 상황에 맞도록 바꾸고, 당의 이름을 사회민주당에서 공산당으로 바꿔라.
(10) 새로운 혁명적 국제조직을 창설하라.

레닌의 4월테제는 여러 가지 점에서 사회민주당원들을 당혹시키는 것이었으며, 한 멘셰비키 지도자의 표현을 빌리면 '천둥 같은' 소리였다. 첫째, 러시아는 장기적인 부르주아민주주의시대를 겪지 않고는 사회주의에 도달할 수 없다는 마르크시스트적 교조를 굳게 믿던 이들에게, 프롤레타리아트와 빈농이 즉각적으로 권력을 장악해야 한다는 레닌의 주장은 '노망난 소리'였다. 둘째, 대다수의 사회민주당원들은 이제 정치활동에 필요한 합법적 여건이 갖춰진 만큼 레닌의 '소수 음모자의 전위정당'론이 바뀔 것으로 기대했다. 그러나 그는 혁명정당이 대중을 따라서는 안 되며, 오히려 대중으로부터 초연한 지위에서 대중을 올바른 길로 이끌어야 한다는 지론을 되풀이했다. 셋째, 그는 이제까지 지속되어온 임정과의 협력을 끊을 것을 역설한 것이다. 그뿐 아니라 새 상황 아래서 그가 멘셰비키와 볼셰비키의 단합을 추구할 것이라는 기대와는 달리 더 엄격히 '진리'와 '오류'를 가리고, 자신의 노선을 일방적으로 강요했다. 넷째, 레닌은 전쟁문제에서 타협의 여지 없이 소비에트의 입장을 비판하면서 즉각적인 종전을 요구했다.

레닌의 4월테제에 대한 당내의 반응은 달랐다. 몰로토프(Vyacheslav M. Molotov)를 포함한 볼셰비키 좌파는 이것을 받아들였고, 스탈린을 포함한 볼셰비키 중도파는 임정과의 협력을 중시하면서도 레닌에 대한 도전을 포기했으며, 카메네프를 중심으로 하는 볼셰비키 우파는 거부했다. 그러나 3주에 걸친 끈질긴 노력 끝에 레닌은 드디어 4월테제를 볼셰비키의 공식 입장으로 확정시킬 수 있었다. 레닌의 이 승리는 대단히 중요한 뜻을 갖는 것이었다. 1917년의 중요한 시간들을 당내파쟁과 이론투쟁에 소비한 멘셰비키와 사회혁명당에 비해 레닌은 이 시기에 볼셰비키를 자신을 정점으로 하는 단일주적(單一柱的) 정당으로 굳혔으며, 권력장악의 첫걸음을 디뎠던 것이다.

3. 임정의 제2기 : 연합정부의 시기

임정과 소비에트의 연합

레닌이 '전쟁 반대!'의 구호를 외치면서 국민들의 지지를 동원하는 것을 보면서도 임정은 전쟁 계속의 방침을 공개적으로 다시 확인했다. 임정의 외무장관 밀류코프는 러시아의 대독전(對獨戰) 포기를 두려워하는 영국정부와 프랑스정부에 대해 임정은 연합국들에 대한 의무를 완전히 준수할 것임을 다짐하는 회신을 4월 18일에 발송한 것이다. 이 회신이 연합국들을 안심시킬 수 있었음은 물론이다.

그러나 국내의 여론은 크게 자극되었다. 4월 20일과 21일 이틀 동안 페트로그라드에서는 약 100,000명의 노동자들이 쏟아져 나와 반전시위를 벌였으며, 전국의 중요한 도시들에서도 반전시위가 되풀이되었다. 이것이 이른바 4월위기인데, 이 때문에 임정은 더욱 무력해졌으며, 외무장관 밀류코프와 전쟁장관 구치코프는 사임하지 않을 수 없었다.

여기서 임정은 실세(實勢)인 소비에트에게 연합정부의 형성을 요청하게 되었다. 소비에트 안에서는 찬반의 격론이 벌어졌다. 볼셰비키는 반대했으나 멘셰비키와 사회혁명당의 우파는 찬성했다. 러시아혁명의 현 단계는 부르주아민주주의혁명의 단계이므로 임정을 도와야 한다는 것이 찬성의 이유였는데, 이러한 논리가 결국 받아들여짐으로써 5월 5일에 연합정부가 세워진 것이다. 르보프 공은 여전히 임정의 수반으로 남았다.

연합정부는 곧 다음과 같은 여덟 개의 정책을 발표했다.

(1) 영토의 병합이나 전쟁의 배상금이 없이 민족자결주의에 입각해 평화를 추구한다.
(2) 방어적 및 공격적 작전을 위한 군사력을 강화한다.
(3) 군부에서의 민주화를 강화한다.
(4) 경제파탄에 대해서는 무자비하게 투쟁한다.
(5) 토지를 경작농민에게 무상으로 분배하는 문제를 제헌의회에 넘긴다는 전제 아래 국가경제와 경작농민의 이익에 일치하는 테두리 안에서 토지의 사용을 규제한다.
(6) 노동을 철저히 보호한다.
(7) 유산층에 대한 과세를 증가한다.
(8) 가능한 가장 빠른 시일 안에 제헌의회를 구성한다.

이 마지막 문제와 관련하여, 연합정부는 6월 14일에 제헌의회의 선거일로 9월 17일을 지정했다.

그러나 이 연합정부도 처음부터 안정을 이룩하지 못했다. 연합정부를 가장 괴롭힌 쟁점은 토지의 문제였다. 앞에서 지적했듯이, 농민들은 스스로 지주와 중산층의 토지들을 차지했고 전장(戰場)에서의 탈주자들이 계속 농촌으로 흘러들어오면서 토지를 둘러싼 폭력과 혼란이 난무했다. 정부에 토지문제위원회가 구성되고 전국에 그 지부들을 두었으나, 이러한 기구를 통해 해결하기에는 문제가 너무 복잡했다. 게다가 임정의 요인들 가운데는 토지의 분배 문제를 제헌의회에서 해결해야 한다는 원칙론이 우세해서 실질적인 작업이 거의 없었다.

이러한 상황에서 6월 1일에 제1차 '전러시아노동자병사대표자소비에트 대회(All-Russian Congress of Workers' and Soldiers' Deputies)'가 페트로그라드에서 열렸다. 1,090명의 대의원들 가운데 사회혁명당 당원이 285명, 멘셰비키가 248명, 볼셰비키가 105명, 그리고 기타 등으로 나타났다. 볼셰비키는 그 원의(原義)와는 달리 그 수에 있어서 가장 적었으나 가장 잘 단결되어 있었고, 다른 세력들은 분파작용이 심해서 단결력을 과시하지 못했다.

이 대회의 가장 중심적 쟁점은 임정에 대한 지지의 문제였다. 여기서 레닌은 임정에 대한 소비에트의 지지를 반대한다는 뜻을 명백히 하고, 볼셰비키는 이제 집권태세를 갖추었다고 밝혔으며, 멘셰비키 좌파 및 사회혁명당 좌파의 지지를 얻었다. 그러나 대회는 543대 126, 기권 52의 표결로 소비에트의 임정지지안을 가결했다.

레닌의 임정반대와 임정의 레닌공격

이 대회에서 웅변가 케렌스키 전쟁장관은 명연설로 레닌을 다음과 같이 통박했다. "러시아민주주의의 과업은 혁명의 산물을 단단히 여물게 하여 해외로 망명해야 했던 레닌 동지가 이런 곳에서 자유롭게 말할 수 있고, 다시는 스위스로 망명할 필요가 없게 하는 데 있다. 레닌 동지는 어린아이 같은 처방 – '체포, 파괴, 처형'만을 제시하고 있다. 당신의 정체는 무엇인가? 사회주의자인가? 차르체제의 경찰인가?" 이 대목에서 레닌은 발언 중지를 요청했다. 그러나 케렌스키는 다음과 같은 예언적인 발언을 했다. "레닌 동지는 우리에게 1792년의 프랑스대혁명의 길을 밟도록 가르치고 있다. 그 혁명은 결국 독재로 끝났다. 그대가 고의는 없으나 반동세력과 무모한 동맹을 이룩하여 우리 임정을 파괴한다면 그대는 진정한 독재자를 위해 문을 열어 주는 격이 될 것이다."

이상에서 보았듯이, 전러시아소비에트의 지지를 확보한 임시정부는 독일에 대한 전쟁의 승리로 지지의 기반을 넓힐 생각으로 무모하게도 갈리시아(Galicia)에 대해 총공세를 폈다. 그 결과는 뻔했다. 7월 6일부터 독일의 반격이 격화되면서 러시아군의 대패주가 거듭되었고, 이것은 러시아를 '7월위기'에 몰아넣었다. 후방의 군인들과 노동자들은 반란에 가까운 반전시위를 벌였고, 소비에트가 권력을 장악할 것을 요구했다. 그러나 멘셰비키와 사회혁명당은 여전히 마르크시스트적 혁명론의 교조에 빠져 집권을 거부했다.

위기에 빠진 임정은 볼셰비키의 당 자금이 독일정부에서 나오고 있으며, 레닌이 적과 내통하여 정부전복을 시도하고 있다고 공격했다. 이 시기에 레닌이 독일정부로부터 자금을 지원받았던 것은 확실한 것 같다. 당시 독일 외무장관 폰 쿨만(Richard von Kuhlmann)은 1917년 12월의 비밀 비망록에서, "볼셰비키가 그들의 주요 기관지인『프라우다』를 큰 신문으로 끌어올리고, 좁았던 그들의 당의 기반을 눈에 두드러지게 확대할 수 있었던 것은, 그들이 다양한 통로와 다양한 명목 아래 우리로부터 정기적인 자금지원을 받은 때부터이다"라고 증언한 것이다. 그래서 임정은 레닌에 대한 체포령까지 내렸지만, 레닌은 일부 군인들의 지원을 얻어 겨우 위기를 모면 할 수 있었다.

임정의 레닌공격은 효과가 나타났다. 반독감정이 높은 러시아국민들은 레닌을 의심하게 된 것이다. 레닌 스스로 "이제 임정사람들은 우리 모두를 총살하겠군. 그들이 그렇게 하기에는 지금이 가장 좋은 때이니 말이야"라고 말할 정도였다. 군부와 큰 도시들에서도 볼셰비키당을 탈당하는 당원들이 생겨났다. 볼셰비키의 세력이 컸던 크론슈타트(Kronstadt)와 페트로그라드의 비보르그(Vyborg) 구역에서조차 레닌에 대한 충성을 공개적으로 드러내는 당원은 보기 드물었다. 인쇄소 역시 볼셰비키의 인쇄물을 받아 주지 않았다. 이 때문에 볼셰비키는 신문조차 발간할 수 없었다.

4. 임정의 제3기 : 케렌스키의 사회주의내각

코르닐로프의 쿠데타 실패

케렌스키는 이러한 반(反)볼셰비키적 분위기를 충분히 활용했다. 그래서 수반 르보프 공과 입헌주의자들을 물러나게 하고 자신이 수반에 취임하여, 사회주의자들을 중심으로 새 내각을 구성했다. 소비에트집행위원회는 7월 22일에 147대 45, 기권 42의 표결로 새 내각을 '인준'했다. 그러나 전반적으로 임정은 대단히 약했다. 임정은 통치의 방법으로 강압을 거부했으며, 그저 양보와 호소 및 대중에 대한 신뢰만으로 국민을 자신의 편으로 끌어들이려 했을 뿐이다. 그러나 그 정책은 결국 실패로 끝난다.

임정의 수반에 취임한 케렌스키는 임정에 대한 지지의 폭을 넓히기 위해 7월 12일에 전직 두마의원, 농민, 군인, 회사원, 소비에트의 대표를 망라한 2,500명의 국가회의를 모스크바에서 소집했다. 그러나 국가회의가 단결된 모습으로 자신을 지지해 줄 것이라는 예상과는 달리 케렌스키는 사회주의자들의 지지만 받았을 뿐 국가회의를 통해 오히려 육군 참모총장 코르닐로프 장군(General Lavr G. Kornilov)이 우파에 의해 크게 부각되었다. 코르닐로프는 서남전(西南戰)에서 크게 용명을 떨친 군인으로, 정직하고 애국적인 성품을 갖고 있었으나 정치적으로 순진한 사람이었다.

임정 제3기 수반 케렌스키

그리하여 코르닐로프는 반동적 금융가 자보이코(Zaboyko)의 이용물이 된 채 그의 조종을 받고, 8월 24일에 자신을 수반으로 하고 케렌스키를 법무장관으로 하는 우익적인 독재정부의 수립을 케렌스키에게 요구했다. 케렌스키가 그의 체포를 명령하자 코르닐로프는 쿠데타를 일으켰다. 그러나 전반적으로 사기가 떨어진 군대가 이에 응하지 않았고, 철도가 운행을 거부해 실패하고 말았다. 이 사건은 무력한 케렌스키정부의 위신을 더욱 실추시켰을 뿐만 아니라, 볼셰비키에 대한 국민적 반감을 약화시킴으로써 다시 볼셰비키의 세력을 신장시켜 준 결과를 가져왔다.

레닌, 위기 속에 핀란드로 피신하고 『국가와 혁명』을 집필하다

케렌스키가 '7월위기' 속에 레닌의 체포령을 내렸음을 앞에서 지적했다. 이에 레닌은 당간부들의 권고를 받아들여 다시 핀란드로 달아났다. 그는 10월에 다시 러시아로 돌아올 때까지 1918년에 가서 출판하게 되는 『국가와 혁명』의 원고를 썼다. 이 원고에서 그는 대중은 볼셰비키당의 지도 없이는 혁명을 수행할 능력이 부족하다는 종래의 대중관(大衆觀)을 버리고, 프롤레타리아혁명 이후의 새 사회에서 그들이 담당하고 보여줄 능력을 높이 평가했다. 프롤레타리아혁명이 이룩되면 국가의 모든 기관들은 폐지되고, '무장된 노동자'들의 독재에 의해 자본주의의 잔재를 없애고 민주주의가 실현되며, 행정은 '글이나 아는 사람이면 누구나, 더하기와 빼기와 곱하기 및 나누기의 산술이나 아는 사람이면 누구나' 참가해서 이루어진다고 보았다. 이것이 허상이었음은 곧 나타날 소련의 전체주의적 독재체제에 의해 입증된다.

이처럼 혁명 후기의 사회를 묘사하는 한편 레닌은 소비에트에 대한 볼셰비키의 지지를 철회하는 노선을 취해 볼셰비키의 고립화를 가져왔다. 이 실책은 트로츠키를 볼셰비키당에 가입시킴으로써 비로소 만회될 수 있었다.

트로츠키가 멘셰비키로 출발했으며 레닌과도 여러 차례 대결한 경력이 있는 전술가라는 점이 이미 여러 차례 지적됐었다. 그런데 그는 '7월위기' 즈음에 (1) 전쟁반대, (2) 임정반대, (3) 소비에트의 타협주의적 노선반대를 명백히 함으로써 레닌과 보조를 같이하고 있었다. 그리하여 레닌에게 체포령이 내렸을 때 이것에 항의하여 구속 중에 있었다. 따라서, 8월 8일에 소집된 볼셰비키 제6차 당대회는 트로츠키와 그 추종자들을 받아들였고, 그를 중앙위원으로 선출했다. 그런데 코르닐로프의 우익 쿠데타가 발생하자 케렌스키는 우익을 견제하고 자신의 정부가 연명할 수 있는 길은 다시 사회주의자의 협력을 확보하는 것이라고 판단하여 트로츠키를 석방했다. 그리고 8월 24일에는 5인의 독재체제를 수립함과 동시에 공화국의 수립을 선포했다.

트로츠키와 레닌의 쿠데타 준비

이때부터 트로츠키는 피신하고 있는 레닌을 대신해 볼셰비키를 집권에 까지 이끌어간다. 레닌은 트로츠키에게 전폭적인 지지를 보냈다. 「잘 한다! 트로츠키 동지」의 글을 쓰면서 혁명의 후배를 격려했다. 이제 레닌과 트로츠키는 서로를 '특사' 하면서 발을 맞춰나가는 것이다. 우선, 트로츠키는 볼셰비키의 이름으로보다는 소비에트의 이름으로 집권해야 한다는 판단 아래 9월 23일에 멘셰비키의 치헤이제를 대신해 페트로그라드의 소비에트 의장으로 선출되는 데 성공했다. 이때부터 레닌은 다시 "모든 권력을 소비에트로"로 전환했다.

이와 동시에 볼셰비키가 지배하는 공장소비에트에 준(準)군사기관인 적위대(赤衛隊)를 설립하는 한편 9월 30일에는 페트로그라드소비에트에 군사혁명위원회를 신설하고, 자신이 그 의장이 되어 수도 일대의 병력을 장악했다. 그는 또 의장 자격으로 곳곳에 뛰어다니며 그의 명연설로 볼셰비키집권을 위한 분위기를 만들려고 했다. 이즈음 볼셰비

모스크바에 있는 레닌의 동상

키는 페트로그라드소비에트와 모스크바소비에트에서 제1당이 되었다. 볼셰비키의 힘이 이처럼 뚜렷해지자, 그들은 즉시 케렌스키에 대한 지지의 철회를 선언하고, 레닌체포령을 철회하라고 요구했다.

볼셰비키의 힘이 이처럼 커질 수 있었던 가장 중요한 요인은 코르닐로프가 시도했던 우익 쿠데타의 실패였다. 노동자들과 농민들은 이제 자신들이 장악하고 있는 공장과 땅을 지키겠다는 결의가 확고했으며, 이 결의는 반우익적 분위기를 낳은 것이다. 그리고 이 반우익적 분위기는 곧바로 멘셰비키에 대한 반감으로 나타났고 볼셰비키에 대한 지지로 연결되었다. 한편, 볼셰비키에 대한 독일의 지원도 큰 몫을 하였다. 독일 외무부의 기밀문서는, 이 당시 독일이 '어떤 수단에 의해서라도, 가장 과격한 수단을 써서라도' 볼셰비키를 지원함으로써 종전을 유도해야 한다는 계획을 가지고 있었음을 보여준다.

그러나 볼셰비키의 집권을 가로막는 마지막 장애는 볼셰비키 내부에 있었다. 당중앙위원회가 볼셰비키의 즉각적 집권에 반대했기 때문이다. 특히 카메네프와 지노비예프는 마르크스의 이론에 입각해 "볼셰비키는 제헌의회의 소집을 기다려야 하며, 이 의회에서 사회혁명당 좌파와 제휴해 혁명의 주도적 역할을 수행해야 한다"고 주장했다. 이것은 서유럽 프롤레타리아의 봉기를 촉진시킬 것이며, 이 봉기는 러시아에서 프롤레타리아정당의 집권을 요구하게 될 것이라는 논리였다. 이 논리 위에서 당중앙위원회는 제2차 전러시아소비에트대회의 소집을 요구했다. 볼셰비키가 다수를 차지할 것이 확실한 만큼 이 대회를 통해 볼셰비키의 프로그램을 추진하자는 계략에서였다.

당중앙위원회의 이러한 결정이 레닌에게는 불만이었다. 그는 대회를 원하는 것이 아니라 행동을 원하는 것이었다. 그래서 그는 망명지 핀란드로부터 9월 12일에 볼셰비키당이 즉각 무력봉기를 준비하라는 취지의 편지를 보냈다. 그러나 당중앙위원회는 레닌의 편지를 거부했다.

초초해진 레닌은 9월 17일에 망명지를 러시아에 훨씬 더 가까운 곳으로 옮기고, 페트로그라드의 부하들에게 군사쿠데타를 준비하도록 강요했다. 그는 「위기는 성숙되었다」라는 글에서 "위기는 여기에 와 있다"고 주장하고, 보다 적극적인 행동을 지연시키는 것은 범죄라고까지 강조했다.

그래도 당중앙위원회는 움직이지 않았다. 그래서 레닌은 10월 10일에, 가발을 쓰고 수염을 말끔히 깎은 채 은밀하게 페트로그라드로 들어갔다. 볼셰비키 중앙위원들을 직접 만나 설득하기 위해서였다. 그들은 수하노프의 아파트에서 모였다. 이 역사적인 중앙위원회에서 토론은 10시간이나 계속되었다.

레닌은 (1) 독일군이 페트로그라드를 점령할 가능성이 있고, (2) 코르닐로프의 쿠데타와 같은 우익 군부의 쿠데타 기능성이 있으며, (3) 제헌의회 선거에서 볼셰비키는 여전히 소수파가 될 것이고, (4) 제헌의회를 통해 구성될 새로운 비(非)볼셰비키정부는 독일과 단독강화할 기능성이 크며, (5) 서유럽 각국에서도 노동자들에 의한 혁명의 가능성이 높고, (6) 러시아에서도 농민반란이 격화되고 소비에트에 대한 노동자들의 지지가 늘어나고 있다고 주장하면서, 볼셰비키가 주도하는 무장봉기에 의한 집권만이 러시아혁명과 국제혁명을 배반하지 않는 것이라고 역설했다.

그러나 카메네프와 지노비예프는 다르게 생각하고 있었다. 그들은 당이 아직도 충분히 강하지 못한 상태에서 당 전체의 사활이 달린 쿠데타를 감행했다가 실패한다면 이번에는 당이 완전히 붕괴될 것이라고 판단한 것이다. 레닌은 자신의 주장이 받아들여지지 않는다면 당직을 사임할 것이라고 위협함으로써 카메네프와 지노비예프를 빼놓은 나머지 중앙위원들의 찬성을 얻어 쿠데타안을 통과시키는 데 성공했다.

5. 볼셰비키의 쿠데타와 임정의 붕괴

이때부터 트로츠키의 공작은 시작되었다. 그는 코르닐로프의 쿠데타와 같은 우익 군사쿠데타로부터 소비에트를 수호하기 위해 페트로그라드의 노동자들과 병사들을 대규모로 무장시켜야 한다는 결의안을 소비에트집행위원회에서 통과시키는 데 성공했다. 그리고 그것을 바탕으로 볼셰비키 행동대원들에게 5,000 자루의 장총을 넘겨 주었다. 이러한 움직임들이 수도의 주요 정치인들에게 포착되었음은 물론이다. 따라서, 페트로그라드에는 볼셰비키의 군사쿠데타설이 파다하게 나돌았다.

그러나 트로츠키는 철저히 부인했다. 볼셰비키는 쿠데타를 준비하고 있지 않다고 시치미를 뗀 것이다. 그러면서도 그는 "만일 임시정부가 페트로그라드 수비대의 부대들을 전선의 부대들로써 교체시킨다면 볼셰비키도 할 수 없이 행동을 취할 수밖에 없다"고 말해두는 것도 잊지 않았다. 당시 페트로그라드 수비대의 대부분의 부대들은 볼셰비키에 동조하고 있거나 최소한 중립적인 입장을 취하고 있었기 때문에, 이 부대들의 교체를 볼셰비키 쿠데타에 대한 중대한 타격으로 보았기 때문이다.

이 시점에서 비(非)볼셰비키 세력과 임정은 볼셰비키의 군사쿠데타 가능성에 대처하기 시작했다. 우선 비볼셰비키가 장악한 전러시아소비에트대회의 집행위원회는 무기를 볼셰비키에게 넘겨주는 것을 금지하는 결의안을 채택했다. 임정은 모든 가두시위를 금지시켰으며, 겨울궁전 주변의 수비를 강화했다. 당시 페트로그라드주재 미국대사 프랜시스(David R. Francis)는 "국민들의 감정은 볼셰비키에 반대하는 쪽으로 돌아서고 있으며, 따라서 볼셰비키는 쿠데타를 하지 못할 것"이라고 본국정부에 보고했는데, 이 보고는 그 때의 분위기에 비추어서는 비교적 정확한 것이었다.

그러나 군부에 대한 볼셰비키의 영향력은 차츰 커가고 있었으며,

그 공로의 대부분은 트로츠키에게 돌아갈 수 있는 것이었다. 반볼셰비키적 부대였던 페트로파블로프스크 요새의 수비대도 트로츠키의 격정적인 연설로 마침내 돌아섰다. 수만 자루의 총이 계속해서 볼셰비키적위대로 넘겨졌다. 이제 볼셰비키 쿠데타를 위한 음모는 완전히 성숙되었고, 거사의 시기만이 문제로 남아 있었다.

이제는 임정이 행동할 차례였다. 케렌스키는 10월 24일에 각료회의를 열고 비상사태령을 선포했다. 수도경비사령관에게 페트로그라드 전체 병력을 지휘할 권한을 주고 모든 소요와 반란을 진압할 것을 명령했다. 소비에트군사혁명위원회는 불법단체로 선언되고 볼셰비키 신문에 대한 폐쇄령을 내렸다. 그와 동시에 트로츠키와 기타 볼셰비키 지도자들에 대한 체포령이 내려졌다. 그러나 수도경비사령부는 거의 움직이지 않았다. 1개 대대를 겨울궁전에 증파했을 뿐 볼셰비키 세력의 거점인 스몰니신부학교에 대해서는 손도 대지 않았다.

성공을 예견하면서 트로츠키는 소비에트군사혁명위원회 의장의 자격으로 군대를 동원하고, 행정부 가운데 전략적으로 중요한 곳들을 일시에 점거했다. 동시에 볼셰비키당 기관지는 임정의 타도를 요구했다. 이때, 레닌 역시 볼셰비키 당사가 아니라 소비에트 청사에 들어가 쿠데타를 지휘했다. 이것은 볼셰비키의 이름으로가 아니라 소비에트의 이름으로 집권해야 한다는 트로츠키의 의견을 따른 것이다.

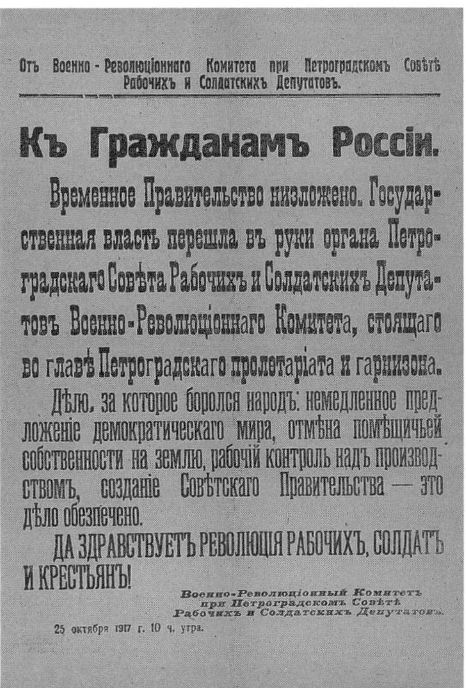

Отъ Военно-Революціоннаго Комитета при Петроградскомъ Совѣтѣ Рабочихъ и Солдатскихъ Депутатовъ.

Къ Гражданамъ Россіи.

Временное Правительство низложено. Государственная власть перешла въ руки органа Петроградскаго Совѣта Рабочихъ и Солдатскихъ Депутатовъ Военно-Революціоннаго Комитета, стоящаго во главѣ Петроградскаго пролетаріата и гарнизона.

Дѣло, за которое боролся народъ: немедленное предложеніе демократическаго мира, отмѣна помѣщичьей собственности на землю, рабочій контроль надъ производствомъ, созданіе Совѣтскаго Правительства — это дѣло обезпечено.

ДА ЗДРАВСТВУЕТЪ РЕВОЛЮЦІЯ РАБОЧИХЪ, СОЛДАТЪ И КРЕСТЬЯНЪ!

Военно-Революціонный Комитетъ
при Петроградскомъ Совѣтѣ
Рабочихъ и Солдатскихъ Депутатовъ.

25 октября 1917 г. 10 ч. утра.

군사혁명위원회의 승리의 성명서

10월 25일 아침까지 페트로그라드의 대부분은 볼셰비키의 장악 아래 들어갔으며, 미국대사관으로 피신한 케렌스키를 제외한 임정의 요인들이 체포되었고, 군사혁명위원회는 임정의 권력이 자신에게 이양되었음을 선언했다. 트로츠키가 솔직히 고백했듯이, 볼셰비키는 군부를 거의 완전히 장악하고 있어서 그들의 승리는 손쉽게 이루어질 수 있었다. 레닌이 볼셰비키 쿠데타에 대해 “그것은 새의 털을 들어올리는 것보다 쉬운 일이었다”고 말한 것도 이러한 맥락에서 볼 때 과장이 아니었다. 트로츠키가 거듭 강조했듯, “단 하나의 연대도 러시아의 민주주의를 수호하려고 일어나지 않았다.”

10월 25일 아침, 볼셰비키가 장악한 페트로그라드노병소비에트의 군사혁명위원회는 다음과 같은 승리의 성명서를 발표했다. “임시정부는 폐지되었다. 국가의 권력은 페트로그라드노동자병사대표들의 소비에트의 기관으로서 프롤레타리아트와 페트로그라드수비대의 정상에 서 있는 군사혁명위원회에게 넘겨졌다.” 바로 이 날 아침 제2차 전러시아노병대표자소비에트대회가 열렸다. 이 대회에서 멘셰비키와 대부분의 사회혁명당원들은 볼셰비키의 쿠데타를 맹렬히 비난했다. 그러나 트로츠키의 교묘한 조종 아래 볼셰비키는 사회혁명당 좌파의 지지를 확보하고 쿠데타를 인준시킬 수가 있었다.

이로써 10월혁명은 이뤄졌다. 이 혁명은 대중봉기였던 2월혁명과는 달리, 레닌이 제시한 ‘소수 음모자에 의한 혁명’이론에 입각한 군사쿠데타의 산물이었다. 그것은 특히 정권장악을 주저한 다른 정파들에 비해 권력에 대해 끈질긴 야심을 갖고 적절한 시기를 포착한 레닌과 트로츠키 및 볼셰비키 지도자들에 의해 가능했던 것이다. 바로 이 점 때문에, 파이프스 교수는 10월혁명이라는 용어를 거부하고 볼셰비키 쿠데타라는 용어를 사용했다.

볼셰비즘에 대한 러셀의 경고

영국의 세계적 석학으로 오늘날까지도 우리에게 많은 가르침을 주는 러셀 경(Sir Bertrand Russell)은 자신은 두 가지 이유 때문에 볼셰비즘을 거부하게 된다고 말하면서 다음과 같이 부연했다. 첫째, 볼셰비키 방법으로 공산주의에 도달하기 위해 인류가 치러야 할 대가는 너무 무서운 것이라는 것이다. 둘째, 그 대가를 치른 뒤에조차도 볼셰비키가 이루고 싶다고 말하는 그 결과를 얻을 수 있다고 믿지 않기 때문이라는 것이다. 이 말처럼 볼셰비즘의 위험성을 짧으면서도 정확히 평가한 경구도 드물 것이다. 그러나 결국 볼셰비키 방식에 의해 인류의 역사에서 처음으로 공산주의정권이 세워지고, 이로부터 많은 문제들이 제기되었던 것인데 마침내 실패로 귀결되는 그 전개과정을 다음의 제3부에서 보기로 한다.

[10월혁명이 일어나기 직전까지 러시아는 율리우스력(Julian calendar)을 썼다. 이것을 흔히 구력(舊曆)이라고 말한다. 10월혁명 직후의 소비에트정부는 세계 공용의 그레고리력(Gregorian calendar)을 채택했다. 이것을 흔히 신력(新曆)이라고 말한다. 이 두 달력 사이에는 13일의 차이가 있다. 따라서, 신력에 따르면, 예컨대 1905년의 '피의 일요일'은 1905년 1월 21일에, 1917년의 2월혁명은 1917년 3월 12일에, 그리고 1917년의 10월혁명은 1917년 11월 7일에 일어난 것이 된다. 2월혁명은 3월혁명이, 그리고 10월혁명은 11월혁명이 되는 셈이다. 다음 장부터는 신력에 따라 날짜를 적기로 한다.]

III 소비에트러시아의 역사

1917년 10월의 볼셰비키 쿠테타로 소비에트 정치체제가 세워짐으로써 러시아의 역사는 완전히 새로운 장(章)을 맞이하게 되었다. 그것은 한 마디로 마르크시즘과 레닌이즘의 실험, 아니 볼셰비즘의 실험이었던 것이다. 그리하여 제3부라는 별개의 독립된 부분을 통해 소비에트러시아의 역사를 살피고자 한다.

여기서 당연히 시대구분의 문제가 제기된다. 1917년 10월부터 1991년 12월까지 74년 이상 유지되어 온 소비에트러시아의 역사를 어떻게 시대적으로 나눌 수 있느냐의 물음은 매우 중요한 물음이며, 관점에 따라 대답이 달라질 수 있다.

예컨대, 경제적 기초에서의 변화를 염두에 둔 처치워드(L. G. Churchward) 교수는, 1975년에 런던의 한 출판사(Routledge and Kegan Paul)에서 펴낸 자신의 『현대 소련정부론(Contemporary Soviet Government)』 제2판을 통해 1975년 시점까지의 소련의 역사를 두 개의 시기로 나눴다. 제1기는 '자본주의에서 사회주의로의 옮김'의 시기로, 1917년 11월부터 스탈린이 집권하던 1936년까지가 여기에 해당한다. 제2기는 '사회주의의 굳힘'의 시기로, 1937년부터 브레즈네프(Leonid I. Brezhnev)가 집권하던, 그리고 자신의 집필이 끝난 1975년까지가 여기에 해당한다. 이 방식을 연장한다면 제2기는 고르바초프(Mikhkail Gorbachev)의 집권 직전에서 끝나고, 고르바초프가 집권했던 6년의 시기는 '사회주의의 큰 수정' 또는 '볼셰비즘의 붕괴'의 시기, 곧 제3기로 정의될 수 있을 것이다.

필자는 매우 전문적이며 따라서 새로운 학술적 논쟁을 불러일으킬 수 있는 이 방식을 따르지 않고, 일반독자들이 비교적 쉽게 알 수 있도록 최고집권자의 교체를 중심으로 시대를 나누기로 한다. 이러한 시대 나눔은 물론 정권중심적인 것이며, 지도자중심적이고 서술의 편의를 위한 것이지만, 상당한 수의 러시아 역사책이 이 방법을 쓰고 있음이 사실이다.

제11장_레닌정권 시기의 내외상황(1917~1924)

혁명의 지하정당에서 집권의 정당으로 바뀐 볼셰비키당은 레닌의 통치 아래 국내외의 반볼셰비키운동을 타도하고, 독일과는 단독강화조약을 체결하는 한편, 전시공산주의 또는 신경제정책 등으로 국내를 안정시키려 하였다. 이 과정에서 소비에트정부는 벌써 전체주의적 독재체제의 경찰국가로 그 모습을 드러내기 시작한다. 한편, 대외적으로는 서방국가들로부터 적대적인 반응을 계속해서 받는 가운데, 국제공산주의운동을 진흥시키려는 움직임을 보였다. 이 장(章)은 길지 않

스몰니 인스티튜트 대회장을 경비하는 볼셰비키 경비병

았던 레닌의 7년 통치 기간에 신생 소비에트 정권이 안팎으로부터의 도전을 극복하면서 체제를 굳혀가는 과정을 살피기로 한다.

1. 3개의 시급한 난제의 해결

1917년 11월 8일 저녁 8시 40분 노병소비에트의 제2차 전러시아대회에 참석할 볼셰비키 지도자들은 페트로그라드의 북부 교외에 자리잡은 대회장(大會場) 스몰니 인스티튜트(Smolny Institute)의 큰 강당에 들어섰다. 스몰니 인스티튜트는 지난날 귀족의 딸들만 교육하던 유명한 신부학교였다.

연단에 제일 먼저 나타난 사람은 물론 레닌이었다. 그는 우선, "이제부터 우리는 사회주의질서를 건설해 나갑시다!"라고 외치고 나서, "제일 먼저 해야 할 일은 평화를 실현하기 위한 실제적 조처들을 채택하는 것입니다. 우리는 무병합, 무배상, 인민의 자치권이라는 소비에트쪽 조건의 바탕 위에서 모든 교전국 인민들에게 평화를 제의할 것입니다"라고 선언했다.

소브나르콤 회의를 주재하는 레닌

이와 동시에 새 내각이 발표되었다. 트로츠키의 제의에 따라 '부르주아적 명칭'인 장관을 '인민위원(People's Commissar)'이라고 부르고, 내각을 '인민위원들의 소비에트(Soviet of People's Commissars)', 곧 '소브나르콤(Sovnarkom)'이라고 불렀다. 의장에 레닌, 외무인민위원에 트로츠키, 민족인민위원에 스탈린, 내무인민위원에 리코프, 문교인민위원에 루나차르스키 등이 각각 취임했다. 이로써 소비에트정부의 구성은 일단 완료되었다. 이 무렵에 소비에트정부는 페트로그라드를 레닌그라드로 고쳤다.

10월혁명으로부터 이듬해 7월까지 볼셰비키는 사회혁명당 좌파와 연합하여 통치하는 형식을 취했고, 두 파의 연합은 1918년 2~3월에 독일과의 강화조약을 체결하는 문제를 둘러싸고 금이 가긴 했으나, 그 기간까지는 '밀월의 시간'을 가졌다고 할 수 있다. 그러나 정부의 각원은 대체로 볼셰비키에 국한되었고, 사회혁명당 좌파는 소비에트중앙집행위원회에서만 볼셰비키와 권력을 나누었다. 소브나르콤 곧 내각은 이 소비에트중앙집행위원회에 대해 책임을 지므로 외양으로는 볼셰비키와 사회혁명당 좌파의 제휴가 실질적인 것으로 보였다. 그러나 이것은 러시아에 존재하는 정부는 볼셰비키만의 정부가 아니라 소비에트의 정부라는 인상을 주어야 한다는 레닌의 전략을 반영하는 것일 뿐이었다.

제헌의회의 소집문제와 탄압정책의 개시

일단 새 내각을 출범시킨 레닌의 볼셰비키정권에게 세 개의 어려운 과제들이 직면해 있었다. 그 첫 번째 과제가 제헌의회의 소집이었다.

차르체제의 붕괴와 더불어 임시정부는 입헌정부의 수립을 위해 제헌의회를 소집할 것을 약속했었고, 이 제헌의회가 즉각 소집되지 않자 볼셰비키를 포함한 많은 정당들은 이것을 맹렬히 항의했었다. 그러므로 제헌의회를 소집하라는 요구는 볼셰비키의 쿠데타 이후에도 계속되었으며, 따라서 볼셰비키는 썩 내키지는 않았으나 이 요구에 응해 1917년 11월 25일에 선거를 실시했다.

볼셰비키는 집권과 더불어 반대파의 신문들과 반대당 그 자체를 탄압했는데도 총 유효투표 3,600만여 표 가운데 겨우 25%에 해당하는 956만여 표를 얻어, 전체 의석 707석 가운데 175석을 확보하는 것으로 그쳤다. 이에 비해 사회혁명당은 총 유효투표의 58%에 해당하는 1,745만여 표를 얻어 410석을 확보했는데, 우파가 370석을 얻음에 비해 좌파는 40석으로 그치고 말아, 볼셰비키와 사회혁명당 좌파가 연합전선을 형성한다 해도 215석에 지나지 않았다. 한편, 카데트는 17석을, 멘셰비키는 16석을 각각 얻는 것에 그쳤다.

1918년 1월 18일에 제헌의회가 열리자 사회혁명당 우파와 카데트 등 반볼셰비키세력은 소비에트체제를 거부했다. 그러나 레닌과 볼셰비키는 국민들의 요구에 복종하여 권력을 이양할 생각이 전혀 없었다. 따라서, 그들이 취할 수 있는 유일한 길은 무력으로 의회를 해산하는 것이었다. 실제로 레닌은 의회를 즉각 해산하도록 지시하면서 “세상의 아무것도 우리로 하여금 소비에트의 권력을 포기하도록 할 수 없다”고 선언하고, 트로츠키도 “제헌의회는 혁명운동의 길을 가로막고 있으며 따라서 제거되어야 한다”고 호언해 처음부터 민의를 거역하는 볼셰비키독재의 뜻을 분명히 했다.

그러나 소비에트중앙집행위원회는 볼셰비키독재의 의사를 다음과 같이 마르크시스트적 용어로 도식하는 것을 잊지 않았다. “10월혁명은 모든 권력을 소비에트에 이양하였으며, 이 소비에트는 부르주아민주주주의적 의회제라는 기만적 형태보다 그 권위에 있어서 상위이다.”

10월혁명 이후 처음이자 마지막인 이 ‘자유’ 선거에서 볼셰비키는 소수파임이 입증되었다. 그 뒤 1990년까지 소련의 정치지도자들은 자신들에 대한 유권자들의 진정한 지지도를 측정하려는 조그만 시도도 모험하지 않았다.

소수민족의 독립문제

볼셰비키정부가 긴급하게 해결하지 않으면 안 되었던 두 번째 당면과제는 소수민족의 독립문제였다. 레닌은 소수민족 문제에 대해 그동안 이중적으로 발언했다. 어떤 경우에는 소수민족들의 자결권은 충분히 인정되어야 한다고 주장했고, 어떤 다른 경우에는 제국주의에 대한 통일된 전선을 형성하기 위해서는 소수민족들의 자결권 요구가 제약될 수밖에 없다는 취지로 발언하기도 했다. 그런데 집권 직후인 1917년 11월 15일에는 러시아 안의 모든 비(非)러시아사람들의 민족적 자결권을, 심지어는 분리독립권을 인정하는 '러시아의 인민들의 권리에 대한 선언'을 발표함으로써 이 문제에 대한 태도를 명백히 했다.

이 선언대로 행동할 것인가에 대한 시험이 곧바로 찾아왔다. 이 선언이 발표된 때로부터 닷새 지난 11월 20일에 우크라이나사람들은 우크라이나인민공화국의 수립을 선포하고 이 공화국이 러시아소비에트공화국과 동등하고 자유로운 원칙 아래서 연방을 지향한다고 선언했다. 이 공화국은 여기서 한 걸음 더 나아가 1918년 1월 22일에는 자신의 완전한 독립을 선언했다. 그러자 볼셰비키정권은 곧바로 군대를 파견하여 1918년 2월 8일에 이 공화국을 전복시키고 우크라이나소비에트공화국을 만들어냈다. 이것을 기초로 1919년 3월 10일에는 마침내 우크라이나사회주의소비에트공화국을 만들어 러시아소비에트사회주의연방공화국에 예속시켰다. 볼셰비키정권은 그 초기부터 민족자결주의 원칙을 철저히 유린함으로써 이중성의 어려움으로부터 벗어난 것이다.

독일과의 강화조약체결문제

이어 곧바로 해결하지 않으면 안 되었던 또 하나의 문제가 바로 독일과 강화조약을 체결하는 문제였다. 볼셰비키는 원래 임정 시기부터 '즉각 평화'를 주장했었고, 실제로 집권과 동시에 '무병합과 무배상의 평화'를 교전국에 제의했다. 동부전선을 하루빨리 안정시킨 다음, 영국과 프랑스를 상대로 대공세를 펼 계획이었던 독일은 이것을 받아들였고, 1917년 12월 15일에 독일군이 점령하고 있는 러시아의 영토 브레스트-리토프스크(Brest - Litovsk)에서, 두 나라는 앞으로 4주 동안 휴전함과 동시에 곧 평화조약의 체결을 위한 협상에 들어가기로 합의했다. 이 곳은 오늘날 벨로루시 소속이다.

회담 참석자들의 성격은 정말 특이한 것이었다. 한쪽, 곧 소비에트러시아는 '혁명적'인데 비해, 다른 한쪽 곧 추축국은 '반동적'이었기 때문이다. 이 점에서 한 역사학자가 "역사의 변덕은 이제까지 알려진 것으로는 가장 혁명적인 정권의 대표자가 모든 지배계급들 가운데 가장 반동적인 군대계급의 대표자들과 더불어 똑같은 외교탁자에 앉게 하였다"라고 썼던 것은 정확하면서도 재미있는 표현이었다.

1주일 뒤 역시 브레스트-리토브스크에서 시작된 평화협상에서 소비에트러시아의 차석 대표 요페(Adolph A. Joffe, 1883~1927)는 '무병합과 무배상'에 입각한 6개 강화원칙을 제시했다. 그러나 군사적 우위를 차지하고 있는 독일군은 사실상 이 제의를 거절하고, 유럽의 비(非)러시아 영토, 즉 폴란드와 리투아니아 및 쿠를란트의 할양을 요구했다.

1918년 1월에 재개된 회담에서 요페를 대신한 외무장관 겸 수석대표 트로츠키는 독일에서의 반전운동 및 프롤레타리아혁명의 발발 가능성에 기대를 걸면서 지연전술을 썼다. 이와 동시에 '비전비화(非戰非和, neither war nor peace)'의 상태로 전쟁은 종결되었다고 일방적으로 선언했다. 그는 조약을 체결하지 않고 현상을 유지하고자 한 것이다. 그러나 독일은 2월 9일에 러시아의 지배에서 벗어나려는 우크라이나의 독립운동정부를 승인함과 동시에 평화조약을 맺어 군량을 공급할 농경지를 확보한 다음 러시아를 파죽지세(破竹之勢)로 공격해 들어갔다.

이러한 상황에서 당중앙위원회와 소브나르콤에서는 격렬한 논쟁이 벌어졌다. 니콜라이 부하린(Nikolai I. Bukharin, 1888~1937)을 중심한 좌파는 독일과의 개전을 주장했다. 그는 볼셰비키정부가 독일과 강화하는 것은 제국주의자 빌헬름 Ⅱ세(Kaiser Wilhelm Ⅱ)에게 국내의 프롤레타리아계급을 억압하고, '제국주의전쟁'을 수행하도록 도와주는 것이며, 따라서 그 노선은 혁명에 대한 배반이라고 주장했다. 그는 볼셰비키정부가 '불명예와 배신의 생애'를 가지느니 차라리 패배해서 붕괴되는 한이 있어도 '혁명전쟁'을 수행해야 한다고 주장했다.

이에 대해 레닌은 "우리는 전쟁을 갖고 농담할 수 없다"고 반박하면서 자신의 입장을 다음과 같이 밝혔다. "독일은 혁명을 잉태하고만 있을 뿐이며, 독일에서의 혁명은 임박하지 않았다. 제법 건강한 어린아이(=볼셰비키정부)가 우리에게 이미 출산되었다. 우리가 전쟁을 시작한다면 우리는 이 사회주의공화국을 죽이는 것이다." 사실 그의 이러한 입장은 협상 초기부터 확고했던 것이다. 그는 무엇보다 신생 볼셰비키정부를 지키는 것이 현재는 물론 미래의 공산주의 혁명을 위해서도 최선의 방법이라고 생각했던 것이다.

이처럼 논쟁이 진행되는 가운데 진공을 계속한 독일은 1918년 2월 22일에 48시간 안으로 강화조약에 조인할 것을 요구했다. 당 및 정부 지도자들 사이에는 다시 격론이 벌어졌다. 레닌은 "우리는 현재 숨쉴 여유를 필요로 하며, 혁명적 구절을 논하는 것은 진짜 혁명사업을 망친다"고 주장하면서, 자신의 제의가 받아들여지지 않으면 당과 정부에서 사임하겠다고 위협했다. 당 중앙위원회의 표결은 7대 4, 기권 4로, 소비에트중앙집행위원회의 표결은 116대 85 기권 26으로 각각 레닌을 지지했다.

이에 따라 대독강화조약은 1918년 3월 3일에 브레스트-리토프스크에서 조인되었다. 그러나 '혁명전쟁' 노선을 주장한 사회혁명당 좌파와 멘셰비키는 볼셰비키를 맹렬히 비판했다. 이 논쟁은 벌써 '일국사회주의론' 대 '세계혁명론'의 씨앗을 보여준 것이며, 또다른 각도에서는 당지도력에서 레닌의 승리를 의미하는 것이었다.

이 조약에 의해 러시아는 핀란드, 에스토니아, 라트비아, 리투아니아, 폴란드, 백러시아의 일부, 우크라이나, 베사라비아, 트랜스코카시아의 일부를 잃었다. 이것은 그 영토의 26%, 인구의 32%, 농경지의 27%, 섬유공업의 33%, 제철·제강공업의 73%, 석탄광산의 75%, 철

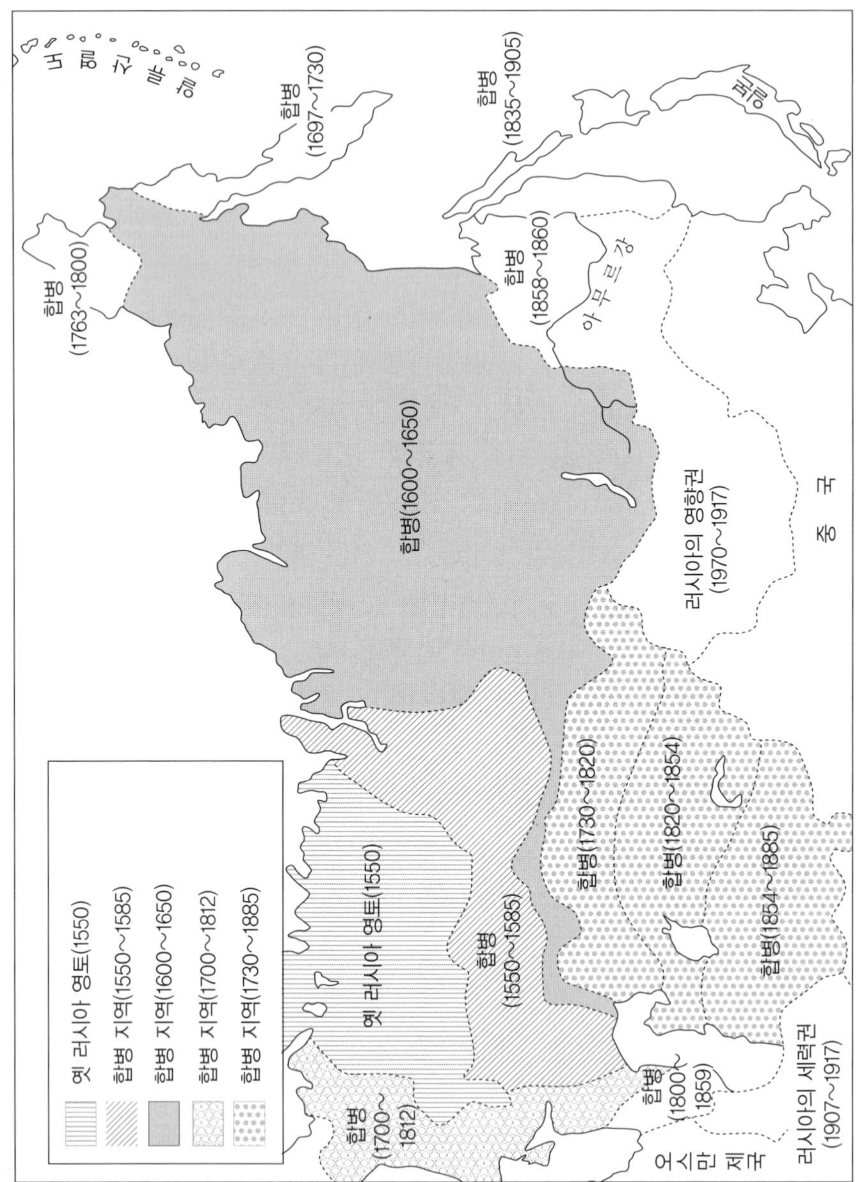

러시아의 영토 확장(1550~1917)

로의 26%를 잃는 것을 의미했다. 그뿐 아니라 볼셰비키정부는 독일에 대한 혁명의 고취와 선전활동을 금지당했다.

레닌 스스로도 이 조약을 '수치스러운 것'이라고 평하고, 나폴레옹이 패전한 프로이센에게 내정의 개혁을 강요했던 1807년의 틸지트 조약에 비유하면서, 그러나 중요한 것은 프로이센이 그 굴욕의 개혁을 통해 강대국으로 부흥한 것이라고 강조했다. 역사는 그의 판단이 정확한 것임을 입증했다. 1년 뒤 독일은 결국 연합국에게 항복했으며 소비에트러시아는 그 조약의 무효를 선언하고 실지(失地)의 대부분을 다시 찾았다.

2. 사회주의국가의 건설 : 전체주의적 독재로의 출발

위에서 살핀 세 개의 어려운 과제들을 풀어나가면서 볼셰비키정권은 자신의 권력기반을 굳히기 위한 일련의 정책들과 조처들을 밟아나갔다. 그 기조는 힘을 통한 억압이었다.

비밀경찰을 통한 반대자들의 탄압

우리는 앞에서 제헌의회 선거에서 볼셰비키가 패배했음을 지적했거니와, 이것은 레닌으로 하여금 반대당과 언론에 대한 확고한 통제가 필요함을 절감하게 만들었다. 1917년 12월 11일에 우선 카데트를 불법화시키고, 그 당의 간부들을 '인민의 적'으로 체포했으며 곧 농민단체들과 노동자단체들을 해체했다. 이어 1918년 6월 14일에는 멘셰비키와 사회혁명당의 우파 및 중도파를 '반혁명행위'를 범했다는 혐의로 소비에트에서 추방했다.

볼셰비키와 '밀월시대'를 즐겼던 사회혁명당 좌파도 곧 탄압의 대상이 되었다. 볼셰비키의 농업정책과 대외정책 특히 독일과의 강화조약

문제에 차차 불만을 품기 시작한 사회혁명당 좌파가 이 조약을 무효화시키기 위한 운동의 하나로, 1918년 7월 6일에 모스크바주재 독일대사 밀바흐 백작(Count Wilhelm Milbach)을 살해하고 반란을 일으키자, 볼셰비키는 곧바로 군대를 동원해 진압하는 동시에 사회혁명당을 불법화시켰다.

반대당에 대한 탄압은 신문에 대한 탄압과 동시에 이루어졌다. 혁명 사흘 째에 모든 '적대적' 신문의 폐쇄를 명한 데 이어 1918년과 1919년까지에는 볼셰비키정책을 비판하는 모든 신문들을 금지시켰다.

이 일련의 탄압조처들을 전담한 기관이 1917년 12월 20일에 창설된 비밀경찰 체카(Cheka), 곧 「반혁명과 태업 및 투기의 탄압을 위한 전러시아 특별위원단」이었다. 쥐르진스키(Feliks E. Dzerzhinsky, 1877~1926)를 위원장으로 하는 이 공포의 탄압기구는 그 이름 그대로 '반혁명 및 태업과의 투쟁'을 목표로 선언했으며, 특히 신문과 반대당의 사찰 및 탄압을 일차적 임무로 삼았다. 당시 체카의 임무에 대해 체카 당국의 한 기록은 다음과 같이 증언하고 있다.

> "적은 항상 감시하는 눈이 있다고 느끼게 만들어져야 하며, 또한 그가 소비에트권력에 반대하는 어떠한 계획을 시도하자마자 그의 머리 위에 무거운 처벌의 손이 무자비하게 떨어질 것이라고 느끼게 만들어져야 한다. 체카의 처벌은 법정의 결정에 따라 단두하는 단두대가 아니다. 체카는 적을 범죄의 현장에서 잡으면 재판 없이 그를 파괴하며 그를 수용소에 가두어둠으로써 사회로부터 격리시키고 상세한 수사와 광범한 홍보가 필요한 경우에만 재판에 회부한다."

이 인용한 부분에 충분히 나타났듯, 체카야말로 전체주의적 독재체제가 반드시 요구하는 폭력적 경찰체계인 것이다.

볼셰비키 권력의 강화는 불가피하게 독자적 정치기구로서의 소비에트의 약화를 요구했다. 볼셰비키당과 소비에트가 성격상 충돌할 수밖에 없다는 것은 처음부터 예견할 수 있었다. 소비에트는 그들의 이론상 '대중의 힘의 자연발생적인 표현'이며 '노동자와 농민의 각성된 혁명적 정열의 구현체'라고 할 수 있다. 이 점에 대해 레닌은 소비에트야말로 '더 높은 형태의 민주주의'이며, '노동자와 농민을 위한 최선의 대중조직'으로서, 대중을 정치행동으로 이끌어주고 정치적으로 교육시키고 '전체 인민에 행정기술을 가르치는' 역할을 수행하며 따라서 새 정권과 인민을 연결시키는 일차적 기관이라고 미화했던 것이다. 그런데 이러한 소비에트의 '신화'는 "소수 정예의 혁명가집단인 볼셰비키당이 혁명을 지배하고 이끌어야 한다"는 그들의 당이론 및 혁명이론과 양립할 수 없었다.

물론 이 점에 대해 레닌은 "소비에트 민주주의와 개별적 인간에 의한 독재권의 행사 사이에는 원칙상 모순이 없다"고 주장했지만, 소비에트에 표현되는 대중의 의사와 볼셰비키의 정책 사이에는 상충이 잦았으며, 이 상충의 해결책은 역시 '대중우위의 원칙'에서보다는 '소수 정예의 혁명이론'에서 찾아졌다. 그 결과는 소비에트의 약화 또는 당에 의한 소비에트의 지배였다. 이에 따라 볼셰비키는 소비에트로부터 반대당을 추방하고, 소비에트 안의 중요한 기구들을 장악했다. 필요한 경우 볼셰비키는 소비에트 대의원선거를 조작했을 뿐만 아니라 볼셰비키에 비협조적일 듯한 대의원을 체포하거나 제거했다.

가족, 교회, 학교의 개조

볼셰비키정권은 이어 자신과 더불어 국민들의 충성심을 경쟁할 수 있는 중요한 사회적 제도들을 자신에게 유리한 방향으로 개조하기 시작했다. 그 제도들이란 가족과 교회와 학교였다.

러시아사회에서 가족이 그 구성원에 미치는 영향은 매우 컸다. 아버지의 권위는 대단히 커서 자녀들은 거기에 복종해야 했다. 가정생활은 전통적으로 보수적이었고, 오랫동안 전승되어 내려온 관습에 의해 좌우됐다. 이러한 가정생활에 대해 일차적이며 직접적인 영향을 끼치는 사회적 제도로 대표적인 것이 교회였다. 러시아사람들은 신앙심이 깊어서 교회를 존중하고 두려워했으며, 따라서 교회의 가르침에 충실하고자 했다. 한편, 교회는 결혼과 이혼을 주재하여 예컨대 교회가 주재하지 않은 결혼은 정식 결혼으로 인정되지 않았다. 교회는 또 출생과 사망에 관한 기록들을 보관하고 있었다. 그뿐 아니라, 교회는 스스로가 학교이기도 하여 교육에 대해 큰 영향을 끼쳤다.

볼셰비키정권은 우선 교회의 기성 권위를 부인했으며, 결혼과 이혼과 그리고 생사 기록에 대한 교회의 권한을 빼앗았다. 이것은 바꾸어 말해, 가족에 대한 교회의 통제력을 크게 약화시킨 것이다. 새 정권은 이어 개개인에게 결혼과 이혼 및 낙태에 대한 권한을 주었으며, 성생활에 대한 여러 가지 금지조처들을 풀었다. 또 가족에서도 개개인의 권리를 인정했다. 이러한 조처들은 가족에 대한 교회의 영향력을 사실상 단절시켰으며, 동시에 가족 그 자체를 파괴하기도 했다.

교회에 대한 자신의 이러한 입장을 볼셰비키는 '전투적 무신론'이라는 이론으로써 합리화했다. "종교는 결코 개인적인 문제가 아니며, 반인민적인 종교에 대해서는 전투적으로 맞서야 한다"는 취지였다. 여기에 바탕을 두고 새 정권은 1918년 2월 5일에 소브나르콤의 이름으로 「국가로부터의 종교의 분리 및 교회로부터의 학교의 분리에 관한 영(令)」을 내리고, 교회와 종교단체의 재산권을 부인했을 뿐만 아니라, 공립 및 사립 학교에서의 종교에 관한 모든 강의를 폐지시켰다.

이에 맞서 러시아정교의 최고책임자인 총주교 티혼(Patriarch Tikhon)은 볼셰비키 전체를 파문했다. 볼셰비키의 첫 번째 반응은 조롱이었다. 가소롭다는 태도였다. 그들은 이어 1922년 5월에 그를 체포했다가 그 다음 해에 석방했다.

학교에 대한 과격한 개혁도 뒤따랐다. 그것은 파괴의 단계와 건설의 단계로 나뉘어 진행되었다. 첫째 단계에서는 제정 아래서의 교육제도와 기관 및 관행을 모두 철저히 부인했다. 둘째 단계에서는 모든 국민의 문맹퇴치와 무상교육을 보장하는 방향으로 추진했다. 물론 볼셰비키당이 이 모든 과정을 철저히 통제했으며, 따라서 교육의 방향은 레닌주의에 충실한 인간의 주조에 두었다.

지식인들의 대응

볼셰비키정권의 이러한 조처들은 특히 지식인들에게 많은 영향을 주었다. 예컨대 문인들을 보기로 들면 정권에 대한 반대파와 지지파와 침묵파로 나뉘었다. 반대파의 대표적인 지도자는 상징주의자 테테르니코프(Fyodor K. Teternikov: Theodor Sologub로도 알려짐)였는데, 그들의 대부분은 스스로 집필을 포기하거나 자살하거나 투옥됐다. 「러시아문학의 쇠퇴원인과 새로운 조류에 관하여」와 「신(神)들의 죽음」으로 유명한 메레즈콥스키(Dmitry S. Merezhkovsky, 1865~1941)와 그의 부인으로 시인인 기피우스(Zinaida Nikolayevna Gippius, 1869~1945)는 망명의 길을 택했다.

고리키

지지파의 대표적 작가는 고리키, 그리고 대표적인 미래파로서 당시 '소비에트러시아의 비공식적 계관시인'으로 존경받던 마야콥스키(Vladimir V. Mayakovsky, 1893~1930)였다. 마야콥스키는 「바지를 걸친 구름」과 「전쟁과 평화」 및 「인간」 등의 시를 통해 혁명을 예언한 것으로 유명했다. 그러나 그들도 그 새 정권에 환멸을 느껴 고리키는 스스로 은둔의 생활에 들어갔고 마야콥스키는 자살했다.

사회주의정책의 실시

이처럼 볼셰비키당의 독재체제를 굳혀가면서 몇 가지 사회주의정책을 실시하기 시작했다. 그 대표적인 것이 8시간 노동제(1917.1 1.23), 재산과 신분에 따른 전 인민의 구분 폐지령(1917.11.23), 구법원의 폐지 및 '인민재판소'의 설립(1917.12.5), 적군(赤軍)의 창설(1918.2.28) 등이었다. 토지에 대해서는 혁명 다음 날인 1917년 11월 8일에 농민의 토지소유권을 제외하고는 토지에 대한 모든 사유제를 폐지했다. 그러나 1918

년 2월에 와서는 모든 토지의 국유화를 선언했으며 여기서 벌써 앞으로 등장할 집단농업제가 예고되고 있었다.

사회주의정책은 경제정책에서도 두드러졌다. 외국무역과 은행 및 대기업의 국유화가 실시됐고, 제한된 부분에서 경제계획이 실시됐으며, 농산물을 국가의 통제 아래에 두었다. 번함(James Burnham) 교수와 같은 경영학자는 이러한 초기의 경제정책이 레닌의 '신디칼리스트적 성향,' 곧 '집산주의적(集産主義的) 성향'을 보여주는 것이라고 지적했으나, 그것보다는 당시의 상황을 그때그때 해결하기 위한 편법의 연속으로 이해하는 것이 정확하다는 견해가 더 유력하다.

소비에트국가의 수립

이어 볼셰비키정권은 소비에트국가의 수립을 위한 일련의 조치를 취해 나갔다. 우선, 1918년 3월 6일부터 사흘 동안 모스크바에서 제7차 러시아사회민주노동당대회를 열었다. 혁명 이후 처음 소집된 이 당대회에서 레닌은 "우리 볼셰비키당은 러시아를 확신시켰다. 우리는 빈자를 위해 부자로부터, 근로자를 위해 착취자로부터, 러시아를 빼앗았다. 우리는 이제 러시아를 통치하지 않으면 안 된다"고 선언하고 러시아사회민주당을 서유럽의 사회민주당과 뚜렷이 구별하기 위해 러시아공산당(Russian Communist Party)으로 개명할 것을 선언했다. 동시에 독일군의 페트로그라드 진공이 가까워 오면서 수도를 모스크바로 옮겼다.

이어 1918년 7월 10일에는 제5차 전러시아소비에트대회를 소집하고 러시아소비에트사회주의연방공화국(Russian Socialist Federated Soviet Republic, RSFSR) 헌법을 제정하여 선포했다. 그리고 그 공화국은 '노동자들과 병사들과 농민들의 대표들의 소비에트공화국'이라고 선언했다. 1924년에 새 헌법에 의해 대치될 때까지 약 6년 동안 유효했던 이 헌법은 「공산당 선언」, 제정러시아의 정치적 관행, 혁명기간에 자연발생적으로 나타난 정치제도 등을 마르크시즘의 이론과 용어로 적절히 배합한 것이었다. 그 헌법은 우선 세계혁명, 자본주의와 제국주의의 타도, 소비에트의 독재권, "일하지 않는 사람은 먹지 못한다"는 원칙 등을 선언했다. 모든 권위와 권력은 1,000여 명으로 구성된 전러시아소비에트대회에 귀속되며, 200여 명으로 구성된 소비에트중앙집행위원회에 위임된다고 규정했다. 그러나 실제로는 이 위원회가 선출한 소브나르콤에게 전적으로 돌아갔다.

3. 볼셰비키정부의 위기와 그 극복

1918년 봄 또는 여름부터 볼셰비키정부는 중대한 위기에 직면하였으니, 그것은 바로 국내외의 반(反)볼셰비키운동과 경제파탄이었다. 이 두 가지 시련을 볼셰비키정부가 어떻게 대처해나갔는지 살피기로 한다.

반볼셰비키 전쟁

볼셰비키의 집권 직후부터 부분적으로 나타났던 반볼셰비키운동은 제헌의회의 해산과 대독강화조약의 체결 이후 더욱 본격화되었다. 차르시대의 장군들 및 귀족들, 예컨대 알렉시예프(M. V. Aleksiyev), 데니킨(A. I. Denikin), 유데니치(N. N. Yudenich), 콜차크(A. V. Kolchak), 브랑겔(P. N. Wrangel), 코르닐로프 등은 남러시아와 볼가강지역 그리고 시베리아지역에서 각각 백군(白軍)을 조직함과 아울러 여러 개의 임시정부를 선언했다. 사회혁명당을 비롯한 좌파세력들도 시베리아에 두 개의 임시정부를 세웠다.

그뿐 아니라, 볼셰비키정부를 타도하고 독일과 전쟁을 재개할 새 정부를 수립할 목적으로 미국, 영국, 프랑스, 이탈리아 등 연합국이 제한된 규모이지만 무력개입을 했으며 임정들을 지원했다. '돈강 공화국'을 수립한 카자크족을 비롯해 폴란드와 우크라이나 및 체코 사람들도 반볼셰비키전쟁 에 참여했다. 여기서 이미 암시되듯이, 당시 서방국가들은 소련을 불법적인 참칭정부라고 여겨 승인을 거부했다. 이로써 볼셰비키정부는 내란 및 외국의 무력간섭에 직면했다.

그러나 볼셰비키는 1921년 2월까지 이들을 진압하는 데 성공했다. 볼셰비키의 승리 요인들로 다음의 것들이 지적되었다. 첫째, 반란군이 너무 이질적이어서 하나의 연합전선을 형성하지 못했다. 둘째, 반란군과 외국군이 대체로 러시아의 변경지대를 점령하고 있었음에 비해, 볼셰비키는 중심부를 점령함으로써 지리(地利)를 얻었다. 셋째 반란군이 외국과 결탁했다는 점 때문에 볼셰비키는 외세에 대한 '조국수호민족전쟁'의 입장을 취해 민중의 지지를 얻었다. 넷째, 반란군은 '반동적' 성격 때문에 농민의 지지를 얻지 못했다. 예컨대 콜차크나 데니킨은 모두 지주제 부활을 들고나왔다. 다섯째, 적군(赤軍)의 조직과 용병이 우수했으며, 이 점에서 특히 신임 국방인민위원, 곧 국방장관 트로츠키의 공로가 컸다. 여섯째, 도시로의 식량공급을 확보함으로써 도시노동자들의 지지를 얻었다.

폴란드와의 전쟁

이때 볼셰비키정부를 위협한 유일한 민족주의운동은 폴란드의 민족주의운동이었다. 1차 세계대전을 마무리한 1918년의 파리평화회의를 계기로 그 동안 1세기나 오스트리아와 프로이센 및 러시아에 각각 나뉘어 있던 폴란드가 독립을 얻은 것이다. 볼셰비키정부는 이 평화회의에 불참했다. 따라서 연합국은 볼셰비키정부와는 아무런 상의 없이 영국 외무장관 커즌 경(Lord Curzon)이 제안한 '인종적 구분선', 이른바 커즌 라인(the Curzon Line)에 바탕을 둔 동부경계선을 받아들이라고 폴란드에게 요청했다. 그러나 폴란드 대통령인 유제프 피우수트스키 원수(Marshal Joseph Pilsudski)는 서부 우크라이나와 서부 백러시아를 되찾고 싶었다. 이 지역들은 인종적으로 폴란드인의 땅이 아니지만, 피우수트스키는 그 지역들을 폴란드의 역사적 유산으로 간주한 것이다. 또, 이 지역들이 폴란드에 들어온다면 그것은 러시아가 영구히 약해지는 것을 의미했다.

볼셰키비정부는 국내사정 때문에 폴란드와 하루빨리 평화에 도달하고 싶었다. 그래서 1920년 2월에 볼셰키비정부는 폴란드에 대해 상당한 양보를 하고자 했다. 그러나 국내경제가 위기를 맞았는데도 폴란드는 민족주의적 정열에 넘쳐 그들의 '잃은 땅'을 찾겠다는 일념으로 1920년 4월에 러시아를 공격했다.

초기에는 폴란드의 공격이 성공적으로 펼쳐졌다. 그러나 볼셰비키정부의 반공(反攻)이 훨씬 효과적이어서 1920년 7월 말에 마침내 폴란드의 수도 바르샤바의 문전에 이르렀다. 승리에 도취한 볼셰비키정부는 본격적인 공세를 취하고자 했다. 그러자 영국과 프랑스가 개입했다. 만일 적군(赤軍)이 커즌 라인을 건넌다면 영국군은 폴란드를 지원하기 위해 군사적으로 개입하겠다고 선언한 것이다. 이 때 이른바 바르샤바의 기적이 일어났다. 폴란드의 반공이 성공한 것이다. 이에 1920년 10월 12일에 두 나라 사이에는 예비적 평화조약이 체결됐다. 폴란드는 전쟁 마지막 단계의 승리로써 커즌 라인 동쪽의 땅까지 얻을 수 있었다. 이것은 1921년 3월에 라트비아의 수도 리가(Riga)에서 체결된 리가조약(the Treaty of Riga)에서 확정됐다. 이 조약으로 두 나라 사이에 국경선이 확정됐는데, 이 국경선은 나치독일과 소련이 1939년에 비밀의정서를 통해 폴란드의 분할에 합의할 때까지 존속된다.

체카의 강화

내우외환(內憂外患)의 시련 속에서 레닌정부는 전체주의적 경찰국가의 길로 줄달음쳤다. '무자비한 조직적 테러는 혁명기의 절대적 필수품'임을 공식 선언한 체카는 1918년 8월 30일에 있었던 사회혁명당원에 의한 레닌의 암살 시도와 체카의 페트로그라드 책임자 우리츠키(Moisei S. Uritsky, 1873~1918)의 암살을 계기로 더욱 확대되고 더 많은 권력을 받게 되었다. 1918년 9월 5일에 소브나르콤은 체카에게 '백군의 조직 및 음모와 관련된 모든 사람을 사살할 권한'을 부여했으며, 레닌도 '사살 없이 어떻게 혁명을 하겠다는 것이냐?"는 반문으로써 이 결정을 뒷받침했다.

체카의 불법성 및 자의성(恣意性)은 체카요원들에게 시달된 다음과 같은 지시문에서 명백히 나타난다. "그 사람이 힘이나 말로 소비에트 정부에 반대했는지의 증거를 찾지 말라. 너의 첫 임무는 그의 계급, 출신성분, 교육, 직업을 묻는 것이다. 그 물음에 대한 대답이 죄인의 운명을 결정하는 것이다." 이 일련의 과정에서, 1918년 7월 16일에 로마노프왕조의 마지막 황제 니콜라이 Ⅱ세와 그의 가족 전원은 그 사이 감금되어 있던 곳인 시베리야의 예카테린부르크(Yekaterinburg)에서 체카요원들에 의해 학살됐다.

1922년 2월에 가서, 반볼셰비키전쟁의 공식 종결을 상징하기 위해 체카는 폐지됐다. 그 대신 국가정치행정부 곧 게페우(GPU)가 내무부 아래 설치됐다. 게페우가 체카의 권한을 그대로 계승하고, 국민들 사이에 공포와 전율의 대상으로 떠올랐음은 물론이다.

경제파탄과 전시공산주의

내란에 못지않게 새 정부를 위협한 것은 전쟁과 내란 그리고 과격한 사회주의 정책에 따른 경제파탄이었다. 1913년의 공업 총생산을 1로 놓고 볼 때, 1917년의 공업 총생산은 3/4, 1920년의 공업 총생산은 1/6로 떨어졌다. 1918년의 석탄 생산도 1913년 생산의 33%로, 1920년의 선철 생산은 전전(戰前) 생산의 3%로, 1920년의 대기업의 총생산은 전전 생산의 14%로, 1920년의 농업 총생산은 전전 생산의 50%로 각각 떨어졌다. 오데사라는 평균적인 러시아의 한 도시를 보기로 들면, 발전소·수도공급·전차운행·시영목욕탕 등이 모두 중지됐거나 문을 닫았고, 약간의 요리할 기름을 얻기 위해 48시간 동안 줄을 서서 기다리지 않으면 안되었다.

그러나 가장 큰 문제는 식량문제였다. 우선 식량의 절대량이 부족했다. 1920~1922년에 러시아의 곡창인 우크라이나에 큰 가뭄이 들어 평년 생산량의 5%밖에는 생산하지 못했다. 도시로의 식량공급도 원활하지 않았다. 계속되는 물가오름세 때문에 농민은 그나마 식량을 팔지 않기 시작한 것이다. 자연히 도시민에 대한 빵의 1일 배급분이 볼셰비키정부가 수립된 뒤 1/8로 떨어질 수밖에 없었다. 이렇게 되니, 도시민들이 그래도 식량을 구하기 쉬운 농촌으로 몰려들어 도시의 인구가 격감했다. 레닌그라드를 보기로 들면, 1917년 현재 230만 명의 인구가 1919년에는 70만 명으로 급격히 떨어졌다. 결과적으로 농촌도 혹심한 식량난을 겪게 되었다. "차르 밑에서 땅은 하느님의 것이었고, 호밀은 농민의 것이었다. 그러나 이제 땅은 농민의 것이지만, 호밀은 하느님의 것이 되었다"는 불만이 나올 정도로, 볼셰비키 러시아는 격심한 식량난으로 붕괴의 위기에 직면했다.

이러한 상황도 당대의 정상급 이론가 부하린에게는 문제가 되지 않았다. "생산에서 무정부상태라는 것은 아무리 슬퍼한다 해도 피할 수 없는 역사의 한 단계이다. 혁명으로 빚어진 손실이란 것은 인간사회가 미래발전의 가능성을 위해 지불하지 않으면 안 될 대가이다"라는

농촌으로 향하는 식량징발대

것이 그의 주장이었다.

그러나 상황은 몹시 급박했다. 트로츠키는 당시의 상황을 1930년에 출판한 자서전 『나의 생애(*My Life*)』서 "1918년 봄과 여름은 가장 어려운 시기였다. 고갈되고 파멸되고 절망적인 이 나라에서 새 정부를 유지해나갈 충분한 활력이 있는지의 문제가 제기되었다. 혁명의 운명은 머리칼 한 가닥에 매달려 있는 것 같았다"고 회고했다. 이 솔직한 회고에서 우리는 당시의 급박함을 실감하게 된다.

이러한 배경에서 레닌은 사회혁명당과 멘셰비키가 맹렬히 반대하는데도 전시공산주의(war communism, militant communism) 정책을 채택했다. 그것은, 단순화시켜 말한다면, 농민으로부터 될 수 있는 대로 많은 식량을 강제로 빼앗아 도시민에 공급하는 일련의 강압적 조처를 의미했다. 우선, 농민들은 국가가 결정한 각 농가의 1년 소비양곡과 파종곡을 초과한 모든 양곡을 팔아야 하며, 이에 응하지 않는 자는 '인민의 적'으로 '혁명법정'에 서야 한다. 한편, 초과분의 식량을 감춘 자를 밀고한 경우 후자는 몰수분의 반을 차지하도록 했다. 이를 뒷받침하기 위해 정부는 「노동자식량구매대」와 「식량군」을 조직해 전국에 내보냈다.

이와 동시에 농민을 흔히 쿨라크(kulak)라고 부른 부농과, 그리고 중농(serednyak) 및 빈농(bednyak)으로 나누어 중농과 부농에 대한 빈농의 '계급투쟁'을 대대적으로 장려했다. 이 계급투쟁을 돕기 위해 「빈농위원회」를 곳곳에 신설했다.

이러한 강압적 방법으로 1919~1920년에는 전년도분의 125%를 징수할 수 있었다. 그러나 농민들은 차츰 무기를 들고 강제징수에 대항하거나, 자기 먹을 정도만 생산하고 초과분으로 지정될 가축을 마구 죽였다. 이 때문에, 1921~1922년에는 자연기근 이외에 '사람이 만든 기근'이 발생하여 300만 명이 굶어죽고 600만 명이 굶주림 때문에 발생한 질병으로 죽었다. 농민반란도 줄기차게 일어났다. 1920~1921년에만 유럽 러시아의 50개 성 가운데 21개 성에서 농민반란 또는 농민소요가 일어났다. 레닌도 뒷날 자신의 정책이 '대다수의 농민'을 정부로부터 소외시켰음을 인정했다. 그러나 이 정책으로 레닌은 그가 정권을 유지하기 위해서는 어느 계층보다 중시해야 할 도시노동자와 적군(赤軍)을 굶기지 않을 수 있었고, 정권을 유지할 수 있었다.

전시공산주의의 또 하나의 측면은 모든 기간산업(基幹産業)들의 국유화였다. 국가의 거의 모든 산업들은 최고경제협의회 산하에 놓여졌다. 그러나 일종의 계획경제 또는 통제경제인 이 정책도 성공하지 못했다.

4. 신경제정책의 실시와 당단합결의안의 채택

전시공산주의에 대한 반항은 1921년 초에 더욱 뚜렷해져, 멘셰비키와 사회혁명당은 '공산당 타도', '소비에트정부 타도', '제헌의회 만세'를 내걸며 노동자의 파업을 선동했다. 이러한 상황 속에 그 해 3월에 레닌그라드에서 별로 멀지 않은 발트해의 한 섬 크론슈타트 요새에서 수병 10,000여 명과 인민들이 합세한 큰 규모의 반란이 일어났다. 이들은 볼셰비키 독재를 혹독히 비판하고, 자유선거에 의한 새 정부의 구성과 '볼셰비키 없는 소비에트' 및 모든 노동계급 정당들의 정치적 자유를 절규하는 한편 임시혁명위원회를 구성했다. 1917년의 2월혁명과 10월혁명에 이어 제3의 혁명이 임박한 듯이 보였다. 이에 대해 레닌은 투카쳅스키(Mikhail Tukachevsky) 장군을 급파하여 중화기와 폭격기로 공격하게 한 결과 약 10일 만에 15,000여 명을 학살했다. 이 참극이 신생 볼셰비키정권의 반(反)인민성과 포악성을 입증했음은 물론이다.

이 사건은 레닌으로 하여금 전시공산주의 정책를 버리고, 그가 '자본주의로의 전략적 후퇴'라고 부른 신경제정책(New Economic Policy, NEP)을 채택하게 하였다. 물론 레닌은 이 후퇴를 마르크스의 이론으로 합리화하는 것을 잊지 않았다. 마르크스는 자본주의 경제의 잠재력이 충분히 발현되었을 때만 사회주의가 가능하다고 주장했었다. "프롤레타리아 러시아가 이제 겨우 반 정도 달성한 공업화를 완결시킬 수 있도록 도와줄 수 있는 서유럽 선진국가들의 프롤레타리아트가 손을 놓고 있는 이 상황 속에서는, 프롤레타리아정부 스스로가 자본주의를 발전시키고 또 그것을 주도하지 않으면 안 된다"고 레닌은 설명한 것이다.

1921년 3월에 열린 제10차 당대회에서 채택된 신경제정책(1921~1928)은 엄격한 정부통제 아래 자본주의의 요소를 부분적으로 도입한 것이다. 이 정책은 우선 농민에 대한 양보로 시작되었다. 식량의 강제수매가 폐지되었고, 그 대신 농민들은 자신들의 생산의 일부를 세(稅)로 정부에 납부하고, 그 나머지를 시장에 팔 수 있도록 허용되었다. 이로써 농민의 생산의욕을 크게 고취시킬 수 있었다.

그 다음의 조처는 경공업과 무역에서의 사기업으로의 부분적 전환이었다. 레닌이 '경제의 사령부'라고 부른 중공업은 그대로 정부의 손안에 있었다. 그러나 여기에도 변화가 있어서 '노동자의 통제' 대신에 정부가 임명한 관리인이 이것을 상업적인 원칙 아래, 곧 엄격한 회계절차와 이윤추구 아래, 경영해 나갔다. 이것은 물론 사기업도 아니며 사회주의도 아닌 상태였고, 레닌도 이것을 '국가자본주의'라고 불렀다. 이 정책에 따라 소련의 공업생산과 농업생산은 전전의 수준으로 회복되게 된다.

이론이나 이념보다 현실을 더 중시한, 보다 더 정확히 말해 정권의 유지를 가장 우선시한, 레닌은 필요한 경우에는 자본주의와의 타협도 사양하지 않았다. 볼셰비키집권 이후 가장 두드러진 양보가 바로 브레스트-리토프스크 조약과 신경제정책이었음은 위에서 이미 살펴보았다. 그러나 그의 노선에 대한 비판 또한 당내에 남아 있었다. 그 첫 그룹은 '민주적 집중주의자 그룹'이라고 불리었는데 이들은 당내에서 권위주의적이며 관료주의적 지배가 발전하는 것을 반대하고, 당내 민주주의를 옹호했다. 그 둘째 그룹은 '노동자들의 반대 그룹'이라고 불리었는데, 이들은 노조를 당의 예하에 두는 것에 반대하고, 당에서 휠씬 독립된 생산자들의 손에 맡길 것을 주장했다.

1920년 12월에 모스크바에서 열린 볼셰비키 특별회의가 노조문제에 대한 토의를 시작하자 많은 구상들과 의견들이 개진되었다. 이러한 경향은 1921년에 들어서 더욱 현격히 나타났으며, 특히 신경제정책안을 놓고 좌파들은 그것이 자본주의로의 후퇴라는 점을 들어 맹렬히 반대했다.

1921년 3월에 크론슈타트의 반란이 진행되는 가운데 열린 제10차 당대회에서, 레닌은 당내의 분파활동을 금지하는 '당단합에 관한 결의안'을 통과시켰다. 이 결의안은 당원이 독자적인 정치적 프로그램을 갖고 당내에서 하나의 그룹을 형성하는 것을 금지시킴으로써, 당 수뇌의 공식적 지도에 대한 어떠한 반대도 불법적인 것으로 만들었다. 이 결의안은 또한, 이 새 규정을 어긴 당원을 당중앙위원회의 결의로써 당으로부터 추방할 수 있도록 허용했는데, 이 조항은 당내의 반발을 우려해 당분간 비밀로 부쳤다. 이러한 원칙은『무엇을 할 것인가?』에 이미 나타났던 대로 레닌이즘의 중요한 한부분이었으며, 이 원칙의 채택은 레닌이즘의 중요한 승리였을 뿐만 아니라, 소비에트러시아의 정치사에서 하나의 전환점을 뜻하는 것이었다. 달리 표현해, 전체주의적 독재국가로 치닫는 징후를 보이던 소비에트러시아가 이제 완전히 그 방향으로 들어섰음을 의미하는 것이었다.

5. 당의 강화와 소비에트사회주의공화국연방의 수립

러시아공산당의 규약에 따르면, 당대회는 '프롤레타리아계급의 일반의사의 최고의 표현기관이었다. 혁명 이후의 기간에 당대회는 1년에 1회 소집됐다. 그러나 무려 700명 가까운 많은 대의원들이 참석해 며칠 동안만 계속될 뿐인데다가 당의 수뇌부가 권위주의적으로 이끌었기에, 실제에 있어서는 그러한 기능을 수행하지 못했다. 당대회가

‘선출’하는 중앙위원회가 당대회보다는 실질적인 협의기관의 역할을 수행했고, 실질적인 토론장이기도 했다. 그러나 그 규모도 역시 컸으며, 특히 레닌의 입장에서 다루기 어려운 상대였다.

따라서, 레닌은 1919년에 제8차 당대회의 결의를 거쳐 긴박한 정치적 결정을 내리는 정치국(Political Bureau, Politburo), 당원을 배치하는 조직국(Organizational Bureau, Orgburo), 중앙위원회의 행정적 사무를 돌보는 서기국(Secretariat)을 설치했다. 이 기구들 가운데 가장 강력한 최고의 결정기관은 물론 정치국이었다. 레닌, 트로츠키, 카메네프, 스탈린, 크레스틴스키(Nikolai N. Krestinsky) 등 5인의 정치국에는 모두 동료라는 뜻에서 의장을 두지 않았으나 레닌이 최고지도자로 받아들여졌다. 조직국은 정치국원인 스탈린이 이끌었고, 서기국의 서기장직 역시 스탈린이 차지했다. 서기장직은 1922년 4월에 레닌이 만들었는데, 이 때는 그 자리가 정치적으로 그렇게 중요하게 여겨지지 않았으며, 그리하여 이미 조직국을 맡고 있는 스탈린에게 돌아간 것이다. 어떻든 이러한 기관들의 창설로 복잡한 당의 장치(裝置)는 차츰 늘어났으며, 이러한 기관들을 통해 당 수뇌부는 자신들의 권력을 늘려나갔다.

레닌은 당 기구를 확장했을 뿐만 아니라 숙당사업도 벌였다. 이상주의에 또는 기회주의에 자극받아 증가된 당원은 1921년 3월 현재 752,000여 명에 이르렀으며, 이 숫자는 1917년 3월에 비해 28배의 증가를 의미하는 것이었다. 레닌은 제10차 당대회에서 ‘비공산주의 요소의 숙청’을 명령하는 것으로써 대처했다. 이에 따라 1921년 후반기에 모든 당원들 가운데 약 20%를 추방하고, 후보당원의 기간을 거쳐야 정(正)당원이 될 수 있다는 1919년의 당 규약의 규정을 엄격히 적용하기 시작했다. 이로써 1923년께부터 당원의 수는 당분간 500,000명 선에서 고정되었다.

코민테른 본부 건물(모스크바)

스탈린-레닌-칼리닌

러시아소비에트사회주의연방공화국과 그 인근의 우크라이나소비에트공화국, 백러시아소비에트공화국, 그루지야소비에트공화국, 아르메니아소비에트공화국, 아제르바이잔소비에트공화국 사이에는 별다른 유대가 없었다. 그러나 그들 모두가 독일의 침략을 겪으면서 자연스럽게 군사적 유대가 형성됐다. 내란과 경제위기 등을 어느 정도 극복하면서 러시아소비에트사회주의연방공화국은 차차 인근의 이들 소비에트공화국들과 보다 밀접한 통합을 이룩하려 하였다. 우크라이나와 백러시아의 경우처럼 단계적이며 평화적인 방법으로 통합된 경우도 있으나 멘셰비키가 통치하던 그루지야처럼 적군(赤軍)의 침입에 의해 통합된 경우도 있다. 이 침입에 따라 그루지야와 아르메니아 및 아제르바이잔은 우선 트랜스코카시아소비에트사회주의연방공화국을 수립했다.

이 바탕 위에서 1922년 12월 30일에 열린 제10차 전러시아소비에트대회는 4개 소비에트사회주의공화국들 사이의 연방조약을 체결하여 소비에트사회주의공화국연방, 약칭 소련을 성립시켰다. 이 제10차 전러시아소비에트대회가 소련의 제1차 소비에트대회로 인정된다. 이어 1923년 7월 6일에 소비에트사회주의공화국연방헌법을 제정하고, 1924년 1월 31일에 제2차 소비에트대회의 비준을 거쳐 시행하게 되었다. 1936년의 이른바 스탈린헌법에 의해 대치될 때까지 약 12년 동안 유효했던 이 헌법은 1918년의 러시아소비에트사회주의연방공화국의 헌법과 거의 같다. 연방과 각 구성공화국의 권력관계를 새로 두었으며 최고법원에 대한 규정을 두었다. 소비에트사회주의공화국연방의 실권 없는 국가원수직에는 레닌에 충실한 미하일 칼리닌(Mikhail I. Kalinin, 1875~1946)이 선출됐다.

6. 3대 외교목표의 추진

신생 볼셰비키정권의 국제관계와 외교에 대해서는 이미 부분적으로 지적되었거니와, 여기서 분명히 드러난 것은, 거듭 강조하지만, 자신의 정권유지에 정책의 최우선순위를 주었다는 사실이다. 서방국가들이 볼셰비키정권을 정통성도 합법성도 없는 참칭정부로 여기고, 이 정권을 무너뜨려야 한다는 믿음 아래 적대행위를 계속하는 상황에서, 볼셰비키정권이 취할 수 있는 외교적 조처란 다음의 세 가지로 요약될 수 있었다.

국제공산주의의 진흥: 코민테른의 결성

그 첫째는 국제공산주의 혁명운동을 북돋우어 서유럽에서 공산주의혁명이 일어나도록 유도하는 것이었다. 따라서 볼셰비키정부는 앞서 지적한 평화선언에서 '세계혁명'을 촉구했으며, 이것을 뒷받침하는 조처로 1917년 12월 24일에 '모든 나라들의 노동운동의 좌파 국제주의세력'에 대한 지원으로 200만 루블을 할당한다고 발표했다. 러시아에서 살던 한인들의 호응이 뒤따랐다. 블라디보스토크에서는 이동휘(李東輝)를 중심으로 한인사회당이 결성됐으며, 이르쿠츠크에서는 고려공산당이 결성된 것이다. 이러한 연장선 위에서, 1925년 4월에 서울에서는 조선공산당이 비밀리에 창당된다.

볼셰비키정부는 이어 서유럽의 혁명을 고취시키는 선전활동을 강화했으며, 그 일환으로 우선 트로츠키는 외무부에 신문국과 국제혁명선전국을 설치해서 각종의 선전책자들을 발행해 유럽 각국에 살포하게 하였다. 그러나 이것만으로는 부족했다. 각국의 사회주의 정당을 조정하는 하나의 사령탑이 필요했던 것이다. 이에 따라 레닌은 제3인터내셔널격인 코민테른(Communist International: Comintern)을 결성했다.

코민테른의 전신(前身)인 제2인터내셔널은 전쟁반대를 결의했었으나, 1914년에 제1차 세계대전이 발발하자 대부분의 사회주의 지도자들은 자국의 이익을 내세워 전쟁지지로 돌아섰다. 이에 레닌은 이 '온건 사회주의자들에게 크게 불만을 품게 되었으며, 이들이 전쟁 말기인 1919년 2월에 제2인터내셔널의 새 대회를 소집하려고 하자 반대했다. 그 대신에, 레닌은 자신이 직접 통제할 수 있는 국제조직을 만들고자 했고, 이 의도에 따라 1919년 3월에 코민테른 제1차 대회가 모스크바에서 열렸다.

코민테른 제1차 대회의 진행과정은 코민테른이 세계혁명이 아니라 소비에트러시아의 국가이익에 봉사하는 기관임을 명백히 보여주었다. 이 점은 제1차 대회가 채택한 한 호소문에서 분명히 나타났다. 전 세계의 '근로대중'에게 보낸 이 호소문은 '근로대중'이 자국(自國)의 정부가 소비에트러시아에 대한 무력개입을 중지하고, 볼셰비키정부를 승인하며, 볼셰비키정부와 외교·무역관계를 수립하도록 혁명을 포함한 모든 수단을 동원해 압력을 가하는 것이 그들의 의무라고 강조한 것이다.

코민테른의 제2차 대회는 1920년 7월에 레닌그라드에서 열렸다. 이 대회에는 41개 국가로부터 200여 명의 대표자들이 참석했다. 동북아시아를 포함한 아시아 여러 지역들로부터의 대표들도 이 대회에 참석했는데, 거기에는 러시아에서 태어난 한인(韓人)으로 한인사회당 소속의 박진순(朴鎭淳) 등도 포함됐다.

코민테른 제2차 대회를 알리는 포스터

제2차 대회에서는 두 개의 중요한 결정이 내려졌다. 첫째, 코민테른 가입을 위한 '21개 조건' 안이 통과되었다. 어느 나라의 공산당이건 이 조건을 수락해야 가입할 수 있었다. 그러면 그것의 핵심은 무엇인가? 그것은 코민테른을 '프롤레타리아트의 국제적 투쟁기관'으로 만들기 위해 코민테른 자체를 중앙집권적이며 철(鐵)의 기율을 갖는 명령–복종 체제로 개편함과 동시에, 코민테른에 가입한 각 회원당(會員黨)의 조직 역시 그러해야 한다는 것을 강조한 것이다. 이로써 코민테른에 대한 소비에트러시아의 지배는 제도화되었다.

둘째, 유럽 제국주의국가들의 착취 아래 놓여 있는 '후진지역 인민들'을 향한 '정확한 공산주의 정책'의 채택이었다. 레닌은 이 대회에 '민족 및 식민지 문제'에 대한 자신의 분석을 제시하면서 "식민지지역에서는 진정한 프롤레타리아혁명의 가능성이 희박하기 때문에, 프롤레타리아트는 부르주아지 및 농민 가운데의 혁명적 분자들과의 잠정적 동맹을 형성해 민족혁명운동을 전개해야 한다"고 결론지었다.

그러면 레닌은 왜 이처럼 '후진지역 인민들'의 반제투쟁을 강조했는가? 레닌은 그들이 식민지에서 반제투쟁을 전개한다면 그것은 식민 본국의 지배계급에 대해서는 타격이며, 식민 본국의 프롤레타리아혁명에 대해서는 커다란 기여인데, 식민 본국, 곧 서유럽에서의 프롤레타리아혁명에 대한 기여는 소비에트정권에 대한 기여라고 분석한 것이다.

코민테른의 제3차 대회는 1921년 7월에 개최되었다. 이 무렵에도, 레닌이 스스로 인정했듯이, 국제혁명은 아무런 진전을 보지 못했다.

코민테른은 1922년 1월과 2월 사이에 레닌그라드에서, 이어 모스크바에서 극동피압박민족대회를 열었다. 여기에는 식민지조선에서 여운형(呂運亨) · 김규식(金奎植) · 장건상(張建相) 등이 참석했다. 코민테른은 곧 동아시아의 공산주의자들을 교육시키기 위해 모스크바에 국제공산당대학을 세웠다. 조선=한국에서는 박헌영(朴憲永)과 조봉암(曺奉岩) 등이, 베트남에서는 호치민(胡志明) 등이 이 대학에서 교육을 받았다.

코민테른에서 연설하는 트로츠키(1921)

이상에서 살폈듯이, 소비에트러시아는 자신의 국가적 이익을 위해 다른 나라들이 싸우도록 그들을 이용하면서도 표면적으로는 자신이 제국주의국가들과는 다른 반제국주의 투쟁의 선봉국가임을 강조했다. 그래서 제정러시아가 다른 나라들에 대해 부당하게 부과했던 조약들이나 그 조약들에 부수되는 이익들을 포기한다는 외양을 취했다. 1919년 7월에 발표된 중국에 대한 제1차 카라한 선언이 그 한 보기이다. 카라한(Lev M. Karakhan) 외무차관은 "제정러시아가 중국에 대해 지녔던 모든 특권을 소비에트러시아는 포기한다"고 밝혔던 것이다. 이 선언은 1920년 9월에 다시 천명되었는데, 이것을 제2차 카라한선언이라고 부른다.

서방국가들로부터의 원조 획득: 영국과 무역협정 성사

신생 소비에트러시아의 두 번째 목표는 서방의 자본주의국가들로부터 원조를 얻는 일이었다. 그들로부터 원조를 받아 자신의 경제적 및 군사적 힘을 키워야 한다고 계산한 것이다.

우선 서유럽과의 무역의 길을 여는 것이 그렇게 어려운 일은 아니었다. 러시아는 전통적으로 목재·곡물·석유·아마와 같은 원자재를 유럽에, 특히 독일과 영국에 공급했으며, 또 유럽의 공산품에 대해 가치 있는 시장으로 구실했기 때문이다. 더구나 1920년대 초에 유럽은 과잉생산과 그것에 따른 실업으로 고통을 겪고 있어서, 유럽의 각국 정부들은 소비에트러시아와의 교역을 허가하라는 압력을 기업가와 노동자로부터 받고 있었다.

연합국들 가운데 소비에트러시아와 공식적 무역의 재개에 들어간 최초의 국가는 영국이었다. 당시 영국 총리 로이드 조지(David Lloyd George)는 1920년 1월에, 우선 소비에트러시아에 대한 연합국의 수출봉쇄령을 해제시키는 데 주도적인 역할을 함과 아울러 소비에트러시아를 상대로 무역협정을 체결하기 위한 교섭에 들어갔다. 이 무렵인 1920년 2월에 소비에트러시아는 제정러시아의 속국이었던 에스토니아와 평화조약을 체결했다. 그 결과, 에스토니아의 수도로 '가치가 높으며 중립적인 항구'인 탈린(Tallinn)을 통해 사실상 서유럽과의 무역을 어렵지 않게 수행할 수 있었다.

이같은 분위기의 개선 속에서 영국과 소비에트러시아 사이의 협상은 1920년 봄부터 시작되었다. 그러나 그 해 여름에 소비에트러시아와 폴란드 사이에 전쟁이 일어나면서 이 협상은 어려움에 빠졌다. 로이드 조지 총리는 소비에트러시아와 무역이 열리는 것은 원했으나, 독일과 접경한 폴란드에 볼셰비키정권이 수립되는 것을 원하지 않았다. 반면에, 영국의 노동조합 지도자들은 볼셰비키정부를 적극 지지하여 폴란드로 가는 군수품의 선적을 거부할 뿐 아니라 만일 영국이 폴란드를 위해 소비에트러시아와 전쟁에 들어간다면 '직접적 행동'을 취하겠다고 위협했다.

소비에트러시아와 폴란드 사이의 전쟁이 끝나면서 영국과 소비에트러시아 사이의 협상은 1920년 11월부터 재개되었다. 당시 소비에트 대표단장은 크라신(Leonid Krassin)으로서 그는 대기업을 직접 경영한 경험을 가진 유일한 볼셰비키 지도자답게 영국 기업계의 마음을 정확히 읽으면서 적절히 대처했다. 영국의 의회도 "만일 영국정부가 보다 빨리 협상을 성사시키지 못한다면 다른 나라들이 소비에트러시아와의 무역을 훔쳐갈 것"이라고 주장했다. 이러한 상황에서 협상은 급진전하여 두 나라 사이의 무역협정은 1921년 3월 16일에 런던에서 조인되었다.

이 협정에서 소비에트러시아는 자신이 원한 모든 것을 얻지는 못했다. 소비에트정부는 영국과의 공식적 무역과 함께 법적 승인을 얻고자 했는데, 이것을 영국이 거절한 것이다. 그러나 영국은 소비에트정부를 사실상의 정부로는 인정했다. 그 반대급부로 영국은 자신의 식민지에서 소비에트정부가 반제국주의 선전을 중단한다는 약속을 얻어냈다.

이 무역협정의 진정한 의미는 협정문이 규정하고 있는 것보다 훨씬 넓었다. 트로츠키의 후임 외무장관인 치체린(Georgy V. Chicherin)은 그것을 소비에트의 대외정책에서의 '하나의 전환점'이라고 말했다. '제국주의 체계의 중추'인 영국이 소비에트러시아와의 무역을 공식적으로 결정했다는 것은, 유럽의 많은 국가들에게는 그 뒤를 따라야 할 하나의 '신호등'이었던 것이다. 이 협정이 체결되기 며칠 앞서 채택된 신경제정책이 국내정책에서의 '하나의 전환점'이었음에 비춰 이 시점에서 소비에트정부는 국내외정책에서 동시에 '전환'을 이룩했던 셈이다.

확실히 영국의 결정은 '신호등'의 역할을 수행했다. 1921년 말까지 소비에트러시아는 스웨덴, 독일, 핀란드, 발트국가들, 폴란드, 노르웨이, 체코슬로바키아, 오스트리아, 이탈리아 등과 무역협정을 체결할 수 있었다.

서방국가들로부터 받았던 차관의 처리문제(1): 칸회의

소비에트러시아의 외교가 직면한 또 하나의 과제는 차르정부와 임시정부가 서유럽으로부터 빌려 쓴 차관의 처리였다. 이 문제는 볼셰비키정부가 러시아 안의 외국인 재산을 국유화하는 한편, 서유럽국가들로부터 빌려 썼던 차관의 상환을 거부함으로써 제기되었다. '러시아에 대한 서유럽 제국주의의 착취의 형태'였던 차관과 투자를 피착취자가 갚을 의무가 없다는 것이 외무장관 치체린의 공식해명이었다.

이 조처에 가장 분개한 나라는 제1차 세계대전 발발 이전 시기에 차르정부에게 가장 많은 차관을 제공했으며 러시아 국내에 어느 다른 서유럽 국가보다 많은 재산을 갖고 있던 프랑스였다. 한편, 임시정부에게 가장 많은 차관을 제공한 나라인 미국, 그리고 역시 재산상의 손해를 보게 된 영국과 독일 및 벨기에도 당황하게 되었다.

비단 재산만의 문제가 아니었다. 원칙의 문제가 걸려 있었다. 자본주의의 기본적 교리인 사유재산의 신성성(神聖性)이 배격되고 있다는 점에 대해 서유럽 국가들은 분개한 것이다. 이러한 정권이 국제사회의 정상적인 일원으로서의 의무를 기꺼이 수행할 수 없다는 것은 명확한 사실이 아닌가? 그렇다면 이 정권은 법적 승인을 받을 자격이 없지 않겠는가? 서유럽국가들은 이렇게 반문했다.

서유럽국가들의 이러한 반발에 직면해 볼셰비키정부는 '현실적'인 입장을 취해 협상을 추구했다. 우선, 원칙의 면에서 볼셰비키정부는 자신이 맺은 국제적 약속은 반드시 이행한다는 뜻을 명백히 다짐했다. 이와 동시에 볼셰비키정부는 만일 서유럽국가들이 소비에트러시아에 대한 무력개입을 중단한다면 제정러시아 이후의 대외차관을 인정할 용의가 있다는 뜻을 나타냈다. 이어 1921년 10월 29일에 치체린은 "만일 연합국이 소비에트정부를 승인하고 소비에트정부와 평화조약을 체결한다면, 소비에트정부는 전전(戰前)의 차관에 대한 모든 책임을 지겠다"고 약속했다. 이와 동시에 이 문제에 대한 합의를 이룩하기 위해 유관국(有關國) 국제회의를 소집할 것을 제의했다.

이 제의는 시기적절한 것이었다. 당시 서유럽 자본주의국가들의 금융인들과 기업인들은, 특히 프랑스 금융인들과 기업가들을 중심으로 하여, 패전국 독일로부터 배상금을 효과적으로 짜내는 방법을 모색하고 있었다. 그리고 그 과정에서 '국제회사(International Corporation)'를 설립하여 소비에트러시아를 집중적으로 개발해 이익을 올리되 여기에 독일기업을 참여시켜 독일기업의 이익 몫으로써 독일의 배상금을 공제해나가는 안이 제기되고 있었다. 비록 구체안을 검토하는 단계에서는 많은 어려움이 드러나겠지만, 전체적으로는 대단히 효과적인 구상이라고 그들은 평가하고 있었다. 특히, 볼셰비키정부 스스로가 신경제정책과 함께 자본주의로 신속히 돌입하고 있는 만큼 소비에트러시아에 대한 투자와 소비에트러시아의 막대한 자원개발이 모두 기능하리라고 그들은 분석한 것이다.

이때 외교적 주도권을 행사한 쪽은 영국의 로이드 조지 총리였다. 그는 임박한 영국의 총선 이전에 '국제적 승리'를 거둠으로써 집권을 용이하게 하려는 정치적 계산을 한 것이다. 따라서 1922년 1월 6일에 프랑스의 칸(Cannes)에서 소집된 연합국최고협의회에서 그는 "오는 3월에 이탈리아의 제노바(Genova)에서 독일의 배상금문제를 포함한 중앙 및 동부 유럽의 경제재건문제를 토의하기 위한 국제적 경제 및 금융 회의를 개최할 것"을 제의했다. 여기서 그는 '유럽의 악동(惡童)들'인 소비에트러시아와 독일이 이 회의에 초청되어야 한다고 주장했는데, 그의 제안은 그대로 받아들여졌다. 칸회의는 또 '국제회사' 안도 승인했다.

칸회의는 이어 소비에트정부의 법적 승인을 향한 예비적 조처를 취했다. 어느 나라도 다른 나라의 정치적 및 경제적 조직원리를 명령할 수 없다는 원칙을 인정한 다음, 구체적으로 볼셰비키정부는 존재할 권리를 갖는다는 점을 분명히했다. 그러나 "볼셰비키정부는 제정러시아 이후의 모든 대외차관을 인정해야 하고 국유화된 외국인의 재산을 보상해주지 않으면 안 된다"고 선언한 다음, 이것이 볼셰비키정부에 대한 법적 승인의 전제조건임을 천명했다.

이에 대해 볼셰비키정부는 기본적으로는 대단히 조심스럽게 긍정적인 입장을 취했다. 우선, 레닌은 자국의 대표단이 '상인(商人)으로서, 왜냐하면 자본주의 국가들이 완전히 붕괴하지 않는 한 그들과의 무역은 우리에게 절대적으로 필요하므로' 제노바회의에 참가할 것임을 분명히 다짐했다. 그러면서 그는 마치 소비에트러시아를 피정복국가인 것처럼 오인하여 어떤 조건을 부과하려는 의도가 연합국에 있다면 자신은 이것을 단호히 거부할 것이라고 경고했다.

연합국과 볼셰비키정부 사이에 이러한 의견이 교환되는 상황 속에서 두 개의 새로운 사태가 일어났다. 첫째, 칸회의의 마지막 단계에서 레몽 푸앵카레(Raymond P. Poincare)를 총리로 하는 새 정부가 프랑스에 구성됐다. 그런데 그는 대독(對獨) 강경론자로서 만일 제노바회의가 독일의 경제적 어려움을 완화시키는 방향으로 나간다면 프랑스는 이 회의를 거부하겠다고 선언함으로써 회의의 전망을 어둡게 했다.

둘째, 볼셰비키정부가 독일을 상대로 새로운 쌍무조약의 체결을 협상하기 시작했다. 연합국이 자신에 대해 이행이 거의 불가능한 조건을 제시할 것이라고 판단한 볼셰비키정부 는 독일에게 "상호간에 완전한 외교관계의 재개 및 상호간 상대방에 대한 청구권의 취소를 조건으로 하는 조약을 제노바회의에 앞서서 체결하자"고 제의한 것이다. 이 제의에 대해 독일의 외무장관 발터 라테나우(Walter Rathenau)는 독일이 조약에 조인하지 않을 수 없을 것으로 내다보았다. 그런데 만일 독일과 소비에트러시아 사이에 이러한 내용으로 쌍무조약이 체결된다면 다른 연합국들의 반발은 클 것으로 예견됐다.

서방국가들로부터 받았던 차관의 처리문제(2): 제노바회의와 라팔로조약

이처럼 제노바회의의 전망이 어두웠던 시점인 1922년 4월 초에 34개국의 대표단이 제노바에 도착했다. 소비에트정부의 대표단은 라트비아를 거쳐 제노바로 가는 사이 폴란드와 에스토니아 및 라트비아와 각각 자신과의 현존 조약을 확인했으며 자신과의 무역 및 통신 촉진을 약속했다. 치체린 외무장관이 이끈 대표단은 제노바에 인접한 휴양지인 라팔로(Rapallo) 부근에 자리잡았다.

회의는 4월 10일에 열렸다. 첫 번째 연설에서 로이드 조지 영국 총리는 칸회의가 채택한 원칙을 다시 확인하면서, 특히 "한 나라가 다른 나라 또는 다른 나라의 국민과 수령금액을 놓고 계약의무에 들어갈 때는, 그 나라가 자신의 정부를 바꾼다 해도 수령대금을 반환함이 없이는 그 계약은 무효화될 수 없다"고 주장했다. 이 연설은 소련의 부채상환문제에 대해 연합국과 소비에트러시아의 의견이 여전히 엇갈리고 있음을 보여주었다. 앞서 지적했듯이, 소비에트러시아는 1921년 10월에 제1차 세계대전 이전의 차르정부의 부채만을 상환하겠다고 제의했었다.

로이드 조지의 연설에 이어 치체린은 우선 소비에트정권이 공산주의원칙에 충실하게 남을 것임을 명백히 다짐했다. 그러면서도 그는 현재의 역사적 시기는 "낡은 사회적 질서와 지금 창조되고 있는 새 사회적 질서의 병행적 존재를 허용하고 있다"고 주장하면서, "이 두 체제를 대표하는 나라들 사이의 경제적 협력은 세계경제의 재건에 긴요하다"고 말했다. 소비에트정부의 대외정책의 현안문제에 대해 이처럼 입장을 밝힌 다음, 치체린은 '평화주의 프로그램'으로서 (1) 일반적 군비제한 및 '평화적 주민'에 대한 독가스의 사용과 '공중전쟁'의 폐지, (2) 제노바회의와 같은 국제회의의 더 많은 소집, (3) '다른 나라들에 대한 몇 나라들의 지배가 없는, 모든 인민들의 진정한 동맹'이 되도록 하는 방향으로의 국제연맹의 개편 등을 제시했다.

이상과 같은 치체린의 제안은 특히 프랑스 대표단을 격분시켰다. 프랑스 대표단장 루이 바르투(Louis Barthou) 외무장관은 소비에트대표단이 회의의 의제가 아닌 군비제한안을 상정한 데 대해 엄중히 항의했다. 그러나 영국의 입장은 달랐다. 로이드 조지 총리는 군비제한안에 깊은 관심을 갖고 있었으며, 또 치체린이 군비제한안을 회의 계속의 조건으로 제시한 것이 아니었기 때문이다. 그리하여 로이드 조지의 임시숙소 알베르티스 별장(Villa Albertis)에서 비공식의 비밀협상이 소비에트러시아를 한 쪽으로 하고 영국과 프랑스와 벨기에 및 이탈리아를 다른 쪽으로 하여 시작되었다. 독일은 프랑스의 주장에 따라 협상에서 배제되었다.

이 협상에서 연합국은 차르정부와 임시정부의 모든 차관의 완전한 상환을 요구했다. 앞서 지적했듯이, 볼셰비키정부는 제1차 세계대전 발발 이전에 차르정부가 받았던 차관만을, 만일 자신이 차관을 받게 된다면 상환하겠다고 밝혔을 뿐 그 나머지에 대해서는 침묵을 지키고 있었다. 그런데 이번 협상에서 치체린은 오히려 막대한 규모의 반대청구안을 내놓았다. 곧, 연합국이 소비에트러시아에 무력개입을 하고 또 수출을 봉쇄함으로써 자신에 끼친 손해를 배상하라는 것이었다. 연합국이 이에 응할 리가 없었다. 그러나 양측은 결국 각자의 청구권을 상호 취소하기로 합의했다.

협상의 난관은 볼셰비키정부가 국유화한 외국인재산에 대한 배상문제에 있었다. 연합국은 그 재산이 원래의 소유주에게 반환되든지 아니면 전액이 배상되어야 한다고 주장했다. 이에 대해 치체린은 국유화한 재산을 원래의 소유주에게 대여하거나 이권으로 내어줄 용의가 있지만 외국자본에 의한 착취는 거부하겠다는 종전의 입장을 되풀이하였다. 영국은 어느 정도 긍정적인 반응을 보였다. 그러나 프랑스와 벨기에는 완전한 배상을 요구했다. 여기서 협상은 정돈상태에 빠졌다. 1922년 6월에 네덜란드의 헤이그(the Hague)에서 열린 후속(後續)

회의도 같은 문제를 놓고 결렬된다.

소비에트대표단이 이처럼 연합국과의 비밀교섭을 진행시키고 있는 사이에, 이 비밀교섭에서 제외된 독일 대표단은 이든 호텔(Eden Hotel)에 고립된 채 초조히 결과를 기다리고 있었다. 당시 소비에트러시아에게도 베르사유조약 제116조에 따라 독일에게 배상금을 청구할 권리를 주고, 소비에트러시아는 독일로부터 배상금을 받아 연합국에게 부채를 상환하는 안이 양측에 의해 받아들여졌다는소문이 나돌고 있었다. 이미 배상금의 중압에 허덕이는 독일경제에 대해 새로운 배상금은 견디기 어려운 또 하나의 압력이 될 것이 확실했으며, 이에 독일대표단은 협상의 귀추를 주목하고 있었다. 그런데 연합국과 소비에트러시아가 마침내 합의에 거의 도달했다는 부정확한 정보가 흘러들어왔다. 독일대표단은 침통한 분위기에 싸일 수밖에 없었다. 이러한 즈음에, 자정이 조금 지나 소비에트대표단의 일원이 이든 호텔에 전화해 독일과 소비에트러시아 사이에 협정을 체결하는 문제를 협의하기 위해 리팔로에서 만날 것을 제의했다.

독일대표단 전원은 자리옷을 입은 채 대책을 강구하기 시작했다. 이것이 유명한 '파자마 파티(pajama party)'이다. 여기서 그들은 베를린에서 그러했듯이 동인(東人)과 서인(西人)으로 나뉘었다. 당시 독일의 지도층은 (1) 독일이 비록 볼셰비즘은 역겹다 해도 볼셰비키 정권과 손을 잡아 연합국에 맞서 나감으로써 다시 세계 강국으로 등장할 수 있다는 동인과 (2) 독일은 서유럽과의 협력을 돈독히 해야 하며, 특히 서유럽의 러시아정책을 충실히 추종하는 가운데 강국으로의 비약을 도모해야 한다는 서인으로 양분되어 있었던 것인데, 이러한 견해의 차이가 제노바회의에 참석한 독일대표단에도 그대로 반영되었던 것이다. 심야의 토론에서 대표단장인 라테나우 외무장관은 결국 동인에게 굴복해 그 날(1922년 4월 16일) 저녁 소비에트러시아와의 쌍무조약에 서명했다.

기습을 당한 연합국은 이 '비도덕적인' 행위에 격노했다. 이 조약은 '동맹'이 아니었고, 비밀조항을 내포하고 있지도 않았으며, 군사조항을 두고 있지도 않았다. 그 조약은 두 나라 사이의 완전한 외교관계의 재개, 청구권의 상호 취소, 최혜국(最惠國)의 기초 위에서의 무역관계의 개선을 규정했을 뿐이었다. 그런데도 연합국이 격노한 일차적 원인은 그 조약이 독일과 러시아의 외교적 고립을 모두 깨뜨렸다는 데 있었다.

소비에트러시아의 입장에서 볼 때 라팔로조약은 외교적 승리의 신호였다. 첫째, 이 조약으로써 서유럽 자본주의국가를 분열시켜 단합된 유럽이 자신을 '착취'하는 것을 막을 수 있었다. 자본주의진영 내부의 모순을 활용한다는 레닌의 전술이 일단 효과를 본 것이었다. 둘째, 이 조약은 독일과의 협력을 가능하게 했다. 셋째, 이 조약은 만일 양자가 그저 서로 부채와 청구권을 취소하기만 하면 자본주의국가가 러시아와 무역 및 외교관계를 재개할 수 있다는 중요한 선례를 남긴 것이다.

주변국가들의 '중립화'

세 번째 목표는 주변국가들의 '중립화'였다. 볼셰비키지도자들은 서방으로부터의 무력개입이나 침략이 자신의 접경국가들을 통해 나타날 것이라고 보고, 그들이 서유럽 자본주의국가들의 침략의 전초기지가 되지 않도록 '중립화' 되어야 한다고 판단한 것이다. 이 판단에 따라 볼셰비키정부의 외교는 자신의 접경국가들과의 불간섭과 불가침 및 중립 조약의 체결에 많은 노력을 기울였다.

그 결과로 1920년 2월에 우선 에스토니아와 평화협정을 맺었다. 이어 같은 해 8월에 라트비아와 평화조약을 맺었고, 연말에 핀란드로부터 외교적 승인을 받았다. 이어 1921년 3월에는 (1) 폴란드와 라트비아의 수도 리가에서 조약을 맺어 국경선을 확정지었고 (2) 터키와는 우호 및 친선 조약을 맺었다. 같은 해 11월에는, 러시아에 이어 세계에서 두 번째로 사회주의혁명을 성사시키고 인민공화국체제를 수립한 몽골인민공화국과 우호조약을 맺었다.

제12장_스탈린정권 시기의 내부상황 : 제2차 세계대전 참전 이전의 시기(1924~1941)

스탈린은 코카서스산맥의 한 빈촌에서, 곧 오늘날의 그루지아공화국 티플리스(Tiflis)시 근교의 고리(Gori)라는 한 작은 농가에서, 1879년 12월에 농노 출신의 가난한 신기료 장수의 아들로 태어났다. 부모는 너무 가난하고 무식해서 스탈린이 어려서 마마에 걸렸을 때도 제대로 보살피지 못했으며, 그래서 그는 곰보가 되었다. 부모는 또 스탈린이 어려서 작은 사고로 다쳤을 때도 제대로 치료해주지 못했고, 그래서 그는 왼팔의 어떤 부분이 평생토록 불구가 됐으며 그 때문에 제정러시아에서 징집이 면제됐다. 아버지는 술주정뱅이로 늘 아내를 때렸다. 이것은 어린 스탈린의 성격형성에 큰 영향을 끼쳤다. 그는 스스로 난폭한 성격으로 특징지어진 폭력적 통치자로 굳어진 것이다.

스탈린

아들을 신부로 만들고 싶어 한 어머니의 정성으로, 그는 티플리스신학교에 입학했다. 그러나 그는 곧 혁명운동에 참여했고, 투옥생활과 유배생활을 거쳐, 1912년에 비로소 레닌의 주목을 받아 러시아사회민주당의 중앙위원으로 발탁되었다. 그 이후 스탈린은 정치적으로 빠르게 성장했으며, 우리가 다음에서 보게 되듯, 소련의 최고 권력자로 등장했다. 그는 20세기에서 히틀러(Adolf Hitler) 밖에는 그 보기를 찾을 수 없는 전대미문(前代未聞)의 독재자가 되어 러시아와 세계의 역사에 큰 영향을 끼쳤다.

스탈린의 시대에 소련은 “공산주의로 향한 여정에서 사회주의단계에 도달했다”고 선언되었으며, 국제적 지위도 높아졌다. 그러나 이러한 달성의 뒤에는 1,000만에 가까운 농민들의 희생이 있었고, 소련인들의 뇌리에서 사라질 수 없는 대숙청의 공포정치가 있었다. 이 장(章)에서는 스탈린시대의 소련정치를 소련이 제2차 세계대전에 참전하기 이전까지의 시기에 초점을 맞추어 개관하기로 한다.

1. 제1차 권력투쟁 : 트로츠키의 패배

삼두체제 대 트로츠키

1922년 12월에 두 번째 뇌출혈로 쓰러지면서 자신의 죽음이 멀지 않았음을 깨달은 레닌은 당 지도층에게 「유서(*Testament*)」를 남기고 1924년 1월 21일에 죽는다. 여기서 레닌은 자신이 죽은 뒤에 당이 분열될 위험이 있음을 경고하고, 서로 긴밀한 협조로써 자신의 지배권을 공동으로 계승할 것을 제의했다. 그는 이 목적을 위해, 각 간부가 자기 혼자서 지배권을 장악할 수 있다는 생각을 갖지 못하도록 한 사람 한 사람을 혹평하기도 하고, 또 각자를 똑같이 칭찬했다. 그는 또, 당의 분열을 막는 방법으로 당의 중앙위원회를 50명 내지 100명으로 늘려 권력이 어느 개인에 집중되지 못하도록 권고했다. 그는 또 트로츠키와 스탈린 사이의 권력투쟁을 지적하고, 스탈린을 서기장직에서 제거할 것을 지시했다.

레닌은 특히 1923년 1월 4일에 작성한 「유서」에 대한 「보유(補遺)」에서, “스탈린은 너무나 난폭한 인간이다. 그의 이러한 결점은 서기장의 직책에 합당하지 못하다. 그러므로 나는 그를 그 지위로부터 제외시키는 방책을 찾도록 여러 동지들에게 제안한다”고 까지 강조했다. 이 문서는 그러나 당의 고위간부들에 전달되기에 앞서 스탈린의 손안에

레닌과 스탈린(스탈린이 '조작'한 사진이라는 의심을 받았다.)

들어갔다.

레닌이 경고했는데도, 그가 와병하면서부터 당의 지도층은 지노비예프와 카메네프 및 스탈린의 트로이카(troika), 곧 삼두체제와 트로츠키의 두 세력으로 나뉘어졌다. 트로츠키는 볼셰비키혁명의 설계자이며, 내란진압에서 눈부신 공로를 세웠을 뿐만 아니라, 이론가이며 웅변가로서 인망이 높았다. 게다가 이 무렵에는 국방장관으로 병권을 장악하고 있었다. 따라서, 트로츠키는 레닌이 죽은 뒤에 그를 계승할 수 있는 가장 강력한 후보로 꼽혔고, 본인도 그 야심을 감추지 않았다. 그러나 그는 당내의 지지가 약했다. 원래 볼셰비키도 멘셰비키도 아닌 고립된 존재로 출발했으며, 볼셰비키에 가입한 것은 1917년 여름에 이르러서였기에, 이른바 노(老)볼셰비키가 아니었다. 또, 그의 인기는 그의 반대파를 결속시키는 한 요인이 되었다.

이에 비해 삼두체제 쪽은 당을 장악하고 있었다. 세 사람 모두는 트로츠키와 함께 정치국의 정위원들이었다. 게다가 스탈린은 서기국의 서기장을 겸했고 조직국과 중앙통제위원회를 장악하고 있었으며, 지노비예프와 카메네프는 각각 레닌그라드시당과 모스크바시당의 책임자여서, 당을 실질적으로 지배하고 있었다. 여기에 그들은 다른 정치국원인 부하린과 톰스키(Makhail P. Tomsky) 및 리코프의 지지를 확보하고 있었다. 이처럼 당에 대한 그들의 지배는 철저한 것이어서, 만일 트로츠키가 국방장관의 직위를 이용해 쿠데타를 벌인다면, 그것을 반당행위로 규정할 힘을 갖고 있었다. 삼두체제 쪽은 여기서 그치지 않고, 당에 대한 자신의 지배권을 이용하여 하급 당간부에까지 세력을 부식해나갔다. 그뿐 아니라 반대세력을 체포하고 축출하거나, 그들의 연설과 출판을 금지시키는 등 강압적인 자세를 취했다.

이에 대한 반발이 서서히 나타나기 시작했다. 그것은 신경제정책이 잠정적으로 난관에 봉착하고 파업과 실직이 다시 도시들을 휩쓸며, 특히 지노비예프가 의장인 코민테른의 지도 아래 실천에 옮겨진 독일에서의 공산주의혁명이 실패한 1923년 10월에 46명의 저명한 볼셰비키 지도자들의 서한으로 나타났다. 이들은 당중앙위원회의에 보낸 공동서한에서 삼두체제에 의한 당권의 장악과 독재를 비판하고, 당내 민주주의를 회복시킬 것을 요구했다. 뒷날 '좌파 반대세력'으로 알려지는 이들의 집단행동은 삼두체제를 당황시켰고, 삼두체제로 하여금 최소한 표면상으로나마 그들 주장의 정당성을 인정하게 하는 한편 당내 민주주의를 약속하게 했다. 그것은 1923년 12월 5일에 정치국의 결의로 나타났다.

그러나 트로츠키는 1923년 12월 8일에 발표한 「새 노선에 관한 서한」에서 당내비판에 대한 탄압과 당의 장치에 대한 당의 예속을 맹렬히 공격했다. 이에 대해 삼두체제는 1924년 1월의 제13차당대회에서 트로츠키는 종파분자이며, 그의 주장은 레닌의 가르침과는 대립되는 것이라고 공격하면서, 트로츠키이즘(Trotskyism)이라는 '신화'를 만들어냈다. 트로츠키는 여러 차례의 해명에서 자신의 주장은 레닌이즘과 일치하는 것임을 역설했으나, '이단(異端) 트로츠키이즘'의 낙인을, 특히 일반 당원과 대중의 뇌리에서 지우지 못했다.

그렇다면 과연 트로츠키이즘은 레닌이즘의 이단인가? 그렇지 않다. 트로츠키이즘의 주요한 구성 부분들은 다음과 같다. (1) '창조적 마르크시즘'이다. 곧, 마르크스의 이론은 창조적으로 수정될 수 있다는 견해이다. 엥겔스도 "마르크시즘은 교조가 아니고 행동을 위한 안내자일 뿐이다"라고 썼는데, 레닌은 이 구절을 즐겨 인용했다. 트로츠키도 마르크시즘은 사회분석의 한 방법이라고 강조했다. (2) 트로츠키는 혁명에서 주관적 요소를 강조했다. 곧, 권력을 장악하려는 혁명가의 마음의 준비와 용의를 강조한 것이다. 이것 역시 레닌의 가르침과 일치했다. (3) 트로츠키는 혁명의 발발에서 '취약 연결고리 이론'을 주장했다. 프롤레타리아혁명은 마르크스가 예견한 것과 같이 선진적 공업국가에서 먼저 발생하는 것이 아니라 오히려 '자본주의세계의 취약한 연결고리'에서 발생한다는 이론을 제시했던 것이다. 이것 역시 레닌의 이론에서 벗어난 것이 아니었다. (4) 트로츠키는 또 세계혁명에서 러시아의 사명을 강조했다. 이것 역시 레닌의 가르침에 일치했다. 그렇다면 트로츠키이즘은 레닌이즘의 반복과 부연이었다. 뒷날 스탈린도 사실상 똑같은 논리를 전개하며 그리하여 그것은 소련의 국정 이데올로기에서 핵심적 부분을 형성한다.

두 파의 대결은 1924년 말에 트로츠키의 「10월혁명의 교훈」이 출판되면서 격화되었다. 여기서 트로츠키는 지노비예프와 카메네프가 1917년에 볼셰비키의 집권을 반대했던 것을 비판하고 혁명의 기회를 적절히 포착하지 못하는 그들의 오류는 1923년의 실패한 독일혁명에서도 되풀이됐다고 공격했다. 그는 그들의 이러한 과오는 '타성과 보수주의'에 기인하는 것이라고 비판하면서, 이러한 그들이 앞으로 혁명의 주도권을 장악할 수 없다고 단정했다.

스탈린의 트로츠키 공격과 트로츠키의 실각

삼두체제의 트로츠키 비판도 더욱 격화되었다. 특히, 스탈린은 「트로츠키이즘인가 또는 레닌이즘인가?」라는 논문에서, 10월혁명 당시 트로츠키는 오직 당의 의사를 실천했을 뿐인데도 그의 역할과 공적이 과장되었다고 주장하고, "트로츠키이즘은 볼셰비키당에 대한 충성심의 결여, 볼셰비즘지도자들에 대한 불신, 레닌이즘의 지도자들과 당의 중앙기관에 대한 모욕을 의미한다"고 성토했다. 이 논쟁의 과정에서 스탈린의 이론가로서의 지위가 크게 부각되었다.

「10월혁명의 교훈」이 제기한 또 하나의 쟁점은 트로츠키의 세계혁명론 대 스탈린의 일국사회주의론이었다. 그런데 우선 지적되어야 할 것은 그 논쟁은 권력투쟁의 원인이었다기보다는 오히려 결과라는 점이다. 레닌의 죽음 당시에 당내에서는 이 문제에 관해 중요한 견해 차이가 없었다. 지도층은 모두 "볼셰비키는 러시아에서 혁명의 성과를 보호하고, 세계 곳곳에서 사회주의의 마지막 승리를 달성하기 위해 해외에

혁명을 파급시키지 않으면 안 된다"는 레닌의 견해를 따르고 있었다. 트로츠키는 이 점을 「10월혁명의 교훈」에서 부연했을 따름이다.

원래 스탈린도 트로츠키의 견해와 다른 주장을 갖지 않았다. 1924년에 발표한 「레닌의 서거에 관하여」라는 논문에서, 스탈린은 "소련 그 자체가 목적이 될 수 없으며, 소련은 동서 모든 나라에서 혁명운동의 연쇄를 강화하는 데 필요한 연결고리이다"라는 레닌의 견해에 전적인 동감을 표시했다. 그는 또, 자신의 주요한 이론적 저작으로서 1924년 4월에 출판한 『레닌이즘의 기초』에서 사회주의가 한 나라에서만 달성될 수 있다는 주장을 특별히 힘주어 부인했다. 어느 한 나라가 그 나라의 부르주아지를 타도할 수는 있으나, 더 선진된 국가에서 혁명이 발생하여 그것을 지원하지 않으면 궁극적으로 사회주의를 달성할 수 없기 때문에, 그 나라는 외국의 혁명을 '조장하고 지원할' 의무가 있다고 주장했던 것이다.

그러나 이제 트로츠키를 거세하기 위해 스탈린은 트로츠키의 세계혁명론을 분쇄할 필요를 느꼈다. 따라서 그는 1924년 12월에 발표된 논문 「10월혁명과 러시아공산주의자인 전술들」에서 종전의 입장을 바꾸었다. 그는 "사회주의가 한 나라에서만 승리할 수 없다는 이론은 인위적이며, 더 지탱하기 어려운 것이 되었다"고 비판하고 "볼셰비키의 7년 통치는 소비에트정권이 제국주의의 반대에 직면해서도 생존할 수 있음을 입증한 것"이 라고 강조한 것이다. 그는 특히 "유럽 프롤레타리아트국가의 직접적 지원 없이 러시아 노동계급은 권력을 유지할 수 없다"는 트로츠키의 주장은 러시아 프롤레타리아트의 역량을 과소평가한 것이며, 전세계에 사회주의를 전파하는 가장 빠른 길은 사회주의를 우선 어느 한 나라에서도 굳게 심어 세계혁명을 시작할 강력한 기반을 세우는 것이라고 주장했다.

트로츠키와 「좌파 반대세력」은 "스탈린의 주장은 '민족적 애국주의'이며, 세계혁명을 포기하고, 국가와 당 기관들의 '관료적' 이익을 추구하는 행위"라고 비판했다. 그러나 트로츠키는 1925년 1월에 그가 가진 유일한 무기이며, 또 결코 써보지 못한 무기인 강력한 국방장관의 직위에서 해임됐다.

삼두체제의 분열

트로츠키라는 공동의 적이 무력해지자 삼두체제는 다시 분열되었다. 스탈린은 정치국의 우파인 리코프(A. Rykov)와 톰스키 및 부하린과 제휴하고, 지노비예프와 카메네프는 스탈린을 견제하기 위해 트로츠키 및 그의「좌파 반대세력」과 손을 잡았다.

이 두 세력 사이의 논쟁은 주로 경제문제에 집중되었다. 신경제정책을 쓰는데도 러시아는 심각한 식량부족과 일용품부족을 겪지 않으면 안 되었다. 공업성장도 낮았고, 실직률은 늘어났다. 좌파는 1926년 7월에「13인 선언」을 통해 이것을 비판하면서, 중앙계획과 중앙통제 아래서의 급속한 공업화와 기계제 집단농장을 대안으로 제시했다. 그들은 공업화 비용의 큰 몫을 농업이 감당해야 하며, 특히 부농은 더 높은 율의 세금을 지불해야 한다고 제의했다. 이들은 또 신경제정책은 러시아에 자본주의의 요소를 계속 도입시키고 있다고 비판하고, 당내에 비(非)프롤레타리아적인 관료지배가 성장하고 있다고 공격했다.

이에 대해 부하린과 리코프 및 톰스키 등 우파는 신경제정책의 계속을 지지하고, 특히 집단농업제를 반대했다. 원시적인 농경방식에 의존하고 있는 러시아에서 집단농업제는 적합하지 않고, 농민에게서 그들의 토지를 빼앗는다면 격렬한 저항이 있을 것이라고 경고했다. 이들은 또 자본과 기술이 부족한 러시아에서 급속한 공업화를 추진함으로써 얻을 수 있는 것이 무엇이냐고 반문했다.

이 논쟁에서 스탈린은 일단 우파의 정책을 지지하는 자세를 취했다. 그와 동시에 좌파에게 자아비판을 강요하여 트로츠키 자신을 포함한 좌파 간부들은 자신들의 '종파-반당' 행위를 '회개'하지 않을 수 없었다. 그러나 스탈린은 1926년 10월에 이것을 근거로 지노비예프와 트로츠키를 정치국에서 추방하고, 카메네프를 정치국 후보위원으로 강등시켰다. 지노비예프는 코민테른 의장직에서도 해임되었다.

좌파는 1927년 5월에 「84인 선언」을 통해 다시 공세를 폈다. 그들은 중국에서 공산주의자들을 '오도(誤導)'한 스탈린의 전략적 실패를 비판하면서, 1927년 4월에 있었던 장제스(蔣介石 : 장개석)의 중국공산당 소탕과 국공합작의 와해 등을 그 보기로 들었다. 그들은 이어 스탈린 개인독재의 위험성 및 당기구의 관료화를 경고했다. 특히, 트로츠키는 러시아혁명은 이제 프랑스혁명처럼 테르미도르, 곧 반동에 도달했다고 비판하고, '반동세력'의 교체를 주장했다. 곧 약 300명의 볼셰비키가 트로츠키에 동조한 성명서를 발표했다.

그러나 이 도전은 좌파로서는 마지막의 것이었다. 1927년 10월에 스탈린은 트로츠키와 지노비예프 및 카메네프를 우선 당중앙위원회에서, 그리고 곧 당에서 추방했다. 이 해 11월에 소집된 제15차 당대회에서 지노비예프와 카메네프는 다시 한 번 '회개'하고 얼마 뒤 복권되었다. 그러나 트로츠키는 '회개'를 거부하고, 이 때문에 우선 중앙아시아의 알마티로 추방됐다. 1929년 초에 영구히 망명길에 오른 그는 몇 나라들을 전전하다가 마침내 멕시코에 정착하게 된다.

2. 제2차 권력투쟁: 우파의 제거와 스탈린의 승리

일단 좌파를 제거한 스탈린은 1928년에 신경제정책을 중단했다. 그 대신에 그는 1929년부터 콜호즈(kolkhoz), 곧 집단농업제와 소브호즈(sovkhoz), 곧 국영농업제를 채택히는 한편, 제1차 경제개발5개년계획(1928~1932)에 의한 공업화를 추진하여 좌파가 주장했던 '사회주의 공세'를 폈다. 이와 동시에 우파를 제거하여 1929년까지는 그의 단독지배권을 굳혔다. 다음에서 이 일련의 과정을 살피기로 한다.

원래 우파는, 앞에서 지적했듯이, 사회주의로의 점진적 접근방법을 지지했다. 이들은 신경제정책이 국내를 안정시켰고 무엇보다 농민을 안심시켰다고 평가하고, 따라서 장차 경제가 더욱 발전하기 위해서 신경제정책은 더욱 지속되어야 한다고 주장했다. 부하린은 특히 농업 생산을 높이기 위해, 고용노동의 사용을 금지한 법령와 부농에 대한 차별대우를 완화해야 한다고 주장했다. 그의 주장은 “여러분 자신을 부유하게 만드십시요” 또는 “여러분, 부자(富者) 되세요”라는 그의 구호에 잘 요약됐다.

집단농업제에 대한 부하린의 견해는 어떠하였는가? 부하린은 집단농업제는 자발적이며 단계적으로 수행되어야 한다고 주장하고, 각 개인의 토지를 합치지 않은 채 협업(協業) 곧 공동구입과 공동판매 및 신용조합 등의 형태로 출발할 것을 제의했다. 이것이 성공하면 빈농과 중농의 수입이 차차 늘어날 것이며, 따라서 부농에의 의존도가 줄어들고, 이러한 변화는 농민들에 대한 자극제가 되어 종국에는 토지까지 합친 대규모 협업으로 유도될 것이라고 보았다.

부하린은 이처럼 점진적으로 농민이 부를 축적하고, 거기서 나온 저축과 또 증산된 식량의 해외수출을 통한 외화로 공업화를 추진할 것을 제의했다. 공업화가 농업발전보다 뒤떨어져 있으며, 또 그의 정책 아래서는 계속 뒤떨어질 것이라는 좌파의 공업우선사회주의정책에 대해, 부하린은 국영공업에 내재하는 비능률 때문에 생산량이 줄어들고 생산품의 가격이 높아 ‘상품기근’의 현상이 나타나고 있으며, 이 때문에 도시의 공업제품과 농촌의 식량 사이의 교역을 저해하고, 더 나아가 식량부족의 현상을 빚어낸다고 반박했다.

이에 대해 좌파는, 사회주의의 선결조건은 공업화이며, 공업화는 또 근대적 농업의 기반일 뿐만 아니라 혁명을 ‘제국주의’로부터 방어하기 위해 필요불가결의 것이라고 주장했다. 좌파는 거기서 한 걸음 더 나아가, 그것을 위해 농민으로부터 저축을 짜내는 ‘원시적 사회주의 자본축적’을 하지 않을 수 없다고 주장했다.

이때 좌파의 경제이론가이며 ‘원시적 사회주의 자본축적’을 정책으로 옮긴 사람은 프레오브라젠스키(Yevgeny A. Preobrazhensky)였다. 그는 그러나 양곡의 강제수매 또는 고율의 농업세에는 찬성하지 않았다.

그가 제의한 것은 국가가 농산물가격과 공산품가격을 후자에게 유리하도록 조작하라는 것이었다. 그는 1930년대의 숙청에서 자기가 바로 '농민착취' 정책을 추진한 장본인이었음을 '자백'하는 비운에 빠진다.

스탈린의 해답은 제1차 경제개발5개년계획과 집단농업제로 나타났다. 농민을 모두 집단농장이나 국영농장에 몰아넣고, 노동력을 뽑아내어 농업생산을 높이고, 식량은 국가가 관리하며, 거기서 축적된 자본을 공업화에 투자한다는 것이었다. 이것이 구체적으로 어떻게 진행되었는가는 뒤에서 다루기로 한다.

스탈린은 이처럼 좌파정책으로 급선회하면서 1929년 4월에 당중앙위원회를 소집하고, 「부하린의 그룹과 우리 당에서의 우익 경향」이라는 연설을 했다. 여기서 그는 '부하린 그룹'은 부농이 제기하는 사회주의에 대한 위험성을 간과함과 아울러 전세계적으로 사회주의 혁명이 고조되고 있는 경향을 경시하고 있다고 비난했다. 그는 이어 "당내의 사회민주주의적 경향에 대항할 투쟁을 더욱 강화하고, 국내외에서 자본주의에 대한 공세를 전개해야 할 시기가 되었다"고 강조했다.

스탈린은 우선 '부하린 그룹'에게 '회개'할 것을 요구했다. 이들이 이것을 거부하자, 스탈린은 자신의 특장(特長)인 철권으로, 또다른 정치국원 칼리닌과 보로실로프(Kliment Ye. Voroshilov, 1881~1969)의 지지를 동원해, 부하린과 톰스키 및 리코프를 정치국원의 지위로부터 추방했다. 스탈린은 동시에 부하린으로부터는 코민테른 의장 및 『프라우다』 편집장의 직책을, 톰스키로부터는 노조 의장의 직책을, 리코프로부터는 내각 총리의 직책을 각각 박탈했다. 이들은 자신들의 '과오'를 '회개'하고 당의 '용서'를 빌어 당분간 복권될 수 있었다.

보로실로프

우파를 제거한 뒤 스탈린에 도전할 세력은 없었고, 자연히 스탈린은 레닌에 이어 유일한 단독지도권을 확보했다. 1929년 12월 21일, 그의 50회 생일은 모든 러시아에 의해 축하를 받았고, 『프라우다』는 그를 처음으로 레닌의 계승자라고 불렀다.

3. 농업과 공업에서의 새로운 노선

정책적 전환의 요인들

스탈린은 자신의 이러한 적극적인 정책전환을 전환이라 부르지 않고, 레닌주의에 입각한 농업과 공업에서의 '새로운 노선'이라고 불렀다. 그러면 '새로운 노선'으로의 전환을 가져오게 만든 요인들은 무엇일까?

첫째, 경제적 요인이다. 소련은 1927년까지 신경제정책에 힘입어 농업과 공업 생산에서 전전(戰前)의 수준을 회복했지만, 이 수준에서 더 진전하기 위해 철저한 공업화정책을 채택하지 않으면 안 된다고 판단했다. 그 다음이 식량문제였다. 앞에서 지적했듯이, 1927년에는 공업생산의 감소와 이에 따른 생산품의 가격상승으로 말미암아 농민들이 농산품을 국가가 지정하는 가격에 잘 팔려하지 않음은 물론 시장에도 내다 팔지 않았고, 이 때문에 심각한 식량부족 현상이 나타났던 것이다. 여기서 스탈린은 이 문제를 그의 장기인 조직의 기술로 해결하려 하였다. 곧, 농민 전체를 집단화시킴으로써 소기의 생산목표에 도달시키고, 식량의 공급 문제도 해결하려 했다.

둘째, 정치적 요인이다. 스탈린은 현 정권에 대한 농민의 지지도는 아직 믿을 만한 것이 되지 못한다고 판단했다. 볼셰비키의 집권 이후 소련의 정치를 돌이켜볼 때 정권에 대한 농민의 태도는 정권의 안정도(安定度)에 중요한 열쇠임이 확실했다. 여기서 스탈린은 농민을 집단화시킴으로써 국가에 대한 농민의 영향력을 거의 영화(零化)시키려고 했다.

셋째, 군사적 요인이다. 소련의 공업화 수준이 최소한 선진 서유럽 자본주의 국가의 수준에 도달하지 않는다면 소련의 국가적 안전은 보장될 수 없다는 판단이 스탈린을 지배했다. 여기서 선진 서유럽국가를 '따라잡고 앞지르자'는 스탈린의 구호가 나왔다.

농업의 집단화: 농민과의 '전쟁'

이러한 배경에서 1928년부터 농업의 집단화는 시작되었다. 집단화의 방법으로 소련이 택한 것은 '소브호즈'라고 불린 국영농장과 '콜호즈'라고 불린 집단농장의 두 가지였다.

원래 소련정부는 부농의 대량생산을 짧은 시일 안에 대체시켜 줄 수 있는 것으로 소브호즈를 구상했다. 따라서, 1928년부터 소련의 동부와 남부 및 동남부에 여러 개의 커다란 국영농장을 세우고 트랙터와 콤바인(거둬들이기와 탈곡을 동시에 하는 기계) 등 모든 농경기계들과 숙련된 농업기술자들 및 노동자들을 동원해 양곡의 대량생산을 꾀하였다. 소브호즈가 '곡물공장'이라고 불리었던 것은 바로 그 때문이다.

그러나 소브호즈가 세워진 땅은 대개 비가 적게 내리고 잡초가 무성할 뿐 아니라 가뭄이 자주 들어 기계도 제 역할을 발휘하지 못하고, 지역이 너무 넓어 관리도 수월하지 않았다. 이 점들은 1934년에 열린 제17차 당대회에서도 공식적으로 인정되었다. 여기서 스탈린은 "국가가 국영농장들에 투자한 막대한 액수와 국영농장들이 오늘날까지 이룬 실제 결과 사이에 차이가 있다"고 지적하고 국영농장을 더 세분화하도록 지시했다. 뒷날 흐루쇼프가 다시 국영농장에 새 활력을 넣을 때까지, 스탈린의 이 지시 이후 국영농장의 중요성은 떨어졌다.

소브호즈가 정부에 의해 소유되고 운영되며 따라서 여기에 속한 농민은 월급을 받으며, 그러므로 농민이 아니라 노동자로 분류됨에 반하여, 콜호즈는 최소한 이론상으로는 농민들이 자발적으로 자신들의 토지와 자본 및 노동을 합쳐 효과적으로 대량생산을 꾀하는 집단농장이었다. 보통 75 가구가 하나의 콜호즈를 구성했

콜호즈에서 일하는 농민들

다. 그러나 대부분의 농민이 이것에 반대하여 1929년 10월 현재 겨우 모든 농가의 4.1%만이 콜호즈에 들어가자, 스탈린은 그 해 말부터 드디어 전대미문의 강권을 발동하기 시작했다. 콜호즈에 들어가지 않는 농민은 체포되어 강제노동으로 돌려지거나, 부농으로 낙인되어 처형되었다. 당시의 상황을 한 농민은 다음과 같이 증언하고 있다.

> 〔콜호즈에 들어가기를 거부하는 농민들은〕 화물열차에 실려 얼음땅의 북녘, 삼림지대, 초원지대, 사막으로 추방되었다. 이들은 모든 것을 빼앗긴 사람들이었다. 노인들은 수송 도중에 굶어 죽었고, 갓난아이들은 철로변에 묻혔다. 모든 황야에는 나뭇가지로 만든 십자가나 흰나무 패로 가득했다. 다른 농민들은 자기가 가진 것을 짐마차에 싣고 폴란드와 루마니아 및 중국의 변경으로 도망치거나 기관총 세례의 위험을 무릅쓰고 국경을 넘어갔다.

그뿐 아니라, 농민들은 정부가 빼앗거나 집단농장에 귀속될 가축들을 마구 죽였다. 이것을 잘 묘사한 작가가 『조용한 돈강』을 쓴 숄로호프(Mikhail A. Sholokhov, 1905~1984)였다. 정부와 가까이 지냈으며 1965년에 노벨문학상을 받은 그는 자신의 고향인 돈 카자크 지역에서 있었던 일들을 이렇게 묘사하고 있다.

> 그레미야치(Gremyachy)에서는 가축들이 매일 밤 도살되기 시작했다. 밤의 어둠이 걷히자마자 짧고 날카로운 양의 울음소리, 돼지의 마지막 죽는 소리, 소의 울음소리가 정적을 찌르며 들려왔다. 집단농장에 가입한 농민들뿐만 아니라, 가입하지 않은 농민들도 마구 죽였다. 이틀밤 사이에 그레미야치의 뿔 있는 가축은 절반으로 줄었다. '죽여라, 그것들은 이제 우리의 것이 아니다.', '죽여라, 안 죽이면 육류세 대신 빼앗아갈 것이다.', '죽여라, 집단농장에 들어가면 고기 맛을 못 볼 것이다.' 이러한 소문들이 나돌자 그들은 더욱 마구 죽였다.

이 묘사는 과장이 아니었다. 1929년 당시 3,400만 마리의 말은 1933년에 1,600만 마리로 줄었고, 그 기간에 3,000만 마리의 소와 1억 마리의 양 및 염소가 도살되었다. 이 당시의 농민들의 가축도살의 후유증은 오래 남아, 1950년대에 와서도 소련의 육류공급량은 제1차 세계대전 이전의 수준에 미달했다.

강압 아래 1930년 1월 20일 현재 모든 농가의 21.6%가, 40일 뒤인 3월 1일 현재 모든 농가의 55.6%가 집단농장에 들어갔다. 스탈린은 3월 2일자『프라우다』에「성공에 눈이 부시다」라는 논문을 기고하고, 자발적으로 추진되어야 할 집단화를 '강제'해 온 당과 정부의 관리들을 비판했다. 이에 따라 집단농장으로부터 농민이 이주하는 현상이 두드러져, 1930년 6월 현재 모든 농가의 23.6%만이 집단농장에 남아 있을 뿐이었다.

그러자 스탈린은 다시 세제의 혜택 및 선전 등 설득과 철권정치를 겸용하면서 집단화정책의 채찍을 늦추지 않았고 집단화가 이미 끝난 지역에서는 곡물, 감자, 채소, 도살을 위한 소 등의 부문에 대해 생산을 짜냈다. 모든 집단농장에는 일정한 생산량이 할당되었으며, 국가는 이를 염가로 사들였다. 할당량은 거의 예외 없이 높게 책정되어, 할당량을 콜호즈를 통해 국가에 팔고나면 농민들에게는 겨우 아사(餓死)를 면할 정도의 식량만이 남을 정도였다. 이에 따라 곡물을 감추거나 훔치는 일이 자주 벌어졌는데, 스탈린은 1932년부터 이것에 사형으로 대처했다. 이 무렵인 1931년에 스탈린은 볼셰비키집권과 더불어 폐지했던 차르시대의 국내여권제를 부활시켜, 16세 이상의 모든 시민은 국내여행 때 반드시 소지하도록 함으로써 주민통제를 강화했다.

농민들의 반발도 컸다. 콜호즈를 조직하러 파견된 관리들이나 콜호즈의 관리인들이 농민들에 폭행을 당하거나 살해되기도 하였다. 스탈린이 1943년에 소련을 방문한 영국의 처칠(Winston Churchill) 총리에게 자신과 농민과의 '전쟁'이 당시의 대독(對獨) 전쟁보다 '더 무서운 것'이었다고 회고한 것을 보면, 농민의 반발이 얼마나 컸던가를 알 수 있다.

스탈린의 집단화정책은 그의 입장에서는 성공적이어서, 1931년 중반에 모든 농가의 52.7%가 집단화되었으며, 그 비율은 매년 증가하여 1936년에 90%에, 1940년에 96.9%에 이르렀다. 그러나 이 과정에서 1,000만 명에 가까운 사람들이 처형되거나 강제노역장에서 죽거나 굶어 죽었다.

소련의 농업집단화와 훗날 중화인민공화국이 실시한 농업집단화 사이에는 차이가 있었다. 중국이 완전한 농업집단화에 앞서 1950년대에 농업협동체와 같은 과도형태를 실험했으나, 소련은 이러한 과도형태의 실험 없이 곧바로 집단농장에 들어갔던 것이다. 물론 소련의 정책수립가들의 입장에서 볼 때, 집단농장 그 자체가 과도형태였을 것이다. 왜냐하면 그들이 제시한 최종적 형태는 거대한 국영농장이었기 때문이다.

두 차례에 걸친 경제5개년계획

농민문제가 소련의 공업화에 대한 주요 '장애'였다는 주장은 앞에서 일단 다루었다. 이제 집단화를 통해 농민문제의 잠정적 해결을 시도했다고 판단한 스탈린은 즉시 자신의 야심적인 공업화정책을 추진하기 시작했다. 이 목표를 위해 스탈린은 제2차 세계대전이 일어나기 직전까지 두 차례의 경제개발5개년계획을 세웠다. 다음에서 이것들을 설명하기로 한다.

제1차 5개년 계획(1928~1932)은 기본적으로 농업부문에서 짜낼 수 있는 모든 저축을 동원하여 중공업을 일으킨다는 데 일차적 목표를 두었다. 총투자의 19%만이 농업 부문에 할당된 데 반해 공업 부문에는 41%가 할당되었으며, 금속 및 금속 계통 공업이 공업 부문 투자액의 절반을 차지했다. 이 기간에 공업생산은 두 배로 늘어나도록 책정되었으며, 사기업은 완전히 없어지도록 계획되었다. 스탈린은 또 이 기간에 '사회주의의 기적'을 대중에 과시하기 위한 목적도 겸하여 거대하고 화려한 토목건축사업을 벌였다. 마그니토고르스크(Magnitogorsk)의 철강공업콤플렉스, 스탈린그라드의 트랙터 공장, 대(大)드네프르

댐, 모스크바 지하철 등이 그것이다.

대(大)드네프르 댐 건설 현장

제1차 계획은, 소련당국의 공식 발표에 따르면, '4년 6개월 만에 목표를 달성하였다.' 실제로는 지나치게 야심적으로 책정되었던 목표에 미달된 부문이 많았지만, 계획기간에 공업생산은 대부분 최소한 2배는 늘어났고, 이 점은 특히 석탄, 석유, 전기, 철 부문에서 가장 두드러졌다.

제2차 5개년계획(1933~1937)은 그 강조점에서 제1차 계획과 달랐다. 중공업우선정책에 대한 당내의 비판에 따라 경공업과 소비재공업에도 어느 정도 역점을 두었다. 그러나 이것은 표면적인 것이었고, 공업 부문에 대한 투자비율도 제1차 계획의 그것과 거의 비슷했다. 공업화에 박차를 가하여 서유럽 선진공업국의 수준에 도달한다는 것이 제2차 계획의 목표였기 때문이었다. 그리하여 특히 전기화(電氣化)와 교통망의 확장이 추진되었고, 생산을 높이기 위한 수단으로 한 지역에 다양한 공업 부문을 결합시킨 이른바 인더스트리얼 콤플렉스를 발전시켰다.

제1차 계획의 말기, 곧 1932년부터 소련정부는 생산의 양과 질을 향상시키기 위해 숙련공들과 기술자들을 우대하는 정책을 썼으며, 이 정책에 따라 기술교육이 강조되었었다. "기술이 모든 것을 결정한다"가 당시의 구호였다. 그래도 별 효과가 없다고 판단되자 1935년부터는 노동자에 대한 무자비한 노력착취로 전환했다. 1935년 8월에 자기에게 할당된 채탄량을 1,300배나 초과달성한 탄부 알렉세이 스타하노프(Aleksei G. Stakhanov)가 선전의 주인공으로 등장했고, 1936년은 '스타하노프의 해'로 지정되었다. 콜호즈에서는 마리야 뎀첸코(Mariya Demchenko)가 역시 '가장 헌신적 농민'의 모범으로 떠받들리도록 선전되었다.

제2차 계획의 종료와 더불어 소련은, 마르크시스트의 용어를 빌리면, 사회주의 국가가 되었다. 소련은 '대변환' 또는 '대변혁'을 통해 1936~1937년경에 생산과 교환의 주요 수단이 공공기관에 의해 소유되고 운영되며, 정치권력이 공산당에 의해 행사되고, 그 경제가 경제계획의 기초 위에서 운영되는 국가가 된 것이다. 1937년 현재 집단농장과 국영농장이 국가가 수매하는 모든 생산품의 98.5%를 담당했으며, 국영 및 협동 공업이 모든 공산품의 99.8%를 담당했다. 1913년 현재 전체 인구의 16.3%를 차지했던 지주와 부농 및 대소 부르주아지는 1937년까지는 사회계급으로서 완전히 제거되었다. 이에 반해 1913년 현재 전체 인구의 17%를 구성했던 노동자는 1937년에는 32.6%로 증가되었으며, 57%는 집단농장에 속해 있었다.

다음의 표는 소련의 제1차 경제계획과 제2차 경제계획에 따른 공업생산을 보여준다.

소련의 공업 생산(1928~1937)

(단위 : 100만 톤)

	1927~1928	1932(1차종료)	1937(2차 종료)
석 탄	35.0	64.0	128.0
석 유	11.7	21.4	28.5
철 강	6.7	12.1	17.7
선 철	3.2	6.2	14.5
전 기	50억 kwh	–	36.2

구체적으로 말하여, 1928년에서 1937년까지 대규모 공업에서 생산의 증가율은 매년 15~16%였으며, 국민총생산은 이 기간에 매년 6.5~7% 증가하였다. 소련의 이러한 경제성장률은 미국의 4.5% 및 독일의 2.8%에 비해 훨씬 높은 것이었다.

소련에서 도시화가 급속히 진행된 것도 이 시기였다. 1926년 현재 소련에는 인구 200,000명을 넘는 도시가 12개밖에 없었다. 그러나 1939년까지에는 39개로 늘어났으며, 모스크바의 인구는 400만을, 레닌그라드의 인구는 300만을 넘어섰다.

정부 및 당의 기구의 팽창

이처럼 농업의 집단화와 두 차례의 5개년 경제계획이 추진되면서 정부와 당의 기구는 비대해졌다. 우선 정부의 기구를 보면, 중앙경제협의회는 제1차 계획 기간에 중공업부와 경공업부 및 임산부(林産部)의 세 부서로 나뉘었으며, 이것을 기점으로 스탈린시대에 약 50개의 중앙경제부서가 생겨났다. 이러한 추세 속에서도, 1920년대부터 변함없이 존속된 경제기관은 고스플란(Gosplan)이라고 불린 국가계획위원회 하나였다.

게페우가 중앙의 부(部)의 수준으로 승격되어 내무인민위원부(NKVD)로 개칭된 것도 바로 이 시기인 1934년이었다. 이 기구의 장(長)에는 야고다(Genrikh G. Yagoda, 1891~1938)가 임명되었다. '스탈린의 번견(番犬)' 또는 '살인귀'로 불린 그의 지휘 아래, 이 부 산하 별동단의 단원은 그가 '사회적 위험분자'로 인정한 사람을 법의 절차 없이 체포해서 최고 5년까지 구속하거나 강제노역장에 보낼 법적인 권한을 행사할 수 있었다. 여기서 '사회적 위험분자'라고 할 때, 그것은 물론 집단농장에 반대하는 사람 모두를 포함하는 것이었다. 이러한 방식으로 구속되었거나 강제노역장에 보내진 사람은 재판을 청구할 수 없었는데, 1920년대 말기와 1930년대 말기까지 강제노역장에 끌려간 사람은 350만 명에서 1,250만 명 사이에 이르렀다.

당의 기구와 위원회도 크게 팽창했다. 특히 농업집단화와 5개년계획의 대민 선전을 담당한 선동선전부 곧 아지프로(Agitprop)의 권한과 기구가 커졌다. 이 기간에 '기술 인텔리겐치아(technical intelligentsia)' 계급이 하나의 특권계급, 곧 프리빌리겐치아(privilegentsia)로 성장했다. 이것은 스탈린이 1931년에 '월급 평등제'의 원칙을 공식적으로 깨뜨리고, 이른바 평등주의에 대한 투쟁을 시작한 뒤 나타난 현상이었다. 좌파는 스탈린의 이러한 사회정책을 비판했으나, 스탈린은 그의 통치 말기까지 각 방면의 전문인들과 기술인들 및 관리인들을 우대하면서 이들의 능력에 의존했다.

4. '대숙청'과 당 성격의 변질 : 볼셰비즘 전통의 파괴

1930년대의 일련의 대숙청

영국에서 소련공산당 연구의 지도자로 꼽히던 샤피로(Leonard Shapiro) 교수가 '제3의 혁명'이라고 부를 정도로 러시아사회 전체를 변혁시킨 집단화와 공업화는 농민뿐만 아니라 당내의 반발을 불러일으켰다. 반발이 가장 고조되었던 때는 1932년이었으며, 가장 심한 곳은 우크라이나였다. 스탈린은 철권에 의존해 심복 포스티셰프(Pavel P. Postyshev)를 우크라이나에 파견하고, 그와 게페우를 통해 우크라이나 정부와 당에 대한 무자비한 유혈숙청을 단행했다. 이 때문에 포스티셰프는 '우크라이나 사람들의 교수자(絞首者)' 라는 별명을 얻었다.

그러나 스탈린의 철권통치에 대한 반항은 날이 갈수록 격화되었고, 그에 대한 암살이 여러 차례 시도되었다. 당의 중앙 핵심기관들에서도 그에 반발하는 소리가 높아졌다. 비극은 그의 집안에서 일어나기 시작했다. 1932년 11월의 어느 날 밤에 스탈린과 그의 처 알릴루예바(Nadezhda Alliluyeva)는 정치국원들과 환담을 나눴다. 화제가 정치문제에 이르자, 평소에는 정치문제에 전혀 관심이 없던 알릴루예바가 국민들의 불만과 게페우의 테러에 대한 자기의 의견을 털어놓았다. 그날 밤 그녀는 '자살' 한 것으로 발표되었다. 이 사건 직후 스탈린은 정치국의 모임에서 스스로의 사임을 제의했다. 스탈린이 1922년부터 죽을 때까지 처음 제의한 이 사의(辭意)는 물론 받아들여지지 않았으나 이 일화는 그에 대한 반발이 얼마나 컸던가를 입증하는 것임과 동시에, 1930년대 후반을 장식하는 피비린내나는 대숙청, 곧 치스트카

(chistka)를 예고한 것이었다.

역설적이게도 대숙청은 "생활은 훨씬 나아졌다. 삶은 더 행복해졌다"는 정부의 구호가 발표된 1934년에 정치국의 정위원이며 레닌그라드시당의 제1 서기인 키로프(Sergei M. Kirov)의 암살로 시작되었다. 키로프의 암살은 1936년 8월에 지노비예프와 카메네프 및 톰스키 등 16인을 숙청하기 위한 재판으로 이어졌다.

서방세계는 이 재판을 '연극'이라고 불렀다. 러시아의 안팎에 보여주기 위해, 스탈린과 그의 핵심참모들이 만든 하나의 전형적 틀 안에서 수사와 기소 그리고 재판이 진행됐기 때문이었다. 그러한 '재판 연극'은 거기서 끝나지 않았다. 1937년 1월에는 라데크 등 17인을 숙청하기 위한 '재판 연극'으로, 1938년 3월에는 부하린과 리코프 및 야고다 등 21인을 숙청하기 위한 '재판 연극'으로 이어졌다. 혹독한 고문과 허위자백으로 일관되게 진행된 야만적인 이 '재판 연극'을 통해, 당의 좌우 수뇌들이 모조리 처형되었다.

돌이켜 생각해 보면, 이 세 차례의 '재판 연극'에서 희생된 이들은 그 대부분이 사실상 소련공산당의 '창당의 아버지들'이었으며, 볼셰비키혁명사의 '빛나는 성좌(星座)'였다. 그런데도 스탈린은 이들에게 (1) 레닌과 스탈린을 암살하려고 음모했다는 죄(부하린의 경우), (2) 나치독일 및 군국주의 일본과 공모하여 소련을 해체시키려고 음모했다는 죄(라데크의 경우), (3) 트로츠키와 공모하여 스탈린을 암살하려고 음모했다는 죄(지노비예프와 카메네프 및 톰스키의 경우) 따위를 뒤집어 씌운 것이다. 만일, 이 혐의들이 사실이라면 소련공산당과 볼셰비키혁명은 반국가적 및 반민족적 범죄자들에 의해 창시되고 지도되었음을 의미한다.

스탈린 대숙청의 첫 희생자 키로프(가운데)

이 일련의 '재판 공연'을 무자비하게 지휘한 것은 내무인민위원회와 스

예조프

투카쳅스키

탈린의 철저한 충견인 비신스키(Andrei Ya. Vyshinsky) 검찰총장이었다. 비신스키는 원래 멘세비키 출신의 형법 교수로 스탈린에 접근하여 독재자의 환심을 사고 모스크바대학교의 총장이 된 자로, 이 공판을 통해 스탈린 밑에서는 '출세'를 했으나 동족들 사이에서는 물론 서유럽에서 악명을 높였다. 그리고 그의 협력자가 우선 내무인민위원 야고다였다. 그러나 스탈린은 자신의 비밀과 일련의 숙청들에 얽힌 비밀을 너무 많이 알고 있는 야고다의 입을 영원히 닫게 하기 위해 야고다 역시 처형한 뒤, 예조프(Nikolai I. Yezhov)를 후임으로 임명하고 그 역할을 맡게 했다. 그러나 스탈린은 예조프 역시 처형하며, 후임에 베리야(Lavrenty P. Beriya)를 임명한다.

스탈린은 이어 1937년 6월에 비밀재판을 통해 투카쳅스키 원수를 포함한 8명의 고위장성들을 처형했다. 이들에게는 독일과 일본을 위해 간첩행위를 했다는 허무맹랑한 죄명이 씌워졌다. 숙청은 당의 중앙위원들에 대해서는 물론 그 하부에까지 철저히 미친 방대한 규모의 것으로, 1933~1938년 사이에 숙청된 당원의 수는 최소한 160만 명에 이르렀다. 서방의 한 통계는 약 700만 내지 800만 명의 시민이 이 숙청의 직접적 대상이 되었거나 또는 영향을 받은 것으로 보았다. 이 시기에 어린 아들이 아버지를 밀고해 그 대가로 국가적 표창을 받는 일들마저 벌어졌다. 이러한 비인도적인 대대적 숙청은 1940년 8월 20일에 그 동안 멕시코에 망명 중이던 트로츠키를 암살하는 것으로 종결되었다. 이 일련의 숙청을 통해 스탈린은 모스크바대공국 시대의 이반 뇌제의 그것을 뛰어넘는 '피에 굶주린 처형자'의 상(像)을 심어 주었다.

혁명 이후 세대의 진출

숙청이 끝났을 때 스탈린에게 필요했던 것은 새로운 소련공산당의 역사책이었다. 그 때까지의 소련공산당사는 숙청된 죄인들, 곧 '인민의 적들'과 '외국의 간첩들'을 모두 영웅으로 설명해 놓고 있었으며, 또 그 설명들을 뒷받침하는 사진들을 싣고 있었기 때문이었다. 그리하여 그는 사진들도 고치고, 역사적 사실들도 왜곡시켜 1938년에 『볼셰비키의 전(全)연방공산당의 역사에 관한 단기(短期) 강좌』라는 책을 발간했다. 스탈린 스스로가 저술한 것으로 대외적으로 발표된 이 책은 그가 죽은 1953년까지 유일하게 공인된 소련공산당사였다.

이러한 흐름 속에서, 당은 문화예술인들에게 '사회주의적 사실주의'를 강요했다. 사회주의의 시각에서 창작활동을 하라는 뜻이었다. 그것은, 쉽게 말해, 소련이 지향해 왔고 또 구현해 놓은 사회주의 체제와 사회를 비판해서는 안 되고 미화해야 한다는 지시나 다름이 없었다. 그러한 지시에 어긋나는 작품은 '부르주아적'이거나 '귀족주의적'인 것으로 낙인되었다.

그러면 1930년대의 소련정치를 특징지은 악몽과 같은 이 대숙청의 정치적 의미는 무엇이었는가? 이 대숙청은 당과 정부 지도층의 구성에 중대한 변화를 가져왔다. 우선 용하게도 숙청을 피할 수 있었던 지도자들은 '전우의 시체를 넘고 넘어' 출세를 할 수 있었다. 키로프의 후임으로 레닌그라드시 당의 제1 서기로 발탁된 안드레이 즈다노프(Andrei A. Zhdanov), 모스크바시당의 조직에서 두각을 나타내게 되고 곧 이어 우크라이나공화국당의 제1 서기로 뛰어 오르게 되는 흐루쇼프, 중앙당서기국에서 중심적 인물로 떠오른 말렌코프(Georgy M. Malenkov), 그리고 내무인민위원부에서 고속승진하는 베리야 등이 그 대표적인 보기들이다.

그러나 전반적으로 보아 숙청으로 말미암아 '혁명 이전 세대'는 지도층에서 거의 몰락하고 '혁명 이후 세대'가 크게 진출했다. 1939년 현재 오블라스트(Oblast, '지역'이라는 뜻의 행정단위) 및 크라이(Krai, '지방'이라는 뜻의 행정단위) 수준 이상의 상급당부의 서기 총 인원 333명 가운데 80.5%에 해당하는 268명이 1924년 이후 볼셰비키에 가입했고, 그 이하 하급당부의 서기 총 인원 10,902명 가운데 93.5%에 해당하는

10,193명이 1924년 이후 볼셰비키에 가입했다. 후자는 볼셰비키전통에 충실한 혁명인 또는 이념인이라기보다는 스탈린 개인에 충성하는 조직인 또는 관리인이었다. 이 점은 제2차 세계대전 참전(1941~1945)으로 그나마 옛 볼셰비키들이 더 많이 희생됨으로써 전후에 더욱 두드러지게 나타났다.

이 바탕 위에서 스탈린은 자신에 대한 개인숭배를 강요했으며, 그 결과 스탈린은 인간이 아니라 신(神)인 것처럼 경배되었다. 스탈린은 또 방대한 비밀경찰기구와 감옥 및 강제수용소 위에서만 존속할 수 있는 공포정치와 전제정치를 실시했다. 이 일에서 그가 자신의 번견으로 활용한 사람이 '고문과 악행의 대리인'으로 악명 높은 베리야였다. 스탈린은 그러한 조치들을 통해 볼셰비키전통을 파괴하고 레닌의 혁명정당을 자신의 전제적 지배의 도구로 변질시킨 것이다.

5. 스탈린헌법의 채택

스탈린헌법의 특성들

농업의 집단화와 두 차례의 경제계획에 의해 공업화를 이룩한 스탈린은 이제 소련이 공산주의로 향한 여정에서 사회주의 단계에 도달했다고 선언하고, 이 단계에 적합한 헌법의 제정을 요구했다. 이에 따라 1936년 12월 5일에, 최고소비에트 제8차 특별대회는 스탈린헌법을 채택했다.

1980년대 말까지 그 골격이 유지된 이 헌법의 내용은 다음과 같이 요약된다. (1) 소련공산당이 소련사회에서 권력의 궁극적 원천임을 다시 확인했다. (2) 소련이 동등한 소비에트사회주의공화국들의 자발적 통합의 바탕 위에서 형성된 '연방국가'임을 다시 선언했다. (3) 그러나 예산제도나 행정제도 및 사법제도 등 여러 부문에서는 사실상 중앙집권적 단방국가(單邦國家)로서 가능하도록 규정했다. (4) 서유럽 민주주의국가들의 헌법적 외양을 상당히 많이 빌렸으나 실제로는 권력분립의 원칙을 인정하지 않았으며, 이 점은 특히 입법부와 행정부의 관계를 살필 때 더욱 그러했다. 법원의 독립성도 사실상 부인되었다.

여기서 우선 지적되어야 할 것은 이 헌법 가운데 서유럽적 민주주의를 모방한 많은 조항들은 결코 실천에 옮겨진 일이 없고, 이 헌법의 존재가 독재정치의 기본유형을 두드러지게 변경시키지 않았다는 점이다. 그렇다면 스탈린은 왜 이 시점에서 새 헌법을 제정하였는가?

첫째, 1934~1935년경부터 나치즘이 발흥하고, 독일공산당이 완전히 패퇴함에 따라 소련의 외교정책은 변화를 겪지 않으면 안 되었다. 그 변화의 보기들이 (1) 1934년의 국제연맹(League of Nations) 가입과 (2) 파시즘에 대항하기 위한 서유럽 사회민주주의정당들과의 통일전선 형성 및 세계혁명 선동의 정지의 선언이었다. 1935년에 열린 제7차 코민테른 대회에서 채택된 이 선언은 서유럽 열강 특히 미국과 영국 및 프랑스가 나치즘의 위협으로부터 '민주주의'를 수호하기 위해 소련과 함께 집단안보조약을 체결한다는 소련의 주장을 뒷받침하기 위한 조처로 해석되었다. 여기서 스탈린은 민주주의국가들과의 동맹을 더욱 강조한다는 측면도 고려하여, 소비에트정치체제의 독특성도 강조하면서도 종래보다는 더욱 전통적인 의회제도에 가까운 새 헌법을 제정한 것이 아닌가 추정된다. 소련당국자들이 소비에트정치체제는 주로 '소비에트 민주주의의 질적 우수성'이라는 점에서 서유럽 정치체제와 차이가 있을 뿐이라고 선전한 사례는 이러한 추정을 뒷받침한다. 스탈린 스스로도 새 헌법의 '국제적 의의'를 강조했다.

둘째, 앞에서 지적했듯이, 스탈린은 1930년대 초반에 정치적 위기를 경험했다. 이 위기를 극복하기 위해 계급에 바탕을 둔 참정권 및 경제권에 대한 종래의 차별대우를 폐지하고 '모든 계급에게 보편적이며 평등한 참정권과 정치적 및 경제적 권리를 보장함'으로써 자신에 대한 지지의 폭을 넓히고자 했을 것이다.

1936년의 헌법을 설명하면서도 소련의 지도자들은 이 헌법이 미래에 대한 프로그램이거나 또는 약속이 아니라 이미 성취되어 있는 것의 단순한 기록임을 강조했다. 스탈린의 표현을 빌리면, 그것은 "이미 실제의 사실로서 달성되었거나 획득된 것의 등록이며 입법적 구현"이라는 것이다. 이러한 주장이 겨냥한 것은 특히 다음의 두 가지 인상을 낳기 위한 것으로 추정됐다.

첫째, '인민의 권리'가 실제로 보장되어 있지 않고 '신화'에 불과한, 따라서 '종이조각'에 불과한 부르주아 헌법에 비해 소비에트 헌법은 '살아 있는 문서'이다. 둘째, 소비에트제도는 낮은 단계에서 높은 단계로 발전하는 동적(動的)인 존재이다. 이미 사회주의는 성취되었으며, 이제부터 소비에트정부는 공산주의를 향하여 점진적인 발전을 꾀해 나갈 것이다.

국가소멸론의 부인

소비에트 지도자들은 새 헌법의 출발점은 소련에 이미 구축된 사회주의라고 강조했다. 곧, 이제 자본주의와 모든 형태의 착취 및 노농계급(勞農階級)에 대해 적대적인 모든 계급은 완전히 제거되고 소멸되었다는 것이며, 이 때문에 새 헌법이 마련되어야 한다는 것이다. 그렇다면 이제 그들의 국가소멸론에 따라 국가는 소멸되어야 하지 않는가?

이 물음에 대해 스탈린은 부정적으로 대답했다. 그에 따르면, 국가소멸론은 사회주의가 각국에서 동시에 건설되었을 때 적용될 수 있으나, 한 국가에서만 수립되었을 때는 적용될 수 없다는 것이다. 소련은 아직 자본주의국가들의 '포위망'에 둘러싸여 있으며, 따라서 이 포위망이 제거되고 소련에 대한 외부 공격의 위험이 사라지기 전까지는 소비에트국가는 오히려 강화되어야 한다는 뜻이다. 이 점은 소련이 공산주의에 도달한 뒤에도 마찬가지라고 스탈린은 주장했다.

이러한 견해는 스탈린이 참가한 마지막 전당대회인 1952년의 제19차 당대회에서, "마르크스주의의 적들과 마르크스주의를 통속화하는 자들은 소비에트 국가가 약화되고 소멸된다는 이론을 제창한다"라는 말렌코프의 주장에 의해 반복되었다. 흐루쇼프도 1959년의 제21차 당대회에서 이 이론에 약간의 변화는 주었으나 기본적으로 같은 이야기를 했다. 자본주의의 포위망은 드디어 동유럽에서 사회주의의 승리에 의해 깨어졌다고 주장한 그는 "소련과 소련의 사회주의 동맹국가들에 대한 제국주의의 위협이 완전히 제거되기 전에는 국가는 결코 소멸될 수 없다"고 주장한 것이다.

국가소멸론에 대한 소련정부의 이러한 해석은 결국 공산주의는 일국(一國)에서는 불가능하다는 트로츠키의 주장에 대한 양보를 의미한다. 여기서 소련의 지도자들은 자기들의 주장이 결국 트로츠키의 이론과 같다는 공격을 피하려고, 국가소멸론을 제외하고는 공산주의의 모든 특성이 사회주의 일국에서만도 나타날 수 있다고 변명했다.

제13장_스탈린정권 시기의 외부상황과 제2차 세계대전 참전(1924~1945)

우리가 제11장에서 레닌정권의 시대를 살폈을 때 이미 지적했듯이, 그 시대에 소비에트러시아는 사실상 외교적 고립에 빠져 있었다. 이 상태를 깨뜨리기 위해 레닌시대 때부터 볼셰비키정부는 서유럽국가들과의 외교관계를 세우고자 상당한 노력을 기울였던 것인데, 레닌이 죽은 직후인 1924년 2월에 영국과 수교하게 됨을 계기로 서유럽의 다른 국가들과도 수교하게 된다. 이어 1933년에는 소련을 승인하지 않던 유일한 강대국인 미국과도 수교하게 된다.

이 시기에, 곧 레닌의 죽음 이후의 권력투쟁의 시기와 스탈린의 집권 초기에, 소련외교의 일차적 관심은 소련의 안전을 확보하는 데 있었다. 이것은 나치스의 발흥으로 대표되는 유럽에서의 파시즘의 대두와 확산의 시기인 1930년대 중반 이후의 시기에 더더욱 그러했다. 한마디로, 소련은 일국사회주의론(一國社會主義論)에 입각한 안보외교를 전개했던 것이다. 이러한 여건 아래, 이데올로기 또는 세계의 공산주의 혁명은 소련외교에서 부차적인 목표일 수밖에 없었다.

소련의 이러한 입장이 가장 극적으로 잘 나타난 사례가 바로 1939년에 세계를 깜짝 놀라게 한 '불구대천(不俱戴天)의 원수' 나치독일과의 불가침조약체결이다. 그것은 또 그때로부터 2년 뒤에 나치독일의 기습공격을 받으면서 곧바로 서유럽의 자본주의국가들과 동맹관계에 들어간 데서도 잘 나타났다.

1. 서유럽과의 관계수립과 안보의 추구

서방국가들과의 관계수립

레닌의 죽음을 앞뒤한 시점에서부터 소련의 유럽에서의 입지는 어느 정도 좋아지기 시작했다. 그렇게 바뀐 가장 중요한 요인은 1923년 말부터 연합국의 독일과의 관계가 대체로 개선되면서 그 부산물로 연합국의 소련에 대한 공포와 증오도 가벼워졌다는 사실이다. 또, 서유럽의 경제인들이 유럽 전체의 경제부흥을 위해서는 연합국이 독일과 소련 모두에 대해 온건정책을 쓸 필요가 있다고 판단하여 자신들의 정부에 영향력을 행사한 것이 서유럽으로 하여금 소련과 수교하게 만들었던 것이다.

특히, 1924년 2월에 영국에서 노동당이 집권한 것은 영국의 소련승인을 재촉하게 되었다. 노동당정부는 두 나라 사이의 부채와 청구권 상환의 문제를 그저 연기하기로 합의하고 소련정부에 대해 완전한 외교적 승인을 부여했던 것이다. 영국의 행동은 프랑스와 이탈리아 및 오스트리아를 비롯하여 스웨덴과 덴마크와 노르웨이 및 그리스를 포함하는 서유럽의 주요한 국가들로 하여금 소련과 수교하는 길을 열었다. 그리하여 1924년은 소련에게 '승인 성취의 해'가 되었다.

그렇다고 하여 소련의 서방세계와의 관계가 순조롭지만은 않았다. 우선 영국에서 1927년에 보수당정부가 들어서면서 소련과 단교했다. 영국은 노동당의 재집권과 더불어 1929년 말에 가서야 소련과의 외교관계를 재개한다.

미국과의 관계는 좀처럼 풀리지 않았다. 소련외교사가(外交史家)들의 표현으로는, 미국과의 공식관계를 수립하려는 소련의 모든 노력은 미국으로부터의 적의(敵意)에 부딪혔던 것이다. 미국은 소련의 코민테른 활동에 대해 몹시 못마땅하게 생각했으며, 소련이 국제법의 기본적 원칙들을 지키지 못하고 있다는 점에 대해서도 불만을 품었기 때문이다.

루스벨트

그러나 무역은 차차 늘어나서 1930년에는 소련의 수입액의 약 25%를 미국이 공급하는 수준에까지 이르렀다. 미국의 언론인들과 기업인들, 그리고 소련인들이 고용한 미국기술자들이 소련으로 들어오기도 했다. 그러나 미국으로부터의 소련의 구입은 1931년에 1억 달러에서 1,200만 달러로 급격히 떨어졌다. 이렇게 되자 소련과 외교관계를 수립해 대소(對蘇) 수출량을 늘여야 한다는기업인들의 압력이 미국행정부를 상대로 커졌다.

1931년에 있었던 일본의 만주침략은 미국으로 하여금 소련승인을 심각히 고려하게 만들었다. 일본이 동북아시아에서 미국의 국가이익을 위협하고 있다고 분석한 미국정부는 소련과 손잡아 일본을 견제해야겠다고 판단한 것이다. 소련도 바로 이 점을 들어 미국과의 외교관계 수립을 공개적으로 제의했다. 이에 프랭클린 루스벨트(Franklin D. Roosevelt, 1882~1945) 대통령은 1933년에 소련과 외교관계를 수립하기로 결정하고 이것을 위한 협상에 들어갔다. 협상은 빠르게 진전되어 소련은 반제(反帝) 선전활동을 삼가한다는 공약을 하고, 두 나라 사이의 부채 및 청구권에 관한 문제는 뒷날의 협상으로 미루기로 합의한 다음, 그 해 11월에 완전한 외교관계를 수립했다. 초대 주소미국대사에는 윌리엄 벌리트 2세(William Bullitt, Jr.)가 임명됐으며, 초대 주미소련대사에는 알렉산드르 트로야놉스키(Aleksandr A. Troyanovsky)가 임명됐다.(소련은 건국 초기에 미국이 소련을 승인하지 않았는데도 일방적으로 맥심 리트비노프를 주미소련대사로 임명했으나 부임할 수 없었다.)

소련은 이어 1935년 7월에는 미국과 상업협정을 체결했다. 이 조약에 따라 소련은 1년에 약 3,000만 달러 상당의 미국상품을 구입해야 했다. 이 협정은 1939년에 연장되며 1941년에 미국이 소련에 무기와 재정을 지원해주는 대여협정(貸與協定)에 의해 대체된다.

주변국가들과의 불가침협정 체결

국가안보를 위한 소련의 노력은 서유럽국가들로부터 무역과 차관 및 승인을 얻으려는 노력과 평행선을 긋고 있었다. 확실히 소련의 서방국경을 보호해야 하는 과제는 집권자들의 끊임없는 관심사였다. 그들의 분석과 전망에는 차이가 나타났다. 비관론자들은 서유럽으로부터 소련에 대한 새로운 무력간섭의 위협이 커지고 있다고 강조한 반면에 낙관론자들은 소련의 증대하는 국력은 그것을 막을 수 있다는 자신을 보였다. 그러나 그들은 모두 소련을 서유럽으로부터 초연한 지위로 끌어올리려고 노력했다.

소련은 자신의 안보체제를 수립하기 위해 두 개의 기본적 전술을 채택했다. 첫째가 자본주의진영을 분열시켜 그들이 반소적인 통일전선을 형성하지 못하도록 하며, 이 목적을 위해 독일을 통일전선의 형성을 방지하는 쐐기로 활용한다는 것이었다. 실제로 소련은 1926년 4월에 독일을 상대로 베를린조약(the Treaty of Berlin)을 체결함으로써 소련이 제3국의 무력공격을 받는 경우에 독일은 중립을 지키겠다는 다짐을 받아내는 데 성공했다.

둘째가 소련의 접경국가들을 '중립화'하여, 그들이 소련에 대한 무력개입의 기지가 되지 못하도록 한다는 것이었다. 이것과 관련하여, 소련은 우선 1926년에 리투아니아와 중립 및 불가침에 관한 협정을 맺을 수 있었다. 소련은 이어 1928년에는 '켈로그 브리앙 조약(the Kellog-Briand Pact)', 곧 국제적 부전조약(不戰條約)에 참여할 수 있었을 뿐만 아니라, 이 조약이 소련과 그 주변국가들 사이에서도 유효하다는 '리트비노프 의정서(Litvinov Protocol)'를 그 주변국가들과 더불어 성립시킬 수 있었다. 이 의정서는 이때 소련 외무차관이던 막심 리트비노프(Maksim Litvinov)의 이름을 딴 것이다. 이 여세를 몰아, 소련은 핀란드와 라트비아와 에스토니아 및 폴란드와도 중립 및 불가침 협정을 개별적으로 체결했다.

스탈린의 외교목표들

이상에서 살핀 바와 같이, 소련이 서유럽과의 관계를 개선하고 주변국가들과의 불가침협정 체결을 통해 안보를 다지는 동안에, 1920년대 말에 와서 마침내 권력투쟁에 승리하여 최고권력자의 자리에 올라선 스탈린은 소련의 대외정책의 기조를 보다 확실하게 정립했다. 그것은 두 방향으로 나타났다.

첫째, 자신의 권력보호를 소련의 국가이익 보호에 앞세운다는 것이었다. 경쟁자들을 상대로 무자비한 투쟁을 벌인 끝에 권력의 정상에 오른 그는 본능적으로 자신의 권력을 철저히 보호해야 한다는 점에 지나치게 집착하고 있었다. 그는 자신의 정적들이 국내외에서 자신을 타도하기 위해 끊임없이 공작하고 있다는 편집광적 망상을 지니고 있었으며, 이 점에서 트로츠키를 대단히 겁내고 있었다. 미국의 세계적 소련전문가인 케난(George F. Kennan)에 따르면, 스탈린은 히틀러의 소련침공 이전에는 히틀러보다 트로츠키를 더 두려워했다고 한다. 이러한 심리를 지녔기에, 스탈린은 특히 '해외에서의 음모'를 방지한다는 생각에서 세계의 모든 공산당들을 자신의 엄격한 통제 아래 두고자 했으며, 각국의 공산당지도자들 가운데 믿기 어렵다고 판단되는 세력을 정기적으로 무자비하게 숙청했다.

자신의 권력보호에 대한 스탈린의 이같은 집념은 소련외교로 하여금 소련의 국가이익에 어긋나는 경우에라도 스탈린의 권력보호를 앞세우도록 만들었다. 자신의 권력보호에 대한 스탈린의 집념이 스탈린외교의 열쇠였다고 케난이 말한 것은 결코 과장이 아니었다.

둘째, 일국사회주의론에 입각한 국내우선주의를 대외정책의 기조로 강화했다. 풀어 말해, 소련의 외교는 소련을 공업화된 선진국가로 발전시키는 대외적 도구로 그 성격이 굳어진 것이다. 이러한 입장은 자연히 소련으로 하여금 서방 자본주의국가들과의 평화적 관계를 우선적으로 추구하게 만들었다. 1930년에 치체린에 이어 외무장관에 취임한 리트비노프가 "우리의 건설사업의 규모가 크면 클수록, 건설의 속도가 빠르면 빠를수록, 평화의 보존에 대한 우리의 관심은 더욱 커진다"고 말했을 때, 그리고 소련공산당의 한 고위 간부가 "소련의 트랙터 한 대가 외국의 좋은 10명의 공산주의자들보다 더 가치가 있다"고 말했을 때, 그것은 소련집권자들의 솔직한 심경의 표현이었던 것이다.

소련외교의 국내우선주의는 자연히 소련의 대외정책을 대체로 신중하게 만들었다. 이것은 레닌이 강조했던 '민족해방투쟁에 대한 지원'의 약화(弱化) 또는 소극화(消極化)로 이어졌다. 이 점은 레닌 때부터 추진된 중국혁명에 대한 지원이 결국 1927년 4월에 상해에서 장제스가 일으킨 반공쿠데타로 말미암아 무위(無爲)로 돌아가면서 더욱 확실해졌다.

2. 나치의 위협과 소련의 외교(1934~1936)

1930년대에 들어와 소련의 외교적 환경에는 커다란 변화가 일어났다. 우선 유럽에서는 독일이 극우적이며 반공적인 국가사회주의, 곧 나치즘의 길을 걸어 1932년에 히틀러의 집권이 실현되었다. 한편, 아시아에서는 일본이 군국주의적이며 반공적인 길을 걸으며 1931년에는 만주를 침략하기에 이르렀다. 두 상황 모두 소련의 안보에 대해서는 위협적이었는데, 특히 두 파시스트 국가의 동맹 가능성을 내다보면서 소련은 두려움을 느끼게 되었다.

소련의 독일과의 관계

우선 독일과의 관계를 보기로 한다. 소련은 히틀러의 집권에 대해 처음에는 크게 걱정하지 않았다. 극우세력을 대표하는 히틀러의 집권은 오히려 '보수반동' 세력 대 노동계급의 모순과 갈등을 날카롭게 만들어 공산주의혁명을 촉진시키는 계기를 마련해줄 것이라고 판단했기 때문이다.

여기에 더하여, 히틀러는 집권 초기에 소련을 안심시키는 조처들을 취했다. 우선 독일외교관들은 소련외교관들에게 독일 국내에서의 반공정책은 독일의 소련과의 선린관계에 아무런 영향을 끼치지 않을 것이라고 다짐했다. 또, 1933년 5월에는 베를린조약이 연장되었으며, 이로써 적어도 문서상으로는 두 나라 사이의 라팔로체제가 계속되게 되었다. 이에 소련도 라팔로체제의 존속이 자신의 독일정책의 기본임을 다시 확인하면서, 그 체제가 지속되는 한 소련은 독일공산주의자들의 운명에 대해 개의하지 않을 것임을 다짐했다.

이러한 상황에서, 소련은 히틀러체제가 소련에게 외교적으로 도움이 될 가능성이 높다는 믿음을 갖게 되었다. 독일의 역대 의회주의정권들은 대체로 서유럽과의 화해를 옹호했으며, 따라서 이 추세가 억제되지 않는다면 독일과 서유럽 사이에 반(反)소비에트적 동맹이 형성될 것으로 소련은 우려하고 있었는데, 히틀러체제는 특히 베르사유체제의 전복을 옹호하는 점으로 미루어 반서유럽적 노선을 걸을 것이 확실한 만큼 소련으로서는 오히려 이익을 볼수 있을 것이라고 기대한 것이다.

그러나 1933년 말과 1934년 초 사이에 소련은 독일에 대한 정책을 재고하지 않으면 안 되겠다고 판단하게 되었다. 첫째, 히틀러는 스탈린의 예상과는 달리 서유럽에 대한 우호정책을 지속하고 있었다. 이것은 물론 히틀러의 가면외교(假面外交)의 한 측면이었다. 히틀러는 국내에서 자신의 독재체제의 기초가 확고해질 때까지는 온건한 대외정책을 추구하고자 한 것이다. 둘째, 독일의 국제연맹 및 군축회의로부터의 탈퇴이다. 히틀러는 자신의 권력기반이 국내에서 확고해지자 적극적인 대외정책을 추구하게 되었으며, 그 첫 조처로 1933년 10월 14일에 국제연맹과 군축회의로부터 탈퇴한 것이다. 여기서 소련은 독일에 대한 새로운 경계심을 갖게 되었으니, 그것은 독일이 서유럽과 소련 모두에 대한 무력공격을 준비하려는 전초작업이라는 판단에서였다. 실제로 히틀러는 독일의 '유럽제패'를 위한 국력의 신장과 재군비에 방해가 되는 국제연맹 및 군축회의로부터 벗어나고자 한 것이다.

셋째, 독일과 폴란드 사이에 10년 유효의 불가침조약이 체결된 사실이다. 1934년 1월에 체결된 이 조약을 통해 히틀러는 우선 폴란드와 프랑스 사이의 동맹관계를 끊고자 했고 더 나아가서는 제1차 세계대전의 종결 이후 프랑스를 맹주로 하여 동유럽을 결속시키고 있는 대독(對獨) 안전보장체제에 쐐기를 박고자 했다. 그러나 그것보다 더 중요한 것은 이 조약이 실제로 독일과 소련 사이의 라팔로체제를 부인했다는 점이다. 독일과 소련은 자신들의 중간에 위치해 있는 폴란드에 대한 공통된 적대감을 바탕으로 친밀한 관계를 지속시켜온 터인데, 이제 독일이 폴란드와 불가침협정을 맺었다는 것은 그 동안 두 나라의 우호를 유지시킨 바탕이 없어졌음을 의미했다.

소련의 일본과의 관계

이어 일본과의 관계를 보기로 한다. 소련은 처음에는 일본의 만주침략에 대해 대단히 조심스러우면서도 양보적인 태도를 취했다. 1931년 말과 1932년 사이에 일본을 상대로 여러 차례에 걸쳐 두 나라 사이의 불가침협정을 체결할 것을 제의했고, 일본의 괴뢰국인 만주국이 모스크바에 영사관을 열겠다면 인정할 용의가 있음을 비쳤으며, 소련이 갖고 있던 중국 동부철도의 경영권을 일본에게 매도하겠다고 자진해서 제의하기도 했다. 실제로 소련은 1935년에 이 철도의 경영권을 만주국정부에 헐값으로 팔았다. 이러한 소련의 태도는 소련이 일본의 만주지배를 사실상 승인하겠다는 뜻을 분명히 하는 것이었다.

반면에 소련은 일본을 외교적으로 견제하는 방법도 썼다. 첫째, 중국 동부철도의 경영권을 둘러싼 분규 끝에 1929년에 단교했던 장제스정부와 1932년 12월 12일자로 복교했다. 일본의 침략에 맞서 싸우는 장제스정부를 지원한다는 스탈린의 뜻이 들어 있었던 것이다. 둘째, 동북아시아에서 차차 커지는 일본의 군사적 위협에 불안을 느끼는 미국을 설득해, 1933년 11월 16일에 미국으로부터 소련정부에 대한 법적 승인을 얻어냈다. 스탈린은 이 지역에서 미국과의 협력으로 일본의 팽창을 견제하고자 한 것이다.

일본의 동북아시아에서의 팽창을 억제하는 방법들 가운데 하나로 소련은 연해주를 포함해 극동러시아에서 생활하던 한인들을 1937~1938년에 허허벌판이나 다름없었던 중앙아시아로 강제이주시켰다. 한인들이 일본의 '앞잡이' 노릇을 하지 않을까 의심했기 때문이었다. 이 과정에서 수많은 한인들이 희생됐다. 그러나 절망 속에서도 한인들은 용기를 발휘해 생활의 터전을 마련하는 데 성공한다. 그리고 그들의 자녀들 가운데 적지 않은 수가 소련의 정치와 교육에 봉사하게 되며, 또 어떤 이들은 2차대전이 끝나면서 소련군이 북한을 점령통치하던 때 그들의 통역 또는 보좌관으로 일하게 된다.

소련의 서방과의 관계

소련의 독일과 일본에 대한 정책은 그리고 한 걸음 더 나아가 소련의 자신의 안보에 대한 정책은 1934년 한 해 동안 급격히 바뀌기 시작했다. 그 새로운 방향은 친(親)서방정책이었다. 동방에서이건 서방에서이건 파시즘에 반대하는 서방의 의회주의국가들과 가까이 지내고, 만일 가능하다면 동맹까지 이룩하는 것이 소련의 안보에 유리하다고 계산한 것이다. 그러나 서방의 의회주의국가들은 소련의 국가적 본질을 제대로 파악하고 있어서 소련에 대한 불신이 컸다.

이 점을 정확히 이해한 스탈린은 성격이나 정책에서 친서방적인 리트비노프를 외무장관으로 기용하고 대대적인 대외선전활동을 폈다. 트리스카(Jan F. Triska)와 핀리(David D. Finley)의 표현으로는, "소련은 자신의 혁명적 과거와의 날카로운 단절과 그리고 서유럽 민주주의국가들과의 일체감을 보여주면서 새로운 이미지를 얻어야만 했으므로 스탈린은 서유럽에 대한 소련의 상사성(相似生)을 강조하고 차이점의 노출을 죽이기 시작했다." 또 미국의 세계적 러시아전문가 울람(Adam Ulam)의 표현으로는, "민주주의국가들로부터 여론의 동정을 얻기 위한 투쟁은 1930년대의 소련의 노력과 정책에서 두드러진 위치를 차지하게 되었다.”

소련의 친서방정책은 세 가지 형태로 구체화되었다. 첫째, 소련이 ‘프롤레타리아혁명의 억압을 위한 부르주아지의 동맹’이라고까지 비난했던, 그리고 이미 이탈리아와 일본 및 독일이 탈퇴한 국제연맹에 1934년 9월 18일에 가입한 것이다. 이것은 소련의 대외정책에서 기본적인 전환을 기록하는 것이었다. 소련은 가입과 더불어 국제연맹 이사회의 상임이사국이 되었는데, 이것은 소련이 강대국으로 인정받았음을 뜻했다.

둘째, 소련은 자신과 독일 사이에 완충지대를 만들고자 했으며, 그 구체적 방안으로 1935년 5월 2일에 프랑스와 상호원조조약을 체결함에 성공했다. 이 조약에서 프랑스는 소련이 독일의 침략을 받는 경우 소련을 즉각 지원할 것임을 다짐한 것이다.

셋째, 소련은 코민테른의 노선을 전환시켰다. 소련은 1935년 여름에 모스크바에서 코민테른 제7차 대회를 열고 이른바 통일전선전략을 채택하여, 파시즘에 맞서기 위해서는 공산주의국가들과 서방 민주주의국가들이 공동의 노력을 펴야 한다고 주장하기 시작한 것이다. 소련은 이로써 파시즘에 대한 ‘성전(聖戰)’을 선언했다.

3. 소련 안보체제의 붕괴 및 독일과의 불가침협정 체결(1936~1939)

소련 안보상황의 심각한 위기

소련이 그처럼 열성적으로 확립하고자 한 안보체제는 1936년부터 1938년 사이에 무너지고 만다. 이러한 맥락에서, 영국의 저명한 외교사학자 벨로프(Max Beloff)는 “1936년부터 1938년까지의 해들은 스탈린이 추구해 온 안보체제의 붕괴와, 그리고 그 안보 체제에 걸었던 희망의 붕괴를 목격했다"고 썼다.

그러한 징후들은 이미 1935년 말에 나타나기 시작했다. 1935년 10월에 이탈리아가 에티오피아를 침공했을 때, 스탈린이 '침략에 대한 제동기(制動機)'라고 부른 국제연맹은 아무런 실질적 제재조처를 취하지 못했으며, 1935년 5월에 체결된 프랑스와의 상호원조조약은 해가 끝나도록 프랑스의회에서 비준동의를 받지 못했던 것이다.

그러나 소련의 안보에 대한 최초의 진정한 타격은 1936년 3월 7일에 왔다. 히틀러가 국제조약들을 어기고 비무장지대인 라인란트(Rheineland)에 1개 사단을 진주시켜 프랑스 자체의 안전마저 약화시켰는데도, 그리고 히틀러가 앞으로 자신이 취할 군사적 도발에 대한 서방의 저항력을 시험했는데도, 프랑스를 비롯한 서방국가들은 그저 바라보기만 했던 것이다. 이러한 상황 아래, 히틀러는 곧 동방으로, 그리고 소련으로, 침략의 발길을 돌릴 것이라고 소련은 내다보게 되었다.

반(反)히틀러적 집단안보체제의 구축을 향한 소련의 노력이 무위로 돌아갔듯이, 소련의 안보를 위한 대외적 조처들 가운데 하나였던 통일전선전략도 스페인의 내란이 제기한 시련을 극복하지 못한다. 1931년에 공화정이 수립된 스페인에서 광범위한 통일전선을 결성한 좌익세력이 1936년의 선거에서 승리하자, 군부지도자 프랑코(Francisco Franco)는 자신의 파시스트조직인 팔랑헤(Falange: '고대그리스에서 장창을 들고 밀집해 싸우던 전투적 부대'에서 나온 말)를 중심으로 곧바로 반란을 일으킴으로써 역사상 유명한 스페인내전이 벌어졌다. 이때 소련은 좌익의 공화정을 지원했으나 영국과 프랑스는 계속해서 불개입정책을 고수했으며, 1939년에 현실화된 프랑코의 집권을 막지 못했던 것이다. 그뿐만 아니다. 서유럽국가들은 소련의 통일전선전략이 결국 대중을 좌익진영으로 동원시키는 반(反)우익적 전략임을 깨닫게 됨으로써, 소련에 대한 깊은 불신을 부풀리게 되었던 것이다.

소련의 안보에 대한 또 하나의 위협은 추축국의 반(反)코민테른협정 체결이었다. '공산주의의 위협'으로부터 조국을 수호하기 위해 반(反)

볼셰비즘국제전선을 형성한다는 명분 아래 1936년과 1937년 사이에 독일이 이탈리아 및 일본을 상대로 차례로 이 협정을 체결했을 때, 그것은 소련에게 심각한 도전이 아닐 수 없었다.

반(反)파시스트적 연합전선을 형성하려는 소련의 외교적 노력이 무너지는 가운데, 파시스트국가들은 기세 좋게 국제적 위기를 계속해서 조성하고 있었다. 1937년 7월에는 일본이 마침내 중국본토에 대한 침략을 개시했다. 이어 1938년 3월에는 독일이 오스트리아를 강압적으로 '합병'한 데 이어 9월에는 영국과 이탈리아를 끌어들여 성사시킨 뮌헨회담을 통해 체코슬로바키아의 주데텐란트(Sudetenland)마저 점령했다. 그 사이인 1938년 8월에 일본은 소련과 만주 사이의 접경지대에 위치한 장고봉(張鼓峰)에서 군사적 충돌을 일으켰다. 1939년 봄에는 독일이 체코슬로바키아 전체를 완전히 장악했고, 여름에는 일본이 외몽골과 만주 사이의 접경지대에 위치한 외몽골의 노몬한을 공격했다.

이 과정에서 서방의 민주주의 국가들은 파시스트국가들에 대해 '유화정책'으로 일관했을 뿐만 아니라, 소련을 외교적 협의의 대상에서 철저히 제외시켰다. 따라서 소련은 (1) 1937년 8월에 장제스정부와 불가침협정을 체결하고, (2) 장고봉전투와 노몬한(또는 '할힌골'로도 불림) 전투를 자신의 군사력으로써 승리로 이끌었다. 소련은 노몬한전투에서의 승전을 1904~1905년 러일전쟁에서의 일본에 대한 패배의 설욕으로 선전했으며, 소련의 대다수 국민들도 그렇게 받아들였다.

소련의 독일에 대한 접근

이 모든 상황은 소련으로 하여금 자신의 안보에 대해 심각한 위기의식을 갖도록 만들었다. 서방국가들이 독일의 침략욕을 소련에게 발산하도록 기술적으로 조종하고 있다는 의심마저 강하게 갖도록 만들었다. 이러한 배경에서 소련은 이제 자신의 안보문제를 다른 각도에서 접근해야겠다고 결심하게 되었다. 더구나 소련군 단독으로는 소련의 주적인 독일군을 격퇴시킬 수 없다는 판단은 소련으로 하여금 독일의 침략을 서유럽으로 전환시키거나, 최소한 연기시킬 수 있는 새로운 외교적 조처를 추구하게 만들었다. 새로운 외교적 조처란 물론 독일과의 어떤 거래를 의미하는 것이었다.

이 시점에서, 소련은 독일을 향해 접근의 신호를 보내기 시작했다. 우선 스탈린은 1939년 3월 10일에 열린 소련공산당 제18차 대회에서의 보고를 통해, 서유럽국가들이 독일과 일본으로 하여금 소련과 전쟁을 벌이도록 유도하기 위해 '불간섭정책'을 쓰고 있다고 비난한 다음, "그러나 소련은 신중성을 발휘할 것이며, 다른 인민들로 하여금 불 속에서 밤〔栗 : 율〕을 꺼내도록 해온 전쟁도발자들이 소련을 전쟁으로 끌어넣는 것을 허용하지 않을 것"이라고 선언했다. 이른바 '밤 연설(Chesnut Speech)'로 불리는 이 연설에서 스탈린은 영국과 프랑스를 '다른 인민들로 하여금 불 속에서 밤을 꺼내도록 해온 전쟁도발자'로 비유했던 것이다.

'은유법의 걸작'이라고 평가되는 이 연설을 통해 독일과 소련이 '서유럽의 전쟁도발자'의 함정에 빠져서는 안 될 공동의 광장에서 있음을 암시했는데도 독일은 아무런 반응을 보이지 않았다. 그러므로 이제 소련은 좀더 구체적인 외교적 탐색을 시도하게 되었다. 우선 히틀러가 증오하는 유대인일 뿐만 아니라 반히틀러 집단안보체제의 구축에 앞장섰던 리트비노프를 외무장관직에서 해임하고 그 후임에 히틀러가 찬양하는 아리안(Aryan)일 뿐만 아니라 소련의 수뇌급 정치인인 몰로토프를 임명한 것이다. 이어 독일에 대해 두 나라 사이의 경제적 협력을 증대시키는 데 '필요한 정치적 기초'를 세우는 문제에 대해 협상할 것을 제의한 것이다.

이 무렵 독일은 연래의 숙원인 폴란드의 정복을 위해서는 결국 소련과 손잡지 않을 수 없다고 계산하고 있었다. 체코슬로바키아를 해체하여 자신의 보호 아래 둔 독일의 다음 침략목표는 우선 폴란드였는데, 폴란드를 정복하려면 영국과 프랑스를 견제할 필요가 절실했으며 여기에는 소련의 협력이 긴요하다고 판단했던 것이다.

독일과의 불가침협정체결

이로써 역사상 가장 냉정히 계산된 거래의 하나인 악명 높은 독·소 불가침협정을 위한 무대가 설정되었다. 폴란드 침공날짜를 9월 1일로 잡은 독일로서는 하루빨리 소련과의 불가침협정을 체결하고 싶었고, 폴란드가 독일의 침략을 받아도 영국과 프랑스가 수수방관할 것이며 그렇게 되면 독일은 결국 폴란드라는 방어벽이 무너진 소련을 침략할 것으로 내다본 소련으로서도 하루빨리 독일과의 불가침협정을 체결하고 싶었던 것이다. 두 나라 사이의 '정략결혼'을 위한 '혼담'은 급속히 진전되어, 1939년 8월 23일 저녁에 모스크바에서 소련의 외무장관 몰로토프와 독일의 외무장관 요아힘 폰 리벤트로프(Ulrich Friedrich Wilhelm Joachim von Ribbentrop, 1893~1946) 사이에 불가침협정과 그것에 따른 비밀의정서가 조인되었다. 이로써 소련은 임박한 독일과 폴란드 사이의 전쟁에서 비켜 설 수 있게 되었고, 자신의 군사력을 증강시킬 수 있는 귀중한 시간을 얻었다.

소련의 이익이 거기서 끝나지는 않았다. 폴란드와의 전쟁이 시작되기에 앞서 전리품의 분할에 합의한 문서인 비밀의정서에서, (1) 독일이 리투아니아를 차지하는 대신에 소련은 핀란드와 에스토니아 및 라트비아를 차지하며, (2) 독일이 폴란드의 서쪽을 차지하는 대신에 소련은 그 동쪽을 차지하고, (3) 소련은 루마니아의 베사라비아를 차지하기로 한 것이다.

독·소 불가침 조약을 체결한 뒤 악수하는 스탈린(좌)과 리벤트로프 독일 외무장관

이로써 소련팽창주의의 새 시대는 시작되었다. 소련은 독일과 자신 사이에 '완충지역'을 만들어 냄으로써 자신의 방위선을 확대시켰을 뿐이라고 설명했으나, 독립국가들의 강제적 병합은 확실히 팽창주의의 산물이었던 것이다. 이 조약은 소련으로 하여금 2,200만 명 이상의 비(非)러시아

인구를 가진 영토를 병합하는 것을 가능하게 했다. 소련은 베사라비아 및 서(西)백러시아와 더불어 에스토니아와 라트비아 및 리투아니아를 다시 얻었을 뿐 만 아니라, 러시아제국의 부분이 아니었던 서(西)우크라이나의 땅, 곧 동(東) 갈리시아와 북(北)부코비나를 얻었던 것이다. 따라서, 그 조약은 소련의 제2차 세계대전에의 참전을 22개월 동안 연기시켰을 뿐만 아니라, 그 조약과 대전 두 가지 모두를 극복할 영토를 확보할 수 있게 만들어주었다.

그러나 손실도 없지는 않았다. 이 협정의 체결은 외국의 공산주의자들로 하여금 소련을 혁명의 배반자로 보게 했으며 코민테른의 활동을 크게 제약시켰다. 이렇게 볼 때, 독일과의 불가침협정체결은 소련이 국제적 혁명보다도 자신의 안전과 러시아의 전통적 국가이익을 중시함을 보여준 중요한 한 보기였다. 미국의 저명한 소련전문가 해머(Darrell P. Hammer) 교수가 재치있게 지적했듯이, 이 조약의 체결은 '혁명적' 소련이 '전통적' 권력정치의 경기(競技)와, 그리고 '전통적' 국제정치의 주요한 대상인 이른바 세력권의 문제를 언제라도 다룰 준비가 되어 었음을 입증했다.

4. 독일과의 동맹체제의 긴장과 붕괴(1939~1941)

소련의 발틱3국 지배

1939년 9월 1일에 독일은 폴란드를 침공하기 시작했다. 유화주의로 일관한 영국과 프랑스도 이번에는 강경히 맞서 9월 3일에 폴란드에 대한 전면지원을 선언했다. 이로써 1918년 11월 11일에 제1차 세계대전이 종결된 때로부터 21년 만에 유럽은 제2차 세계대전의 불길에 휩싸이게 되었다.

예상과는 달리 영국과 프랑스가 폴란드의 지원을 선언하며 참전했는데도 폴란드는 너무나 빨리, 곧 9월 27일에 항복하고 말았다. 소련은 곧바로 폴란드에 진격하여 독일과 함께 폴란드를 분할했으며 이로써 폴란드라는 국가는 사라졌다. 소련은 1940년 4월과 5월 사이에 스몰렌스크(Smolensk) 부근의 카틴 숲(Katyn Forest) 등에서 그 동안 체포한 폴란드 군장교와 지식인 및 성직자 등 약 47,000명을 학살했다. 그 사이인 1939년 9월 28일에 소련은 독일과 국경 및 우호 조약을 체결했으며, 이 조약을 통해 소련은 비밀의정서에서 밀약되었던 에스토니아와 라트비아 외에도 리투아니아의 거의 전부를 자신의 이익범위로 인정받았다. 이 거래에서 소련은 전쟁 중인 독일의 약점을 활용해 더 큰 이익을 확보하는 기회주의적 외교를 과시한 셈이다.

이 조약을 근거로 소련은 곧바로 에스토니아와 라트비아 및 리투아니아를 협박해, 이 발트 3국을 자신의 군사적 지배 아래 두었다. 이어 1939년 11 월 30일에는 핀란드를 침공해 이른바 겨울전쟁을 시작했다. 미국과 영국 등 서방국가들의 물질적 지원과 국제여론의 지지에 힘입으며 핀란드국민은 거국적으로 저항했으나 결국 강화를 요청하게 되었고, 연합국의 개입을 두려워한 소련이 이 요청에 응해 1940년 3월 12일에 모스크바에서 두 나라 사이에 강화조약이 맺어졌다. 이 조약을 통해 소련은 핀란드 영토의 10% 정도를 빼앗았다. 여기에 맞서 독일은 9월에 핀란드통과권을 핀란드정부로부터 얻어냄으로써 소련으로 하여금 핀란드에 대해 더 이상 압력을 가하지 못하도록 견제함에 성공했다.

독일의 소련침공: '바르바로사 작전'

이 무렵에 소련은 다시 자신의 안전에 대한 경계심을 갖게 되었다. 독일이 노르웨이와 덴마크를 정복한 데 이어 중립국인 네덜란드와 벨기에를 침공하고 곧바로 프랑스를 침공해 1940년 6월에는 페탱(Henri Philippe Pétain)정부로부터 항복을 받은 것이다. 여기서 소련은 서부전선에서 승리한 독일이 이제 침략의 발길을 소련으로 돌리려 한다고 걱정하기 시작했다.

물론 겉으로 보기에는 두 나라 관계에 아직 아무런 갈등이 나타나지 않았다. 그러나 차가운 현실주의자인 스탈린이 외양에 만족할 수는 없었다. 그는 우선 소련의 방위선을 될 수 있는 대로 전진시키기로 결심했다. 보다 구체적으로, 그는 주변국들을 병합하여 독일군이 레닌그라드나 모스크바에 이르는 거리를 연장시키기로 결심한 것이다. 그 일차적 희생지들이 바로 발트 3국으로, 소련은 리투아니아와 라트비아 및 에스토니아를 차례로 위협해, 8월 1일에는 리투아니아를, 8월 5일에는 라트비아를, 그리고 8월 8일에는 에스토니아를 각각 소련에 편입시켰다.

소련은 동남유럽으로도 관심을 돌려 우선 독일의 침공위협을 받고 있는 유고슬라비아와의 관계를 개선했으며, 독일에 석유를 공급하고 있는, 그리하여 독일의 전쟁수행에 매우 중요한 루마니아에 대한 군사적 압력을 가중시키면서 루마니아를 사실상 자신의 세력권 안으로 끌어들이려고 했다. 이에 맞서 독일은 8월 하순에 루마니아의 국경보호를 보장하면서 군사적으로 점령했다.

이처럼 소련과 독일 사이에 차차 갈등이 나타나는 상황 속에서 독일과 이탈리아 및 일본은 1940년 9월 27일에 베를린에서 삼국동맹을 체결했다. 독일은 이 동맹이 '미국의 전쟁광들'을 견제하기 위한 조치라고 해명했으나, 소련은 이것이 소련을 겨냥한 것임을 깊이 인식하고 있었다.

소련의 인식은 정확한 것이었다. 왜냐하면 독일은 이 해 7월부터 소련침공계획을 구체적으로 추진하기 시작했기 때문이다. 프랑스가 항복했는데도 항전을 계속하는 영국의 투지를 좌절시키기 위해서는 소련을 먼저 굴복시킬 필요가 있다고 판단한 히틀러는 1941년 5월까지 소련에 대한 공격을 개시할 수 있도록 준비를 갖추라고 지시했던 것이다.

이러한 속셈을 깔고서 독일은 소련에게 소련을 비롯해 독일과 이탈리아 및 일본의 4대국'이 '그 역사적 사명'을 완수하기 위한 논의를 시작하는 첫 단계로 두 나라 외무장관 회담을 열자고 제의했다. 소련은 이 제의를 받아들여, 1940년 11월에 베를린에서 두 나라 외무장관 회담이 열렸다. 이 회담에서 독일은 네 나라가 그들 각자의 세력권을 새로이 설정하여 '새로운 질서'를 세우는 일에 소련이 적극 참여할 것을 요청했다. 독일과 소련의 새로운 세력권과 관련해, 독일은 중앙아프리카에서, 그리고 소련은 페르시아만과 아라비아해쪽으로 각각 세력권을 넓힐 수 있을 것이라고 독일은 제의했다. 이 제의에 대해, 소련은 (1) 핀란드의 소련으로의 병합, (2) 독일의 루마니아국경보호선언의 취소, (3) 불가리아와 터키해협에서의 소련의 이익보호 등을 요구했다. 소련은 자신이 이미 확보한 세력권 밖에 적어도 핀란드와 루마니아 및 불가리아를 더 갖겠다는 욕심을 나타낸 것이다.

소련, 일본과 중립 · 불가침조약 체결

소련은 너무 많이 요구했으며, 이러한 의견의 교환은 두 나라 협조가 더이상 진전될 수 없음을 보여주었다. 실제로 1940년 12월 5일에 히틀러는 소련침공계획인 '바르바로사 작전(Operation Barbarossa)'을 승인하면서, 1941년 5월 15일까지 모든 준비를 완료하라고 지시했다. 이와 더불어 독일은 발칸지역을 침공해 자신의 세력권에 편입시킴으로써 소련을 동남쪽으로부터 압박했다. 이에 맞서 소련은 발칸지역의 항독운동을 뒷받침하는 외교적 조처들을 취하는 한편 독일의 침공에 대비하기 위해 우선 동부의 국경을 안정시킨다는 목적에서 일본과 1941년 4월 13일에 5개년 유효의 중립 및 불가침 조약을 체결했다.

1941년 6월 22일에 소련은 마침내 독일의 침공을 받기 시작했다. 이로써 두 나라 사이의 전쟁은 시작되었으며, 독일의 소련공격을 예방하려던 1933년 이후의 소련외교의 중심적 목표는 실패로 끝났다. 동시에 소련은 독일의 소련침공에 고무되어 복수를 시도한 핀란드의 무력공격을 받았다. 소련은 1944년 9월에 가서야 겨우 핀란드를 굴복시킨다. 이 시기에, 나치독일과 소련 사이를 오가며 핀란드의 국가적 손실을 최소화하면서 국가의 존속을 유지하는 데 기여한 정치가이면서 군인이 만네르하임(Mannerheim, 1867~1951) 대통령이었다.

5. 제2차 세계대전 참전과 내부상황(1941~1945)

전시내각의 구성

외교적으로 고립된 상태에서 막강한 독일군의 침공을 받은 소련은 우선 전시내각을 구성했다. 전쟁이 시작되기 한 달 앞선 1941년 5월 7일에 총리직을 겸임했던 스탈린, 외무장관 겸 정치국원 몰로토프, 국방장관 출신의 정치국원이며 군부의 정상급 지도자인 보로실로프, 정치국원이며 정규 및 비밀 경찰의 두목인 내무장관 베리야, 정치국 후보위원이며 서기국의 제2인자인 말렌코프의 5인으로 구성된 국가방위위원회(GKO)를 1941년 6월 30일자로 발족시킨 것이다. 여기에는 정치국원들인 카가노비치(Lazar M. Kaganovich, 1893~1991)와 보즈네센스키(Nikolai A. Voznesensky) 및 미코얀(Anastas I. Mikoyan)이 추가로 포함되었다.

전시내각은 곧 경제적 통제를 더욱 강화했다. 원래 소련정부는 국제경제가 나빠지기 시작한 1938년부터 전쟁에 대비해 경제통제정책을 실시했으며, 그 일환으로 노동자 및 농민의 작업시간과 작업량을 연장하는 한편, 노동기율의 위반에 대해 엄한 형벌을 부과했다. 그런데 독일과의 전쟁이 시작되면서 이러한 통제는 더욱 강화되었고, 1938년에 시작되어 1942년에 끝난 제3차 5개년계획은 중도에서 국방경제로 전환했다. 이에 따라, 1938년도에 소련예산의 18.7%를 차지했던 국방비는 1940년에는 32.6%로 급증했고, 소비재생산을 거의 중단함과 동시에 전쟁물자를 대량생산했다.

이렇게 대비해 나갔지만 독일군의 침공이 전혀 예상하지 못했던 기습이어서 소련군은 짧은 시일 안에 패퇴를 거듭하게 되었다. 독일군은 몇 달 지나지 않아 소련의 심장부를 강타하기에 이르렀으며, 11월에는 모스크바의 근교로까지 침공했다. 이것은 소련국민의 40% 정도가 생활하는 소련영토가 독일군에게 점령되었음을 의미했다. 확실히 소련은 이제 삶과 죽음의 갈림길에 서게 되었다. 뒷날 흐루쇼프의 회고에 따르면, 당시 스탈린은 "레닌이 이룩한 모든 것을 우리는 영원히 잃게 되었다"고 한탄했다고 한다.

애국주의와 민족주의의 활용

이 심각한 갈림길에서 스탈린은 그 동안 부르주아적 사상이라고 비웃었던 애국주의와 '민족적 단결'을 호소하게 되었다. 그는 "잔인하고 결코 화해할 수 없는 적이 우리 이마의 땀에 젖어진 땅을 빼앗아, 지주와 차리즘의 지배를 복구시키고, 소련인민을 독일사람으로 만들고자 한다"고 경고하고, "따라서, 이 전쟁은 평상적인 전쟁이 아니라, 독일 파시스트세력에 반대하는 전체 소련인민의 위대한 애국전쟁"이라고 선언했다. 이어 그는 이 전쟁이 소비에트국가와 소련인민에게는 사활이 걸린 전쟁이라는 표현으로써 소련국민의 경각심을 불러일으킨 한편, 그러나 히틀러의 침략군도 패퇴될 것이라는 확신을 심어주는 것을 잊지 않았다. 러시아를 침공한 '천하무적'의 나폴레옹이 결국 쿠투조프 장군에 의해 패퇴되었듯이, 히틀러의 군대 역시 소련인민에 의해 축출될 것이라고 그는 강조한 것이다. 이와 동시에 그는 초토작전을 쓰라는 명령을 내렸다.

외세의 침략을 받은 나라에서 민족주의 물결이 크게 일어나는 것은 흔히 있는 일이다. 그런데 소련의 경우에는 그것이 스탈린의 정치적 계산에 따라 더욱 높아졌다. 그는 러시아인들이 자신의 억압적인 공산정권보다 '조국 러시아'를 위해 목숨을 바칠 결의가 더욱 클 것임을 알고 있었던 것이다. 그러므로 그는 러시아인의 기억 속에 자리잡고 있는 모든 성인들과 영웅들, 또는 사상가들과 문인들의 이름으로써 널리 민족주의를 일깨우고자 했다. 예컨대, 독일군이 1941년 11월에 모스크바를 향해 진격해 오자, 그는 "위대한 러시아 국가—플레하노프와 레닌의, 벨린스키와 체르니솁스키의, 푸시킨과 톨스토이의, 고리키의, 체호프의, 글린카와 차이콥스키의, 세체노프와 파블로프의, 수보로프와 쿠투조프의 국가를 절멸시키겠다고 뻔뻔스럽게 호언하는 야수의 도덕성을 가진 이 게르만인들에 맞서 싸우자"고 호소한 것이다. "독일침략자들에게 죽음을!" 역시 스탈린의 새로운 구호였다. 이것은 "적군(赤軍)은 독일 노동계급의 형제들과 우애로써 단결해야 한다"는 1917년의 구호와는 크게 대조되는 것이었다.

스탈린의 이러한 호소에서 라디오가 주요한 역할을 수행했다. 라디오는 거기서 더 나아가 전쟁 중에 전방과 후방을 심리적으로 연결시켜 주었다. 스탈린은 민족주의에 대한 호소의 선에서 멈추지 않았다. '위대한 애국전쟁' 또는 '대(大)조국전쟁'이라고 부른 이 전쟁을 실질적으로 이끌어나갈 군부의 충성심을 확보하고 군조직의 효율성을 보장해 주기 위해 여러 가지 조처들을 취했다. 군 장교에게는 1917년의 혁명과 더불어 '반동적 신분제'의 하나로 규정되어 금지되었던 견장의 사용을 허용했고, 군의 불만대상인 정치장교제도를 폐지했으며 스탈린 스스로 육군원수직을 담당했다. 신앙심 깊은 러시아사람들에 대한 배려로 1943년 9월에는 러시아정교의 지위를 복권시켜주기조차 했다.

그뿐 아니다. 1930년대의 숙청기에 날조된 사건들에 묶여 감옥이나 수용소에 갇혀 있던 이들을 모두 풀어주었으며, '인민의 적'으로 단죄되었던 이들을 복권시켜 경우에 따라서는 중요한 직책을 맡기기도 했으며 군대에 징집하기도 했다. 적군(赤軍)이라는 이름 대신에 소비에트 군대라는 이름을 쓰게 했으며, 국제공산당가(國際共産黨歌)인 '인터내셔널' 대신에 '소련찬가'라는 이름의 새 국가를 제정했다.

공산당의 가입 자격기준도 훨씬 완화해, 특히, 군 장교층에서 많은 신인들을 당원으로 받아들였다. 이로써 당원 규모는 1940년의 340만 명에서 1945년에는 576만 명으로 늘어났으며, 1947년에는 무려 630만 명으로 늘어났다. 이들 가운데 절반은 전쟁 이후에 입당한 신참들로, 공산주의의 교육 수준이나 정치의식의 수준에서 뒤떨어졌다.

스탈린의 이러한 조처들은 일부 학자들로 하여금 스탈린이 공산주의를 버리고 민족주의를 선택했다는 판단을 갖게 했다. 그러나 그것은 물론 단견이었다. 그는 상황적 요구에 따라 공산주의적인 어조를 낮추고 우파주의적 및 보수주의적 정책을 표면에 내세웠을 뿐이었다. 그러므로 그는 서방지도자들에 대한 불신감을, 그리고 자본주의세계와 사회주의세계 사이에는 근본적인 적대감이 존재한다는 믿음을 버리지 않았다.

6. 전시(戰時)의 외교

영국과 미국의 소련지원

그러나 민족주의의 열기만으로 독일군의 진격을 멈추게 할 수 없었다. '유럽 자본주의의 최후의 보루'로부터의, 풀어 말해, 미국과 영국으로부터의 지원이 있어야만 했다. 히틀러의 소련침공이 있기 이전에는 소련과 서유럽은 단결하지 못했었다. 그러나 공동의 적 앞에서 지난날의 반목과 불신은 이제 덮어두지 않을 수 없었다.

소련에 대한 지원을 공개적으로 처음 밝힌 나라는 영국이었다. 독일의 소련침공을 영국침공의 전주곡으로 파악한 영국은 서둘러 1941년 7월 12일에 소련과 상호원조협정을 체결한 것이다. 미국이 곧 뒤따랐다. 서유럽을 나치지배의 위협으로부터 해방시키기 위해서는 적어도 미국과 영국 및 소련의 '대연합'이 절실하다는 루스벨트 대통령의 판단은 소련과의 관계개선을 서둘렀다.

여기서 한 가지 지적되어야 할 것은 이 시점에서의 루스벨트의 소련관(蘇聯觀)이다. 그는 (1) 소련이 '몹시 역겨운 이데올로기'를 공식적으로 표방하는 독재국가이지만, 미국의 국가이익에 결코 위험스러운 존재는 아니며, (2) 특히, 나치독일에 비교할 때 소련의 존재는 종교와 교회 및 인간성 전체에 대해 훨씬 덜 위험스럽다고 믿고 있었다.

루스벨트의 외교보좌관들도 미국의 소련지원의 유용성을 강조했다. 1941년 7월과 9월에 각각 모스크바를 방문한 홉킨스(Harry Hopkins)와 해리먼(W. Averell Harriman)은 소련의 대독전선(對獨戰線)을 강화시켜 주는 것은 '독일에 대한 성공적인 지상공격을 위한 최선의 기회'를 마련해 줄 것이라고 보고한 것이다. 미국 안의 여론도 차차 소련의 승리가 미국의 이익에 일치할 것이라는 쪽으로 기울었다. 이에 루스벨트는 1941년 11월 7일에 소련의 방어는 미국의 안전에 긴요하다는 논리를 내세워 소련에 대한 무기대여를 거의 아무런 저항 없이 결정할 수 있었다.

이때로부터 5주 이내에 소련의 서방과의 관계를 더욱 접근시킨 결정적인 사건들이 잇달아 일어났다. 1941년 12월 7일자 일본의 미국침략과 1941년 12월 10일자 독일의 대미선전포고가 그것이다. 여기에 맞서 미국과 소련은 영국과 더불어 1942년 1월 1일에 각국은 승리가 성취될 때까지 함께 싸운다는 것을 다짐하는 '국제연합선언'을 발표했다. 이 선언에 바탕을 두고, 소련은 미국과 더불어 제2차 세계대전이 끝난 뒤인 1945년 10월 24일에 국제연합을 공식으로 출범시키는 데 이바지했다. 국제연합에서 소련은 5대 상임이사국의 하나가 되면서 동시에 우크라이나공화국과 백러시아공화국도 개별적으로 회원국으로 가입시켜 결국 3표를 행사하게 된다.

제2전선 수립의 문제

연합은 형성되었으나, 소련과 미-영 사이에는 미묘한 갈등이 있었다. 소련은 서부의 주요 국경지역들에서 나치군대의 지상공격을 받고 있는만큼 전면저항을 하지 않으면 안 되었다. 이 부담을 줄이는 길은 미국과 영국이 유럽에서 제2의 전선을 형성해 독일군을 분산시키는 것이었다. 따라서, 대독(對獨) 제2전선의 수립은 당시로서는 스탈린의 교의 핵심이었다. 이에 비해, 미국은 독일의 직접적 지상공격을 받지 않고 있는 형편이었고 영국은 독일의 직접적 지상공격을 제한된 범위 안에서만 받는 형편이어서, 독일에 대한 반격의 시기와 방법을 결정함에 있어서 여유가 있었다.

그러나 루스벨트는 결국 스탈린의 요구에 응해주었다. 왜냐하면, (1) 그의 군사보좌관들도 소련의 패배가 가져올 전략적 의미를 충분히 알고 있었기에, 그것을 피하기 위해서는 될 수 있는 대로 빨리 유럽에서 독일군을 공격해야 한다는 것을 주장하고 있었고, (2) 미국의 여론은 일본에 대한 전면공격을 강력히 요구하고 있었는데, 유럽에서 제2의 전선을 구축하는 경우 그러한 압력이 줄어들 것이라고 보았으며, (3) 독일에 대한 공격이 늦어지는 경우 스탈린은 히틀러와 평화협상을 추구할 가능성이 있다는 판단이 들었고, (4) 대독공격이 늦어진 상황에서 소련이 독일군을 분쇄하는 경우 스탈린의 영토적 요구가 커질 것이라고 생각했기 때문이다. 따라서, 루스벨트는 1942년 6월에 소련 외무장관 몰로토프에게 1942년 말 이전에 유럽의 어느 지역에서 제2의 전선이 수립될 것임을 공개적으로 약속했다.

그러나 루스벨트는 이 약속을 지키지 못했다. 미국 안의 동원과 훈련이 늦어지면서 루스벨트는 영국이 선공을 취할 것을 요구했는데 처칠이 이에 응하지 않은 것이다. 그 대신 두 지도자들은 1942년 11월에 두 나라 연합군이 북아프리카의 독일군에 대한 공격을 시작한다는 점에 합의했다. 그러나 이것은 소련에게는 아무런 위안이 되지 않았다. 북아프리카에서의 작전은 결국 유럽본토에서의 작전을 지연시켰을 뿐이었기 때문이었다. 제2의 전선은 1944년 6월에서야 비로소 세워진다.

제2전선의 수립이 늦어지는 것을 소련은 의도적인 것이라고 보았다. 소련은 미국과 영국이 소련으로 하여금 독일과 사투(死鬪)하도록 만들어 놓고, 최후 단계에 평화협정의 체결을 주도하려는 속셈을 갖고 있다고 분석했다. 돌이켜 보면, 독일과 주로 싸운 것이 소련이라

몰로토프

러시아 민가를 불태우고 진격하는 독일군

는 그들의 주장은 틀린 것이 아니다. 서유럽과 지중해에서의 독일군의 인적 손상은 사상자와 실종자를 포함해 100만 명 정도였음에 비해, 소련군이 단독으로 감행했던 동부전선에서의 손상은 600만 명 수준이었다. 또, 1944년 6월에 미국과 영국 중심의 노르만디 상륙이 있기 이전까지에는 미국과 영국이 한번에 독일군 10개 사단 이상을 맞이하여 싸운 일이란 거의 없었다. 이에 비해, 전쟁의 대부분을 통해 소련은 200개 이상의 독일사단과 직접적으로 대결했던 것이다. 소련의 계산에 따르면-이 계산은 미국에서도 정확한 것으로 평가되고 있다-제2차 세계대전 때 전사자가 미군 1명에 소련군 50명의 비율이었다.

스탈린그라드전투에서의 승리

주코프

이러한 역경 속에서도 소련군은 주코프(Georgi K. Zhukov) 원수의 지휘 아래 모스크바방어전을 성공적으로 수행했다. 소련군은 또 1941년 9월 8일부터 1944년 1월 27일까지 독일군이 생필품의 공급을 철저히 봉쇄했던 '레닌그라드의 포위' 속에서도 '레닌그라드 방어전'을 2년 반, 곧 900일에 걸쳐 역시 성공적으로 수행했다. 그리고 1943년 1월에 스탈린그라드(Stalingrad) 전투에서 독일군을 패퇴시킴으로써 전쟁의 주도권을 잡게 되었다. 역사가들은 대체로 스탈린그라드에서의 독일군의 패배와 소련군의 승리가 제2차 세계대전의 전환점이었다고 평가한다.

모스크바 근교에서 혹한기를 견디지 못하고 패퇴하는 독일군

여기서 잠시 스탈린그라드의 전투를 회고하기로 한다. 이 도시의 원래 이름은 '차리친'이었다. 타타르어로 '노란 모래의 강변에 세워진 곳'이란 뜻이었다. 볼가강변에 위치한 이 도시는 스탈린이 권력을 장악하기 시작한 1924년에 스탈린그라드로 바뀌었는데 전투 당시의 인구는 약 50만 명이었다. 독일군은 전략적으로 대단히 중요한 이 도시에 대해 1942년 8월 23일에 공습을 개시했으며 9월 13일에 시가전을 개시했다. 그 때부터 엄청난 병력이 투입된 가운데 쌍방간에 수없는 공격과 후퇴, 반격과 후퇴가 반복됐다. 소련군은 혹한기를 기다려 1943년 1월 하순에 마지막 총공세를 폈으며, 닷새만에 28만 명이라는 독일의 대군을 포위망에 가두는 데 성공했다. 독일군은 2월 12일에 항복했으며, 이 때 무려 90,000명이 생포됐다. 나머지는 모두 전사했던 것이다. 이 전투에서 가장 치열한 전투가 벌어졌던 곳이 '마마예프 언덕(Mamayev Kurgan)'이었다.

소련은 이처럼 유럽에서 미국과 영국의 직접적 병력투입이 없는 조건 아래 싸웠다. 그렇기에 소련은 미국과 영국을 상대로 유럽에서 제2의 전선을 구축해줄 것을 끊임 없이 요구했다. 그러나 미국과 영국이 동아시아에서 일본군을 상대로 전쟁을 치르고 있었음에 비해 소련은 이 지역에서의 전쟁에 중립을 지키고 있었다. 또 미국은 제2차 세계대전에서 자신의 전체 방위비 가운데 14%인 436억 달러를 무기대여비로 지출했는데, 그 가운데 25%인 111억 달러가 소련에게 할당되었다. 전체 인구에 대한 징집률은 미국이 12%, 소련이 13%로 비슷했다. 그러나 독일과 그 동맹국가들에 대해 사용된 모든 군수품의 35%를, 그리고 일본에 대해 사용된 모든 군수품의 85%를 미국이 감당했다.

루스벨트 시대 전시의 연합국회담들과 소련: 테헤란과 얄타

유럽에서 미국과 영국에 의한 제2전선 구축의 지연은 전후처리문제를 논의하는 전중(戰中)의 연합국회담에서 소련의 발언권을 어느 정도 강화시켜 주었다. 더구나 루스벨트와 처칠은 스탈린의 정치적 기민성 및 계산에 많이 좌우되었다. 특히 루스벨트는 관동군을 비롯한 일본의 전력을 과대평가한 나머지 소련군의 극동참전을 적극 권장했고, 이것을 유도하기 위해 소련에게 양보를 거듭하여 무엇보다 극동문제에 소련의 개입을 가져왔다. 또, 루스벨트는 제2차 세계대전 중에 수립된 소련과 연합국 사이의 협조가 전후에도 계속되리라고 믿었을 뿐만 아니라, 전후의 국제정치를 미국과 소련의 협력 위에서 주도해나가는 길밖에 없다고 내다보았기 때문에, 소련에게 불필요한 양보도 서슴지 않았던 것이다.

전후의 국제정치와 관련하여 전중의 미소관계에 있어서 가장 중요했던 첫 번째 연합국회담은 1943년 11월 28일에 이란의 테헤란(Teheran)에서 열린 미국과 영국 및 소련 사이의 삼거두회담이었다. 이 회담에서 루스벨트와 처칠은 제2전선이 1944년 봄에 세워질 것임을 스탈린에게 약속하고, 스탈린은 독일 항복으로부터 3개월 이내에 대일전(對日戰)에 참가할 것임을 다짐했다. 이 회담은 독일에 대해서는 '가혹한 대우'를 해야 한다는 데 합의했으며, 전후의 동유럽에 대한 소련의 지배를 사실상 인정해 주었다. 스탈린이 스탈린그라드에서 군사적 승리를 거두었다면 그는 테헤란에서 외교적 승리를 거두었던 것이다.

얄타 회담(좌로부터 처칠, 루스벨트, 스탈린)

1945년 2월 8일에 소련의 영토인 크림반도의 휴양지 얄타(Yalta)에서 열린 미·영·소의 삼거두 회담에서도 소련에 대한 양보는 계속되었다. 소련

트루먼

의 극동전참가가 구체적으로 약속된 이 회담은 만주와 외몽골 및 사할린 등지에서의 소련의 이권을 인정해주었다. 이로써 소련은 동북아시아에서 제정러시아가 잃었던 영토들을 사실상 모두 되찾았으며, 동쪽과 서쪽에서 얻은 것을 합쳐서 하나의 거대한 '제국'을 이루게 되었다.

이 일련의 회담들에서 한반도의 장래도 논의되었다. 미국과 영국 및 장제스의 중국은 1943년 11월에 카이로에서 한반도를 '적당한 시기와 절차를 거쳐' 독립시킨다는 데 합의했던 것으로, 이 합의는 테헤란회담과 얄타회담에서 소련에 의해 받아들여졌던 것이다. 한때 한반도의 38도선의 분할이 얄타회담에서 밀약됐다는 소문이 나돌았으나 그것은 전혀 사실이 아니다.

트루먼 시대 전시의 연합국회담들과 소련: 포츠담

1945년 4월 12일에 루스벨트가 별세하면서 소련과 미국의 관계에는 약간의 변화가 일어났다. 루스벨트를 계승한 트루먼(Harry S. Truman, 1884~1972) 대통령은 소련에 대해 보다 강경한 자세를 보인 것이다. 1945년 4월 23일에 소련 외무장관 몰로토프의 방문을 받고 트루먼은 "무질서한 부대원들을 호령하는 제1차 세계대전 당시의 포병대위처럼 강의를 하였다." 미국은 소련과의 협력을 원하지만 그것이 소련에 의해 악용되어서는 안 된다고 강조한 것이다.

이 무렵이면 소련군의 동유럽 '해방'은 사실상 끝났다. 1944년 봄과 1945년 봄 사이에 소련군은 동유럽의 주요 수도들을 점령함에 성공한 것이다. 소련군은 이어 독일에 대한 공격에 모든 힘을 쏟았는데, 1945년 5월 2일에 주코프 원수는 베를린에서 독일군을 붕괴시킬 수 있었고, 5월 8일에 독일은 마침내 베를린에서 연합국에게 무조건 항복했다.

1945년 7월 중순부터 8월 초까지 베를린의 근교 포츠담(Potsdam)에서 미국과 영국 및 소련의 정상들 사이에 열린 회담은 연합국의 마지막 전시회담이었다. 그러나 2주 반이나 소요된 이 장기간의 회담에서, 일본에 무조건항복을 요구한 포츠담선언을 채택한 것(7월 26일) 이외에는 구체적인 합의는 거의 없었다. 이 회담에서 트루먼은 스탈린에게 미국이 원자폭탄실험에 성공했음을 암시했다. 그러나 스탈린은 소련의 유명한 조각가 코넨코바(Sergei Konenkova)의 부인 마르가리타(Margarita)를 포함한 간첩들을 통해 그 사실을 알고 있었으므로 태연하게 응수했다.

이 회담이 끝난 때로부터 얼마 지나지 않은 1945년 8월 6일과 9일에 미국은 일본의 히로시마(廣島 : 광도)와 나가사키(長崎 : 장기)에 각각 원자폭탄을 투하했으며, 8월 8일에 소련은 얄타에서의 약속대로 대일참전을 선언했고, 8월 15일에 일본은 무조건 항복했다. 소련은 일본의 공동점령을 요청했으나 트루먼은 이를 단호히 거부했다. 그 대신에 트루먼의 제의에 따라 한반도에 대한 미국과 소련의 분할점령이 이루어졌다.

스탈린의 중심적 관심사항들

이상에서 우리는 제2차 세계대전 중의 소련외교를 주로 소련의 동맹국들과의 관계와 소련의 추축국들과의 관계에서 살폈다. 이 일련의 회담들에서 스탈린의 중심적 관심은 두 가지로 나타났다. 하나는 그가 독일과의 불가침협정이 유지됐던 기간에 획득했던 것을 유지하는 것이었고, 다른 하나는 히틀러가 그에게 허용하지 않았던 영토에 대한 지배권을 획득하는 것이었다. 이것은 소련의 기본적 국가이익은 변하지 않고, 다만 스탈린의 협상대상자들만이 바뀌었음을 의미하는 것이었다. 이제 스탈린이 협상의 대상으로 상대하고 있는 사람들은 히틀러처럼 자본주의자들이었다. 이 '잠정적 친구들' 역시 '사회주의 모국'에 대한 그들의 기본적 적대감을 결코 버리지 않고 있다고 스탈린은 생각한 것이다.

그러나 소련의 국가이익이 고정적인 것은 아니었다. 제2차 세계대전이 차차 연합국에게 유리하게 기울어지면서, 추축국의 영토와 그 식민지 또는 점령지는 연합국의 전리품으로서 분할의 대상으로 고려되기 시작했으며, 이에 따라 소련의 팽창욕구도 커졌다. 보다 구체적으로 말해, 나치독일과 일본의 판도가 '경매'에 붙여지게 될 가능성이 커지면서, 이에 참여하여 소련의 세력권을 넓히려는 스탈린의 욕구도 강해진 것이다. 그리고 언제나 기회주의자인 스탈린은 자신에게 주어진 기회를 충분히 활용했다.

그러면 전시외교에 임하는 스탈린의 기본적 접근방법의 특징들은 무엇이었는가? 첫째, 그는 군사전략을 정치전략에 종속시켰다. 레닌은 군사력이란 정치적 목표를 달성하기 위한 공산주의자의 병기고(兵器庫)에 있는 전체 무기들 가운데 한 부분에 지나지 않는다고 말했었는데, 스탈린은 스승의 가르침을 충실히 따랐던 것이다. 따라서 그는 자신이 단순한 군사적 승리 이상의 것을 위해 싸우고 있다는 점을 결코 잊지 않았다. 1941년에 체결된 독일과의 불가침 협정으로부터 얻은 소련의 새 영토를 인정하라고 연합국에게 압력을 가한 것이 그 한 보기이다.

둘째, 스탈린은 자신의 영토적 욕구를 소련의 합법적인 안보적 필요로써 설명하기 위해 상당한 노력을 기울였다. 보다 쉽게 표현하여, 스탈린은 소련이 장차 '제2의 히틀러'로부터의 침략가능성에 대해 안전을 확고히 하기 위해서는 소련의 주변국가들이 소련에게 '우호적'이어야 하며, 그들의 '우호성'이 보장되기 위해서는 그들의 정치체제가 소바에트체제이어야 한다고 주장한 것이다. 그것은 '국제적으로는 소련의 지배를, 그리고 국내적으로는 공산주의자들의 대표(Soviet domination interntionally, and communist representation internlly)'를 의미했다. 스탈린은 이 점을 얄타회담과 포츠담회담에서 여러 차례 강조했다. 특히 후자의 문제에 대해, 포츠담회담에서, 그는 동유럽에서 자유로운 선거에 의해 정부가 수립되는 경우 그것은 "반소비에트적이 될 것이며 그것을 우리는 허용할 수 없다"고 말했다.

한편, 스탈린은 공산주의적 국제주의를 약화시켰다. 공산혁명의 해외수출을 강조하는 경우 그것은 '대연합'의 단결을 해칠 수 있다고 보았기 때문이다. 이에 따라 코민테른은 점령지의 공산주의자들에게 현지의 민족부르주아지와 제휴해서 저항운동을 전개할 것을 지시했다. 프롤레타리아독재가 아니라 민주주의가 세계공산주의운동의 충성심의 대상이 되었던 것이다.

여기서 한 걸음 더 나아가 스탈린은 1943년 5월 22일에 코민테른을 해체했다. 이와 더불어 스탈린은 "이로써 소련이 다른 나라의 국내정치에 개입하여 마침내 그를 소비에트화하려고 한다는 히틀러의 '거짓말'은 더 이상 설득력이 없어졌다"고 공언했다. 사실 이 무렵의 코민테른은 소련공산당 정치국과 외국공산당 지도층을 잇는 연쇄로서의 명목을 갖고 있었을 뿐 실제로는 거의 아무런 힘을 갖고 있지 못했다. 스탈린은 이 유명무실한 기관을 없애면서 서방에 대해 상당한 생색을 냈던 것이다.

그렇다고 하여 스탈린이 반드시 서방에 생색을 내려는 의도에서만 코민테른을 해체한 것은 아니었다. 코민테른 해체의 배경에는 국내적 요인도 있었다. 소련 내부에서의 민족주의의 발흥이 그것이었다. 우리가 이미 살폈듯, 게르만의 침략 앞에서 러시아인의 민족주의는 크게 자극되었는 데, 이것은 국제공산주의운동에 대한 관심을 크게 저하시킨 결과를 가져왔다.

제14장_전후 스탈린정권 시기의 내외상황(1945~1953)

제2차 세계대전의 종결과 함께 소련은 판도의 크나큰 확장과 더불어 소비에트제국으로, 그리고 세계의 두 번째 강대국으로 등장했다. 그러나 외양과는 달리 국제관계의 실질을 보면 많은 어려운 문제들이 제기되고 있었다. 무엇보다 심각한 것은 동맹국이었던 미국과의 관계가 냉전으로 치달렸으며, 미국을 정점으로 하는 서방진영과 소련을 정점으로 하는 동방진영 사이의 양극적 대결이 구조화한 현실이었다. 민족주의적인 유고슬라비아의 독자노선 추구와, 그리고 '제2의 유고슬라비아'의 잠재성을 지닌 중화인민공화국의 수립도 단순한 문제는 아니었다.

국제관계에서의 문제들보다도 더욱 심각한 문제들은 국내에 있었다. 전쟁으로 입은 엄청난 인적 손실과 물적 손해로 말미암아 아주 가난하고 비참하기까지 했기 때문이다. 너무나 많은 사람들이 죽었거나 다쳤으며, 산업시설은 철저히 파괴되었고, 생산과 경제는 극도로 침체되어 대부분의 사람들은 굶주림과 헐벗음 속에 살지 않으면 안 되었다. 따라서, 마르크시즘과 레닌이즘이, 또는 사회주의가, 진정으로 가치 있는 것인가에 대한 회의가 일반국민들 사이에 만연할 수밖에 없었다.

이러한 분위기를 조장한 또다른 요인들은 전쟁 중에 북돋우어진 민족주의와, 그리고 참전을 통해 서방에서 얻게 된 자유로운 사조였다. 이것들은 확실히 당국의 교조주의적인 공식적 이데올로기에 도전적이었다. 예컨대, 그렇지 않아도 대기(大忌)의 대상인 민족주의의 고취는 러시아정교에 대한 신앙심을 표면화시키고 확산시킨 결과를 낳았던 것이다. 이러한 상황은 스탈린으로 하여금 새로운 통치의 길을 걷게 했다. 공식적 이데올로기의 중요성을 다시 강조하면서 '불순한 세력'과 '오염된 사상'의 '숙청'을 시도하지 않으면 안 되었으며, 그렇게 함으로써 자신과 당의 통제력을 높이지 않으면 안 되었다. 이와 동시에 경제를 복구하는 과제가 매우 시급하게 제기되었다. 국제사회에서 소련의 입장을 향상시키는 일도 물론 중요했다.

이 장(章)은 스탈린정권의 말기에 해당하는 전후(戰後) 8년의 기간에 소련이 국내외적으로 당면했던 과제들은 무엇이었으며, 스탈린은 그것들을 어떻게 해결 또는 달성하고자 했던가를 설명하기로 한다. 이 장의 끝에서 스탈린이즘을 전반적으로 평가하기로 한다.

1. 전쟁의 피해와 복구사업

전쟁의 피해

제2차 세계대전이 끝난 직후의 소련의 내부사정이 어떠했는가는 다음의 두 책에서 쉽게 알 수 있다. 첫째가 랴자노프스키의 『러시아의 역사』이다. 이 책은 「스탈린의 마지막 10년」이라는 장(章)을 "제2차 세계대전으로 소련은 엄청난 인적 손실과 물적 피해를 입었다"는 문장으로 시작하고 있다. 그리고는 그 인적 손실과 물적 피해를 자세히 적기(摘記)하고 있다. 둘째가 호스킹의 『소련사』이다. 이 책 역시 「스탈린 통치의 말기」라는 장(章)을 "1945년의 소련은 전승국이었음에도 불구하고 대단한 피폐상태에 놓였다"는 문장으로 시작하고 있다. 그리고는 역시 그 인적 손실과 물적 피해를 앞의 책보다 훨씬 더 상세하게 기록했다.

모든 교전국가들이 엄청난 인적 손실과 물적 손해를 겪어야 했지만, 확실히 소련의 그것은 다른 나라들의 그것에 비교가 되지 않게 가장 컸다. 우선 인명 피해부터 살피면 그것은 패전 독일의 그것보다 컸으며, 호스킹의 분석으로는, "인류 역사상 어느 전쟁의 어느 참전국보다도 그 피해는 극심한 것이었다." 군사인원의 손실은 약 750만 명이었고, 민간인원의 손실은 약 600만 명으로부터 약 800만 명 사이였다. 전쟁의 수행을 뒷받침하기 위해 강제노동수용소에서 일하다 죽은 사람들까지 포함한다면, 전쟁기간에 자연사(自然死)가 아닌 죽음을 당한 소련의 인구는 약 2,000만~2,500만 명에 이르는 것으로 추정되었다.

피해자의 대부분은 청년층과 장년층의 남자들이었다. 이 점과 관련해, 호스킹은 "1910~1925년 사이에 태어난 소련남성의 대규모 희생은 실로 어마어마한 것이어서, 소련의 인구구조에 영구적인 영향을 남겼다. 같은 연배의 소련여성 인구는 그 상당 부분이 남편을 잃은 처지가 되어 자녀들의 양육을 혼자서 감당했음은 물론이다. 1959년도에 실시된 인구조사의 결과를 보면, 35~44세 연령층의 경우 여자 1,000명당 남자는 불과 633명의 비율이었다. 그 결과 1940년대의 출산율은 현격한 저하현상을 보였다"라고 썼다.

전쟁난민의 수도 엄청났다. 무려 2,500만 명 정도의 사람들이 집을 잃어 황폐된 동네에서 움막집을 짓고 살아야 했다. 전쟁으로 너무나 많이 파괴되어, "전투지역에서 상당히 벗어나 있는 노보시비르스크(Novosibirsk)와 같은 도시에서조차 1940년대 말에 이르도록 많은 공업노동자들이 교외의 집단촌에 고철조각, 나무판자, 포장판지(板紙), 철사, 흙 등을 가지고 지은 오두막집에서 거주하였다고 한다."

물질적인 손실 역시 마찬가지로 막대했다. 랴자노프스키의 『러시아의 역사』는 "소련의 많은 지역들이 불모지로 변해버렸다. 공식통계에 따르면 – 소비에트가 발표하는 통계가 으레껏 그런 것처럼 이 통계도 아마 얼마간은 과장된 것이긴 하겠지만 – 전쟁기간에 소련이 입은 물질적 손실에는 1,700의 소도시, 70,000의 촌락, 600만의 건물, 84,000의 학교, 43,000의 도서관, 31,000의 공장, 1,300의 교량이 포함된다. 또 98,000의 집단농장과 1,876의 국영농장이 파괴되었다" 라고 지적했다. 이 책은 이어 "소비에트경제는 137,000대의 트랙터, 49,000대의 콤바인 수확기, 700만 마리의 말, 1,700만 마리의 소, 2,000만 마리의 돼지, 2,700만 마리의 양과 염소를 잃었다. 소비에트당국은 제2차 세계대전 동안 소련이 입은 파괴는 같은 시기에 유럽 전체가 입은 피해의 절반에 해당한다고 추정했다. 이것은 또 점령당한 소련지역의 재생 가능한 부(富)의 2/3에 해당하며, 소련의 총 재생 가능한 부의 1/4에 해당된다"고 덧붙였다.

한편, 처치워드에 따르면, 물적 손실은 1945년도 국가예산의 두 배에 이르는 6,790억 루블로 추정됐다. 뒷날인 1956년의 제20차 소련 공산당대회에서 국무총리 니콜라이 불가닌(Nikolai A. Bulganin, 1895-1975)은 "전쟁은 국민당 생산에서 서유럽을 능가하려는 기본적 경제목표의 실현을 10년 또는 11년 지연시켰다"고 보고했다.

제4차 5개년계획

전쟁의 재해를 복구하고 경제의 발전을 새롭게 추동시키기 위해 소련은 1945년부터 1950년까지 계속되는 제4차 5개년계획을 강력히 추진했다. 재원은 주로 패전 독일과 독일의 우방들로부터 받아낸 배상금과 그 밖의 지불금, 그리고 소련군이 주둔한 나라들로부터 부당하게 받아낸 주둔지원비 등이었는데, 그 액수는 엄청나게 컸다. 예컨대, 1947년도 소련정부 수입의 3/4이 그러한 형태로 동유럽의 점령지역들로부터 들어온 것이었다. 배상금 가운데 일부는 완성된 공장의 형태로도 지불되어 이것에 해당되는 공장들은 현지에서 해체되고, 소련으로 운송되어 소련에서 재결합되었다. 노동력의 효율적 동원은 쉬웠다. 호스킹이 지적했듯이, "전시노동입법이 폐지되지 않고 그대로 실시되어 필요한 부문에의 즉각적인 노동력동원을 가능하게 하였고, 작업장에서의 지각이나 결근이나 음주 행위 등은 계속 엄한 벌칙으로 다스려졌기 때문이다." 여기에 더하여, 필요한 노동력을 보충하고자 1,000만 명 이상의 군인들이 군복무로부터 해제되었다.

제4차 계획을 성공시키기 위해 많은 다른 조처들도 취해졌다. 우선 1947년 12월에 통화개혁을 실시해 지금까지의 통화를 10대 1의 비율로 새 통화와 교환시킴으로써 그나마의 저축을 모두 정부의 계획 쪽으로 집중시켰으며, 상여금제 및 도급제를 실시해 근로의욕을 북돋웠다.

종합적으로 보아, 전후의 복구사업은 설정된 목표가 매우 높았는데도 뜻밖으로 빨리, 그리고 성공적으로 끝났다. 공식적으로, 그것은 4년 3개월만에 초과달성한 것으로 공표되었는데, 객관적으로 보아도 적어도 공업 부문에서는 성공적이었다고 할 것이다. 곧 1949년 6월 현재 공업의 1인당 평균 총생산은 1940년의 그것보다 41%나 높았으며, 1950년까지 자본재 공업 생산은 1940년의 수준을 넘어섰다. 다만 소비재 생산은 1940년의 23%에 지나지 않았는데, 제4차 계획 자체가 총 투자의 약 85%를 중공업에 투입했기 때문이었다. 지역별로 보면 우크라이나와 그 밖의 서부지역에서도 공업시설이 다시 건설되고 확충되기는 했지만, 제4차 계획은 동부지역의 공업 비중을 더욱 높여 이 지역은 전쟁 전에 비해 그 경제적 중요성이 상대적으로 커지게 되었다.

농업생산 역시 전쟁 전의 수준을 넘어섰다. 그러나 전반적으로 보아 농업생산은 충분하지 못한 것이어서 소련경제의 주요한 취약점으로 남게 되었다. 식량은 여전히 모자랐으며, 고기나 낙농품은 보급사정이 아주 좋은 도시에서나 그것도 간헐적으로 찾아볼 수 있었다.

그러면 농업생산은 왜 이처럼 충분하지 못했는가? 러시아에서 농업은 원래 성공적인 운영이 어려운 분야이다. 그런데 전쟁이 너무나 광범위한 파괴를 가져왔기 때문에 생산성의 향상이 쉽게 이루어질 수 없었던 것이다. 상황을 더 나쁘게 만든 것은 정부의 정책 그 자체였다. 정부는 "농민을 궁극적으로 훌륭한 사회주의자로 전향시킨다"

집단농장 사경지

는 구호 아래 집단농장의 규모를 크게 확대하여 그 수를 줄이는 한편 전쟁 중에는 묵인했던 집단농장 안에서의 사경(私耕)과 그 생산물의 시장판매를 금지시킴과 아울러 국가에 대한 수매를 의무화시켰는데, 이 새로운 조처는 농민의 생산의욕을 격감시키는 결과를 낳았다. 1950년도의 경우 전체 토지의 1~2%에 지나지 않는 이들 사경지(私耕地)에서 산출되는 물량이 소련 전체 채소의 약 1/2, 육류와 우유 및 감자의 약 2/3, 달걀의 약 9/10 이상을 조달했다고 할 때, 사경의 금지와 국가로의 의무적 수매가 농민의 사기를 얼마나 심각하게 떨어뜨렸는가를 쉽게 짐작하게 만든다.

결과적으로 농민의 생활은 매우 어려웠다. 정부가 할당한 양을 의무적으로 납품해야 했기 때문이었다. 그리하여, 우크라이나의 어느 한 집단농장 책임자가 말했듯이, "농민에게 남은 식량이라고는 전무(全無)하다시피 되었다. 농민들은 굶도록 그대로 내버려졌으며, 일부 농촌에서는 사람고기를 먹는다는 보고까지 올라왔다." 호스킹의 『소련사』에 따르면, "물론 이러한 내용이 신문에는 전혀 보도되지 않았고, 집단기아현상은 극비로 취급되었을 뿐 아니라, 오히려 신문에는 집단농장의 농민들이 돼지를 잡고 포도주를 마시며 풍년을 자축한다는 동화 같은 사례만이 보도되었다."

그들의 소득 역시 형편 없이 낮았음은 물론이다. 1946년의 경우, 약 50%에 이르는 집단농장 농민들의 하루 노동수입은 검은 빵 반 근 정도를 겨우 살 수 있는 정도였고, 1948~1950년의 경우에는 그들이 최하급 양복 한 벌을 장만하려면 1년 이상의 수입을 전부 털어넣어야 하는 수준이었다.

제5차 5개년계획

제4차 5개년계획에 이어 1951년부터 제5차 5개년계획이 추진되었다. 스탈린이 죽은 뒤인 1955년까지 계속된 이 계획은, 특히 항공과 무기산업 및 원자력과 같은 복합산업 분야에서 괄목할 만한 성과를 거두었다. 또, 이 시기에는 빵 가격이 어느 정도 떨어진 것을 비롯하여 식품가격이 대체로 안정되어 도시의 생활수준이 점차 개선되는 추세를 보였다. 그러나 도시노동자들의 실질 임금은 여전히 낮았다. 그것은 1952년이 되면서야 처음으로 1928년의 수준을 회복하기 시작한 것이다.

2. 전후의 숙청

당의 지위격상과 숙당

제2차 세계대전 중에 전쟁을 범국민적 차원에서 효율적으로 수행하기 위해 이완되었던 여러 가지 조처들을 '교정'하는 일들이 전후의 경제복구사업만큼 중요하게 제기되었다. 그 첫째는 물론 당의 지위격상을 위한 노력과 이것에 병행하는 숙당작업이었다.

우선 당의 지도권이 다시 강조되었다. 전쟁 중에 어느 정도 당으로부터의 독립권을 확보했던 군장교단과 비밀경찰을 비롯한 몇몇 정부기구들을 당이 다시 통제하게 되었다. 특히 군과의 관계에서 당의 우위와 기율권을 확립시키기 위해, 1946년 1월부터 각급 군부대 안의 당서기를 '선출'하는 권한을 군사령부로부터 당으로 돌려 주었다. 정치장교제도를 부활시키지는 않았으나, 군장교들을 정치적으로 교육시키려는 목적에서 1947년에 당에 특별학교를 세웠는데, 이것은 전쟁으로 높아진 군의 지위를 그대로 인정은 하되, 장교들로 하여금 보다 당성이 강해지도록 하는 방안으로 풀이되었다. 당의 핵심적 기구들도 다시 활성화되었다. 전시내각의 구실을 했던 국가방위위원회는 1945년 9월에 폐지되었고, 정치국이 정기적 회합을 다시 시작했으며, 중앙위원회도 새로이 조직국을 선출하는 등 활기를 보이기 시작했다.

이와 더불어 전쟁 중에 나타났던 당 규모의 팽창 및 당원의 저질화(低質化)를 '교정'하기 위해 당의 재정비를 꾀했다. 우선 입당자격 심사를 더욱 엄격히 하고, 입당 규모를 줄여 1947년과 1952년 사이에는 겨우 5,000,000명 정도를 받아들였다. 또 1946년에는 전국의 주요 지역들에 당의 고급학교를 세우고 2년제 과정을 열어 당의 사무요원들과 선전요원들을 양성했다. 당원에 대한 숙청도 뒤따랐다. 이것은 특히 전쟁 동안 '부르주아민족주의', 곧 반소적 민족주의의 성향이 드러난 소수민족 단위의 공화국들에서 두드러졌다. 우크라이나공화국의 경우, 1946년 중반까지 지구(地區) 당 서기들 가운데 38%와 지구 행정부의 집행위원장들 가운데 64%가 바뀌었다. 아제르바이잔공화국의 경우, 전후 8개월 이내에 각급 당에서 역원들 가운데 25%가 해임되었다. 백러시아공화국의 경우 그 정도가 가장 심하여, 숙청은 지구 당 서기의 90%와 지구 및 시 관리의 90%에 미쳤다.

전후의 숙당으로서 가장 충격적인 경우는 레닌그라드시의 당조직에 대한 대대적인 숙청이었다. 이 도시는 독일군의 침공과 봉쇄의 기간에 '영웅적인 저항'을 과시했던 곳이었다. 그런데 그 점이, 곧 레닌그라드사람들의 단결심과 독립성이, 스탈린에게는 경계의 대상이 되었다. 아마도 그러한 배경에서 스탈린은 이 도시의 지도자이며 당시 중앙당 정치국원이던 즈다노프가 1948년 8월에 '갑작스럽게' 죽자마자 곧바로 숙당의 칼을 뽑았던 것이다. 이 숙당의 희생자들 가운데 대표적인 사람이 즈다노프의 오랜 동지이며, 소련의 5개년 경제계획을 이끌어 온 보즈네센스키였다. 이러한 숙당과 아울러 스탈린은 레닌그라드의 영웅적인 항전에 관한 기록들을 없애기 위해 많은 노력을 기울였다. 한편 레닌그라드 숙당 이후 베리

즈다노프

야와 말렌코프의 지위가 더욱 뚜렷하게 부각되었다.

전후의 숙청은 집단농장에도 미쳤다. 1956년에 출판한 『영구 숙청(*The Permanent Purge*)』이란 저서로 미국에서 일약 정상급 소련전문가의 지위를 굳힌 즈비그뉴 브레진스키(Zbigniew K. Brezezinski)의 분석에 따르면, 1947년 현재 집단농장의 책임자들 가운데 38%는 책임자가 된 지 1년이 채 안 되는 사람들이었고, 28%만이 그곳의 책임자로 3년 이상 재직한 사람들이었다. 어느 지역에서는 집단농장 책임자의 해임률이 훨씬 더 높아서, 백러시아공화국의 경우에는 1946년의 중반까지 82%에 이르렀다.

집단농장 책임자의 대규모 숙청은 자연히 당이 신뢰할 만한 농업관리자의 부족을 가져왔다. 이에 따라 스탈린은 1950년 초 평균 세 개의 집단농장을 하나로 합쳤고, 이로써 농민에 대한 당의 통제를 강화했다. 1952년 말 현재 전국의 집단농장은 약 254,000개에서 약 97,000개로 줄어들었다.

당 전체는 이처럼 큰 변화를 겪었으나, 당의 정상부, 곧 정치국은 거의 아무런 변화를 겪지 않았다. 1939년에 열린 제18차 당대회 때의 정치국원 9명 가운데 7명, 곧 스탈린, 카가노비치, 흐루쇼프, 몰로토프, 미코얀, 보로실로프, 안드레예프(Andrei Andreev)는 1952년에 열린 제19차 당대회에서도 여전히 정치국원으로 남았고, 나머지 2명인 칼리닌과 즈다노프는 그 사이 죽었을 뿐이다. 칼리닌은 1919년 이래 사망한 1946년까지 무려 27년에 걸쳐 국가원수를 맡았는데 그의 후임이 시베르니크(Nikolai M. Shvernik)이다. 시베르니크는 1953년에 스탈린이 죽은 뒤 국가원수직에서 물러나며, 이 자리는 보로실로프에게 넘어간다. 종전 직후 정치국원으로 승진된 이는 베리야, 말렌코프, 불가닌, 코시긴(Aleksei Kosygin)의 4명 뿐이다. 불가닌을 제외한 나머지 셋은 1917년의 혁명과정에서, 또는 그 이후에 입당한 40대로서 당기구나 비밀경찰 또는 국가행정기구를 통해 빠르게 성장한 사람들이었다.

이데올로기 분야에서의 숙청: 학문과 예술을 당에 종속시키다

당에 대한 숙청과 함께 이데올로기 분야 그리고 이 분야에 직접적으로 연결된 문학 분야와 예술 분야에 대한 숙청 역시 진행되었다. 그 최고 책임자는 즈다노프였다. 전후 스탈린에 이어 제2인자로 지목되던 그는 교조주의적 입장에 서서, 또는 이른바 극좌의 노선에 서서, 이데올로기 정화작업을 이끌었다.

이 작업의 희생자들 가운데 가장 널리 알려진 문인들이 풍자작가 미하일 조셴코(Mikhail M. Zoshchenko)와 서정시인 안나 아흐마토바(Anna A. Akhmatova)였다. 동물원에서 도망나온 원숭이 한 마리가 소련 생활을 하루 겪고 나서 너무 실망한 나머지 자진해서 동물원으로 돌아갔다는 소설을 쓴 조셴코는 "젊은이들을 오도하고 편견에 물들게 하려는 의도를 갖고 부패한 사상적 허무주의와 저속한 비(非)정치주의를 설교함으로써 인민들의 노력과 영웅적 헌신 및 높은 도덕심과 사회적 자질을 부인했다"는 비난을 받았다. 동시에 매우 개인적 취향을 갖고 주로 사랑을 주제로 한 서정시들을 발표한 여류시인 아흐마토바는 "염세적이며 퇴폐적인 정신과 부르주아 귀족주의적 미학 취향에 깊이 빠졌다"는 공격을 받은 것이다.

조셴코와 아흐마토바에 대한 즈다노프의 그러한 공개적 성토는 당이 이제부터는 아무리 조작된 것일지라도 '혁명적 발전'이라는 당의 교조주의적 시각에만 맞는 작품만을 인정하겠다는 신호였다. 호스킹이 정확히 지적했듯이, "이것은, 바꾸어 말하면 실제 존재하는 대로가 아니라 그렇게 존재해야만 하는 방향으로 현실을 묘사하라는 주문이었다. 이렇게 해서 나온 것의 한 보기가 농촌의 풍요로움을 묘사한 허위 작품들이다."

이러한 '괴상한 낙관주의' 와 나란히 생겨난 또 하나의 문학에 있어서의 주조(主潮)가 배외주의적 또는 반서방주의적인 러시아우월주의였다. 러시아적인 것, 소련적인 것이 외국의 것보다 모든 면에서 우월하며, 진정으로 '진보적'인 것은 모두 러시아에서 나왔다는 주장을 당은 적극적으로 뒷받침했다. 이것은 확실히 외국문화의, 특히 서방문화의, 매력으로부터 소련국민들을 격리시키려는 계산에서 나온 조처였다.

세계적 음악가인 드미트리 쇼스타코비치(Dmitry D. Shostakovich, 1906~1975)도 비판을 피하지 못했다. 그는 1940년에 「피아노 5중주곡」으로 제1회 스탈린상을 받았다. 그는 자신의 출생지이며 성장지인 레닌그라드가 독일군에 의해 포위됐을 때 레닌그라드방위군에 가담해 싸웠으며, 특히 흔히 '레닌그라드 심포니'라고 불린 제7교향곡을 작곡해 레닌그라드사람들을 정신적으로 크게 고무했고, 이 공로로 1942년에 다시 스탈린상을 받았다. 그러나 즈다노프가 지휘하는 이데올로기 비판자들은 그의 작품들 가운데 일부가 부르주아적이며 귀족적이라고 험담한 것이다.

사회과학 분야도 곧 당에 종속되었다. '뿌리 없는 세계시민주의'와 '부르주아의 권위 앞에 뱃가죽으로 기어대는 작태'가 성토의 대상이 되었으며, 이 과정에서 주로 유대인 학자들이 희생되었다. 거기에는 1936년의 스탈린헌법 제정에서 중요하게 역할했던 구르비치(Georgy S. Gurvich) 교수도 포함됐다. 언어학의 경우에는 이미 별세한 니콜라이 마르(Nikolai Y. Marr, 1864~1934)가 성토의 대상이 되었다. 그는 볼셰비키 혁명을 지지했고, 충실한 공산당원으로 인정받은 언어학의 대가로 레닌훈장을 받았지만, 스탈린은 그가 마르크시즘을 '천박하게' 이해한 상태에서 언어이론을 전개했다고 비판한 것이다. 철학의 경우에는 알렉산드로프(Georgy F. Aleksandrov)가 성토를 받았다.

자연과학 분야도 예외는 아니었다. 마르크시즘적으로 생물학 이론을 새로 세워 '진보적 농업생물학'을 발전시킨 공로로 1930년대 이후 강력한 영향력을 행사해 온 리센코(Trofim D. Lysenko, 1898~1976)와 그의 제자들은 전후의 이러한 분위기를 적극 활용해 반대파학자들을 제거했다. 이 과정에서 세계적인 유전학자인 라포포르트(Yosif A. Rapoport, 1912~1990)도 숙청되었다. 그는 "당이 유전학에 관해 어째서 나보다 더 잘 안다고 나에게 내 학설을 바꾸라고 하오?"라고 반문했다가 아주

가혹한 대우를 받았다.

숙청은 소련에 강제로 병합된 지역들에서도 진행되었다. 예컨대, 민족주의적이며 반소적인 성향이 높은 발트 3국에서는 많은 지식인들을 포함한 상류층 인사들 및 중류층 인사들이 체포되거나 유형되었다. 그들 대부분은 소련 안의 강제수용소로 끌려갔던 것이다.

백학(白鶴)에 대한 후원

이렇게 학문과 문화예술 모두를 당의 관제이론으로 통제하면서도, 다른 한편으로 러시아사람들이 함께 겪었던 제2차 세계대전의 고통을 상기시키는 문예활동에 대해서는 관대했다. 그 대표적 보기가 라술 감자토프(Rasul G. Gamzatov)의 「백학(白鶴)」이라는 시(詩), 그리고 그 시를 바탕으로 한 「백학」이라는 영화의 제작과 보급이었다.

이 시 그리고 영화는 스탈린그라드전투를 주제로 삼고 특히 마마예프 언덕을 시수했던 소련군인들을 주인공으로 삼았다. 죽은 원혼들이 흰 학들이 되어 초연이 자욱한 안개 속을 날아가는 장면을 마지막으로 담은 이 영화는 「백학」이란 제목으로 널리 알려진 배경음악으로도 유명했다. 이 노래는 원래 체첸 유목민 전사들의 영광된 죽음을 찬미하는 비장한 음유시였다. 이 노래를 부른 코브존(Yosif Kobzon)은 이 노래 하나로 대중적 영웅이 되었고 '인민가수'의 칭호를 얻었으며, 소련이 해체된 뒤 러시아연방에서는 하원의원으로 당선된다.

3. 제19차 당대회

이렇게 각 분야에서의 숙청사업을 대체로 마무리짓고, 스탈린은 오랫동안 열지 않았던 제19차 당대회를 1952년 10월에 열었다. 당대회는 원래 3년에 한 차례씩 열리기로 되어 있었지만, 제18차 당대회 이후 13년 만에 제19차 당대회가 열린 것이다. 당의 규약에 따르면, 당대회는 당의 중앙위원회를 "선거"하게 되어 있으며, 당의 중앙위원회는 정치국과 서기국을 비롯한 당의 중요한 기구들을 "선거"하게 되어 있다. 그러므로 당대회가 13년 동안 열리지 않았다는 사실은 중앙위원회가 제때에 "선거"되지 않았고 또 정치국과 서기국을 비롯한 당의 중요한 기구들 역시 제때에 "선거"되지 않았음을 의미했다. 이것은 스탈린이 당을 무시한 채 자의적으로 소련을 통치했음을 의미했다. 흐루쇼프는 뒷날 자신의 회고록에서, 스탈린이 중앙위원회나 정치국의 동의 없이, 아니 아예 중앙위원회나 정치국에 묻지 않은 채, 자기 혼자 결정을 내리고 그것을 발표한 일이 예사였다고 비난했다.

당대회에서 주요한 보고는 세 사람이 맡았다. 스탈린의 지시에 따라, 종합적 보고는 말렌코프가, 당 규약에 대한 보고는 흐루쇼프가, 그리고 5개년계획에 대한 보고는 사부로프(Maksim Z. Saburov)가 맡았다. 사부로프는 공업기술자로 자신의 경력의 대부분을 국가계획위원회에서 쌓았으며 1947년에 부총리로 승진했다. 그는 이 대회에서 처음으로 중앙위원으로 선출된다. 스탈린은 이 대회의 폐막에 즈음해 6~7분 정도의 짧은 연설을 했는데, 이것은 그의 건강이 매우 악화되어 있음을 암시했다. 실제로 그는 이 대회의 폐막으로부터 5개월 뒤에 죽는다.

당 성격의 변화: 테크노크라트가 주류를 형성하다

그 사이 당원의 규모는 약 400만 명이 늘어 688만 명 수준을 기록했으며, 당대회에 파견된 대의원에 대한 분석은 스탈린 세대의 진출이 뚜렷함을 보여 주었다. 대의원들의 다수는 41세와 50세 사이였으며, 23.6%가 40세 미만임에 반해, 50세 이상은 15.3%에 지나지 않았다. 또, 대의원들의 56.2%가 1931년 이후에 그리고 20%는 전후(戰後)에 입당한 사람들임에 반해, 혁명 이전에 입당한 사람은 1.2%에 지나지 않았다.

대의원들의 대부분은 또한 소련사회의 상층부 출신들로 약 60%가

고등교육을 마친 사람들이었다. 기술인과 전문인의 진출 또한 뚜렷해 1,192명의 대의원 가운데 기사가 282명, 농업 및 축산 전문가가 68명, 교사가 98명, 경제전문가가 18명, 의사가 11명, 법률가가 7명이었다. 이러한 수치(數値)는 소련공산당과 소련이 이념인과 혁명인의 정당의 시대를 벗어나 전문인과 기술인, 곧 흔히 말하는 테크노크라트가 지배하는 체제관리기(體制管理期)에 들어섰음을 의미했다. 당이 이처럼 새 시기에 들어섰다는 것은 이 제19차 대회에서 당의 이름을 「볼셰비키의 전러시아공산당(All Russian Communist Party of Bolsheviks)」으로부터 「소련공산당(Communist Party of the Soviet Union)」으로 바꾼 데서도, 곧 볼셰비키라는 이름을 떼어낸 데서도 잘 나타났다.

이러한 경향은 이미 1946년에 부분적으로 나타났었다. 이 해에 소련은 혁명정부적 성격을 상징했던 인민위원부와 인민위원이라는 이름을 각각 부(部)와 장관으로 바꿔, 예컨대, 외무인민위원부는 외무부로, 외무인민위원은 외무장관으로 바꿨던 것이다. 이 때 스탈린은 부의 수를 크게 줄임과 함께 중앙집권제를 강화했다. 또 공무원의 최저 연령을 만 18세로부터 만 23세로 올려, 관료사회를 보수화시켰다.

제19차 당대회의 중요한 결정들 가운데 하나는 중앙위원회의 조직국과 정치국을 폐지하고, 그것들에 대신하여 중앙위원회의 상임간부회(Presidium)를 신설했다는 점이다. 그러나 그 결정 역시 스탈린 단독으로 취해졌다. 흐루쇼프는 스탈린이 이 결정을 발표할 때까지 정치국원들 가운데 어느 누구도 몰랐을 것이라고 회고했다.

상임간부회의 위원은 25명으로 지난날 10명으로 구성된 정치국에 비교적 젊은 신참자들을 대거 참여시키게 되었다. 그렇게 함으로써 스탈린은 고참 정치국원들을 상대적으로 무력화시키는 반면에, 자신에게 무조건 충성할 스탈린 세대의 엘리트들을 격상시킬 수 있었다. 그러나 25명이라는 많은 위원들로써, 더구나 이질적인 배경들을 가진 다양한 위원들로, 상임간부회를 효율적으로 운영하기란 쉽지 않았다. 이 점을 인식하고, 스탈린은 상임간부회 안에 하나의 국(局)을 개설하라고 지시하면서 9명의 위원들을 지명했다. 그들은 스탈린, 말렌코프, 베리야, 흐루쇼프, 보로실로프, 카가노비치, 사부로프, 페르부힌(Mikhail G. Pervukhin), 불가닌 등이었다. 몰로토프와 미코얀은 포함되지 않았다. 그런데 이러한 국을 개설한 것 자체가 당규약 위반이었다. 당규약은 이러한 국의 개설에 대해 어떠한 규정도 두지 않았던 것이다.

스탈린은 이 아홉 위원들 가운데 다섯으로 하나의 비공식적 모임을 가졌다. 그 다섯은 그때그때 스탈린의 기분에 따라 결정됐다. 그러나 그들은 대체로 스탈린, 말렌코프, 베리야, 불가닌, 흐루쇼프 등이었다. 스탈린은 때때로 이 비공식적 모임을 가진 반면에 상임간부회는 한 차례도 열지 않았다.

4. 스탈린이즘의 분석 : 체제와 이데올로기

스탈린체제의 특성들

위에서 살폈듯이, 스탈린은 볼셰비키의 창립지도자들 가운데 일원이면서 볼셰비키의 전통을 깨뜨린 사람이었다. 1938년 이후에 스탈린을 섬긴 지도적 당관료들은 대부분 러시아혁명 이후에 입당한 사람들이었고, 러시아혁명이전에 레닌의 볼셰비키당에 가입했던 노혁명가들로 구성된 '노볼셰비키회'는 스탈린의 지시에 따라 1930년대에는 해체되었으며, 당의 이름에서도 볼셰비키의 이름은 사라졌다.

러시아 태생의 미국 사회학자 티마셰프(Nikolai. S. Timasheff)는 1946년에 펴낸 『큰 후퇴(*The Great Retreat*)』에서 이 과정을 혁명적 전통으로부터 전제정치와 권위주의 정부 및 러시아민족주의라는 기성질서로의 '큰 후퇴'라고 불렀다. 우리는 제2부 제5장에서 니콜라이 I세의 차리즘이 '러시아정교, 전제정치, 러시아국민성'이라는 구호를 표방했음을 지적했다. 여기서 러시아정교를 공산주의로 대치한다면 그 구호는 스탈린에게도 적용될 수 있을 것이다. 그러나 스탈린이즘과 차리즘 사이에는 중요한 차이가 있다. 해머 교수는 스탈린을 단순히 반혁명분자로, 또는 이름만이 바뀐 새로운 차르로 단정하는 것은 중대한 오류라고 지적한다. 그 논거로서 그는 다음과 같은 차이점을 지적하고 있다.

첫째, 스탈린은 러시아의 변혁이라는, 더 좁혀 이야기해, 강력한 공업국가로의 러시아의 변혁이라는 단일한 목표를 강력히 추구했다. 반면에 차르는 이러한 목표를 추구한 일이 없었다.

둘째, 전통적인 러시아민족주의에 '후진성의 타파'라는 적극적 의미를 부여했다. 곧, "조국 러시아가 과거에 몽골, 터키, 스웨덴, 폴란드, 리투아니아, 일본의 침략이나 지배를 받았던 것은 러시아의 정치적·경제적·문화적·산업적 후진성 때문이었다"고 강조한 그는 러시아가 공업화를 통해 후진성을 극복할 때에만 진정한 민족주의를 향유할 수 있다고 강조했다.

"우리는 선진국가에 비해 50년 또는 100년이나 뒤떨어져 있다. 우리는 10년 안에 이 거리를 단축해야 한다. 우리가 이것을 이룩하지 못하면 우리는 자본주의국가에게 분쇄될 것이다"라는 그의 1931년의 연설은 이 점을 적절히 지적한 것이었다. '후진성과의 투쟁'이란 점은 차르체제와는 중요한 차이점이다. 따라서, 스탈린의 경제정책은 근대화를 추구하는 제3세계 국가들 가운데 어떤 국가들에게는 하나의 발전 모델로 보이기도 했다.

셋째, 스탈린은 가능한 한 대중의 지지를 동원하거나 최소한 자신의 정책에 대한 잠재적 반대를 중화시키려고 노력했다. 이에 비해 차르는 대중의 지지라는 것은 으레 주어진 것으로 기대했고, 대중의 지지를 동원하거나 또는 이것을 위해 대중을 정치화(政治化)시키려는 노력을 조금도 하지 않았다.

그러나 스탈린은 '대중정치' 시대의 통치자였으며, 복종 이상의 것을 요구했다. 러시아공업화계획의 성공 여부는 특히 대중의 지지에 달린 것이었다. 이것을 위해 스탈린은 사회생활의 모든 국면을 철저히 정치화시키려고 했다. 따라서 스탈린의 통치 아래서는 문학·예술·

철학·사회과학은 물론이거니와 어느 정도까지는 자연과학도 대중을 공업화계획으로 동원시키는 데 이용됐다. 이러한 점에서 스탈린정권은 '동원체제'의 고전적 모델이었다고 할 수 있다.

스탈린의 이론적 기여

소비에트의 정치이데올로기에 대한 스탈린의 가장 중요한 기여는 무엇인가? 그것은 일국사회주의론으로 평가되고 있다. 우선 지적되어야 할 것은 일국사회주의론은 이론이라기보다는 정책이었다. 전쟁과 내란으로 국력이 완전히 고갈된 러시아에 활력을 불어넣기 위해 당은 세계혁명이 아니라 국내건설의 과업에 몰두해야 한다는 상황적 필요에 따른 정책이었다.

일국사회주의론은 소련 이데올로기의 역사에서 주요한 전환점이었다. 스탈린은 마르크스의 혁명적 교의(教義) 대신에 소련의 국내문제로 관심을 돌렸을 뿐만 아니라, 세계에서 소련이 차지해야 할 위치에 대해 새로운 개념을 창출했다. 이 점은 소련의 마르크시스트들에게 정녕 새로운 것이었다.

정책으로서의 일국사회주의론은 당시의 상황에 비추어 옳았던 것인지 모른다. 그런데 스탈린은 일국사회주의론을 임시방편의 정책 차원에서 이론의 차원으로 끌어올리려는 노력을 버리지 않았고, 그 작업은 트로츠키를 제외하면 당내 제일의 이론가라고 할 수 있는 부하린이 담당했다. 여기서 레닌의 이론을 재구성해서 발전시킨 것이 '취약연쇄론'과 '불균등발전 법칙'이었다. 전자는, 앞에서 이미 설명했듯이, 혁명은 자본주의가 가장 발달한 선진공업국가에서가 아니라 자본주의국가군(群)의 '연쇄' 가운데 가장 취약한 곳에서 일어난다는 이론으로 이로써 러시아의 사회주의혁명을 정당화할 수 있었다. 후자는 자본주의는 다른 나라에서 다른 속도로 발전할 수 있으며, 따라서 모든 나라가 반드시 똑같은 시점에서 사회주의혁명을 경과해야 하는 것은 아니라는 이론이다.

스탈린이즘의 상당한 부분은 그가 죽은 뒤에 소련 스스로에 의해 포기되었다. 그 한 보기가 1930년대에 발표된 '계급투쟁의 강렬화 법칙'이다. 스탈린은 소련이 사회주의의 단계에 돌입했다고 선언하면서, 사회주의국가가 강해질수록 이에 대한 자본주의국가의 적의는 더욱 커지고 사회주의국가를 파괴하려는 결의는 더욱 굳어지며, 따라서 소련과 자본주의국가 사이의 계급투쟁은 차츰 강렬해진다고 주장했다. 이 이론은 스탈린이 자신의 전체주의적 통치를 합리화하기 위한 목적에서 채택한 것이었으나, 소련이 강해지면 강해질수록 평화는 멀어지고 투쟁의 위험은 커진다는 해석을 가능하게 함으로써 서방세계에서는 소련을 비판하는 논거로 쓰였다. 이 이론은 1956년에 흐루쇼프의 평화공존론의 대두와 더불어 사라진다.

소비에트체제에 대한 스탈린의 사고와 태도에는 그의 집권 초기와 후기에서 상당한 차이가 나타난다. 초기에 그는 정치에서의 '주관적' 요소들, 곧 신념을 강조했다. 당과 정부의 프로그램을 성공적으로 이끌기 위해서 당은 올바른 정책을 갖고 있는 것만으로 충분하지 않으며, 지도자와 대중은 모두 당노선의 정확성에 대한 '주관적 확신'을 갖고 있는 것이 중요하다고 그는 여러 차례 강조했다. 이 신념에 대한 강조는 그가 공업화 및 집단화 계획을 추진하던 1930년대에 가장 고조되었다. 그러나 집권 후기에 들어서서 그는 질서와 안전 및 볼셰비키 정치체제의 보존에 더 큰 관심을 보였으며, '사회에 있어서 객관적 과정'의 중시를 강조했다.

5. 스탈린의 전후외교

제2차 세계대전 중의 소련외교를 다룬 앞의 장(章)에서 이미 지적했듯이, 소련의 참전은 확실히 소련이 제정러시아의 모든 영토의 대부분을 다시 얻고, 러시아의 지배 아래 놓인 일이 없었던 지역으로까지 소련의 효과적인 통치를 연장시키는 데 크게 이바지했다. 결과적으로 소련은 국제사회에서 미국에 다음 가는 강대국의 지위를 확보하게 된 것이다.

유럽에서의 세력권 확장

소련은 우선 독일의 동부를 점령하고 1949년에는 이것을 자신의 위성국인 독일민주공화국(Deutsche Demokratische Republik: DDR)으로 굳힌 데 이어, 유럽에서 소련의 중심적 관심의 대상이던 폴란드를 자신의 '포로'로 만드는 데 성공했다. 1943년 11월에 테헤란에서 열렸던 미국과 영국 및 소련 사이의 정상회담에서 합의된 그대로, 소련은 (1) 1939년의 독·소불가침협정 때 얻었던 동(東)폴란드를 통째로 자신의 영토로 확보했을 뿐만 아니라, (2) 동폴란드를 소련에 내준 대신에 그 서쪽에서 독일영토의 일부를 떼어 받으면서 서폴란드를 바탕으로 '독립'한 폴란드마저 사실상 자신의 강력한 지배 아래 두었다. 소련은 1941년에 폴란드 공산주의자들과 그 동조자들을 중심으로 폴란드 동부의 공업도시 루블린(Lublin)에서 조직한 「민족해방위원회」, 곧 '루블린정부'로 하여금 '독립 폴란드'를 통치하게 했던 것이다. 또, 루마니아와 체코슬로바키아와 헝가리 및 불가리아 등을 모두 자신의 세력권 안으로 편입시켰다.

소련은 이어 발트 3국을 자신의 영토 안에 다시 편입시키는 데 성공했다. 독일이 점령했던 이 지역국가들의 운명을 이 지역주민들의 투표로써 결정하자는 미국과 영국의 제의를 완강히 거절함에 미국과 영국은 쉽게 양보했던 것이다, 이로써 발트 3국은 '서방으로부터 흐느낌조차 받지 못한 채' 각각 에스토니아사회주의공화국과 라트비아사회주의공화국 및 리투아니아사회주의공화국으로 '소련제국'에 편입되었다.

소련은 이어 1947년 2월에 대전 동안 소련에 맞서기 위해 독일과 제휴했던 핀란드와 평화협정을 체결하고, 자신의 안전에 필요되는 일

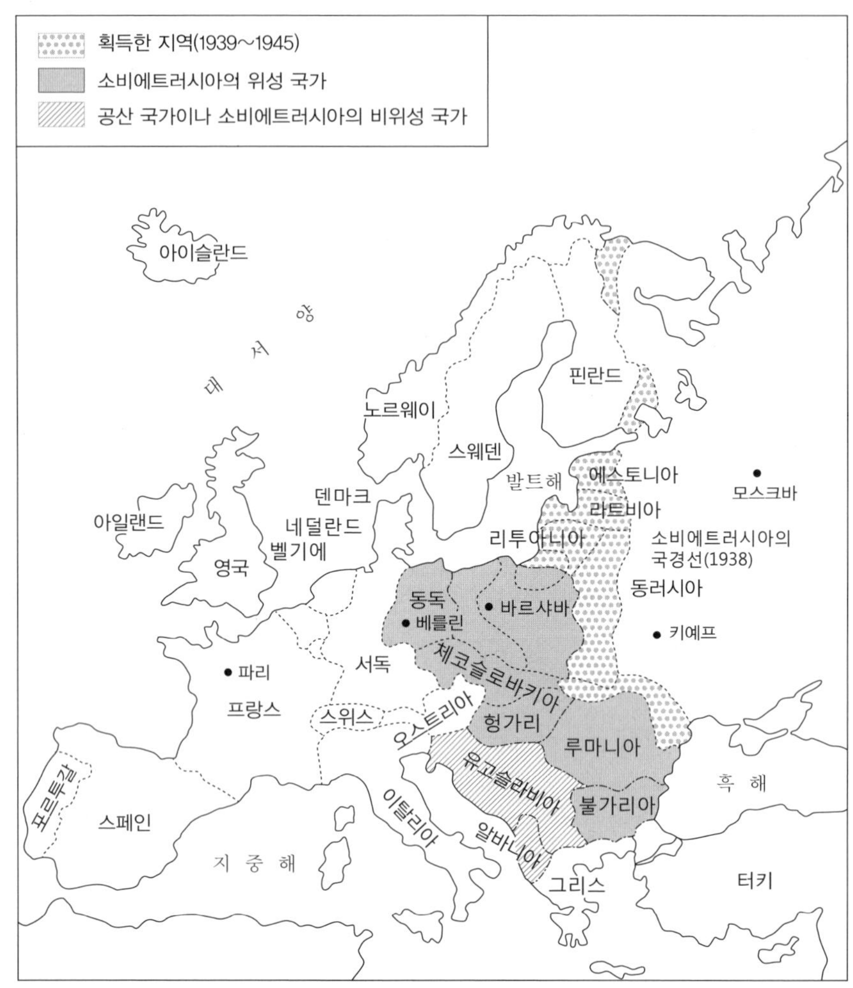

유럽에서의 소비에트러시아 세력권 확장(1939~1945)

부 지역을 빼앗아 여기에 자신의 인접 영토를 포함시켜 카렐로-핀(Karelo-Finnish)공화국을 만든 뒤 '소련제국'에 편입시켰다. 이 공화국은 1956년에 자치공화국으로 그 지위가 격하됐으나, 1991년에 소련이 해체되면서 그 후계국가가 된 러시아연방을 구성하는 하나의 공화국(카렐리야 공화국)이 된다.

아시아에서의 세력권 확장

스탈린과 마오쩌둥

소련은 또 우크라이나의 동쪽이며 리투아니아의 동남쪽에 위치한 몰다비아를 몰다비아소비에트사회주의공화국으로 만든 뒤 이것 역시 '소련제국'에 편입시켰다. 이로써 소련은 독일과의 불가침조약을 통해 얻었던 다섯 개의 공화국을 다시 얻었으며, 그리하여 카렐로-핀공화국이 자치공화국으로 격하되기 이전까지는 열여섯 개의 공화국을, 곧 소련을 구성하는 공화국이라는 뜻에서의 이른바 구성공화국(構成共和國)을, 확보하고 있었다.

소련은 마지막으로 발칸반도를 자신의 세력권 안으로 확보할 수 있었다. 역시 테헤란회담에서의 양해에 따라 소련은 그리스를 제외한 나머지 모든 나라들에서의 '우세(優勢)'를 확보한 것이다.

아시아에서의 획득도 결코 적지 않았다. 동북아시아와 태평양에서 일시적이고 부차적인 역할밖에는 수행하지 못했는데도, 소련은 한반도의 북반을 점령해 1948년 9월에 자신이 후원한 김일성(金日成)을 수상으로 하는 친소적 조선민주주의인민공화국을 출범시켰으며, 사할린의 남부와 쿠릴열도를 점령했다. 몽골인민공화국으로 불린 외몽골의 중국으로부터의 독립도 보장받았다. 이로써 그 동안 외몽골에 대해 행사한 소련의 영향력은 훨씬 더 굳어졌다.

위에서 살폈듯이, 소련은 종전과 더불어 자신의 안전에 필요한 완충지대 이상의 것들을 확보했다. 여기에 더하여 1949년에는 중국대륙이 비록 민족공산주의의 성향을 갖기는 했으나 역시 공산주의를 받아들인 중국공산당에 의해 장악되었다. 이에 따라 소련은 1950년 2월에 모스크바에서 소련을 방문한 중국공산당 주석 겸 중화인민공화국 중앙인민정부 주석 마오쩌둥(毛澤東:모택동, 1893~1976)을 상대로 두 나라 사이의 우호동맹조약을 맺었다. 서명은 소련 외무장관 안드레이 비신스키와 중국 총리 겸 외교부장 저우언라이(周恩來:주은래) 사이에 이뤄졌다.

전쟁불가피론의 전개

이렇게 유럽과 아시아에서 소련의 안전을 위한 완충지대를 확보하고도 스탈린은 레닌과 마찬가지로 '자본주의의 포위'론, '전쟁불가피'론, 그리고 "세계는 사회주의와 자본주의의 두 진영으로 나뉘어져 있으며('양대진영' 론), 두 진영은 공산주의 대 자본주의의 문제를 최종적으로 결정할 불가피한 결전을 위한 군비경쟁으로 맞서 있다"는 이론들을 전개했다. 물론 앞서 지적했듯이, '자본주의의 포위'에 대비한다는 명목으로 잔인하고도 무자비한 독재가 정당화되기 때문에 그 주장들은 스탈린의 테러정치를 뒷받침하는 토대의 한 부분을 구성하는 것이었다. 제2차 세계대전 이후 소련의 안보환경에 변화가 일어났는데도 스탈린은 자신의 주장을 바꾸지 않은 것이다.

자본주의포위론에 밀접히 관련되어 있는 것은 자본주의와 제국주의가 계속 번성하는 한 전쟁은 불가피하다는 레닌의 교리인데, 스탈린도 이것을 그대로 받아들였다. 핵무기의 발명과 발전은 전쟁불가피론에 대한 수정을 요구하는 것이었으나, 스탈린은 핵기술은 다만 무기발전의 또 하나의 단계일 뿐으로 역사발전의 과정을 변경시킬 수 없고, 그 역사발전의 방향은 마르크스와 앵겔스가 발견한 '과학적이며 객관적 법칙'에 따라 '필연적'으로 결정된다고 주장했다.

스탈린은 전쟁이 우연의 결과나 인간의지의 결과도 아니며, 자본주의체제 자체 안에 뿌리박고 있으므로 자본주의의 제거로써만 전쟁 자체가 없어질 것이라고 보았다. 그는 종전 직후인 1946년 2월 9일의 연설에서 이 교리를 재천명했다.

스탈린의 전후정책은 그처럼 서유럽과의 불가피한 갈등을 전제하고 구상된 것이었고, 서유럽은 분명히 미국에 의해 영도되리라고 보았다. 여기서 이미 암시되었듯, 제2차 세계대전의 종결과 더불어 승전국인 미국과 소련은 곧 적대적 대결관계에 들어갔다. 두 나라가 직접적 군사충돌관계로 들어간 것은 아니었으나, 상대방에 대해 지속적이며 강력한 의혹과 적대심을 품게 되었다. 이른바 '냉전(冷戰)의 시대'에 접어든 것이다.

동서냉전과 소련

이 냉전이 어떻게 그리고 왜 시작되었느냐의 문제는, 보다 좁혀 말해서 이 냉전은 누구의 책임이냐의 문제는, 국제정치학자들 사이에서 심각한 논쟁의 초점이 되어 왔다. '냉전의 기원' 론이 바로 그것이며, 이 방면의 책들이나 논문들은 하나하나 들어서 말하기 어려울 만큼 많다. 그러나 이것들을 단순화시켜 말한다면, 전통주의 학파(the traditionalist school)와 수정주의 학파(the revisionist school)로 나뉜다. 전자는 냉전의 책임을 소련의 팽창주의정책에서 찾고, 후자는 미국의 제국주의적 경향에서 찾는다. 여기서는 전통주의학파의 입장에 가까이 서서 두 나라 관계의 전개를 보기로 한다.

두 나라 사이의 냉전이 확실해지는 1947년 봄과 가을의 시점까지 두 나라 관계는 세 단계를 거친다. 제1 단계 곧 1945년 추축국의 패전으로부터 1946년 초까지의 시기에서 소련은 미국을 상당히 자극하는 대외행태를 보였다. 동유럽과 발칸에서 서유럽의 영향력을 배제하려는 확고한 결의를 보였고, 또한 동지중해에 대한 관심이 크게 늘어났으며, 이란과 만주에서의 계속적인 소련군의 주둔은 소련이 이 지역에 대해 통제권을 행사하려는 것이 아닌가 하는 의혹을 자아냈다. 1946년 2월에는 소련이 미국의 원자폭탄 비밀을 훔친 사실이 공식적으로 밝혀졌으며, 스탈린은 공산주의와 자본주의 사이의 불상용(不相容)을 강조하는 연설을 함으로써 두 체제 사이의 전쟁이 불가피함을 암시했다. 이러한 소련의 대외행태에 대해 미국에서는 '진정한 혼란'이 계속되었다. 곧 강경론과 협조론이 공존하고 있었던 것이다.

제2 단계, 곧 1946년 초부터 1947년 초까지의 시기에서는 소련의 '팽창주의'에 대해 미국이 단호히 대처해야 한다는 쪽으로 미국정부 안의 의견이 모아졌다. 주소(駐蘇) 미국대리대사 조지 케난(George F. Kennan)은 “스탈린은 자신의 권력과 체제의 유지를 위해 대외적 긴장을 필요로 하는 만큼 서유럽은 강경히 맞서야 한다”는 취지의 ‘긴 전보(long telegram)’를 본국정부에 보냈는데, 이것은 미국정부가 소련에 대해 강경히 대처해야 한다는 쪽으로 의견을 모으는 데 주요한 역할을 했다. 따라서, 1946년 봄과 여름 사이에 미국의 대소정책은 굳어졌다.

제3 단계, 곧 1947년 봄부터 1947년 가을까지의 시기에서 두 나라 사이의 냉전은 움직일 수 없는 현실이 되었다. 스탈린의 팽창정책이 노골화되고 있다고 판단한 미국은 소련과의 협조에 대한 모든 기대를 버리는 대신에 케난의 봉쇄정책을 채택하여, 그 일환으로 서유럽에 대한 경제지원과 방위조약 및 동맹체제를 발전시키기 시작했다. 이러한 변화는 1947년 3월 12에 트루먼 독트린의 자극적인 선언 속에 구체화되었다. 미국외교사에서 ‘혁명적인 획기적 사건’으로 불린 이 선언은 미국이 소련의 팽창정책을 저지하겠다는 결의의 명백한 표명이었다. 이에 따라 6월 5일에 마셜(George C. Marshall) 국무장관의 유럽부흥계획 이른바 마셜 플랜이 발표됐다.

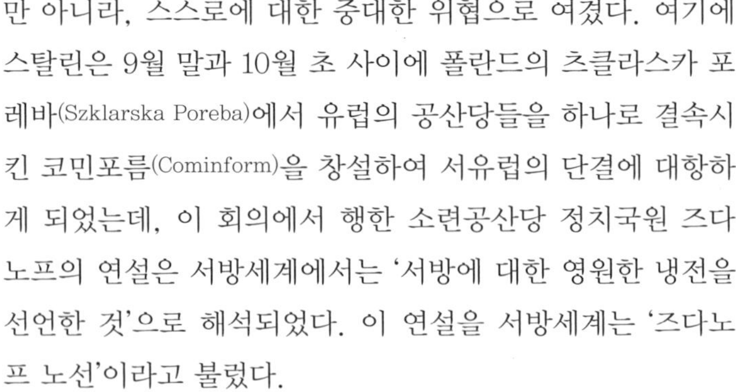

소련은 이러한 미국의 새로운 정책을 공산팽창주의의 장애로서 뿐만 아니라, 스스로에 대한 중대한 위협으로 여겼다. 여기에 스탈린은 9월 말과 10월 초 사이에 폴란드의 츠클라스카 포레바(Szklarska Poreba)에서 유럽의 공산당들을 하나로 결속시킨 코민포름(Cominform)을 창설하여 서유럽의 단결에 대항하게 되었는데, 이 회의에서 행한 소련공산당 정치국원 즈다노프의 연설은 서방세계에서는 ‘서방에 대한 영원한 냉전을 선언한 것’으로 해석되었다. 이 연설을 서방세계는 ‘즈다노프 노선’이라고 불렀다.

티토

그러나 코민포름의 한 구석은 곧 무너졌다. 민족주의자로서 스스로가 조직한 항독(抗獨) 게릴라운동을 통해 유고슬라비아를 독립시키고, 그 공로로 1946년에 유고슬라비아 대통령이 된 티토(Josip Broz Tito, 1892~1980)가 1948년 6월에 코민포름을 탈퇴하고 독자노선을 걷기 시작했기 때문이다. 그러나 소련은 좌절하지 않았다. 소련은 이듬해에 경제상호원조회의, 곧 코메콘(COMECON)을 모스크바에서 발족시키고, 동유럽국가들을 경제적으로 묶어 미국의 마셜계획에 대항했다. 이 기구는 동유럽국가들로부터는 소련이 자신들을 경제적으로 '착취'하는 도구로 이해되었다.

이처럼 전후의 두 나라 관계가 나빠지는 상황에서 베를린봉쇄사건이 일어났다. 미국과 영국 및 프랑스 등 독일의 서부를 나누어 점령한 연합국이 1948년 2월에 그 점령지들을 통합하여 독립된 독일국가를 형성하기로 결정하자, 스탈린은 소련의 점령 아래 있는 동독에 위치한 베를린 가운데 연합국 부분인 서부베를린에 대한 육상접근을 봉쇄한 것이다. 트루먼 대통령은 여기에 강경히 맞서서 공수(空輸)를 통해 서부 베를린 시민에게 물자를 공급했다. 1949년 5월에 가서 스탈린은 마침내 육상접근에 대한 봉쇄를 해제했다. 전후 처음으로 두 나라를 전쟁 한 걸음 직전에까지 가게 한 이 사건은 서유럽으로 하여금 북대서양조약기구(NATO: North Atlantic Treaty Organization)의 결성(1949년 4월)과 서독국가의 수립, 곧 독일연방공화국(FRD: Federal Republic of Deutshland)의 수립(1949년 9월)으로 치닫게 했다.

1949년 9월에 들어서서 소련은 자신이 최초의 원자폭탄 실험에 성공했다고 발표했다. 이것은 두 나라 관계에 큰 영향을 끼쳤다. 미국은 소련에 대한 핵우위를 유지하기 위해 수소폭탄을 보유하기로 결정했으며, 서유럽의 신뢰감을 유지시키기 위해 서독의 재군비를 포함한 서유럽 전체의 군사적 강화를 추진하기 시작했다. 1950년 초에 미국의 국가안보회의(NSC)에서 작성된 보고문(NSC-68)은 이러한 배경에서 나온 것으로, 그것은 케난의 봉쇄정책 이론에 그 바탕을 두었다. 이 유명한 문서는, '자유세계의 정신적·물질적 힘의 개발'에 의해 소련의 팽창주의적 위협에 대처할 것을 권고한 것이다. 보다 구체적으로 말해, 그것은 미국과 그 동맹국들의 군사력의 합계가 소련과 그 동맹국들의 그것보다 우위에서는 지점에까지 미국과 그 동맹국들의 군사력을 증강시킬 것을 권고했다.

스탈린의 김일성남침계획 승인

두 나라 사이의 긴장이 고조된 상태에서 1950년 6월 25일에 북한의 기습적인 전면남침으로 한반도에서는 전쟁이 시작됐다. 북한이 남침을 해도 미군의 개입은 없을 것이며, 따라서 북한의 목표가 짧은 시일 안에 성취될 것이라는 판단에서 스탈린은 김일성의 남한에 대한 무력도발을 허용했으며, 그것을 적극 도왔다. 그러나 스탈린에게는 뜻밖에도 미군을 주축으로 하는 국제연합군의 즉각적 대규모 개입이 뒤따랐으며, 이로써 이 전쟁은 장기화(長期化)한 것이다.

이 전쟁은 두 나라 관계에 직접적인 영향을 끼쳤다. 첫째, 그것은 미국에서 NSC-68의 발효를 가져와 1951년도 미국 국방예산의 획기적 팽창을 가능하게 했다. 이로써 소련에 대한 군사적 우위를 확보하려는 미국의 국방정책이 예산의 뒷받침을 얻게 되었다. 둘째, 그것은 나토를 전통적인 상호방위동맹으로부터 미군의 유럽주둔 및 미국인 최고사령관의 임명이 포함된 '하나의 통합된 군사 구조'로 변모시켰다. 셋째, 서독의 재무장을 촉진시켰고, 미국과 일본 사이의 평화조약의 체결(1951년 9월: 이른바 샌프란시스코평화조약) 및 일본의 재무장을 촉진시켜 제2차 세계대전 때의 적을 동맹자로 바꾸었다.

제15장_흐루쇼프정권 시기의 내부상황 (1953~1964)

한반도에서의 전쟁이 휴전을 향해 막바지 고비에 이르렀던 1953년 3월에 독재자 스탈린은 마침내 죽었다. 이에 따라 소련에서는 권력의 계승을 둘러싼 암투의 시기가 다시 벌어지는 가운데, 차차 흐루쇼프가 제1인자로 떠올랐다. 이 때로부터 그가 1964년 10월에 실각할 때까지 소련은 약 11년 반에 걸쳐 흐루쇼프정권의 통치를 경험하게 된다.

사회주의체제와 자본주의체제 사이의 평화공존을 표방하고 '사회주의에로의 다양한 길'을 인정했으며, 스탈린방식의 전제정치를 부인한 흐루쇼프의 등장은 공산주의의 역사에서 뿐만 아니라 세계의 역사에서도 가장 중대한 사건들 가운데 하나였다. 이 장에서는 흐루쇼프가 통치하던 시기의 내부상황을 살피기로 한다.

1. 권력투쟁과 흐루쇼프의 승리

베리야의 제거

소련에서 1953년은 매우 음산한 소식의 발표로 시작되었다. 이 해 1월에 소련의 관영매체들은 미국의 '지령'을 받아 1948년에 즈다노프와 소련군 비밀경찰 두목 셰르바코프(Aleksandr S. Shcherbakov)를 의학적으로 살해한 혐의로 9명의 의사들이 1952년 11월에 체포되었다는 이른바 '의사들의 음모'를 발표한 것이다. 전국은 다시 피에 굶주린 독재자가 또 무슨 숙청연극을 시작하려는 것인지 두려워하게 되었다. 특히 9명 가운데 7명이 유대인이라는 사실에 주목한 유대인들은 자신들에 대한 박해가 새롭게 시작될 것이라는 불길한 예감을 갖게 되었다. 그러나 보즈드(vozhd), 곧 영어의 리더(leader), 그리고 북한식 우리말로 수령이라는 아첨적 용어로 불리던 스탈린은 2개월 뒤인 그 해 3월 5일에 죽었고, 이로써 국민들은 우선 안도의 한숨을 쉬었다.

소련국민들은 독재자의 죽음과 동시에 좀 더 숨쉬기 편한 새 정권이 나타나기를 기대했다. 그 기대를 언론인이자 소설가인 에렌부르그(Ilya G. Ehrenburg, 1891~1967)는 1954년에 『해빙(解氷)』이란 소설로써 표현했다. 비슷한 시점에, 여류시인 베르그골츠(Olga F. Berggolts)는 "시인은 자신의 의지에 따라 자유롭게 시를 쓸 수 있어야 한다"고 발언했으며, 작곡가 하차투리안(Aram I. Khachaturian)은 당이 음악에 간섭해서는 안 된다는 글을 발표했다. 이에 반해 당의 고위지도자들은 독재자의 죽음에 따라 공포에서 해방된 국민들이 폭동을 일으켜 '공황과 무질서'가 발생할 것을 두려워했다. 그래서 중무장한 병력을 모스크바에

스탈린 유해 운구(우로부터 베리야, 말렌코프, 바실리, 몰로토프, 불가닌, 카가노비치, 흐루쇼프)

집중시켰다. 그러나 국민들은 잠잠했다. 다만 강제노동수용소와 감옥 등에서 부분적으로 소요가 일어났으나 큰 유혈이 없이 수습됐다. 이로써 스탈린의 죽음으로부터 이틀 사이에 지도자들의 잠정적 연합이 형성될 수 있었다.

레닌의 사후(死後) 약 5년 동안에 권력투쟁기를 경험했듯이, 스탈린의 사후 소련은 두 번째의 계승투쟁기를 경험했다. 이 계승투쟁의 초기에 나타난 것이 말렌코프와 흐루쇼프 및 베리야의 삼두체제였다. 말렌코프는 스탈린의 총리직을 계승했으며, 1주일 뒤 당서기국의 서기직을 사임했다. 이것은 당중앙상임간부회에 당의 서기국원으로는 흐루쇼프만이 남게 되었음을 의미했으며, 또 서기국에서 스탈린의 다음 가는 서열을 차지했던 말렌코프의 뒤를 이어 흐루쇼프가 서기국을 나아가 당을 지배하게 되었음을 의미했다. 그러나 서기장의 직책에는 아무도 선출되지 않았다.

소련의 정치에서는 정부보다는 당을 장악하는 것이 권력의 유지와 경쟁에서 가장 중요한데, 말렌코프가 왜 서기국원직을 버리면서까지 총리직을 맡았는지는 분명하지 않다. 강요당했다는 해석도 있다. 그러나 이 선택은 그에게는 커다란 실책이었다.

이 삼두체제는 곧 베리야의 숙청으로 무너졌다. 베리야는 스탈린에 대한 비굴과 맹종으로, 그리고 스탈린과 자신을 제외한 모든 다른 사람들에게는 무자비와 잔혹으로 일관한 권력광이었다. 그는, 정규경찰로서 1946년에 종전의 내무인민위원부(NKVD)로부터 개칭한 내무부(MVD)와 비밀경찰인 국가공안부(MGB)를 장악해왔으며, 스탈린의 계승자가 되려는 욕심에서 '의사들의 음모' 사건으로 체포된 의사들을 석방하는 등 국민들의 환심을 사려 했다. 그러나 1953년 6월에 비밀경찰의 책임관할구역인 동베를린에서 소련을 비난하는 노동자들의 소요가 발생하자 말렌코프와 흐루쇼프 등 반(反)베리야세력은 그를 피할 수 없는 궁지에 빠뜨려 이 해 6월에 당에서 추방함과 아울러 구속했다.

베리야

공식발표에 따르면, 그는 같은 해 12월에 처형됐다.

한편, 흐루쇼프의 회고에 따르면, 반베리야세력은 베리야를 체포한 그 자리에서 교살했다고 한다. 베리야가 장악한 비밀경찰의 일부가 어떤 형태라도 반항하지 않을까 두려워했기 때문이라는 것이다. 그러나 흐루쇼프는 이 회고를 취소하고 다른 회고를 제시함으로써 진상을 모호하게 만들었다. 그러나 분명한 사실들이 몇 가지 있다. 첫째, 베리야의 제거를 흐루쇼프가 주도했으며, 중앙상임간부회에서 말렌코프와 보로실로프가 동의했다는 사실이다. 둘째, 흐루쇼프가 베리야를 '인민의 적'이며 '영국의 첩자'로 체포하는 데 불가닌 국방장관과 주코프 원수가 직접적으로 도왔으며, 브레즈네프(Leonid I. Brezhnev)를 비롯한 공군의 고위간부들이 행동부대로서의 역할을 맡았다는 사실이다. 셋째, 베리야는 중앙상임간부회 회의장에서 체포됐으며, 거기서 공군의 감옥으로 옮겨졌다가 군사재판을 거쳐 처형됐다는 사실이다. 베리야가 처형된 뒤인 1954년에 그가 장(長)을 맡았던 국가공안부는 국가공안위원회(KGB)로 바뀐다.

흐루쇼프와 말렌코프의 대결

베리야의 제거와 더불어 흐루쇼프는 1953년 9월부터 당 제1서기라는 새로운 칭호로 불리었다. 그러나 지도층의 서열은 아직 불명확했으며, 따라서 당 중앙상임간부회 위원의 명단도 서열순이 아니라 알파벳순으로 발표되었다.

삼두체제에서의 베리야의 자리는 외무장관 몰로토프에 의해 대체되었으나, 실질적으로는 말렌코프와 흐루쇼프의 양두체제가 굳어졌다. 그러나 두 사람 사이에는 심각한 정책갈등 및 권력투쟁이 전개되었다. 말렌코프는 소비재 및 식량의 증산을 주장했고, 흐루쇼프는 소비재공업에 대해서는 언급하지 않고 다만 농업생산에서의 개선을 요구했다.

흐루쇼프는 차차 농업정책의 모든 국면에 대해 정책을 발표하기 시작했다. 이것은 그가 전 국민의 직접적 관심 분야에 자신을 연결시킴으로써 대중적 지지의 기반을 넓히려는 것을 의미하면서도, 사실 농업에서의 실패는 정치적 자살을 뜻한다는 점에서 모험적인 것이기도 했다. 그의 전략은 치밀한 것이었다. 소련에서 농업정책은 전통적으로 각 지역당 서기들이 어느 무엇보다 더 큰 관심을 보여야 할 분야였으며, 또 권력투쟁에서 이 지역당 서기들의 향배는 중요한 것이었다. 이 때문에 흐루쇼프는 이 단계에서, 카자흐스탄공화국을 포함한 중앙아시아의 처녀지개간 및 농기구와 비료에 대한 투자액의 증가 등 농민들과 이 지역들의 당서기들 모두에게 바람직한 정책안들을 제시하면서 과거 농업정책상의 실패의 책임은 정부기관에 돌렸다.

이에 반해, 소비재생산을 앞세운 말렌코프의 정책은 중류시민층 및 도시관료층의 환영을 받았다. 그러나 그의 정책을 국방예산의 삭감으로 이해한 군부는 반발했고, 그의 반대파는 말렌코프가 '우익 편향주의'를 대변한다고 공격했다.

두 지도자의 정책대결은 마치 당과 정부 사이의 대결처럼 나타나기 시작했다. 1954년부터 정부의 기관지 『이즈베스티야』는 말렌코프를, 당의 기관지 『프라우다』는 흐루쇼프를 각각 지지했다. 흐루쇼프는 이제 완전히 '지역당 서기들의 대변자'가 되었다. 이와 동시에 당기구 안의 말렌코프세력은 흐루쇼프세력으로 대체되어갔다. 예컨대, 1956년 말에 레닌그라드시의 당 제1서기 안드리아노프(Vasily M. Andrianov)는 코즐로프(Frol R. Kozlov)로 바뀌었다. 코즐로프는 1957년에는 일약 정치국 위원으로까지 뛰어오르고, 이어 서기국 서기직까지 겸하면서 흐루쇼프의 후계자로 지목되기에 이르지만 1964년에 사망한다.

흐루쇼프의 우세

두 사람의 대결은 1955년 2월 8일에 말렌코프의 총리 사임과 발전소장관으로의 강등으로 일단 매듭지어졌다. 말렌코프의 사임은 군부와 제휴한 흐루쇼프의 음모에 의한 것으로 풀이됐다. 그리고 양두체제에서의 말렌코프의 자리는 제1부총리와 국방장관의 지위로부터 총리직을 계승한 불가닌에 의해 채워졌다. 불가닌은 정치장교 출신의 장군이었다. 그는 주코프가 2차대전에서의 혁혁한 공로로 대중적 인기를 받게 되자 스탈린의 미움을 사서 1946년께부터 좌천을 거듭하면서부터, 주코프가 떠난 자리들을 메우며 승진을 거듭했다. 한편 주코프는 흐르쇼프의 베리야제거와 집권을 도와 준 공로로 흐루쇼프에 의해 내각의 국방장관과 당의 중앙상임간부회 위원으로 승진한다.

이로써 흐루쇼프가 강력하지는 않지만 제1인자가 되었음은 물론이다. 그는 1954년에 맞은 환갑 때 '사회주의노동의 영웅'이라는 칭호와 함께 레닌훈장을 받음으로써 이미 제1인자로 발돋움하는 모습을 보였었다.

흐루쇼프는 1894년 4월 17일에 우크라이나의 접경지역인 러시아의 쿠르스크(Kursk)성의 한 작은 마을인 칼리노프카(Kalinovka)에서 가난한 농부의 아들로 태어나 초등학교 2학년 과정을 마친 뒤 목동으로 또는 공원(工員)으로 생활했다. 그는 곧 마르크시즘을 선전하는 몇몇 문건들에 접하기는 했으나 볼셰비키혁명에 가담하지는 않았고, 볼셰비키혁명이 성공한 직후에 볼셰비키당원이 되었으며 적군(赤軍)에 가담해 백군(白軍)과 싸웠다. 그 뒤 그는 주로 우크라이나의 당에서 활동했으며 1930년대에 모스크바의 당조직으로 발탁되어 스탈린에 반대하는 세력의 제거에 앞장섰다. 이 공로로 그는 우크라이나공화국의 당 제1서기로 발탁됐으며, 우크라이나의 독립을 지향하는 민족주의자들의 처형과 탄압을 주도했다. 2차대전 때는 육군중장의 정치위원 신분으로 소련에 편입된 폴란드의 동부로 파견되어 수많은 폴란드사람들의 투옥과 학살을 지휘했다. 그는 곧 우크라이나공화국의 당 제1서기와 정부 총리로 영전했다. 우크라이나와의 이러한 여러 인연은 그로 하여금 그가 소련의 최고권력자로 행세하던 때인 1954년에 우크라이나에 위치했으나 소련연방정부에 소속된 크림반도-영어로는 크리미아반도-를 우크라이나 소속으로 만들어주게 한다.

주로 우크라이나에서 활동하던 흐루시초프는 1949년에 모스크바시당 제1 서기로 발탁됐는데, 이 자리에 있으면서 스탈린의 요구에 맞춰 말렌코프와 베리야를 견제했다. 그러나 변덕스런 스탈린은 한때 그를 숙청하려고 했다. 다행히 위기를 면한 그는 스탈린의 말기를 재주 좋게 보냈고, 스탈린이 죽은 뒤 베리야를 처형하고 말렌코프를 약화시킴에 성공했다. 이로써 그는 이제 권력의 정상에 근접하게 된 것이다.

흐루쇼프의 다음 대결자는 제1부총리 겸 외무장관인 몰로토프였다. 이들은 주로 외교문제로 대립했다. 흐루쇼프는 1955년 5월에 오스트리아와 오스트리아국가조약을 체결하고 동(東)오스트리아에 대한 소련군의 점령을 종결지었으며, 같은 달 불가닌과 함께 베오그라드를 방문하고 스탈린에 의해 국제공산주의 세계로부터 파문당한 티토와 화해하였으며, 이로써 '사회주의로 가는 티토의 길'을 인정했다. 그러나 몰로토프는 이러한 일련의 조처들은 동유럽에 대한 소련의 지배권을 약화시킨다고 비판하면서 반대했다. 몰로토프는 또한 흐루쇼프가 시작한 스탈린격하운동과 온건통치정책에도 반대했다. 그러나 그는 1955년 9월에 그의 이데올로기적 과오에 대해 비판을 받고 자아비판을 발표했으며, 1956년 6월에 외무장관직에서 해임되었다. 이 일련의 과정에서 소련은 당분간 흐루쇼프와 불가닌의 양두체제를 경험했다.

흐루쇼프는 이처럼 경쟁자들 또는 반대자들을 제거하면서 자신의 지지자들을 당의 중앙상임간부회에 부식시켰다. 베리야를 추방한 뒤에 처음으로 1955년 여름에 중앙상임간부회를 개편하면서 그는 자신의 성장 거점인 우크라이나당 출신의 알렉세이 키리첸코(Aleksei I. Kirichenko)와 미하일 수슬로프(Mikhail A. Suslov)를 위원으로 끌어들였다. 그 뒤에도 흐루쇼프는 우크라이나 출신의 당 관리들을 중앙당의 주요 부서들에 끌어들여 당 안에 이른바 우크라이나 파벌을 형성한다.

2. 제20차 당대회와 그 여파

흐루쇼프의 스탈린격하연설

1956년 2월에 제20차 소련공산당대회가 모스크바에서 열렸다. 스탈린이 죽은 뒤 처음 열린 이 대회는 새 시대의 시작을 상징하는 것이었다. 이 대회에서 흐루쇼프는 최근에 죽은 '공산주의 운동의 세 지도자 스탈린, 고트발트(Kliment Gottwald), 도쿠다 규이치(德田球一)에 대한 묵념'을 제의했다. 스탈린의 이름을 체코슬로바키아공산당의 지도자와 일본공산당의 지도자의 이름과 함께 불렀다는 것은 스탈린의 격하를 예고하는 것이었다.

'살아남기에 도가 튼 사람'이라는 별명을 지닌 아르메니아 출신의 노(老)볼셰비크 미코얀이 스탈린에 대한 '개인숭배'를 간단히 비판한데 이어, 대회 마지막 날인 2월 25일에 흐루쇼프는 스탈린과 그의 전제정권에 대해 선정적인 공격을 가했다. 때로는 눈물을 흘리며, 때로는 격분을 표시하고, 때로는 크게 웃으면서, 그는 스탈린치하의 어두운 시대에 얼마나 많은 무고한 당원들과 국민들이 죽어갔는가를 통렬히 고발한 것이다. 그러나 그는 스탈린이 저지른 과오들과 범죄들은 스탈린의 인격적·성격적 결함의 산물들이었을 뿐 소련공산당의 결함의 산물들이 아님을 지적함으로써 양자를 명백하게 구분했다.

이 '비밀연설'은 소련에서는 1989년 이전에는 공식으로 결코 출판된 일이 없다. 그러나 이 연설문은 곧바로 서방에서 출판되었으며, 그 진본성(真本性)에 대해서는 아무도 이의를 제기하지 않았다. 미국정부도 이 연설문을 출간했는데, 그 연설문은 외국의 공산당들에게 배부된 것을 번역한 것이라고 한다. 흐루쇼프는 뒷날 그것이 폴란드에서 나온 것임을 시인했다.

흐루쇼프의 스탈린비판연설의 내용은 매우 충격적이었다. 스탈린의 잔인성과 비인도성을 공격한 흐루쇼프는 그에 대한 강요된 '숭배'

와 '신격화'는 마르크스·레닌주의와 부합될 수 없으며 무관한 것이라고 단죄하고, 당에 대한 지도를 1인체제에서 다시 집단지도체제로 돌이키며, 국민생활 전반에 다시 레닌식의 '민주주의'가 깃들 수 있도록 '혁명적 사회주의의 법률'을 되찾아야만 한다고 주장했다. 소련이 결코 폭력적 전제정치로 후퇴하지 않겠다는 약속을 의미한 이 연설은 어느 정도의 자유화와 시민생활의 개선을 의미한 내부개혁 – 이것을 소련당국은 '당생활에서의 레닌주의적 규범의 회복'이라고 불렀다 – 을 기약하는 것이었다. 실제로 많은 정치범들을 특사했고, 국가공안위원회로 개칭한 비밀경찰의 정규경찰감독권을 제약시켰다.

흐루쇼프의 스탈린격하 결정에 대해서는 두 개의 서로 다른 설명이 뒤따랐다. 미국의 러쉬(Myron Rush) 교수는 "흐루쇼프는 스탈린을 계승할 것을 진정으로 원했고, 스탈린에 대한 추모를 그대로 견지하려고 했으며, 스탈린처럼 당의 서기장이 되려고 했는데, 최후 순간에 스탈린적 독재체제가 더 이상 되풀이 되어서는 안 된다는 판단 아래 스탈린격하운동으로 전환했다"고 주장했다. 이에 대해 독일에서 공산주의자로 활약했다가 전향한 볼프강 레온하르트(Wolfgang Leonhard)는 스탈린이 죽은 뒤부터 이미 '조용한 탈(脫)스탈린화'가 진행되었고, 흐루쇼프도 단계적이며 점진적으로 이것을 추진하다가 제20차 전당대회에서 표면화시켰다고 주장한다.

이에 비해 미국의 해머 교수는 이 단계에서 스탈린주의의 전통은 부인되지 않을 수 없었다고 주장한다. 당시 소련정부는 새로운 정책을 추진하고 있었는데, 소련정치의 관행은 정책이 이데올로기에 바탕을 둘 것을 요구하는 만큼, 정책에서 혁신을 위한 길을 준비하기 위해 스탈린주의의 교리는 새 노선에 의해 대치되지 않으면 안 되었다는 것이 해머의 주장이다.

당의 중앙위원회는 표면상 '전원일치의 의견'으로 흐루쇼프가 스탈린격하연설을 하도록 지지했다는 입장을 취했다. 그러나 이 연설에 앞서 당의 중앙상임간부회의 다수는 이에 반대했다. 흐루쇼프에 의하면, 표결권이 있는 11명의 정위원들 가운데 몰로토프, 카가노비치, 말렌코프, 보로실로프를 포함한 최소한 6명의 상임위원이 반대했고, 특히 몰로토프와 카가노비치는 중앙위원회에서도 다수를 장악했던 것으로 보인다.

그런데도 흐루쇼프가 어떻게 그 연설을 할 수 있었던가는 확실하지 않다. 그는 첫째, 이론상 당의 최고기관인 당대회에 그가 그 연설을 해야 할 것인지의 여부를 결정짓도록 묻겠다고 위협한 것 같으며 둘째, 비밀경찰을 동원할 수 있는 힘을 가진 총리 불가닌의 지지를 받았던 것 같다. 소련공산당의 역사에 밝은 맥닐(Robert McNeal) 교수는 그 결정을 '흐루쇼프의 강력한 의지의 승리'라고 보았다. 그러나 맥닐 교수는 동시에 흐루쇼프의 행동을 당내 민주주의의 원칙과 집단지도체제의 원칙에 대한 명백한 위반이라고 보았다.

스탈린격하연설의 국내적 파장

흐루쇼프의 비밀연설이 소련의 국내외에 준 충격은 너무나 큰 것이었다. 특히 국내와 동유럽에서는 자유화에 대한 큰 기대를 낳았다.

소련국내에서 자유화에 대한 기대는 특히 문학에서 표현되었다. 당의 통제를 받는 소비에트작가동맹을 탈퇴하여 모스크바작가동맹을 만들고, 『모스크바 문학』의 발행을 통해 자신들의 목소리를 내려는 작가들의 수가 늘어난 것이다. 이러한 분위기에서, 스탈린주의자로 당의 통제를 수용해온 소비에트작가동맹의 위원장 파데예프(Aleksandr Fadeyev)는 자살했다.

파스테르나크

저항적인 작가들의 그룹에 속한 작가로 블라디미르 두딘체프(Vladimir Dudintsev, 1918~1998)는 1956년에 『빵만으로 살 수 없다』를 출판했는데, 이 소설은 전형적인 스탈린주의의 관료 드로즈도프(Drodzdov)에 대한 고발이었다. 예술작품에 대한 당의 노선인 '사회주의적 사실주의'를 완전히 위반한 이 소설에 이어, 1957년에 보리스 파스테르나크(Boris L. Pasternak, 1890~1960)는 서방세계의 출판인을 통해 이탈리아의 밀라노에서 『의사 지바고(*Doctor Zhivago*)』를 출판했다. 볼셰비키혁명의 가치에 의문을 제기한 이 소설은 결국 영적(靈的) 존재로서의 인간의 삶을 옹호하면서, 공산주의 아래 노예화된 인간에 대해 깊은 동정을 표시함으로써 서방세계에 큰 감동을 불러일으켰다. 그 감동이 노벨상위원회로 하여금 1958년에 파스테르나크에게 노벨문학상을 수여하는 것으로 발전하자 당황한 소련당국은 파스테르나크에게 수상을 거부하도록 압력을 가했다. 파스테르나크는 굴복할 수밖에 없었으며, 고뇌 속에서 결국 1960년 5월에 만 70세의 나이로 별세했다.

파스테르나크는 불행하게도 죽었으나 그의 장례식은, 호스킹의 표현으로는, "당시 막 형성되기 시작한 소련의 독립적인 인텔리겐치아가 정부의 압력에 대해 침묵으로나마 항거하는 자세를 보여준 최초의 계기가 되었다. 운구를 맡은 친지들이 장례절차를 무시하고 일반 지지대중에 둘러 싸인 채 들판을 가로질러 반 마일 떨어진 장지까지 행진해 갔던 것이다." 그는 또 '자체발간(自體發刊)'이라는 뜻의 사미즈다트(samizdat)를 부추긴 장본인이 되었다. 그의 소설에 자극받은 반정부적 성향의 젊은 시인들이 '신랄하고도 불경스런' 시를 오직 먹지와 타자기만을 이용해 많이 찍어 동료들 사이에서 돌려보는 새로운 경향이 자라나기 시작한 것이다.

예프투센코

그들은 또 20세기 러시아의 시민들 가운데 가장 '불경스런' 시인으로 꼽히는, 그리고 소련에서 공개적 집단적 시낭송의 습관을 끌어들인, 마야콥스키의 기념비 앞에서 낭송의 모임을 갖기도 했다. 당국은 처음에는 묵인하다가 곧 금지했으며, '사미즈다트 시인들' 가운데 한 사람인 알렉산드르 긴스부르그(Aleksandr I. Ginsburg, 1936~2002)를 투옥하고, 발레리 타르시스(Valery Ya. Tarsis)를 정신병동에 감금했다. 이러한 조처들은 그 이전 시대에 비하면 매우 너그러운 것이었다. 이들 밖에도 예프투셴코(Yevgeny A. Yevtushenko, 1933~2017)와 같은 젊은 시인이 장편시 「겨울 정거장」 등과 시집 『스탈린의 상속자들』 및 『침실의 시집』 등을 통해 소련국민들의 어려운 생활을 고발했으며, 그라닌(Daniil A. Granin)과 같은 소설가가 『개인적 의견』과 같은 소설을 통해 스탈린체제를 공격했다.

소비에트체제에 대한 이러한 '불경스런 짓들'은 다른 예술 분야들에서도 나타났다. 이미 1954년에 조린(Leonid G. Zorin)의 「손님들」을 통해 당의 관료주의와 출세주의를 풍자함으로써 내각의 문화부를 긴장시켰던 연극계는 외국의 작품들을 공연하기 시작함과 아울러 현대물을 통한 체제 풍자를 강화했다. 영화계의 분위기 역시 달라졌다. 종전의 도식적인 영화들, 곧 '당의 이념에 최고의 목표를 둔' 영화들 대신에 '인간 그 자체에 초점을 맞춘' 영화들이 나왔으며, 많은 관중을 동원할 수 있었다. 이러한 분위기에서, 소련의 남성무용인들을 대표하는 루돌프 누레예프(Rudolf Nureyev, 1938~1993)가 1961년에 해외공연의 기회를 이용해 프랑스를 거쳐 영국으로 망명했다.

반정부적인 또는 반스탈린적인 분위기가 이처럼 공개적으로 표출되는 가운데 스탈린의 초상들은 제거되었고 그의 동상들은 파괴되었다. 그의 저술들은 금서로 규정되지는 않았으나 공공도서관에서 철거되었다. 1961년에 스탈린의 시신은 레닌의 묘소로부터 크렘린궁전의 담벼락 아래에 급히 마련된 작은 구덩이로 옮겨졌으며, 스탈린그라드는 볼고그라드(Volgograd)로 개칭되었다.

이와 동시에, 대학을 비롯한 각급 교육기관에서는 젊은 교육자들과 학생들을 중심으로 일종의 지하서클들이 형성되었다. 모스크바대학교의 역사학교수 크라스노페프체프(I. N. Krasnopevtsev)를 중심으로 형성된 지하서클이 그 대표적인 보기로, 회원들은 소련과 동유럽 공산당들의 '죄악의 역사'를 진리 추구의 차원에서 밝혀내고, 그것의 이상적 대안이 무엇인가를 모색하고자 했다. 그들은 자신들의 생각을 행동으로 옮겨, 1957년에는 주로 모스크바의 노동자들을 상대로 소련공산당의 간부들을 공격하는 전단들을 뿌리기에 이르렀다. 이 문서에서 그들은 흐루쇼프조차 비난하면서 스탈린시대의 '탄압자들'을 통렬히 비난하고, 그들의 단죄를 요구했다.

이러한 일들에 앞장섰던 지식인들 가운데 한 사람이 시인 예프투셴코였다. 그는 나치스가 유대인들을 키예프 부근의 계곡 바비이 야르(Babi Yar)에서 학살했던 사건을 상기시킴으로써 소련의 유대인 탄압을 은유적으로 비판한 「바비이 야르(*Babi Yar*)」를 1962년에 발표한 것이다. 그는 또 같은 시점에 당의 문예노선에 저항한 추상파 화가들을 문인 에렌부르그와 함께 옹호한 것이다.

이러한 '불순한 움직임들'에 대해 당국은 회유책과 억압책을 병행했다. 전자의 경우로는, (1) 20세기의 위대한 작곡가들 가운데 한 사람인 쇼스타코비치에게 '인민의 예술가'라는칭호를 준 것, (2) 세계적 바이올린 연주자 오이스트라흐(David F. Oistrakh, 1908~1974)로 하여금 미국과 서유럽을 순방하도록 허용한 것, (3) 볼쇼이발레단으로 하여금 런던에서 공연하도록 허용한 것, (4) 미국의 보스턴교향악단과 영국의 런던교향악단으로 하여금 소련에서 공연하도록 허용한 것, 그리고 (5) 체육인들로 하여금 1956년 여름에 오스트레일리아의 멜버른(Melbourne)에서 열린 제16차 하계올림픽경기에 대거 출전하도록 허용한 것 등을 꼽을 수 있다. 당국은 비공산권과의 '문화적 경쟁'에 적극 참여함으로써 '사회주의의 우월성'을 과시하겠다고 마음먹은 것이다.

후자의 경우로는 '불순한 움직임들'의 주동자들은 '반소행위자'로 단죄해 투옥하는 일이었다. 또, '회개'하지 않은 예술가들을 복권시키지 않는 방법을 쓰기도 했는데, 여기에는 20세기의 위대한 작곡가들 가운데 한 사람으로 꼽히는 세르게이 프로코피예프(Sergei S. Prokofiev, 1891~1953)가 포함되었다. 20세기에 들어서서 음악사에 가장 낭만적이며 창조적인 작품들을 남긴 것으로 평가되는 그는 스탈린시대에 탄압을 받아 병마에 시달리다가 죽었는데, '형식주의'에 얽매인 예술가로 계속해서 지탄을 받은 것이다. 스탈린이 죽은 바로 그 날에 죽었기에 사실상 스탈린 사망 기사에 묻혀 세상에 거의 알려지지 않았다.

스탈린격하연설의 국외적 파장: 동독의 경우

흐루쇼프의 연설에 대한 반응이 소련에서는 비교적 더딘 셈이었다면 동유럽에서는 매우 격렬하고 빨랐다. 동유럽에서는 스탈린이즘의 뿌리가 비교적 덜 강하게 뿌리내리고 있었기 때문이다. 그 가운데서 폴란드와 헝가리에서 자유화운동이 가장 격렬하게 진행되었다. 다음에서 이 두 나라의 자유화운동을 살피기로 한다.

스탈린이 죽은 뒤 동유럽에서 현존질서에 대한 도전이 처음 일어난 곳은 동독이었다. 원래 동독은 소련식 사회주의 건설 모형과 방법이 자신에게 부과된 이후 그것이 동독적 상황과 잘 맞지 않은 데서 발생하는 문제들로 어려움을 겪었다. 일반국민들의 물질적인 생활수준은 몹시 어려운 지경에 빠졌으니, 예컨대 대다수의 국민들은 생필품의 부족을 견뎌내야 하면서도 높은 세율에 시달려야만 했다. 그런데도 동독의 정치지도층은 공업생산을 증대시키기 위해 과욕적으로 짜여진 일련의 경제계획들을 무리하게 추진했으며, 그럼으로써 그 어느 나라에서보다 노동자들의 불만은 쌓여만갔다.

스탈린이 죽자 동독의 노동자들은 동독의 정치지도층에 대해 자신들의 불만을 털어놓기 시작했다. 동독국민들 가운데 적극적인 사람들은 서독을 비롯한 서방국가들로 탈출하기도 했는데 짧은 기간에 그 수는 무려 약 10만 명에 이르렀다. 이에 당황한 동독의 공산당인 독일사회주의통일당의 정치국은 1953년 4월에 소련에게 긴급 경제원조를 요청하는 한편, 스탈린이스트적 자본증대정책을 재고하기 시작했다. 이때 소련의 정치지도층은 분열되어 있었으며, 스탈린의 권력계승을 둘러싼 투쟁 속에 몰입해서 일치된 대응책을 마련하지 못했다. 소련공산당 중앙상임간부회에서 동독을 담당한 베리야는 소련이 동독을 현 체제대로 유지시키는 데는 한계가 있으므로 서방세계와의 협상을 통해 동독을 중립화할 것을 제의했으나 말렌코프는 반대했다. 그러나 동독국민들은 대답을 기다리고 있었다. 이에 독일사회주의통일당(Sozialistische Einheitspartei Deutschlands: SED)의 정치국은 소련과의 협의를 마친 뒤인 1953년 6월 9일에 개혁안을 발표했지만, 노동자의 임금인상을 약속할 수가 없었다.

그러자 우선 동베를린에서 노동자들이 반정부운동에 들어갔다. 보다 폭넓은 경제개혁과 자유로운 선거 그리고 정치범의 석방을 요구한 것이다. 이 운동은 곧바로 전국으로 번졌다. 동독의 정치지도층은 자신들의 능력으로 이것을 수습할 수 없음을 직감하고 소련의 군사개입을 요청했다. 소련은 동독의 중요성을 깊이 인식하고 있었다. 소련의 유럽정책의 핵심이 독일문제에 걸려 있는데, 동독의 반레닌주의적이며 반소적인 운동을 막지 못한다면 커다란 낭패가 아닐 수 없었다. 그 결과 초기에 군사적으로 개입해 반정부운동을 진압함과 아울러 독일사회주의통일당으로 하여금 국민의 생활수준 향상을 다짐하는 경제개혁안을 발표하게 함으로써 위기를 극복했던 것이다.

스탈린격하연설의 국외적 파장: 폴란드의 경우

동독의 반소적 자유화운동은 진압되었으나 그 정신은 동유럽의 여러 나라들로 확산되었다. 여기에 흐루쇼프의 스탈린격하연설은 지하로 흐르고 있던 반스탈린주의적 격랑을 지표로 솟게 하는 결정적 계기가 되었다. 그 첫 반응이 우선 폴란드에서 나타났다. 6월에 포즈나뉴(Poznan)의 노동자들이 '빵과 자유'를 외치며 궐기하자 시민들이 곧바로 호응해 소련군의 철수를 요구함과 아울러, 서유럽으로부터의 방송을 전파방해하던 무선국과 그리고 경찰서들을 습격하기에 이르렀다. 당황한 당국은 보안병력을 투입해 적어도 350여 명을 사상시키는 '학살사건'을 유발했는데, 이것이 다시 다른 공업도시들에서 노동자들의 파업을 낳았다.

폴란드의 공산당인 폴란드통합노동당의 지도층은 두 갈래로 나뉘었다. 한 쪽에서는 일련의 사태가 '제국주의세력의 도발'에 따른 것이라고 보았고, 이들보다 그 수가 더 많은 다른 쪽에서는 정책의 잘못에서 그 책임을 찾으면서 민족적 공산주의자 고무우카(Wladyslaw

Gomulka)의 복귀를 요구했다. 고무우카는 스탈린에 대해 비판적이었으며, 따라서 1951년에 티토주의자로 몰려 체포되었다가 1954년에 조용히 풀려난 뒤 모든 공직에서 배제된 채 쉬고 있었다. 소련은 결국 많은 폴란드사람들의 요구를 받아들여, 고무우카는 10월에 당 제1서기로 복귀할 수 있었다. 이로써 사태는 수습되었다. 소련은 이 길이 자신의 군대를 투입하여 피를 흘리며 진압하는 것보다 나은 해결책임을 깊이 깨달았던 것이다.

스탈린격하연설의 국외적 파장: 헝가리의 자유화운동

폴란드의 상황은 헝가리를 크게 고무시켰다. 10월 중순부터 국민들은 친소정권의 사임을 요구하는 시위를 벌이기 시작한 것이다. 이에 헝가리공산당 제1서기 게로(Erno Gero)는 경찰에 발포를 명령함과 아울러 소련군을 불러들였으며, 이로써 헝가리에는 비극이 준비되어 갔다.

긴박한 상황 속에서 헝가리공산당 중앙위원회는 소련과의 상의 없이 반스탈린이스트적이며 민족주의적인 공산주의자로 스탈린주의자

헝가리의 자유화운동(반소시위를 하고 있는 부다페스트 시민들)

들 때문에 총리직을 물러났던 너지 임레(Nagy Imre)를 다시 총리로 선출했고, 이어 게로를 해임한 뒤 너지의 동지로서 자유화운동의 기수인 카다르 야노시(Kadar Janos)를 제1서기로 선출했다. 너지와 카다르는 모두 반란세력에 대한 '관용'을 약속하고 개혁정치의 계획안들을 제시하면서 질서의 회복을 호소했다. 이에 소련군은 철수하기 시작했다.

이 시점에서 반란세력의 대다수는 소련의 주저에 대담해져 독재로의 복귀를 영원히 방지할 수 있는 명백한 제도적 보장을 요구하고 나섰다. 이에 너지는 공산주의체제에서는 도저히 용납될 수 없는 다당제정부를 구상하고 우선 비(非)공산당원들을 입각시켰다. 그는 이어 자신은 헝가리의 바르샤바조약기구 탈퇴를 고려하고 있다고 공개하고, 여기서 더 나아가 동서 양대진영에서의 헝가리의 중립을 선언했다. 이에 발맞추어 카다르는 집단농장제도의 폐지를 약속했다.

참을 수 있는 선이 파괴되었다고 판단한 소련은 11월 4일에 헝가리 전역을 무력으로 침공하기 시작했으며 수도 부다페스트(Budapest)에 1,000대의 탱크를 진주시켰다. 이로써 소련은 자신의 세력권인 동유럽에 중립적이며 민주적인 정부가 성립될 수 없음을 명백히 한 것이다. 너지정부는 속수무책이었다. 소련군은 자신의 개입이 카다르의 요청에 따른 것임을 밝히고 '배반자 카다르'에게 정권을 이양했다. 이 과정에서 소련군은 해외로 탈출하지 못한 헝가리의 자유투사들 가운데 약 4,000명을 죽였고 약 1,300명을 투옥했다. 이로써 너지의 표현으로는 '사회주의건설에서 우리 자신의 민족적 특성에 상응하는 헝가리의 길'을 찾으려던 헝가리국민의 노력은 좌절되었다. 한편, 부다페스트 주재 유고슬라비아대사관으로 피신했던 너지와 그의 동지들은 유고슬라비아의 배신으로 소련

부다페스트에 진주한 소련군 탱크

군에 넘겨져 1958년 6월에 처형됐다.

소련이 헝가리에서 보인 행동은 그 동안 소련공산당에 대해 호의적 태도를 유지했던 서방세계의 이른바 진보적 지식인들 가운데 적잖은 사람들을 실망시켰다. 프랑스의 세계적 실존주의 철학자 사르트르(Jean Paul Sartre)가 대표적 보기였다. 그는 1956년 11월에 소련공산당과의 결별을 선언했다.

국내외에서의, 특히 동유럽에서의 이러한 사태의 전개는 흐루쇼프의 당내 지위를 위태롭게 하는 것이었다. 그러나 대중 사이의 그의 인기는 여전히 높았다. 그래서 그의 반대자들은 그를 당의 중앙위원직과 중앙상임위원직에서 사임시킬 수 없었다.

3. 흐루쇼프의 권력강화와 흐루쇼프 프로그램의 추진

1957년 6월의 위기

스탈린격하운동과 동유럽에서의 반소운동이 1956년의 가장 큰 사건이었지만, 소련지도층은 국내경제문제에 똑같이 신경을 썼다. 이 해는 제6차 5개년계획의 첫 해였으나, 이 계획의 전망이 밝게 나타나지는 않았다. 공업성장률은 내려가고 있었고 공업의 모든 부문들은 1956년의 생산목표를 달성할 수 없었다. 계획의 목표는 하향조정되지 않으면 안 되었으며, 계획제도와 공업관리에서의 변화가 요구되었다. 이러한 경제문제가 1957년의 주요한 정치위기로 나타났다.

경제문제의 해결책으로 두 개의 서로 대립되는 구상이 제시되었다. 1956년 12월에 당중앙위원회는 경제의 전반적인 관리와 모든 경제부서들에 대한 조정의 권한을 국가경제위원회에 맡김으로써, 경제의 중앙집권화를 더욱 강화했다. 이 시점에서 이 위원회의 의장은 제1부총리 페르부킨이었다. 이때 흐루쇼프의 위신은 너무 실추되어 이 문제를 토론하는 중앙위원회에서 발언조차 하지 못했다.

이 안에 대해 흐루쇼프는 이듬해 2월에 정면으로 충돌되는 스스로의 정책구상을 발표했다. 경제의 관리를 비중앙집권화 또는 지방분권화하자는 것이다. 이 제의는 정부의 공업관료들과 경제관료들에게는 치명타였으나 당의 관료들과 지방당의 서기들로부터 환영을 받았다. 전자의 결정대로라면 경제문제에 대해 당의 관료들과 지방당의 서기들은 영향력을 행사할 틈이 없기 때문이다. 그의 안이 결국 1957년에 채택되어 중앙의 경제부서들 가운데 상당수가 폐지되고 소브나르호지(Sovnarkhozy)라고 부르는 지역간 경제협의회가 전국에서 모두 107개나 발족되었다. 그러나 이 기구는 그가 실각한 뒤인 1965년에 폐지된다.

1957년 봄 동안 흐루쇼프안은 '전국적 토론'의 대상이 되었고, 마침내 표결권이 있는 11명의 당중앙상임간부회 안에서 반흐루쇼프세력을 결속시키는 좋은 구실로 등장했다. 반흐루쇼프세력은 이 해 6월에 흐루쇼프가 핀란드를 방문함으로써 모스크바를 비운 틈을 이용했다. 말렌코프 부총리, 카가노비치 부총리, 몰로토프 제1부총리, 보로실로프 국가원수는 불가닌 총리와 사부로프 제1부총리 및 페르부킨 제1부총리의 지지를 확보해 중앙상임간부회에서 '산술적 다수'를 이룬 다음, 흐루쇼프의 사임을 요구한 것이다. 이것이 흐루쇼프에게는 '1957년 6월의 위기'였다.

그러나 흐루쇼프는 급히 귀국하면서 자신을 해임할 수 있는 기관은 당중앙위원회뿐이라고 맞섰다. 주코프는 그를 도와 그를 지지할 지방거주의 중앙위원들을 군용기에 태워 모스크바로 불러들였다. 그리하여 그는 자신이 우세한 당중앙위원회를 열고 1921년의 '당단합에 관한 결의안'에 입각해 '반당분자 말렌코프, 카가노비치, 몰로토프'를 당지도부로부터 추방하는 결의안의 통과에 성공했다.

이들은 '인민의 적'으로서가 아니라 '반당분자로 규정되었는데, 그것은 스탈린 교리의 하나인 '인민의 적'이라는 개념이 폐기되었음을 의미했다. 확실히 그들은 당에서 완전히 축출된 것도 투옥된 것도 아니었다. 그 뒤 그들 모두는 그들의 과거의 높은 지위에 비추어 격이 낮기는 하지만 각자의 특수 자질에 따라 일정한 직위를 부여 받았다. 예컨대, 몰로토프에게는 몽골대사직이 주어졌다. 그리고 '반당집단'의 구성원들은 추방명령을 내리는 중앙위원회의 특별회의에서 자신들의 의견을 제기할 기회를 얻기까지 했다.

'반당사건'의 중요한 결과들 가운데 하나는 당중앙위원회의 권위의 상승이었다. 중앙위원회는 중앙상임간부회가 분열되었을 때 조정자 또는 심판자의 역할을 수행했다는 선례를 남겼으며, 당사(黨史) 최초로 중앙상임간부회 - 전신 정치국을 포함해서 - 위원을 공식적으로 제거했다. 이로써 상임간부회와 중앙위원회 사이에 새로운 관계가 시작되었으며, 이 새로운 관계는 "상임간부회는 중앙위원회에 의해 선출된다"는 새로운 당규약(1961년 제22차 당대회)에서 명문화되었다. 중앙위원회의 격상과 더불어 이 기구는 차차 중요한 정책발표의 무대가 되었고, 1958년부터 전원회의의 속기록이 발표되었다.

'반당사건'은 흐루쇼프에게 반흐루쇼프세력의 중요한 한 부분을 제거하고 자신의 세력을 부식시키는 중요한 계기가 되었다. 15명으로 확대된 중앙상임간부회 정위원의 다수는 흐루쇼프 추종자들로 구성되었다. 그 대표적 보기가 서기국 서기와 상임간부회 정위원을 겸하게 된 무히트디노프(N. A. Mukhitdinov)였다. 상임간부회 위원들인 키리첸코와 이그나토프(N. G. Ignatov)가 서기국 서기직을 겸하게 된 것도 그들이 흐루쇼프를 지지했기 때문이었다. 특히 새로 선출된 정위원의 대부분은 당관리 출신들이었으며, 이로써 정부관리가 지배적이었던 1953년 이후의 상임간부회와 달리 새 상임간부회는 당서기들이 지배적이 되었다.

이처럼 흐루쇼프는 불완전한 상태에서나마 승리를 거둔 뒤 차차 불가닌과 보로실로프, 그리고 심지어 자신을 위기에서 건져 준 주코프 등을 상임간부회에서 제거하고, 1958년 3월에는 불가닌을 총리직으로부터 물러나게 하고 스스로가 총리직을 겸함으로써 당과 정부의 제1인자가 되었다. 그러나 그는 서기장이라는 칭호를 써 보지도 못했으며, 그저 제1서기라는 칭호에 만족해야 했다. 그만큼 그의 권력과 권위는 결코 스탈린에 미치지 못했으며, 자신의 '비밀서기국'을 갖고 정상적인 당기구 및 정부기구를 무시하며 일을 추진했던 스탈린과는 달리 당업무는 중앙상임간부회와 서기국을 통해, 정부업무는 내각을 통해 각각 수행했다.

흐루쇼프의 정책들과 계획들

흐루쇼프가 자신의 집권기에 추진해나간 일련의 정책들과 계획들 –이것을 흐루쇼프 프로그램이라고 부르기로 한다–은 소련사회의 광범위한 개혁을 요구하는 것이었다. 이 과정에서 그는 인민주의와 평등을 강조하면서 일종의 유토피아적 성향을 강하게 보였다. 우선 국내문제에서 그의 프로그램은 경제우선순위의 재조정 곧 소비재공업을 앞세우고 생활수준에서의 전반적 개선을 시도하는 것으로 나타났다. 예컨대, (1) 노동자들의 주택문제를 해결해주기 위해 아파트를 많이 지었으며, (2) 노동자들의 노동시간을 주 42시간으로 줄였고, (3) 노인들의 연금을 2배로 올렸으며, (4) 농민들에게도 연금을 주었고 농민들이 전국을 여행하고 거주지를 바꿀 수 있도록 제도를 고쳤다.

흐루쇼프는 교육 분야에서도 개혁을 추진했다. 그 핵심은 학생들에게 노동의 중요성을 심어주고 엘리트주의를 버리게 한다는 데 있었다. 그리하여 1958년에 새 교육령을 발표하고, 고등학생들이 적어도 2년 동안 공장을 중심으로 기술교육을 받도록 했다. 그러나 이 방침이 학부모들의 반발을 불러일으키자 1960년대 초에 조용히 철회됐다.

이러한 조치들을 취함과 동시에 흐루쇼프는 스탈린시대의 '공산주의적' 경제정책의 상징이던 농기구공급처(農器具供給處, Machine Tractor Station, MTS)의 개혁 또는 폐지를 추진했다. 농기구공급처라고 번역될 수 있는 MTS는, 쉽게 말하자면, 농기구들을 집단농장들에게 빌려 주는 기관이다. 그런데 이 기구는 실제로는 농민들에 대해 모든 권한을 행사하고 따라서 농민들을 괴롭히는 핵심적인 관료기구였다. 그렇기 때문에 농민들은 이 기구를 싫어하고, 자신들에게 직접적으로 도움을 주는 농업행정이 실시되기를 바랐다. 이 점을 잘 알았기에, 흐루쇼프는 이 기관을 폐지할 것을 제의했던 것이다.

이러한 프로그램을 추진하면서 흐루쇼프는 1961년의 제22차 당대회에서 소련은 1981년까지면 공산주의에 도달할 것이라고 장담했다. 그는 실제적이며 물질적인 관점에서 공산주의를 이해했던 것이다. 여기서 흐루쇼프 프로그램을 그의 공산주의관(共産主義觀)과 연결시켜 설명하기로 한다.

흐루쇼프에게 마르크시즘은 물질적 풍요를 의미했다. 흐루쇼프 자신의 표현을 빌리면, "공산주의의 그릇은 풍요의 그릇이며, 그 그릇은 항상 가득 채워져 있지 않으면 안 된다"는 것이다. 이러한 관점에서, 그는 소련시민들에게 물질생활의 향상과 특히 식량공급의 향상을 약속했으며, 이것을 위해 '중공업생산을 감축함이 없이' 경공업과 화학공업에 더 많이 투자할 것을 제의했다. 그러나 그의 공산주의관은 당의 이론가들에게는 수락될 수 없는 것이었다. 그들은 흐루쇼프가 '소비자 공산주의'관을 지녔으며, 그것은 분명히 흐루쇼프 스스로가 비판했던 말렌코프주의의 답습인 동시에 '우익 편향주의'라고 공격했다.

이 공격에 대해 그는 1962년 한 연설에서, "왜 우리 당은 공산주의 사회를 물질적 문화적 생산품의 풍요를 이룩하는 것과 연결하는가? 우리가 공산주의를 넘쳐흐르는 컵, 모두가 마실 수 있는 컵, 모두가 그의 물질적 정신적 필요를 충족시킬 수 있는 컵으로 표현할 때, 우리는 공산주의 의식의 역할, 공산주의 이념의 역할을 얕잡는 것이 아니지 않는가?"라고 반문했다. 그는 이어 "공산주의는 '높은 의식'과 '완전한 평등'의 사람들이 빈 접시를 놓고 앉아 있는 식탁이 아니다. 이것을 공산주의라고 부르는 것은 사람을 초대해서 송곳으로 밀크를 마

농기구공급처가 외국에서 수입한 콤바인

시라는 것과 마찬가지다"라고 반박했다.

이처럼 '물질적 풍요' 속에서 공산주의를 찾으려는 그의 경제정책은 중공업에 대한 투자의 감축을 요구하는 것이었으며, 그것은 자연히 국방예산의 감축을 요구하는 것이기도 했다. 그런데 국방예산의 감축이란 결국 미국과의 관계개선을 전제하는 것이었으며, 이것은 또한 외교정책의 새로운 방향설정을 요구하는 것이었다. 다음 장에서 보게 되듯, 흐루쇼프가 미국을 상대로 데탕트와 평화공존을 추진한 것은 바로 이 때문이기도 했다.

그러나 반흐루쇼프세력은 흐루쇼프의 대외정책을 자본주의에 대한 유화정책이라고 비판하면서 서서히 흐루쇼프 프로그램 전체를 공격하기 시작했다. 이와 동시에 흐루쇼프의 충복이며 흐루쇼프에 이어 당의 제2서기격이라고 할 수 있는 키리첸코가 중앙당의 서기국에서 한 지방의 당서기로 전출되고 곧 중앙상임간부회에서도 탈락했다. 키리첸코의 서기국 후임으로 흐루쇼프는 자기 사람인 브레즈네프 중앙상임위원을 밀었으나 코즐로프 제1부총리가 발탁되었고, 브레즈네프는 한직인 국가원수직으로 옮겨졌다.

원래 코즐로프는 흐루쇼프에 의해 레닌그라드시당의 제1서기가 되었고, 그 뒤 당중앙상임간부회 후보위원 및 정위원이 될 수 있었다. 그러나 그는 차차 흐루쇼프의 정책을 비판하고 스탈린격하운동과 소비재증산 및 대미(對美) 데탕트를 반대했던 것이다. 1963년 4월에 코즐로프는 중병으로 쓰러졌고, 이로써 그는 정치무대에서 물러나지 않을 수 없었다. 이때 서기국의 그의 자리를 메운 이가 바로 브레즈네프였다.

제22차 당대회

1961년 10월에 열린 제22차 당대회는 대체로 흐루쇼프 프로그램에 대한 지지와 확인을 과시했다. 당대회는 공산주의를 위한 경제적 기반은 완성되었다고 선언하고, 1961년까지 공산주의를 완성하기 위한, 곧 사회주의에서 공산주의로의 전이(轉移)를 완료하기 위한, 새로운 당

프로그램을 채택했다. 소련공산당 최초의 프로그램은 1903년에 채택되었으며, 이것은 러시아혁명을 위한 프로그램이었다. 두 번째 프로그램은 1919년에 채택되었으며, 이것은 사회주의의 건설을 위한 프로그램이었다. 이렇게 볼 때, 공산주의의 건설을 다짐하는 1961년의 프로그램은 세 번째 것이 된다.

공산주의에 도달해도 국가는 그대로 존속할 것인가? 이 문제에 대한 관영학계(官營學界)의 토론은 1958~1959년에 절정에 이르렀다. 당시의 종합된 공식해석은, 사회주의 국가가 공산주의 단계에서는 '공산주의적 공공자치행정(communist public self-administration)'이 된다고 주장했다. 제22차 당대회에서 더욱 강조된 이 공공국가이론에 따르면 국가의 여러 다른 기능들은 각각 상응하는 사회조직으로 옮겨진다는 것이다. 이 이전의 과정은 한 나라에서 공산주의가 승리했거나, 또는 여러 나라에서 공산주의가 승리했다고 해서, 곧 이뤄지는 것은 아니며 '장기적인 과정'이라고 주장했다.

그러면 더 구체적으로 이야기해서 소비에트와 당의 운명은 어떻게 되는가? 이들에 의하면, 지방소비에트는 국가기관일 뿐만 아니라 동시에 대중참여와 공공통제의 기관이므로 공산주의 단계에서도 소멸되지 않고 존립할 것이지만, 그 때에는 국가기관으로서가 아니라 사회단체로서의 성격을 가질 것이라는 것이다. 당 역시 소멸되지 않고 오히려 강화될 것이라고 이들은 주장했다. 당은 여러 행정기능들이 국가로부터 사회단체로 '진보적으로 이전되는 과정'을 지도하여 '반사회적 경향의 출현'을 막아야 할 뿐만 아니라, 모든 소련인민이 공산주의 의식을 갖도록 교육해야 할 임무를 갖고 있다는 것이다. 전세계에 공산주의가 수립되었을 때에만 소비에트와 당은 소멸될 것이라고 이들은 주장했다.

이러한 일련의 주장은 마르크스가 제시했던 국가소멸론의 모순을 드러내지 않으면서 국가제도를 유지하려는 이론화 작업이라고 볼 수 있다. 이러한 국가이론에 입각해 제22차 당대회는 소련은 이제 '프롤레타리아계급의 독재국가'에서 '전체 인민의 국가'를 지향한다고 선언했다.

흐루쇼프가 주재한 마지막 당대회인 이 제22차 당대회는 '당내민주주의'와 관련해 중요한 의미를 갖는새로운 당 규약을 채택했다. 그것은 개인숭배의 부활을 막기 위한 집단적 지도의 강조와 이를 위한 당 지도층의 '교체 규칙'이었다. 우선 당규약 제28조는 "당지도력의 최고원칙은 집단적 지도이며, 집단적 지도는 당조직들의 정상적 기능과 간부들의 적당한 교육 및 공산주의자들의 활동과 주도(主導)를 진흥시키기 위한 절대적 선결조건이다"라고 선언하고, 이어 "개인숭배와 그것으로부터 파생하는 당내민주주의의 위반은 당내에서 용납될 수 없으며, 당 생활의 레닌주의 원칙과 양립할 수 없다"고 지적했다. 개인숭배의 부활을 막기 위한 구체적 조처로, 새 당규약은 (1) 각급 당에서 일하는 기관원들의 임기, (2) 유임 상한의 횟수, 그리고 (3) 기관원들 가운데 반드시 교체되어야 할 비율을 다음과 같이 설정했다.

각급 당의 기관원의 임기 및 교체율

조직의 수준	임기	유임 상한 횟수	교체율
전국 : 중앙위원회와 상임위원회	4년	3회	¼
연방구성공화국 : 중앙위원회	4년	3회	⅓
오브라스트, 시, 지구	2년	3회	⅓
초급 당조직	1년	3회	½

이 원칙들 가운데 유임 상한의 횟수에 대해서는 예외를 규정했다. 그러나 이 새 규약은 스탈린의 개인숭배와 '절연'하려는 흐루쇼프의 의지를 반영했다. 이 점에 대해 코즐로프는 당대회에서 이렇게 설명했다. "당기관 구성의 조직적 교체는 개별 역원의 손 안으로 권력이 지나치게 집중되는 것을 방지한다. 당 조직체 구성의 교체율은 주도(主導)가 부족하고 의지가 약한 노동자는 물론, 동시에 의기양양해져서 당내 생활규율을 위반히는 자들에 대처함을 목적으로 한다."

이 교체 규칙은 1961년과 1966년 사이에 하급조직에 적용되었는데, 당관리들 가운데 불만이 많았다. 이것은 흐루쇼프가 실각한 이후인 1966년에 열린 제23차 당대회에서 폐기된다.

4. 법률적 및 사법적 개혁

사법에서의 자유화 경향

스탈린이 죽은 뒤에 소련의 법률운영에는 여러 가지 중대한 변화가 일어났다. 미국의 저명한 소련법학자 버만(Harold J. Berman) 교수는 이 변화를 (1) 정치테러 제거의 경향 (2) 절차와 본질적 규범의 양자에서의 자유화의 경향, (3)법률제도의 합리화와 체계화의 경향 등 일곱 가지로 요약했다. 여기서는 (1) 항과 (2)항에 대해서만 간단히 언급하기로 한다.

말렌코프는 총리 취임과 더불어 특사령을 내림과 동시에, 1934년의 포고령 이후 국가테러의 중심기관이었던 내무부 별동단을 해체했다. 그는 이어 검찰의 지휘 없이 독자적으로 범죄를 수사하고 소추할 수 있던 비밀경찰의 권한을 박탈했다. 그는 또 '반국가 피고인'을 비밀리에, 또 그의 결석 중에, 변호인 없이 재판하고 그의 항소권을 부인했던 1934년과 1937년의 법령을 폐기했다. 또, '정치범죄'인 경우 민간인에 대해 광범위한 관할권을 가졌던 군사법정으로부터 간첩죄를 제외하고는 민간인을 재판할 수 있는 권한을 박탈했으며, 고문과 허위자백에 의한 자백의 증거능력을 부인했고, '반혁명범죄'의 경우 거증책임(擧證責任)이 피고인에게 있다는 비신스키의 법이론을 공식으로 부인했다. '반혁명범죄'와 '테러행위' 및 '국가기밀'에 대한 정의도 보다 엄격히 규정했고, 피고인의 가까운 사람들도 무조건 함께 처벌하던 비신스키의 이른바 연좌이론도 부인했다.

그렇다고 해서 정치테러가 완전히 제거되었다는 것은 아니다. 공산당에 반대한다거나 또는 소련의 정치체제와 사회체제를 비판하는 '선동 또는 선전'에 종사한 경우에는 물론이고 그러한 내용의 문건을 갖고만 있어도 중형을 받도록 했다.

이러한 '정치범죄'의 부분에서 뿐만 아니라 형법 및 형사소송법 전반에 걸쳐 자유화의 경향이 나타났다. 이 경향을 입증하는 사례들의 대표적인 것으로, 앞에서 지적한 사례들을 제외하면, 1958년에 유추조항(類推條項)을 폐기하는 것과, 그리고 거증책임을 검사에게 부과하는 새 조항을 삽입한 것이다.

이 밖에 피의자와 피고인을 보호하는 새로운 조항들이 많이 신설되었다. 수사당국의 수색과 체포의 권한은 어느 정도 제한되었고, 재판에 앞서 변호사와 협의할 수 있는 권한도 어느 정도 확대되었으며, 경범의 형량은 훨씬 가벼워졌다. 낙태, 근무지로부터의 무단결근, 허가 없이 직장을 그만두는 행위 등도 범죄의 범주에서 제외되었고, 전과자에 대한 무제한적 감시기간도 1년으로 줄었다. 그리고 가장 중요한 것은 법원의 판결 없이는 아무도 범죄에 대해 처벌을 받을 수 없다는 원칙이 확인되었다.

이러한 전반적 개선을 정치지도자들은 '사회주의 법의 회복'이라고 불렀다. 이들에 의하면 '사회주의 법'의 원리는 레닌에 의해 확립된 것이었는데 스탈린이 깨뜨렸다는 것이다. 어떻든 이러한 '사회주의 법의 회복'을 위해 1958년에 연방최고소비에트는 앞서 지적한 여러 가지 개선을 반영한 형사소송기본원칙을 채택했다.

법률에서의 유토피아적 실험

우리는 흐루쇼프가 '인민주의'에 그의 정책기조를 두었으며, 1981년까지 공산주의를 이룩하기 위해 여러 가지 '유토피아적 실험'을 했음을 지적했다. 그의 '유토피아적 실험'은 물론 법률면에서도 나타났다.

그는 우선, 버만 교수의 표현을 빌리면, '법의 운영에서 대중의 참여'를 증대시키려고 했다. 이에 따라 그는 드루지니(druzhiny)라고 불린 자원경찰대를 조직해 교통정리와 과음자보호 등 가로에서 흔히 발생하는 작은 분쟁 등을 해결하게 했고, 공장 또는 아파트에는 '동지(同志)의 법정'을 설치해 이웃 사람이나 동료가 저지른 작은 범죄들을 재판하게 했다.

이와 동시에 1957년에는 '사회적으로 유용한 일을 회피하고 반사회적인 기생적 생활을 하는 사람들'을 2년부터 5년까지 '특별히 지정된 곳'에 '재정착' 시키며, 이들이 '비노동 수단'으로 얻은 돈과 재산을 압수하는 반(反)기생법을 제정했다. 이 법은 1961년까지 대부분의 구성 공화국들에 의해 채택되었다. 그런데 이 법 위반으로 소추된 피고인의 재판은 정규 법원의 판사에 의하거나 또는 공장 및 집단농장의 총회에 의해 진행되게 했으며, 전자의 경우에도 형법상의 통상적 보장이 없고 피고인의 항소권을 부인했다.

이것은 물론 1958년에 마련된 형사소송기본원칙의 중대한 위반이었다. 이 점에 대해 소련의 공식해명은 그 법을 위반한 자가 범죄로서 처벌되는 것도 아니고 구속되는 것도 아니며 그가 '사회적으로 유용한 일'을 수행할 지역으로 '재정착'되는 것일 뿐이라고 강조했다. 그러나 많은 소련의 법학자들은 그 법이 형사소송의 기본원칙을 위반한 것이었음을 시인했다.

1961~1962년부터 소련의 형법은 다시 '보수적 경향'을 보였다. 최고형으로서의 사형선고제가 기존의 6개의 범죄와 새로 규정된 10개의 범죄에 적용되었고, 위폐범의 처벌을 위한 소급법이 제정되었다. 법률논쟁에서 '무죄추정'의 원칙론은 소수설이 되었으며, 1950년대 후반에 활발히 제기되었던 배심제의 채택론도 아무런 진전을 보지 못했고, 예비수사과정에 변호사가 개입할 수 있어야 한다는 주장도 부인되었다.

흐루쇼프의 '유토피아적 실험'은 경찰조직에도 나타났다. 자신의 통치시기를 '공산주의로의 전이기(轉移期)'로 명명한 그로서, '자본주의사회의 병폐'로 발생한다고 공산주의자들이 주장하는 각종 범죄를 다루는 내무부가 소련에 있다는 사실이 불만이었다. 따라서 그는 1960년 1월에 연방정부의 내무부를 폐지하고, 대부분의 기능을 15개 구성공화국의 내무부와 공안위원회에 넘겼다. 1962년에는 구성공화국의 내무부의 이름도 공공질서보호부로 바꾸었다. 그러나 그가 실각한 뒤인 1966년에 공공질서보호부는 연방정부의 부로 격상되고, 1968년에는 이름도 다시 내무부로 바뀐다.

러시아정교의 탄압

이상에서 살폈듯이, 우여곡절이 있기는 했으나 흐루쇼프는 사법적 개혁을 통해 민권의 향상에 어느 정도 이바지했다. 그러나 그는 러시아정교에 대해서는 그것이 사회주의를 약화시킬 수 있다는 판단에 따라 탄압으로 일관했다. 특히, 1959년부터 교회들과 수도원들 가운데 일부를 패쇄했고, 1961년에는 총주교 알렉세이를 협박해 주교들의 힘을 약화시키는 법령을 승인하게 했다. 그러나 신도들은 줄지 않았으며 교회의 역할 역시 제약되지 않았다. 흐루쇼프가 권좌에서 실각한 뒤 러시아정교에 대한 탄압은 중단된다.

5. 흐루쇼프의 실각

흐루쇼프의 권위를 잠식한 사건들

제22차 당대회가 흐루쇼프 프로그램을 전반적으로 지지한 것은 사실이지만, 이 당대회는 또한 그것에 반대하는 세력이 여전히 남아있음을 보여주었다. 몰로토프는 당원의 자격으로 새로운 당 프로그램을 비판하는 각서를 보냈으며, 몰로토프와 카가노비치 및 말렌코프의 당원자격을 박탈하려는 흐루쇼프의 시도는 성공하지 못했다. 그뿐 아니라, 그의 충복이며 몰로토프 등 3인의 공격에 앞장 선 이그나토프와 푸르체바(E. A. Furtseva) 및 무히트디노프는 새로이 구성된 중앙상임간부회에서 탈락하거나 그 기관으로 선출되지 못했다.

1962년 초부터 계속된 몇 가지 실책은 흐루쇼프의 권위를 크게 잠식했다. 우선 흐루쇼프가 1962년 6월 1일에 고기와 버터의 가격을 인상하자 많은 도시들에서 저항이 표면화했다. 그것은 노보체르카스크(Novocherkask)시에서 시민들의 시위로 이어졌으며, 당국은 군대를 동원해 발포함으로써 겨우 사태를 수습할 수 있었다. 이 때 적잖은 비무장 시민들이 사망했다.

그러나 가장 큰 실책은 쿠바에 비밀리에 공급했던 소련의 미사일을 1962년 10월에 내려진 케네디(John F. Kennedy) 미국 대통령의 단호한 결정에 직면해 철수하지 않을 수 없었던 사건이었다. 이어 1963년에 소련은 농작물 생산에서 큰 재해를 겪어 미국과 캐나다를 포함한 서방권에서 곡물을 수입하지 않을 수 없었다. 앞에서 지적했듯이, 흐루쇼프는 스탈린 사후부터 농업문제 전반을 사실상 정책적으로 주도해왔으며, 농업전문가로 자처해온 터였다. 그러나 이제 '미제(美帝)로부터의 곡물수입'은 반흐루쇼프세력에게 흐루쇼프 10년 정책의 파산으로 여겨졌다. 소련의 농민들도 "소련의 과학이 참으로 놀랍게 발전했구나. 그래서 우리가 러시아 땅에 심은 밀의 씨가 미국과 캐나다에서 자라나 거기서 수확하게 됐구나!"라는 냉소적 농담을 주고받으며 흐루쇼프에 대한 반감을 표시했다. 이 밖에 중공업을 우선시하는 세력은 흐루쇼프가 중공업보다 소비재생산을 중시한다며 불만을 표시했다.

강경파들은 1962년 11월에 스탈린치하의 암울하고 소름끼치는 비인도적 수용소생활을 고발한 알렉산드르 솔제니친(Aleksandr I. Solzhenitsyn, 1918~2008)의 『이반 데니소비치의 하루(*One Day in the Life of Ivan Denisovich*)』가 출간된 데 대해서도 이미 격앙되어 었던 터였다. '새로운 세계'라는 뜻을 가진 월간지 『노비 미르(*Novy Mir*)』의 편집장 트바르도프스키(Aleksandr Tvardovsky)의 도움으로 이 월간지에 출판된 이 소설로 솔제니친은 하루아침에 소련에서 가장 유명한 작가가 되었다. 그는 대다수 국민들의 뜨거운 호응을 받았으며, 그리하여 흐루쇼프 스스로 그 비판에 나서지 않을 수 없었다. 그는 당 자신이 이

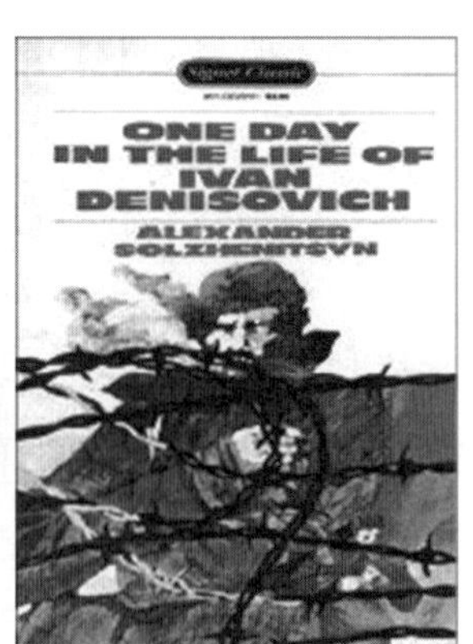

솔제니친과 〈이반 데니소비치의 하루〉

미 지난날의 잘못들을 공개적으로 비판하면서 필요한 조처들을 취하고 있는 마당에, 이와 같은 움직임이 계속된다면 '부르주아적 영향력'이 되살아날 위험성이 있음을 경고한 것이다.

반흐루쇼프연합의 궁정쿠데타

이러한 상황에서, 흐루쇼프가 흑해연변의 소치(Sochi)에서 휴양 중이던 1964년 10월 14일에, 당중앙위원회는 그를 당 제1서기와 중앙상임간부회 위원 및 총리에서 해임했다고 10월 16일자 『프라우다』가 발표했다. 그의 실각은 그가 정치적으로 성장시킨 당중앙상임위원 브레즈네프와 당서기 수슬로프 및 당서기 셸레핀(Aleksandr Shelepin)이 공모한 궁정혁명의 소산이었다. 마키아벨리(Niccolo Machiavelli)는 자신의 『군주론』에서, 정치적 결속력으로서의 사랑의 힘과 은혜의 힘을 의심했다. 사랑과 은혜를 베풀었다고 해서 그것을 받은 사람이 자신에게 계속 충성하리라고 기대한다면 그것은 오산이라는 뜻이었다. 브레즈네프와 흐루쇼프의 관계를 볼 때 마키아벨리의 의심은 옳았다. 이 점에서 맥닐 교수는 브레즈네프를 '은혜를 모른 부하'라고 불렀다.

1957년에 실패했던 반흐루쇼프연합이 어째서 1963년에는 성공할 수 있었을까? 물론 결정적인 해답을 얻을 수는 없다. 그러나 두 사건 사이에 중요한 차이는 다음과 같이 지적될 수 있다. 1957년의 반흐루쇼프연합은 국가원수와 총리 및 몇몇 부총리들의 연합이었다. 따라서, 당시의 대결은 정부와 당의 대결이었으며, 이러한 뜻에서 그것은 문자 그대로 '반당사건'이었다. 그리고 그 점 때문에 흐루쇼프는 당중앙위원회와 당서기들의 지지를 확보할 수 있었다. 이와 반대로 흐루쇼프는 자신의 집권기간을 통해 정부관리들의 지지를 확보한 경우는 거의 없었다. 그러나 1964년의 경우, 이러한 정부와 당 사이의 대결은 없었다. 오히려 반흐루쇼프세력이 어떤 기관의 기반을 갖고 있었다면 그것은 정부가 아니라 당서기국 이었다. 이는 1957년과 1964년 모두 승리자는 당기구의 지지를 받았음을 의미한다.

그러면 왜 흐루쇼프는 당기구의 지지를 잃었던 것일까? 앞서 지적한 실책 이외에 우리는 흐루쇼프의 당기구 개편안을 지적할 수 있을 것이다. 흐루쇼프는 자신의 경제정책을 추진하면서, 지역당서기를 포함해 당서기들의 역할 그자체에 변화를 가져오려 했다. 과거에 당관리는 주로 상응하는 행정부에 대해 사상과 선전 지도의 임무를 맡았을 뿐인데, 그는 당관리가 이 범위를 넘어 직접 대중에 뛰어들고, 정책을 개발할 것을 기대했던 것이다. 또 앞에서 지적했듯이, 각급 당집행부 간부들의 일정 부분은 일정한 간격을 두고 교체되도록 당 규약을 수정했었다. 이러한 조처들이 당내 정통파의 반발을 샀던 것으로 보인다.

흐루쇼프의 독특성

흐루쇼프는 운둔생활을 하던 1971년 9월 11일에 사망했다. 소련당국은 처음에는 그의 사망을 공식적으로 발표하기를 꺼려했다. 그것이 혹시 민중의 일부에서라도 소요를 불러일으키지 않을까 걱정했기 때문이다. 그러나 서방세계의 언론매체들이 그의 사망을 보도한 것을 알고는 짧게 발표했다. 장례는 모스크바에 위치한 노보데비치사원 안의 공동묘지에서 치러졌는데, 그 때부터 일정 기간에 걸쳐 소련당국은 그에 대한 시민들의 참배를 금지시켰다.

호스킹이 정확히 평가했듯이, "사실 흐루쇼프는 몇 가지 면에서 출중한 정치가였다." 그는 소련의 정치지도자들 가운데 어느 누구보다도 소련이 직면한 내부적 문제의 심각성을 깊이 인식하고 있었다. 다만, 그 문제를 해결하려 함에 있어서 때로는 독단적이고 때로는 서툴게 행동한 것이다. 그런데도 그가 소련을 보다 잘 사는 나라로 만들었고, 어떤 측면에서는 '영구적으로 변화된 모습'까지 남긴 것은 사실이다.

역설적이지만, 호스킹이 재치 있게 표현했듯이, 그가 실각했던 방식도 그러한 업적을 상징적으로 보여주었다. 그 이전에는 소련의 어느 누구도 최고권력자가 그렇게도 간단하고 신사적인 방식으로, 곧 투표의 결과로, 물러난다는 것을 생각조차 못했을 것이다. 그 스스로도 이것을 자랑스럽게 생각했다. 그는 소련 최고권력자의 지위에서 물러나면서 "내가 스탈린과는 달리 나를 제거하려는 사람들을 모조리 체포하지 않은 것이 내가 한 일들 가운데 가장 중요한 것이었다"는 취지로 말한 것이다.

그는 또 소련의 최고권력자들 가운데 회고록을, 그것도 비교적 정직한 회고록을, 남긴 유일한 사람이다. 권력에서 물러나 연금을 받으며 은둔생활을 하면서 은밀하게 자신의 생애를 회고한 녹음기록들을 서방으로 밀반출시켜, 미국 보스턴에 있는 리틀 브라운(Little, Brown) 출판사로 하여금, (1) 1970년에는 「흐루쇼프는 기억한다(*Khrushchev Remembers*)」를 (2) 1974년에는 『흐루쇼프는 기억한다 : 마지막 증언(*Khrushchev Remembers : The Last Testament*)』을, (3) 1990년에는 『흐루쇼프는 기억한다 : 공개시대의 테이프들(*Khrushchev Remembers : The Glasnost Tapes*)』을 각각 출판하도록 한 것이다. 이 점 역시 그의 인간적 독특성을 말해준다고 하겠다.

소련의 최고권력자는 아니었으나 정상급 권력자들 가운데 한 사람이었던 몰로토프도 회고록을 남겼다. 그러나 그것은 소련의 시인이며 전기작가인 추에프(Feliks Chuev)의 끈질긴 요청에 응해 자신이 기억하고 있는 것들을 구술해 준 것을 추에프가 1991년에 『몰로토프는 기억한다(*Molotov Remembers*)』는 제목 아래 미국에서 단행본으로 출판한 것이었다. 몰로토프는 1890년에 태어나 1986년에 만 96세로 죽었다. 이 오랜 시기에 그는 볼셰비키혁명에 가담했고, 레닌의 비서로 일했으며, 소련공산당의 정치국원과 소련정부의 총리·부총리·외무장관 등 고위직을 지냈다. 따라서, 그가 자발적으로 자세한 회고록을 썼더라면 우리는 소련의 역사에 대해 훨씬 많은 것을 알게 되었을 것이다.

제16장_흐루쇼프정권 시기의 외부상황 (1953~1964)

흐루쇼프

흐루쇼프는 국내정치에서 해빙의 정책을 취한 것처럼 대외정책에서도 해빙의 정책, 곧 긴장완화의 정책을 취했다. 이로써 미국과의 관계개선에 따른 국제관계 전반에서의 긴장완화 분위기가 조성되기 시작했다. 그 분위기는 미국과 소련이 1962년 가을에 이른바 쿠바 미사일 위기를 슬기롭게 극복한 이후 더욱 커졌다.

미국과의 긴장완화는 중국과의 이념분쟁을 촉발시켰다. 소련이 미 '제국주의'와 타협하면서 수정주의의 길에 들어섰다는 중국의 공격은 소련과 중국과의 동맹에 균열을 가져오게 만든 것이다.

한편, 흐루쇼프는 우주탐색에 힘을 쏟고, 거기서 실적을 거둠으로써 소련의 국위를 높이고자 노력했다. 동시에 1960년대에 독립을 얻은 많은 아시아와 아프리카의 신생국가들에 대해 적극적인 접근을 시도했다. 이 장은 흐루쇼프정권이 통치하던 시기의 소련외교를 살피기로 한다.

1. 평화공존 노선의 선언

전쟁불가피론에 대한 비판

흐루쇼프 시기의 소련외교는, 이미 앞에서 부분적으로 지적되었듯이, 미국과의 긴장완화에 역점을 두었다. 특히 흐루쇼프가 1956년의 제20차 소련공산당대회를 통해 평화공존론을 공개적으로 전개한 뒤 소련은 미국과의 관계를 개선하기 위해 많은 노력을 기울였다. 그러면 평화공존론이란 무엇인가?

우리는 제15장에서 제20차 당대회에서 행한 흐루쇼프의 스탈린격하연설을 살폈거니와, 이 대회의 또 하나의 중요한 사건은 흐루쇼프가 공개회의에서 행한 「현 국제정세의 기본문제」에 관한 보고였다. 여기서 흐루쇼프는 스탈린의 '자본주의포위론'과 '전쟁불가피론'을 비판하고, 획기적인 서방세계와의 평화공존론을 제창한 것이다.

흐루쇼프에 따르면, 전쟁불가피론은 "제1차 및 제2차 세계대전 당시처럼 제국주의가 전세계를 독점하고 있으며, 전쟁을 증오하는 반제국주의 정치세력이 취약하고 충분히 조직되지 못하여 제국주의자들로 하여금 전쟁을 포기하도록 할 수 없었을 때에만" 적용될 수 있었다. 그러나 그에 따르면, 오늘날에는 소련과 그 동맹국들의 힘은 막강해졌으며, 이들을 중심으로 강력한 반제국주의적 평화애호세력이 형성됐고, 이들은 전쟁을 방지할 수 있는 충분한 실력을 갖고 있다. 과거 마르크스·레닌주의에 의하면 제국주의 아래서 전쟁의 발발 여부는 순전히 경제적 요인에 의해 결정된다. 그러나 흐루쇼프는, "전쟁은 경제적 현상만이 아니며, 전쟁이 일어나느냐 안 일어나느냐의 여부는 계급관계, 정치세력관계, 인민의 조직

캠프 데이비드 회담 : 아이젠하워(좌)와 흐루쇼프(우)

도(組織度)와 각성도(覺醒度) 및 결심도(決心度)에도 많이 좌우되고, 일정한 상태에 아래서는 진보적 사회·정치세력의 평화애호투쟁이 결정적인 역할을 한다"고 주장했다.

평화공존이란 무엇인가? 공산주의국가는 자본주의국가를 적대시하고, 자본주의국가의 타도와 공산주의국가의 승리를 위해 치열한 투쟁을 하고 있는데, 어떻게 평화공존을 할 수 있느냐고 물을 것이다. 그러나 이러한 질문은, 흐루쇼프에 따르면, 고의로 이데올로기투쟁 문제와 국제관계 문제를 혼동시킴으로써, '있지도 않은 공산국가의 침략성을 조작하기 위해' 만들어낸 부르주아적 선전술이라는 것이다.

물론 공산주의체제는 이데올로기투쟁에 관한 한 절대로 자본주의체제와 양립할 수 없으며, 공산주의체제는 반드시 자본주의체제를 타도하고야 말 것이다. 그러나 "공산주의체제의 우월성이 날로 증가하고 있는 현 국제관계의 입장에서 본다면 공산주의국가는 자본주의국가에 대한 무력간섭을 가함이 없이도 곧 자본주의국가와 평화공존을 유지하면서도, 전세계적인 승리를 거둘 수 있다"고 그는 주장했다. 또, 그는 평화공존이 아니면 인류역사에서 일찍이 없었던 인류파멸전쟁이 있을 뿐이라고 주장했다. 이 주장과 관련해 그는 뒷날 유명해지는 말을 남겼다. "핵무기는 계급을 구분할 줄 모른다"가 그것이다. 핵무기는 부르조아계급만 때리는 것이 아니라 프롤레타리아계급도 때린다는 뜻이었다.

사회주의로의 평화로운 길

이 보고에서 마지막으로 흐루쇼프는 "오늘의 인류에게는 소련식의 폭력혁명에 호소하지 않고 평화적인 방법에 의해서도 사회주의로 이행할 수 있다"는 말로써 사회주의로의 평화로운 길을 인정했다. 그는 10월혁명 당시의 레닌에게는 소비에트공화국을 수립하는 길밖에 없었으나, 오늘날에는 사회주의세력이 크게 성장했을 뿐만 아니라 "공산주의체제의 탁월한 장점은 전세계 노동자와 농민 및 지식층을 매혹하기 때문에, 자본주의국가의 노동자와 농민 및 지식층은 절대다수 국민의 신임을 얻어 의회를 장악하고, 평화적 방법에 의해 생산수단의 사회화를 이룩할 수 있다"고 주장했다.

흐루쇼프는 여기서 한 걸음 더 나아가, 많은 나라들이 그 나라의 경제발전의 수준에 관계 없이, 비록 동시에는 아니지만, 한 역사적 시대 안에 사회주의와 공산주의로 함께 들어갈 수 있다고 주장했다. 그 논거로 그는 사회주의국가 블록의 형성과 경제계획 및 상호원조를 지적했다.

이것은 앞에서 설명했던 레닌이즘과 스탈린이즘의 한 교리인 '자본주의의 불균등발전의 법칙'의 수정을 의미한다. 자본주의의 '무질서하고 비계획적인 생산 방식' 때문에 각국의 경제발전에는 격차가 있었으나, 이제는 사회주의적인 경제계획과 사회주의국가의 원조에 따라 후진국의 발전속도는 빨라질 것이고, 발전단계의 격차는 급속히 좁아질 것이라는 것이다. 이것이 흐루쇼프의 '사회주의의 균등발전의 법칙'이다.

마르크시즘의 비(非)과격화

흐루쇼프의 이러한 이론들, 예컨대 '전쟁가피론(戰爭可避論)', '평화공존론', '사회주의로의 평화로운 길', '사회주의의 균등발전의 법칙' 등은 마르크시즘이 소련에서는 과격성을 잃고 있음을 의미했다. 이 현상을 미국의 소련학 대가인 로버트 터커(Robert Tucker) 교수는 '마르크시즘의 비(非)과격화(Deradicalezation of Marxism)'라고 불렀다. 그리고 이 현상이 중국의 반발을 불러일으키고 소련과 중국 사이에 이념분쟁을 불러일으키게 된다.

2. 미국 및 서유럽과의 관계개선

이러한 이론들에 바탕을 두고 미국과의 관계개선에 힘을 쏟은 결과, 분위기로 보아서는 확실히 많은 개선이 이루어졌다. 그러나 몇 해 동안 실제적인 개선이 뒤따르지는 않았으며, 대결은 계속되었다. 이것에 대한 책임은 물론 미국과 소련 두 나라 모두에게 있었다.

흐루쇼프의 '협박을 통한 협상' 추구

우선, 대통령 아이젠하워(Dwight D. Eisenhower) 보다 강력한 반공주의자인 국무장관 덜레스(John F. Dulles)에 의해 더 좌우된 미국 공화당행정부의 정책은 "이데올로기가 여전히 소련의 대외정책을 일차적으로 결정짓고 있다"는 전제 위에서 구상되었다. 따라서 소련의 회유적 움직임을 잘 계산된 속임수라고 판단했다. 미국의 대외공약의 신뢰도를 유지해야 한다는 데 대한 지나친 집념도 소련과의 진지한 협상을 배제시킨 요인이 되었다. 더구나 스탈린이 죽은 뒤의 소련이 계속해서 국내적으로 정치적 불확실성의 시대를 경험하고 있다는 판단은 그것을 미국의 이익에 맞게 이용하고자 하는 욕망을 낳았다.

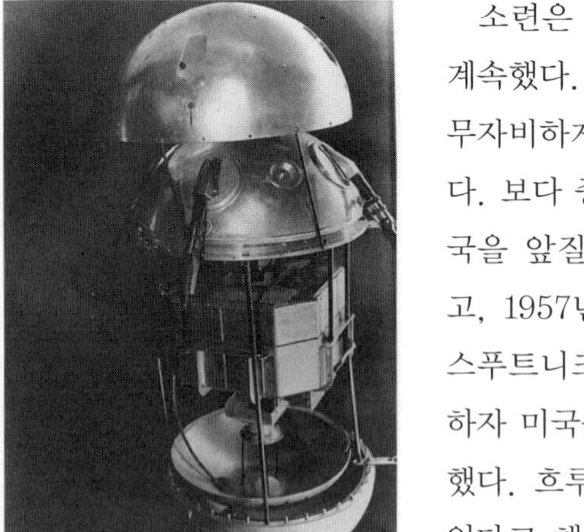
인공위성 스푸트니크

소련은 소련대로 미국의 불신을 조장할 대외행태를 계속했다. 1956년에 일어난 동유럽에서의 자유화운동을 무자비하게 탄압한 행위는 서유럽에서 반소의식을 높였다. 보다 중요하게, 흐루쇼프는 소련이 1957년 8월에 미국을 앞질러 대륙간탄도유도탄(ICBM)의 실험에 성공하고, 1957년 10월 14일에 역시 미국을 앞질러 인공위성 스푸트니크(Sputnik, 러시아어로 '동반자')의 외계발사에 성공하자 미국을 상대로 '협박을 통한 협상'을 추구하기 시작했다. 흐루쇼프의 목적이 궁극적으로 협상에 있는 것이었다고 해도 그 방식은 미국을 자극하는 것이었음에 틀림없었다.

1950년대 중반부터 아이젠하워행정부 말기까지 소련의 미국과의 관계는 이러한 바탕 위에서 전개되었다. 덜레스는 협상의 회피에 의해 서유럽의 안정을 진흥시키려고 했으며, 흐루쇼프는 협박에 의해 협상을 성립시킴으로써 동서관계를 안정시키고자 했다. 다음에서 이 양상을 개괄해 보기로 하자.

흐루쇼프의 전략적 기만술

1955년에 들어서서 서독이 나토로 통합됨에 따라 소련은 같은 해 5월에 소련과 동유럽국가들을 바르샤바조약기구로 통합시켰고, 이로써 두 개의 적대적인 진영으로의 유럽의 분할은 제도화되었다. 이와 동시에, 이른바 제3세계에 대한 영향력을 둘러싼 두 초강대국 사이의 경쟁은 치열해졌다. 이 경쟁에서 소련은 유리한 입장에 있었다. 비식민화(非植民化)의 과정을 밟으면서 반서방적 민족주의를 표방하는 제3세계의 본질은 자연히 반제국주의와 반식민주의를 표방하는 소련의 접근을 쉽게 만들었기 때문이다.

이에 대해, 덜레스의 외교는 지역적 동맹조약의 연쇄로써 공산세력의 침투를 막고자 했다. 1954년의 동남아조약기구(SEATO)와 1955년의 바그다드조약 등이 그 대표적인 보기들로, 1958년 현재 미국은 약 43개국에 대한 명시적 방위공약을 선언하고 있었다. 1957년 초에는 중동에 대한 미국의 방위를 다짐하는 아이젠하워 독트린이 발표되었다. 이 일련의 과정에서 미국은 제3세계의 민족주의에 맞서 싸우는 십자군의 외양을 갖게 되었다.

소련의 미국과의 경쟁은 제3세계에서 뿐만 아니라, 과학 및 기술 분야에서도 치열하게 벌어졌다. 과학 및 기술의 발전도(發展度)는 전략무기 등의 개발에서의 우열을 좌우하는 것이었기 때문이다. 그리하여 흐루쇼프는 특수한 과학도시를 여러 곳에 증설했는데, 그 대표적 보기가 노보시비르스크의 과학도시였다. 그는 또 과학연구소의 증설을 적극적으로 지원했다.

1955년 11월에 소련은 수소폭탄의 시험폭발에 성공했는데, 이것은 소련의 과학이 계속해서 발전하고 있음을 보여주었다. 말렌코프 총리는 1953년 8월에 소련이 수소폭탄을 갖고 있다는 인상을 주는 발언을 했으나 서방세계는 그 발언을 액면 그대로 믿기를 주저했었다.

1957년 여름과 가을 사이 소련으로부터의 일련의 발표는 이 경쟁에서 소련이 앞질러 있다는 인상을 모든 나라들에게 주었다. 앞서 지적했듯이, 1957년 8월에 소련은 인류 최초의 대륙간탄도유도탄의 성공적인 실험을 끝냈다고 발표해 세계를 놀라게 했다. 그 발표의 진실성 여부에 대한 의혹도 제기되었다. 그러나 그 때로부터 2개월 뒤 소련이 스푸트니크를 발사하자 그 의혹은 제거되었다. 이제 서방은 커다란 공포에 빠지게 되었다.

마침 1957년 6월에 흐루쇼프는, 우리가 이미 앞 장(章)에서 살폈듯이, 자신의 경쟁자인 말렌코프와 카가노비치 및 몰로토프를 '반당분자'로 단정해, 당지도부로부터 추방했으며, 곧 당중앙상임간부회에서 불가닌과 보로실로프 및 주코프를 제거했다. 흐루쇼프는 이어 1958년 2월에는 총리직을 겸해 당과 정부의 제1인자가 됨으로써 대외정책의 결정을 독점할 수 있게 되었다. 이 때로부터 그는 미국의 역사학자 개디스(John Lewis Gaddis) 교수의 표현으로, '전략적 기만' 술을 쓰기 시작한다.

이 무렵인 1957년 2월에 그는 외무장관을 셰필로프(Dmitry T. Shepilov)로 부터 그로미코(Andrei A. Gromyko)로 바꿨다. 셰필로프는『프라우다』의 편집국장을 지낸 뒤 중앙당의 서기로 승진한 공산주의이론가로 서방과의 개선, 이른바 데탕트에 불만을 갖고 있었다. 그에 대조적으로, 그로미코는 미국대사, 유엔대사, 영국대사를 거친 전형적인 직업외교관으로 서방세계에 정통했다. 이러한 외무장관 교체는 그가 서방세계와 데탕트를 추구하려는 의도를 지니고 있음을 암시했다.

그러면 '전략적 기만' 술이란 무엇인가? 사실 소련이 미국에 앞질러 대륙간탄도유도탄을 개발했지만 소련의 유도탄병력이란 '실상보다 수사적(修辭的)인 것'에 지나지 않았다. 간단히 말해, 소련은 자신이 미국에 비해 여전히 전략적 열위에 있음을 알고 있었다. 그러면서도 흐루쇼프는 이것을 감추고 서방의 소련에 대한 공포심을 충분히 활용해, 마치 소련이 전략적 우위에 있는 듯 허장성세(虛張聲勢)한 것이다. 그러나 미국으로서는 위성정찰기술을 개발해 그것을 통해 소련의 미사일 병력의 실상을 확인할 때까지 의혹과 불안에 빠지게 되었다.

이것을 정확히 헤아린 흐루쇼프는 1958년 11월부터 국제정치에 있어서 특정한 쟁점들, 예컨대 제2차 베를린봉쇄문제에 소련의 미사일 능력을 연결지어 유럽을 협박하기 시작했다. 베를린문제를 포함한 독일통일문제에 관해 자신의 입장을 관철하기 위해 서부베를린을 봉쇄한 뒤 6개월의 '최후통첩'을 제시해 놓고 그것을 수락할 것을 강요하면서, 소련의 '현대적 군사기술'은 유럽은 물론이고 '미국대륙으로까지' 전쟁이 확대되게 할 능력을 확보했다는 발언을 되풀이했다. 물론 서방은 굴복하지 않았다.

그러나 여기서 강조될 것은 흐루쇼프가 미국과의 전쟁도 불사할 뜻을 갖고 있지는 않았다는 사실이다. 그는, 앞에서 지적했듯이, '협박을 통한 협상'을 추구하고 있었다. 또 미국이 소련에 대해 '평화적 의도'를 갖고 있으며, 전략적 열위 상태에서도 안심할 수 있다는 것을 잘 알고 있었다. 따라서, 그는 자신의 협박이 미국과의 전쟁을 결코 가져오지는 않을 것이며, 다만 소련의 미사일병력에 대해 반신반의하고 있는 미국으로 하여금 소련에 대한 협상으로 기울게 하는 데 유용할 것으로 판단했던 것이다.

그렇기에 흐루쇼프는 협박과 더불어 일련의 유화적인 제스처들을 보여주었다. 아이젠하워의 소련방문을 제의했으며, 미코얀 부총리 및 코즐로프 부총리 등의 미국방문과 닉슨(Richard M. Nixon) 부통령의 답방 등이 이루어졌고, 두 나라의 외무장관회담이 1959년 여름에 제네바에서 개최되었다. 닉슨의 모스크바방문의 경우, 흐루쇼프는 1959년 7월 22일에 닉슨과 뒷날 '부엌 논쟁(kitchen debate)'이라고 알려진 논쟁을 벌였다. 사람의 일상생활에 직결된 부엌의 여러 장비들에서 미국과 소련 가운데 어느 쪽이 앞섰느냐는 논쟁이었다.

흐루쇼프의 방미와 캠프 데이비드에서의 미소정상회담

1959년 5월의 덜레스의 별세는 아이젠하워로 하여금 소련과의 관계를 보다 협상적인 방향으로 가게 만들었다. 이에 따라 1959년 9월에 흐루쇼프의 역사적인 미국방문이 이루어졌고, 아이젠하워 대통령과 흐루쇼프 서기장은 메릴랜드(Maryland)주 캐톡틴(Catoctin)산에 위치한 미국 대통령의 산장(山莊) 캠프 데이비드(Camp David)에서 정상회담을 가졌다. 매우 우호적인 이 회담을 통해 "두 나라는 앞으로 화해와 협력을 지향한다"는 '캠프 데이비드 정신'을 성립시켰다. 그러나 흐루쇼프는 미국사람들을 향해 "우리는 당신들을 매장시킬 것이야"라는 폭언으로 궁극적으로 사회주의가 승리할 것이라는 자신감을 과시하는 것을 잊지 않았다.

캠프 데이비드에서의 합의에 따라 영국과 프랑스도 참여시킨 가운데 1960년 5월 중순에 파리에서 4대국 정상회담을 갖고, 제2차 베를린봉쇄로 빚어진 동서긴장의 완화방안을 논의하기로 예정됐다. 세계의 관심 속에 회담을 앞두고 4대국 사이에 개별적 협상이 진전되었다. 그런데 1960년 5월 1일에 이른바 U-2기 사건이 발생했다. 소련 상공을 날던 고고도(高高度) 정찰기인 미국의 U-2기가 우랄산맥 부근의 스베르들롭스키 상공에서 격추된 것이다. 조종사 파워즈(Francis G. Powers)는 간첩죄로 체포되어 10년 징역형에 처해졌다.

이러한 사건이 일어났지만 4대국 정상회담은 예상대로 열렸다. 그러나 이 회담은 한 걸음도 진전하지 못했다. 동서긴장은 지속될 수밖에 없었고, 흐루쇼프의 '협박에 의한 협상' 정책은 계속되었으며, 그것은 1962년의 쿠바미사일 위기로 고조에 이르렀다. 다음에서 그 과정을 개괄하기로 한다.

쿠바미사일위기

1961년 1월에 미국에 케네디(John F. Kennedy, 1917~1963) 대통령이 이

끄는 민주당행정부가 들어서자 미국과의 협상에 대한 흐루쇼프의 기대는 커졌다. '개새끼 닉슨'(흐루쇼프의 표현)을 패배시킨 케네디가 소련과의 보다 적극적인 협상을 옹호했기 때문이다. 케네디는 실제로 소련과의 협상을 낙관적으로 보았다. 이에 1961년 6월 3~4일에 오스트리아의 수도 빈에서 케네디와 흐루쇼프 사이에 정상회담이 열렸다. 그러나 중대한 국제분쟁에 대한 아무런 합의도 이룩하지 못했을 뿐만 아니라 서로 사이에 인식의 차이가 크다는 것만을 확인했을 뿐이어서, 결과적으로 긴장의 수준을 높이게 되었다. 실제로 이 회담 2개월 뒤 흐루쇼프는 국방비의 대폭 증액을 발표했으며, 동독사람들이 서독으로 탈출하는 것을 막기 위해 악명 높은 베를린 장벽을 쌓았고, 케네디는 징집률의 3배 증가와 새로운 민방위제도의 도입 등을 명령했다. 예외적으로, 1962년 2월 10일에 동베를린과 서베를린 사이의 '글리니케 다리(Glienicker Brücke)'에서 미국과 소련은 각각 자신이 억류하고 있던 '간첩' 루돌프 아벨(Rudolf Abel)과 파워즈를 맞바꿈으로써 긴장이 지나치게 고조되는 것을 막겠다는 신호를 교환했다.

이러한 긴장된 분위기 속에서, 케네디행정부는 이른바 미사일격차의 신화를 깨뜨리기 위해 교묘한 여론정책을 썼다. 미사일격차의 신화란, 소련의 미사일능력이 미국에 그것에 앞서 있다는 허상을 말한다. 취임과 더불어 두 나라의 미사일능력을 철저히 분석하도록 명령한 케네디 대통령은 "미국의 전략적 우위와 소련의 전략적 열위는 확실하며, 소련이 주장하고 있으며 미국인들을 포함한 서방 인사들이 믿고 있는 두 나라 사이의 미사일격차는 존재하지 않는다"라는 보고를 받았다. 이에 케네디행정부는 1961년 10월에 흐루쇼프의 큰 소리가 허장성세에 지나지 않음을 암시하는 연설을 국방차관으로 하여금 행하게 했다. 이어 케네디행정부는 터키에 설치한 자신의 군사기지에 모스크바를 겨냥한 중거리미사일을 배치했다. 이제 흐루쇼프의 '전략적 사기' 술은 종말에 왔다.

케네디

마침 국방장관 말리놉스키(Rodion Malinovsky) 원수는 터키에 배치된 미국의 중거리미사일은 발사로부터 10분 이내에 모스크바를 강타할 수 있다고 보고했다. 여기서 흐루쇼프는 두 나라 사이에 세력균형을 현실적으로 '동등화' 하면서 여전히 '협박을 통한 협상'을 추구할 필요성을 절감하게 되었다. 그리고 그 가장 효과적인 방법으로 바로 미국에 근접해 있는 쿠바에 중거리탄도미사일을 배치하기로 결정했다. 물론 그러한 결정은 모험적인 것이었으며, 전쟁의 위기를 증대시키는 것이었다. 그러나 미국의 군사공격을 경계하던 쿠바의 국가원수 겸 총리 카스트로(Fidel Castro)는 그 결정을 환영했다.

1962년 10월 22일에 케네디행정부는 이 사실을 발표하면서 그것의 제거를 요구했다. 소련이 불응하는 경우 미국은 자신의 전략적 우위를 현실화 하겠다는 뜻을 흐루쇼프에게 명백히 전달했다. 흐루쇼프는 응하지 않을 수 없었다. 그 대신에 그는 (1) 미국은 쿠바를 공격하지 않을 것이며, (2) 미국은 소련을 겨냥해 터키에 배치한 중거리미사일을 철수시킨다는 약속을 얻어 냈다. 이로써 인류를 핵재앙의 직전까지 몰고 갔던 쿠바미사일위기는 해소되었다.

이 사건은 전후에 전개된 두 나라의 관계사에서 하나의 분수령이 되었다. 핵전쟁의 위기를 경험한 두 나라는 대결보다 협상을 추구하게 된 것이다. 우선, 흐루쇼프는 '협박을 통한 협상'을 버렸다. 소련지도층의 발언은 결정적으로 순화된 정신을 나타냈으며, '평화적 공존'이 강조되기 시작했다. 케네디행정부도 소련과의 긴장완화를 본격적으로 추구하게 되었다.

1963년 6월에 아메리칸대학교에서 행한 케네디의 연설은 데탕트에 대한 낙관을 보여주었다. 그는 "미국과 그의 동맹국들, 그리고 소련과 그의 동맹국들 두 편은 진정한 평화와 군비경쟁의 중단에 서로 깊은 관심을 갖고 있다" 고 선언하고, "우리의 가장 기본적인 공통의 연결은 우리 모두가 이 위성 위에 살고 있다는 현실이다"라고 강조한 것이다.

2K 파트너십의 시대

확실히 케네디(Kennedy)와 흐루쇼프(Khrushchev)의 "2K 파트너십"은 데탕트의 기초를 다졌다. 1963년 6월에 모스크바와 워싱턴을 잇는 핫라인을, 곧 긴급연락전화를 가설하는 협정이 체결되었다. 이어 8월 5일에 두 나라는 영국과 더불어 대기와 외계 및 해저에서 핵무기의 실험을 금지시키는 협정에 서명했다. 10월에는 두 나라가 외계에 핵무기를 배치하는 것을 금지하는 국제연합 결의안을 지지하기로 합의했으며, 곧이어 케네디는 미국의 밀을 소련에 수출하기로 결정함으로써 두 나라 사이의 경제접촉이 확대될 것이라는 전망을 가능하게 했다.

이 일련의 합의에서 어느 쪽도 자신에게 중대한 국가이익을 상대방에게 양보하지 않았다. 그러나 제한된 범위 안에서의 합의일지라도 그것은 쿠바미사일위기 이후 두 나라의 관계가 얼마나 크게 개선되었는가를 말해주기에 충분했다.

그렇기에 1963년 11월에 발생한 케네디의 피살은 흐루쇼프의 진정한 애도를 불러일으켰다. 흐루쇼프는 모스크바주재 미국대사관을 직접 방문하여 고인의 명복을 빌었다. 뒷날 흐루쇼프는 자신의 회고록에서, "케네디는 우리가 신뢰할 수 있었던 사람이었다. 우리의 계급적 불화는 서로 용납될 수 없는 것이었는데도, 케네디와 나는 군사적 충돌을 방지하는 문제에 이르러서는 공통의 기반과 공통의 언어를 발견했다. 그는 커다란 신축성을 보였으며, 우리는 함께 재앙을 회피했다" 라고 썼다.

쿠바미사일위기 이후에는 흐루쇼프 역시 미국에서 상당한 예우를 받았다. 그가 사망했다는 낭설이 1964년 4월에 서유럽을 돌았을 때, 『워싱턴 포스트』는 "우리는 가슴이 뛰는 것을 느꼈으며 세계의 균형에 대단히 중요한 사람을 잃었다는 점에서 커다란 근심을 가졌었다"라고 썼다. 그 해 가을에 그가 권좌에서 실각했을 때 역시 미국은 소련과의 관계에 대한 우려를 나타냈다.

미국에 대해 '평화공존'의 원칙 아래 '긴장완화'정책을 추진했듯이,

흐루쇼프는 서유럽에 대해서도 같은 정책을 추진했다. (1) 스탈린이 터키에 대해 제기했던 영토분쟁의 공식 포기(1953년 5월 30일), (2) 오스트리아의 중립화를 전제로 오스트리아에 대한 4개국 공동점령의 종식을 공식화한 오스트리아와의 조약 체결(1955년 5월 15일), (3) 군축을 포함한 국제분쟁을 해결하기 위한 제네바에서의 4대국 정상회담 참석(1955년 7월 18 23일), (4) 핀란드가 소련에 대해 우호적 입장을 취한다는 조건 아래 핀란드에 포르칼라(Porkkala) 해군기지를 돌려 주기로 한 결정(1955년 9월), (5) 흐루쇼프와 불가닌의 영국 방문(1956년 4월) 등이 그 대표적인 보기들이었다.

그러나 독일문제에 대해서는 흐루쇼프는 독일 전체를 소련의 지배 아래 두어야 한다는 스탈린의 정책을 그대로 유지했다. 이것은 유럽에서뿐만 아니라, 국제관계 전반에서 긴장을 높이는 중요한 원인이 되었다.

3. 중국과의 이념분쟁의 악화

이념분쟁의 시작

마오쩌둥

소련이 미국 및 서유럽과의 관계를 개선시키고 안정시킴에 성공한 데 반해 중국과의 관계가 나빠지는 것을 막을 수가 없었다. 중국공산당은 스탈린이 죽은 뒤 차차 국제공산주의운동권에서 자신의 발언권을 강화시켜나갔으며, 특히 마오쩌둥(毛澤東)은 흐루쇼프에 대해 자신이 '선배'라는 자세를 은근히 보였다. 흐루쇼프는 자신의 제1인자로서의 지위가 굳어지기 전인 1954년 10월에는 베이징을 방문하고 마오에 대한 예의를 지키는 듯한 외양을 갖추었을 뿐만 아니라 중공에 대한 경제원조를 약속했다. 그러나 흐루쇼프는 자신의 제1인자로서의 지위가 굳어지자 마오에 대한 태도를 바꿨다. 마오는 이 점을 불쾌하게 생각했다.

1957년 10월에 소련이 인공위성 스푸트니크의 외계발사에 성공했다는 발표는 마오쩌둥을 움직였다. 그는 1개월 뒤에 모스크바에서 열린 볼셰비키혁명 40주년기념 세계공산당대회에 중국공산당대표단을 이끌고 참석했다. 그는 거기서 더 나아가 "이제 동풍이 서풍을 제압했다"는 말로 소련의 성취를 찬양했다. 동시에 그는 흐루쇼프에게 소련의 원자탄제조기술을 중국에게 알려줄 것과 미국에 대해 강경하게 맞설 것을 요청했다. 그러나 자신만만해진 흐루쇼프는 냉담하게 대응했다.

분노한 마오는 1958년 여름부터 인민공사제도를 채택하고 '대약진운동'을 전개하면서, 이 새 프로그램이 '중국의 특수한 상황을 고려한 마르크시즘·레닌이즘의 창조적 적용'이라고 주장했다. 중국공산당은 거기서 한 걸음 더 나아가 '마르크시즘·레닌이즘의 창조적 적용'의 업적을 마오에게 돌림과 아울러 중국공산당의 새로운 방식이 사회주의와 공산주의의 조속한 달성을 추구하는 아시아국가들에 대해서도 적용될 수 있다고 강조했다.

중국공산당의 이러한 주장은 물론 소련의 정치지도층에게는 중대한 이념적 도전으로 여겨졌다. 소련은 소련방식만이 사회주의와 공산주의로 가는 '정확한 길'이라고 강조해왔기 때문이었다. 이러한 배경에서, 흐루쇼프는 1958년 7월에 잠시 베이징을 방문했을 때 중국공산당의 여러 요구들에 냉담하게 대응했으며, 같은 해 12월에 험프리(Hubert H. Humphrey) 미국 연방상원의원에게 중국의 인민공사제도는 '구식'이며 '반동적'이라고 설명했고, 1959년 초에 열린 소련공산당 제21차 대회에서는 '소련의 길'의 정당성을 강조했던 것이다. 그러나 이때만 해도 소련과 중국 사이의 이념분쟁은 완전히 표면화되지는 않았다.

돌아올 수 없는 다리를 넘어서다

1960년과 1961년 사이에 전개된 소련의 중국과의 이념분쟁은 그 심각성을 완전히 노출시키게 되었다. 1960년 1월에 모스크바에서 열린 81개 세계공산당대회, 1960년 6월에 부카레스트에서 열린 루마니아공산당 제3차 대회, 그리고 1961년 10월에 열린 소련공산당 제22차 대회를 거치면서 소련의 수정주의 및 평화공존노선과 그리고 중국의 교조주의 및 세계혁명노선 사이의 대결은 너무나 확실해졌다. 이제 두 나라의 관계는 '돌아올 수 없는 다리'를 넘어선 격이 되었다.

특히, 1960년 8월에 있은 중공으로부터의 소련기술진의 갑작스런 철수와 중공에 대한 소련의 원조중단은 타오르는 불에 기름을 부은 격이 되었다. 이어 1962년에 중국과 인도 사이에 국경분쟁에 따른 무력충돌이 벌어졌을 때, 소련이 겉으로는 중립을 표방하면서 사실상 인도를 지지하는 입장을 취한 것은 중국을 격분시켰다. 더구나 이 해 가을에 발생한 쿠바미사일사건 때 나타난 소련의 '투항주의적' 자세는 중국으로 하여금 흐루쇼프를 조롱하도록 만들었다.

이 과정에서, 티토 대통령의 지도력 아래 일찍부터 독자적 노선을 걸어온 유고슬라비아는 훨씬 더 뚜렷하게 자신의 독자성을 내세웠다. 소련은 1958년 5월에 유고슬라비아에 약속했던 차관의 제공을 취소하는 것으로 보복했다. 철저한 스탈린주의자 호자(Enver Hoxha)가 이끄는 동유럽의 알바니아는 1959년부터 명백하게 중국의 입장을 지지했다. 이것은 1961년 12월에 소련과 알바니아 사이의 외교관계를 단교로까지 몰고갔다.

소련공산당 제22차 대회

북한은 중립을 지켰다. 1961년 5월 16일에 남한에서 박정희(朴正熙) 육군소장이 이끈 강력한 반공쿠데타가 성공한 것을 본 북한의 김일성은 모스크바를 방문해 1961년 7월 6일에 우호와 협력 및 군사원조를 다짐하는 조약을 얻어냈으며 곧바로 베이징을 방문해 7월 11일에 비슷한 성격의 조약을 얻어냈다. 그러나 그는 흐루쇼프의 수정주의와 미국에 대한 '투항주의'에 반대하면서 빠르게 친중으로 돌아선다.

1963년에 들어서면서 소련의 중국과의 관계는 '나쁜 것'으로부터 '더 나쁜 것'으로 바뀌었다. 그 중요한 계기는 연해주 일대가 지난날에는 중국의 영토였음을 공개적으로 선전하면서, 그 지역의 지위가 앞으로 두 나라 사이에 협상되어야 한다고 중국이 주장한 사건이었다. 소련은 두 나라 사이의 분쟁이 이념적 차원에서 영토적 차원으로까지 확대되었다고 파악하고 반감을 나타냈다. 이에 맞서 중국의 신문들은 소련의 지도자들과 특히 흐루쇼프에 대한 모욕적인 공격을 퍼부었다. 흐루쇼프를 티토나 트로츠키보다 더 위험스런 공산주의의 적이라고까지 매도한 것이다. 흐루쇼프도 마오쩌둥을 '비굴한 분열주의자'니 '인종주의자'니 또는 '과대망상가'라는 인신공격적 용어로써 비난했다. 흐루쇼프의 말기까지도 이러한 관계에는 아무런 변화가 없었다.

4. 제3세계에 대한 전진정책

전진정책의 이론적 기초

그러면 아시아와 아프리카에 대한 소련외교는 어떻게 전개되었는가? 소련은 1950년대 중반부터 이 지역에 대한 외교적 관심을 새롭게 살렸는데, 학자들은 소련의 이 새로운 정책을 '전진정책'이라고 불렀다. 이것은 '제3 세계의 지도자들의 또는 인민의 지지를 획득해 그들을 서유럽에 또는 중국에 반대하도록 만드는 정책'을 의미했다. 그러므로 비단 군사적인 지원뿐만 아니라 경제적 지원과 문화적 및 선전적 프로그램도 이 목적을 위한 것이면 전진정책의 내용으로 여겨졌다.

그러면 소련은 왜 이 시점에 전진정책으로의 전환을 시도했던 것인가? 그 해답의 실마리를 우리는 우선 미국의 군사전략에 대한 소련의 점증하는 두려움에서 찾을 수 있을 것이다. 당시 미국은 전략공군(SAC)의 장거리폭격기의 핵공격 효과를 높이기 위해 소련의 주변국가들에 군사 및 재급유기지를 하나의 고리처럼 설치하고 있었다. 이것을 소련은 자신의 국가안보에 대한 중대한 위협으로 간주했으며 따라서 이 고리를 깨뜨리고자 했다. 바로 이 시점에 반서방(反西方)과 반제(反帝)를 표방하는 비동맹권 또는 제3세계권이 형성되기 시작했다. 이들은 유럽지배의 모든 낡은 틀들을 제거시키고 독자적인 외교노선을 추구하고자 한 것이다.

제3세계의 이러한 움직임을 물론 소련의 국가이익에 적합한 것이었다. 소련으로서는 자신의 남쪽에 위치한 나라들에 설치된 미군기지를 제거하거나 적어도 중화시키고, 또 소련의 심장부로까지 비행하는 미공군기의 정찰활동을 중지시킬 필요가 있었다. 이러한 상황에서, 제3세계의 국가들이 자신들과의 군사조약체결을 요구하는 미국의 전세계적 봉쇄정책에 반대하면서 경우에 따라서는 미군기지의 철수마저 주장하자, 소련으로서는 이들에게 적극적으로 접근하지 않을 수 없었다. 그들을 자신의 영향 아래 둠으로써, 소련은 첫째, 서유럽의 동맹체제와 국제경제질서를 약화시키고, 둘째, 소련의 영향 밖에 있었던 이들 지역에 정치적·경제적 진출의 발판을 확립시키고자 한 것이다.

1960년대에는 이 두 목표 밖에 새로운 두 목표가 추가됐다. 국제공산주의운동의 지도권에 대한 중국의 도전을 물리치는 것과 소련의 해군 및 공군 기지를 획득하는 것이 그것들이었다. 소련은 이들 지역에 해군 및 공군 기지를 확보함으로써 전략적으로 중요한 지역들에서 작전하는 미군을 견제하고, 친서방적 경쟁자들에 의해 위협받는 자신의 '종속국가들'을 보호하며, 정치적으로 유망한 상황이 전개되는 경우 더욱 신속하게 군사력을 투입시킬 수 있도록 하려는 것이었다.

소련은 이처럼 전진정책으로 전환하면서 자신의 입장을 정당화하기 위한 이론화작업에 들어갔다. 그 이론화작업은 물론 레닌의 제국주의론의 틀 속에서 이루어졌다. 흐루쇼프에 따르면, 제3세계는 이제 '평화지대'로서의 역할을수행하고 있다. 과거의 식민지들이 당당한 독립국가가 되었을 뿐만 아니라, 하나의 세력권을 형성해 서방 '제국주의'에 맞섬으로써 세계평화의 증진에 이바지하고 있다는 것이었다. 이렇게 되자, 서방의 열강은 제3세계에 대한 자신의 지배를 유지하기 위해 다국적 기업들과 그리고 신식민주의를 위장하기 위한 갖가지 국제기구들을 통해 일종의 '집단적 식민주의'를 추구하고 있다고 그는 주장했다. '집단적 식민주의'라는 단어는 1960년 2월 26일에 흐루쇼프가 인도네시아를 방문했을 때 처음 사용했다. 이어 그는 이러한 상황에서 소련이 제3세계의 국가들을 지원하는 것은 당연하다고 말했다. 서방 '제국주의'에 대한 가장 효과적인 견제세력인 사회주의진영을 대표하는 소련은 평화지대를 형성하고 있는 제3세계를 지원함으로써 세계평화의 유지에 이바지해야 한다는 것이었다.

그러면 제3세계의 나라들이라고 해서 모두 지원해야 하는가? 또, 공산주의 국가만을 지원해야 하는가? 그렇지 않다. 흐루쇼프에 따르면, 소련의 지원은 '민족적 민주주의국가'에 한정된다. 1960년 10월에 모스크바에서 개최된 세계공산당대회에서 채택되고, 1961년에 열린 소련공산당 제22차 대회에서 수정된 '민족적 민주주의국가'에 대한 정의에 따르면, 그것은 (1) 세계문제에서 비동맹을 추구하고, (2) 대외정책에서 반서방입장을 견지하며, (3) 국내정치에서 '비자본주의적 개발의 길'을 추구하는 과격한 비공산주의적 개발도상국가를 말한다. 이 국가는 사회주의로 넘어가기에 앞서 존재하는 일종의 잠정적 또는 과도기적 형태로서 파악된다. 곧, 이 국가는 현재는 반제·반봉건·민주의 세 개 혁명을 강력히 추진하고 있으나, 최종적인 목표는 사회주의로의 이전에 두고 있는 것으로 인식됐다.

1963년에는 이 용어가 '혁명적 민주주의국가'로 대체되었다. 곧, '민족적 민주주의국가'로서 공산주의자를 탄압하는 국가를 제외한 그 나머지 국가를 그렇게 불렀던 것이다. 이러한 이론적 바탕 위에서, 제3세계의 정치적·경제적 발전을 북돋는 물질적 지원을 베풀어 줌으로써 그들 나라가 소련이 바라는 방향으로 대내외정책을 채택하도록 유도하는 형태로 나타난 것이다.

물론 제3세계에 대한 소련의 경제적·물질적 지원은 '전세계의 공산화'라는 소련의 궁극적 목표달성에 저해적인 요인으로 평가될 수 있다. 왜냐 하면, 소련의 경제적·물질적 지원 속에서 제3세계의 개발도상국가들이 공업화를 달성하고 따라서 경제적으로 생존이 가능한 체제를 수립하게 되는 경우, 그 지역에서의 공산주의혁명은 점차 어려워질 것이기 때문이다. 바꾸어 말해, 소련의 정치지도자들은 개발도상국가에 대한 경제적 지원이 이 지역에서 소련의 국가적 위신과 영향력을 증대시킬 것이지만, 그러한 이득은 '전 세계의 공산화'라는 장기적 목표의 희생 위에서 이루어지는 것이라고 본 것이다. 그러나 '전 세계의 공산화'는 사실 하나의 이념적 입치레에 지나지 않았으며, 소련이 실질적으로 추구하는 목표도 아니었다. 그러므로 역시 제3세계에 대한 소련의 경제적·물질적 지원은 소련의 국가이익에 봉사하는 것이 확실했다.

아시아국가들과의 관계

소련의 전진정책은 그러나 적어도 1960년대 후반까지는 실질적으로 그렇게 두드러진 성과를 내지는 못했다. 우선 아시아를 보건대, 접경국가인 아프가니스탄과 인도에 적극적인 접근을 시도함에 그쳤다. 여기서 소련과 인도와의 관계를 보면, 소련은 제3세계의 지도적 국가로서 국제정치에서 높은 비중을 차지하고 있는 인도에 대한 접근을 강화하여 1955년 2월 2일에 두 나라 사이의 경제·기술협정을 체결했고 이것을 통해 소련은 인도 중부의 빌라이(Bhilai) 지역에 제철공사를 세워 주었다. 1955년 12월에는 당 제1 서기 흐루쇼프와 총리 불가닌이 인도를 방문했다.

흐루쇼프통치기에 소련은 대체적으로 인도의 외교적 입장을 지지했다. 예컨대, 1961년 12월에 인도가 자국 내의 포르투갈 영토인 고아(Goa)를 무력점령했을 때, 강대국들 가운데 오직 소련만이 인도의 입장을 강하게 뒷받침해주었다. 1962년 10~11월에 발생한 중국과 인도의 국경분쟁 때도 소련은 중국의 입장을 지지하지 않고 사실상 인도에 우호적인 자세를 취했다. 1964년에 흐루쇼프는 미그기 생산공장을 인도에 판매하는 것에 동의했다. 그의 후임자인 브레즈네프도 이것을 재확인했다. 1965년 9월에 인도와 파키스탄 사이에 전쟁이 일어났을 때, 소련은 두 나라 사이의 분쟁을 조정하는 데 앞장 서서 1966년 1월에 휴전을 포함한 일련의 협정을 타슈켄트(Tashkent)에서 성립시켰다. 소련이 제3세계의 분쟁에서 중재자의 역할을 적극적으로 수행한 것은 이번이 처음이었다.

흐루쇼프(우)와 불가닌 총리(좌)의 인도 방문과 인도 대통령 프라사드(중앙)와의 회담

이러한 소련의 노력은 충분한 보상을 받았다. 인도는 미국이 조직한 동남아조약기구에 반대했으며, 아프리카에서의 서유럽의 '식민주의'를 비난했고, 미국의 베트남개입을 공격했다.

그러나 인도를 제외한 다른 아시아 국가들에 대한 소련의 접근은 한정적인 것이었다. 흐루쇼프 시기에 소련은 북베트남의 대통령 호치민(胡志明 : 호지명)이 여러 차례 찾아와 지원을 호소했는데도 매우 제한적으로 응할 뿐이었으며, 북베트남과 라오스 및 캄보디아의 공산주의자들이 추구한 '민족해방전쟁'에 대해 사실상 이념적 입치레를 베풀었을 뿐이었다. 인도차이나의 '민족해방전쟁'을 고취시킬 경우 그것은 동남아국가들과의 관계를 개선하려는 자신의 외교적 노력을 저해할 것으로 판단했기 때문이었다.

소련이 북베트남에 대해 상당 규모의 경제 및 군사 원조를 베푼 것은 미국이 본격적으로 개입한 1964년 이후였다. 소련은 동맹자로서의 신뢰를 유지하고, 아시아 공산국가들에 대한 중국과의 영향력 경쟁에서 처지지 않으며, 무엇보다 미국을 베트남의 늪 속에 빠뜨려 이 지역에서 결정적 행동을 취할 수 있는 능력을 감소시키기 위해 북베트남의 전쟁수행능력을 증대시켜 주기로 결정했던 것이다. 그러나 소련은 자신의 행동이 미국과의 군사적 대결로 이어지지 않도록 각별히 조심했다.

소련은 1956년 10월에 일본과 국교를 회복했다. 친미적 요시다 시게루(吉田茂 : 길전무) 내각을 대체한 하토야마 이치로(鳩山一郎 : 구산일랑) 내각이 소련과의 국교수립을 제의한 데 대해 소련은 호의적으로 대처한 것이다. 그리하여 두 나라는 평화조약의 체결과 같은 중요하고 어려운 의제들은 논외로 하고 우선 국교를 맺기로 결정했다.

중동국가들과의 관계

다음에 소련의 전진정책이 중동에서는 어떻게 전개되었는지 살피기로 한다. 중동에 대한 소련의 관심은 제3세계의 어느 지역보다 컸다. 왜냐하면, 중동은 소련의 남부와 접경했으며, 따라서 소련의 안전에 직접적인 영향을 주었기 때문이다. 그뿐 아니라 중동의 석유는 소련과 서방 모두에게 중요했기 때문이다. 소련은 그러므로 자신을 '중동국가'라고 선언하고, 이 지역에 대한 자신의 관심은 정당하다고 주장했던 것이다. 그러나 앞에서 지적했듯이, 일종의 고립주의적 대외정책을 추구한 스탈린시대에는 터키와 이란에 대해서만 접근을 시도했으며 그나마 그 방법이 협박 등의 거친 것이어서, 그들을 오히려 친서방으로 전환시켰을 뿐이었다.

1955년에 나타난 중동의 새로운 정세는 소련으로 하여금 이 지역에 대한 새로운 접근을 가능하게 만들었다. 이스라엘에 대한 억지력의 확보를 위해 미국에 요청한 군사원조를 거부당한 이집트가 반(反)서방의 길을 걷기 시작한 것이다. 이에 흐루쇼프는 1958년 5월 1일에 모스크바에서 이집트의 나세르(Gamal Abdel Nasser, 1918~1970) 대통령과 협정을 맺고 이집트에 2억 5천만 달러 규모의 군사원조를 제공함으로써 중동에 대한 자신의 전진정책을 개막시킬 수 있었다. 외교의 방법도 세련되어졌다. 위협 또는 협박 대신에 경제원조와 문화교류를 통한 우호 협력의 증대를 꾀했다. 그럼으로써 소련은 차차 중동국가들과의 관계를 개선시켰으며, 그들의

나세르

대미의존을 어느 정도 약화시킬 수 있었다.

소련의 중동에 대한 전진외교는 1967년에 아랍국가들과 이스라엘 사이에 전쟁이 일어나기 이전에는 특정한 몇 나라들에 집중됐다. 소련이 가장 중요하게 대접한 나라는 이집트였다. 미국이 아스완(Aswan) 댐의 건설을 돕겠다는 약속을 취소하고, 이에 나세르가 수에즈(Suez) 운하를 국유화하며, 여기에 맞서 영국과 프랑스 및 이스라엘이 1956년 10월에 이집트를 공격한 일련의 사태진전은 이집트에 대한 소련의 개입을 확대시킨 결정적 계기가 되었다. 나세르가 이집트 공산주의자들을 탄압하고 그리하여 이집트공산당은 공식해체됐는데도, 또 소련이 지원한 아스완댐의 건설을 지연시켰는데도, 두 나라는 우호관계를 유지했다. 이때 소련은 이집트를 '혁명적 민주주의국가'의 전형적인 보기로 설명했다.

소련의 또다른 주요한 관심지역은 이라크와 시리아 및 북예멘이었다. 1958년에 친서방정권을 타도하고 집권한 이라크의 새로운 민족주의정권이 중동에서의 미국의 동맹체제인 바그다드조약으로부터 탈퇴하자, 이라크에 대한 소련의 즉각적인 접근이 이루어졌다. 소련은 이 정권을 '진보주의정권'이라고 평가하면서 경제 및 군사 원조를 제공했다. 1963년에 보수파의 쿠데타에 따라 이라크 공산주의자들이 학살당하자 두 나라의 관계는 악화되기 시작했다. 특히 이라크 내부의 쿠르드(Kurd)족이 일으킨 '반란'을 소련이 동정한 것은 이라크의 반발을 불러일으켰다. 이러한 상황에서, 소련은 이라크에 대한 장기적 정책을 추구할 수 없었다. 그러나 소련은 이라크에 대한 군사 및 경제원조를 계속 제공했다.

소련의 시리아와의 관계는 소련의 이라크와의 관계와 비슷했다. 시리아 역시 여러 차례의 정치적 변동과 불안정을 경험했기 때문이다. 그러나 소련은 시리아와 우호관계를 유지하기 위해 노력했고, 특히 1966년 2월에 흔히 아랍사회주의부흥당으로 번역되는 바트당의 쿠데타에 따라 국내안정을 유지할 수 있는 능력을 지닌 정권이 들어선 이후 두 나라의 협력은 경제원조와 문화교류를 통해 크게 늘어났다.

이집트와 시리아에 이어 소련이 커다란 관심을 기울인 중동국가는 북예멘이었다. 홍해의 입구를 장악한 이 나라에 대해 소련은 이집트를 통해 군사 및 경제원조를 베풀었던 것이다. 한편 터키와 이란이 미국과의 불화를 발전시키자 소련은 이것을 적절히 이용하여 1960년대에는 이들과도 '정상적인' 관계를 유지하게 되었다. 이로써 1967년까지에는 소련은 중동의 국제정치에서 주요한 행위자로 등장할 수 있었다.

흑아프리카국가들과의 관계

마지막으로 소련의 흑(黑)아프리카에서의 전진정책을 살피기로 한다. '검은 아프리카', 곧 사하라 이남의 아프리카에서의 소련의 전진정책에는 두드러진 점이 없었다. 소련은 이 지역의 민족해방투쟁에 대한 이념적 및 정신적 지원을 말로만 표시했다. 아프리카의 정세에 대한 소련의 관영매체들이나 학자들의 글도 초기에는 세련되지 못했다. 아프리카의 종족적 및 문화적 갈등에 대해 마르크스의 계급이론을 교조적으로 적용할 뿐이었다. 소련의 공작 자체도 고압적이었다. 따라서, 1960년대 초에는 콩고사태에서, 1961년 말에는 기니에서, 그리고 1965년에는 케냐에서 각각 실패를 맛보지 않으면 안됐다.

그러나 흑아프리카의 여러 나라들과 외교관계를 수립하는 데에는 성공을 거두었다. 비록 반서방의 경향을 지녔지만, 본질적으로 보수적이며 공산주의와 소련에 대한 불신감을 품고 있는 이들과 외교적으로 '밀월의 시대'를 즐길 수 있었다는 것은 소련외교의 승리였다.

5. 우주시대의 개막과 소련

흐루쇼프정권은 우주탐색에 많은 노력을 기울였다. 그리하여 1959년 9월 13일에 소련은 달을 향해 루니크(Lunik) Ⅱ호를 발사해 인류의 역사에서 처음으로 달 여행의 가능성을 여는 데 성공했다. 6주 뒤인 10월 27일에 소련이 발사한 루니크 Ⅲ호는 달의 뒷면을 사진촬영하는 데 성공했다. 우주탐색을 향한 소련의 노력은 계속됐다. 소련은 1961년 3월 25일에 '즈뵤즈도치카(Zvyozdochka)'란 이름의 개와 모형우주인을 태운 인공위성 코바블-스푸트니크(Korabl-Sputnik) Ⅴ호-서방에서는 스푸트니크 10호로도 알려짐-를 발사해 지구궤도를 선회시킨 뒤 그것을 무사히 착륙시켰고, 개와 모형우주인을 모두 회수하는 데 성공했다.

소련의 외계탐험은 더 큰 진전을 과시했다. 1961년 4월 12일에 만 27세의 소련 공군대위 유리 가가린(Yuri A. Gagarin)은 10,419파운드의 인조 우주비행선 보스토크 Ⅰ호(Vostok Ⅰ), 곧 동방 Ⅰ호를 타고 89.1분에 지구를 한 바퀴 순항했다. 이 우주비행선의 궤도는 최고 302.3 킬로미터에서 최저 176.2 킬로미터에 이르렀다. 가가린은 인류 최초의 우주인이 되었으며, 이로써 인류의 역사에는 우주시대가 개막됐다.

곧바로 소령으로 승진한 가가린은 당연히 소련의 영웅이 됐다. 그러나 그는 만 34세이던 1968년 3월에 시험비행을 위해 제트기를 운행하다가 추락사했다. 그는 세계의 많은 사람들이 슬퍼하는 가운데, 볼셰비키혁명의 주역들과 소련의 공산당 및 정부의 유력인사들의 묘소인 '크렘린 외벽(外壁)'에 묻혔다. 그는 오늘날까지도 러시아사람들의 높은 존경을 받는다.

가가린이 우주비행에 성공한 때로부터 4개월이 지난 1961년 8월 7일에 소련의 두 번째 우주인 티토프(Germann S. Titof)가 보스토크 Ⅱ호를 타고 25시간 17분 동안 지구를 17번 선회한 뒤 가가린이 착륙했던 장소 근처로 귀환했다. 26세였던 그는 자신이 우주에 머무르는 동안 점심식사와 저녁식사를 했으며, 비행 중 7시간 정도 잠을 잤다고 말했다.

1962년 8월 12일에 소련은 우주탐색에서 또 하나의 신기록을 세웠다. 두 개의 유인(有人) 우주비행선을 나란히 궤도에 진입시키는 데 성공한 것이다. 소련은 그 때로부터 1

최초의 우주 비행사 가가린(위)
최초의 여성 우주 비행사
테레시코바(아래)

년 안에 세 개의 유인 우주비행선으로 하여금 지구를 순항시킴에 성공했다. 그 가운데 하나에는 최초의 여성우주인인 공군중위 발렌티나 테레시코바(Valentina V. Tereshkova, 1937~)가 타고 있었다. 그녀는 보스토크 Ⅵ호를 타고 사흘 동안 지구를 48회 선회하고 1963년 6월 19일에 지구로 귀환한 것이다. 그녀는 비행 중에 흐루쇼프와 무선으로 얘기를 나누기도 했다. 1964년에는 최초의 다인(多人) 탑승 우주비행선 보스호드 Ⅰ호(Voskhod I), 곧 발흥(勃興) Ⅰ호가 지구를 열여섯 차례 순항했다.

흐루쇼프가 실각한 다음 해인 1965년 3월에 소련은 보스호드 Ⅱ호를 순항시켰다. 이때 레오노프(Aleksei Leonov, 1934~)가 보스호드 Ⅱ호 밖으로 나와 우주에서 걸음으로써 인류의 역사에서 처음으로 우주를 걸은 인간이 되었다. 이어 1966년 2월에 소련은 루나 Ⅸ호(Luna IX)를 인류의 역사에서 처음으로 달 표면에 '연착(軟着)'시킬 수 있었다. 이어 1967년에는 소련은 보다 더 복잡하고 보다 더 큰 우주선인 소유즈 Ⅰ호(Soiuz I), 곧 동맹 Ⅰ호를 발사했는데, 중앙아시아로 착륙하다가 조종사가 죽는 비극으로 끝났다. 1969년 1월에는 소련은 또 하나의 최초를 기록했으니, 그것은 우주의 궤도에서의 우주인들 사이의 랑데부, 곧 만남이었다. 소련은 1971년에는 우주비행선을 인류의 역사에서 처음으로 화성과 목성에 '연착'시키는 기록을 세운다.

소련은 자신이 이룩한 이 일련의 위업들을 국내정치에서는 물론이거니와 국제정치에서도 대대적으로 선전하면서 활용했다. 로켓과학기술에서 미국을 완전히 앞섰고, 따라서 전쟁력에서도 미국을 앞선 것으로 선전한 것이다. 그러한 선전이 얼마 동안 많은 사람들에게 특히 제3세계의 나라들에게, 큰 영향을 주었음이 사실이다.

제17장_브레즈네프정권 시기의 내부상황 (1964~1982)

흐루쇼프가 실각한 뒤 소련공산당 제1서기직을 승계한 브레즈네프(Leonid Ilyich Brezhnev, 1906~1982)는 1982년에 죽을 때까지 18년 동안 소련을 이끌었다. 브레즈네프는 드네프로드제르진스크(Dneprodzerjinsk)라는 공업도시에서 1906년에 금속노동자의 아들로 태어나 만 17세 때 콤소몰, 곧 청년공산동맹에 가입하고, 그 뒤에 우랄산맥 일대의 쿠르스크라는 곳에서 직업학교를 다녔으며, 토지조사기술자로 입신했다. 그는 모스크바에서 농업학교를 졸업했고, 곧 당원이 되었으며, 스탈린숙청 때 발생한 공석(空席)들을 메우면서 승진을 거듭했다. 그는 제2차 세계대전 때는 적군(赤軍)의 정치위원으로 우크라이나에서 일하게 되었는데, 이때 흐루쇼프의 눈에 들어서 이른바 우크라이나 마피아의 일원이 되었다. 거기서부터 출세를 거듭하게 되어 몰다비아공화국당 제1서기와 모스크바시당의 간부를 거쳐 중앙당 상임간부회 후보위원과 서기국 서기로 올랐다. 그 뒤에도 흐루쇼프의 후견 아래 중앙당 상임간부회 정위원으로, 그리고 1960년에는 국가원수로 승진을 거듭했다가 1964년에는 흐루쇼프 실각 직전에 국가원수직을 미코얀에게 내놓았다.

브레즈네프

이러한 경력을 지닌 브레즈네프가 이끌었던 이 시기는 세 개의 시기로 나뉜다. 브레즈네프를 정점으로 하는 집단지도체제의 시기, 브레즈네프의 단독적 우위가 확보된 시기, 그리고 권력계승의 경쟁이 벌어진 브레즈네프의 말기이다.

이 시기를 일관했던 브레즈네프 통치의 기조(基調)는 안정이었다. 이것은 결국 소련공산당 관료체제의 안정으로 귀착되었으며, 여기에 브레즈네프의 장기집권이라는 요인이 겹치면서 소련은 1970년대 말 이후 노인정치(老人政治) 속에서 국가 전체가 침체하는 불행한 국면을 맞게 된다. 이러한 맥락에서, 1980년대에 소련이 겪은 혼란과 방황은 이미 브레즈네프 말기에 싹이 텄다고 할 수 있다. 톰슨(John M. Thompson)이 브레즈네프의 시대를 '공산주의적 이상(理想)의 쇠퇴의 시대' 또는 '정체(停滯)의 시대'라고 단정한 까닭이 거기에 있다.

1. 집단지도체제의 시기

탈흐루쇼프화

레닌이 죽은 뒤 등장한 집단지도체제가 스탈린에 의해 쉽게 무너졌고, 스탈린이 죽은 뒤 나타난 집단지도체제 역시 흐루쇼프에 의해 빠른 시일 안에 무너졌다. 이것에 비해, 흐루쇼프가 실각한 뒤 나타난 3인 집단지도체제는, 비록 브레즈네프가 이 체제에서 그의 다른 동료들, 곧 정치국원 겸 총리 코시긴과 정치국원 겸 서기국원 포드고르니(Nikolai V. Podgorny) 보다 우위에 섰던 것은 사실이지만, 오랫동안 유지되었다.

흐루쇼프를 실각시키면서 새 지도층은 그의 '주관주의'와 '천박한 구상들'을 공격하고, 이것들과의 결별을 약속했다. 과연 새 지도층이 보여준 것은 조심과 절제였다. 흐루쇼프의 정책과는 판이한 새로운 정책들을 제시하면서도, 가령 브레즈네프 프로그램이라고 이름 붙여진, 그리하여 1인에게 연결되는 정책을 발표하는 일을 하지 않았다.

브레즈네프는 대체로 단합된 지도층의 대변자로 보이려고 노력했으며, 예컨대 새 지도층이 취한 가장 중요한 결정인 1968년의 체코슬로바키아 침공에 관해서도, 이 결정과 집행 모두가 당정치국 전체의 행동으로 표현되었던 것이다.

우선 집권 초기의 결정들로부터 살피기로 한다. 새 지도층은 흐루쇼프의 반스탈린적 입장도, 또는 그것과 반대되는 스탈린의 복권이란 입장도, 취하지 않고 그 두 가지를 절충하는 길을 걸었으면서, 정통성의 연원을 흐루쇼프도 스탈린도 아닌 레닌에게 두었다. 그러면서도 흐루쇼프와는 다른 새로운 길을 걸었다. 이것을 맥닐은 '탈(脫)흐루쇼프화'라고 불렀다.

흐루쇼프의 실각 이후 최초의 소련공산당대회인 제23차 당대회가 1966년 3월에 열렸을 때 스탈린의 복권설이 파다했다. 25명의 문인들이 스탈린의 복권에 반대하는 서한을 이 대회에 보낸 것은 그 소문이 얼마나 널리 퍼졌나를 말하는 것이었다. 그러나 대회는 스탈린의 복권조치를 취하지 않았다. 지도층은 스탈린의 복권이 시민에게 줄 정신적 충격과 시민들이 새 정권을 스탈린의 폭력정권과 동일시할 것이라는 점을 헤아렸기 때문이다. 더구나 집단지도체제를 표방하는 지도층으로서 1인통치의 상징이었던 스탈린의 복권에 대해서는 말도 꺼낼 수 없었다.

여기서 새 지도층이 택한 길은 스탈린주의자들이 주장하는 스탈린의 복권과 흐루쇼프가 추진한 스탈린의 격하 사이의 타협이었다. "스탈린이 여러 가지 과오를 저질렀던 것은 사실이다. 그러나 그에 대한 성토에는 과장이 많다. 반면에 그의 공로는, 특히 전쟁기(戰爭期)의 그의 영도력은, 크게 평가되어야 한다. 스탈린의 과오는 이미 제20차 당대회에서 '집단적으로' 청산되지 않았는가?" — 이것이 스탈린에 대한 평가의 개요였다.

타협의 표시로 1930년대를 특정지었던 스탈린의 '재판공연'과 '대숙청'의 희생자들에 대한 복권이 1964년 이후에도 계속되었다. 그 대표적 보기가 지노비예프와 카메네프 '재판공연'의 피고인이었던 스미르노프(A. P. Smirnov)였다. 다른 한편으로, 1965년에 독일항복20주년을 맞이해서는 브레즈네프 스스로가 스탈린의 지도력을 높이 평가한 논설을 발표했고, 『프라우다』는 스탈린시대를 소련공산당의 역사에서 '가장 빛나는 시대들 가운데 하나'라고 찬양했다. 이어 1970년에 이들은 스탈린의 묘를 다시 거대하고 정중하게 가꾸었다.

새 지도층은, 이와 동시에 그들이 레닌의 '정당한 후계자' 임을 과시하기 위해 일종의 '레닌숭배'를 주도했다. 1967년의 10월혁명 50주년 및 1970년의 레닌탄생 100주년은 레닌숭배의 좋은 기회로 활용되었다.

이와 더불어 흐루쇼프 프로그램의 여러 부분들이 브레즈네프와 코시긴에 의해 사실상 폐기되었다. 우선 이른바 인민주의 또는 인민주의적 이상주의에 입각한 흐루쇼프의 당개편안은 모두 폐기되었다. 이것은 쉽게 말해 당료들의 안정과 특권을 보장해주는 것을 의미했다. "당간부들을 신뢰한다"는 데서 출발한 이 조치는 당료들의 환영을 받았다. 같은 맥락에서, 중앙위원회의 공개와 속기록 보고문의 발표도 1965년부터 중단되었다. 서기국 안에 러시아사회주의연방공화국만을 전담하기 위해 1956년에 신설되었던 국(局)도 1966년에 폐지되었다.

흐루쇼프의 주요한 이데올로기적 기념비였던 1961년의 당프로그램도 조용히 격하되었다. 집단지도체제로부터 '이탈한' 한 개인은 '과오'를 저지를 수 있어도 당의 집단의지의 표현인 대회는 '과오'를 범할 수 없다는 입장에서, 그 프로그램은 공식으로 폐기될 수는 없었다. 그러나 그 프로그램은 브레즈네프와 코시긴에게는 감당하기 여려운 것이었다. 그 점은 1981년까지 공산주의를 건설한다는 조항을 상기하면 충분하다. 그뿐만 아니라, 국가기능을 인민에게 이전한다는 국가이론도 수락하기 어려운 것이었다. 또, 이 프로그램은 '평등주의'를 강조하여 고등교육기관에 입학하는 모든 학생을 일정 기간 일상적 노동에 종사하도록 규정하고 있었다. 그것은 행정과 기술 분야 엘리트의 심한 반발을 불러일으켜 흐루쇼프시대에 이미 그 의미가 희석되어가고 있었다. 이러한 이유들로 새 지도층은 흐루쇼프프로그램을 완전히 무시했다.

흐루쇼프의 옥수수재배계획도 수정되었다. 흐루쇼프는 육류와 낙농 및 달걀 생산에서 미국을 능가하기 위한 기초로 전국적인 옥수수재배계획을 세웠는데, 브레즈네프와 코시긴은 이 계획을 대폭적으로 줄인 것이다.

리베르만 이론의 등장

흐루쇼프의 말기부터 차츰 떨어진 소련의 공업성장률을 높이기 위한 방안을 놓고 여러 차례의 이론적 토론과 제한된 실험이 있었다. 이때 나온 것이 경제학자 리베르만(Yevsei G. Liberman, 1897~1983)의 이론이었다. 당시 소련경제학계의 제1인자로 알려진 넴치노프(Vasily Sergeevich Nemchinov, 1894~1964)의 알선으로 1962년 9월에 『프라우다』에 발표된 리베르만의 논문 「계획과 이윤 및 상여금」은 중앙집권적 통제경제의 요소를 시장경제의 지표에 바탕을 둔 경제계획으로 대치할 것을 제의했다.

리베르만

이 방식에 따르면, 생산에 관한 결정권을 공장경영자에 넘기고, 공장경영자는 각 생산품에 대한 요구의 바탕 위에서 생산량을 결정한다는 것이다. 아주 단순화시켜서 설명한다면, 만일 유리병에 대한 수요가 적고 잔에 대한 수요가 크면, 잔을 만드는 것이 공장에 이익을 가져온다는 주장이다. 이 점에 대해, 그는 "한 공장에 대해 이익이 되는 것은 나아가 사회 전체의 이익이 된다"고 말했다. 이러한 그의 주장은 결국 자본가계급의 노동자계급에 대한 착취의 결과로써만 발생한다고 하던 이윤을, 그리하여 공산주의자들이 배격하는 대상인 이윤을, 생산의 주된 결정요소로 삼으라는 내용이었다. 그는 개별적 공장이 자신의 이윤을 증대시키기 위해 공장의 경영자는 노동자의 이동과 심지어 해고에 관해 권한을 행사할 수 있어야 한다는 주장을 덧붙였다.

이 개혁안이 당에 미치는 영향은 자연히 클 수밖에 없었다 1차 5개년계획 이후 소련의 공업경영에서 으레 전제되었던 것은 당의 주도적 역할이었다. 당이 '이념적으로' 뒷받침해야 경제계획이 성공한다는 것이 하나의 통념이었다. 그런데 리베르만의 개혁안은 당의 주도적 역할을 상당히 감소시키는 것을 의미했다. 그러나 공업성장률의 하락은 지도층에게 중대한 문제가 아닐 수 없었다. 따라서, 새 지도층이 들어선 때로부터 11개월 만에, 특히 총리 코시긴의 역설에 의해, 이 개혁안은 채택되었다. 코시긴은 이와 더불어 1965년에 지난날 흐루쇼프가 세웠던 소브나르호지를 없애고 이 기구를 세우면서 폐지했던 중앙의 경제부서들을 부활시켰다.

브레즈네프와 코시긴은 중국과의 관계에서도, 그리고 동유럽과의 관계에서도, '탈흐루쇼프화'를 추구했다. 그러나 결국에는 다시 흐루쇼프의 길을 밟게 되는데, 이 점에 대해서는 다음 장에서 살피기로 한다.

흐루쇼프의 실각 초기 약 5년 동안에 최고권력은 몇몇 고위간부들에게 나뉘어졌다. 1964년 10월의 당중앙위원회는 흐루쇼프를 실각시킴과 동시에 당제1서기직과 총리직을 각각 다른 두 사람에게 나누어 주었을 뿐만 아니라, 두 직을 같은 사람이 겸하는 것을 금지하는 결의안을 통과시킨 것 같다. 만일 이것이 확실하다면, 이미 이 시점에 소련에서는 '권력승계의 제도화'가 이뤄졌다는 분석이 가능하다.

권력구조의 개편

포드고르니

새 지도층도 당의 제1서기가 개인적 독재권을 형성하지 못하도록 특별한 주의를 기울였다. 브레즈네프가 선전매체들을 지배하는 것이 허용되지 않았으며, 브레즈네프와 코시긴과 포드고르니 및 수슬로프의 네 명으로 중앙상임간부회 안에 비공식적인 집행위원회를 구성해 이들이 집단으로서 하나의 지도자의 역할을 수행했다.

당의 중앙상임간부회는 1966년 4월에 다시 정치국으로 개칭되는데, 1964~1969년의 기간에 브레즈네프에 부분적으로 유리하게, 부분적으로 불리하게 개편되었다. 와병이거나 노령인 코즐로프와 미코얀 및 슈베르니크의 탈락은 아마 전자에 속할 것이며, 셸레스트(Petro E. Shelest)와 셸레핀의 진출은 후자에 속할 것이다. 그들 가운데 셸레스트는 우크라이나공화국당의 제1서기로 우크라이나민족주의를 강화하면서 중앙당의 정책에 도전하곤 했다.

1966년의 제23차 당대회와 1971년의 제24차 당대회에서의 중앙위원회 개편도 흐루쇼프시대와는 달리 작은 폭으로 끝났다. 1961년에 선출된 중앙위원회 정위원의 80%는 1966년의 중앙위원회 구성 때 재선되었고, 1966년에 선출된 중앙위원회 정위원의 78%는 1971년의 중앙위원회에 재선된 것이다.

브레즈네프의 권력은 이처럼 제한되어 있었을 뿐만 아니라, 이 기간에 코시킨의 역할은 강력했다. 그는 행정부의 입장을 힘있게 표현했다. 소련정치에서 당기구를 장악하지 않고도 지도적 역할을 수행한 총리는 코시긴밖에 없다는 분석이 제시될 만큼 그는 국가의 행정기관을 중심으로 정책을 수행하려 했다. 최고정치기관으로서 당 위치의 하락이라는 문제가 제기된 것도 바로 이 시기였다.

그러나 이 시기에 권력구조에 아무런 변화가 없었던 것은 아니다. 1965년 초부터 포드고르니 측근에 대한 거세가 나타났다. 중앙당의 서기 티토프(V. N. Titov)와 『프라우다』의 편집인 루먄체프(A. M. Rumyantsev)의 거세가 그것이다. 이 해 말 포드고르니는 결국 서기국을 떠나 미코얀이 맡은 명목상의 국가원수라는 한직을 맡게 되었다. 포드고르니는 원래 흐루쇼프에게 가까웠고, 흐루쇼프를 실각시킨 궁정혁명에는 마지막 단계에서 참가했던 만큼 브레즈네프에게는 신뢰가 덜 가는 사람이었다. 또 하나의 중요한 개편은 셸레핀의 서기국 탈락이었다. 브레즈네프의 강력한 경쟁자로 간주되었던, 그리고 반체제적 인사들에 대해 강경한 조처를 취할 것을 강력히 주장하던 그는 1967년에 노조의 책임자로 전출되었다.

미코얀

이와 동시에 브레즈네프는 대체로 자신에게 가까운 우스

티노프(Dmitry F. Ustinov)와 쿨라코프(F. D. Kulakov) 및 카피토노프(Ivan V. Kapitonov)를 1965년에, 키릴렌코(Andrei P. Kirilenko)와 솔로멘체프(M. S. Solomentsev)를 1966년에, 카투셰프(K. F. Katushev)를 1968년에 각각 서기국으로 끌어들였다. 이 과정에서 그는 1966년의 제23차 당대회 때 제1서기라는 칭호 대신에 서기장(General Secretary)의 칭호를 받았다.

브레즈네프의 농업프로그램

인사의 교체를 통해서 뿐만 아니라 정책의 발의와 진흥을 통해서도 브레즈네프는 자신의 지위를 높이려고 노력했다. 그 대표적인 보기가 1965년 3월에 당중앙위원회에 제시한 새로운 농업프로그램이었다. 이 계획은 (1) 정부의 농산물 수매가격을 인상하고, (2) 집단농장의 공산품 구매가격을 낮추며, (3) 농민들에게 노령연금을 지불하고, (4) 농민들에게 최소한의 월수입을 보장하며, (5) 농업과 관개와 비료 및 농기구에 대한 정부의 투자를 늘릴 것을 약속했다. 이로써 농민들의 불만을 가라앉히려고 한 것이다. 이 계획은 동시에 도시민들에게 식품공급을 적정하게 보장할 것임을 약속했으며, 이로써 도시민들의 환심도 확보하려고 했다.

브레즈네프의 농업프로그램은 코시긴의 반발을 불러일으켰다. 코시긴은 이제는 식량문제가 해결되었다는 전제 아래 경공업 부문에 대한 투자의 증대가 필요하다고 강조함으로써 은연중에 브레즈네프에 도전하는 모습을 보였다. 두 지도자 사이에 논쟁은 계속되었다. 그러나 최종적으로는 브레즈네프의 농업프로그램이 1965년 3월에 확정되었다.

2. 브레즈네프의 우위의 시기

첫 전기 1968년

1964년 10월에 브레즈네프와 코시긴의 지도체제가 출현하였을 때 많은 사람들은, 예컨대 울프와 같은 정상급의 소련전문가조차, 소련의 권력구조에 '대공위(大空位) 시대'가 열렸으며 이 지도체제가 '과도적'일 것이라고 보았다. 집단지도체제가 브레즈네프의 우위로 '과도(過渡)'했다는 점에서 그 관찰은 옳았다고 할 수 있을 것이다.

브레즈네프의 우위는 1968년부터 시작되었고 대체로 뚜렷해졌다. 이 해에 브레즈네프의 연설문을 모은 『레닌주의자의 진로』가 출간되었는데, 흐루쇼프의 실각 이후 살아 있는 정치인의 전집이 나온 것은 이것이 처음이었다. 외교의 의전에서도 국가와 정부 대표에게로 가야 할 제1인자의 예우가 그에게 돌아갔다. 그리고 1972년에 가서 그 우위는 확고해진다.

앞에서 지적했듯이, 집권 초기에 서기국을 자파 위주로 개편한 브레즈네프는 이것을 바탕으로 1970년 이후 정치국을 다시 자파 위주로 개편했다. 1971~1973년에 세 명의 지역당 서기, 곧 모스크바시당 제1서기 그리신(Viktor V. Grishin), 카자흐스탄공화국당 제1서기 쿠나예프(D .A. Kunayev), 우크라이나공화국당 제1서기 셰르비츠키(V. V. Shcherbitsky)가 정치국 정위원으로, 로마노프(Grigory V. Romanov)가 후보위원으로 각각 발탁되었다. 서기국에서도 쿨라코프가 정위원으로 솔로멘체프와 포노마료프(Boris N. Ponomayov)가 후보위원으로 각각 발탁되었으며, 행정부에서는 국가공안위원회(KGB)의장 안드로포프(Yuri V. Andropov)와 국방장관 그레치코(A. A. Grechko) 원수 및 외무장관 그로미코(Andrei A. Gromyko)가 정위원으로 발탁되었다. 이와 동시에 브레즈네프의 지지자라고 할 수는 없는 셸레스트(Pyotr Shelest)와 보로노프(G. I. Voronov)는 탈락되었다.

브레즈네프는 또한 당중앙위원회를 인내와 자제의 전략을 통해 그에게 유리하도록 길들였다. 그 방법의 하나로 중앙위원의 수를 확대하여, 1966년에는 175명에서 195명으로, 1971년에는 195명에서 241명으로, 각각 정위원을 늘렸다. 다른 방법으로, 중앙위원회 정기회의 개회 일수(日數)를 줄임과 동시에 회의자체를 '청취회합'으로 변질시켰다.

이와 동시에 당원의 증가를 억제시켰다. 1971년에 열린 제24차 당대회를 계기로 모든 당원들에게 당증의 재교부를 신청하도록 지시하고, 상당히 많은 당원들에게 당증을 교부하지 않음으로써 당적에서 탈락시킨 것이다. 이것을 '행정적 숙청'이라고 불렀다. 이로써 그는 흐루쇼프의 대중주의로부터 엄선주의로 돌아섰다.

이 과정을 통해 소련공산당은 더욱더 관리(官吏)와 관리인(管理人)의 정당이 되었다. 다른 직업그룹에 비하여 정부의 관리들과 산업 부문의 관리자들 및 군의 장교들은 그 전체 수에 비해 훨씬 높은 비율로 당에 대표된 것이다. 이에 비해 농민의 대표율은 낮았다. 이 시점에서 화이트칼라 노동자의 25%가 당원임에 비해 농민의 경우에는 5%만이 당원이었다.

브레즈네프는 집단지도체제 안에서 우위를 확보함과 동시에 정부에 대한 당의 우위를, 특히 경제정책과 공업관리에서 당 관리의 주도를 다시 확인했다. 이에 따라 1965년에 코시긴이 주도했던 리베르만 방식의 개혁안은 중단되었다. 코시긴은 공장들 및 기업들에 대한 당의 중앙집권적 통제를 약화시키려고 했던 것인데 좌절된 것이다. 그리고 그 뒤 코시긴은 서서히 무대의 전면에서 사라지면서 모든 부문에서 브레즈네프의 정책을 찬성하는 입장을 취하게 된다.

제24차 및 제25차 당대회

1970년대에 들어서자 국제무대에서 브레즈네프가 보이는 활약은 두드러졌다. 1971년에 열린 제24차 당대회에서 행한 국제문제에 관한 그의 보고는 소련의 매체들에 의해 '평화의 프로그램'이라 불리었고, 그는 이것에 바탕을 둔 소련판 평화공세를 펼쳤다.

반복되는 느낌이 있으나, 브레즈네프가 '동료들 가운데 제1인자', 또는 '합의체의 대표'로 전면에 나타난 것은 사실이지만, 그는 스탈린과 같은 독재자의 지위에는 물론 흐루쇼프가 1958년 이후 누렸던 단독적 지휘권자의 지위에 이르지 못했다. 이 시기에 브레즈네프정권의 정치지도층은 안정과 조심과 조정으로 특정지어졌다. 흐루쇼프를 실각하게 만든 행정 및 경제 관리의 큰 변화와 재조직도 없었다. 또, 흐루쇼프처럼 마르크시즘·레닌이즘에 대한 중대한 수정도 시도함이 없이 앞 시대의 정책과 이데올로기 노선을 대체로 계승하고 있었다.

상승곡선을 그렸던 브레즈네프의 진로에도 어려움이 닥쳤다. 1973년께부터 두세 해 정도의 기간에 소련에는 악운의 날씨가 휩쓴 것이다. 여름에는 가뭄이, 그리고 겨울에는 모든 것을 말라 죽게 하는 강추위가 교대로 닥쳐왔으며, 그것들은 브레즈네프가 그렇게 강력히 추진한 농업프로그램을 사실상 망쳐놓았다.

상황은 흐루쇼프의 곤경을 연상시켰다. 농업프로그램을 추진해 권좌를 굳혔던 흐루쇼프가 결국 농업의 실패가 큰 원인이 되어 쫓겨났듯이, 브레즈네프도 비슷한 길을 걷는 것처럼 비치었다. 특히 1976년에 열린 제25차 당대회에서는 브레즈네프 프로그램 전반에 대한 회의가 제기되면서 브레즈네프의 권위가 도전을 받는 듯한 분위기마저 형성되었다. 그러나 그는 어려운 시기를 이겨내게 된다.

또 하나의 전기 1977년: 새 헌법의 채택 등

1977년은 브레즈네프의 우위체제에서 또 하나의 전기였다. 이 해로부터 약 3년 동안 브레즈네프는 자신의 추종세력을 당서기국과 연방최고소비에트 간부회에 크게 진출시키기 시작했다. 우선 반(反)흐루쇼프 궁정혁명 당시 애매모호한 태도를 취했으며, 그 이후 브레즈네프에게 달갑지 않은 인물로 남아있던 연방최고소비에트 간부회 의장,

곧 국가원수인 포드고르니를 그 직위로부터 해임시키고 자신이 스스로 그 후계자가 되었다. 포드고르니는 정치국으로부터도 해임되었다. 이로써 브레즈네프는 소련정치의 역사에서 처음으로 공산당수직과 국가원수직을 겸한 명실상부한 소련의 제1인자가 되었다. 1976년 12월의 만 70세 생일 때, 그는 '우리 당의 보즈드'로, 곧 소련공산당의 수령으로 선언되었으며, '영광스러운 일생'이 영화로 만들어졌는데, 이러한 개인숭배에 걸맞은 직위가 주어진 셈이었다.

이 해에 소련이 새 헌법을 채택했다는 것은 결코 우연이 아니었다. 1936년에 발효된 스탈린헌법을 대체하기 위한 새로운 헌법의 준비작업은 1962년부터 시작되었는데, 브레즈네프가 소련의 확실한 제1인자가 되면서 이 작업을 마무리지은 것이다.

1917년의 볼셰비키 권력장악 이후 네 번째가 되는 이 헌법은 장문(長文)의 전문(前文)과 21개 장 아래의 174개 조문으로 구성됐다. 전체적으로 보아, 이 헌법은 스탈린주의적이지도 비스탈린주의적이지도 않았다. 이 헌법은, 소련이 '모든 인민의 사회주의국가'가 되었다고 선언하고, 국가의 모든 권력을 지닌 인민들이 소비에트인민회의의 대의원들을 통해 그 권력을 행사한다고 주장했다. 이 헌법은 이어 제6조에서, 소련공산당이 소련사회를 이끌어나가고 지도하는 세력이며, 소련의 정치체제와 국가 및 공공조직들의 중핵이고, 소련 대내외정책의 일차적 형성자라고 못박았다.

이 헌법은 세 개 형태의 재산소유를 인정했다. 첫째가 국가 또는 사회주의적 소유이다. 이것은 토지와 광물과 물과 숲에 대해서는 물론이거니와, 생산의 기본적 수단들과 교통 및 체신의 수단들과 은행들 및 전기와 수도 등에 대해, 그리고 대부분의 도시 주택 및 국영 무역회사들의 재산에 대해 적용된다. 둘째가 집단농장들과 그 밖의 협동조합들의 재산이다. 셋째가 개인적 및 사적 재산으로, 일상용의 물건들과 집과 월급, 그리고 불로소득을 발생시키지 않으며 영리적으로 사용되지 않는다는 전제 아래서 허용되는 매우 작은 사경지(私耕地)에 적용된다. 국가는 '사회주의 원칙, 곧 각자의 능력에 따른 각자의 것으로부터 각자의 노동에 따른 각자의 것으로라는 원칙에 일치하게' 각자의 노동과 보상과 세금을 통제하고 결정한다.

이 헌법은 '깨어질 수 없는 동맹'을 형성하는 세 개의 사회적 그룹들을 밝혔다. '소련을 구성하는 모든 국가들과 모든 민족들의' 노동자들과 농민들 및 인텔리겐치아가 그것이다. 모든 성인(成人) 시민은 그가 종사하는 일에 따라 이 세 그룹들 가운데 어느 한 그룹에 속하며 어린이는 그를 부양하는 사람의 그룹에 속한다. 그러면 인텔리겐치아란 무엇을 말하는가? 소련당국의 공식용어로는 손으로 일하지 않는 사람을, 곧 '지적(知的) 노동'에 종사하는 사람을 의미한다. 따라서, 당과 정부의 관리, 의사, 교사, 기사, 화이트칼라 노동자, 예술인, 과학자 등은 모두 인텔리겐치아에 속한다. 이 인텔리겐치아는 서방식의 학술적 개념으로 볼 때는 다음과 같이 구별된다. 첫째가 각 직업그룹의 최고 상층부에 속하는 엘리트로, 이들은 다시 정치엘리트와 관리(管理)엘리트 및 문화적·과학적 엘리트로 나뉜다. 둘째가 일반 인텔리겐치아로, 관료 및 전문 직업인으로 나뀐다. 셋째가 화이트칼라 노동자로, 하급 서기와 기능공 및 교사가 여기에 속한다.

이렇게 제1인자로 자리를 굳히고 새 헌법을 마련함에 이어, 브레즈네프는 자신의 측근들을 승진시켰다. 예컨대, 루사코프(Konstantin Rusakov)를 서기국원으로 승진시켰고, 쿠즈네트초프(Vasily V. Kuznetsov)를 외무부 제1차관에서 연방최고소비에트 간부회 제1부의장으로 승진시켰으며, 탸젤니코프(Ye. M. Tyazhelnikov) 콤소몰 책임자를 중앙위원회의 선전부장으로 발탁했다.

정부기관들에서도 브레즈네프의 추종자들의 진출이 두드러졌다. 1978년 말에, 콘스탄틴 마주로프(Konstantin Mazurov)는 당정치국원직과 그가 10년 이상 유지한 제1부총리직으로부터 해임된 반면에 브레즈네프와는 1920년대의 학생시절부터 가까운 친구였던 니콜라이 티호노프(Nikolai Tikhonov)가 정치국 후보위원직과 제1부총리직으로 승진했다. 당시 코시긴 총리의 건강이 좋지 않았음을 고려할 때, 티호노프의 제1부총리직 승진은 내각에 대한 브레즈네프의 영향력이 더욱더 커졌음을 의미하는 것이었다.

이 시기에 역시 브레즈네프의 측근인 콘스탄틴 체르넨코(Konstantin Chernenko)가 정치국 후보위원에 올랐던 때로부터 불과 19개월 만에 정치국 정위원으로 승진했다. 이 무렵 총리 코시긴이 와병해 1980년 가을에 은퇴했다가 그 해 12월에 사망하자, 제1부총리 티호노프가 그의 후임이 됨과 동시에 정치국 정위원이 되었다. 제1부총리직에는 아르히포프(Ivan Arkhipov)가 승진했으며, 부총리직에는 보디울(Ivan Bodiul)이 승진했다. 이 브레즈네프 측근자들은 브레즈네프의 정치적 고향인 드네프로페트로프스크 또는 몰다비아에 연관된 사람들이 대부분이었다.

이처럼 단독적 우위자(優位者)로 이어 제1인자로 부상하면서, 브레즈네프는 네 차례에 걸쳐 당대회를 주도했다. 1966년의 당대회, 1971년의 당대회, 1976년의 당대회, 그리고 1981년의 당대회가 그것들이다.

3. 브레즈네프 말기의 권력상황

안정성의 유지

브레즈네프에게로의 권력집중이 이뤄지는 과정에서 다음의 몇 가지 특정들이 나타났다. 첫째, 브레즈네프는 어느 특정인이 자신의 뚜렷한 후계자로 간주될 수 있는 인상을 남길 인사조치를 취하지 않았다.

둘째, 브레즈네프는 인사에서의 급격한 변화를 회피하고자 했다. 앞에서 살폈듯이, 승진을 거듭한 집단이 있었던 것은 사실이지만, 스탈린방식의 숙청에 의해 목숨을 잃거나 아니면 자리를 잃는 일이 없도록 배려했고, 또 흐루쇼프 방식의 제도개편으로 중앙의 고관이 지방전출을 강요당하는 일도 발생하지 않도록 노력했다. 특히 당간부들의 안정성 확보에 많은 힘을 쏟았다. 그 결과 소련의 정치체제는 기본적으로 안정성을 획득할 수 있었다. 이러한 배경에서, 영국의 친노동당 일간지 『가디언(*Guardian*)』은 브레즈네프가 사망한 직후 "브레즈네프가 자신의 나라를 위해 추구했던 목표와 그리고 자신이 정말로 성취했다고 주장할 수 있는 유산을 표현하는 단어가 하나 있다면 그것은 안정성이다"라고 논평했다.

권력의 계승을 둘러싼 암투

그러나 1976년에 70세의 고령에 도달한 브레즈네프가 질병에 시달리게 되면서 그의 사망 또는 퇴진이 예고되기 시작했고, 이와 더불어 권력투쟁의 조짐이 나타나기 시작했다. 무엇보다 1982년 1월에 당정치국의 중요한 실력자이면서 1급 이론가로서 크렘린의 권력투쟁에 대해 상당한 발언권을 가진 수슬로프가 79세를 일기로 사망하자 브레즈네프의 후계경쟁이 재촉되었다.

후계투쟁의 징후들은 우선 브레즈네프의 딸 갈리나 추르바노바(Galina Churbanova)가 관련된 소문으로 나타났다. 그녀의 친구로서 소련정부의 곡마단 분야 행정책임자인 콜레바토프(Anatoly Kolevatov)가 권력을 이용해 뇌물을 받아 축재한 혐의로 수사를 받고 있다는 소문이 모스크바에 나돌기 시작했으며, 많은 사람들은 이 소문이 브레즈네프의 위신을 실추시키려는 세력에 의해 조직적으로 유포된 것으로 보았다. 이와 더불어 소련공산당 기관지 『프라우다』는 2월 22일자의 독자기고란과 논평을 통해 분명히 브레즈네프 집안을 암시적으로 비판하는 내용의 글들을 내보냈다.

『프라우다』는 여기서 멈추지 않았다. 3월 1일의 이 신문은 유명한 곡마단 곡예사인 니쿨린(Yury Nikulin)과의 회견을 큰 기사로 내보냈는데, 여기서 니쿨린은 콜레바토프와 그 주변을 은유적으로 공격한 것이다. 거기에는 브레즈네프에 대한 은유적 비판도 엿보였다. 그리하여 이 기사의 행간을 깊이 음미하는 당과 정부의 고위관리라면 이 글이 브레즈네프의 위신을 깎아내리고, 동시에 그의 퇴진을 요구하는 세력에 의해 쓰인 것임을 간파할 수 있었다.

크렘린 내부에서 권력투쟁이 전개되고 있다는 조짐은 3월 12일자 『프라우다』의 한 기사에 명백히 드러났다. 장문의 이 기사의 주인공은 한 가상적인 지방당의 서기이다. 국영농장을 이끄는 이 성실한 당서기가 어느 날 부패에 관련되었다는 혐의로 서기직에서 쫓겨난다. 그러자 국영농장의 훌륭한 공산주의자들이 그의 결백을 입증해주고 상부기관에 재심을 요청한다. 상부기관은 재조사를 통해 그의 결백을 인정하고 복직을 명한다. 이 과정에서 그의 반대파들은 그가 '건강상의 이유로' 당서기직을 감당하기 어렵다는 의사들의 진단서도 제출한다. 그러나 상부기관은 그가 당위원회에 의해 '만장일치'로 서기직에 선출됐던 사실을 상기시키면서, 그의 해임은 오직 당위원회에 결정될 수 있다고 판정한다.

그러면 이 기사와 의도하는 것은 무엇인가? 결론부터 말해, 이 기사는 브레즈네프에 대한 옹호로서 3월 1일의 은유적 공격에 대한 반격이었다. 이 기사는 1981년에 열린 제26차 소련공산당대회에서 '만장일치로' 서기장에 선출된 브레즈네프는 오직 당중앙위원회에 의해서만 해임될 수 있음을 은근하게 강조한 것이었다.

이러한 기사들은 확실히 권력의 승계를 위한 내부투쟁이 암암리에 전개되고 있음을 말해 주었다. 그러면 그 투쟁의 주역들은 누구였는가? 우선 수슬로프가 죽은 뒤 소련공산당에서 사실상의 부당수로 등장한 체르넨코를 지적할 수 있었다.

시베리아의 크라스노야르스크(Krasnoyarsk) 지역에서 농민의 아들로 태어난 체르넨코는 공식적인 학교교육은 받아 본 일이 거의 없고, 하급수준에서의 실무경험도 쌓지 않았다. 브레즈네프에게 충실한 추종자로서 몰다비아 파벌에 속한 그는 1976년 3월 이후 당중앙위원회의 총무부장 겸 서기국의 서기로 당정치국의 정기회의에 자료를 제공하며, 따라서 정책집행에 막강한 영향력을 행사하는 지위를 차지해왔다. 1977년 10월에 정치국 후보위원을 겸했으며, 1978년 11월에는 정위원으로 승진했다. 1982년 3월에는 소련노동조합개편대회를 주재했고, 그 이후 『프라우다』는 여러 차례에 걸쳐 그의 활동을 크게 보도하면서 그가 군사·경찰·농업·외교 분야에서 서기장직을 사실상 대행하고 있음을 시사했다. 1981년 9월의 70세 생일에, 브레즈네프에 의해 '지칠 줄 모르는 사람'이라는 칭찬을 받았던 그가 대내외의 관측자들에게 브레즈네프의 사실상의 후계자로 추정되기 시작한 것은 이 무렵이었다.

체르넨코 다음의 실력자로서 체르넨코의 권력계승에 저항적이었던 지도자가 바로 안드로포프였다. 그에 대해서는 다음 장에서 자세히 다루기로 하고, 여기서는 그에 이어 제3자로 지목됐던 키릴렌코에 대해 살피기로 한다.

공업경영 및 공산권경제 분야의 서기국원이던 키릴렌코는 오랫동안 브레즈네프의 후계자로 손꼽혔다. 키릴렌코의 연설문이나 논설을 종합컨대, 1982년 당시 75세의 이 엔지니어출신 지도자는 중앙계획 틀 속에서의 경제개혁을 지지했던 것 같다. 체르넨코와는 달리 그는 공업 분야에서의 물질적 보상을 중시했으며, 각 공장에게 더 많은 자율권을 주어야 한다는 입장을 취했다. 대외문제에서 그는 자본주의국가들과의 관계개선을 옹호했다. 그러나 극적인 정상회담의 외교방식은 소련시민의 정신상태를 해이하게 할 염려가 있으므로 회피해야 한다고 주장했다. 중국에 대해서는 브레즈네프와 마찬가지로 일종의 공포증을 지녔던 것 같다.

한편, 대내통치에 대해서는 강경파로서 스탈린시대에 대한 비판세력을 비난하고 노동기율위반자들을 엄하게 다룰 것을 주장함으로써, 이른바 법과 질서의 문제에서 수슬로프와 항상 제휴한 것으로 믿어졌다. 아마도 키릴렌코의 이러한 입장이 브레즈네프와의 균열을 가져오게 했을 것이다. 그는 소련내부에서 발생하는 노동자들의 소요나 반발 또는 소수민족의 정치적 발언권 요구 등에 대해, 그리고 폴란드의 자유화운동에 대해 브레즈네프보다 더 강경한 조처를 옹호했던 것으로 보였다.

이 세 당료들 다음으로 주목된 경쟁자가 국방장관 우스티노프였다. 볼가지역 쿠이비셰프(Kuibyshev)의 노동자집안에서 태어난 그는 주로 군수산업에서 자신의 경력을 쌓았으며, 따라서 일선사령관의 경험은 없었다. 소련 해군포병학교를 졸업하고 레닌그라드의 조병창장으로 승진한 뒤 곧 투카체프스키 원수의 주목을 받아 그의 후원 아래 성장했다. 투카체프스키는 1937년에 스탈린에 의해 숙청되나, 우스티노프는 스탈린의 신임을 잃지 않아 군수 분야의 정치위원이 되었고 곧 군수장관으로 승진해 나치의 소련침공 당시 군수산업을 우랄지역으로 소개하는 과업을 성공적으로 마쳤다. 그 뒤에도 군수장관(1941~1953), 군수산업장관(1953~1957), 부총리(1951~1963), 제1부총리 겸 국가경제최고회의의장(1961~1965) 등으로, 주로 군수 분야를 전담해 원자폭탄과 백파이어폭격기 및 우주탐사계획 등에 깊이 관여했다.

'민간인 군인'으로 불리는 우스티노프의 정치적 진출은 브레즈네프 체제와 더불어 열렸다. 1965년에 당서기국원으로 발탁됐으며, 1976년 4월에 마침내 정치국원으로 승진하면서 국방장관이 되었다. 이로써 그는 당과 정부 및 군부에 걸쳐 막강한 영향력을 행사하게 됐으며, 『프라우다』에 의해 1979년 6월 29일에 '당과 국가의 주요 인물'로 찬양되기에 이르렀다.

4. 소련의 국내외적 어려움

권력투쟁이 전개되던 상황에서 소련의 국내외적 여건은 어떠했는가? 결론부터 말해, 소련은 국내외적으로 여러 가지 어려운 문제점들을 안고 있었다. 소련을 하나의 거대한 병자로 묘사하는 이도 있었거니와, 그것이 설령 과장이었다고 해도 소련이 상당한 어려움에 빠졌던 것은 사실이었다. 그 어려운문제들 가운데 우선 국내적 문제들을 구체적으로 열거하기로 한다.

소수민족들의 저항

첫째, 다민족국가로서의 소련은 주요한 소수민족들이 보다 큰 정치적 발언권을 요구하는 데 따른 문제를 안고 있었다. 이 가운데 특히 중앙아시아의 회교도들로부터의 압력이 가장 컸거니와, 소수민족들이 제기하는 문제는 투자의 분배나 경제적 지방분권화 및 정치적 민주화 등에 걸쳐 있었다.

그들의 요구들에 대해 브레즈네프체제는 매우 엄격하게 대처했다. 특히 에스토니아, 라트비아, 리투아니아, 우크라이나, 아르메니아, 그루지아, 아제르바이잔, 카자흐스탄 등 8개 구성공화국들에서는 숙청과 탄압이 끊이지 않았으며, 이 점은 우크라이나에서 제일 심했다. 우크라이나의 경우에는, 1967년에 체포된 반소 및 반체제 지식인 초르노빌(Vyacheslav Chornovil)의 재판을 계기로 젊은 지식인들을 중심으로 하는 저항이 확산되었다. 이것을 우크라이나공화국당이 제대로 통제하지 못한다고 판단한 브레즈네프는 1973년에 공화국당 제1서기이며 중앙당 정치국원인 셸레스트를 그 두 직위에서 해임하고, 셰르비츠키를 그의 후임으로 발탁했는데, 셰르비츠키는 상황을 어느 정도 통제함에 성공하였다.

유대인들의 저항도 매우 거셌다. 이 무렵 그들의 수는 대체로 2,500,000명이었다. 그들의 일부는 극동의 비로비잔(Birobizhan)에 자치기구를 형성하고 살았지만 나머지는 흩어져 살았다. 그들은 예배와 교육에서 제약을 받거나 심지어 박해를 당하자 자신들의 문화적 전통과 유산을 자랑스럽게 내세우면서 이스라엘로 이주하는 것을 허용하라고 강력히 요구했다.

1970년대 초에 소련당국은 그들의 이주요구를 받아들였다. 그러나 교육 수준이 높은 그들의 집단적 이주를 우려하면서 허가하지 않기 시작했다. 이에 맞서 출국이 지연되거나 금지된 유대인들은 -이들은 흔히 영어로 리퓨즈니크(refusenik)라고 불렸다- 해외유대인들과 공동으로 이주요구를 운동의 수준으로 확대시켰다. 소련당국은 당황해 그들의 상당수를 각자의 직장에서 쫓아내기도 하고 투옥하기도 했지만 소용이 없었다. 이에 소련당국은 1979년을 기점으로 그들을 단계적으로 출국시킴으로써 유대인저항의 확산을 막았다.

소수민족들의 인종적 저항에 못지않게 심각한 저항은 종교적 저항이었다. 유대인들은 유대교를, 리투아니아사람들은 가톨릭을, 우크라이나사람들은 합동동방가톨릭교로 번역되는 우나아트(Uniate Churoh)를, 그리고 투르크사람들은 회교를, 각각 내세우면서 신앙의 자유를 달라고 요구했다.

그들 뿐만이 아니다. 러시아사람들은 러시아사람들대로 러시아정교가 권력의 통제로부터 해방되어야 한다고 주장했다. 특히 러시아정교의 성직자들 가운데 일부는 러시아정교의 영향력을 축소시킨 1961년의 법령을 폐기시키거나 크게 수정하기 위해 우선 총주교 알렉세이를 상대로 싸웠다. 알렉세이는 그들의 요구를 거부했으나, 그들은 굽히지 않았다. 알렉세이가 1971년에 죽자 정부는 공작(工作)을 통해 정부에 순종적인 피멘(Pimen)이 총주교로 선출되게 했다. 그러나 정부는 성직자들에 탄압으로만 대응할 수 없어 그들의 요구들 가운데 일부는 받아들였다.

반체제지식인들의 저항

둘째, 반체제지식인들의 성장이다. 스탈린 사후의 '해빙'과 더불어 작가들은 인간을 강조하거나 소비에트정치를 비판하는 소설들을 발표하기 시작했는데, 브레즈네프 때 가장 강력한 비판적 문인은 솔제니친이었다. 그는 1968년에 『첫 서클 : 연옥』과 『암 병동』을 유럽에서 출판한 데 이어, 1973년에 『수용소열도(收容所列島)』로 번역되는 『아르히펠라그 굴라그』를 역시 유럽에서 출판했는데, 이 책들은 스탈린체제에 대해서 뿐만 아니라 소비에트체제에 대한 날카로운 비판이었다. 그는 1970년에 노벨문학상을 수상한다. 테르츠(Abram Tertz)라는 필명 아래 『재판은 시작되다』 등의 소설을 쓴 시냐프스키(Andrei Sinyavsky)와 아르자크(Nikolai Arzhak)라는 필명을 쓴 시인 다니엘(Yuri Daniel) 역시 문학활동을 통해 소비에트체제를 비판했다.

사하로프

이어 1960년대 말부터 극소수의 용기 있는 작가들과 학자들을 중심으로 반정부운동이 나타나기 시작했다. 그 가운데 가장 대표적인 것의 하나가 1969년에 사학자 야키르(Pyotr Yakir)가 조직한 민권수호행동그룹이며, 다른 하나는 1970년에 국제적인 핵물리학자 사하로프(Andrei Sakharov)와 찰리제(Valery Chalidze)가 조직한 인권위원회이다. 사하로프는 우크라이나 출신의 유대인 샤란스키(Natan Sharansky)의 도움을 받았으며, 이 운동의 공로로 1975년에 노벨평화상을 받았다. 이 단체들은 물론 비공식적으로 조직된 것이며, 가입자가 많은 것도 아니었다. 또 이들 밖에도, 예컨대 저명한 유전학자 조레스 메드베데프(Zhores Medvedev)와 역사학자 로이 메드베데프(Roy Medvedev), 그리고 『소련은 1984년까지 존속할 것인가』를 쓴 아말리크(Andrei Amalik)처럼 조직 밖에서 정부를 비판하는 지식인들과 '동조자들'이 있었다.

브레즈네프정권은 이들에 대해 비밀경찰을 통해 대체로 세 가지 방법을 썼다. (1) 형사소추와 이에 따른 강제노동, 혹한지로의 유형, 불충분한 급식 등이었다. 시냐프스키와 다니엘은 재판과 투옥에 처해진 대표적 보기였다(1966년). 샤란스키 역시 재판과 투옥 및 시베리아로의 유형에 처해졌다(1977년). 사하로프는 유배의 대표적 보기가 됐다(1980년). 대부분의 반정부운동가들은 이 방법에 의해 규제되며, 시민에게 주는 위협적 효과가 크다고 당국은 판단했다. 반정부운동가들의 지하신문『시사(時事)』는 피의자 또는 피고인에 대한 당국의 비인도적 '만행'을 열거하고 이를 규탄했는데, 정부가 이 『시사』를 탄압하지 않는 까닭은 그것이 오히려 시민에게 당국에 대한 공포감을 증가시키기 때문인 것으로 풀이됐다.

(2) 정신병동으로의 강제입원이었다. 당국은 오직 정신적으로 병든

사람만이 '공산주의가 좋은 것을 모르고' 체제를 비판한다는 논리를 취했다. 조레스 메드베데프와 같이 탁월한 세계적 학자를 정신병동에 넣었을 때에는 과학자들의 반발이 너무 커서 풀어주지 않을 수 없었다. 그러나 '저명하지 못한 탓에' 주의를 끌지 못하고, 그대로 약물치료를 받고 폐인이 되는 경우도 많았다.

(3) 외국으로의 추방, 또는 해외이주의 허용이었다. 이 방법은 두뇌유출의 우려와 반소비에트인사를 소련경찰이 통제할 수 없는 지역으로 보내는 모험이 따르기는 하나, 강제노동소나 정신병동에 넣기에는 너무 저명한 인사들을 국내인들과 절연시킨다는 이점이 있어 활용되었다. 1974년에 솔제니친과 아말리크를 추방한 것이 그 대표적인 보기들이었다.

이러한 억압적 분위기를 견디지 못해 스스로 조국을 등지고 서방으로 탈출하는 이들도 나타났다. 그들 가운데 가장 널리 알려진 이는 스탈린의 하나밖에 없는 딸인 스베틀라나 알릴루예바(Svetlana Alliluyeva, 1926~2011)로, 그녀는 인도를 거쳐 1967년 4월에 미국에 정착했다. 많은 사람들이 보는 앞에서 소련여권을 찢어버린 데 이어, 『친구에게 보내는 스무 통의 편지』를 통해 소련을 격렬하게 비난함으로써 소련에게 큰 충격을 주었다. 그러나 그녀는 1984년에 소련으로 돌아가서는 미국을 거세게 비난했다. 그렇지만 소련에서도 정착하지 못한 그녀는 잠시 영국에 머물다가 다시 미국으로 돌아가 거기서 별세했다.

그녀에 이어 레닌그라드 키로프발레단의 세계적 발레리나인 마카로바(Natalya Makarova)가 1970년에 영국으로, 같은 발레단의 세계적 무용가인 바리시니코프(Mikhail Baryshnikov)가 1974년에 캐나다로, 공군중위 벨렌코(Viktor Belenko)가 자신의 미그 25기와 함께 1976년에 미국으로, 그리고 소련의 고위외교관 셰브첸코(Arkady N. Shevchenko)가 1978년에 미국으로 각각 망명했다. 비슷한 시기에, 세계적 첼리스트 로스트로포비치(Mstislav Rostropovich,

로스트로포비치

1927~2067)와 영화감독 타르콥스키(Andrei Tarkovsky) 그리고 체스의 세계챔피언 스파스키(Boris Spassky) 등이 해외로 망명했다. 이들의 망명은 소련의 비인도적 체제에 대한 소련지식인들의 불평과 불만이 늘어나고 있음을 입증했다.

체제내부로부터의 개혁의 요구

셋째, 반체제세력으로부터는 아니지만 체제 안으로부터 제기되는 소련정치체제에 대한 개혁의 요구였다. 소련의 정치체제를 보다 민주화해야 한다는 주장이 체제내부로부터도 대두되었던 것이다. 예컨대, 부텐코(Anatoly Butenko) 같은 이는 노동자에 의한 공업의 자치적 경영과 대의제도의 개선을 강력히 주장했으며 사회과학원 철학과장 부를라츠키(Feodor Burlatsky)는 국가의 많은 기능을 공공기관으로 이양하는 형태로서의 국가소멸을 주장했고, 당중앙위원회 사회주의국가부 부부장 샤흐나자로프(Georgy Shakhnazarov)는 정치체제의 개혁을 연구하기 위해 정치학의 연구와 정치학연구소의 설립을 제창했다. 샤흐나자로프는 국가소멸에 관해서는 말하지 않았지만 후보들이 지명되는 과정은 민주화되어야 하며 정보정책이 완화되어야 한다고는 명백히 주장했다.

물론 이러한 주장들이 체제 자체에 직접적인 압력을 주지는 않았다. 그러나 소련의 정치체제를 개혁해야 한다는 주장은 차차 표면화되었으며, 이러한 정책쟁점들은 당고위층에게 부담을 주었다.

국방비부담의 증가

넷째, 소련의 대외관계와 국방정책 전반에 걸친 문제점들이었다. 이 문제점들에 대해서는 다음 장에서 자세히 살피겠지만 여기서 개관하건대, 우선 미국과의 데탕트는 1962년의 쿠바미사일사건 이후 가장 저조한 상태에 머물렀고, 중국과의 관계는 브레즈네프 말기에 와서 '무조건 화해'를 제의함으로써 새로운 접근의 국면이 열릴 때까지는 악화되었다.

제3세계에 대한 소련의 개입은 소련에게 팽창정책의 비난만 높여주었을 뿐 거의 아무런 대상(代償)을 받아내지 못했다. 무엇보다 1979년에 시작된 아프가니스탄 침공과 그것에 따른 무력점령은 소련에게 상당한 외교적·군사적·경제적 부담이 되었다. 미국이 베트남에서 곤경을 치렀던 그 전철이 되풀이된 셈이었다. 한편, 폴란드사태가 말해주었듯이, 동유럽권의 탈소노력은 꾸준히 나타났는데, 그것에 대한 소련의 견제력은 차츰 한계를 드러낼 뿐이었다. 아프가니스탄문제와 폴란드문제 때문에 베트남에 대한 지원마저 감소시켜야 할 입장이었다.

이러한 대외상황과 직결되어 있는 문제가 국방비의 규모에 관한 것이었다. 브레즈네프 말기에 와서 브레즈네프 스스로 핵전쟁에서 반드시 승리해야 한다는 발상은 '위험스러운 광기'라고 주장함으로써, 핵전쟁에서의 필승을 위해 국방비를 증액해야 한다는 군부 강경파의 주장을 간접적으로 견제했다.

브레즈네프의 입장은 체르넨코의 연설이나 논설을 통해 되풀이되었다. 예컨대, 1981년 4월의 레닌탄생기념일에 브레즈네프는 핵전쟁이 모든 인류에게 위협을 제기하고 있다고 주장하고, 인류가 총체적으로 파멸될 수 있는 핵전쟁의 위협에 대해 경고한 것이다. 핵전쟁에 대한 이러한 인식은 원래 스탈린 사후 말렌코프에 의해 공식 제기되었었다. 그러나 말렌코프적 인식은 이단으로 여겨졌는데, 이제 브레즈네프와 체르넨코에 의해 옹호되었으며, 이에 따라 당중앙위원회가 발행하는 대외관계 소책자에 의해서도 반복되었다. 그러나 군부는, 예컨대 1981년 7월에 발표된 육군 참모총장 오가르코프(Nikolai Ogarkov)원수의 논문을 통해, 인민들에게 전쟁의 위험이 제기하는 위협을 지나치게 과장하지 말고 상세하게 잘 설명해 주는 것이 당의 의무라고 주장하면서 국방비를 삭감하려는 움직임에 쐐기를 박았다.

경제성장의 하강

다섯째, 경제에서의 문제점들이었다. 국방정책에 직결된 분야가 바로 경제였다. 브레즈네프는 1973년에 '공업연합'의 형성을 통해 산업을 관리하는 기구들을 재편성하면서 분권적 시장제도의 요소를 도입했으며, 그렇게 함으로써 생산성을 높이려고 했다. 그러나 각 지표의 성장률은 1967년을 정점으로 하강하는 경향을 보여, 1970년대에는 1~2%로 내려앉았고, 1980년대 초에는 0%를 기록했다. 특히 과중한 국방비의 부담으로 브레즈네프 체제는 경제적 미궁에 빠져들었다. 폴란드공산당 출신으로 미국에 정착한 비앨러(Seweryn Bialer) 교수가 소련의 1980년대를 '가혹한 10년'이라고 부르면서 "1980년대에 소련은 스탈린 사후 최악의 시기를 경험하게 될 것이다. 성장률은 최저에 이를 것이며, 주민들은 생활수준의 정체 또는 하강을 각오해야 할 것이다. 사회주의체제의 안정성 그 자체가 문제될 것이다"라고 말했던 것도 그 때문이다. 같은 취지에서, 미국의 저명한 소련경제전문가 골드먼(Marshall Goldman) 교수는 "경제의 모든 부문에서 문제들이 있다. 소련인들은 자신들이 무엇을 위해 혁명을 했는가라는 생각을 하게 될 것이다. 그들은 혁명이 과연 가치있는 것이었느냐고 반문할 것이다"라고 말했다.

브레즈네프의 통치 말기의 문제로 가장 무거운 것은 확실히 국내의 경제문제였다. 공장관리제도와 농업제도를 포함한 경제제도 전반에 대한 노동자와농민의 반발은 결코 적지 않았던 것이다. 국영기업의 부패도 큰 문제로 제기되었다. 이러한 분위기에서 '제2경제'라고 불린 반(半)합법적 암시장이 성황을 이뤘다.

여기에 소련은 1980년 이후 연속 3년의 흉년으로 1981년 한 해에 4,600만톤의 밀을, 곧 전체 소비량의 20%를, 무려 70억 달러를 지불하면서 수입하지 않으면 안 되었다. 소련의 주요 수출품인 원유값도 내려가서, 1981년 한해 동안 서방에 대한 외환적자는 40억 달러에 이르렀다. 이 격차를 메우기 위해 소련은 250톤의 금을 팔아 30억 달러를 확보해야 할 처지였다.

물론 소련경제가 붕괴의 위기에 처하지는 않았다. 서방에 진 빚 80억 달러는 1조 5천억 달러 규모의 소련경제에 비추어 큰 문제일 수 없었다. 또, 소련인은 역경을 잘 이겨낸 역사적 기록들을 가졌다. 그러나 그러한 경제적 곤경 아래서 국방비를 삭감하지 않았기 때문에, 또 동유럽에 대한 영향력을 유지하기 위해 동유럽에 대한 재정적 지원을 계속했기 때문에, 일반국민의 소비생활은 커다란 어려움에 직면했던 것이다.

5. 소련의 사회와 문화

그러면 브레즈네프정권의 시기에 소련의 사회와 문화는 어떠했던가? 톰슨(John M. Thompson)의 설명을 들어보기로 한다.

소련의 사회를 말하는 일은 국민적 성격의 변화를 말하는 일로부터 시작해야 한다. 1978년대 이후에 소련의 성인들은 다음과 같은 특정들을 가졌다. 첫째, 제2차 세계대전에 대한, 그리고 스탈린의 공포 정치에 대한 기억을 지닌 세대는 줄어들고 그러한 기억을 갖지 않은 세대는 늘어났다. 전자는 대체로 브레즈네프정권의 보수주의에 불편을 느끼지 않았으나 후자는 변화를 기대했다. 특히 후자는 공산주의를 신봉하기보다는 실용주의에 기울었다.

둘째, 해외에 대해 많은 것들을 알게 되었다. 특히 40세 이하의 국민들은 서방세계에 대해 많이 알게 되었으며, 서방의 자본주의국가들을 부러워했다. 셋째, 도시에 사는 사람들이 농촌에 사는 사람들보다 훨씬 많았다. 전체 성인들 3명 가운에 2명 정도가 도시에 살았으며, 도시에 산다는 것 자체가 신분의 상승과 사회적 위신을 의미했다. 특히 모스크바와 레닌그라드에 산다는 것만으로 높은 사회적 인정을 받았다.

넷째, 교육수준이 그 이전 시대에 비해 크게 향상되었다. 이것은 사람들로 하여금 일정한 자격을 획득해 거기에 상응하는 직업과 직장을 얻어 안정과 위신을 누리며 살고 싶어하게 만들었다.

다른 한편으로, 소련은 사회적으로 여러 문제점들과 심지어 병폐들을 안고 있었다. 첫째가 알코올중독이었다. 1980년대에 성인의 약 10%가 알코올중독자들이었다. 그들은 쉽게 범죄를 저질렀으며 가정을 소홀히 했다. 알코올중독은, 또 비록 중독까지는 아니라고 해도 과음은, 직장에서 작업 능력과 능률을 크게 떨어뜨렸다. 둘째, 범죄가 늘어났다. 국유재산의 절취, 폭력, 그리고 훌리가니즘(hooliganism)이라고 불린 청소년비행 등이 그 대표적 보기 들이었다. 셋째, 이혼율이 높아졌다. 넷째, 남녀차별이 여전해서, 좋은 직장은 대체로 남성들이 차지했으며 여성의 임금은 평균적으로 남성의 그것 보다 낮았다.

그러면 이 시기의 소련의 문화와 예술은 어떠했던가?

1980년대를 기준으로 삼아 개관한다면, 소련에서 대다수 국민들은 텔레비전과 영화 및 대중음악을 선호하고 있었다. 특히 모든 가정 가운데 약 90%가 텔레비전을 가졌기 때문에 그것이 주는 영향은 참으로 컸다. 시청자들은 대체로 영화와 유행가를 좋아했다. 대다수 국민들은 또 축구와 아이스하키와 같은 스포츠를 좋아해 경기장으로 몰려들곤 했다. 서커스는 언제나 인기있는 종목이었다. 영화는 여전히 인기가 있었다. 1980년에 개봉된 「모스크바는 눈물을 믿지 않는다」는 아마도 스탈린 이후의 시대에 가장 많은 관객을 동원했을 것이다. 공상과학과 첩보활동에 관한 영화들도 인기를 끌었다. 대중음악에서는 배우이면서 소련사회의 부패와 위선을 공격하는 내용의 노래들을 부른 비소츠키(V1adimir Vysotsky)가 유명했다. 코미디언으로는 사회비평에 능숙한 라이칸(Arkady Raikan)이 가장 많은 사랑을 받았다. 소설에서는 트리포노프(Yuri Trifonov)의 『제방 위의 집』이 높은 문학성을 보였다. 소련 정보원들의 활동과 미국 중앙정보부의 음모에 관한 추리소설들은 언제나 잘 팔렸는데, 세묘노프(Yulian Semyonov)의 『봄의 열 일곱 순간들』이 널리 읽혔다. 미국과 영국을 비롯한 서방세계의 문학작품들도 번역되어 널리 익혔다.

제18장_브레즈네프정권 시기의 외부상황 (1964~1982)

브레즈네프정권의 소련외교는 흐루쇼프정권의 소련외교로부터 그 추구하는 목표에서나 행태에서 크게 다른 점들이 거의 없었다. 브레즈네프는 흐루쇼프가 보여주었던 스타일과는 무척 다른 스타일을 유지했지만, 그는 자신이 전임자가 걸었던 길을 대체로 따라갔다.

소련의 정치와 특히 외교에 밝은 콜럼비아대학교 노기(Joseph L. Nogee) 교수에 따르면, 브레즈네프정권의 외교는 세 시기로 나누어 살필 수 있다. 첫 번째 시기는 1964년부터 1968년까지의 시기이다. 이 시기는 흐루쇼프의 정책을 그대로 답습한 시기로, 따라서 이 시기의 정책은 흐루쇼프정책과의 '광범위한 계속성'을 보였다. 두 번째 시기는 1969년부터 1979년까지의 10년이다. 이 시기는 문자 그대로 긴장완화의 시기였다. 세 번째 시기는 1979년 말부터 1982년까지의 약 3년에 해당되는 시기이다. 이 시기에 긴장완화는 깨어지고 '새로운 냉전' 또는 '제2의 냉전'을 경험하게 된다.

1. 브레즈네프 외교의 제1기

미국과의 관계

이 시기에 소련은, 흐루쇼프시대의 소련이 그렇게 했던 것처럼, '소련의 기본적 이익을 희생함이 없이 미국과의 긴장완화를 추구하는 것'을 자신의 외교에서 일차적 목표로 삼았다. 그렇기 때문에, 소련의 미국과의 관계는 긴장완화를 지향하면서도 대결시대의 유산을 청산하지는 못했다. 바꾸어 말해, 긴장완화의 전개에 대한 한계를 분명히 설정하는 요인들이 두 나라 사이에는 여전히 존속했다.

그 첫 번째 요인은 전략무기 경쟁이었다. 두 나라는 모두 이 경쟁을 제한하기 위한 협상의 필요성을 느끼고 있었다. 마침 이 협상을 개시시킬 수 있는 중요한 계기가 마련되었으니, 1967년 6월에 아랍국가들과 이스라엘 사이에 일어난 중동전쟁에서 미국과 소련이 보인 협조적인 자세였다. 예컨대, 소련은 자신이 오랫동안 아랍국가들의 '혁명적' 성격을 찬양했고, 또 아랍국가들로 하여금 반제통일전선을 구축하도록 고무했는데도 이 전쟁에서 아랍국가들을 전폭적으로 지지하지는 않았다. 이제 세계국가로 성장한 소련이 '아랍친구들' 때문에 이스라엘을 전폭적으로 지원하는 미국과의 직접적 대결을 불러일으킬 수 있는 행동을 취하기는 어려웠던 것이며, 오히려 미국과는 워싱턴과 모스크바 사이에 가설된 핫라인을, 곧 긴급연락전화를 처음으로 사용하면서까지 협조를 유지했다. 소련은 그 연장선 위에서 국제연합 총회에서는 아랍국가들이 반대하는데도 서방권과 더불어 휴전요청안에 찬성했던 것이다.

소련의 이러한 태도에 고무된 미국의 존슨(Lyndon B. Johnson) 대통령은 마침 중동에 관한 국제연합의 비상회의에 참석하기 위해 뉴욕에 머무르던 소련의 코시긴 총리와 뉴저지주의 글래스버러(Glassboro)에서 사흘 동안 정상회담을 가졌다. 그러나 중요한 합의는 이룩되지 않았

드골

으며, 그리하여 두 나라 사이의 전략무기경쟁은 계속되었다.

그 두 번째 요인은 베트남을 둘러싼 미국과 소련 사이의 군사적 갈등이었 다. 미국의 베트남에 대한 군사적 개입이 차츰 높아지면서 소련은 북베트남에 대한 군사적 지원을 늘린 것이다. 우선 코시긴 총리는 1965년 2월 6일에 북베트남의 수도 하노이를 방문하고 북베트남의 국가원수 호치민과 회담했으며, 그 이후 소련은 1965년 한 해 동안만 해도 약 550억 달러 상당의 군사원조를 제공했다.

그 세 번째 요인은 나토와 바르샤바조약기구 사이의 군사적 대결이었다. 소련은 나토의 약화와 서유럽주둔 미군의 철수를 실현시키기 위해 상당한 노력을 기울였던 것이며, 미국은 이에 맞서 나토의 강화에 주력했던 것이다. 이 대결에서 소련은 뜻밖의 지원자를 만났다. 프랑스의 드골(Charles De Gaulle, 1890~1970) 대통령이 그 사람이다. 그는 서방세계에 대한 미국의 지도력에 회의를 품은 동시에 '대서양으로부터 우랄산맥까지'에 '프랑스지배의 유럽'을 세우려는 야망을 가졌다. 그리하여 그는 1966년 3월에 나토탈퇴를 발표한 데 이어 6월에 소련을 방문하고 미국의 베트남개입을 비판함과 아울러 프랑스와 소련 사이의 경제협력에 관한 협정에 서명한 것이다.

이러한 분명한 한계점들이 존속했지만 그러나 소련과 미국 사이에는 우호적인 분위기가 서서히 조성되고 있었으며, 특히 존슨과 코시긴 사이의 글래스버러 회담은 그러한 우호적인 분위기의 조성에 이바지한 점들이 적지 않았다. 이러한 분위기 속에서 1967년 7월 1일에 두 나라 사이에 비핵협정이 체결되었으며, 소련은 '아주 가까운 장래에' 방어 및 공격 무기체계의 제한에 관한 협상을 시작할 용의가 있음을 밝혔다. 8월에는 그 협상을 10월에 모스크바에서 시작할 것을 제의하면서, 그것을 위해 존슨 대통령이 소련을 방문해줄 것을 요청했다. 그러나 우리가 앞으로 살피게 될 1968년 여름의 소련의 체코슬로바키아 침공은 그러한 방향으로의 진전을 가로막았다.

중국과의 관계

우리는 앞에서 브레즈네프 외교의 제1기의 특성을 흐루쇼프정책과의 계속성이라고 지적했다. 이 점은 중국에 대한 정책과 동유럽에 대한 정책 및 제3 세계에 대한 정책에서도 그대로 나타났다.

우선 중국과의 관계를 보면, 소련은 처음에는 마치 국내정치에서 '탈(脫) 흐루쇼프화'의 길을 걸었듯이 중국과의 관계에서도 '탈흐루쇼프화'를 추구하려고 했다. 마오쩌둥사상에 대한 솔직한 비판자였으며 세계공산당대회를 소집하여 중국공산당을 파문'하려 했던 흐루쇼프와는 달리, 브레즈네프와 코시긴은 집권과 더불어 중국공산당을 비방하는 선전을 일단 중단하고 중국과의 관계를 개선하려고 한 것이다. 그리하여 코시긴은 1965년 2월 5일에 베이징에서 저우언라이(周恩來: 주은래, 1898~1976) 총리와 회담하고 두 나라 사이의 관계개선을 제의했다.

중국으로서도 소련과의 관계를 개선하려는 입장을 취했다. 브레즈네프가 흐루쇼프를 대체한 그 다음 날 최초의 원자폭탄 실험에 성공한 중국은 몇 주 뒤에 저우언라이 총리를 소련에 보내 소련의 새 지도층과 회담하게 하고 분쟁의 조정을 시도한 것이다. 그렇다고 해서 중국의 입장이 조금이라도 달라진 것은 아니었다. 중국은 중국의 견해에 타당한 이데올로기적 합의를 주장했으며, 군사 및 경제원조 문제에서의 소련의 양보를 요구한 것이다. 한편, 소련은 1965년 4월에 중국에 대해 소련이 북베트남을 군사적으로 원조하는 데 필요한 비행장의 사용을 포함한 몇 가지 요구를 제시했으나 거절당하자, 기분이 상할 수밖에 없었다.

이 시기부터 소련과 중국 사이의 관계는 다시 나빠지기 시작했으며, 소련은 흐루쇼프시대의 중국정책을 재생시키기에 이르렀다. 1966년부터 상호비방이 재개되었는데, 그것은 1966년 3월 29일부터 4월 8일까지 모스크바에서 열린 소련공산당 제23차 대회를 중국공산당이 거부한 것을 계기로 본격화되었다. 마침 이 해부터 중국에서는 문화대혁명이 시작됐다. 극좌적이며 광란적이기까지 한 이 소동은 소련의 눈에 '마르크시즘·레닌이즘의 심각한 변질'로 비쳤으며, 이에 따라 세계공산당대회를 통해 중국공산당을 '파문'하려던 흐루쇼프 공식이 모스크바에 다시 나타났다. 공산권에서의 양대 거인의 대결은 1969년 3월에 우수리(Ussuri)강 연변에서 전바오다오(珍寶島 : 진보도)–소련이름으로는 다만스키(Damansky) –를 두고 전쟁하기 직전의 국경충돌로까지 발전했다. 탈흐루쇼프화에서 출발하여 다시 흐루쇼프의 길을 밟은 셈이다.

동유럽과의 관계

이와 비슷한 유형을 동유럽과의 관계에서도 찾을 수 있다. 흐루쇼프는 그의 집권과 더불어 동유럽에 대한 스탈린식의 억압적 통제를 버리고 동유럽 각국의 자발적 협력을 통해 소련의 지배권을 손상받지 않으면서 소련과 동유럽 사이의 결속을 시도하려고 하였다. 그러나 그 결과는 폴란드와 헝가리에서의 민중봉기, 알바니아의 중국으로의

체코슬로바키아 침공(소련군 탱크를 에워싼 프라하 시민들)

기울어짐, 루마니아의 자주노선 표방 등으로 나타났다.

브레즈네프와 코시긴은 집권과 더불어 '더욱 착실하고 합리적인 방법'을 통해 동유럽을 결속시키려고 했다. 1968년 초에 체코슬로바키아에서 개혁주의적 공산주의자들이 스탈린주의자인 체코슬로바키아 공산당 제1서기 노보트니(Antonin Novotny)를 추방했을 때에도 그들은 묵인했다. 그러나 알렉산드르 둡체크(Aleksandr Dubcek)가 이끄는 새 지도층은 스탈린은 물론 레닌을 비판할 뿐 아니라, 복수정당제와 경쟁적 정치체제를 제의했고, 소비에트 마르크시즘에 정면 도전하는 '인간의 얼굴을 가진 사회주의(Socialism with human face)'를 표방했다. 이 '인간의 얼굴을 가진 사회주의'야말로 동유럽나라들이 소련에서 벗어나 새로운 길을 걸을 수 있는 이념적 대안이었다.

이러한 상황에서, 브레즈네프와 코시긴은 결국 흐루쇼프의 헝가리 방식을 되풀이하지 않을 수 없었다. 1968년 8월에 소련은 바르샤바조약기구군(동독, 폴란드, 헝가리, 불가리아는 참가, 루마니아는 불참)의 '일원'으로 체코슬로바키아를 침공해 개혁정책을 중단시켰고, 후사크(Gustav Husak)를 중심으로 친소적 새 정부를 세우도록 했다.

『프라우다』는 "공산주의정부는 자국 인민에 대해서 뿐만 아니라, 국제공산주의운동 전반에 대해 책임이 있다. 공산당은 마르크시즘·레닌이즘의 기본 원칙으로부터 벗어날 수 없으며 만일 그러한 공산당이 있으면, 다른 사회주의국가들은 과오를 범하고 있는 공산당을 바로 잡기 위해 무력으로 개입할 권리가 있다"는 취지의 논리로써 그 침공을 정당화했다. 브레즈네프는 1968년 11월에 열린 폴란드공산당 제5차 대회에 참석해 같은 취지로 연설했으며, 서방세계는 그것을 '제한주권론' 또는 '브레즈네프독트린'이라고 명명했다.

동유럽국가들 그리고 자본주의국가들의 공산당들은 모두 반발했다. 특히 중국공산당은 매우 거세게 반발했다. 중국공산당은 소련이 경우에 따라서는 중국에 대해서도 무력침공을 시도할 수 있을 것으로 내다본 것이다.

제3세계와의 관계

제3세계에 대한 정책에서는 처음부터 끝까지 흐루쇼프의 정책을 뒤따랐다. 언술(言述)로는 제3세계의 후진국가들을 이념적으로 고무시켜 반제와 반미의 길을 걷도록 유도하려는 자세를 보이기는 했으나, 그렇다고 하여 이 나라들에 대해 경제적으로나 물질적으로 크게 도와주지는 못했으며, 더구나 이 지역국가들의 문제를 놓고 미국과 대결하겠다는 생각은 전혀 갖지 않았다. 거듭 말하거니와, 브레즈네프와 코시긴에게도 미국과의 관계가 소련외교의 일차적 관심대상이었던 것이며. 제3세계와의 관계는 매우 부차적인 관심대상에 지나지 않았던 것이다.

2. 브레즈네프외교의 제2기

1969년, 냉전사의 전환점

국제정치학자들은, 미국의 저명한 냉전사학자 개디스(John Lewis Gaddis) 교수가 지적했듯이, 1969년을 냉전사에서 주요한 전환점으로 파악한다. 왜냐하면, 이 해에 주요 강대국들 모두에서 동시에 국내적 상황이 데탕트를 지향하는 방향으로 바뀌었기 때문이다.

우선 소련을 보자. 이 해에 소련은 그토록 오랫동안 추구한 미국과의 전략적 대등성(對等性)이라는 목표를 달성했다. 이것은 소련으로 하여금 본격적으로 데탕트를 추구할 수 있는 심리적 바탕을 마련해 주었다. 또, 소련의 공업 및 농업 문제의 해결에는 미국의 지원이 필요하며 따라서 미국과의 경제협력이 요청된다는 결론에 도달했다. 중국에서는 문화대혁명이 끝나가고 있어서 합리적인 대외정책의 추구가 가능해졌다. 특히 이 해에 발생한 우수리강변에서의 중국과 소련 사이의 무력충돌은 중국으로 하여금 미국과의 제휴를 통해 소련을 견제하지 않으면 안 된다는 현실을 직시하게 했다.

키신저

미국에서는 미국의 대외정책을 완전히 재구성하려는 공화당 출신의 리처드 닉슨(Richard M. Nixon) 대통령과 헨리 키신저(Henry A. Kissinger) 대통령 국가안보보좌관 조(組)가 등장했다. 베트남과 더 나아가 인도차이나에 발이 묶여 국제적으로 난처한 입장에 빠졌을 뿐만 아니라, 국내적으로도 반전운동이 격화되어 국민적 합의가 깨어진 미국을 새로운 방향으로 이끌기 위해서는 대외정책에서의 큰 전환이 필요하다는 것을 깊이 인식하는 새로운 지도층이 등장한 것이다. 종합해 말해, 미국과 소련 및 중국 모두에서 새로운 대외정책을 추진하려는 국내구조가 형성된 것이다.

'새로운 국제질서', 곧 데탕트구조의 안정화를 위한 본격적인 주도권을 행사한 것은 미국이었다. '평생의 반공주의자'이던 닉슨이 "소련과의 대결의 기간 뒤 이제 우리는 협상의 시대에 들어가고 있다"고 선언하면서, 소련 및 중국과의 관계개선을 추구하기에 이르렀던 것이다. 다음에서 강대국관계의 변화과정을 살피기로 한다.

미국과의 데탕트 성립

우선 미국과의 관계가 어떻게 변화했는가를 개괄하기로 한다. 닉슨과 키신저는 새로운 대소정책을 정립하면서 세 가지 점에 유의했다. 첫째, 미국과의 전략적 대등성을 확보한 소련은 자신이 취할 대미정책을 결정짓지 못하는 느낌을 주었다. 흐루쇼프가 그랬듯이, 미국을 무력공격하지는 못하는 대신에 서유럽을 '인질'로 잡고 협박하는 이른바 인질외교의 길을 택할 것인지, 또는 보다 자신을 갖고 두드러진 현안들의 해결을 위한 의미 있는 협상에 들어갈 것인지를 결정하지 못함으로써 일종의 불확실성을 보여주는 것 같았다.

여기서 닉슨과 키신저는 소련이 후자로의 길로 들어서도록 유도하는 것이 바람직하며, 또한 가능하다고 보고 전략무기제한협상(Strategic

Arms Limitation Talks, SALT)의 개최를 시도했다. 닉슨과 키신저가 이처럼 소련과의 본격적인 데탕트를 결심한 바탕에는 미국이 전략적 우위를 계속해서 유지하기 어렵다는 판단이 깔려 있었다. 소련이 이미 이룩한 미국과의 전략적 대등성을 깨뜨리고 미국의 전략적 우위를 유지하려면 상당한 규모의 예산을 투입해야 하며, 설령 전략적 우위를 되찾는다고 해도 그것이 소련의 핵공격에 대한 확고한 보장이 되지 못할 뿐 아니라 소련이 곧 다시 대등성을 회복할 것이라고 보았던 것이다.

따라서, 닉슨과 키신저는 '전략적 충분'으로써 만족하고자 했으며, 여기서 소련과 전략무기제한협정을 성립시켜야 할 필요성을 발견했던 것이다. 소련도 미국과의 데탕트로 기울었다. 소련이 오랫동안 추구해 온 미국과의 전략적 대등성을 미국이 공식적으로 인정하는 것으로 판단한 브레즈네프는 미국의 새 정책을 받아들였다. 이에 따라 1972년 5월에는 닉슨의 역사적인 방소와 더불어 1970년대 최초의 미·소정상회담이 열렸고, 5월 29일에 「미국과 소련 사이의 관계에 관한 기본원칙들」이라는 문서에 두 정상이 서명했다. 여기에 기초해 (1) 제1단계 전략무기제한협정(SALT I), (2) 전략적 공격무기의 제한에 관한 몇 가지 조처들에 관한 잠정협정, (3) 우주에서의 공동랑데부에 관한 협정, (4) 질병과 환경 문제에 공동대처하는 데 대한 협정, (5) 두 나라 사이에 장기간에 걸친 상업적 및 경제적 유대를 계획하기 위한 공동사업위원단의 창설을 촉구하는 협정 등이 체결되었다.

최초의 미·소 정상회담. 브레즈네프(좌)와 닉슨(우)

둘째, 소련은 자신이 고질적인 경제적 난국에 처해 있었으며, 이것의 근본적 극복을 위해서는 미국을 포함한 서방과의 긴장완화 및 폭넓은 접촉이 필요하다는 점을 깨닫고 있었다. 소련의 고질적인 경제적 난국이 물론 1960년대 말과 1970년대 초에 새로이 조성된 것은 아니었다. 미국과의 전략적 대등성을 이룩하기 위해 방대한 예산을 국방비에 투입함으로써 경제 각 부문의 균형있는 발전은 이루어질 수 없었고, 서유럽과의 경제적 및 기술적 접촉이 극도로 제한된 상태에서 그 격차는 차차 더 크게 벌어졌다.

그런데 이 시점에 와서 소련의 정치지도층은 이 격차를 좁히지 않고는 소련은 안보면에서도 뒤지게 될 뿐만 아니라, 체제의 유지에도 어려움이 따를 것임을 절감하게 되었다. 1971년의 제24차 소련공산당대회가 소비에트정권의 역사에서 처음으로 중공업보다 소비생활 수준의 향상에 역점을 둔 5개년계획을 지지한 것은 이러한 인식의 한 표현이었다. 닉슨행정부는 소련의 이러한 경제에 있어서의 새로운 방향설정에 호의적으로 대응했다. 무역과 투자 또는 차관 및 기술제휴 등 여러 형태로 두 나라 사이의 경제적 및 기술적 협력을 증대시키고자 한 것이다.

셋째, 이 시점에 와서 국제공산주의운동의 분열은 불변의 것이 되었다. 중국과 소련 사이의 이념분쟁은 마침내 무력충돌의 수준으로까지 발전했으며, 소련의 침공가능성을 두려워 한 중국은 오히려 미국과의 제휴를 필요로 하게 되었고, 소련은 미국과 중국의 제휴가 반소동맹으로 귀결될 가능성에 대해 적잖게 우려하기에 이르렀다. 닉슨과 커신저는 이것을 이용해 1972년 2월 하순에 닉슨의 중국방문과 마오쩌둥과의 회담이라는 역사적 사건을 성사시켜 중국과의 관계를 극적으로 개선했으며, 또 소련으로 하여금 미국의 요구에 보다 유연히 반응하도록 만들었다. 실제로 닉슨의 중국방문 이후 독일문제를 포함한 유럽의 안전과 군축 문제 등에서 소련은 보다 협조적으로 바뀌었다.

데탕트의 한계

소련과 미국이 모두 데탕트의 원칙에 합의한 것은 사실이지만 데탕트의 개념에 대해서는 합의한 것이 없었다. 그것은 아마도 합의의 대상이 될 성질의 것이 아니었을 것이다. 1973년 이후의 두 나라의 관계는 확실히 두 나라의 데탕트관(觀)에는 차이가 있었음을 보여주었다.

결론부터 말해, 소련은 데탕트를 두 나라 관계에 국한시켰으며, 특히 두 나라가 핵전쟁의 위험에 빠지는 것을 회피하는 수단으로 여기는 경향을 보여주었다. 따라서, 두 나라가 직접적으로 개입되어 있지 않거나 두 나라가 핵전쟁의 위험에 빠질 염려가 없다고 판단하는 분쟁에서는 데탕트의 정신을 미국이 기대하는 만큼 발휘하지 않았다.

그 첫 보기가 1973년 10월 6일에 시작된 이집트와 시리아의 이스라엘공격이었다. 48시간 전에 알고 있었는데도 소련은 이것을 미국에 알려주지 않았으며, 이집트와 시리아로 하여금 이스라엘과의 휴전에 도달하도록 영향력을 행사하지도 않았다. 그뿐 아니라 미국과 소련이 마련한 휴전안을 이스라엘이 깨뜨리자, 브레즈네프는 중동에 미국과 소련의 공동평화군을 파견할 것을 제의하면서, 만일 미국이 협조하지 않을 경우 소련은 단독으로 행동하겠다고 통고했다. 닉슨은 강대국을 제외시킨 국제연합평화군의 파견을 제의하면서 소련의 단독행동이 데탕트를 위협할 수 있다고 비난했다. 그러나 교전당사자들 사이의 휴전협상이 진전되자 긴장은 완화되었고, 두 나라는 데탕트를 다시 다짐했다.

그 둘째 보기는 베트남이다. 소련은 미국이 '명예로운 후퇴'를 할 수 있도록 아무런 도움을 주지 않았다. 그 셋째 보기는 모잠비크(Mozambique)와 앙골라(Angola)이다. 1974년에 아프리카의 마지막 제국인 포르투갈 '제국(帝國)'이 무너져 그 식민지인 모잠비크와 앙골라에 권력의 공백이 나타나자, 소련은 이 지역의 마르크시스트세력을 적극 지원해 친소정권이 수립되도록 유도했다. 특히, 이 과정에서 쿠바 '용병'을 사용했다.

데탕트가 자신들의 기대를 충족시키지 못했다는 불만은 소련으로부터도 제기되었다. 그 가장 주요한 불만의 원천은 경제관계였다. 간단히 말해, 소련이 데탕트의 대가로 기대한 만큼의 차관이 주어지지도 않았고, 교역의 확대가 이루어지지도 않았다고 본 것이다. 여기에는 소련과의 무역확대를 소련의 인권상황에 연계시킨 미국의 입장이 관련되어 있었다. 예컨대, 1973년 9월에 미국의 연방상원은 소련이 반체제인사들을 탄압하는 것을 경고하면서 소련과의 무역확대에 제동을 걸었다. 비슷한 시점에, 미국의 연방상원에서 강력한 영향력을 행사하던 상원의원 잭슨(Henry M. Jackson)은 소련이 소련 안에서 사는 유대인의 해외이주를 허용하지 않는 경우 미국은 소련과의 무역을 제한해야 한다는 취지의 무역법 개정안을 제출했는데, 잭슨-배닉(Jackson-Vanik) 수정안으로 확정된 이 안은 1974년 12월에 의회를 통과했다. 소련의 국내정치에 대한 미국의 내정간섭을 비난하던 소련은 마침내 두 나라 사이에 협의되어온 경제협력안을 전면 거부했다. 구체적으로, 소련은 1975년 초에 미국과의 상업조약을 취소했다. 이에 따라, 이미 줄어들던 두 나라 사이의 무역은 더욱 줄어들었다.

브레즈네프와 포드

이러한 상황에서도 데탕트체제를 안정화시키려는 두 나라 사이의 노력은 계속되었다. 1973년 6월에 브레즈네프는 미국을 방문했으며, 이것에 따른 닉슨 대통령과의 정상회담에서는 「핵전쟁 위험 감축 선언」이 채택됐고, 1974년 6월의 닉슨 방소에 따른 정상회담에서는 「지하핵실험 규모축소와 방어용 미사일망 동결에 관한 협정」이 체결됐다. 브레즈네프는 닉슨의 후임자 포드(Jerald Ford) 대통령과 1974년 11월에 블라디보스토크에서 정상회담을 갖고 제2단계 전략무기제한협정(SALT II)의 기본원칙에 합의했다.

헬싱키선언의 채택

소련은 1975년 7월에 유럽 국가들 및 캐나다, 그리고 미국과 더불어 핀란드의 수도 헬싱키에서 「유럽에서 안전과 협력에 관한 회의

(Conference on Security and Cooperation in Europe, CSCE)」를 열고 「헬싱키선언」을 채택하기도 했다. 모두 35개국이 참가한 이 회의는 유럽에서 제2차 세계대전을 끝맺는 평화회의의 성격을 갖는 것으로, 소련이 오랫동안 추구해온 것이었다. 한편 이 선언은 '현존하는 국경의 불가침과 내정의 불간섭 및 주권존중' 등에 집단적으로 서약함으로써, 소련의 동유럽지배를 사실상 합법화했다.

이 사실 때문에 솔제니친을 비롯한 많은 반소적 지식인들은 "이 선언은 동유럽을 소련에 팔아버린 문서이다"라고 비난했다. 그러나 이 선언에는 소련제국을 안으로부터 뒤흔들 조항이 포함됐다. 그것은 소련과 동유럽의 인권상황을 정기적으로 점검한다는 조항으로, 이 조항에 근거해 사하로프는 헬싱키감시위원회를 발족시켰고 소련정부의 인권탄압을 공격했다.

데탕트의 약화

1974년 여름에 닉슨이 워터게이트사건으로 대통령직에서 물러가고 그 뒤를 이은 포드행정부의 말기부터 미국과 소련 사이의 데탕트가 위협받고 있다는 비판이 미국 안에서 거세게 일어났다. 이러한 분위기 속에서, 1977년 1월에 인권외교를 강조한 민주당의 카터(Jimmy Carter) 행정부가 출범하고 소련에 대해 비판적인 미국의 대표적 소련전문 정치학자 브레진스키가 대통령의 국가안보보좌관으로 발탁되자, 미국의 대소정책은 커다란 변화를 나타내기 시작했다. 곧, 소련과의 관계를 미국의 대외정책의 테두리 안에서 '덜 중심적인 지위'로 격하시키고 소련의 고립을 추구했으며, 소련의 인권상황에 대한 공격을 강화한 것이다.

이로써 데탕트는 긴장을 보이기 시작했다. 그것은 1977년 봄에 카터행정부의 발족 이후 처음 열린 두 나라 외무장관의 회담에서 잘 나타났다. 미국 국무장관 밴스(Cyrus Vance)와 소련 외무장관 그로미코(Andrei Gromyko)는 제2단계 전략무기제한협정(SALT Ⅱ)에 아무런 돌파

SALT II에 조인하는 카터(좌)와 브레즈네프(우)

구를 찾지 못했던 것이다.

이와 때를 같이하여 소련과의 관계에 대한 미국 국내정치의 개입은 더욱 깊어졌다. 미국의 보수세력은 키신저가 추구했던 데탕트정책이 결국 미국에게 불리한 방향으로 전개된 것이 아니냐는 강한 반발심리를 갖게 되었고, 소련에 대해 보다 강경한 자세를 회복해야 한다는 소리를 높인 것이다.

사실 미국의 보수파가 데탕트에 의혹을 갖게 된 데는 그럴 만한 이유가 있었다. 아프리카에서의 소련의 개입주의가 그것이다. 브레즈네프가 제25차 소련공산당대회에서 전세계의 민족해방운동을 지원하겠다고 다짐한 대로 아프리카의 민족해방전쟁에 관여해 앙골라와 에티오피아 및 중동의 남예멘에 친소정권을 수립하는 데 성공했으며, 이어 1978년 말에는 공산주의 아래 통일된 베트남과 우호협력조약을 맺고 캄란(Cam Ranh)만 일대를 사실상 자신의 해군기지로 만들어 소련세력의 동남아시아 진출에 중대한 돌파구를 열었던 것이다.

그러나 브레즈네프의 시각으로는, 1977년과 1978년 사이에 데탕트는 크게 약화되었으며, 소련에 대한 '새로운 형태의 포위'가 형성되었다는 결론에 이르게 되었다. 키신저의 데탕트정책으로부터 벗어나려는 카터행정부의 등장, 미국의 부추김 아래 1978년 여름에 현실화된 반소적 성격을 지닌 일본과 중국 사이의 평화우호조약의 성립, 유럽을 상대로 무기공급을 포함한 경제유대의 강화를 추구하는 중국의 움직임, 외교관계의 수립을 향한 미중관계의 급속한 진전, 그리고 1979년 1월 1일자로 현실화된 미중외교관계의 수립 등은 확실히 브레즈네프를 의혹에 빠뜨렸다.

더구나 1978년과 1979년 사이 동아시아에는 반소적 성격이 짙은 미·일·중의 삼각협력관계가 출현했다. 1980년 5월에 있었던 중국 총리 화구펑(華國鋒 : 화국봉)의 방일과 이것에 따른 일·중정상회담, 그리고 역시 1980년 5월에 있었던 진비아오(耿飇 : 경표) 중국 부총리의 방미와 이것에 따른 브라운(Harold Brown) 미 국방장관과의 회담은 이 체제를 굳혀주는 데 크게 이바지히는 것으로 비쳤다. 이러한 상황에서 1979년 6월에 빈에서 미국과 소련 사이에 정상회담이 열렸고 제2단계 전략무기제한협정(SALT Ⅱ)에 서명했으나, 그 결과는 미국과 중국 사이의 관계개선에 반비례해 미국과 소련 사이의 데탕트는 저조했음을 보여주었다.

유럽과의 관계

이 시기에 소련이 추진한 유럽정책은 여러 측면에서 상당한 열매들을 거두었다. 앞에서 이미 지적했듯이, 소련이 강력한 제창자요 진흥자로서의 역할을 수행한 유럽안보협력회의는 유럽의 현상(現狀)을 동결시킴으로써 동유럽에 대한 소련의 '종주권'을 다시 확인시켰다. 이로써 소련은 유럽에 대한 후고(後顧)를 버리고 중국문제에 전념할 수 있게 되었다.

그러나 그 회의가 채택한 이른바 헬싱키선언은 (1) 소련을 포함한 선언의 서명국들이 모두 인권을 존중해야 하고 정보의 자유로운 유통을 보장할 것을 요구했으며, (2) 이 요구가 제대로 실천되고 있는지를

미테랑

점검하는 국제회의를 1977년 6월에 유고슬라비아의 수도 베오그라드에서 열 것을 약속했다. 이에 따라 열린 베오그라드회의는 아무런 결론을 내리지 못한 채, 후속회의를 1982년과 1983년 사이에 스페인의 수도 마드리드에서 갖는다는 데 합의했다. 이러한 조항들은 소련의 반체제운동과 동유럽의 자유화운동을 촉진시키는 중요한 이념적 원천이 된다.

소련의 프랑스와의 우호적 관계는 드골의 후계자들 아래서도 잘 유지되었다. 1970년에 퐁피두(Georges Pompidou) 대통령이, 1975년에는 지스카르(Giscard D'Estaing) 대통령이, 각각 소련을 방문했으며, 1976년과 1977년에 각각 브레즈네프 서기장이 프랑스를 답방했다. 이러한 우호적 관계는 그 이후 악화되는데, 그 주요한 원인은 프랑스의 공업 및 방위 기밀을 불법적으로 확보하려는 소련 정보기관의 광범위한 활동이 노출된 데 있었다. 그리하여 프랑스정부는, 그것도 미테랑(François Mitterand, 1916~1996) 대통령이 이끄는 사회당정부는, 1983년에 프랑스주재 소련 외교관 47명을 추방하기에 이른다.

소련의 프랑스와의 우호적 관계는 서독의 소련 접근을 촉진시키는 한 요인이 되었다. 1969년부터 1973년까지 서독의 총리직을 맡았던 사회민주당 당수 브란트(Willy Brandt)는 동방정책(Ostpolitik)을 표방하고 소련에 대한 과감한 화해정책을 추구한 것이다. 그 결과로 (1) 1970년 8월에는 소련과 서독 사이에 우호 및 협력에 관한 조약이, (2) 1970년 12월에는 서독과 폴란드 사이에 우호에 관한 조약이, (3) 1971년 9월에는 미국·영국·프랑스·소련의 4대국 사이에서 베를린에 관한 조약이, 그리고 (4) 1972년 12월에는 동독과 서독 사이에 기본관계조약이 각각 체결되었는데, 이 모든 조처들에서의 일차적 승리자는 소련이었다. 소련은 자신의 중국과의 관계가 매우 긴장된 시점에 유럽의 심장부에서 안전을 확보했으며, 모든 관계국들에게 동유럽의 국가들을 대표해 협상할 권리를 가진 당사자는 바로 소련임을 과시했고, 서독의 자본과 자원 및 기술에 대한 접근을 획득했던 것이다. 소련의 서독과의 우호적 관계는 브란트의 후계자인 슈미트(Helmut Schmidt) 총리 아래서도 계속되었다.

중국과의 관계

그러면 이 시기에 소련의 중국과의 관계는 어떠하였는가? 앞에서 이미 부분적으로 암시되었듯이, 공산권 양대 거인의 관계는 그 이전 시기에서와 마찬가지로 계속해서 나빠졌다.

1969년 3월의 국경충돌이 낳은 극도의 긴장을 완화하기 위해 이 해 9월에 코시긴 총리는 중국을 찾아가 저우언라이 총리와 (1) 두 나라 사이의 국경을 안정시킬 것, (2) 모스크바와 베이징 사이에 핫라인을 개설할 것, 그리고 (3) 상호비방을 완화할 것 등에 합의했다. 이 회담에 이어 두 나라 사이에는 여러 차례 회담들이 열렸으나 실제로는 거의 아무런 진전이 없었다.

한편, 소련이 중국을 외교적으로 고립시키려고 노력하는데도, 중국은 1971년에는 미국과의 관계개선에 합의하고 중화민국 곧 대만을 추방하는 조건 아래 국제연합에 가입해 상임이사국의 지위를 차지했으며, 1972년에는 닉슨의 중국방문을 실현시키고, 상하이에서 닉슨 대통령과 저우언라이(周恩來) 총리 사이의 공동성명을 발표했을 뿐만 아니라 일본과의 복교를 성공시켰다. 이에 맞서 소련은 미국과 일본 및 서유럽의 주요 국가들에 대한 외교를 강화하면서 중국의 진출을 견제하려고 했다. 소련의 이러한 노력은 큰 효과를 얻지 못했으며, 오히려 특히 국제연합에서 중국과의 논쟁을 격화시켰다.

닉슨과 저우언라이

1976년에 저우언라이와 마오쩌둥이 차례로 죽자 소련은 이것을 중국과의 관계를 개선하는 계기로 삼고자 했다. 그러나 중국은 미동도 하지 않았다. 두 경우 모두 소련의 조문조차 거절했다. 1977년에 국경 문제에 관한 합의를 끌어내기 위한 회담이 재개되었으나 교착으로 끝났다. 1979년에 소련과 중국 사이의 관계를 더욱 악화시키는 사건들이 일어났다. (1) 중국과 미국 사이의 공식적 외교관계 수립, (2) 중국과 통일베트남 사이의 큰 규모의 국경충돌, 그리고 (3) 소련의 아프가니스탄 침공이 그것들이다.

아프리카와의 관계

그러면 이 시기에 소련의 제3세계정책은 어떠하였는가? 이 물음에 대답하기 위해 우선 강조해야 할 점은 이 시기에도 그리고 브레즈네프 외교의 제3기에서도, 소련외교의 일차적 관심은 미국과의 관계와 중국과의 관계 및 유럽과의 관계 등에 집중되었다는 사실이다. 간단히 말해, 소련 대외정책의 일차적 관심지역은 '유라시아 대륙'이었다. 여기서, '유라시아 대륙'이라고 할 때, 소련과 접경하지 않은 아시아국가들은 제외된다. 이 비접경(非接境) 아시아국가들과 아프리카국가들 및 라틴 아메리카국가들은 소련의 대외정책에서 낮은 순위를 받았던 것이다.

이러한 전제 위에서, 이 시기의, 그리고 브레즈네프 외교의 제3기의, 소련의 제3세계정책을 살피기로 한다. 우선 소련 팽창정책의 대표적 지역처럼 말해진 아프리카로부터 살피기로 한다. 아프리카에 대한 소련의 접근이 일종의 '도약 단계'에 들어선 것은 1974년 이후이다. 이 해 4월 25일에 남아프리카의 앙골라에서 전개된 민족해방운동이 마침내 500년 이상의 포르투갈 식민지배체제를 붕괴시켰는데, 이 시점까지 소련은 마르크시스트적인 앙골라해방인민운동(MPLA)을 제한적인 범위 안에서만 지원했었다. 앙골라의 해방과 더불어 포르투칼은 아프리카로부터 철수했다. 그 결과 앙골라 주변의 기니비사우(Guinea-Bissau)와 모잠비크(Mozambique) 등지에서도 해방운동이 쉽게 최종적 목표를 달성했으며 큰 동요 없이 독립을 선언할 수 있었다.

그러나 앙골라에서는 단독지배적인 해방운동기구가 부상되지 않은 상태에서 해방이 되고, 1975년 11월에 독립을 선언했기에, 곧 경쟁적인 해방운동기구들 사이에 내란이 발생했다. 이때로부터 약 1년 동안 소련은 앙골라해방인민운동에 군사지원을 큰 규모로 제공하고, 쿠바군을 개입시킴으로써 그 기구로 하여금 최종적 승리를 거두게 하였다. 그리고 이것을 계기로 에티오피아를 포함한 '아프리카의 뿔' 지역에 진출해 1977~1978년 이후 이 지역에 대한 영향력을 확보했다.

그러면 사하라 이남의 아프리카, 곧 '검은 아프리카'에 대한 소련의 이 커다란 진출을 어떻게 평가해야 할 것인가? 그것은 소련의 팽창주의를 뒷받침하는 자료인가? 이러한 물음에 대한 해답을 추구하기로 한다.

첫째, 아프리카에는 이 시점에도 소련의 위성국가가 없다는 점이 지적되어야 할 것이다. 소련은 아프리카의 어느 한 나라와도 자신이 동유럽과 갖고 있는 그러한 성격의 관계를 갖지 못했던 것이다.

둘째, 소련은 자신의 행동이 미국과의 데탕트에 미칠 영향을 충분히 고려했던 것 같다. 앙골라의 경우에도, 미국이 이 지역에서의 소련의 개입을 효과적으로 좌절시키기 위한 결의를 거의 표시하지 않았던 점이 소련의 지원확대를 낳았다고 볼 수 있다. 또, 소련은 아프리카의 현주민 또는 국가가 지지할 때 개입한다는 원칙에 따라 개입한 점이 지적되어야 할 것이다. 예컨대, 아프리카의 대부분의 국가들이 인정하는 정권의 수호에 나섰으며, 에티오피아의 경우에 보이듯이 현존국가의 영토적 불침범성을 지지한다는 명분을 지지했던 것이다. 그러므로 이 지역에서의 소련의 행위가 반드시 '모험주의적' 이거나 '높은 모험의 정책'을 의미하지는 않았다.

이와 더불어 지적되어야 할 것은 남아프리카와 인도양에서 소련해군의 '위협'은 과장되었다는 점이다. 소련이 기니(Guinea)—'기니'는 '기니비사우'와 별개의 국가다—와 앙골라 및 에티오피아, 그리고 모잠비크에 다양한 형태의 군사적 특권을 향유한 것은 사실이다. 그러나 이것이 서방에 대해 군사적 위협을 제기하지는 않았다.

셋째, 소련은 각 지역국가의 주도력에 부응하면서 자신의 제한된 목적을 추구했다. 아프리카에서 취한 소련의 매개(每個) 행동은 소련의 협력에 대한 아프리카의 요구와 초청의 결과였지 소련의 압력의 결과가 아니었다. 소련은 또한 그 기준이 대단히 너그러운 이데올로기적 범주를 적용했다. 그리하여 (1) 우간다의 이디 아민(Idi Amin) 이나 중앙아프리카공화국의 보카사(Bokassa)와 같은 폭군을 지지했고, (2) 아프리카의 경제적 및 사회적 제도의 급격한 변형의 가능성이 작다는 판단을 받아들였으며, (3) 가나의 은크루마(Kwame Nkrumah)와 말리의 케이타(Modibo Keita)와 같은 반(反)서방적 지도자의 실각도 순순히 받아들였다. 이 모든 것은 소련이 실용주의를 어느 무엇보다 중시한다는 점을 말해 준다. 소련은 아프리카의 정치적 현실에 언제나 쉽게 스스로를 적응시켰던 것이다.

넷째, 소련의 아프리카 진출은 중·소 경쟁의 일차적인 요인은 아니었다. 서유럽의 학자들 가운데는 양자를 연관시켜 설명하는 사람이 많았는데, 이러한 분석은 소련이 자신의 대외정책을 추구하면서 가장 중심적으로 고려하는 문제가 미국과의 관계라는 사실을 잊은 결과였다. 소련은 중국이 아프리카의 '피보호적 위치의 국가'를 위해 효과적으로 개입할 수 있는 재원과 군사능력 및 정치적 긴급성이 결여되어 있다는 점을 잘 알고 있었다. 동남아시아에서만 중국은 소련의 경쟁자로서의 실력을 지녔던 것이다.

다섯째, 아프리카의 반서방성향 자체가 소련에게는 커다란 자산이 되었다. 아프리카는 반서방성향 때문에 반사적으로 소련에 보다 호의적인 태도를 취했으며, 소련의 발전모델을 아프리카의 발전모델로 삼아야 한다고 주장하는 정치지도자들도 적지 않았다. 그러나 소련 역시 '제국주의적 성향'의 국가라는 점, 그리고 소련의 스탈린주의적 발전모델이 아프리카에 적절한 처방이 될 수 없다는 점 등이 널리 받아들여지고 있었다. 더구나 아프리카 내부 문제들에는 종족적·문화적·종교적 갈등과 경제적 불만 등이 복합적으로 얽혀 있어서 그러한 문제의 해결이 국제분쟁이나 강대국의 개입을 유도할 때는 소련도 외교적으로 곤경에 빠질 가능성이 크다는 점을 소련은 깊이 인식하고 있었다.

중동과의 관계

이어 소련의 중동정책을 검토해 보기로 한다. 앞에서 지적했듯이, 1960년대 말과 1970년대 초까지면 중동에 대한 소련의 개입은 광범위하고 안정된 형태로 나타나, 서방학자들은 이 지역에서 소련의 영향권이 형성되었다고 지적할 수 있었다. 이 지역의 강자였던 영국의 영향력은 거의 완전히 소멸되었으며, 미국은 이스라엘에 대항하는 아랍권의 지원요청을 거부함으로써 수세적인 입장에 처해 있었다. 그러므로 1970년대 초에 중동에 대한 소련의 진출은 유럽의 중동전문가들이 예측했던 수준을 월등히 뛰어넘는 것이었다.

그러나 소련의 이러한 성공은 단명했다. 그것은 이 지역에서 소련의 일차적 관심지역이었던 이집트와의 관계악화로 시작되었다. 우리 모두가 잘 알고 있듯이, 나세르는 반서방의 입장에서 친소노선을 유지했었다. 그러나 1971년에 그가 죽은 뒤 새 대통령으로 취임한 사다트(Anwar Sadat)는 새로운 대외정책을 추구했다. 그것은 소련이 자신이 요청한 군사장비의 공급을 거부하자 1972년 중엽에 소련의 군사고문단을 추방하는 것으로 나타났다. 미·소 데탕트로 요약되는 국제체제의 변화를 바라보면서, 그는 데탕트가 아랍의 민족해방투쟁에 대한 소련의 지원을 크게 제약시킬 것으로 판단하고 차라리 미국에 기울기로 결심한 것이다. 이집트의 새로운 선택은 이집트에 대한 소련의 비난을 가중시켰다. 그 결과, 두 나라의 관계는 급격히 악화되었다.

사다트(좌)와 나세르(우)

이집트와의 관계악화와 더불어 수단과의 관계도 악화되었다. 그것은 1971년 여름에 수단의 친소사회주의 정권을 이끌었던 니메이리(Gaafar Muhammad Nimeiry)가 군부쿠데타로 말미암아 실각함으로써 시작되었다. 리비아 대통령 카다피(Muammar Abu Minyar Al Qadhafi)의 도움으로 며칠 뒤 재집권한 그는 군부쿠데타에 수단의 공산주의자들이 개입되었다고 주장하고, 소련이 자신의 반대 세력을 지원한 점을 이유로 들어 소련주재 수단대사를 소환했다.

1969년의 중위 시절 카다피(좌)와 이집트 대통령 나세르(우)

이집트와 수단에서의 실패를 만회하기 위해, 소련은 이라크와 시리아에 대한 접근을 강화했다. 우선 이라크에 대해서는 이라크의 석유산업에 대한 지원을 계속했으며, 1972년 4월에는 군사협력협정을 체결했다. 이로써 소련은 이라크의 페르시아만 군항인 움카사르(Umm Qasar)의 해군시설을 사용할 수 있게 되었다. 이어 1971년에는 시리아와 군사원조협정을 체결했고, 1972년에는 이집트가 소련의 군사사절단을 추방함에 따라 시리아에 대한 군사장비의 공급을 확대했다. 그러나 시리아는 소련이 요청한 양국관계의 전면적인 협정체결을 계속해서 거부했다.

1973년 10월 6일에 이집트와 시리아의 이스라엘 기습공격에 따라 이른바 욤키퍼전쟁(the Yom Kippur War)이 일어난 것은 소련에게 중동에서 영향력을 회복시킬 수 있는 기회를 주었다. 1967년의 중동전쟁 당시 직접적 개입을 회피했던 소련은 만일 자신이 아랍권의 이 '복수전' 마저 외면한다면 자신이 20여 년 동안 쌓아올린 이 지역에서의 외교적 성과는 거의 완전히 무산될 것으로 판단하고 이집트와 시리아에게 즉각적으로 무기를 공급한 것이다.

소련의 이러한 결정은 소련이 미국과의 데탕트의 붕괴 및 미국과의 직접대결의 위험을 감당할 용의가 있음을 말해주는 것이었다. 그러나 소련의 중동정책은 계속해서 좌절을 맛보아야 했다. 이집트와의 관계는 계속해서 악화됐으며, 욤키퍼전쟁에 따른 평화협상에서 거의 아무런 역할을 수행하지 못했다. 중동협상은 미국에 의해 주도되었으며, 1974년에 이르러 미국의 강력한 영향 아래 이스라엘은 마침내 이집트와 시리아로부터의 철군을 결정했다. 이러한 상황에서, 소련은 중동의 '과격세력'에 대한 지원을 강화하기 시작했다. 1973년 말에 소련은 팔레스타인의 '민족적 권리'를 처음으로 인정했으며, 이에 따라 이듬해 8월에 팔레스타인해방기구(PLO)는 모스크바에 상주사무소를 열었다. 민족주의적이면서 반공적인 카다피와의 '정략결혼'도 이루어졌다. 두 나라는 이집트의 친서방정책과 평화협상에 반대하고, 중동에서 서방의 영향력을 감소시킨다는 공동의 목표를 추구하기 위해 제휴한 것이다. 소련은 또한 남예멘에 대한 지원을 계속했다. 터키와의 우호협력도 지속되어, 1978년 6월에 터키 총리 에체비트(Mustafa Bulent Ecevit)는 모스크바를 방문해 두 나라 사이의 선린을 다짐하는 협정을 체결했다.

소련이 이렇게 노력했는데도 중동에서 소련의 지위는 크게 달라지지 않았다. 1977년 12월에 사다트의 역사적인 예루살렘 방문에 따라 시작되었으며, 1978년 9월에 미국 대통령의 산장인 캠프 데이비드에서 매듭지어졌고, 1979년 3월에 마침내 성립된 이집트와 이스라엘 사이의 중동평화협정의 협상과정에서 소련은 거의 완전히 배제되었다. 물론 소련의 입장을 유리하게 만든 상황이 열리기도 했다. 1978년 봄에 아프가니스탄에서의 친소정권의 수립과 이란에서의 친서방정권의 붕괴 및 그것에 따른 미군의 철수가 그것이다. 그러나 소련의 입장은 계속 곤경에 처하게 되었다. 전세계 여론의 비난 속에 1979년 12월에 감행된 아프가니스탄침공과 소련군주둔의 장기화, 그리고 이라크와 이란 사이의 전쟁에 대한 속수무책 등은 이 지역에서 소련의 영향력은 한계를 지니고 있음을 말해주었다. 1970년대 이후 중동에서의 소련의 영향력 감소와 미국의 압도적인 영향력 증대는 너무나 대조적인 것이었다.

동아시아와의 관계

제3세계 가운데 라틴 아메리카를 제외한다면 소련의 관심을 가장 적게 받은 지역이 바로 동아시아의 제3세계 국가였다. 남아시아의 인도와 서남아시아의 아프가니스탄에 대한 소련의 관심에 비해 동남아시아에 대한 소련의 관심은 꽤 적은 편이었다. 흔히 소련이 1969년 여름에 '아시아집단안보기구' 안을 제의한 뒤 아시아진출에 주력했으며, 이에 따라 이 지역에서의 군사력 증강이 질적 및 양적인 면에서 크게 증대되었다고 평가됐다. 그러나 랭거(Paul F. Langer) 교수가 적절히 지적했듯이, "우리는 1970년대에 소련이 자신의 중요한 이해관계를 갖고 있는 다른 지역들을 희생하고 아시아에 특별한 우월적 관심을 주었다는 주장에 대한 신빙성 있는 증거를 찾지 못하고 있다." 소련은 자신이 높은 우선순위를 부여하는 지역들에 대해 고성능의 군사장비와 무기체계를 배치한 다음에야 비로소 동아시아에 대해서도 같은 조처를 취했던 것이다.

물론 소련의 대외정책에서 동아시아가 차지하는 비중에 대한 견해 차이는 존재했다. 예컨대, 디브(Paul Dibb) 교수는 "동아시아는 제정러시아 때와 마찬가지로 소비에트 영향의 팽창을 위한 과녁이 되어 왔다"고 지적하고, 소련이 이 지역에 육해공 3군의 분야에서 질적으로 양적으로 군사력을 증대시켜온 기록을 상세히 소개했다. 그에 따르면 (1) 소련의 대륙간탄도유도탄을 포함한 핵미사일 군사력의 35~40%, (2) 지상군과 전투기의 25%, (3) 전략폭격기와 일반 목적의 해군력의 30% 이상이 이 지역에 배치되어 있었다. 이 지역의 무기와 장비는 현대적인 것이 확실했다. 뿐만 아니라, 1979년 이후 소련은 이 지역에 전시의 전장(戰場) 수준의 고위 군사사령부를 설치하고 있었는데, 이

소련 해군의 태평양 함대

사령부는 상당한 수준의 작전자율권을 확보하고 있어서, 만일 소련이 유럽과 아시아에서 양면전쟁을 동시에 수행하게 될 경우 작전지휘권을 쉽게 행사할 수 있었다.

그러나 디브 교수조차 소련이 이 지역에서 정치적으로나 경제적으로 거의 아무런 영향력을 발휘하지 못했다고 결론지었다. 그는 이렇게 단언했다. "이 지역에서 군사적으로 가장 강력한 나라이지만, 소련은 자신의 증대된 군사력을 정치적 영향력으로 옮길 수 없었다. 세계의 어느 지역에서도 소련의 군사력과 정치력 사이에 이처럼 커다란 불균형이 있는 곳은 없을 것이다." 그는 또 이렇게 표현하기도 했다. "소련의 세계적인 정치적 정책이라는 관점에서 볼 때 동아시아는 소련에게 하나의 탁월한 실패로서 평가되지 않으면 안 된다."

이 점은 1968~1969년에 일어난 북한의 일련의 '군사적 도발' 때 소련이 북한을 자제시키는 데 한계를 보인 사실에서도 드러났다. 북한이 1968년 1월에 미국의 해군함정 푸에블로호를 나포하자 미국은 푸에블로호 승무원들의 조기 석방을 위해 소련이 영향력을 행사해줄 것을 요청했고 소련은 그 요청에 응했으나 북으로부터 냉담한 대접을 받았을 뿐이다. 이어 1969년 4월에 북한이 동해에서 미국의 EC-121기를 격추시켰을 때 소련은 국가원수 포드고르니를 평양으로 보내 긴장완화를 추구하도록 강력히 권고하는 것으로 자신의 행동을 제한할 수밖에 없었다. 다른 한편으로, 소련은 대한민국에 대해 때때로 우호적이거나, 적어도 비(非)적대적인 태도를 보였다. 그 대표적 사례가 1978년 4월에 대한민국 국적기 대한항공기가 소련영토 무르만스크에 불시착했을 때 서둘러 대한민국으로 돌려보낸 사건이었다. 박정희 대통령은 공식적으로 감사의 뜻을 표시했다.

동아시아 가운데서도 동남아시아를 먼저 살핀다면, 소련의 관심은 더욱 적은 것으로 나타난다. 1970년대에서조차 동남아시아에 대한 소련의 관심은 '최소한의 것일 뿐'이며, '주변부적 성격'의 것이다. 물론 인도양과 페르시아만 해안지역에서 소련함대가 항해하게 됨에 따라 이 지역에서의 통항권과 정박권 등이 중요해진 것은 사실이었다.

그러나 그 중요성을 인정한다고 해도 이 지역은 소련에게 전략적으로 간접적 중요성을 지닌 것으로 파악됐다.

동남아시아에서 소련이 가장 큰 적극성을 보인 나라는 베트남이었다. 이 지역에서 중국을 견제하는 효과적 방법으로 소련은 특히 1975년 이후 베트남을 적극 지원하여, 1975년 12월에는 베트남과 장기 경제협정을 체결했고, 1978년 6월에는 베트남을 코메콘에 정회원으로 가입시켰으며, 1978년 11월에는 군사동맹조약에 가까운 우호협력조약을 체결했다. 이로써 소련은 캄란만 해군기지의 군사적 특권을 향유할 수 있게 되었으며, 동남아 방면으로부터의 중국봉쇄를 보다 쉽게 만들었다.

남아시아와의 관계

남아시아를 보건대, 이 지역에서의 소련의 위신은 1971년 8월 9일, 앞으로 20년 동안 유효할 인도와의 우호협력조약의 체결과 더불어 높아졌다. 이 조약은 특히 파키스탄 문제에 대해 중국을 견제하려는 인도에게 절실히 요청되었던 것이다. 실제로 이 조약에 힘입어 인도는 1971년 12월에 동파키스탄과 서파키스탄으로 구성된 파키스탄과 전쟁을 치르면서까지 파키스탄의 분할을 추구했고, 마침내 동파키스탄을 바탕으로 반(反)중국적 방글라데시(Bangladesh)를 건국시킬 수 있었다.

그러나 소련은 자신의 위신을 영향력으로 옮기기가 어렵다는 것을 깨달았다. 인도는 소련과의 군사조약에 힘입어 일단 파키스탄을 굴복시키고 방글라데시를 건국시키는 데 성공함으로써, 남아시아의 지배적인 국가로서의 지위를 확고히 하자—이러한 상황은 소련이 원하는 바가 아니었다—소련에 대한 군사적 의존도를 낮추려고 한 것이다. 그런데도 소련은 인도를 계속해서 자신의 영향 아래로 유인하려는 노력의 하나로 1973년에는 15년 기간의 경제원조협정을 체결해주었고, 200만 톤의 밀을 빌려주었으며, 1976년에는 4억 5천만 달러의 차관을 제공해주었다. 그러나 인도는 끝내 소련의 '아시아집단안전보장기구안'

을 지지하지 않았으며, 인도양진출을 위한 해군시설을 허용하지 않았고, 중국과의 관계를 소련이 바라는 수준으로 약화시키지도 않았다.

1977년 3월에 인디라 간디(Indira Gandhi) 총리의 패배에 따라 등장한 자나타(Janata) 연립정부는 오히려 친서방성향을 나타냈고 중국과의 관계를 개선하려고까지 했다. 1980년 1월에 실현된 간디의 재집권은 인도의 소련과의 관계를 다시 1970년대 후반의 수준으로 회복시켰다. 그러나 인도로부터 군사기지를 획득하려는 소련의 노력은 여전히 아무런 결실을 보지 못하였다.

3. 브레즈네프 외교의 제3기

소련의 아프가니스탄침공과 서방세계의 반발

1979년 12월에 있은 소련의 아프가니스탄침공은 미국과 소련 사이의 데탕트에 대한 중대한 위협이었다. 카터 대통령은 이 행위가 두 나라의 관계 에서 '급격한 새로운 출발'을 의미하는 사건이라고 주장하고, 이 사건으로 말미암아 소련에 대한 자신의 견해는 '매우 급격하게' 바뀌었다고 강조했다. 미국 연방상원은 제2단계 전략무기제한협정의 비준을 거부했으며, 카터 스스로 소련에 대해 경제봉쇄령을 내렸다. 확실히 1970년대 후반부터 퇴조하기 시작한 두 나라 사이의 데탕트 분위기는 소련의 아프가니스탄침공으로 사실상 거의 깨어졌으며, 관찰자에 따라서는 냉전이 다시 살아났다고까지 주장하게 되었다. 미국의 저명한 소련전문가인 탤보트(Strovbe Talbott)도 특히 중동과 서남아시아 등의 제3세계에서 미국과 소련 사이에는 '새로운 냉전'이 시작되었다고 썼다.

이러한 경향은 1981년 1월에 로널드 레이건(Ronald Reagan) 대통령이 이끄는 공화당 행정부가 출범하면서 더욱 격화되었다. 반공주의적 성향과 우익 보수주의적 성격이 강한 레이건 대통령, 그리고 반소주의적 및 우익적 노선 또는 '힘에 의한 평화'를 표방하는 헤이그(Alexander Haig) 국무장관 등이 이끈 미국외교는 소련의 대외정책을 팽창주의로 단정하고, 이것에 대한 확고한 대결을 옹호했던 것이다. 구체적으로 미국은 SS-20으로 알려진 소련의 중거리미사일이 제기하는 위협에 대항하기 위해 서유럽에 선진병기인 크루즈(Cruise) 미사일과 퍼싱 Ⅱ(Pershing II) 미사일을 배치했으며, 미국의 이러한 태도는 나토 회원국들의 절대적인 지지를 받았다. 이에 대해 소련은 강경히 맞서서, 제네바에서 진행되던 두 나라 사이의 군축협상은 중단될 수밖에 없었다. 동시에 소련은 대대적인 평화선전 공세를 폈다.

이러한 분위기 속에서, 서방세계는 1980년에 모스크바에서 열린 제24회 하계 올림픽을 거부했다. 그리고 그 보복으로 소련은 동유럽과 함께 1984년에 로스앤젤레스에서 열린 제25회 하계 올림픽을 거부했다.

폴란드사태: 바웬사의 도전

아프가니스탄사태가 아시아에서 큰 부담이었다면 폴란드사태는 유럽에서의 큰 곤경이었다. 고무우카정권을 이어받은 기에레크(Edward Gierek)정권은 여러 차례 장기적인 발전계획을 내놓았었는데, 1970년대가 끝나가는 시점에서도 국민들의 점점 커지는 불만을 가라앉히지 못한 채 어려움에 빠져 있었다. 이 무렵인 1978년 10월에 폴란드 크라코프(Cracow)의 대주교인 보이티와(Karol Wojtyal) 추기경이 로마교황청의 교황으로 선출되자—그가 바로 요한 바오로 Ⅱ세(John Paul II, 1920~2005) 이다—폴란드 사람들의 민족적 자존심은 높아졌고, 이것은 기에레크정권에 대한 조직적 저항을 확산시키는 중요한 정신적 계기가 되었다. 특히 요한 바오로 Ⅱ세가 이듬해에 폴란드를 방문해 동포들의 어려움에 깊은 이해를 표시한 데 이어, 기에레크 스스로가 1980년 2월에 열린 폴란드공산당 제8차 대회

요한 바오로 Ⅱ세

1980년 8월 레닌 조선소에서 파업운동을 지도하는 바웬사

에서 폴란드의 경제가 파국적 상황에 처해 있음을 인정하자 노동자들은 크게 동요했다.

그 동요는 곧바로 공산당으로부터 독립된 자유노조의 결성으로 구체화되었다. 폴란드 북부의 항구도시 그다니스크(Gdansk) – 독일의 영토이던 시절의 단치히(Danzig) – 의 레닌조선소 노동자 바웬사(Lech Walesa)를 지도자로 하는, 그리고 스스로를 '연대(連帶, Solidarity)'라고 부른, 이 노조는 1,000만 명의 회원을 확보하기에 이르렀다. 크게 고무된 이 노조의 지도층은 마침내 레닌주의적 원칙에 정면으로 도전했다. 그 양상은 1968년에 체코슬로바키아의 경우와 거의 비슷했다. 1981년에 들어와서는 당의 지도층을 비밀투표로 선출하도록 압력을 가했으며, 복수후보제도와 연합정부제도를 옹호하는 등 사회민주주의 노선에 따른 정치질서로의 개편을 요구하기에 이르렀다.

그렇다고 소련군 스스로가 무력으로 침공할 수는 없었다. 아프가니스탄침공으로 세계적 비난의 표적이 된 소련이, 더구나 미국과의 관계가 악화되는 상황에서, 그것을 가속화시킬 침공의 길을 걸을 수 없었던 것이다. 이에 소련은 1981년 12월에 폴란드군부로 하여금 계엄통치를 펴게 하고, 그것을 통해 사태를 가라앉히려고 했던 것이다. 이러한 배경에서, 폴란드에는 군부의 최고지도자 야루젤스키(Wojciech Jaruzelski) 대장이 폴란드공산당의 제1서기를 겸하면서 새로운 통치자로 등장했다.

폴란드의 계엄통치는 1983년 7월까지, 곧 브레즈네프가 죽은 뒤에도, 계속되었다. 그것이 소련에게 외교적 부담이었음은 물론이다. 폴란드의 자유화운동을 이끈 바웬사에게 1983년도 노벨평화상이 주어졌을 때 소련이 몹시 괴로워했던 까닭이 거기에 있었다.

제19장_두 과도기 정권 시기의 내외상황 : 안드로포프정권과 체르넨코정권 (1982~1985)

중병설 또는 사망설을 포함한 숱한 풍설을 낳으며 소련정치의 장래에 대해 많은 의문을 불러일으켰던 소련공산당서기장이며 소련국가원수인 브레즈네프가 1982년 11월 10일에 만 76세를 일기로 사망했다. 그의 뒤를 이어 안드로포프가 소련의 권력구조에서 정상에 올랐다. 그러나 그 역시 중병설에 휩싸인 채 만 69세를 일기로 1984년 2월 9일에 사망했다. 이로써 안드로포프의 시대는 최고권력자의 집권기간으로는 소련정치사에서 두 번째로 짧은 15개월의 단막극으로 끝냈다.

브레즈네프로부터 안드로포프로의 권력승계가 빨랐듯이, 안드로포프로부터의 권력승계도 신속했다. 1984년 2월 13일에 소련공산당 중앙위원회 특별회의는 15개월 전 안드로포프와의 후계경쟁에서 패배했던 콘스탄틴 체르넨코를 당서기장으로 선출한 것이다. 이로써 소련의 정치사는 체르넨코시대라는 새로운 장에 들어갔다. 그러나 체르넨코는 1985년 3월 10일에 73세의 나이로 병사함에 따라, 소련의 정치사에서 13개월이라는 가장 짧은 집권기간을 남기고 역사의 무대에서 사라졌다. 그에 이어 고르바초프가 집권하고 소련의 역사는 완전히 새로운 단계에 들어서거니와, 이 장은 브레즈네프정권이 고르바초프정권으로 넘어가기까지의 짧았던 과도기의 소련을 개관하고자 한다.

1. 안드로포프정권의 정치적 성격 : 권력의 분산화 및 권력승계의 제도화라는 맥락에서

이 과도기적 정권들을 분석하기에 앞서 우선 안드로포프정권이 등장하기 이전 시기의 소련의 정치를, 권력이 분산되고 권력계승이 제도화되는 과정에 초점을 맞추어 요약하기로 한다.

권력의 분산화와 권력승계의 제도화

우선 권력의 분산화 과정부터 살피기로 한다. 1917년 10월에 볼셰비키가 집권한 이후 소련의 정치권력은 볼셰비키의 소수 지도자들 사이에 어느 정도 고르게 나뉘었다. 물론 레닌의 정치적 권위가 소련공산당을 월등하게 지배했던 것은 사실이다. 그러나 그가 소련공산당을 대표하는 제1서기 또는 서기장의 지위에 있지 않고 정치국의 일원으로 당을 이끌었다는 사실, 그리고 그 당시에는 서기장이라는 직위가 정치적 권위를 상징하는 것이 아니라 사무적 의미를 더욱 강하게 갖고 있었다는 사실은 소련이 집단적 지도의 원칙 아래 이끌렸음을 의미했다.

이러한 상황은 스탈린의 집권과 더불어 크게 달라졌다. 스탈린은 레닌이 유언을 통해서까지도 강조했던 집단적 지도의 원칙을 무시하고 당서기장인 자신에게 권력을 집중시켰다. 그리고 자신으로의 권력집중을 가능하게 하기 위해 당의 공식기관들을 크게 약화시키거나, 볼셰비키혁명의 노병들을 제거하고 그들의 자리를 공산주의 이념보다는 자신의 전문성에 더 뛰어난 기술적 전문적 관료들로 충원했다. 이러한 측면에서 보아도 스탈린통치 아래서의 소련은 문자 그대로 개인독재의 전형이었던 것이다.

안드로포프

흐루쇼프의 집권 이후 소련의 권력구조는 다시 바뀐다.

흐루쇼프가 스탈린이 가졌던 서기장이란 칭호도 사용하지 못했으며 서기장이란 칭호보다 권위가 약해 보이는 제1서기란 칭호밖에는 사용하지 못한 점에 나타났듯, 그리고 당의 공식기관들이 각각 자신의 기능을 상당히 성공적으로 수행해나가면서 서로들 사이의 균형과 견제를 유지했던 점에 나타났듯, 소련공산당 내부에서의 권력의 분화는 움직일 수 없는 현실이 되었다.

그뿐 아니라, 소련의 권력구조 내부에 당 이외의 몇몇 기둥들이 별도로 나타나 자신들의 고유한 이익을 지키거나 확대하기 위한 경쟁과 갈등마저 벌이기도 했다. 이러한 현상을 서방식 개념인 이익집단의 개념으로써 설명할 수 있느냐의 논쟁은 논외로 한다 하더라도, 이 시점에서의 소련을 전체주의적 독재라는 개념만으로 파악하기에는 전체주의적 성격이 적잖게 희석되었다는 사실만큼은 확실했다.

브레즈네프통치 아래서의 소련에서는 흐루쇼프의 시대에 나타난 추세들이 더욱 두드러졌다. 브레즈네프는 개혁주의적 성향보다 보수주의적 성향이 강했으며, 소련체제 전반의 안정을 어느 무엇보다 강조했다. 물론 그는 흐루쇼프에게는 거부되었던 서기장이란 칭호를 사용할 수 있었으며, 그 칭호를 당헌(黨憲)에 의한 공식적 직위로 규정하는 데도 성공했다. 그러나 브레즈네프는 정부의 권력엘리트들과 그 가운데서도 특히 군부의 권력엘리트들과, 타협 및 공존을 이룩해서 그들의 권력을 제약하지 않았다. 서기장이란 직위가 브레즈네프의 시대에 와서 비로소 당헌에 규정된 공식적 직위로 격상되고 제도화되었는데도 서기장의 권력 자체는 그 이전의 시기에 비해 약화되었다는 평가가 바로 이 점을 뒷받침했다.

다음으로 권력승계의 제도화과정을 개괄하기로 한다. 우리가 소련의 권력승계를 이야기할 때에는 대체로 위기 또는 투쟁이란 단어와 연결지었다. 이것은 레닌으로부터 스탈린으로 권력승계가 이루어진 과정에서 받은 인상이며, 그 인상은 정확한 것이었다. 흐루쇼프로부터 브레즈네프로 권력이 넘어올 때에도 비잔틴제국적 음모가 결정적 역할을 수행했다. 그러나 이미 유혈숙청은 사라졌다. 흐루쇼프는 비록 은둔생활이기는 하지만 평화롭게 여생을 마칠 수 있었다. 이 사실은 소련정치에서 권력의 승계가 차차 제도화되어가고 있음을 증명하는 보기였다. 그러므로 1976년에 발표한 논문에서 비앨러 교수는 "소련의 권력계승이 극적인 성격을 잃을 것이며 어느 정도 예측가능한 대상이 될 것"이라고 장담할 수 있었다.

안드로포프정권의 경우

안드로포프정권은 우리가 앞 부분에서 방금 살펴본 소련정치의 두 가지 추세를 그대로 확인해 주었다. 첫째, 권력승계의 제도화라는 맥락에서 살펴보자. 1976년에 70세의 고령에 도달한 브레즈네프가 질병에 시달리게 되면서 그의 사망 또는 퇴진이 예고되기 시작했고, 이와 더불어 계승을 둘러싼 경쟁의 조짐이 조금씩 나타났다. 이 후계경쟁이 어떤 모습으로 전개되었는가에 대해서는 우리가 제17장을 통해서 자세히 살폈으므로 여기서는 중복을 피하기로 한다. 다만 그 후계경쟁이 모살(謀殺)이나 쿠데타를 수반하지 않았으며, 따라서 별다른 극적인 사건의 발생 없이 비교적 순조롭게 진행되었다는 사실을 상기시키는 것으로 그치고자 한다.

확실히 안드로포프의 집권과정은 순탄했다. 브레즈네프가 사망한 날로부터 이틀 뒤에 안드로포프는 당중앙위원회 전원회의를 통해 당서기장직에 올랐다. 이어 그는 다시 11일 뒤인 1982년 11월 23일에 소련의 국회격인 연방최고소비에트 간부회 정위원에 선출됐으며, 1983년 6월 16일에는 연방 최고소비에트 간부회 의장에 선출됨으로써 소련의 국가원수직을 겸하게 되었다. 이에 앞서 5월 9일에는 그가 실질적인 군통수권자의 직위인 국방회의 의장직을 겸하고 있다는 사실이 발표되었다. 브레즈네프가 당서기장에 선출된 뒤 13년이 지나서야 이 두 자리를 얻을 수 있었음에 비교할 때, 안드로포프의 권력장악은 대단히 빠른 것이었으며 그만큼 순탄했음을 의미하는 것이었다.

물론 그가 국방장관 우스티노프를 중심으로 하는 군부의 뒷받침을 받았으며, 또 자신이 1967년 5월 이후 이끌어온 국가공안위원회의 정치경찰력에 의존했던 것도 사실이다. 그러나 자신의 경쟁자들에 대한 암살이나 투옥 또는 숙청은 없었다. 반대파에 대한 거세가 부분적으로 있었으나, 그것은 서방의 민주주의국가에서도 있는 일이었다. 요약하건대, 안드로포프의 집권과정은 권력의 승계가 제도적 관행 속에서 전개되었음을 말해주었다. 이 점은, 우리가 앞으로 보게 되듯이, 안드로포프가 죽고 체르넨코가 집권하는 과정에서도 다시 확인되었다.

그러면 소련정치에서 권력승계가 제도화되었다는 것은 구체적으로 무슨 뜻인가? 그것은 당의 공식기구에 의해서 그리고 당의 지도자들 사이에서 합의된 절차에 따라, 당의 정상부가 형성된다는 뜻이다. 풀어 말하면, 가장 중요한 역할을 수행하는 기관이 정치국인데, 이 정치국의 정위원들 사이에서 합의된 정치국원이 각각 서기장과 국가원수 및 총리에 선출된다. 물론 서기장은 당중앙위원회에서 선출되며, 국가원수는 연방최고소비에트 간부회에서 선출되고, 총리 역시 연방최고소비에트 간부회에서 선출된다. 그러나 이 세 요직은 물론이거니와 정치국의 정위원과 후보위원, 그리고 서기국의 정위원과 후보위원 및 중앙위원회의 정위원과 후보위원은 모두 당정치국에 의해 원칙적으로 사전에 결정되는 것이다. 간단히 말해, 가장 중요한 결정은 자기선출적(自己選出的)이며 자기영속적(自己永續的)인 당정치국에서 내려진다.

그러므로 당정치국의 결정에 대한 반대는 곧 당과 국가에 대한 반역이었다. 그러나 정치국이 분열되어 합의점을 찾지 못하는 경우에는 군부가 개입하거나 당중앙위원회가 중재자의 역할을 수행하게 되었다. 따라서, 소련정치에는 소련의 권력구조를 뒷받침하는 주요한 기둥들 사이의 경쟁과 제휴가 자주 발생했던 것이다. 그러나 그러한 경쟁과 제휴는 역시 주어진 제도적 틀과 정치적 관행 속에서 이뤄졌다. 소련은 이제 '지배되는 사회'가 아니라 다른 서방의 나라들처럼 '통치되는 사회'로 자리잡은 것이다.

둘째, 권력의 분산화라는 관점에서 살피기로 한다. 안드로포프가 당서기장의 직위와 국가원수의 직위를 겸했던 것은 사실이다. 그러나 이 표면적인 사실이 그가 권력을 그의 손 안에 집중시키고 있었던 것으로 해석되어서는 안된다는 점을 다음에서 살피기로 한다.

앞 부분에서 이미 몇 차례 암시되었듯 소련의 권력구조를 형성하는 기둥들이 꽤 많이 늘어났다. 소련공산당이 물론 그 중추이지만, 군부와 정부기관 및 경제기관, 그리고 경찰기관 및 사법기관도 중요한 정치적 영향력을 행사했다. 기술인텔리겐치아라고 불리는 행정적·기술적·관리적 엘리트들의 세력은 앞에서 방금 지적한 기관들에 산재해 있으면서 사실상 소련을 이끌었다.

이 다양한 정치세력들을 당의 정상부를 형성한 과두통치자들이 힘으로만 억누르던 시대는 이미 지났다. 그 다양한 정치세력들 사이의 이해관계의 갈등과 조정 속에 오히려 당의 권위가 유지되고 있었으며, 이러한 뜻에서 특히 브레즈네프시대의 소련 국내정치를 다원주의의 각도에서 파악하고자 시도한 학자도 나타났다. 풀어 말한다면, 당의 지배적 권위가 석화(石化)하는 대신에 다원적 정치집단들이 어느 정도의 자유화경향 속에서 견제와 균형을 취하며 각자의 이익을 추구한다는 것이었다.

이러한 성향은 안드로포프의 집권기에도 계속되었다. 따라서, 안드로포프의 권력은 크게 제약되어 있었다. 비단 그러한 성향 때문에만 그의 권력이 제약되어 있었던 것은 아니다. 원래 출범 당시부터 안드로포프정권은 잠정적인 과도정권이며, 그 정치적 수명이 결코 길지 못할 것이라는 진단을 받았다. 안드로포프정권의 출범 당시에, 미국의 주간지 『타임(*Time*)』은 이미 안드로포프의 자연수명이 길지 못할 것이며, 따라서 그가 '안드로포프시대'를 이룩할 만한 시간적 여유를 갖지 못할 것이고, 바로 이러한 점들 때문에 정치국원들 사이에는 안드로포프정권이 과도기적 잠정정권이라는 합의가 성립되었을 것이라고 추측했었는데, 그 추측은 정확한 것이 되었다.

2. 안드로포프정권의 치적

안드로포프의 경력과 그 특징

여기서 잠시 안드로포프의 경력을 살피기로 한다. 안드로포프는 1914년 6월 15일에 북(北)코카서스의 나구츠코예(Nagutskoye)에서 철도 노동자의 아들로 태어나 전보원과 선원으로 일하기도 했다. 22세인 1936년에 리빈스크(Rybinsk)에서 수도기술학교를 졸업하고, 1938년에 청년공산동맹원으로 정치에 발을 들여놓았으며, 제2차 세계대전 때에는 핀란드전선에서 정치위원으로 활약했다. 그 뒤 당의 관료로 성장하면서 동유럽전문가로 부각되었고, 페트로자보드스크(Petrozavodsk)대학교와 고급당학교를 졸업했다. 1954년부터 1957년까지 헝가리주재 소련대사를 지냈는데, 1956년에 헝가리에서 자유화운동이 발생하자 이에 대한 면밀한 보고를 통해 소련군의 군사개입을 유도했다.

안드로포프는 1957년에 헝가리대사로부터 당중앙위원회의 사회주의국가담당부장으로 전임되어 10년 동안 이 직위를 유지했으며, 이 시기에 동유럽의 소련권국가들과 알바니아 및 유고슬라비아를 여행했고, 베트남을 방문하기도 했다. 그러나 그는 비공산권국가는 한 차례도 여행한 일이 없었다. 이어 1967년 5월에 국가공안위원회 의장으로 발탁되고, 1973년에는 외무장관 그로미코 및 국방장관 우스티노프와 더불어 정치국 정위원으로 승진했다. 1982년 5월에 당서기국 정위원을 겸하게 되면서 국가공안위원회 의장직을 사임했다. 당중앙위원회 서기로서, 그는 3개월 전에 사망한 수슬로프가 맡았던 이데올로기 및 외교를 담당했다.

안드로포프의 이러한 경력들 가운데 주목해야 할 부분은 세 가지이다. 첫째, 헝가리대사의 경력이다. 그는 자유화운동을 목격하고, 결국 헝가리의 자유주의적 경제개혁을 지지했으며, 이것이 헝가리가 동유럽에서 다른 공산국가들에 비해 높은 수준의 번영을 이룩하게 만든 요인들 가운데 하나가 되었다. 이것은 그가 이데올로기적 교조주의로써 소련을 이끌지 않고 어느 정도 시장 경제적 요인을 도입할 것이라는 관측을 확산시켰다.

둘째, 사회주의국가담당부장으로 10년 동안 근무했다는 사실이다. 그는 이 기간에 김일성과 북한에 대해 비교적 소상하게 접했을 것이며, 따라서 북한에 대해 상당한 정보와 지식을 가졌을 것으로 분석되었다. 특히 이 시기에 북한은 대체로 중국을 지지했으며, 소련에게는 하나의 고민의 대상이었다. 그러므로 그가 김일성정권에 대해 가진 인상이 호의적은 아닐 것이라는 추측도 제시되었다.

셋째, 국가공안위원회 의장으로서의 경력이다. 국가공안위원회는 국내의 비밀경찰활동을 관장할 뿐만 아니라 대외정보를 수집하는 업무도 맡았다. 그러나 국가공안위원회의 핵심적 간부들은 모두 브레즈네프의 직계들이었기에 이들에 대한 안드로포프의 영향력은 제한될 수밖에 없었다. 따라서, 안드로포프는 주로 대외활동을 관장했으며, 국내문제에서는 브레즈네프 말기까지는 부분적인 영향력만을 행사했다. 그가 국가공안위원회 의장의 중책에 있으면서도 당정치국 정위원으로 승진한 것이 미국과의 데탕트를 인준한 1973년의 중앙위원회 전원회의에서였다는 사실은 그의 주된 분야가 대외분야였음을 입증하는 자료의 하나라고 하겠다.

안드로포프의 정견

그러면 안드로포프는 어떠한 정치적 견해를 지니고 있었던가? 그는 당보다도 국가기관에 의해 국내외의 문제들을 해결해야 한다는 견해를 지녔던 것 같다. 당의 이데올로기보다도 국가기관의 전문적인 관료집단에 의해 대내외정책이 주도되어야 한다는 입장을 취했던 것으로 믿어진다.

그 증거의 하나로 1982년 4월 22일의 레닌출생기념일에서 행한 연설을 지적할 수 있다. 여기서 그는 당의 '가장 일차적인 과제'는 대중

교육에 있다고 강조했다. 이것은 당의 일차적 임무가 경제운용에 대한 감시와 대중교육에 있다고 주장한 체르넨코의 입장과는 대조되는 것이었다. 바꿔 말해, 안드로포프는 당의 일차적 임무를 대중교육에 한정시킴으로써, 경제운용은 정부의 전문관리들에게 맡겨져야 한다는 점을 암시했던 것이다.

이와 관련해 주목되는 것은 안드로포프의 그 연설이 행해진 레닌기념일행사를 보도하면서 『프라우다』는 식전에서 소련국가가 연주되었다고만 지적한 것이다. 예년에는 국가와 더불어 당가인 인터내셔널이 함께 연주되었음을 보도했음에 비추어, 당가에 대한 언급이 전혀 없었다는 것은 중요한 의미를 지닌 것으로 풀이됐다.

이러한 분석이 지나친 억측이 아니라는 것은 그 뒤에 나타난 몇 가지 신호들에 의해 명백해졌다. 1982년 4월 30일자의 한 당 이론지에서 볼고그라드시당 제1서기는, "레닌은 소련통치 초기에 조직사업의 실질적 성격과 효과적 본질을 우리 당의 일차적이며 대단히 중요한 과제로 제시하지 않으면 안 된다고 주장했다"고 강조하면서 은유적으로 안드로포프의 연설을 반박했다. 그 뒤 『프라우다』는 다시 당가 인터내셔널에 대한 해설을 실었다.

대외문제에 관해 안드로포프는 미국과의 긴장완화를 오랫동안 옹호했다. 1976년 4월 22일의 레닌출생기념일에 그는 "데탕트 과정상의 지연은 물질적 자원의 무목적적 낭비를 가져올 뿐"이라고 경고했으며, 1978년 8월에 다른 소련지도자들이 데탕트에 대해 냉담하거나 비판적인 태도를 취했을 때에도 그는 데탕트의 성공을 찬양했다. 동유럽에 대해서도 그는 무척 이해적인 태도를 취했다. 예컨대 그는 몰로토프가 사회주의적 애국주의, 곧 개별적 사회주의 국가의 인민이 자신의 조국을 사랑하는 경향을 무시함으로써 동유럽인민들의 마음에 상처를 입혔다고 비난했던 것이다. 그가 동유럽에 대해 동정적인 태도를 취했다는 사실은 동유럽의 개혁지향적 공산주의 지도자들이 그에게 호감을 표시한 사실에서도 반증되었다.

그러나 그의 견해의 이러한 측면만을 강조하는 것은 잘못일 것이다. 그가 실용적 경향을 지닌 것은 명백하나 그 역시 온건주의자는 아니어서 국가공안위원회 의장 당시 반체제운동에 강경책을 썼던 사실도 함께 기억되어야 할 것이다. 브레슬라우어(George Breslauer) 교수가 "소련의 기성질서층 내부에서는 이 체제가 마멸되고 있다는 느낌이 있으며, 따라서 소련은 이제 강자가 장악해야 한다는 느낌이 있다"고 전제하면서, 그렇다고 하여 소련에 새로운 스탈린이스트체제가 나타나지는 않겠으나 안드로포프는 그러한 분위기를 쉽게 이용할 수 있을 것이라고 지적했던 것은 안드로포프의 그러한 측면을 염두에 둔 것이라고 하겠다.

정치와 경제 분야

그러면 이제 안드로포프정권의 치적을 살펴보기로 한다. 그리고 이것을 통해 앞부분에서 방금 제시한 안드로포프정권의 정치적 성격을 확인하고자 한다.

첫째, 정치 분야이다. 안드로포프정권은 기본적으로 과도적 잠정정권이기 때문에 상당한 기간 자신의 권력을 안정시키기 위해 주력할 것으로 예상되었었다. 그러나 집권 1년 동안에는 브레즈네프가 남긴 권력구조에 거의 아무런 변화가 없었다. 정치국만 해도 브레즈네프와 수슬로프 및 키릴렌코의 사망으로 세 자리가 비어 있었다. 그러나 그는 이 세 자리를 모두 채우지 않고, 정치국 후보위원 겸 아제르바이잔공화국당 제1서기 알리예프(Heydar Alyev)를 승진시켰을 뿐인데, 그는 브레즈네프에 의해 이미 승진이 약속됐던 사람이다. 집권 1년 동안에는 서기국도 거의 개편하지 않았다. 집권 13개월째인 1983년 12월 말에 열린 당중앙위원회 전원회의에서 비로소 자신이 지원한 인물 네 사람을 정치국과 서기국에 승진시켰을 뿐이다. 이것은 그가 사실상 브레즈네프정권을 큰 변동 없이 이끌었음을 의미했다.

둘째, 경제 분야이다. 안드로포프는 서기장 취임과 동시에 중앙위원회 전원 회의에서 "국가경제에는 많은 시급한 과제들이 있다"고 솔직하게 시인하고, 그러나 자신은 "그 해결을 위한 처방을 준비하지 못하고 있는 상태"라고 말했다. 그가 경제침체의 원인으로 지적한 요소들은 타성과 낡은 방식에의 집착이었다. 그러므로 그는 창의와 새로운 실험의 중요성을 강조하면서 개혁에의 의지를 선언했다. 그는 특히 "형제적 국가들의 경험을 우리 역시 고려해야 한다"고 강조했는데, 여기서 지적된 '형제적 국가들의 경험'은 국가경제에 대한 엄격한 중앙통제를 이완시킴으로써 공산권에서 경제적으로 가장 활기있는 나라가 된 헝가리의 경우를 지칭한 것임에 틀림없었다.

안드로포프는 실제로 어느 정도 과감한 경제개혁을 추구했다. 근로자의 작업기율을 확립하기 위한 운동을 전개해 근무지를 이탈한 노동자들을 단속하는 선풍이 일었으며, 이에 따라 공장에서는 노동생산성이 두드러지게 개선되었다. 무능한 경제관료들을 해고했으며, 부정부패를 과감히 줄였다. 이어 1983년 7월에는 경제계획 단계에서의 기업의 역할 강화, 그리고 기술향상을 위한 생산발전기금의 자주적 이용을 비롯한 여러 조처들로써 기업의 자주권을 확대시키고 경영을 분권화시키고자 했다.

이러한 쇄신적 조처들과 더불어 1970년대 중반 이후 실시된 브리가다(Brigada) 방식을, 곧 작업반 방식을, 더욱 강하게 추진했다. 작업반 방식이란 노동의 생산성을 높이기 위해 노동자들의 근로의욕이 자극되도록 고안된 제도였다. 말단조직의 노동자들을 작업반 단위로 편성해 그 공동작업의 성과에 따라 작업반별로 보수를 책정해주면, 그것을 작업반의 개개인이 나누어 받았다. 따라서 노동자들은 자신이 소속된 작업반이 보다 높은 보수를 받을 수 있도록 열심히 일하는 경향을 보였다.

이러한 조처들은 경제의 활성화에 크게 이바지했다. 1983년 한 해 동안 공업노동생산성의 향상률은 3.5%로 1982년의 2.1%보다 높아졌고, 공업생산액도 목표 3.2%를 초과하여 4%를 기록했다. 1978년 이후 줄곧 흉작으로 허덕이던 곡물생산도 약 2억 톤을 기록했다. 이와 함께 1983년 한 해 동안 장관급 20여 명을 비롯해 당과 정부의 중견

간부들 가운데 10% 이상을 퇴진시키고, 비교적 젊은 전문관료들을 크게 진출시켜 참신한 경제운용을 꾀하게 했다.

안드로포프는 또한 서서히 시장경제적 발상을 정책으로 옮기기 시작했다. 그런데 그의 이러한 행동은 결국 소련공산당 내부의 또 하나의 큰 뿌리인 평등주의적 발상과 충돌할 것이 예상되었다. 이러한 가능성은 이미 브레즈네프 시대에서도 보였다. 시장경제적 정책을 추구하는 경우, 그것은 자연히 평등주의를 이상으로 삼는 사회정책과 갈등하게 된다. 그리고 이 갈등은 소련의 정치지도층을 분열시키는 쟁점으로 커질 수 있으며, 더 나아가 소련정치체제의 안정성을 위협할 가능성마저 있는 것이었다.

안드로포프의 경제개혁은 또한 불가피하게 국방예산의 삭감을 요구하는 것이었다. 곧 재원의 상당한 부분을 소비재공업으로 이전시켜서 공장경영인들과 노동자들에게 물질적 유인을 줄 때 안드로포프가 추구하는 경제개혁은 가능해지는데, 농업 부문으로부터의 이전이 불가능한 형편임을 감안한다면 결국 국방비로부터의 이전을 단행해야 했다. 그러나 군부의 지원에 힘입어 집권한 안드로포프가 군부의 기득권을 제약하기란 쉬운 일이 아니었다. 바로 여기에 안드로포프가 추구하는 경제개혁의 한계가 있었다.

국제 분야

안드로포프정권의 출범과 더불어 국제사회가 어느 정도 기대를 걸었던 분야는 소련의 대외정책이었다. 안드로포프가 대외문제에 정통한 인물일 뿐만 아니라 데탕트를 옹호한 세력의 일원으로서 브레즈네프 말기에 두드러진 대외행태의 경직성을 개선시킬 것으로 예상했던 것이다.

그러나 안드로포프의 첫 해는 해외에서 무자비한 대결들과 위기들의 하나였다. 폴란드와 아프가니스탄으로부터 레이건 미국 대통령의 '반소 십자군 전쟁'이 전개된 레바논과 중남미에 이르기까지 그리고

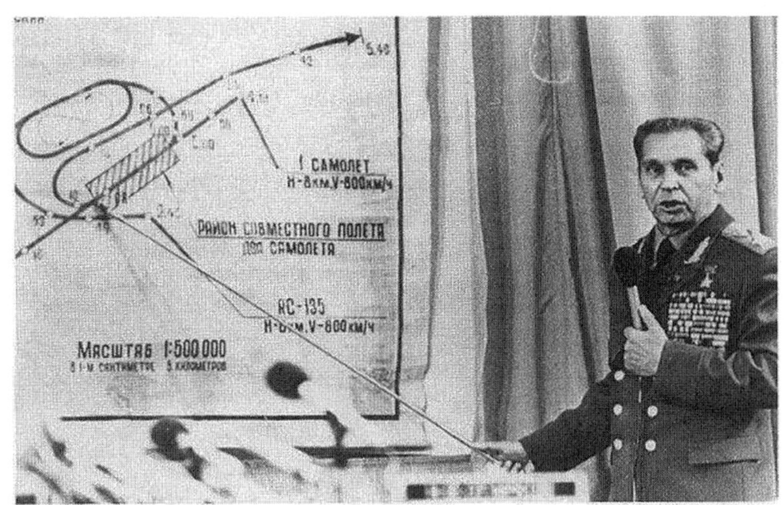

KAL기 격추 사건을 설명하는 소련군 참모총장 오가르코프

대한항공기(KAL)의 피격에 나타난 바와 같이 동아시아에 이르기까지, 세계는 대전의 위기들을 계속 겪었다. 국제사회 일각에서 기대했던 미국과의 정상회담도 열리지 않았으며, 두 나라 사이의 군축회담에도 아무런 진전이 없었다.

브레즈네프 말기부터 개선의 조짐이 나타났던 중국과의 관계에도 두드러진 변화가 거의 없었다. 특히 민간항공기인 대한항공기를 격추시킨 사건은 소련의 국제적 이미지를 결정적으로 손상시켰으며, 소련이 꾸준히 추구한 평화애호국 이미지 부각작업을 사실상 원점으로 돌아가게 만들었다.

안드로포프의 치적을 평가하면서 중요하게 지적되어야 할 점은 그가 장기간의 유고(有故) 상태에 있었다는 점이다. 1983년 8월 18일에, 소련을 방문한 미국 연방상원의원들을 접견한 것을 마지막으로 사망 당시까지 176일 동안 그는 자신의 모습을 전혀 드러내지 못했던 것이다. 병마에 시달렸던 것으로 뒷날 판명되었으나, 그 사이 무수한 풍설 속에서 소련은 장기간에 걸친 최고권력자의 유고라는 지극히 예외적인 시기를 경험했다고 하겠다.

3. 체르넨코정권의 등장과 그 의미

이제 우리의 관심을 안드로포프정권을 계승한 체르넨코정권으로 돌리기로 한다. 여기서는 체르넨코의 배경과 성향을 먼저 살피고, 그가 이끈 지도부의 성격을 논하기로 한다.

체르넨코의 경력과 특성

체르넨코는, 우리가 제17장에서 이미 살폈듯이, 대단히 영리한 전형적인 당 서기로 브레즈네프의 신임을 받게 되었으며, 그 스스로도 브레즈네프에게 충실한 추종자가 되었고 브레즈네프가 이끈 몰다비아 파벌에 속했다. 체르넨코가 브레즈네프의 '가방운반인', '정치적 시중꾼', 또는 브레즈네프가 글을 읽을 때 '페이지를 넘겨 주는 사람'이라고 불렸던 까닭이 여기에 있다.

그리하여 체르넨코는 1976년 3월에 브레즈네프에 의해 중앙당서기국의 정위원 겸 총무부장에 발탁되어 정치국의 정기회의에 자료를 제공하며, 따라서 정책집행에 큰 영향력을 행사하는 지위를 차지하게 되었다. 1977년 10월에 정치국의 후보위원을 겸했으며, 1978년 11월에는 정치국의 정위원으로 승진했다. 1982년 3월에는 소련노동조합 개편대회를 주재했고, 수슬로프가 죽은 뒤부터는 소련공산당의 사실상의 제2서기장으로 등장했다. 그 이후『프라우다』는 여러 차례에 걸쳐 그의 활동을 크게 보도하면서, 그가 대외 분야에서는 물론 군사와 경찰 및 농업 등 국내 분야에서도 브레즈네프를 대신해 서기장직을 수행하고 있음을 시사했다.

체르넨코

그러나 1982년 11월 10일에 브레즈네프가 사망했을 때 그의 후임으로 선출된 인물은 체르넨코가 아니라 안드로포프였다. 그렇다고 하여 체르넨코가 제거된 것은 물론 아니었다. 안드로포프는 군부를 대표한 국방장관이면서 정치국 정위원인 우스티노프의 부분적인 물리적 시위의 지원을 받아 '덜 완전한 승리'를 거둔 것으로 그쳤다. 체르넨코를 지지하는 세력의 힘은 여전히 남아 있었다. 체르넨코가 안드로포프를 서기장에 추천하면서도, 그 자리에서 "이제 당무를 집단적으로 운영하는 일이 두 배 세 배 중요해졌다"고 강조한 것도 이러한 상황을 시사하는 것이었다.

그러나 체르넨코의 지위는 점차 약화되는 기미를 보였다. 1983년 4월 한 달 동안 그가 병을 이유로 공식석상에서 모습을 감췄을 때에도 안드로포프로부터 모욕을 당했기 때문에 그렇게 처신했던 것으로 전해졌다. 다만, 1983년 6월에 체르넨코는 이념문제를 다룬 중앙위원회 전원회의에서 소련체제의 극적인 변화에 반대함으로써 자신의 영향력이 사라지지 않았음을 과시했다. 그러나 그 다음 달에 그는 중앙위원회의 한 간부직을 내놓음으로써 역시 권력을 차차 잃어가는 노권력자의 모습을 보여주었다.

체르넨코의 권력상실이 정지된 것은 안드로포프의 신병이 심각해진 1983년 가을께부터였다. 그는 중앙당과 안드로포프의 휴양지를 왕복하면서 죽어가는 서기장과 정치국 사이를 연결하고 있었던 것이다. 이 무렵 소련의 한 고위외교관은 미국정부에게 체르넨코가 소련을 사실상 이끌어가는 최고지도자라는 인상을 주었다고 한다. 만일 이것이 사실이라면 안드로포프의 생존의 마지막 단계에서 정치국원들 사이에서는 체르넨코가 안드로포프의 후계자라는 암묵적 합의를 이룩했을 것이며, 그러한 암묵적 합의가 있었기에 안드로포프가 죽은 뒤 권력계승이 순탄했을 것이다.

돌이켜 생각해 보면, 체르넨코의 권력승계를 암시하는 신호가 없었던 것은 아니었다. 1983년 11월 7일에 볼셰비키혁명을 기념하는 식장에서 병을 앓던 안드로포프를 대신해 정치국원들과 군부지도자들을 이끌고 사열대 위에 나타난 이가 체르넨코였다. 안드로포프의 생존 말기에는 체르넨코의 '정치적 스승'인 브레즈네프에 대한 새로운 찬양이 소련의 관영매체들에 비교적 자주 나타났다. 이것은 체르넨코의 정치적 형편이 개선되고 있다는 조짐이었다. 그리고 안드로포프가 죽기 바로 전날에 『프라우다』는 체르넨코의 글들을 모은 책을 소개하는 기사를 실었는데, 생전에 자신의 글들을 모은 책의 출간을 볼 수 있는 지도자란 소련에서는 극히 드물었다는 점에서, 이 기사는 체르넨코의 재등장을 강력히 암시하는 것이었다.

그 암시는 정확했다. 체르넨코는 안드로포프의 장례위원장직을 맡으면서 곧 당서기장으로 선출된 것이다. 그는 이어 4월 11일에는 연방최고소비에트 간부회 의장에 선출됨으로써 국가원수도 겸하게 되었다. 같은 날 연방 최고소비에트 간부회는 티호노프 총리를 5년 임기의 총리직에 재선했다.

체르넨코의 정견

그러면 체르넨코는 어떠한 정치적 성향의 지도자였는가? 그는 이론가도 아니었으며 조직가도 아니었다. 다만 대단히 합리적인 공산주의적 행정가로 평가되었다. 한 연구에 따르면, 체르넨코는 시민의 반응에 대한 과학적 자료를 얻기 위해 여론조사를 제도화해야 한다는 주장을 전개했으며, 그의 이러한 주장에 따라 1970년대 말에 당서기국 안에 여론조사를 담당하는 부서가 세워졌다.

1980년에 그의 이름으로 출판된 한 해설서는 "소비자의 바람이나 성향을 깊이 이해하기 위해 여론조사에 관한 특별계획이 수립되어야 한다"고 제의했다. 같은 맥락에서, 같은 해 폴란드에서 발생한 노동자들의 봉기를 목격한 다음에 쓴 논설에서 그는 "사회주의 국가에서 인간적 욕구를 등한시하는 경우에는 사회적 긴장과 정치적·사회적·경제적 위기의 위험성이 뒤따른다"고 경고했다.

그렇다고 하여 그가 물질적 자극이나 금전적 자극으로 노동자와 농민의 생산성을 높여야 하며, 정부의 관리들과 공장의 관리자들 및 농장의 관리자들이 경제운용을 주도해야 한다고 주장하는 실용주의파에 속한 것은 아니었다. 그는 당이 이데올로기적 규율로 행정부를 강력히 이끌어야 한다는 전형적인 당료의 성격을 지녔던 것이다.

한편, 대외문제에서 체르넨코는 온건하거나 비호전적인 견해를 나타냈다. 이 점은 1981년 4월의 레닌출생기념일에 그가 발표한 논문에서도 잘 나타났다. 여기서 그는 핵전쟁이 모든 인류에게 주고 있는 위협을 강조하면서, 인류가 총체적으로 파멸될 수 있는 핵전쟁의 위협을 회피해야 한다고 주장했다.

체르넨코의 이러한 주장은 군부 강경파의 주장과는 어긋났다. 그들은 소련이 핵전쟁에서 반드시 승리해야 하며 또 승리할 수 있다고 장담했던 것이다. 1981년 6월에 육군 참모총장 오가르코프 원수는 자신의 논문을 통해 "인민들에게 전쟁의 위험이 제기하는 위협을 지나치게 과장하지 말고 상세하게 잘 설명해 주는 것이 당의 의무"라고 주장했는데, 이러한 입장이 강경파의 기본적인 핵전쟁관이었다. 그러므로 핵전쟁의 위협을 강조하면서, 이것을 반드시 피해야 한다는 체르넨코의 주장은 그가 국제관계를 긴장완화 쪽으로 추진하는 정책에 대해 호의적이었음을 입증했다.

체르넨코는 안드로포프만큼 대외문제에 정통하지는 않았다. 그러나 그 역시 브레즈네프를 수행해 중동과 아프리카를 여행했었으며(1960년), 헬싱키에서 열린 유럽안보협력회의에 참석했었고(1975년), 빈에서 열린 제2단계 전략무기제한회담에 참석했었던 데에서(1979년) 보여지듯, 국내정치에만 전념한 지도자는 아니었다. 그러므로 그의 국제정치적 시각이 군부 강경파의 그것과 다르다는 것은 충분히 이해될 수 있었다.

4. 체르넨코정권의 문제와 치적

크렘린 내부의 권력경쟁

그러면 체르넨코정권의 정치적 성격을 어떻게 평가해야 할 것인가? 우선 그는 노령이었다. 집권 당시 만 72세 5개월인 그의 나이는 당시의 정치국원 평균 연령인 67세보다도 5년 이상 많았으며, 그의 전임자인 안드로포프보다 3년이나 위였고, 역대 서기장들 가운데 가장 많은 나이에 서기장으로 선출됐다. 그것뿐 아니었다. 그 역시 건강상의 문제점을 지녔고 정치국 안의 지지기반도 강하지 않았다. 따라서 그는 결국 언제나 반대파와의 타협을 추구하면서 정치국을 힘겹게 이끌어야 하는 과도정권의 잠정적 지도자일 수밖에 없었다.

바로 이 사실 자체가 은밀한 형태의 새로운 계승경쟁을 유발시켰다. 곧, 체르넨코의 자연적 수명과 정치적 수명이 몇 해밖에 남지 않았다고 생각하는 보다 젊은층의 지도자들은 벌써부터 정상에의 도전을 준비한 것이다.

이미 안드로포프정권 출범 당시 장차의 후계자로 지목된 사람들은 50대 후반과 60대 초반 연배의 세 사람이었다. 영국의 국제적 주간지 『이코노미스트』는 농업담당 서기이며 정치국 정위원인 52세의 고르바초프, 전 레닌그라드당 제1서기이며 정치국 정위원인 61세의 로마노프, 중공업담당 서기이며 정치국 후보위원인 돌기흐(Vladimir Dolgikh)를 꼽았으며, 『타임』은 고르바초프와 돌기흐 및 로마노프의 순서로 꼽았다.

안드로포프가 죽고 체르넨코가 집권한 시점에서도 서방의 관측자들은 역시 이와 비슷하게 지목했다. 일반적으로 고르바초프와 로마노프 두 정치국원으로 압축해서 장래의 권력계승을 거론했는데, 두 사람 모두 중앙위원회 서기국의 서기를 겸했다. 고르바초프가 농업전문가라면, 로마노프는 군수전문가로서 군부의 지원을 받았던 것으로 보인다.

경제문제

체르넨코정권의 과제로 경제문제가 꼽혔다. 이 문제에 대해서는 이미 앞부분에서 충분히 논의했기 때문에 여기서는 되풀이하지 않고 중복되지 않는 부분에 대해서만 논의하기로 한다. 총괄적으로 말해, 안드로포프는 병에 걸린 소련경제에 대한 실질적인 처방을 내리지 못했다. 경제문제에 대한 그의 '조심스러운 접근방법'은 공업 부문과 농업 부문에서 생산성의 향상을 가져오기는 했다. 그러나 지난 15년 동안 1년에 3~4%씩 올라가는 군사비지출의 압박은 여전히 컸으며, 국가가 지불하는 각종 연금이나 보조금은 늘어나기만 하였다.

1984년 11월 16일에 모스크바에서 영국의 로이터 통신이 보낸 다음의 기사는 체르넨코 치하에서의 소련경제의 심각성을 잘 말해 주었다.

> 콘스탄틴 체르넨코 소련공산당서기장은 소련경제가 현재 저질 노동력에 따른 노동생산성의 낙후와 소비재부족 등의 심각한 취약점을 안고 있다고 지적하면서, 이같은 문제점을 야기시키는 노동기강의 해이와 무사안일의 풍조를 바로잡도록 촉구했다고 소련언론들이 16일 보도했다. 소련의 주요 일간지에 이 날 일제히 게재된 체르넨코의 당중앙위원회 정치국 회의 연설문은 "소련의 전체 트럭들 가운데 1/3이 고장으로 멈춰 서 있고, 상품수급정책의 실패로 여름 신발을 가까스로 사 신을 수 있게 되면 이미 겨울이 다가와 있다"고 소련경제의 문제점을 신랄하게 지적했다. 15일에 개최된 정치국회의에 참석한 체르넨코는 또 소련경제의 이같은 문제점은 자본투자의 증대보다는 노동생산성의 증대를 통해 해결되어야 한다고 강조하면서, 각 작업장에서 기술혁신이 이뤄지지 않고 있다고 질책했다.

이러한 고질적 경제문제들을 체르넨코가 과단성 있게 해결하기는 어려웠다. 그는 결코 개혁가가 아니었다. 그는 언제나 현상유지적이었으며, 개혁이나 쇄신을 시도한 적이 있다고 해도 그것은 상당한 조심성과 실험을 요구하는 것이었다. 더구나 그는 권력기반이 취약했다. 그뿐 아니라, 그는 당의 장치(裝置, apparat) 안에서만 성장한 지도자로서 자신의 권력기반인 당의 장치에서 종사하는 관리들, 이른바 아파라치키(apparatchiki)를 자극시킬 조처라면 거의 취하지 않았다. 미국의 소련경제 전문가인 얀 바누스(Jan Vanous)가 소련경제는 앞으로도 계속해서 저성장을 나타낼 것이라고 예고했던 것은 이러한 맥락에서 볼 때 적절한 것이었다.

소련경제가 이처럼 저성장과 침체의 늪 속에서 헤어나오지 못했을 때, 그것이 소련의 정치 전반에 미칠 영향은 상당히 큰 것이었다. 그 영향은 우선 소련공산당의 권위가 어느 정도 약화되는 결과를 낳았다. 우리가 제17장에서 이미 지적했듯이, 소련은 국내정치에서 이미 많은 문제점들을 안고 있었다. 그 가운데 하나가 소수민족들이 보다 큰 정치적 발언권을 요구하는 점이었다. 특히 중앙아시아의 회교도로부터의 압력이 가장 큰 것으로 지적되었거니와, 소수민족들이 제기하는 문제들은 투자의 분배나 경제적 지방분권화 및 정치적 민주화 등에 걸쳐 있었다. 꼭 소수민족들만이 아니었다. 소련공산당 자체 안에서도 소련의 정치체제를 개혁해야 한다는 조심스런 주장이 부분적으로 나오고 있는 터였다.

이러한 상황 속에서, 경제문제가 계속해서 풀리지 않는 경우, 소련공산당에 대한 대중적 지지가 약화될 것임은 확실했다. 이러한 맥락에서, 미국 중앙정보부의 한 관리는 브레즈네프와 안드로포프 및 체르넨코는 사실상 '소련공산당의 몰락과 죽음을 주재하는 셈'이라고까지 극언을 할 정도로 소련의 국내상황을 비관적으로 평가했다.

미국과의 관계

체르넨코가 당면한 또 하나의 과제는 대외문제로 그 핵심은 물론 미국과의 데탕트였다. 앞에서 지적했듯이, 체르넨코는 데탕트를 지향하는 지도자였다. 예컨대, 그는 안드로포프가 죽기 하루 앞서 발표한 논설을 통해 "우리는 우리의 사회체제와 상이한 사회체제 아래 사는 나라들, 특히 미국 및 영국과의 활발하고 열매 맺는 대화를 지지한다"고 말했으며, 서기장에 선출된 직후 중앙위원회에서 행한 연설에서는 "우리는 사회체제가 상이한 나라들과의 평화공존을 지지한다"고 선언했다. 이 후자의 연설에서 그는 "핵무장시대에 살고 있는 인류에게 평화가 그 어느 때보다도 더욱 절실히 요청된다"고 강조하면서, 이 점을 명백히 이해하지 못하는 자본주의국가의 지도자를 비난하기도 했다.

여기서 체르넨코가 말한 자본주의국가의 지도자란 물론 소련에 대해 강경한 입장을 유지한 공화당 출신의 레이건(Ronald W. Reagan) 대통령을 의미했다. 확실히 체르넨코는 미국과의 관계개선의 필요성을 절감했던 것이다. 사실 대부분의 소련 정치지도자들은 1970년대 전반을 지배했던 미국과의 데탕트가 얼마나 유용했던가를 잘 기억하고 있었다. 이 무렵 소련인들은 평화에 대한 충분한 기대를 가질 수 있었으며, 국내생활에서의 경제적 여유나 심리적 여유도 가질 수 있었다. 그러나 1970년대 후반에 들어와 미국과의 데탕트가 크게 위협되면서, 소련은 미국과의 군비경쟁 속에서 핵전쟁의 공포가 주는 심리적 부담감은 물론 소비생활에서의 압박마저 느끼게 되었다. 여기서 소련시민들은 데탕트의 회복을 기대했으며, 그리고 그러한 기대를 체르넨코는 나타냈던 것이다.

그러나 문제는 간단하지 않았다. 우선 소련의 국내정치 그 자체가 소련 대외정책의 변화를 억제시키고 있었다. 풀어 말한다면, 우리가 앞에서 살폈듯이, 소련공산당 정치국은 단합되어 있었다기보다는 분열되어 있었으며 체르넨코정권 자체가 어떤 변화를 추구하기에는 권력기반이 약한 잠정정권이어서 국내정치에 더욱더 몰두하게 되었다는 점이다.

대외정책은 국내정치에 그 우선 순위를 빼앗길 수밖에 없게 됐다. 그뿐 아니라 대외정책에 대한 영향력은 외무장관이며 정치국원인 그로미코, 그리고 국방장관이며 정치국원인 우스티노프가 거의 전적으로 행사했는데, 이들은 소련이 미국에 대해 어떤 새로운 길을 걸어야 한다고는 생각하지 않고 있었다. 그러므로 체르넨코정권은 대외정책에서 거의 아무런 실질적 변화를 추구하지 못했던 것이다.

소련의 상황이 그러했기 때문에 미국과 소련 사이의 관계에서의 변화는 결국 미국의 선도(先導)로부터 추구되어야 했다. 그러나 레이건 행정부는 소련과의 관계개선을 위해 미국이 양보해야 할 것이 없다는 입장이었다. 1970년대 초 이후 데탕트를 악용해 군비증강을 지속적으로 꾀한 것이 소련인 만큼, 양보는 미국이 아니라 소련이 해야 한다는 입장을 취한 것이다.

이렇게 볼 때, 결국 체르넨코정권도 안드로포프정권처럼 소련이 당면한 국내외적인 중요한 문제들을 거의 해결하지 못했다는 점이 조금도 이상스럽지 않았다. 브레즈네프정권의 말기부터 쌓이기 시작한 현안들이 해결을 보지 못하면서 오히려 악화되는 형태로 계승되었던 것이다.

5. 두 과도기정권이 소련정치의 장래에 준 의미

그러면 그러한 결론이 주는 정치적 의미는 무엇일까? 첫째, 대부분의 소련 전문가들이 공통적으로 지적했듯이, 그것은 소련이 중대한 전환점에서 있었음을 의미했다. 곧, 소련체제 그 자체가 몰락하느냐 또는 활력을 되찾느냐의 갈림길에 와 있었다는 뜻이다. 비앨러 교수는 소련이 이미 '체제적 몰락'의 길에 들어선 것으로 진단하면서, 1980년대가 끝날 때까지도 소련은 강력하고 안정된 정치지도층을 결코 형성하지 못할 가능성이 높다고 내다보았다. 그리고 이러한 상황 아래서 국내정치와 대외정책 모두가 활력이나 신축성을 잃을 것이라고 분석했다. 동유럽에 대한 통제력도 약화될 것이며, 이에 따라 소련제국의 해체 조짐이 두드러질 것이라고까지 예언했다.

물론 그는 소련이 그 정반대의 길을 걷게 될 가능성도 없지 않음을 아울러 지적했다. 정상부의 정치지도층 자체가 단결하여 비록 권력계승의 기회가 자주 발생한다고 해도, 그 기회를 위기로 만들지 않고 권력계승 자체를 안정화시키면서 강력한 지도자나 과두적 정치지도부를 만들어낼 가능성도 배제할 수는 없다는 것이었다. 그리고 그러한 상황 아래서 상당한 수준의 경제개혁을 꾸준히 추진해 소련경제를 지속적으로 활성화시키는 경우, 소련은 체제적 위기를 경험하지 않을 수도 있다고 그는 보았다.

그러나 소련이 이러한 길을 걷게 될 가능성은 크지 않다고 그는 주장했다. 그렇게 주장하는 가장 주요한 논거는, 앞에서 지적했듯이, 1980년대 후반으로부터 1990년대 초 사이의 권력승계가 어떻게 전개될 것인가에 관한 불투명성이었다. 그리고 그러한 불투명성이 낳을 경제개혁 능력의 본질적인 제약이었다.

둘째, 이러한 상황 아래서 소련의 정치지도층이 당의 통제를 어느 정도 완화하지 않으면 안 된다는 전망이었다. 소련이 체제적 위기에서 벗어나기 위해서는 소련의 국내경제를 살리고 지속적으로 발전시켜야 한다. 더구나 소련경제는 이제 세계경제 속으로 차차 빠르게 통합되어야 할 단계에 와 있었다.

또, 국제통신수단의 혁명적 변화는 소련과 같은 초강대국이 계속해서 외부의 정보가 국민들에게 전달되는 것을 차단시키면서 억압통치를 유지하지 못하도록 만들었다. 국민들의 소비생활수준도 향상시켜야 할 단계에 이르렀다. 이러한 상황 아래서, 당의 통제를 어느 정도 풀어 공장과 농장의 개별적 창의를 장려해야 하며, 그렇지 못한 경우에는 당의 통제 자체가 효력을 발휘하기 어려울 것으로 예견됐다.

당의 통제가 완화되어야 한다는 또 하나의 논거는 소련공산당 지도층의 세대변화였다. 소련공산당의 중앙당 및 지방당 간부들을 포함한 소련공산당의 중추적 지도자들은 스탈린의 대숙청 이후 하부조직에 충원되었거나, 또는 하부조직으로부터 승진하기 시작했던 '신인'들이었다. 이들은 가치관이나 국제정치관에서도 그 이전 시대의 그것들과 다르며, 당통제의 강화보다는 자유화의 단계적 허용 쪽으로 기울어져 있었던 것이다.

제20장_고르바초프정권 시기의 소련의 내부상황(1985~1990)

쇠퇴 또는 몰락의 위험성마저 비칠 정도로 심각한 국면에 접어든 시점에서 소련은 또 한 차례의 권력교체를 경험했다. 1984년 2월 13일에 소련공산당서기장으로 선출되었던 만 73세의 체르넨코가 1985년 3월 10일에 병사함에 따라 고르바초프가 그 후임으로 선출됨으로써, 불과 13개월 만에 소련의 권력구조에서 제1인자가 바뀐 것이다. 우리가 제19장에서 살폈듯이, 체르넨코는 1984년 2월 9일에 병사한 안드로포프 서기장의 후임으로 선출되었으며, 따라서 13개월의 대단히 짧은 기간 동안 권좌에 있었을 뿐이다. 그의 전임자인 안드로포프 역시 1982년 11월 10일에 병사한 브레즈네프 서기장의 후임으로 선출되어 15개월의 짧은 기간 동안 권좌에 머물렀다. 따라서, 소련은 1982년 11월부터 2년 4개월 안에 네 사람의 최고집권자와 세 사람의 최고집권자의 사망 및 두 차례의 단기권력체제를 경험한 셈이다.

고르바초프

레닌이 집권한 1917년 11월부터 브레즈네프가 사망한 1982년 11월까지의 64년 동안 소련에는 네 사람의 최고집권자가 있었을 뿐이었다. 이에 비해, 브레즈네프가 사망한 1982년 11월부터 체르넨코가 사망한 1985년 3월까지의 52개월 동안 세 사람의 최고집권자가 있었다는 것은 후자의 시대가 얼마나 불안정한 시대였는가를 말한다.

브레즈네프는 그 집권 후반기에 와서 고령에 도달하였을 뿐만 아니라 와병 중이었고, 안드로포프와 체르넨코도 집권 당시에 이미 고령이면서 와병 중이었음에 반해, 신임 서기장 고르바초프는 54세의 연부역강한 장년에 집권한 것이다. 따라서 소련은 새로운 지도자의 출범을 계기로 '혼란의 시대'를 마감하고, 비교적 안정된 정치지도부를 유지할 것으로 전망되었다. 그리고 안정된 정치지도부는 참신한 정책들을 활발히 구사할 것이며, 이에 따라 소련은 새로운 면모를 갖는 초강대국으로 도약할 것으로 예상되었다.

고르바초프정권은 그러한 기대에 어긋나지 않게 새로운 노선을 제시했다. 페레스트로이카(perestroika)와 글라스노스트(glasnost), 곧 개혁과 개방이라는 신선한 깃발을 내걸고, 대내적으로는 공개주의의 원칙 아래서의 체제재편을 시도함과 아울러, 대외적으로는 탈냉전주의의 기조 아래서의 화해와 협력을 추구했다. 이로써 소련이 볼셰비키혁명에 이은 '제2의 러시아혁명'을 겪는 모습을 보여준 것이다. 그러했기에 미국의 소련학 대가인 터커는 "소련에서 이제 역사가 다시 한 차례 움직이고 있다"고 썼다.

그러나 '제2의 러시아혁명'은, 무릇 모든 혁명이 그러하듯이, 역사를 광란의 속도로 치달리게 만들었으며, 따라서 엄청난 격변을 불러일으켰다. 거기에는 공산당1당독재체제의 사실상의 붕괴와 소련제국의 사실상의 와해까지도 포함되기에 이르렀다.

이러한 배경에서, 이 장은 우선 고르바초프정권이 통치한 시기의 소련의 내부상황을 살피기로 한다. 그리고 이 시기에 대한 국내외의 관심이 고르바초프 개인에게 쏠렸음을 고려해, 그와 그 주변에 대해 자세히 설명하고자 한다.

1. 고르바초프의 정치적 성장과정

지방당조직에서의 출발

고르바초프는 1931년 3월 2일에 모스크바에서 600마일 떨어진 카프카스 산맥 북쪽 러시아연방공화국 크라스노그바르데이스키(Krasnogvardeysky) 지역 스타브로폴(Stavropol) 지방의 프리볼노예(Privolnoye) 마을에서 태어났다. 그가 1931년생이라는 사실은 세 가지 의미를 갖는다. 첫째, 그것은 그가 볼셰비키혁명을 전혀 경험하지 않은 지도자, 곧 '혁명 후기 지도자'임을 말해 준다. 그리고 이 점에서 그와 그 이전 최고권력자들 사이의 주요한 차이가 보여진다. 그의 전임자들이 모두 볼셰비키혁명을 어떠한 형태로든지 경험했음에 비해 그는 이 혁명이 일어난 때로부터 13년 반이나 지난 시점에서 태어난 것이다. 물론 레닌의 통치 역시 전혀 경험하지 못했다.

둘째, 그것은 그가 소련사람들에게 잊을 수 없는 어려움과 상처를 준 제2차 세계대전에 참전하지 않았음을 의미한다. 히틀러의 침략주의에 따른 독일과 소련 사이의 전쟁은 그가 열 살 때인 1941년에 일어나 열네 살 때인 1945년에 끝났다. 이 점 역시 그가 그 이전의 집권자들로부터 구별되는 점이다. 그러나 그는 자신도 그 전쟁의 비참함을 충분히 이해하고 있음을 선배 지도자들에게 보여 주려는 의도에서, 자신이 소년으로서 목격했던 참상들을 가끔 회고하곤 했다.

셋째, 그것은 그가 1930년대를 지배한 스탈린의 공포정치의 정신적 피해로부터 비교적 해방되어 있었음을 의미한다. 고르바초프 이전의 지도자들과 그 세대는 스탈린의 피비린내나는 숙청들을 경험하면서 살아남았기 때문에 어두운 과거의 그림자에 짓눌린 측면이 있었다. 이에 비해 고르바초프와 그의 동년배들은 그 어두운 과거로부터 단절되었을 뿐만 아니라, 소련이 경제적으로나 군사적으로 강대국으로 발전하는 과정에서 성장했으므로, 조국의 진정한 성취와 고양된 위신에 대해 큰 긍지를 느끼는 편이었다.

고르바초프가 태어난 곳은 비옥한 곡창지대로서, 그의 아버지는 농부였다. 아버지는 빈농에 속했으며, 따라서 그의 생활수준은 다른 지방의 생활수준에 비해 뒤떨어지는 그 지방의 생활수준에 비교해서도 무척 낮았다. 그는 이러한 농촌의 배경 속에서 소년시절을 보낸 셈인데, 이때 그는 학교를 다니면서 기계화영농단의 콤바인 조수로 일해 몹시 고달픈 삶을 맛보기도 했다. 따지고 보면 장차 소련공산당 농업 담당서기가 될 기초적 훈련을 단단히 받은 셈이었다.

고르바초프의 생애에서 하나의 중요한 전환은 1950년 모스크바국립대학교 법과대학 입학이었다. 이 대학교는 소련에서 가장 권위있는 대학교로, 이 대학교에 입학하기 위해서는 정치적으로도 아무런 흠이 없어야 하지만 학업성적 역시 뛰어나야 했다. 1960년대를 보기로 들면, 매년 우수한 13,000여 명의 지원자들 가운데 약 1,900명이 합격했다. 그런데 고르바초프가 입학할 당시에는 자연과학대학 또는 공과대학의 입학이 가장 어려웠으며, 법과대학의 입학은 쉬웠다. 스탈린

모스크바국립대학교

이 워낙 법을 무시하고 철권정치를 했을 뿐만 아니라, 법률가들을 독재정치의 실무적 도구로 비하시켰기 때문에, 우수한 학생들이 법률가에 대한 매력을 잃었기 때문이다. 게다가 노동자 또는 농민의 경력이 있는 지원자 그리고 교육시설이 낙후한 지방으로부터의 지원자에 대해서는 입학의 특전이 있었다. 고르바초프는 물론 이 두 가지 특권을 누릴 수가 있었다. 그가 이 대학교의 학생이 되었다는 사실은 그의 출세가도에서 결정적인 도움이 되었다.

고르바초프는 공부보다는 졸업 이후의 출세에 관심이 더 컸으며 공부보다도 연설하기를 좋아했다. 그리하여 그는 스탈린이 죽기 한 해 전인 1952년에 이 대학교의 콤소몰, 곧 공산당청년동맹에 가입했다. 이 시절만 해도 이 대학교 재학생들 가운데 콤소몰활동에 열중하는 이는 많지 않았다. 그러나 그는 열심히 일했으며 마침내 그 기관의 우두머리로 뽑혔다.

졸업과 동시에 그는 법과대학 졸업생에게는 누구에게나 수여되는 법학박사의 학위를 받았으며, 변호사 자격을 얻기도 하였다. 그의 이러한 학력과 경력 역시 그의 전임자들에게서는 찾아볼 수 없는 대단히 예외적인 것이었다. 곧, 그는 소련의 수뇌급 지도자들 가운데 유일한 모스크바국립대학교 졸업생인데, 다른 정치국원들이 대체로 고등기술학교 또는 이공계 전문학교 출신이라는 사실과 대조된다.

1955년에 대학을 졸업한 고르바초프는 모스크바에서 공산당당원으로 자신의 경력을 출발하고자 했다. 그러나 그것이 좌절됨에 따라 고향인 스타브로폴로 돌아와 이 지방의 시 콤소몰의 과장이 되었다. 1년 이내에 시 콤소몰의 제1서기로 승진했고, 1958년에는 지역 콤소몰의 제1서기로 승진했다. 1962년에는 보다 책임있는 지위가 주어져 보다 많은 지역들의 집단농장들과 국영농장들의 생산행정을 담당하는 당조직의 책임자가 되었다. 이 직책을 수행하면서 그는 스타브로폴농과대학 야간부를 다녀 1967년에 농경학 분야의 학위를 받았으며, 모스크바국립대학교 문과대학 출신의 여교사로 역시 이 학교에 재학하던 라이사(Raisa)를 만나 결혼에 이르렀다.

승진은 빠른 속도로 계속되었다. 1963년에는 스타브로폴지방당의 농업담당과장이 되었으며, 1966년에는 스타브로폴시당의 제1서기가 되었다. 이 무렵은 브레즈네프정권이 출범한 때로부터 불과 두 해가 지났던 때였다. 여기서도 그는 능력을 인정받아 1968년에는 스타브로폴지방당의 제2서기로 승진했고, 1970년에는 제1서기로 올라섰으며, 소련의 명목상의 의회인 연방최고소비에트의 대의원으로도 선출되었다. 그의 출세가 이처럼 빠르고 순탄했던 이유에 대해 다음과 같은 설명이 있다. 그가 관할하는 시 근처에 유황온천 휴양지가 있었는데, 이 때문에 코시긴과 안드로포프를 비롯한 많은 크렘린의 권력자들이 자주 찾아왔으며, 따라서 그는 자연스럽게 그들을 접촉할 수 있었다는 것이다.

스타브로폴시당의 제1서기로서 그는 농업생산의 향상에 두드러진 성과를 나타냈다. 그는 제정러시아의 마지막 황제인 니콜라이 Ⅱ세 아래서 개혁정치를 추구했던 스톨리핀 총리의 경제개혁안과, 그리고 볼셰비키혁명 직후 레닌이 실시했던 신경제정책을 비교하면서 농민들의 생산의욕을 높이는 방안들을 자기 나름대로 찾아냈다고 한다.

중앙당으로의 진출

고르바초프의 공로는 곧 인정되었다. 그는 1971년에 후보위원을 거치지 않고 곧바로 중앙당의 중앙위원회 정위원으로 선출된 것이다. 이러한 승진은 파격적인 것으로, 중앙당의 이데올로기담당서기로 소련정치 전반에 커다란 영향력을 행사하던 수슬로프의 후견이 컸다고 한다. 당시 수슬로프는 브레즈네프의 권력구조 안에서 하나의 독자적인 파벌을 형성하고 있었다. 이 파벌에 1967년 이후 국가공안위원회 의장직을 맡은 안드로포프가 속했으며, 고르바초프도 이 계열에 속했다.

고르바초프 자신의 업적과 후견자들의 도움이 겹쳐서 그는 마흔 일곱살이 된 1978년에 마침내 중앙당서기국의 농업담당서기로 승진했다. 여기서 논의되어야 할 대목은 그와 쿨라코프(Fyodor D. Kulakov)와의 관계이다. 쿨라코프는 농업전문가로서 소련의 농업을 혁명적으로 개혁하려는 흐루쇼프의 주요한 지지자였다. 곧 흐루쇼프가 1950년대 중반 이후 힘차게 벌였던 중앙아시아 처녀지개간운동을 비롯한 농업생산성 제고(提高) 운동을 쿨라코프는 대체적으로 지지했다. 그러나 처녀지개간운동이 실패로 끝나면서 – 이 실패가 흐루쇼프 실각의 한 요인이었다 – 흐루쇼프와 쿨라코프는 갈등하게 되었고, 이 때문에 쿨라코프는 1960년에 러시아연방공화국 곡물생산담당장관으로부터 스타브로폴시당 제1서기로 좌천되었다. 이때 그는 거기서 일하던 고르바초프를 인정하게 되었다.

이 인연은 고르바초프의 정치적 성장에 중요한 계기가 되었다. 왜냐 하면, 흐루쇼프가 실각한 이듬해인 1965년에 쿨라코프는 브레즈네프에 의해 중앙당 농업담당서기로 발탁되었으며, 그는 그 권한을 통해 계속해서 고르바초프를 도왔기 때문이다. 그러다가 1978년 7월에 쿨라코프가 사망하면서 고르바초프는 그 후임으로 승진했다.

1979년 11월 27일에 고르바초프는 당정치국의 후보위원으로 발탁되었다. 이 무렵 정치국은 수슬로프와 안드로포프의 강력한 영향 아래 있었는데, 이들은 '스타브로폴 연결'을 통해 고르바초프를 키워주었다. 한편, 브레즈네프파는 브레즈네프의 오랜 동지인 티호노프를 정치국 후보위원으로부터 정위원으로 승진시켰다.

정치국에서 고르바초프는 새로운 역할을 맡았다. 법률 분야를 담당한 것이다. 이 사실은 그가 자신의 원래의 전공 분야로 돌아갔음을 의미한다. 그러나 그 사실은, 보다 중요하게, 그가 수슬로프와 긴밀한 관계를 유지했음을 말해주었다. 왜냐 하면 그 분야는 수슬로프가 관장했었기 때문이다. 어떻든 고르바초프는 새 직무의 수행을 계기로 점차 이데올로기문제와 조직문제 쪽으로도 손을 넓히게 되었다.

고르바초프가 정치국에 진출한 무렵에 정치국의 수뇌급 지도자들은 모두 건강이 좋지 않았다. 브레즈네프와 코시긴이 모두 70대로서 와병 중이었고, 발트 3국을 대표한 82세의 펠셰(Arvid Pelshe) 역시 앓고 있었다. 한때 브레즈네프의 후계자로 간주되던 키릴렌코도 와병 중이었고, 수슬로프마저 큰 수술을 받은 직후였다.

이러한 상황에서, 1979년 12월에 소련군은 아프가니스탄을 침공했고, 1980년에는 폴란드에서 반소적 의미도 지니는 자유화의 물결이 확산되었다. 아프가니스탄문제와 폴란드문제는 그 자체가 소련의 대외정책에 커다란 고민을 제기시켰지만, 특히 농업정책에 대해서도 바람을 불러일으켰다. 왜냐하면, 미국이 소련에 대한 보복으로 소련에 대해 곡물수출을 금지시켰기 때문이었다.

이것은 오랫동안 농업문제를 다뤄온 고르바초프에게 자신의 역량을 과시할 수 있는 기회가 되었다. 그 결과 그는 1980년 10월 22일에 49세의 나이로 정치국 정위원으로 승진하기에 이르렀다. 이때에도 수슬로프와 안드로포프가 그를 도와주었음은 물론이다. 1981년 3월 1일에 맞이한 50세의 생일에, 그는 '당과 국가를 위한 위대한 봉사'에 대한 대가로 레닌훈장을 받았다. 1982년에 들어오면서 병이 깊어가는 브레즈네프의 권력은 점차 약화되었다. 이 해 1월 말에는 수슬로프가 죽었다. 이에 따라 크렘린의 권력은 점차 안드로포프와 체르넨코에게 집중되었으며, 이 두 사람과 함께 정치국원과 서기국원을 동시에 겸한 고르바초프의 정치적 비중은 차츰 커졌다. 이때 정치국원과 서기국원을 겸한 이는 이들 셋뿐이었다.

브레즈네프가 마침내 죽고 안드로포프가 그 후계자로 선출된 뒤 고르바초프의 영향력은 더욱 커졌다. 농민들의 생산의욕을 높여주기 위해 고안된 '고르바초프 계획'은 1983년 3월의 정치국회의에서 통과되었다. 서기장 취임 이후 건강이 더욱 나빠진 안드로포프는 여러 가지 문제들에 대해 고르바초프에게 더욱더 의존하게 되었으며, 이에 따라 그는 농업문제뿐만 아니라 경공업문제도 맡게 되었고, 당내의 인사문제에도 관여하게 되었다. 여기에서 한 걸음 더 나아가, 그는 당의 조직과 행정을 관장하는 중앙위원회의 서기를 감독하는 권한을 부여받았다. 이것은 고르바초프가 대권장악의 한 걸음 앞으로 진출했음을 의미했다.

이러한 배경에서, 고르바초프가 1983년 5월에 소련국회사절단 단장의 자격으로 캐나다를 방문한 사실은 중요한 정치적 의미를 가졌다. 그것은 서방의 정치지도자들을 그가 얼마만큼 다룰 수 있는가를 알아보기 위해 크렘린이 부과한 시험이면서 동시에 서방세계에 대해 소련에 새로운 지도자가 등장했음을 알리는 전시(展示)이기도 했다. 시험과 전시의 양면에서 고르바초프는 성공했다. 캐나다의 상하 양원 외교군사위원회합동회의에서 그는 국제문제에 대한 깊은 지식과 아울러 세계정치에 임하는 지도자로서의 능숙한 자질을 과시했다.

제2인자의 위치

고르바초프가 캐나다로부터 돌아온 직후인 1983년 6월에 안드로포프는 소련의 국가원수로 선출됨으로써 당서기장과 국가원수를 상당히 빠른 시일 안에 겸한 최고권력자가 되었다. 그러나 그의 건강은 더욱 악화되었으며, 이에 따라 고르바초프가 사실상 그의 역할을 대신하는 경우가 차츰 늘어났다. 그러나 그것보다 중요한 것은 고르바초프가 서기국에서 이미 이데올로기담당서기를 겸했다는 사실이다. 이데올로기담당서기직은 다른 어느 서기직보다 중요한 자리로 그가 사실상 제2인자의 위치에 있음을 말해 주었다. 실제로 그는 1983년 4월 22일 레닌출생기념일의 식장에서 와병 중인 안드로포프를 대신해 당대표들을 인솔하고 나타나 연설함으로써 후계자로서의 가능성을 강하게 보여주었었다. 그러나 그의 경쟁자도 성장하고 있었다. 그 해 6월에 레닌그라드시당 제1서기인 60세의 로마노프가 서기국의 군수산업담당서기로 발탁되어, 체르넨코와 고르바초프에 이어 서기국원을 겸한 세 번째 정치국원이 된 것이다.

그러나 정치국은 여전히 노인들에 의해 장악되어 있었으며, 그들은 보수주의성향과 현상유지성향을 짙게 나타냈다. 그리하여 1984년 2월 9일에 안드로포프가 죽었을 때, 그들은 고르바초프가 아니라 체르넨코를 후계자로 선출했다. 그러나 체르넨코의 선출을 지지하는 연설을 '정치국의 이름으로' 고르바초프가 행함으로써 그가 체르넨코의 후계자로서의 지위에 있음이 확실해졌다. 이 점은 1984년 3월 15일에 『프라우다』의 주필 아파나시예프(Viktor Afanasyev)가 스웨덴의 한 유력지와 가진 회견에서도 확인되었다. 그는 고르바초프가 체르넨코를 승계할 것이라고 확언한 것이다. 이어 1984년 4월 11일에 연방최고소비에트에서 고르바초프는 체르넨코를 연방최고소비에트 간부회 의장 곧 국가원수로 천거했다.

그리고 그것보다 중요하게 고르바초프는 연방최고소비에트 간부회 외교위원장으로 선출되었다. 이 자리는 수슬로프에 의해 약 20년 동안 장악되었었고, 그가 죽은 뒤 체르넨코에 의해 승계되었던 점에 비추어, 주로 농업 분야에서 성장한 고르바초프가 이 직위를 담당했다는 것은 제2인자로서의 그의 지위가 확고해졌음을 의미했다.

실제로 고르바초프의 역할은 커졌다. 1984년 6월에 이탈리아공산당 당수 베르링구에르(Enrico Berlinguer)가 별세했을 때, 그는 소련공산당을 대표해 장례식에 참석했다. 원래 베르링구에르는 이른바 역사적 화해를 제의하면서 가톨릭교회 및 기독교민주당과의 제휴를 옹호했으며, 탈소적 성격이 강한 유로커뮤니즘(Eurocommunism)을 발전시키는 데 이바지했다. 이탈리아공산당 내부에도 친소파가 있으나 그것은 소수파에 지나지 않았다. 이탈리아공산당 당원들은 대체로 실용주의적인 스페인공산당의 이데올로기나 프랑스공산당 내부의 진보주의 이데올로기를 지지하고 있었다. 이러한 이탈리아공산당의 지도자들에게 고르바초프는 서슴지 않고 베르링구에르의 소련에 대한 비판이 헛된 것이 아니었다고 공언했다.

미하일 고프바초프와 호네커

그러나 동유럽 안에서의 탈소 움직임에 대해서는 강경하게 대처했다. 1984년 9월에 동독의 국가원수이며 공산당당수인 호네커(Erich Honecker)가 양독 사이에 '미니 데탕트'를 성립시키기 위해 서독을 방문하려 했을 때, 그는 이것을 저지시키는 데 주도적인 역할을 했으며, 불가리아의 국가원수이며 공산당당수 지브코프(Todor Zhivkov)가 서독을 방문하려고 했을 때는 불가리아의 수도 소피아를 스스로 찾아가 그 계획을 취소시켰다.

이러한 배경의 고르바초프가 영국을 방문하게 되었을 때, 그것은 자연히 국제적 관심의 초점이 되었다. 1984년 12월에 영국을 방문하면서 그는 역대 크렘린 지도자로서는 드물게 부인을 동반했으며, 서유럽식의 멋진 옷차림으로 스타일을 과시하고, 스스럼없는 제스처와 자연스런 농담을 구사함으로써 서방언론의 호감을 샀다. 영국의 언론은 "새로운 스타일의 소련정치인이 출현했다"고 썼으며, 심지어는 그를 전 미국 대통령 케네디에, 그리고 그의 부인을 케네디의 부인 재클린(Jacquelin)에, 각각 비유하기도 했다. 소련의 정치지도자들에게 흔히 보여지는 거만한 자세는 찾기 어렵고, 다른 사람들의 이야기에 귀를 기울일 줄 아는 지도자로 묘사되기도 했다. 그와 회담한 대처(Margaret Thatcher, 1925~2013) 영국 총리는 "고르바초프는 마음에 드는 인물이다. 함께 일할 만한 사람이다"라고까지 칭찬했다.

2. 노인정치 시대의 폐막과 새로운 지도층의 등장

그러면 이러한 정치적 배경의 고르바초프가 소련 권력구조의 정상에 올랐다는 것은 정치적으로 어떤 뜻을 갖는가? 안드로포프정권의 성격과 체르넨코정권의 성격을 다루는 앞의 장(章)들에서, 우리는 소련정치가 권력 교체에 있어서의 제도화와 최고권력자의 절대권약화를 보였음을 살폈었다. 이 두 가지 점들은 고르바초프정권의 등장과정에서도 그대로 확인되었다. 특히, 권력교체의 제도화란 맥락에서 볼 때, 체르넨코의 사망이 발표된 때로부터 겨우 다섯 시간 뒤에 고르바초프의 서기장 취임이 발표되었다는 사실은 최고 권력자의 교체가 확실히 주어진 정치적 관행 속에서 순탄히 이루어지고 있음을 말해 주었다.

노년층 대 장년층의 대결과 고르바초프

고르바초프의 권력장악이 가지는 가장 중요한 의미는 그것이 소련에서 노인정치 시대의 퇴조를 가져왔다는 점이다. 돌이켜 생각하건대, 1970년대 중반 이후 소련은 노인정치의 징후들을 두드러지게 나타냈다. 우선 브레즈네프정권의 말기를 생각해 보면, 당서기장인 브레즈네프 자신이 70세가 된 1976년의 시점에서 정치국의 정위원들이 대체로 60대 후반으로부터 70대 초 사이에 걸쳐 있었다.

이 점은 브레즈네프정권을 승계한 안드로포프정권에서 더욱 두드러져, 안드로포프가 집권한 1982년 말 현재 그의 나이는 이미 68세였으며, 그의 주변에는 70대의 노령층 정치국 정위원들로 꽉 차 있었다. 티호노프 총리와 우스티노프 국방장관 및 그로미코 외무장관, 그리고 쿠나예프 카자흐공화국당 제1 서기가 그 보기들로, 이들은 각각 76세와 74세 및 73세, 그리고 70세를 기록하고 있었다. 안드로포프와의 대권경쟁에서 패배한 체르넨코는 71세였고, 정치국의 정위원이면서 동시에 모스크바시당의 제1서기인 그리신도 68세였다. 이 추세가 안드로포프정권을 계승한 체르넨코정권에서도 계속되었음은 물론이다.

그러나 노인정치의 그늘 아래서 50대의 장년층 지도자들이 성장하고 있었으며, 그들의 등장과 더불어 소련공산당 정치국 안에서의 권력경쟁이나 정책결정은 서로 다른 연령층 사이의 미묘한 대결을 보여주었다. 특히, 체르넨코정권 아래서는 60대 후반과 70대의 노년층이 한 세력을 형성하고, 50대와 60대 초의 장년층이 또 하나의 세력을 형성해 대립하는 양상을 나타낸 것이다. 이 두 연령층의 중간에 1985년 현재 62세의 로마노프가 있었다. 그는 강경 군부와 밀착되어 대외문제에 대해 교조주의적 입장을 취했으며, 보수주의적 성향이 강한 노년층의 지지를 받았다.

노년층과 장년층의 이러한 대결 속에서 체르넨코의 사후(死後) 정권에 대한 전망이 반드시 확실한 것만은 아니었다. 물론 고르바초프가 가장 강력한 승계자로 부상하고 있었다. 그러나 노년층 안에서는 여전히 자신들의 권력장악을 위해 75세의 그로미코나 70세의 그리신에게 권력을 넘기려는 욕심을 갖는 이들이 있었다. 물론 그들이 이러한 선택을 취하는 경우 소련의 정치는 분명히 몇 해에 걸치는 '지도력의 마비' 현상을 경험할 것이다. 소련은 몇 해 안에 또 한 차례의 최고 권력자의 사망과 그것에 따른 지도자 교체를 경험해야 한다. 이러한 불안정한 모험을 회피하기 위해 노년층도 고르바초프의 대권장악에 끝내 반대하지는 않았던 것으로 보였다.

그리하여 서기장의 대권은 결국 고르바초프에게 귀착되었다. 앞에서 지적했듯, 체르넨코의 사망이 발표된 때로부터 다섯 시간만에 그의 서기장 선출이 발표된 점에 미루어, 그의 권력계승은 당정치국 안에서 어느 정도 양해되어 있었던 것 같다. 체르넨코의 집권기에 이미 그는 당 규약에도 없는 제2서기장으로 불리기도 했으며, 연방최고소비에트 간부회 외교위원장으로 선출되었고, 와병 중의 체르넨코를 대신해 주요한 연설을 행하기도 했다. 제2인자로서의 그의 지위는 1984년 12월에 런던에서도 과시되었다. 이 때, 소련공산당 정치국 정위원이며, 국방장관으로 소련 국내외정책 전반에 대해 영향력이 큰 우스티노프가 사망했는데, 고르바초프는 『타스통신』의 공식발표에 앞서 우스티노프의 사망을 서방기자들에게 확인시켜준 것이다.

고르바초프는 이처럼 순조롭게 정권을 장악했으나, 그렇다고 하여 그의 권력기반이 굳어져 있지는 않았다. 우선 상기되어야 할 점은 그가 정치국에서 5대 4의 표결로 서기장에 선출되었다는 풍설이다. 그리고 또 소련공산당서기장의 권한이 어느 정도 제약되었다는 사실이다. 서기장이 소련의 권력구조에서 제1인자임에는 틀림없으나, 그는 정치국을 중심으로 한 집단지도에 의해 일차적으로 제약을 받으며, 이어 중앙당과 지방당의 각종 장치들에 위치해 소련체제 전반을 움직이는 아파라치키, 곧 당료세력에 의해 부분적으로 견제됐다.

그러나 그 가운데 가장 중요한 견제세력은 정치국인데, 1982년 1월

25일에 수슬로프가 죽은 이후 1985년 집권 당시 그를 제외한 정치국 정위원 아홉 명은 모두 그보다 나이가 많았다. 1982년 11월 10일에는 브레즈네프가 죽었고, 1984년 2월 9일에는 안드로포프가 죽었으며, 1984년 12월 20일에는 우스티노프가 죽었고, 1985년 3월 10일에는 체르넨코가 죽어서, 정치국은 3년 2개월 사이에 다섯 명의 노인들을 잃었는데도 70세 이상의 정위원이 다섯 명에 이르고 있었다. 노인정치의 퇴조는 확실해졌지만, 고르바초프는 여전히 힘있는 노인들의 병풍에 둘러싸인 셈이었다.

고르바초프의 권력기반이 아직 굳어지지 않았다고 판단되었던 또 하나의 근거는 일반적으로 소련의 최고권력자의 권력은 승계 초기에는 그 이후의 시기에서보다 약했다는 역사적 사실이다. 고르바초프의 권력승계가 놀라울 정도로 순조로웠다고 해서 그러한 정치사적 일반론의 예외적 존재로 간주될 수 없었던 것이다. 이러한 맥락에서, 전 미국 국무장관 키신저는 고르바초프가 자신의 권력을 굳히는 데 2~3년을 필요로 할 것이라고 내다보았다.

고르바초프가 자신의 권력을 강화함에 있어서 가장 중요하게 고려해야 할 부분은 역시 군부와의 관계정립이었다. 앞에서 지적했듯, 군부의 지지를 확보한 정치국원은 군수산업담당서기를 겸한 로마노프였다. 로마노프는 1984년 12월에 우스티노프 국방장관이 죽었을 때 그의 후계자로까지 거론되었고, 소콜로프(Sergei Sokolov) 원수 겸 국방차관이 우스티노프를 계승하기는 했지만 73세로서 와병 중인 소콜로프가 사망하는 경우 국방장관직을 겸할 것으로 알려질 정도로 군부와 밀착되어 있었다. 이러한 로마노프에 비해, 군부에 대한 고르바초프의 영향력은 무척 제한되었던 것으로 평가되었다. 1983년에 서독으로 이주한 소련의 작가 블라디모프(Georgy Vladimov)는 "고르바초프는 당과 국가공안위원회에 의지하고 있다. 군부에 대해 그는 영점이다"라고 말한 것은 이 점을 가장 적절하게 증언한 것이다.

노년층의 퇴진과 장년층의 발탁

고르바초프는 본격적으로 정치국 안에서 자신의 권력을 강화해야 할 입장이었다. 여기서 그는 노령층 정치국원들을 차례로 퇴진시키면서 자신의 강력한 지지자들인 장년층의 엘리트들을 승진시키는 길을 골랐다. 그는 4월 23일에 국가공안위원회 의장으로 만 61세인 체브리코프(Viktor Chebrikov)를 정치국 후보위원으로부터 정위원으로, 이념담당서기로 만 64세인 리가초프(Yegor Ligachev)와 경제담당서기로 만 55세인 리지코프(Nikolai Ryzhkov)를 정치국 후보위원을 거치게 함이 없이 곧바로 정치국 정위원으로 각각 발탁했으며, 러시아연방공화국 농업장관으로 만 56세인 니코노프(Viktor P. Nikonov)를 자신이 맡았던 농업담당서기로 발탁했다. 이에 비해, 1984년 12월에 죽은 정치국 정위원이며 국방장관인 우스티노프의 국방장관 후임으로 임명되었던 만 73세의 소콜로프 원수는 정치국 후보위원으로 승진되는 것으로 끝났다.

리가초프

그로미코

셰바르드나제

자신의 권력기반을 어느 정도 강화한 뒤 고르바초프는 7월 1일에 자신의 강력한 경쟁자인 로마노프를 정치국과 서기국 모두에서 추방하고, 노인정치의 일원으로 '젊은 고르바초프'의 '총감독' 역할을 수행할 것으로 짐작되던 정치국 정위원 그로미코 외무장관을 연방최고소비에트 간부회 의장, 곧 국가원수로 밀어냈다. 이로써 28년에 걸친 그로미코의 외무장관직은 끝났다. 그 대신에 그루지야공화국당 제1서기로 만 57세인 셰바르드나제(Eduard A. Shevardnadze)정치국 후보위원을 정치국 정위원으로 승진시킴과 아울러 외무장관으로 발탁했다.

이어 레닌그라드시당 제1서기로 만 62세인 자이코프(Lev N. Zaikov)와 중앙위원회 건설부장으로 만 54세인 옐

옐친

친(Boris N. Yeltsin)을 각각 서기국 서기로 발탁했다. 옐친은 곧 정치국 후보위원과 그리고 그리신이 맡아 온 모스크바 시당 제1서기를 겸한 반면에, 그리신은 정치국 정위원마저 내놓게 되었는데, 이것은 물론 노인정치의 일원인 그리신의 실각을 의미하는 것이었다. 10월에는 자신의 강력한 지지자인 탈리진(Nikolai V. Talyzin)을 정치국 후보위원 겸 제1부총리로 발탁했다.

당의 정상부에서만 권력을 강화하지 않고, 고르바초프는 당의 그 이하 부분 에서도 권력을 강화했다. 캐나다대사를 지낸 뒤 소련과학원 산하의 세계경제 및 국제관계연구소(IMEMO) 소장을 맡고 있던 자신의 심복으로 만 61세인 야코블레프(Aleksandr N. Yakovlev)를 중앙위원회 선전부장으로 기용한 것을 비롯해, 당의 각급 수준에서도 크고 작은 중요한 직책에는 자신의 지지자들을 임명했다.

고르바초프는 정부에도 자신의 지지지들을 포진시켰다. 9월에 만 80세인 티호노프를 정치국 정위원으로부터는 물론 총리로부터도 해임하고, 전형적인 테크노크라트인 리지코프를 총리에 임명했으며, 만 74세로 무려 20년 동안 국가계획위원회 의장으로 있었던 바이바코프(Nikolai K. Baibakov)를 해임하고, 역시 전형적 테크노크라트인 탈리진을 그 자리에 임명했다. 이어 자신의 직계 심복인 무라홉스키(Vsevolod S. Murakhovsky)를 지역당 제1서기로부터 연방정부의 제1부총리로 발탁했다. 지역당의 제1서기가 연방정부의 부총리급 고위직으로 오른 선례로는 1957년의 코즐로프가 있었을 뿐이었으며, 따라서 무라호프스키의 발탁은 '임명적 쿠데타'로 평가되었다. 군부에서도 인사개편이 광범위하게 진행되었는데, 대체로 고르바초프의 권력승계에 불만을 가진 장성들이 제거된 것으로 분석되었다.

3. 개혁정치의 시작

소련경제의 문제점들

이처럼 자신의 권력기반을 단계적으로 강화하면서, 고르바초프는 조심스럽게 개혁정치의 길을 밟기 시작했다. 우리가 브레즈네프 말기 이후의 소련의 대내적 문제를 말할 때마다 반드시 지적했던 것이 심각하게 침체된 경제였다. 물론 고르바초프는 그 점을 어느 누구보다 깊이 인식하고 있었다. 그는 집권 3개월 전인 1984년 12월의 한 연설을 통해, 소련의 '집안문제'를 먼저 정리하지 않고는 결코 세계정치에서 강대국으로 남을 수 없음을 강조하면서, 새로운 경제정책을 통해 오랫동안 계속되어 온 심각한 경제적 침체에서 벗어나야 한다고 주장했었다.

그러면 고르바초프 집권 당시 소련경제의 실상은 어떠했던가? 첫째, 농업 부문을 살핀다. 농업 부문은 국민 소득의 20%를 생산했다. 그런데 그 무렵에 농업은 아무런 성장을 보여주지 못했고 그러한 부진은 경제 전반에 강한 부정적 영향을 끼쳤다.

둘째, 그러나 소련의 경제성장에 직접적이고 장기적으로 영향을 주는 구조적 요인은 투자력의 감퇴와 노동력의 부족이었다. 우선 군비에 많은 재원을 쓰다 보니 산업 부문이나 사회간접자본 부문에 대한 투자가 줄어들었다. 또, 점증적인 출생률의 감소와 사망률의 증가는 노동인구를 심각한 수준으로 감소시켰다. 물론 유럽러시아에 비해 중앙아시아 일대에 사는 비러시아민족의 인구자연증가율은 높았다. 그래서 새롭게 요청되는 노동력은 모두 그쪽 민족으로 채우면 되었다. 그러나 이들은 전통적인 생활양식에 대한 집착이 강하고, 도시나 먼 건설 현장으로의 이동을 좋아하지 않으므로 인구유동성이 매우 낮았다. 이러한 문제는 소련의 공업중심지가 자원과 함께 유럽러시아에서 우랄산맥 이동(以東)과 시베리야로 이동함에 따라 노동력의 확보에 심각한 어려움을 불러일으켰으며, 민족문제의 차원으로 확대되었다.

이러한 문제들을 종합해 서방의 소련경제전문가들은 소련경제의 성장률이 계속 내려갈 것이라고 전망했다. 그들은 동시에 소련경제를 운영하는 제도나 자원배분에 근본적 수정을 가하지 않고 선진자본주의국가들의 자본과 기술을 대폭적으로 도입하지 않는다면, 어려움은 계속될 수밖에 없을 것이라고 결론지었다.

이렇게 말한다고 하여, 소련경제가 극복할 수 없는 위기 속으로 침몰한다는 뜻은 아니었다. 미국중앙정보부의 보고서에 따르면, 소련경제는 약점들과 함께 강점들도 지니고 있었다. 1982년 12월 1일에 미국 상하양원 경제합동위원회에 제출된 소련경제에 관한 이 보고서는, "소련경제의 붕괴는 먼 장래에도 있을 수 없다"고 단언하면서 소련경제의 강점으로 우선 천연자원의 축적을 지적했다. 천연가스의 매장량은 세계 최대이며, 석탄매장량은 세계 가채 매장량의 27%이고, 석유매장량은 공표되지 않았으나 상당히 큰 것으로 추정됐다. 소련경제의 두 번째 강점은 고도의 자급자족능력이었다. 세 번째 강점은 고도로 중앙집권화된 엄격한 경제관리제도였다. 이 제도는 커다란 경제적 압박이 되기도 하지만, 지도부가 우선순위가 높은 부분에 의도한 계획대로 자원을 동원할 수 있다는 점에서 강점으로 꼽힌 것이다.

따라서, 문제는 그 운용에 있었으며, 우리가 제19 장에서 이미 살폈듯이, 안드로포프는 일련의 행정적 개혁조처들을 중심 삼아 문제를 풀고자 했다. 그것들은 한 마디로 엄격한 규율이라는 회초리와 경제개혁이라는 당근을 결합시킨 조처들이었는데, 그러한 조처들은 소련의 경제를 어느 정도 활성화시킬 수 있었다.

시장경제 원리에 대한 존중

고르바초프는 안드로포프의 '사도(使徒)'로서, 안드로포프의 방식에 상당한 감명을 받았던 것 같다. 이 점은 그가 서기장 취임 이후 처음 행한 경제연설에서 어느 정도 드러났다. 1985년 4월 23일에 열린 당

중앙위원회 전원회의에서, 그는 안드로포프에 의해 시도되었던 여러 가지 경제적 실험들이 전면확대되어 실시되어야 한다고 강조한 다음, 우선 단위 기업체의 자율적 결정권을 확대하고 중앙통제를 축소하도록 지시했다. 이것은 중앙의 통제를 완화하고, 당의 개입을 축소하며, 자율적인 관리권을 강화함과 아울러 시장의 기능과 경제적 유인(誘引)을 확대함으로써 생산자의 생산의욕을 북돋우어야 한다는 안드로포프적인, 그리고 고르바초프를 둘러싼 개혁론자들의 새로운 접근방법에서 나온 것이었다. 여기에는 확실히 경제를 시장의 원리에 입각해 운영해야 한다는 이른바 시장경제원리에 대한 존중이 깔려 있었다.

생산자의 생산의욕을 북돋는 조치들을 취하기 위해 반드시 선행되어야 할 조처는 관료체제의 개혁이었다. 우리가 앞의 장들에서 몇 차례 말했듯이, 소련을 지배하는 세력은 공산당의 관료기구였다. 보다 구체적으로 말해, 75만 명으로부터 100만 명에 이르는 관료엘리트들, 곧 노멘클라투라(nomenklatura)들이었다. 거듭 말하거니와, 이들이 안정된 특권을 누리면서 정부조직뿐만 아니라 무역과 군사와 문화 및 체육 등 모든 분야의 핵심적 직책들을 독점하고 있었다. 이러한 소련의 관료기구는 쇄신과 창의보다는 현상유지와 퇴영의 분위기에 싸여 있었으며, 갖가지 부패와 나태에 의해 지배되고 있었다. 브레즈네프 후기 이후 더욱 두드러진 이 고질적 현상을 노인정치체제는 수술할 수 없었고, 다만 안드로포프가 과감하게 이 문제에 손을 대기 시작했던 것인데, 그가 곧 죽음에 따라 체르넨코 시대에는 흐지부지되었다.

고르바초프는 안드로포프의 개혁운동을 적극 지원했었다. 1984년 2월에 실시된 연방최고소비에트 대의원 선거를 앞두고 행한 연설에서도, 고르바초프는 안드로포프가 내걸었던 관료기구의 개혁을 강조했다. 스타브로폴에서 행한 2월 19일자 연설에서는 “최근 우리들의 사회생활의 부분이 된 모든 새롭고 진보적인 것들을 더욱 부추기고 강화시켜야 한다”고 전제한 다음, “당지도체제의 스타일을 개선하고, 국가와 경제기구의 모든 활동을 향상시켜야 한다”고 역설했으며 “현대의 방식으로 생각하고 행동할 수 있도록 당간부들을 훈련시켜야 한다"고 주장했다. 당료들이 '안일무사주의'에 빠져 있다고 질타한 그는 "크게 떠들어 대는 것이 능사가 아니라, 일을 하는 분위기를 조성하는 것이 중요하다"고 결론지었다. 고르바초프는 확실히 당료들의 사업작풍을 크게 바꾸어야 한다고 결심한 것이다.

그러나 고르바초프가 얼마나 과감히 관료기구의 고질적 병폐에 맞서 싸울 수 있을 것인지는 확실하지 않았다. 기득권의 제약 또는 변경을 바라지 않는 기존 관료기구에 대한 급진적 개혁시도는 고르바초프의 권력기반을 동요시킬 위험성을 안고 있기 때문이었다. 그러나 그가 자신의 개혁시도에 성공하는 경우, 그리고 그것과 더불어 경제개혁을 과감히 추구해 나가는 경우, 소련은 획기적인 발전을 과시할 것으로 기대됐다.

관료기구와의 싸움

시간이 지나면서 고르바초프가 관료기구의 고질적 병폐와 싸우는 모습들이 나타났다. 그는 특히 관료사회에 만연된 부패와 나태를 숙정하기 위해 상당한 정력을 기울였다. 그러나 관료기구의 저항도 만만하지 않았다. 그 가운데서 고르바초프는 우선 1985년 6월에 과학기술진흥회의를 주재하면서 "계획과 관리를 포함한 경제기구 전반에 대한 철저한 개편이 필요하다"고 역설했으며, 8월에는 새로운 경제법령들을 발표했다. 이것들은 1986년부터 경영자들에게 자본금을 조성할 수 있는 권한과 연구 및 개발에 필요한 예산에 대한 통제권을 부여함과 아울러 기업의 자율권을 확대시키고, 경공업제품에 대한 가격차등제 실시를 허용함으로써, 소련의 경제를 양을 중시하는 경제로부터 질을 중시하는 경제로 이행시킬 토대를 마련했던 것이다.

고르바초프는 10월에는 「1986년부터 2000년까지의 기간에 소비재를 개발하기 위한 종합적 계획」안을 발표했다. 이어 경제기구의 개편을 시작해, 10월에는 국가계획위원회 의장직을 부총리급으로부터 제1부총리급으로 격상시켰고, 기술의 혁신을 추진하기 위해 기계제작 부문의 각 부(部) 및 기업 사이의 조정을 위한 기관을 정부 안에 설치하기로 결정했으며, 11월에는 농업부와 농촌건설부를 비롯한 다섯 개의 농업관계 부처들을 통폐합해 국가농공종합위원회를 신설하고, 그 의장에 무라홉스키 제1부총리를 임명했다.

고르바초프는 다른 한편으로 노동자들에게 '채찍'을 들었다. 1985년 5월부터 노동자들의 노동기율을 강화함과 아울러 음주단속법을 실시한 것이다. 특히, 소련국민들의 보건을 크게 위협하면서 노동자들의 노동의 질을 떨어뜨리게 하는 주범인 과잉음주의 병폐를 크게 줄이기 위해 벌칙을 강화했다. 그러나 이 조치는 부작용만을 낳았으며, 1989년에 폐기된다.

4. 제27차 소련공산당대회로부터 제19차 소련공산당 회의까지(1986-1988)

제27차 소련공산당대회

권력의 강화와 체제의 개혁을 위한 전초작업을 마무리짓고, 고르바초프는 1986년 2월 말부터 3월 초 사이에 제27차 소련공산당대회를 소집했다. 이 대회에서 노인들의 퇴진과 장년들의 기용을 병행한 고르바초프의 권력강화작업은 정점에 이르렀다. 그 동안 해임설이 꾸준히 나돌던 만 74세의 쿠나예프와 만 68세의 셰르비츠키 등 노장보수세력이 정치국에 그대로 남기는 했으나, 만 63세의 자이코프 서기가 정치국 후보위원을 거치지 않은 채 정위원으로 승진해 정치국 정위원과 서기국 서기를 겸하게 되었다. 이로써 고르바초프에게 충실한 협조자인 자이코프는 고르바초프 서기장과 리가초프 이념담당서기에 이어 제3인자로서의 위치를 차지하게 되었다.

이어 정치국 후보위원에는 백러시아공화국당 제1서기로 만 57세인

슬류니코프(Nikolai N. Slyunikov)와 레닌그라드시당 제1서기로 만 61세인 솔로비요프(Yury F. Soloviyov)가 기용되었다. 서기국의 경우에는 우선 서기의 정원을 8명에서 11명으로 늘려 정책의 입안과 집행의 기능을 강화했다. 이어 1962년 이래 무려 24년 동안 주미대사로 재직한 아나톨리 도브리닌(Anatoly F. Dobrynin)을 서기로 발탁하고, 기술자 출신의 중앙위원으로 만 56세인 여성 비류코바(Aleksandra P. Biryukova)와 야코블레프 중앙위원회 선전부장을 비롯한 장년층에 속하는 자신의 지지자들을 서기로 기용한 반면에 2명의 노인 서기들을 탈락시켰다.

1981년의 제26차 당대회에서 선출된 중앙위원회의 경우에도 비슷한 유형의 인사개편이 이루어졌다. 새롭게 선출된 307명 정원의 중앙위원들 가운데 136명이 신인들이었고, 그 가운데 93명이 주요 당직을 한 차례도 맡아 보지 못한 사람들이었다는 사실은 동맥경화증에 걸린 소련공산당에 젊은 피를 수혈하겠다는 고르바초프의 의지를 반영하는 것이었다.

종합적으로 말해, 고르바초프정권 아래서 첫 당대회인 제27차 대회는 소련의 권력이 '노(老)수호자들'의 세대로부터 비교적 젊고 보다 더 정력적인 간부들의 세대로 넘어갔음을 상징하는 하나의 이정표였다. 물론 반대파는 여전히 남아 있었다. 그러나 고르바초프가 자신의 개혁정치를 과감히 추진하기에는 충분한 힘의 기반이 당과 정부 안에는 쌓여졌다. 이로써 그는 역대 어느 서기장 또는 제1 서기보다 빠른 속도로 노장층을 제거했으며, 매우 세련된 정치적 전략가로서의 모습을 과시했다.

고르바초프는 이어 개혁의 방향을 제시했다. 그는 우선 브레즈네프 시대로부터의 결별을 선언했다. 비록 브레즈네프의 이름을 직접 지칭하지는 않았으나, 브레즈네프 시대의 중기와 말기에 해당하는 1970년대와 1980년대 초 사이의 경제적 시책들을 부정적으로 비판하고 '새시대'의 요구에 적합하도록 관료기구 안에 기강을 확립하고 새로운 기풍을 조성할 수 있게끔 강력한 숙정이 뒤따를 것임을 예고한 것이다. 이어 정치국 후보위원 옐친은 소련의 병폐가 당운영의 병폐에서 나왔다고 직언하고, 당운영의 병폐를 제거하기 위해 당중앙조직의 전면적인 개편이 필요하다고 역설했다.

이러한 수위 높은 총체적 비판의 숙연한 분위기 속에서 제27차 당대회는 새로운 강령을 채택했다. 1961년 10월에 열린 제22차 당대회에서 채택된 제3차 당강령을 수정한 이 강령은, 그리하여 제4차 당강령으로보다는 제3차 당강령의 개정판으로 받아들여진 이 강령은, 우선 현재의 소련사회를 '발달된 사회주의'의 단계로 규정하고 이 단계의 장구(長久)한 역사를 거쳐서야 궁극적 목표인 공산주의사회에 들어갈 것임을 선언했다. 이것은 1970년대까지는 국민1인당생산이 미국의 그것을 능가할 것이고, 1980년대까지는 "능력에 따라 일하고 필요에 따라 가진다"는 공산주의사회로 들어갈 것이라던 제3차 강령의 본질적인 부인이었다.

그리고 이러한 틀 안에서 리지코프 총리는 1986년부터 시작되는 제12차 5개년계획안과 그리고 21세기에 대비하는 장기 경제계획안인 「2000년까지의 소련의 경제 및 사회 발전 기본방향」을 보고했다. 이 보고를 통해, 그는 "2000년까지 국민소득과 공업생산을 2배로 늘리고, 국민경제 전체의 노동생산성을 2.5배로 늘릴 것"이라는 야심적인 목표를 제시했다.

이 대회는 그 밖에 국제정치의 전반과 소련외교의 향방을 논의했다. 그 것들에 관하여서는 다음 장에서 검토하기로 한다. 종합하건대, 제27차 당대회는 분명히 자기비판과 자기성찰을 통해 브레즈네프 시대와의 결별을 공언하고, 소련의 장래를 위해 새로운 전환점을 마련한 역사적 대회였다고 하겠다. 이러한 맥락에서, 많은 소련전문가들은 이 당대회를 흐루쇼프가 스탈린을 격하시켰던 1956년의 제20차 당대회에 비유하는 데 주저하지 않았다.

글라스노스트와 페레스트로이카

이처럼 권력의 강화에 새로운 정책을 결합시키면서 고르바초프는 서서히 소련사회가 안고 있는 체계적 문제들에 직면하고, 그것들을 해결하기 위한 중심적 개념들을 정립해 나갔다. 그것들은 공개성(公開生) 또는 공표(公表生)으로 번역되는 글라스노스트와 그리고 재구성(再構成) 또는 재개편(再改編)으로 번역되는 페레스트로이카의 쌍둥이 개념들이었다.

페레스트로이카의 일차적 목적은 경제의 부흥이다. 고르바초프에 따르면, 페레스트로이카가 성공하기 위해서는 글라스노스트 아래서 보다 자유로운 의사소통이 반드시 필요하다. 보다 자유로운 의사소통이 이루어져야 개혁에 저항하는 관료들에 대해 여론이 압력을 가할 수 있으며, 관료들이 스스로 여론의 향방과 핵심을 이해하고 개혁을 추진할 때 경제는 되살아난다고 본 것이다.

그렇다고 하여 고르바초프가 페레스트로이카의 목적을 경제의 부흥에만 한정하지는 않았다. 그는 그것을 정치와 외교를 포함한 소련사회의 모든 분야에서 개혁을 지향하는 것으로 파악했다. 예컨대, 정치와 외교에서의 개혁 없이는 경제부흥도 사실상 불가능하다고 본 것이다. 종합적으로 말해, 그는 소련사회의 서로 연결된 전체적 개혁을 통해서 소련이라는 국가의 재생과 발전이 '심화' 또는 '강화'될 수 있다고 주장했다.

매우 야심적인 포괄적 개혁을 추진하던 고르바초프에게 뜻밖의 심각한 시련이 닥쳐왔다. 1986년 4월에 우크라이나공화국의 체르노빌(Chernobyl)에 있는 원자력발전소에서 큰 사고가 발생해 엄청난 인적 및 물적 피해를 낳으면서 국제적 문제로까지 확대된 것이다. 이 사건은 고르바초프에게는 집권 이후 최초의 매우 심각한 정치적 위기를 조성했을 뿐만 아니라, 글라스노스트의 신뢰성을 시험대에 세웠다. 며칠 지나서야 진상에 접근한 고르바초프는 뒤늦게나마 불만에 기득차 있는 국민들에게 알렸다. 그는 이때의 경우를 교훈 삼아 같은 해 8월에 흑해에서 일어난 한 여객선의 침몰사건을, 그리고 12월에 카자흐스탄공화국에서 일어난 학생들의 시위를, 곧바로 보도하도록 조처했다.

체르노빌위기를 극복하면서 고르바초프는 자신의 개혁정치를 본격화시켰다. 인사개편의 고삐를 늦추지 않음으로써, 우선 야코블레프 선전담당서기를 정치국 후보위원으로 그리고 곧이어 정위원으로, 니코노프 농업담당서기를 정치국 후보위원을 건너뛴 채 정위원으로, 야조프(Dmitry T. Yazov) 중장을 국방장관 겸 정치국 후보위원으로 승진시키는 등 자신의 심복들을 계속해서 지도층의 정상부로 끌어올렸다.

반면에 개혁에 저항적이거나 소극적인 간부들을 특히 브레즈네프 말기의 잔재들을 계속해서 해임했다. 1985년 3월에 집권한 이후 1987년 3월까지 두 해 동안 부총리 및 장관 102명 가운데 64명을 해임했다는 통계는 인사개편이 짧은 기간에 얼마나 광범위했던가를 말해 주었다. 이러한 '숙청' 속에는 쿠나예프와 문화담당서기로 만 72세인 지먀닌(Mikhail Zimyanin) 및 국방장관 겸 정치국 후보위원인 소콜로프 등이 포함되었다.

한편 반체제인사들에 대해서는 유연하게 대처했다. 우선 1985년 12월에는 사하로프의 부인 엘레나 보네르(Yelena Bonner)를 그리고 1년 뒤에는 사하로프를, 고리키시의 유배로부터 해제시켰고, 그리하여 세계적으로 존경받는 이 평화와 인권의 사도로 하여금 고르바초프의 개혁과 개방을 공개적으로 높이 평가하게 만들었다. 그리고 이것을 앞뒤하여 샤란스키(Anatoly Shcharansky)와 오를로프(Yuri Orlov) 및 베군(Yosif Begun) 등을 석방했으며, 1987년 2월에는 약 140명의 정치범들을 석방했다.

같은 맥락에서, 출입국관리법을 보완해 일반시민들의 해외출국을 쉽게 만들어 주었다. 또, 유대인의 해외이주를 확대시켰는데, 여기에는 저명한 '리퓨즈니키'들이 모두 포함되었다. 이어 스탈린시대를 폭력의 시대로 다루었다고 해 상영이 금지되었던 아불라제(Tengiz Abuladze)의 영화「회개」의 상영을 허용했고, 역시 같은 이유로 출판이 금지되었던 리바코프(Anatoly Rybakov)의『아르바트(Arbat)의 어린이들』의 출판을 허용했으며, 파스테르나크도 복권시켰다.

선거제도의 혁명과 경제의 개혁

무엇보다 중요하게, 고르바초프는 선거제도에서의 혁명을 추진했다. 그는 1987년 1월에 열린 당중앙위원회 전원회의에서 다시 브레즈네프 시대의 '침체'를 통렬히 비판한 뒤 그 책임을 당과 국가의 지도적 기관들이 져야 한다고 단언했다. 이 연설에서 가장 두드러진 부분은 당이 개혁운동의 독소가 되고 있다는 중대한 질책이었다.

그러면 그 해독제는 무엇인가? 고르바초프의 해답은 최소한 하급과 중급의 당조직에서 서기들을 복수의 후보들 가운데 경선하는 것과 그 선거는 비밀투표를 통해 이루어져야 한다는 것이었다. 그는 이 방식이 상급 당조직의 서기들의 선출에도 적용되어야 하는가에 대해서는 직접적으로 말하지는 않았다. 그러나 이 방식만으로도 레닌주의적 당조직원리에 대한 심각한 도전과 심지어는 위반까지도 형성하기에 충분했다.

중앙위원회 전원회의는 당내민주주의가 지켜져야 한다는 데 대해서는 동의했다. 그러나 고르바초프의 선거개혁안을 통과시켜 주지는 않았다. 보수파는 고르바초프의 개혁안이 자신들의 권력독점을 결정적으로 약화시킬 '독약'을 내포하고 있음을 깨달았던 것이다. 그러나 당조직이 아닌 지방소비에트 대의원 선거의 경우에는 개혁안의 취지가 적용되도록 허용해, 1987년 6월 21일에 15개 구성공화국에서는 도합 약 52,000개의 지구소비에트와 시소비에트 및 지역소비에트의 도합 약 230만명의 대의원을 뽑는 선거가 '복수후보, 비밀투표'의 원칙 아래 실시되었다. 이러한 원칙 아래 소련의 역사에서 처음으로 실시된 이 선거에서 비당원들의 진출이 두드러졌다. 소련에서 가장 큰 구성공화국인 러시아연방공화국의 경우, 새로 선출된 대의원들 가운데 약 57%가 비당원들이었던 것이다. 선거결과가 소련공산당에게 준 충격은 말할 수 없이 컸다. 그러나 그것이 고르바초프가 추진하는 개혁정치의 진전이었음은 물론이다.

고르바초프의 개혁정치는 경제 부문에서도 추진되었다. 1987년 1

월 1일부터 일부 기업에 국한된 것이기는 하나 독립채산제가 도입되었다. 곧, 경공업부와 자동차공업부 및 기계제작부 등 6개 부(部)의 산하 기업들과 그리고 콜호즈와 소브호즈에 독립채산제가 실시된 것이다.

이와 더불어, 임금개혁을 단행해 노동자의 임금을 20~25% 인상했고, 기술자 및 관리자의 임금을 30~35% 인상했다. 또, 1987년 1월부터는 그 동안 대외무역부가 독점했던 수출입업무에 관한 권한을 21개의 부와 청 및 70개 대기업에도 주었고, 합작기업법을 공포해 외국과의 합작투자를 허용했다. 이어 1987년 5월부터는 소비재 가내생산과 자동차수리업 및 주택수리업, 그리고 가구제조업 등을 포함한 29개의 업종에 대해 개인영업을 허용했다.

고르바초프에 대한 저항

여러 방면에 걸친 고르바초프의 개혁정치가 아무런 저항도 만나지 않은 것은 아니었다. 옐친으로 대표되는 이른바 급진파는 개혁의 속도가 늦다고 비난하기 시작했고, 때때로 직제에도 없는 '제2서기'로 불리던 리가초프는 개혁의 속도가 빠르다고 비난하는 이른바 보수파의 중심인물로 서서히 떠올랐다. 이러한 갈등 속에서 1987년 봄에, 고르바초프가 1985년 10월에 프랑스를 방문했을 때 동반했던 그의 부인이 파리의 최고급 양품점에서 아메리칸 익스프레스(American Express) 카드로 값비싼 물품들을 사는 장면을 찍은 사진들이 모스크바에 나돌기 시작했다. 국가공안위원회의 작품으로 보이는 이 사진들은 고르바초프에 대한 국민의 신뢰를 떨어뜨리려는 데 목적이 있었음이 확실했으며, 이 사건은 고르바초프의 집권을 뒷받침했던 국가공안위원회와 고르바초프 사이에 불화가 발생했음을 보여주었다.

한편, 옐친은 리가초프로 대표되는 보수파에 대해서는 물론 고르바초프로 대표되는 개혁파에 대해서도 비난의 화살을 퍼부었으며, 소련의 어두운 측면들에 대해 서방기자들에게 자주 폭로했다. 그뿐 아니라, 이제 소련의 정치인들은 임명자에 대해서가 아니라 지지자에 대해 충성해야 한다는 취지의 역사적인 명연설을 남겼다. 그 결과로 우선 모스크바시당 제1서기로부터 해임된 뒤 잠시 제1부총리급인 건설위원회 제1부의장으로 전보되었다가 1988년 초에 결국 정치국 후보위원으로부터도 해임된다. 그리고 모스크바시당 제1서기직은 자이코프에게로 돌아간다.

고르바초프가 보수파와 급진파 모두로부터 공격을 받고 있음은 1987년 11월에 볼셰비키혁명 70주년을 맞이하여 행한 그의 연설에서 확실히 드러났다. 여기서 고르바초프는 개혁을 '비방'하는 세력 곧 보수파 그리고 '지나치게 열성적이며 참을성 없는 세력' 곧 급진파를 똑같이 비판했다. 그러나 전반적으로 말해, 그의 연설은 누구보다도 보다 더 많은 개혁의 목소리를 듣고 싶어했던 세력들을, 특히 지식인들과 젊은 테크노크라트들을 실망시키기에 충분했다. 소련의 지난날의 역사를 특히 스탈린시대의 암울했던 역사를 철저히 재평가함으로써 소련의 새로운 진로를 찾을 수 있다고 믿는 그들의 귀에 고르바초프는 만족할 만한 대답을 주지 않았던 것이다. 이로써 그는 역사의 재평가에는 일정한 한계가 있어야 한다는 보수파와 최소한의 타협을 이룩할 수 있었지만, 반면에 그가 도덕적으로 앞의 세대와 완전히 구별되는 새로운 지도자라기보다는 기술수준이 높은 또 하나의 소비에트형 정치인임을 소련국민들에게 확신시켜 주었다.

그러나 고르바초프가 급진파의 요구를 완전히 무시하지는 않았다. 그는 앞의 그 연설에서 "당중앙위원회 산하에 역사에 관한 소위원회를 구성해 과거사에 대해 연구하자"고 제의했던 것이다. 실제로 그는 1988년 2월에 부하린을 포함해 1938년의 숙청에서 무고하게 희생된 사람들을 복권시켰다. 3개월 뒤에, 『노비 미르』는 레닌을 비난한 셀류닌(Vasily Selyunin)의 논문 「뿌리」를 게재했다. 비슷한 시기에 정부는 비밀경찰이 1930년대에 처형한 수만 명의 무덤들을 공개했다. 트로츠키에 대해서도 비교적 객관적인 평가를 내려주었다. 이러한 일들은 1989년에도 계속되었다. 흐루쇼프의 스탈린 격하연설도 전문이 공개되었다. 또 그 동안 출판이 금지되었던 반체제적 작가들의 작품들이 거의 모두 해금되었다. 거기에는 파스테르나크의 작품들과 솔제니친의 작품들이 포함됐다. 공산주의체제의 위선을 풍자한 영국의 소설가 조지 오웰(George Orwell)의 『동물농장』 역시 출판이 허가됐다.

1988년에 들어서면서 고르바초프의 권력강화와, 그리고 그것에 바탕을 둔 개혁정치의 추진은 보다 더 뚜렷한 추세가 되었다. 2월에는 군수공장의 기사로 출발해 국가계획위원회 제1부의장 및 부총리로 성장한 자신의 경제보좌관으로 만 51세인 마슬류코프(Yuri Dmitrievich Maslyukov)를 국가계획위원회 의장 겸 제1부총리로, 그리고 정치국 후보위원으로, 각각 승진시켜 시장경제원리에 입각한 경제개혁안을 본격적으로 추진했다.

3월부터 4월까지에는 이른바 안드레예바사건에 적극 개입해 '제2서기' 리가초프의 위신을 약화시켰다. 레닌그라드의 화학담당 여교사인 안드레예바(Nina Andreyeva)가 『소베트스카야 로시아(*Sovetskaya Rossia*)』에 스탈린을 옹호한 반면에 글라스노스트라는 이름 아래 소련의 역사를 재평가하려는 움직임을 비판한 편지를 발표한 데 이어, 그 배후 조종자로 지목된 리가초프가 이 편지를 공개적으로 칭찬했을 때, 고르바초프는 우선 『프라우다』의 사설을 통해 '안드레예바 편지'에 관련된 해당분자들의 음모를 공격하고, 리가초프에게는 '당분간 휴가 여행'을 떠나도록 명령한 것이다. 이 때문에 4월 22일의 레닌출생기념일 행사에서 리가초프는 연설을 할 수가 없었으며, 그를 대신한 연사는 고르바초프의 개혁정치를 강력하게 찬양할 수 있었다.

제19차 소련공산당회의

몇 해에 걸친 정지작업을 일단 끝낸 뒤 고르바초프는 1988년 6월 28일 부터 7월 1일까지 모스크바에서 제19차 소련공산당회의를 열었다. 당대회(party congress)보다 규모가 작은 당회의(party conference)는 보통 '특별당대회'라고 불린다. 이 회의는 1941년 이후 47년 만에 처음 열려 국내외의 큰 관심을 받았다.

이 회의는 소련역사에서 찾아볼 수 없었던 매우 자유롭고 공개적인 분위기 속에서 진행되었으며, 자연히 서로 대립되는 갖가지 의견들이 속출했다. 이 회의에 어떤 정치적 및 역사적 의미가 있다면, 그것은 이 회의가 47년 만에 처음 열린 회의라는 점에 있다거나, 또는 이 회의가 채택한 정치개혁안에 있다기보다는, 글라스노스트 시대답게 자유롭고 공개적인 분위기가 확보되었다는 데 있었다. 확실히 이 회의는 고르바초프정권 아래서 소련사회가 얼마나 크게 변화했는가를 웅변했다. 실제로 텔레비전을 통해 솔직하고 성역 없는 토론과 반대토론을 바라본 소련국민들은 놀라움과 흥분을 금할 수 없었다.

토론이 진행되면서 자연히 권력투쟁의 양상이 부각되었다. 예컨대, 한 작은 지역당의 이름 없는 제1서기가 '침체의 정책'을 지난날 적극적으로 추진했던 중앙당의 핵심적인 간부들을 당직과 정부직으로부터 탈락시켜야 한다고 발언하자 고르바초프는 단도직입적으로 그들이 누구냐고 반문했고, 이에 대해 그가 '감히' 정치국 정위원인 그로미코와 솔로멘체프, 그리고 『프라우다』의 주필인 아나파시예프와 미국·캐나다연구소의 소장 아르바토프를 지목한 것이다. 개혁파로서 모스크바시당 제1 서기이며 당의전서열 3위인 자이코프도 모욕을 당했으며, 옐친은 부하린의 복권을 호소하다가 리가초프로부터 인신공격을 받기도 했다. 이 일들은 보수파와 급진파를 모두 부각시킨 뒤 자신을 중도파 또는 조정자로 부각시키려는 고르바초프의 고도의 심리전에서 나온 것으로 추측되었다.

한편, 리가초프는 리가초프대로 고르바초프의 집권을 가능하게 했던 1985년 3월의 정치국회의에서의 결정과정을 공개했다. 그는 자신과 그로미코 및 솔로멘체프, 그리고 체브리코프 등이 고르바초프를 적극적으로 돕지 않았다면 '매우 다른 결정이 취해졌을 것'이라고 밝힌 것이다. 이로써 그는 현재 개혁파의 공격의 대상이 되고 있는 간부들에게 고르바초프는 큰 빚을 지고 있음을 암시하고, 당은 '지도층의 단결'을 유지해야 한다고 역설했다. 그러나 우리가 앞으로 보게 되듯이 고르바초프는 '채권자'임을 자처한 이 보수파 간부들에게 '빚'을 갚지 않고 '차용증서'를 불태워 버린다.

이 회의에 임할 때 고르바초프는 이미 새로운 정치개혁안을 준비해 놓고 있었다. 그 동안 경제개혁안을 추진해 오면서 그는 관료기구의 병폐 이상으로 당 그 자체가 개혁의 장애물임을 절실히 깨달았으며, 그리하여 당 그 자체의 개혁이 완강한 보수파의 저항 때문에 한계에 부딪칠 수밖에 없다면 국민의 진정한 목소리를 비교적 충실하게 대변할 새로운 대의기구를 창설 해야겠다고 마음먹고 있었다.

그 새로운 대의기구란 정책의 기조를 결정한 권한을 갖는 인민대표회의(Congress of People' s Deputies)였다. 고르바초프가 제19차 당회의에 제출한 안에 따르면, 이 인민대표회의의 대의원들 가운데 2/3에 해당하는 1,500명은 유권자의 직접선거를 통해 선출되며 나머지 1/3에 해당하는 750명은 당과 노조를 포함한 각종 공공단체들의 이른바 직능대표들로 구성된다. 이 인민대표회의는 자체 안에서 400~500명으로 구성되는 최고소비에트를 선출하는데, 상설의회격인 이 최고소비에트는 1년에 2회 각각 장기간의 회기를 갖고 회의를 소집하며 입법권을 가진다. 여기서 중요한 것은 인민대표회의가 대통령제국가의 대통령에 해당하는 대통령을 선출한다는 사실이다. 대통령은 행정부를 임명하고 외교 및 국방 정책을 집행하며 내정을 감독한다. 그 밖에 고르바초프는 당이 선출하는 관리의 임기제 도입을 제의했다.

이 회의는 고르바초프의 제안들을 거의 모두 통과시켰다. 그것들은 (1) 소련사회의 민주화와 정치개혁, (2) 개혁의 추진, (3) 개방의 추진, (4) 관료주의와의 투쟁, (5) 인종문제, (6) 사법개혁, (7) 청소년문제 등의 7개 항으로 구성된 결의안에 상세히 수록되었다. 이 결의안이 법적 구속력을 가지는 것은 아니었으나, 이로써 고르바초프가 제의한 정치개혁이라는 용어는 페레스트로이카 및 글라스노스트와 더불어 고르바초프를 상징하는 구호를 형성하게 되었으며, 고르바초프는 이른바 인간적 사회주의를 건설해 나갈 수 있는 중요한 토대를 마련하는 데 일단 성공한 것이다. 이러한 맥락에서, 고르바초프가 폐막 연설을 통해 "이 회의는 소련역사에서 위대한 사변이었다"라고 주장한 것은 결코 과장이 아니었다.

고르바초프의 권력강화

이제 고르바초프의 입장은 훨씬 더 강화되었다. 그리하여 그는 9월 하순에 소련공산당 중앙위원회 전원회의를 소집하고 다시 인사개편을 단행했다. 우선 국가원수 그로미코와 당중앙통제위원회 위원장 솔로멘체프를 정치국 정위원직으로부터, 그리고 브레즈네프 말기 이후 벌어졌던 권력투쟁에서 고르바초프의 중요한 경쟁자였으며 고르바초프의 서기장 선출을 끝까지 막으려 했던 돌기흐 서기를 정치국 후보위원직으로부터 각각 탈락시켰다. 이 때 탈락한 그로미코는 이듬해 7월에 죽는다.

고르바초프는 이어 중앙위원회의 장치들을 6개 위원단으로 재구성하고, 그 가운데 4개의 단장직에 자신의 지지자들을 임명했다. 예컨대, 외무위원 단장에 야코블레프를, 그리고 이데올로기위원 단장에 제27차 당대회 이후 집권공산당관계담당서기직을 맡아 온 메드베데프(Vadim Andreyevich Medvedev)를 각각 임명한 것이다. 동시에 메드베데프를 정치국 후보위원을 거치지 않은 채 곧바로 정위원으로 승진시켰다.

야코블레프

한편, 리가초프와 체브리코프는 여전히 정치국 정위원직을 유지했으며, 리가초프는 농업위원단장을 그리고 체브리코프는 법무위원단장을 각각 맡았다. 그러나 체브리코프는 강력한 국가공안위원회 의장으로부터 해임되었으며, 그 후임에는 1987년에 열린 미국과의 정상회담 때 고르바초프를 수행했던 만 64세의 중앙위원회 정위원 크류치코프(Vladimir A. Kryuchkov)가 임명되었다. 한편, 중앙위원회 국제부장을 맡아온 도브리닌 서기를 해임하고, 그 후임에는 야코블레프의 절친한 동지 팔린(Valentin M. Falin) 전 서독대사를 임명했다.

5. 제1차 인민대표회의(1988)로부터 제28차 당대회 (1990)까지

소수민족들의 독립요구 확산과 경제의 악화

승승장구하는 고르바초프에게도 그러나 심각한 시련들이 밀려왔다. 1988년 12월에 아르메니아에서 큰 지진이 일어나 많은 인적 및 물적 재해를 남겼다. 이 사건은 소수민족들의 저항운동 또는 독립운동이 차차 표면화되는 추세를 심리적으로 자극하면서 고르바초프 체제에 적잖은 부담을 주었다. 예컨대, 1989년에 들어서면서 발트의 세 공화국들, 곧 리투아니아와 에스토니아 및 라트비아는 물론, 그루지아와 몰다비아 역시 극단적인 자치 또는 독립을 요구했으며, 우크라이나에서는 민족운동이 재연되었고, 아제르바이잔과 아르메니아에서는 민족운동이 격화되어 내전과 같은 상태가 조성되기도 했다.

이러한 인종적 및 민족적 갈등의 확대는 소련이 하나의 연방국가로 존속할 수 있을 것인가의 의문을 심각하게 제기시키기에 이르렀다. 여기서 고르바초프는 자신이 소수민족문제에 진지하게 대처하지 못했음을 시인하면서, 이 문제에 대해 정책적으로 더 많이 배려할 것임을 다짐했다. 그러한 배경에서, 1989년 7월에 당중앙위원회는 소수민족문제에 관한 장문의 정책선언서를 발표했다.

그런데 소수민족문제보다 더욱 심각한 것은 경제의 개혁이 사실상 큰 효과를 내지 못했다는 사실이다. 소비재의 부족은 아주 심각해, 정권은 그렇지 않아도 여유가 없는 가운데 외화 수백 억 달러를 쓰면서까지 서방으로부터 사들이지 않으면 안 되었으며, 국가예산에서 적자의 규모는 국민총생산의 11%를 기록하기에 이르렀다. 확실히 경제는 고르바초프가 집권한 당시의 상황으로 내려갔다. 그리하여 고르바초프의 경제보좌관들은 경제의 악화가 소련이 직면한 가장 큰 문제임을 공식적으로 시인하지 않을 수 없었다.

제1차 인민대표회의 선거와 개회

이처럼 경제에서는 페레스트로이카가 예상했던 만큼의 진전을 보이지 못했으나 정치에서는 진전을 보였다. 1989년 3월에 실시된 제1차 인민대표회의 선거는 그 과정과 결과 모두에서 민주화의 실험이 진전되고 있음을 증명했다. 소련역사에서 처음으로 공개적이고 자유로운 유세가 실시되었는데, 이것은 소련국민들의 정치의식 수준을 크게 높이는 데 결정적으로 이바지했으며, 또 공산당 지도자들과 당원들로 하여금 자신들이 국민들로부터 얼마나 멀리 떨어져 있고 불신을 받고 있는가를 깨닫도록 만들었다.

선거의 결과는 공산당의, 그리고 기성질서의 패배로 나타났다. 널리 알려진 선거구의 경우일수록 개혁파들과 공산당비판자들이 당선되었으며, 당의 '정통성'과 '우위성'을 옹호한 후보자들은 대부분 패배한 것이다. 이 선거에서 가장 큰 승리자는 모스크바시의 한 선거구에서 출마한 옐친이었다. 약 670만 명의 등록유권자를 가졌으며, 그리하여 소련에서 가장 큰 이 선거구에서 그는 당이 공천한 후보를 물리치고 90% 이상의 득표율을 과시한 것이다. 모스크바시에서는 현직 시장과 당책임자가 모두 패배했다. 레닌그라드시에서도 당의 공천 후보들은 참패했다. 레닌그라드시당 제1서기이며 정치국 후보위원인 보수파 솔로비요프는 단독 후보자였는데도 유권자의 대다수가 반대표를 던짐으로써 당선에 필요한 최저득표를 확보하지 못해 낙선하기에 이르렀다. 다른 한편으로, 사하로프를 비롯해, 소련우주과학계의 지도자 사그데예프(Roald Sagdeyev)와 경제개혁가 슈멜료프(Nikolai Shmelev) 등이 직능대표로 인민대표회의에 선출되었다.

인민대표회의의 선거결과를 기성질서의 패배라기보다는 개혁정치의 승리라고 선언한 고르바초프는 보수파의 사실상의 마지막 집결체인 당중앙위원회의 수술에 착수했다. 1989년 4월에 중앙위원회 전원회의를 열고, 정원 301명 가운데 보수파에 속하는 74명을 해임하는 것으로 시작하여, 프리마코프와 같은 개혁이론가들을 정위원으로 승진시킨 것이다. 이로써 당중앙위원회는 고르바초프에게 보다 더 충실한 기구로 바뀌었다.

5월에 들어서 제1차 인민대표회의가 소집되었다. 고르바초프가 고안했으며 고르바초프의 지지자들이 많이 당선된 이 기구의 개회는 확실히 고르바초프의 권력강화를 한 걸음 더 촉진시키는 계기가 되었다. 고르바초프는 압도적인 지지표를 얻어 의장으로 선출되었으며, 이 회의가 선출하는 최고소비에트에 자신의 지지자들을 대거 진출시킬 수 있었다. 옐친 역시 최고소비에트에 선출되었다.

그렇다고 하여 보수파들이 완전히 숨을 죽이지는 않았다. 때마침 시베리아와 우크라이나에서 광부들의 파업이 확산되고, 경제사정이 계속해서 악화됨을 이용해 리가초프와 리지코프 및 체브리코프로 대표되는 보수파는 반격을 준비했다. 그러나 고르바초프의 손이 더 빨랐다. 그는 9월 하순에 중앙위원회 전원회의를 열고, 체브리코프는 물론 우크라이나공화국당 제1서기 셰르비츠키, 자신의 지지자이나 실적이 부진한 농업담당서기 노코노프(Viktor Nokonov), 부총리 탈리진, 레닌그라드시당 제1서기 솔로비요프를 모두 정치국으로부터 해임했다.

반면에, 국가공안위원회 의장 크류츠코프와 제1부총리 겸 국가계획위원회 의장 마슬류코프를 정치국 후보위원으로부터 정위원으로 승진시켰으며, 프리마코프를 정치국 후보위원으로 발탁했다. 이어 리가초프 지지자인 정치국 정위원 겸 모스크바시당 제1서기 자이코프를 모스크바시당 제1서기직으로부터 해임하고, 그 후임에 모스크바시당 서기인 프로코페프(Yuri Prokofiev)를 기용했다.

새로운 당강령의 채택

베를린장벽이 붕괴되는 등, 동유럽공산권이 혁명적 격변을 경험한 1989년을 보내고, 1990년에 들어서면서 페레스트로이카는 제2의 단계로 진입했다. 동시에 고르바초프의 권력강화는 보다 더 확실해졌다. 그는 우선 1990년 2월에 열린 당중앙위원회 전원회의에 공산당의 새로운 강령초안을 제의했다. "우리들의 이상은 인간적인 민주주의적 사회주의이다"라고 명기한 이 문서는 (1) 공산당이 국가를 지도한다는 소련헌법 제6조의 포기, (2) 당과 국가사이의 관계의 근본적인 변화, 곧 당과 국가기관의 분리, (3) 민주집중제의 완화를 다짐했다. 이 문서는 이어 "소련사회의 광범위한 민주화는 정치적 다원주의의 강화를 수반하고 있으며, 그 과정은 일정한 단계의 복수정당제의 확립으로 이어질 것"이라고 선언했다. 종합하건대, 이 문서는 소련공산당이 '기회주의적 이론이며 현대 개량주의의 공식적 교리'라고 단죄했던 '민주주의적 사회주의'를 채택했을 뿐만 아니라 소련공산당 1당독재의 포기를 수용했다는 점에서 혁명적인 문서였다.

혁명적 성격은 거기서 끝나지 않았다. 이 문서는 대통령제의 도입을 뒷받침하고, 대통령이 이끄는 정부기관의 중요성을 강조함으로써, 앞으로는 정치권력의 소재지가 당정치국이 아니라 대통령이 이끄는 정부기관일 것을 암시했으며, 경제현안들의 해결을 위해서는 사유재산을 인정하는 소유권법을 채택할 것을 제의한 것이다.

중앙위원회 전원회의는 이 문서를 놓고 격론을 벌였다. 그 결과는 압도적인 지지였다. 3월 13일에 열린 인민대표회의 역시 공산당 1당독재의 폐지와 대통령제 신설안을 가결했다. 이어 3월 15일에 고르바초프를 5년 임기의 초대 대통령으로 선출했다. 대통령은 연임될 수 있었으며, 2대 대통령부터는 국민의 직접선거에 의해 선출되도록 규정했다.

대통령으로 선출된 고르바초프는 정치권력의 중심을 당으로부터 정부로 옮기기 시작했다. 그 목적으로 그는 대통령위원회를 창설하고, 그곳에 자신의 강력한 지지자들을 집결시켰다. 이로써 국가는 팽창하고 당은 위축되게 되었다.

제28차 소련공산당대회

이 추세를 강력히 뒷받침한 계기가 1990년 7월 2일부터 13일까지 열린 제28차 당대회였다. 이 대회를 흔히 역사적인 대회라고 부르는데, 그 까닭은 이 대회가 고르바초프가 집권한 이후 가장 중요한 정치적 승리를 그에게 안겨 주었을 뿐만 아니라 고르바초프가 추진한 페레스트로이카가 돌이킬 수 없는 소련의 진로임을 확인하였기 때문이다. 그렇다고 하여 이 대회 이후 소련의 대내적 상황이 정상으로 신속히 돌아갈 것이며, 소련이 그 동안 직면했던 문제들이 갑자기 사라질 것이라고 예고하는 것은 아니었다. 그 반대로, 앞으로도 소련에서는 혼란이 계속될 것이며, 경우에 따라서는 비극마저 나타날 것임을 예고했다.

그러나 한 가지 확실한 것은 이 대회를 계기로 그 동안 변화에 적대적이던 당내 보수파세력의 저항이 사실상 완전히 약화되었다는 사실이다. 우선 고르바초프는 7월 10일에 실시된 서기장선거에서 압도적인 지지를 받아 재선됐다. 소련공산당의 역사에서 처음으로 당대회에 참석한 대의원들의 직접 비밀투표를 통해 서기장을 선출한 이 선거에서 고르바초프는 찬성 3,411표, 반대 1, 116표로 당선된 것이다. 이어 고르바초프가 대통령직에 전념할 수 있게끔 당직의 업무를 경감시켜 주기 위해, 이 대회에서 신설된 부서기장에는 고르바초프가 추천한 우크라이나공화국 최고소비에트 의장 이바시코(Volodymyr Ivashko)가 역시 압도적인 지지로 당선된 반면에, 경쟁자인 보수파의 거두 리가초프는 참패했다.

고르바초프는 여세를 몰아 중앙위원회도 그리고 정치국도 새롭게 개편했다. 정치국의 경우 서기장과 부서기장 밖에 15개 구성공화국의 당 제1서기가 당연히 위원이 되게 하고, 이 당연직 17명 이외에 7명의 선출직 위원을 두었는데, 선출된 위원의 대부분은 비교적 비중이 낮았다. 반면에, 지난날에는 당연히 포함되었던 총리와 제1부총리와 국가공안위원회 의장 및 국방장관 등이 배제됐다. 리가초프의 탈락도 예외가 아니었다. 이것은 대통령 및 정부에 대한 정치국의 약화와 당의 약화를 의미하며, 결국 정부가 당에 우선해야 한다는 것을 의미했다.

국민이 선출한 정부가 국민이 선출하지 않은 당에 복종할 수 없다는 새로운 정치적 조류는 옐친에 의해 극명하게 드러났다. 그는 1989년 3월에 실시된 제1차 소련인민대표회의에 대의원으로 당선된 데 이어 1990년 봄에 실시된 러시아연방공화국 최고소비에트에 의원으로, 곧이어 의장으로 선출되었다. 이러한 그에게 제28차 당대회에서 고르바초프가 당직을 제의하자 그는 인민에 의해 선출된 자신이 인민이 선출하지 않은 소련공산당의 지시에 복종하는 것은 있을 수 없다는 이유로 탈당을 선언한 것이다. 옐친의 탈당을 계기로 급진파들은 집단적으로 탈당했다.

대통령으로의 권력이동

당정치국을 약화시킨 대신에 고르바초프는 대통령위원회를 강화했다. 1990년 7월 현재 17명으로 구성된 이 강력한 위원회는 야코블레프, 야조프, 크류치코프, 마슬류코프, 메드베데프, 프리마코프, 리지코프, 세바르드나제, 샤탈린(Stanislav Shatalin) 등이 포함되었다. 이들 가운데 특히 샤탈린은 시장경제로의 전환을 강력히 주장하는 대표적인 개혁지향적 경제학자였다. 고르바초프는 대체로 자신의 개혁정치를 충실하게 뒷받침하는 이들을 중심으로 경제체제의 근본적인 재편과 소비시장의 개선 등을 강력히 추진할 것임을 다짐했다.

강력한 대통령위원회를 구성하고 이 곳으로 권력의 중심을 이동시키는 데는 성공했으나, 대통령중심의 중앙통제력은 여전히 약했다. 이에 따라, 고르바초프는 12월에 열린 제4차 인민대표회의를 통해, (1) 대통령이 지명하는 부통령제의 신설, (2) 최고소비에트가 선출하던 각료회의를 대체하는 대통령 직속의 내각신설 및 대통령의 총리지명, (3) 대통령이 주재하는 국가안전보장회의의 신설, (4) 대통령과 부통령 및 각 구성공화국의 최고지도자들로 구성되는 중앙정책결정기관인 연방위원회의 신설 등을 뼈대로 삼는 헌법개정안을 확정지었다. 이 헌법에 의거해, 고르바초프는 부통령에 야나예프(Gennady Yanayev)를 임명하고, 국무총리에 파블로프(Valentin Pavlov)를 임명했다.

고르바초프의 권력이 강화되는 추세 속에서 그러나 소련사회는 전체적으로 큰 혼란이 가중되는 경향을 나타냈다. 국민들이 그렇게도 싫어한 소련공산당을 크게 약화시켰고, 그것과 궤를 같이하여 국가공안위원회와 군부 및 경찰을 약화시킨 결과, 사회 각 분야로부터 솟구치는 욕구불만이 만든 큰 혼란을 제어하지 못해 소련사회는 사실상 무정부상태에 빠진 것이다. 1990년에 실시된 한 여론조사에서 응답자의 약 20%가 군부쿠데타에 의한 군부의 집권을 기다리고 있다고 대답한 것은, 소련이 얼마나 깊은 무질서의 늪 속에 빠졌는가를 반증했다. 다른 한편으로, 소련국민들 사이에서는 미국을 비롯한 서방세계에 대한 동경과 선망이 확산되었다. 그 점은 1990년 초에 모스크바에 미국의 자본주의를 상징하는 맥도널드 연쇄점이 개점했을 때 부분적으로 나타났다. 특히 청소년들은 개점 하루 전부터 장사진을 이뤘던 것이다.

이러한 상황에서, 개혁파는 개혁파대로, 보수파는 보수파대로, 고르바초프를 다시 협공했다. 개혁파는 개혁의 속도를 빨리 해야 민심을 잡을 수 있다고 강조하고 보수파는 법과 질서를 수호해야 소련의 붕괴를 막을 수 있다고 역설하면서, 개혁파와 보수파 사이를 잘 헤엄쳐온 고르바초프에게 어느 한 쪽을 고르도록 강요한 것이다.

여기서, 고르바초프는 대체로 1990년 10월께부터 보수파와 손을 잡는 모습을 보여주기 시작했다. 당을 약화시키고 당의 권력을 국가기관으로 옮겨 놓은 뒤 거기에 의존하려고 했으나, 국가기관도 국민들 사이에서 권위를 잃어 제대로 힘을 쓰지 못함을 직시한 그는 자신의 권력을 유지하기 위해서는 결국 보수파와 제휴하지 않을 수밖에 없다고 판단한 것이다.

고르바초프가 보수파와 제휴했다는 증거로 우선 개혁파의 샤탈린이 내놓은 경제개혁안을 1990년 10월에 폐기한 것을 지적할 수 있다. 이것에 이어, 고르바초프는 자신이 그렇게 정력적으로 파괴하거나 약화시켜 온 당, 그리고 국가공안위원회 및 내무부의 강압기구들에 의존하는 경향을 나타내기 시작했으며, 강경파들을 등용하기 시작했다.

개혁파는 곧바로 반발했다. 셰바르드나제와 야코블레프 및 샤탈린 등이 대통령위원회에서 사퇴했다. 특히 셰바르드나제는 외무장관직마저 버리면서 소련이 지난 시대의 독재로 돌아가고 있다고 경고하기에 이르렀다. 이러한 협공 속에서 고르바초프는 행정력의 강화를 통해 개혁정책을 과감히 실시함으로써, 자신에 대한 국민의 신뢰를 회복시키려고 노력했다.

제21장_고르바초프정권 시기의 소련의 외부상황과 소련의 해체(1985~1991)

고르바초프정권의 등장을 계기로 소련의 내부상황이 엄청나게 큰 변화를 겪었듯이, 소련의 외부상황 역시 고르바초프정권 아래서 혁명적인 변화를 경험했다. 우선 미국과의 데탕트가 부활되고 진전되었을 뿐만 아니라, 서유럽 국가들과의 관계 또한 크게 호전되었다. 이어 이른바 소련제국의 중요한 한 부분이던 동유럽에서는 공산당독재체제가 무너지면서 소련에 대해 독립적인 체제들이 들어서는 가운데, 동독이 서독으로 사실상 평화적으로 흡수통일된 대사변이 일어났다. 이러한 지각변동은 결국 적어도 유럽에서는 제2차 세계대전이 끝난 뒤 성립된 기본적 국제체제였던 얄타체제, 곧 미국과 소련의 양두지배 체제 또는 양극적 냉전체제를 사실상 종식시키기에 이르렀다.

이러한 분위기를 충분히 활용해, 소련은 아프가니스탄으로부터 철군함으로써 무거운 멍에를 벗은 뒤 아시아·태평양 지역으로의 진출을 강력히 시도했다. 우선 중국과의 오랫동안의 대결을 끝내면서 그 관계를 정상화시켰고, 아시아판 유럽안전협력회의, 곧 제2의 헬싱키회의의 소집을 추진하는 한편, 이 지역국가들과의 관계개선에 많은 힘을 쏟았다.

이 장에서는 고르바초프정권 시대에 소련의 외부상황이 어떻게 바뀌었는가를 살피고자 한다. 소련의 소수민족문제 또는 인종갈등문제를 여기서 함께 다루기로 한다.

1. 새로운 외교철학과 외교진용

새로운 외교철학

고르바초프정권 시대의 소련의 외부상황과 소련의 외교를 이해하기 위해 우리는 먼저 고르바초프정권의 외교철학과 외교진용을 살피는 것이 좋겠다. 그 가운데서도 새로운 외교철학에 대한 이해가 중요하다. 이른바 노보예 미실레니예(Novoye Myshlenie)라고 불리는 새로운 외교철학 아래 소련은 국제정치와 자신의 국제관계 전반에 대해 새로운 접근방법을 구사했기 때문이다.

고르바초프가 소련의 대외정책의 철학적 기조로 이른바 노보예 미실레니예, 곧 '새로운 사고(思考)'를 제시한 것은 1985년 4월의 당중앙위원회 전원회의와 1986년 2월의 제27차 당대회에서였다. 그는 국제관계가 본질적으로 바뀌었기 때문에 소련의 대외정책은 이 현실에 바탕을 두고 새로운 인식 아래 전개되어야 한다고 주장한 것이다. 그러면 '새로운 사고'를 요구하는 새로운 변화란 어떤 것들인가? 또 거꾸로 말해 새로운 변화에 대응하는 '새로운 사고'의 구체적 내용은 무엇인가? 물론 그 대답은 서로 배타적인 것이 아니라 서로 연결되어 있었다.

첫째, 미국에 대한 인식의 변화이다. 소련의 지도층은 레닌의 제국주의론에 기초해 미국을 '제국주의국가'로 파악하고 이 '제국주의국가'가 소련에 전쟁을 도발할 것으로 믿었으며, 그럼으로써 소련은 군비를 계속해서 증강해야 하고, 그렇게 함으로써 이 전쟁에서 사회주의 진영을 대표하는 소련이 반드시 승리하리라고 호언장담했다.

그러나 고르바초프를 중심으로 하는 개혁파는 미국이 '제국주의국가' 일지는 몰라도 소련에 전쟁을 도발할 '침략국가'는 아니라는 판단을 갖고 있었으며, 무엇보다 중요하게, 미국과의 전쟁이 일어나는 경우 승리할 쪽은 소련이 아니라 미국일 것임을 깨닫고 있었다. 그들은 또 소련에 대한 미국의 정책은 미국에 대한 소련의 정책에 의해서도 영향을 받는다는 점을, 즉 두 나라의 관계는 '작용와 반작용의 관계'임을 깨닫고 있었다. 여기서 그들은 두 나라가 '상호적 안보관계'에 놓여 있다고까지 주장하게 되었는데, 이러한 인식으로부터 미국과의 본질적인 관계개선의 심각한 중요성을 절감하게 되었다.

둘째, 미국을 비롯한 서방세계의 기술혁명에 대한 커다란 놀라움이다. 1980년대에 들어서서 미국을 비롯한 서방세계가 보여 준 과학과 기술에서의 혁명은 소련이 도저히 따를 수 없는 놀라움 그 자체였다. 이것을 뒤늦게나마 배우지 않는다면 소련은 2등국으로 떨어질 수밖에 없다는 현실을 그들은 인정하게 되었다. 여기서도 그들은 미국과의 군비경쟁을 중단하고, 미국을 비롯한 서방세계와의 협력을 추진하게 된 것이다.

셋째, 미국을 비롯한 서방세계와 더 이상 군비경쟁을 할 힘이 없다는 현실의 인정이다. 소련은 1980년대 초까지는 안감힘을 다해 미국과 군비경쟁을 했으며, 그리하여 핵을 포함한 전략무기에서는 균형을 이루는 데 성공할 수 있었다. 이 과정은 소련을 군사적 요소에 집착시킴으로써 국제관계에서 매우 중요한 정치력과 경제력 및 문화력의 외교적 활용을 지극히 제약시킬 수밖에 없었으며, 그리하여 소련은 '조야(粗野)한 군사대국'이라는 상(像)만을 부각시킴으로써 자신의 국가적 위신을 크게 떨어뜨렸다.

그뿐 아니다. 미국과 무리하게 군비경쟁을 하다보니 국내의 경제적 및 사회적 개발을 소홀히 할 수밖에 없게 되었다. 그리고 이러한 상황은 국민의 불만을 고조시켜 체제의 존속에 대한 심각한 위기를 조성하고 있었다. 이 위기를 극복하는 길은 군비경쟁의 중단임을 그들은 깨달았다. 여기서 그들은 '합리적 충분성' 원칙에 입각한 방어적 전략개념을 채택하고, 현실적 안보정책을 추진하게 되었다.

넷째, 이것과 직접적으로 연관된 것은 군비경쟁의 중단 없이는 서방세계로부터 경제지원을 받을 수 없다는 현실의 인정이었다. 소련이 입으로는 '자본주의세계와의 평화공존'을 외치지만 실제로는 군비를 증강시켜 '조야한 군사 대국'으로 자리잡는 것을 바라보면서, 서방세계는 그 이중적 행태에 대해 신뢰를 버렸으며, 그리하여 소련이 절실하게 바라는 경제원조를 베풀 수 없게 되었다. 이것은 소련으로서는 견디기 어려운 일이었다. 되풀이해 말해, 소련은 자신이 그토록 매도한 서방세계로부터 경제적 지원을 받지 않고는 자신의 쇠퇴해가는 경제를 되살릴 수 없음을 깊이 깨달았던 것이다. 이러한 배경에서도 소련은 서방세계와의 군비경쟁을 중단하지 않을 수 없었다.

다섯째, 역시 군비경쟁과 관련된 것으로서 동서 양대진영이 벌이는 핵무기경쟁이 내포한 인류적 차원의 위기에 대한 정확한 인식이다. 브레즈네프 말기에만 해도 소련군부의 강경파는 핵전쟁이 일어난다고 해서 모두가 죽는 것은 아니라고 강변하면서 핵전쟁은 모두를 파멸시킨다고 주장하는 '무책임한 세력'을 경고하는 무모성을 보였다. 그러나 고르바초프로 대표되는 개혁파는 핵전쟁은 그 자체가 인류를 멸망시키는 것이지만, 거기에 앞서 핵전쟁을 준비하는 과정에서 이미 지구는 파괴되고 있음을 직시했던 것이다.

여섯째, 탈이데올로기적 실용주의노선의 확산이다. 브레즈네프 말기에 와서 뚜렷해진 체제적 위기를 극복하는 지름길은 화석화된 교조주의적 마르크시즘·레닌이즘의 멍에를 과감히 내던지고 실용주의에 입각해 경제적 및 사회적 개발을 과감히 추진함으로써 민생을 안정시키는 것임을 개혁파는 정확히 파악하고 있었다. 이러한 탈이데올로기적 실용주의노선이 대외관계에도 그대로 적용되기 시작한 것이다.

일곱째, 이것에 연관된 것이 분쟁의 정치적 및 외교적 해결의 중요성에 대한 인식이다. 국제분쟁을 군사력의 행사로써 해결하기는 차츰 어려워졌으며, 따라서 소련은 분쟁지역에 대한 과도한 개입을 지양하고, 정치적 및 외교적 해결을 모색하는 것이 현실적임을 깊이 깨닫게 되었고, 이것과 관련해 국제연합을 비롯한 국제기구들과의 적극적 협력이 매우 중요함을 인정하게 된 것이다.

새로운 외교진용

대체로 이상과 같이 요약될 수 있는 '새로운 사고'의 철학적 기조를 바탕으로 삼은 고르바초프는 '새로운 사고'에 입각해 소련외교를 이끌 새로운 진용을 짜게 되었다. 그 첫 포석이 우리가 앞 장에서 보았던 외무장관의 교체, 특히 그로미코의 퇴진이었다.

경제학박사 출신의 직업외교관인 그로미코는 주미대사와 주국제연합대사와 외무차관 및 주영대사를 거쳐 1957년에 흐루쇼프에 의해 외무장관으로 발탁된 뒤 무려 28년 동안 그 자리에 머물렀다. 그 과정에서 그는 서방기자들이 흔히 스몰렌스크 스퀘어(the Smolensk Square)로 부르는 외무부를 자신의 강력한 영향 아래 두고 소련외교를 좌지우지했다. 이 경향은 그가 정치국 정위원이 된 1973년 이후 특히 두드러졌다. 그리하여 그의 적극적인 지지로 고르바초프가 서기장이 되었을 때, 서방의 소련전문가들은 그가 외교 분야의 '총감독'이 될 것으로 내다보았다.

그러나 '새로운 사고'를 강조히는 새 서기장에게 그로미코는 낡은 사고의 수호자일 뿐이었고, 그가 스몰렌스크 스퀘어를 장악하고 있는 동안에는 대외관계에 대한 새로운 접근이 사실상 불기능하다는 판단을 줄 뿐이었다. 왜 그러한가? 그로미코는 비록 외무장관 재임 때 미국과의 짧았던 긴장완화를 성사시킨 중요한 업적을 남기기는 했으나 전반적으로 보아 여전히 냉전의 전사였다. 서방과의 관계를 결국 대결로 몰아갔으며, '노(老)수호자들'이 흔히 지녔던 독일공포증에 크게 영향을 받아 통독을 막는 입장이었고, 동유럽에 대한 소련의 통제력을 조금이라도 약화시키려고 하지 않았다. 성격마저 고집불통이었다.

이러한 배경에서, 고르바초프는 집권으로부터 넉 달이 채 되지 않은 1985년 7월 초에 그로미코를 소련의 국가원수직인 소련 최고소비에트 간부회 의장직으로 밀어내고, 그 후임에 만 57세의 셰바르드나제를 임명한 것이다. 그루지아 출신으로 이 지역의 콤소몰조직과 당조직의 직업당료로 성장하다가 1964년부터 1969년까지 그루지아공화국당의 제1서기와 중앙당의 중앙위원회 위원 및 정치국 후보위원으로 승진했던 그는 고르바초프에 의해 정치국 정위원으로 승진한 그 다음 날에 외무장관을 겸하게 되었던 것이다. 새 외무장관은 외교에는 경험이 전혀 없었으나 새 서기장과 동년배였으며, 함께 안드로포프의 '사도'였으므로 호흡을 같이 할 수 있었다. 한편, 고르바초프로서는 이로써 대외정책 전반에 대한 대권을 마음껏 발휘할 수 있게 되었다.

1986년에 들어서면서 고르바초프는 당의 외교진용에도 손을 댔다. 제27차 당대회가 열리기 직전인 2월 하순에 중앙위원회의 집권공산당관계담당서기로 브레즈네프시대로부터 넘어온 노(老)간부인 루사코프(Konstantin Rusakov)를 '은퇴' 시켰으며 제27차 당대회가 끝나자마자 중앙위위회 서기 겸 국제부장인 80대의 포노마료프(Boris Ponomaryov)를 해임하고, 그 후임에 1962년 이래 24년 동안 주미대사직에 었던 도브리닌을 발탁했다.

소련의 외교적 목표들

새로운 체제가 수립된 뒤 소련의 외교적 목표들에 대한 토론이 지도층 안에서 활발히 벌어졌다. 그 결과로 대개 다음과 같은 다섯 개의 목표들이 제시되었다.

(1) 미국과 군비통제에 관한 협정을 성립시킴으로써, 앞으로는 소련의 재원이 감당할 수 없는 긴장을 겪어야 하는 일이 없게 한다.

(2) 미국과 서유럽의 정치적 및 군사적 제휴를 될 수 있는 대로 약화시키는 반면에, 소련의 다른 나라들과의 적대적 관계는 그리고 특히 소련의 주변부에 있는 나라와의 적대적 관계는, 그 나라가 아무리 작은 나라라 할지라도 역시 약화시키기 위해 최선을 다한다.

(3) 소련의 다툼의 여지없는 일사불란한 지도력 아래 동유럽권의 안정을 회복한다.

(4) 초강대국으로서의 소련의 지위를 유지하며, 세계의 모든 지역들에서 소련의 이익이 걸린 소련의 요구와 능력을 거부하려는 움직임에 대해서는 단호히 배척한다.

(5) 핵심적인 지역들에서는 현존하는 거점들의 보존에 모든 힘을 쏟는 반면에, 제3세계에 대한 소련의 공약에 따른 정치적 및 경제적 비용을 줄인다.

이 다섯 개의 목표들 가운데 세 번째 목표와 네 번째 목표는 소련에게는 벅찬 것들임이 곧 드러났으며, 동시에 그 목표들 사이에 상충점이 있다는 반론이 곧바로 제기되었다. 특히 첫째 목표와 둘째 목표 사이에는 어느 정도의 긴장마저 있음이 지적되었다. 예컨대 미국과 군비통제협정 성립을 추구하면서 동시에 미국과 서유럽의 정치적 및 군사적 제휴의 완화를 추구하는 것이 현실적으로 가능한가의 토론이 벌어진 것이다.

이 전략논쟁에서 중앙위원회 국제담당서기 도브리닌은 미국과 만족스런 군비통제협정을 체결하는 일과 그리고 미국과 안정된 관계를 수립하는 일에 가장 높은 우선순위를 주어야 한다고 주장했다. 이에 반해, 중앙위원회의 또 한 사람의 서기이며 고르바초프의 측근인 야코블레프는 미국과의 관계를 부차적 지위로 돌리고, 서유럽과의 관계개선과 그리고 이집트로부터 일본에 이르기까지 접경국가들 및 주변국가들과의 관계개선을 우선적으로 시도해야 한다고 주장했다. 그렇게 함으로써 소련은 브레즈네프 말기 이후 뚜렷해진 국제사회에서의 상대적 고립으로부터 풀릴 수 있다고 그는 주장했다. 야코블레프의 전략은 물론, 우리가 이미 제19장에서 보았듯이, 안드로포프가 채택했던 전략의 계승이었다.

고르바초프는 1985년에는 야코블레프의 전략을 선호했던 것 같다. 그리고 1986년 초에 들어서서는 도브리닌의 전략을 선호했던 것 같다. 그러나 그는 두 전략을 '변증법으로' 결합시키는 자세를 보였으며, 이 목표에서, 우리가 다음에서 보듯이 대체로 성공을 거두었다.

2. 미국 및 서유럽과의 관계개선

미국을 상대로 한 적극적 외교

우리가 이미 살폈듯이, 1980년대 이후의 국제관계는 전반적으로 소련에게 불리하게 전개되었다. 소련의 안보에 사활적 영향을 끼치는 지역인 미국과 서유럽의 정치적 및 군사적 제휴는 강화되었다. 그리하여 서유럽의 나토국가들에는 1983년부터 현대화된 미사일이 배치되었으며, 1984년부터 미국은 전략방위구상(Strategic Defense Initiative, SDI)을 강력히 추진해, 이제 우주에 기지를 둔 미사일을 통한 방어계획인 '별들의 전쟁' 계획을 추진하게 되었으니, 그것은 소련에게 커다란 악몽이 된 것이다. 종합하건대, 소련은 미국과 서유럽의 제휴 앞에 '포위' 된 셈이 되었으며, 외교적 고립과 군사적 위협을 절감하지 않을 수 없었다.

고르바초프는 이러한 상황을 극복하기 위한 외교적 조처들을 취하기 시작했다. 그는 셰바르드나제의 외무장관 취임을 전기로 삼아 서방세계를 향해 소련이 변화를 추구하고 있음을 보여주는 일대 홍보전을 펴나감과 아울러, 미국을 향해 지난날의 신랄한 비난 대신에 타협적이며 때로는 우호적이기까지 한 수사(修辭)를 구사했다. 이러한 시각에서 볼 때, 1985년 10월에 있었던 고르바초프 내외의 파리방문은 성공적이었다. 고르바초프와 미테랑(François Mitterand) 사이의 정상회담은 결론 없이 끝났으나, 고르바초프 내외의 참신하고 유연한 언행은 서방매체에 호의적으로 받아들여졌다.

이러한 배경에서, 1985년 11월 19일부터 21일까지 제네바에서 열린 고르바초프와 레이건 사이의 정상회담은 세계의 이목을 끌기에 충분했다. 1979년 이래 6년 만에 처음 열린 두 나라 사이의 정상회담에서 두 나라는 주요한 문제들에 대해서는 합의에 이를 수 없었다. 그러나 (1) 군비통제를 위한 협상을 촉진시키며, (2) 후속정상회담을 1986년에 미국에서, 1987년에 소련에서 각각 열고, (3) 문화교류를 촉진시키며, (4) 미국은 키예프에, 소련은 뉴욕에, 총영사관을 각각 개설한다는 데 합의할 수 있었다. 고르바초프에게 매우 중요하게, 이 회담은 고르바초프가 소련과 소련의 대외관계를 긍정적인 방향으로 변화시키기 위해 능동적으로 움직이는 정력적이며 매력적인 새로운 지도자라는 인상을 서방세계에 심어주었다. 소련이 지난날의 음모적 외교에서 벗어나 개방적 외교를 추구하고 있다는 인상도 심어주었다.

소련외교에 대한 국제적 인상이 개선되는 분위기를 충분히 활용하면서, 고르바초프는 다시 서방의 여론을 겨냥하면서 1986년 1월 15일에 「2000년을 향한 핵군축 : 소비에트 프로그램」을 발표했다. 이 프로그램을 통해 그는 2000년까지 지구상의 모든 핵을 폐기한다는 매력적인 목표를 제시하고, 이 목표를 달성할 때까지 세 단계에 걸쳐 핵을 폐기하는 구체적 일정을 설명한 것이다. 이어 그는 1986년 2월의 제

제네바 미·소 정상회담, 레이건(좌)과 고르바초프(우)

27차 당대회에서도 핵군축을 향한 강력한 의지를 나타냈다.

이러한 배경에서, 미국에서 열리기로 이미 합의된 두 나라 사이의 정상회담에 대한 기대가 자연히 높아질 수밖에 없었다. 그러나 미국이 전략방위구상을 포기해야 한다는 소련의 주장을 둘러싸고 공방전이 벌어지면서 두 나라 사이의 견해는 차차 대립되어 갔고, '제네바정신'은 잊혀져 갔다. 다행히 10월 11~12일에, 미국이 아니라 아이슬란드의 수도 레이캬비크(Reykjavik)에서 '예비' 정상회담을 갖게 됨으로써 군비통제에 관한 진전이 기대되었다. 그러나 여기서도 합의는 이룩될 수 없었다.

범유럽주의

미국과의 관계에 큰 돌파구가 열리지 않게 되면서 소련외교의 '유럽지향성'은 두드러졌다. 야코블레프의 '유럽주의'에 따라 서유럽국가들과의 관계를 개선시키고, 그것을 바탕으로 미국과 서유럽국가들 사이의 관계를 '이간' 시키는 반간계(反間計)에 역점을 둔 것이다. 이 목적을 위해 고르바초프는 영국과 프랑스와 서독 및 스페인을 비롯한 서유럽의 거의 모든 나라들에 주재하는 소련대사들을 바꾸었다. 그는 이어 이 지역에 대한 방문외교와 초청외교를 크게 강화했다. 그리하여 예컨대 미테랑 프랑스 대통령이 1986년 7월에 소련을 방문했으며, 리가초프 '제2서기장'은 11월에 북유럽을 순방했다. 이 일련의 행사들에서는 '범유럽주의'가 주조(主調)를 이루었다. 고르바초프가 소련이 유럽국가임을 강조하면서, "이제 유럽이 자신의 목소리를 보다 명백하고 보다 자신 있게 내야 한다"고 연설한 데 대해, 미테랑이 "이제야

INF 폐기 협정서에 서명하는 고르바초프와 레이건(모스크바)

말로 유럽인들이 자신들 스스로의 운명의 주인들이 되어야 할 때이다"라고 답사한 것이 그 한 보기였다.

고르바초프가 강조하는 범유럽주의는 그가 즐겨 쓰기 시작한 '우리들 공동의 유럽의 집'과 '단일한 역사적 운명'이라는 수사(修辭)를 통해 두드러졌다. 소련과 유럽국가들 모두가 '하나의 공동의 지붕' 아래 살고 있으며 이 '공동의 집'을 평화롭게 가꾸기 위해 서로가 모든 핵무기를 철거해야 한다고 제의하기도 했다. 고르바초프의 이러한 미소외교(微笑外交)는 확실히 서유럽에서 소련의 인상을 많이 개선시키는 데 성공한 것으로 평가되었다. 반면에 1980년대 중반까지만 해도 서유럽 국가들이 지지했던 레이건 미국 대통령의 소련에 대한 강경한 정책은 차츰 거센 비판을 받게 되었다.

미국과의 관계에서의 돌파구

분위기의 호전을 충분히 활용하면서 소련은 1987년에 들어서면서 자신이 그토록 반대했던 미국의 전략방위구상에 대한 태도를 바꾸기 시작했다. 레이건의 전략방위구상은 엄청난 예산을 요구하는 것이며, 또 그것이 현실로 나타날 때까지는 상당한 시일이 요청되는 것이었고, 그것에 대한 반대여론도 결코 만만하지 않음을 고려할 때, 여유를 가지고 대하는 것이 바람직스럽고 따라서 너무 집착할 필요가 없음을 계산한 것이다. 1987년 10월에는 무르만스크(Murmansk)에서의 연설을 통해 북유럽을 비핵지역으로 만들자고 제의하기도 했다.

소련이 이렇게 태도를 바꾸자 미국으로서도 유연하게 대하지 않을 수 없었다. 그리하여 1987년 12월 7일에 워싱턴에서 다시 정상회담이 열리게 되었다. 높은 국제적 관심 속에 열린 이 회담은 마침내 군축협상에서 중요한 돌파구를 열었다. 12월 8일에 중거리핵(INF)폐기협정이 체결되었으며, 장거리핵(ICBM)의 50% 감축 문제가 긍정적으로 제기된 것이다. 이 회담을 통해서도 고르바초프의 인기는 상승했다. 회담이 끝난 뒤 실시된 여론조사에서 그의 인기는 미국과 서유럽 모두에서 레이건을 앞질렀다.

소련의 미국과의 그리고 서유럽과의 관계개선과 증진 추세는 1988년에 정점에 이른 것 같았다. 우선 이 해 5월에 모스크바에서 소련과 미국 사이의 정상회담이 다시 열렸으며, 이 계제에 미국의회에서 비준절차가 끝난 중거리핵폐기에 관한 협정을 발효시키는 문서가 교환되었다. 이와 더불어, 과학 및 기술 협력에 관한 합의를 비롯해 두 나라 사이에 교류와 협력을 증대시키기 위한 여러 합의들이 성립되었다. 이로써 교류 및 협력의 확대와 군축의 성립을 두 개의 축으로 하는 고르바초프의 대미외교는 상당한 열매를 맺은 것으로 평가되었다.

이어 12월에 뉴욕에서 '약식' 정상회담이 열렸다. 1989년 1월에 퇴임하는 레이건 대통령을 '환송'하는 자리가 된 이 회담의 우호적 분위기와 수사(修辭)는 두 나라의 우의가 깊어가는 추세에 있음을 입증했다. 이와 동시에, 고르바초프는 국제연합 총회에 참석해 소련군의 대부분의 병력을 동유럽으로부터 철수시킬 것임을 극적으로 선언해 서방세계로부터 큰 환영을 받았다. 영국의 대처 총리의 격찬이 그 대표적인 보기였다. 이러한 분위기였기에, 미국이 그 동안 추진한 나토의 군사력을 현대화하는 계획은 일단 중단될 수밖에 없었다. 이렇게 볼 때, 1988년 12월에 뉴욕에서 보여 준 고르바초프의 활약상은 그가 그때까지 국제무대에서 과시했던 외교경기(外交競技)의 정점이었다.

미국과의 관계에서 주요한 돌파구를 엶으로써 미국과의 관계를 만족스러운 수준으로 안정시키게 되자, 고르바초프는 '유럽주의자' 야코블레프의 지론대로 미국과의 관계를 덜 강조하고 유럽과의 관계를 더 중시할 것을 강조하는 외교노선을 밟기 시작했다. 그 신호는 미국과의 관계를 더 중시할 것을 강조한 도브리닌의 중앙위원회 서기직 및 국제부장직 '은퇴'와 공개적으로 미국을 비판하는 팔린의 승계로 나타났다. 이제 소련과 미국 사이의 화해와 협력의 전성기는 그 정점으로부터 조금씩 내려가기 시작한 것으로 비쳤다. 냉전시대의 종언을 함께 다짐하기 위해 1989년 12월에 지중해에 있는 섬 몰타(Malta)에서 열린 부시(George H. W. Bush) 미국 대통령과의 정상회담과 1990년 6월에 워싱턴에서 열린 부시와의 정상회담은 따라서 대체로 두 나라 사이의 기존 우호관계를 다시 확인함에 그쳤다.

그러나 1990년 9월에 있었던 두 개의 역사적 회동은 역시 소련과 미국 사이의 관계가 얼마나 중요한 것인가를 새삼 부각시켰으며, 두 나라의 우호관계가 변함없이 진전되고 있음을 과시했다. 첫째는 헬싱키에서의 정상회담으로, 고르바초프는 부시와 더불어 이라크의 쿠웨이트 침공에 공동대처하기로 합의함으로써, 두 나라의 협력을 뼈대로 하는 새로운 세계질서의 출현을 예고했다. 둘째는 모스크바에서의 5개국 외무장관 회담으로 미국과 소련은 영국 및 프랑스와 함께 독일 주둔권을 종결시키는 협정의 체결을 주도하고, 유럽에서의 냉전의 마지막 유산을 청산시켰다. 이로써 역시 냉전체제를 대체해 나타날 새로운 국제질서의 뼈대는 미국과 소련의 협력임을 웅변한 것이다. 이 일련의 과정에서 과시된 고르바초프의 외교적 노력은 1990년 12월에 그가 노벨평화상 수상자로 발표되는 것으로써 보상되었다.

워싱턴 미·소 정상회담(고르바초프와 부시)

미국과 소련 사이의 협력은 1991년 가을에 다시 확인되었다. 9월 말에 부시 대통령이 핵감축을 선언한 데 대해, 10월 초에 고르바초프 대통령은 핵축소를 선언하는 것으로써 화답한 것이다. 이것은 냉전체제의 실질적 와해를 상징했다.

유럽에서의 외교적 성과

이처럼 미국과의 관계증진에 치중했다고 하여 유럽과의 관계를 증진시키려는 고르바초프의 노력이 중단된 것은 아니었다. 물론 1989년부터 1990년 사이에 자신의 '제국'의 중요한 부분에서 마르크시즘·레닌이즘을, 그리고 그것에 기초한 공산당1당독재체제를, 거부하는 광범위한 민중운동이 발생해 스탈린이스트체제들을 무너뜨리는 가운데 동서독이 통일을 성취하는 큰 사변이 일어났을 때 수수방관할 수밖에 없었던 소련이 왜소감을 갖게 된 것도 사실이다. 그러나 유럽에서 재래식 전력을 감축시키기 위한 협상을 진전시키는 데 일조해, 1990년 11월에 파리에서 열린 유럽안보협력회의 정상회담은 서방매체들이 CFE(Conventional Forces in Europe)로 약칭한 '유럽의 재래식 전력 감축협정'을 체결했다.

제2차 세계대전이 끝난 뒤 재래군비의 감축에 대한 세계 최초의 합의인 이 협정이 체결됨으로써 유럽에서는 냉전이 문자 그대로 종식되었으며, 평화와 안정이 일단 보장된 것으로 평가되었다. 또, 이것에 앞선 1989년 12월에는 유럽공동체와 10개년 무역협정 체결에 성공했고, 같은 해에 고르바초프와 대처 사이에 교환방문이 실현되었다. 무엇보다 중요하게, 역시 1989년 12월에 고르바초프가 교황 요한 바오로 Ⅱ세를 방문함을 계기로 소련과 교황청 사이에 외교관계의 수립이 합의되었다. 소련의 국가공안위원회는 1981년에 요한 바오로 Ⅱ세를 암살하려 했다는 의심을 받았던 것인데, 이 합의는 양자 사이의 화해를 상징했다.

3. 동유럽과의 관계 및 연방 내 소수민족국가들과의 관계

동유럽의 탈소

고르바초프의 집권 이후 소련의 대외관계 또는 외교가 얼마나 크게 달라졌는가를 단적으로 말해 주는 상징적 변화가 바로 소련의 동유럽과의 관계에서의 극적인 변화라고 할 것이다. 이른바 소련제국의 중요한 부분을 형성했던 동유럽의 공산국가들이 우선 스탈린이스트체제를 버렸을 뿐만 아니라, 소련과의 관계에서 탈소 독자성을 확보하게 된 것이다. 소련의 입장에서 볼 때, 이 시기에 동유럽공산권은 자신의 직접적 통제권으로부터 이탈한 것이다.

고르바초프 집권 직후에는 소련이 그러한 상황 전개를 '허용'하리라는 징후가 나타나지 않았다. 1985년 한 해 동안에도 소련은 소련과 동유럽의 결속을 강조했으며, 독일의 통일을 반대히는 동독의 입장을 적극적으로 뒷받침했고, 1986년에는 고르바초프 스스로 동유럽에 대한 소련의 통제권을 합리화한 브레즈네프 선언을 반복하기도 했던 것이다.

그러나 이미 이 시점에서 동유럽의 스탈린이스트체제적 공산주의 지도자들은 고르바초프정권이 그들에게도 개혁을 강요하지 않을까, 그리하여 이미 개혁정치를 요구하는 국민들의 압력이 끓고 있는 가마솥에 기름을 붓지 않을까, 염려하게 된 것이다. 그러한 미묘한 갈등은, 예컨대 1986년 4월에 열린 독일사회주의통일당, 곧 동독공산당대회에서 나타났다. 고르바초프가 참석했는데도 어느 동독 연사도 고르바초프 집권 이후의 소련의 국내적 변화에 대해 전혀 말하지 않고, 오히려 동독이 지난날 걸어온 보수적 대내정책을 계승할 것임을 강조한 것이다.

해가 바뀌면서 동유럽에서, 특히 헝가리와 폴란드에서, 개혁지향적 반체제운동의 열기는 뜨겁게 달고 있음이 확실해졌다. 동전(銅錢)의 다른 면에서 볼 때, 스탈린이스트적 공산당1당독재체제가 곤경에 빠져 있다는 현실 역시 확실해졌다. 이 시점인 1987년 11월에 고르바초프는 브레즈네프 선언을 사실상 폐기하는 중요한 연설을 했다. 그는 이 선언이 신축성 없는 교조주의로 굳어졌음을 비판하고 동유럽의 사회주의국가들이 자신들의 판단에 따라 자신들의 독자적인 길을 걷는다고 해도 소련은 더 이상 간섭하지 않을 것임을 다짐했다.

이어 마르크시즘·레닌이즘연구소의 신임 소장 스미르노프(Georgy Smirnov)는 역사가들이 1968년에 있었던 소련의 체코슬로바키아침공을 재평가해야 한다고 공언해, 사실상 19년 전에 일어났던 소련의 군사개입을 비난함으로써 브레즈네프선언의 재평가를 불가피하게 만들었다. 고르바초프의 11월 연설은 이듬해인 1988년 3월에 그가 유고슬라비아의 수도 베오그라드를 방문했을 때 되풀이되었다. 이른바 신(新)베오그라드선언이라고 불린 두 나라 정상의 공동성명은 동유럽국가들의 내부적 개혁운동에 소련은 개입하지 않을 것임을 다짐한 것이다.

고르바초프의 이러한 입장은 그리고 그가 소련국내에서 계속해 추진한 개정치와 동유럽국가들의 국내정치의 배후에서 가하는 개혁에의 압력은, 동유럽의 스탈린이스트적 공산주의지도자들을 계속해서 불안하게 만들었다. 그러나 그는 동유럽의 개혁주의적 지도자들과 국민들에게는 인기와 희망의 대상이었다. 이 점은 예컨대 1988년 7월에 있었던 고르바초프의 폴란드방문 때 확연하게 나타났다. 그가 세 도시의 스물 한 곳을 방문하는 동안 노동자들은 환호성을 올리면서 뜨겁게 환영한 것이다.

베를린장벽의 붕괴와 독일통일

고르바초프가 집권한 뒤에 전개된 소련과 동유럽과의 관계를 이렇게 돌이켜보건대, 1989년에 동유럽에서 혁명적 격변들이 잇달아 일어났을 때 소련이 취한 태도는 쉽게 이해된다. 이 해 가을 동독국민들이 마침내 공산당1당독재체제의 상징이며 소련의 동독지배의 상징이던 베를린장벽을 무너뜨리고(1989년 11월 9일), 서방세계로의 합류를 행동으로 보였을 때, 그리하여 동독에서 호네커정권이 무너지고 이로써 동유럽의 공산당1당독재체제들에 대한 조종이 울려퍼지기 시작했을 때, 소련은 방관할 수밖에 없었다. 이어 폴란드에서 비(非)공산당정권이 들어서고, 루마니아에서 장기집권의 반인민적 독재자 차우세스쿠(Nicolae Ceausescu, 1918~1989)가 분노한 국민들의 총궐기

차우세스쿠

에 의해 권좌에서 추방되고 1989년 12월 성탄절 때 부인과 함께 처형됐을 때도 소련은 방관할 수밖에 없었다.

브레즈네프독트린의 족쇄를 끊어버린 동유럽의 국가들은 모두들 독자적 길들을 걷기 시작했다. 이것을 사람들은 미국의 가수 프랭크 시나트라(Frank Sinatra)가 부른「나의 길을 가련다」에 빗대어, 동유럽의 국가들이 시나트라 독트린의 노선을 받아들였다고 말했다. 이제 역사의 시계바늘을 돌릴 힘이 소련에게서는 사라졌으며, 그 현실을 고르바초프는 정확히 인식하고 있었던 것이다.

1990년에 들어서면서 독일의 통일은 하나의 대세가 되었다. 비밀경찰과 소련군의 비호 아래서만 유지되던 동독은 더 이상 하나의 국가로 존재할 수 없게 되었고, 서독으로의 합류나 흡수가 불가피해졌다. 중앙유럽에서 게르만민족을 통합한 하나의 대국이 등장한다는 것은 소련의 지도자들이 오랫동안 두려워했던 악몽이었다. 그러나 소련은 통독의 대세에 저항할 힘을 지니지 못했으며, 통독을 인정하는 길을 선택했다. 그리하여 1990년 7월에 고르바초프는 통일될 독일이 나토에 잔류해도 좋다고 말함으로써 통독의 주요한 걸림돌을 제거하는 데 이바지했다. 실제로 독일의 통일은 1990년 10월 3일에 실현됐다. 이때 통독을 주도한 서독의 총리가 헬무트 콜(Helmut Kohl, 1930~2017)이었다. 기독교민주당 총재로 독일통일의 위업을 달성한 그는 통일된 독일에서도 계속해서 총리직을 수행했다.

헬무트 콜

소수민족들의 독립운동

소련제국은 밖에서 와해되면서 동시에 안에서도 붕괴하기 시작했다. 우리가 제18장과 제19장에서 이미 살폈듯이, 브레즈네프 말기 이후 두드러졌던 연방 내 소수민족들의 분리독립 요구 또는 인종적 갈등은 이 시점에 더욱 광범위하게, 그리고 더욱 깊이 확산되고 있었다.

그리하여 연방의 '해체' 자체가 전망의 대상으로 등장할 정도에 이른 것이다. 이러한 맥락에서 볼 때, "마르크스가 한때 차리스트 러시아제국을 민족들의 감옥으로 묘사하고, 스탈린이 그것을 민족들의 묘지로 만든 반면에, 고르바초프 아래서 소련제국은 빠른 속도로 민족들의 활화산이 되고 있다"는 브레진스키의 재치있는 지적은 정곡을 찔렀다고 하겠다. 같은 맥락에서, 프랑스의 저명한 여류 소련전문학자인 당코스(Helene Carrere d'Encausse)는 소련제국의 해체를 '민족들의 승리'라고 부른다.

고르바초프 시대에 와서 소수민족들의 분리독립운동이 활발해진 중요한 한 요인은 국내정치의 격변에 따른 중앙의 통제력약화라고 할 것이다. 모스크바의 구심력이 약화되면서 소수민족들이 원심작용을 강화시켜나간 것이다. 여기에 더해, 동유럽의 탈소운동이 격화되고, 또 그것이 실효를 거두게 되자 그 파급효과가 소수민족들에게도 미치게 됐던 것이다.

고르바초프의 집권 이후 최초의 심각한 소수민족의 저항은 카자흐스탄공화국의 수도 알마-아타에서 1986년 12월에 일어났다. 고르바초프가 브레즈네프 시대의 유산이면서 부패한 이 공화국당의 제1서기 쿠나예프를 해임하고 그 후임에 이 공화국 비거주자이며 러시아사람인 콜빈(Gennady Kolbin)을 임명하자 카자흐스탄공화국의 국립대학교 학생들이 시위를 벌인 것이다. 쿠나예프가 노령이었고 장기집권에 따른 구조적 부패의 원천이었지만, 카자흐사람들은 러시아사람이 후임으로 오는 것에서 민족적 위기감을 느낀 것이다. 이 시위는 곧 진압되었다. 그러나 1987년 초에 모스크바에서 유대인들이 집단시위를 벌이는 자극제가 되었으며, 같은 해 7월에 크림 출신 타타르사람들이 역시 모스크바에서 집단시위를 벌이는 자극제가 되었다.

이러한 저항운동보다 훨씬 더 심각하고 광범위했던 것은 1987년 6월부터 11월까지 계속되었던 발트 3국에서 벌어진 큰 규모의 집단시위들이었다. 리투아니아와 에스토니아 및 라트비아의 항의자들은 소련이 이 세 나라를 합병한 '역사적 폭거'를 규탄하고, 또 합병의 경위를 왜곡한 소련의 공식적 역사해석을 비판하면서 궐기한 것이다. 이 일련의 시위는 경찰에 의해 진압되었다. 그러나 그것은 일시적일 뿐이었다.

국내적 동요가 더욱 깊어졌던 1988년에, 여러 지역들에서는 소수민족의 저항운동이 역시 더욱 심각해졌다. 그 가운데 특히 아제르바이잔공화국과 아르메니아공화국 사이의 분규가 1년 내내 당국의 경계의 초점이었는데, 이 두 공화국은 고대 이후의 뿌리 깊은 갈등을 드러내면서 폭력적 대결을 유지했던 것이다. 한편, 발트 3국에서의 저항운동은 훨씬 더 조직적인 형태를 취했다. 그 나라들의 의회들이 앞장서서 각각 분리독립운동을 조심스럽게 이끈 것이다. 이 무렵 발트 3국과 우크라이나와 그루지아 및 아르메니아 등 6개 공화국의 대표들은 연합전선을 형성함으로써 소수민족들의 분리독립운동에 새 국면을 열었다.

1989년이 시작되면서 소수민족들의 분리독립운동은 더욱 치열해지고 더 많은 지역으로 확산되어 많은 사람들은 "소련이라는 연방이 현재의 형태대로 유지될 수 있을 것인가?"하는 본질적인 물음을 던지지 않을 수 없었다. 발트 3국은 각각 자국어를 자국의 '국가 언어'로 선언했으며, 몰다비아공화국은 몰다비아어를 자국의 공용어로 선언했다. 그뿐 아니라, 이 공화국들에서는 과격한 반소운동이 벌어지기도 했다. 이어 그루지아공화국에서는 그루지아의 독립을 요구하는 집단시위가 일어났으며, 비슷한 소요가 우즈베키스탄과 아르메니아에서 그리고 카자흐스탄에서 일어났다. 대부분의 경우 군대가 파견되고 유혈사태를 겪고서야 겨우 수습될 수 있었는데, 그 가운데서도 그루지아의 상황이 가장 심각했다.

1990년에도 공화국들의 분리독립운동은 가속화되었다. 발트 3국과 그루지아 및 아르메니아 등 5개 공화국은 독립을 선언한 상태였다. 또, 러시아연방공화국 안의 16개 자치공화국들 가운데 9개 자치공화국들은 주권을 선언한 상태였다. 이러한 추세를 제도적으로 막기 위해 고르바초프는 1990년 12월에 인민대표회의 제4차 회의로 하여금 공화국들의 요구를 어느 정도 수용한 새 연방조약안 원칙을 승인하게 한 뒤, 이것을 1991년 3월에 국민투표로써 확정짓는다고 발표해 기존 체제를 유지하려는 자세를 보였다. 이어 1991년 1월에 발트 3국에서 분리독립운동이 재연되자 다시 무력으로써 탄압했으며, 국민투표를 거부하는 적어도 6개의 공화국들에 대해 "연방의 이탈은 파멸을 자초할 것"이라고 위협했다. 1991년 3월의 국민투표는 연방의 존속을 뒷받침했다.

4. 아시아·태평양지역에 대한 새로운 접근

블라디보스토크와 크라스노야르스크에서의 연설들

'새로운 사고'의 구호 아래 전개된 고르바초프의 외교 가운데 두드러진 부분이 아시아·태평양 지역에 대한 적극적인 접근이다. 돌이켜보면, 브레즈네프 역시 이 지역에 대한 적극적인 접근을 시도했었다. 우리가 제19장에서 이미 살폈듯이, 브레즈네프는 1969년에 소련은 유럽국가이면서 동시에 아시아국가임을 내세우면서 '아시아집단안전보장기구'의 창설을 무기삼아 외교적 접근을 꾀함과 아울러 이 지역에서 군사력을 증강시킴으로써, 그것을 배경으로 정치적 영향력을 증대시키고자 노력했던 것이다. 그러나 1980년대 중반의 시점에서 볼 때 소련의 그러한 시도와 노력은 사실상 열매를 맺지 못했다. 군사력의 증강이 정치적 영향력의 증대로 연결되지 않고, 오히려 소련에 대한 경계심과 공포증을 조성하는 데 이바지했을 뿐이다. 여기서 고르바초프는 새로운 접근방법을 채택하게 된 것이다.

그 신호가 1986년 7월에 고르바초프가 블라디보스토크에서 행한 연설이었다. 그는 이 연설을 통해 이 지역이 세계의 새로운 중심권으로 떠올랐다고 지적하고, 소련은 자신의 대외정책의 한 축을 이 지역으로 전환한다고 선언한 것이다. 그렇다고 하여 소련이 기존의 유럽 중심주의에서 벗어난다는 뜻은 아니었다. 소련의 산업 및 인구 집중 지역은 역시 유럽러시아이며, 안보에 일차적으로 긴요한 지역은 유럽이다. 그러나 일본을 선두로 하고 대한민국과 타이완과 홍콩 및 싱가포르 등 '네 마리의 작은 용들'이 비상하는 이 지역의 경제적 잠재력은 앞으로 세계의 향방에 많은 영향을 끼칠 수 있는 만큼 중시되지 않으면 안 되었다. 이와 동시에 무진장한 자원의 보고로 일컬어지는 시베리아를 개발하기 위해서도 이 지역의 협력이 필요했다. 이러한 배경에서, 그는 소련이 이 지역국가들과의 교류를 활성화할 것과 극동의 개발을 위해 힘을 쏟을 것임을 다짐했던 것이다. 여기서 특히 중국 및 일본과 쌍무적 관계를 개선하고 싶다는 뜻을 나타냈다.

고르바초프의 블라디보스토크선언이 경제적 내용만 담았던 것은 아니었다. 이 선언은 (1) 미국을 정점으로 한 군사동맹의 등장에 대한 우려, (2) 이 지역에서의 핵철거를 포함한 군축에 대한 기대, (3) 인도양의 평화지대로의 전환에 대한 희망, (4) 아프가니스탄으로부터의 철군 약속 등등을 표시한 다음에 이 지역에서 집단안보체제를 수립하자고 제의한 것이다. 이 가운데 가장 큰 관심을 불러일으킨 대목은 역시 아시아태평양지역에서 집단안보체제를 수립하자는, 그리고 그것을 위해 유럽안보협력회의의 아시아판인 전아시아안보회의를 소집하자는 제의였다.

이 제의는 앞에서 논의한 브레즈네프의 제의와 일맥상통하는 것이나 큰 차이점을 보였다. 브레즈네프의 제의는 중국을 포위하려는 속셈에서 나왔으며, 그 목적을 위해 미국과도 손잡겠다는 뜻을 담았다. 그러나 고르바초프의 제의는 중국을 견제하려는 뜻을 지니지 않았으며, 오히려 미국의 기득권적 세력을 견제하면서 다른 한편으로는 소련이 이 지역의 평화와 안전을 위해 노력하고 있음을 과시하려는 데 역점을 두었다.

고르바초프는 블라디보스토크 선언에 이어 1988년 9월에 역시 동시베리아의 도시인 크라스노야르스크(Krasnoyarsk)에서 다시 이 지역에 대한 자신의 정책을 밝혔다. 이 지역의 중요성을 거듭 강조한 다음, 그는 군비의 축소와 교류의 확대라는 두 기둥을 제시하면서 상세한 계획을 발표한 것이다. 군비의 축소와 관련해서는, 이 지역에서의 핵무기동결과 해·공군력 동결 또는 감축을 중심으로 하는 7개 안을 제의했으며, 교류의 확대와 관련해서는 투자의 유치를 위한 우호적인 조건 설정과 경제의 협력을 위한 지역적 기구의 설치 등을 제의했다. 이 연설은 중국 및 일본과의 관계증진에 대한 희망을 나타낸 뒤 대한민국과의 관계에 대해서도 언급하면서, 두 나라 사이의 교류를 증진시키기 위한 구체적인 방안들을 제시했다.

아프가니스탄, 중국, 인도, 일본

이러한 정책적 틀을 설정한 소련은 1988년 5월부터 아무런 전제조건을 제시하지 않은 채 아프가니스탄으로부터 철군하기 시작해 1989년 2월에 철군을 완료했다. 이로써 소련은 정당한 명분 없이 아프가니스탄에 군사적으로 개입함으로써 대내외의 비난을 받아야 했고, 또 아프가니스탄의 친소정권 또는 친소괴뢰정권에 반대하는 토착민 게릴라세력의 군사적 저항에 직면해 유혈을 계속해야 했던 외교적 및 군사적 곤경으로부터 벗어나게 되었다. 그뿐 아니라, 미국을 비롯한 서방국가들 및 중국을 비롯한 아시아 주변국가들의 신뢰를 어느 정도 회복할 수 있었다. 이러한 분위기 속에서, 셰바르드나제 외무장관은 같은 해 10월에 소련의 아프가니스탄침공이 소련법은 물론 국제법을 위반한 행위였음을 솔직하게 고백했다.

아프가니스탄철군으로 아시아지역에서의 신뢰를 어느 정도 회복한 소련은 곧바로 중국과의 관계정상화를 시도했다. 사전준비작업을 끝낸 뒤 고르바초프는 1989년 5월에 베이징을 방문해 중국의 실질적 최고권력자 덩샤오핑(鄧小平)과 회담하고, '국가 대 국가 관계'와 '당 대 당 관계'에서의 전면적인 정상화에 성공할 수 있었다. 이것은 적어도 1980년대에 소련이 아시아에서 거둘 수 있었던 가장 큰 외교적 승리

아프가니스탄에서 철수하는 소련군

였다. 그 이후, 두 나라의 관계는 계속해서 증진되는 추세를 보였다.

소련과 중국의 관계에서의 이러한 추세는 중국과 경쟁관계에 있는 인도를 자극했다. 이에 따라 고르바초프는 1989년 11월에 인도를 방문해 두 나라 사이의 관계증진을 위해서도 배려를 아끼지 않았다.

중국과의 관계를 정상화한 소련의 아시아외교의 다음 목표는 일본이었다. 소련은 1988년 12월에 셰바르드나제 외무장관을 일본에 파견해 일본과의 관계를 증진시키는 새로운 작업에 착수했다. 이에 따라 경제협력의 부문에서는 약간의 진전이 있었으며, 분위기 전반에서도 전환이 나타나기 시작했다. 그러나 소련이 제2차 세계대전이 끝난 뒤 차지한, 그리고 일본이 자신의 '북방영토'라고 주장하면서 반환을 요구하는, 4개의 섬들의 문제를 둘러싼 견해차이는 쉽게 조정될 수 없었다.

이러한 배경에서, 고르바초프 대통령은 1991년 4월에 소련의 집권자로서는 처음으로 일본을 방문했다. 그는 가이후 도시키(海部俊樹) 총리와 회담하며 이 문제를 해결하고, 이것을 바탕으로 두 나라 사이에 계속해서 미뤄진 평화협정을 체결한 뒤 일본으로부터 큰 규모의 경제 지원을 확보하려고 했다. 그러나 두 나라 사이에 의견의 차이가 커서 합의를 보지 못했다.

대한민국과의 관계(1): 북방정책 이전

'새로운 사고'에 입각한 소련외교의 업적으로 가장 상징적인 보기가 바로 오랫동안 적대관계에 있던 대한민국과의 국교수립이었다. 이것은 대한민국의 입장에서 볼 때는 물론 대한민국 제6공화정이 출범한 뒤 일관되게 추진한 북방정책의 큰 결실이었다.

돌이켜 생각컨대, 두 나라 사이의 역사는 불행한 일들이 많이 일어났던 파란만장의 역사였다. 조선왕조 말기인 1884년에 조선과 제정러시아 사이에 체결된 통상조약을 시발로 전개된 두 나라의 관계는 고종이 서울주재 러시아공사관으로 망명한 아관파천(俄館播遷)을 겪기도 했으며, 그 이후 러시아와 일본이 두 차례에 걸쳐 조선의 분할을 비밀리에 논의한 음모를 겪기도 했고, 조선을 둘러싼 러·일전쟁을 겪기도 하였다. 이어 제2차 세계대전을 사실상 마무리짓는 1945년 2월의 얄타회담에서, 그리고 7월의 포츠담회담에서, 소련은 미국 및 영국과 함께 한반도의 장래를 논의했으며, 그 연장선 위에서 소련은 미국과 더불어 1945년 8월 15일에 한반도를 북위 38도선을 경계로 분할점령하기로 합의했다. 이 합의에 따라, 소련은 북한을 3년에 걸쳐 점령한 뒤 1948년 9월 9일에 자신에게 충실한 김일성을 수상으로 하는 조선민주주의인민공화국을 세우고 국교를 수립했던 것이다.

반면에 소련은 미군이 점령했던 남한에서 1948년 8월 15일에 탄생한 대한민국을 적대시했다. 이어 소련은 북한이 남침을 계획하자 이것을 적극적으로 지원해 1950년 6월 25일에 마침내 북한의 전면남침으로 시작되어 1953년 7월 27일에 정지된 한국전쟁의 강력한 후원자가 되었으며, 이로써 오랫동안 한국민의 미움을 받게 되었다. 이러한 적대적인 관계는 국제정치가 동서냉전에 의해 지배된 1950년대와

1960년대 말까지 계속되었다. 한편, 이 시기에 소련은 여전히 북한의 강력한 군사적 지원자로 남았는데, 특히 1961년 7월에 소련과 북한 사이에 맺어진 상호방위협정이 그 주된 통로가 되었다.

적대적인 두 나라의 관계에 조금쯤의 변화가 일어난 것은 이데올로기적 대결의 냉전질서가 완화되기 시작한 1970년대 이후였다. 우리가 제18장에서 이미 살폈듯이, 이 시기에 국제정치는 미국과 소련 사이의 데탕트를 중심으로 화해와 협력을 지향하기 시작했으며 이러한 탈이념적·탈냉전적 분위기 속에서 두 나라는 비록 매우 제한된 범위 안에서나마 관계의 개선을 추구하게 된 것이다. 특히, 박정희(朴正熙) 대통령은 1973년 6월 23일에 특별선언을 발표하고 한국은 소련과의 관계를 개선할 뜻이 있음을 밝혔다. 그러나 1980년 대에 들어서서 국제정치가 다시 냉전으로 돌아가면서 두 나라 관계의 진전은 그 선에서 멈추고 말았다. 게다가 1983년 9월에 소련공군기가 민간항공기인 대한항공기를 격추시켜 269명의 무고한 민간인 승객들을 죽게 하는 만행을 저지름으로써 소련에 대한 한국민의 적대감은 높아질 수밖에 없었다.

이러한 적대적 상황의 극적인 변화는 국제정치가 다시 화해와 협력을 지향하는 1980년대 후반에 와서 시작되었다. 앞에서 이미 지적했듯, 고르바초프정권은 '새로운 사고' 아래 탈이념적이며 실용적 입장에서 아시아·태평양 지역에 적극적으로 접근하는 가운데 한국에 대해서도 과감하게 접근했으며, 특히 한국으로부터의 경제협력에 기대를 갖게 되었다.

대한민국과의 관계(2): 북방정책과 수교

한편, 한국의 제6공화정은 북방정책의 이름 아래 역시 탈이념적이며 실용적 입장에서 공산권에 적극적으로 접근하는 가운데 특히 소련을 겨냥해 과감하게 접근한 것이다. 여기서 중요하게 작용했던 신호가 소련 쪽으로는 우리가 앞에서 살핀 블라디보스토크 선언과 크라

'모스크바 선언'에 서명한 뒤 악수하는 노태우 대통령과 고르바초프 대통령 (모스크바)

스노야르스크선언이었고, 한국 쪽으로는 7.7 선언이었다. 7.7 선언이란 노태우(盧泰愚) 대통령이 1988년 7월 7일에 밝힌 북방의 공산국가들 및 북한에 대한 새로운 정책선언이었다. 이 선언을 통해 한국은 소련 및 동유럽의 공산권과 탈이념적 차원에서 화해와 협력을 추구해나갈 것임과 아울러, 북한과도 '동반자적 관계'를 발전시켜 궁극적으로 평화적 통일을 성취할 것임을 다짐한 것이다.

이러한 신호의 교환 속에서 1988년 여름에 서울에서는 제24회 하계 올림픽이 열렸다. 12년만에 동서 양대진영이 모두 참가해 문자 그대로 인류의 평화제전으로 승화한 서울올림픽에 참가한 소련과 동유럽의 공산국가들은 한국의 발전에 찬탄을 표시했다. 한국을 '미제(美帝)의 식민지'이며 '세계자본주의의 종속국'이라고 가르쳤던 교조주의적 마르크시즘·레닌이즘이 현실과 괴리된 허위의식임을 깨닫게 되었고, 한국에 대한 접근을 서두르게 되었다.

곧이어 1988년 10월에 노태우 대통령은 제43차 국제연합 총회 연설을 통해, 한국은 (1) 소련을 비롯한 사회주의 국가들과 수교할 뜻이 있으며, (2) 남북한과 미국·소련·중국·일본 등 6개국의 '동북아시아평화회의'를 열어 한반도의 통일 문제와 동북아시아 평화문제를 함께 논의할 뜻이 있고, (3) 군사문제도 포함된 광범위한 의제들을 놓고 북한과 진지한 대화를 진전시킬 뜻이 있음을 밝혔다. 고르바초프는 이 제의들에 호감을 표시했다.

이 무렵부터 소련의 학자들과 언론매체들은 대한민국을 긍정적으로 재평가하는 논문들과 논설들을 발표하기 시작하였다. 이것들은 대체로 대한민국이 (1) 노태우 대통령이 1987년 6월 29일에 발표한 '민주화 선언'과, 그리고 그것에 바탕을 두고 출범한 제6공화정 민선정부의 출범 이후 권위주의체제를 청산하는 가운데 민주화를 추진하고 있으며, (2) 역시 제6공화정 출범 이후 자주적 외교를 추진하는 가운데 미국으로부터 그 이전 시대에 비교해 볼 때 독자적인 길을 걷고 있고, 북한에 대한 적극적인 화해의 정책을 취하고 있다고 공통적으로 지적했다.

1989년에 들어서서 두 나라는 무역사무소를 서울과 모스크바에 교환설치했으며, 1990년 3월에는 영사처(領事處)를 서울과 모스크바에 교환설치했다. 한국정부는 노련한 직업외교관으로 이미 브라질대사와 뉴욕총영사를 역임한 공로명(孔魯明)을 영사처장으로 임명해 영사처 개설의 중요성을 부각시켰다. 이어 같은 시점에 김영삼(金泳三) 민주자유당 대표최고위원이 집권당을 대표해 소련을 방문하고 고르바초프에게 노태우 대통령의 친서를 전달했다. 이에 대해 고르바초프는 두 나라 관계의 발전을 다짐하는 답신을 보냈다. 확실히 두 나라 사이에는 봄이 오고 있었다.

그러나 두 나라 관계에 결정적 돌파구를 연 것은 1990년 6월 4일에 샌프란시스코에서 열린 역사적인 두 나라 사이의 정상회담이었다. 노태우 대통령과 고르바초프 대통령은 미수교국가의 원수들로서 공식적으로 만나 동아시아의 마지막 냉전지역인 한반도에서도 빙산을 녹여 평화와 협력의 새로운 역사를 열기로 합의한 것이다.

그 합의는 곧 구체적 열매를 맺었다. 같은 해 9월 30일에 뉴욕의 유엔본부에서 한국 외무장관 최호중(崔浩中)과 소련 외무장관 셰바르드나드제는 이 날짜로 두 나라 사이에 대사급 외교관계를 수립한다는 합의서에 서명했다.

이에 따라 노태우 대통령은 12월 13일부터 17일까지 대한민국 국가원수로서는 처음으로 소련을 국빈방문했다. 그는 고르바초프 대통령과 정상회담을 갖고, 동아시아와 한반도의 평화와 안전을 다짐하는 '모스크바 선언'을 발표했다. 이 일에는 이홍구(李洪九) 대통령특별보좌관과 김종휘(金宗輝) 대통령외교안보수석비서관 및 김종인(金鍾仁) 대통령경제수석비서관 등이 일정한 역할을 수행했다. 공식적으로는 「대한민국과 소련 사이의 관계에 대한 일반적 원칙들에 관한 선언」으로 명명된 이 역사적 문서는, (1) 주권과 영토의 상호존중, (2) 국제법과 국제연합헌장의 상호존중, (3) 무력불간섭 원칙의 상호존중, (4) 국제적 문제들의 평화로운 해결을 위한 국제기구들에서의 공동협력, (5) 상호협력의 증대 등을 다짐했다. 이 회담에 이어 1991년 1월에 서울에서 두 나라 정부 대표단 사이에 공식회담이 열렸는데, 우선 한국이 소련에게 경제적으로 지원한다는 점에 대해 합의했다. 이로써 두 나라는 적대적 대결관계의 불행했던 역사를 일단 청산하고 우호와 협력의 새로운 발전단계를 기약하게 되었다.

이어 1991년 4월 19~20일에 고르바초프는 일본방문을 마치고 귀국하는 길에 한국을 방문했다. 소련의 최고권력자가 남북한을 통틀어 한반도에 발을 디딘 것은 그 때가 처음이었다. 자신의 맹방인 북한을 한 차례도 방문하지 않았던 소련의 최고권력자가 불과 몇 달 전까지만 해도 미수교국가인 한국을 방문했다는 것 자체가 분명히 역사적인 사건이었으며, 한반도에서 냉전구조가 무너지기 시작했음을 상징했다.

고르바초프를 맞이해, 노태우 대통령은 제주도에서 제3차 정상회담을 가졌다. 이 회담에서 노 대통령은 한반도에 평화구조를 정착시키는 과제에 대해 고르바초프와 폭넓게 협의했으며, 고르바초프의 적극적인 협조를 확보하는 데 성공했다. 특히, 북한의 핵개발에 대해 두 나라가 공동으로 대처한다는 것, 그리고 한국의 국제연합 가입 노력에 소련이 적극적으로 지원한다는 것 등에 대해서도 동의를 얻어냈다. 이로써, 이 정상회담은 두 나라의 관계가, 그리고 한반도의 평화와 통일의 문제가, 새로운 국면을 맞게 되는 중요한 계기를 마련했다.

그렇다고 하여 소련이 북한과의 관계를 끊거나 격하시키지는 않았다. 그러나 소련은 공개적으로 북한체제의 독재적 성격과 인권탄압, 그리고 김일성의 경력 가운데 과장된 부분들을 과감히 폭로했다. 1950~1953년의 한국전쟁이 북한의 남침에 의해 시작되었다는 사실도 폭로했다. 소련과 북한의 관계는 냉각되고 있었던 것이다.

5. 소련의 해체

우리는 앞 장의 마지막 부분에서 고르바초프가 개혁파와 보수파의 협공 속에 보수로 회귀하는 경향을 보여주었음을 살폈다. 이 과정에서 발트 3국의 독립 요구에 어떻게 대처해야 하는냐의 문제가 심각하게 제기되었다. 발트 3국의 독립을 허용하는 경우, 그 영향은 다른 구성공화국들에게 미쳐 그들 또한 독립을 요구하게 될 것이며, 그렇게 될 때 소련이라는 연방이 유지될 수 있겠느냐의 근본원적인 문제가 뒤따를 것이 예상되었다.

고르바초프는 1990년 11월 15일에 「신(新)연방 조약안」이라는 타협안을 내놓았다. 그것은 소련이라는 연방은 유지하되 소련이라는 국호 곧 '소비에트사회주의공화국연방'에서, 그리고 15개 구성공화국 국호 모두에서, 사회주의라는 용어를 삭제하고, 각 구성공화국의 권한을 강화한다는 내용을 뼈대로 삼았다. 그러나 이미 독립을 요구하기 시작한 발트 3국을 비롯해 몰다비아와 아르메니아 및 그루지아는 이 안을 거부했으며, 정치적 영향력이 커지고 있는 옐친은 이 안에 대한 대폭적인 수정을 요구했다.

이때만 해도 고르바초프와 옐친 사이에는 힘의 균형이 잡혀 있었다. 그래서 두 지도자의 타협 아래 9개 구성공화국이 참가해 「신연방 조약」을 체결한다는 합의가 이루어졌다. 이 시점인 1991년 8월 19일에 소련공산당의 보수파 지도자들은 이 조약의 체결을 막기 위해 국가공안위원회의 보수파 지도자들을 끌어들여 쿠데타를 일으키고 비상사태위원회를 구성함과 아울러 모스크바의 주요 지점들을 무력으로 장악한 뒤 고르바초프에게 하야를 요구했다.

고르바초프는 하야를 거부했다. 동시에 러시아연방공화국의 옐친

장벽으로 둘러싸인 크렘린궁

대통령은 모스크바 중심가에 자리잡은 러시아연방공화국 국회 의사당을 거점으로 삼고, 쿠데타에 반대하는 국민운동을 용기있게 이끌었다. 2개월 전에 러시아연방공화국 역사에서 처음으로 마련된 대통령직에 압도적 지지를 받아 당선되었기에 정치적 위상이 크게 높아진 옐친의 반쿠데타운동은 커다란 반향을 불러일으킬 수 있었다. 미국과 일본을 비롯한 서방국가들도, 그리고 막 탈(脫)공산화의 길에 들어선 동유럽국가들도 쿠데타에 반대한다는 입장을 공개적으로 밝혔다.

국내외의 반대에 직면해 쿠데타세력은 사흘 만에 무너졌다. 동시에 소련공산당의 위신 역시 결정적으로 무너졌다. 이러한 배경에서, 쿠데타사태를 수습하기 위해 8월 29일에 열린 소련의 최고소비에트는 소련공산당의 활동을 정지시키기로 결의했으며, 이로써 소련공산당은 마침내 종언을 고하기에 이르렀다. 그렇다고 하여 고르바초프의 정치적 입지가 회복되지는 않았다. 그의 권위는 약화되었으며 반면에 옐친의 영향력이 커졌다.

옐친은 곧바로 고르바초프로 하여금 발트 3국의 독립을 허용하도록 압박했으며, 그 결과 발트 3국의 독립이 현실화되었다. 이것은 러시아연방공화국에 이어 소련에서 둘째로 큰 공화국인 우크라이나공화국으로 하여금 독립의 길을 걷게 만들었으며, 러시아연방공화국과 우크라이나공화국은 같은 슬라브 계통 공화국인 벨라루스(백러시아)공화국을 끌어들여 1991년 12월 8일에 '독립국가연합(Commonwealth of Independent States : CIS)'의 결성을 선언했다. 여기에 다른 공화국들도 찬성의 뜻을 밝혔고, 마침내 11개국이 12월 21일에 카자흐스탄공화국의 수도 알마-아타에서 '독립국가연합'의 창설을 선언했다. 이로써 소련은 해체되었으며, 고르바초프는 1991년 12월 25일에 소련 대통령직을 사임했고, 핵무기 통제권을 소련의 계승자로 공인된 러시아연방공화국의 대통령 옐친에게 인계했다. 미국은 12월 26일에 러시아연방공화국을 소련의 계승자로 공인했다.

고르바초프는 혁명을 우리가 흔히 오므라이스라고 부르는 오믈렛에 비유하기를 좋아했다. 오믈렛이라는 음식을 만들려면 반드시 달걀을 깨뜨려야하듯, 혁명을 추진하려면 반드시 기존질서를 깨뜨릴 각오가 되어 있어야 한다는 뜻이었다. 오믈렛과 달걀의 관계를 지적하면서, 고르바초프는 자신과 자신의 개혁추진파들이 현재 소련의 기존질서를 깨뜨리는 가운데, 특히 오랫동안의 특권적 및 반국민적 지배기구였던 소련공산당을 깨뜨리는 가운데, 소련이 보다 나은 사회로 바뀌도록, 곧 '인간의 얼굴을 가진 사회주의(Socialism with human face)' 사회로 또는 '민주적 사회주의' 사회로 바뀌도록, 혁명을 추진하고 있음을 강조했다. 바꾸어 말해, 그는 소련을 '인간의 얼굴을 가진 사회'로 바꾸는 페레스트로이카의 혁명을 수행하기 위해서는 그 혁명의 일차적 방해세력인 소련공산당을 깨뜨려야 한다고 주장한 것이다.

고르바초프와 그의 개혁추진세력이 제시한 길은 역사의 올바른 길이었다. 돌이켜 생각하건대, 소비에트러시아를 포함한 러시아 전체의 역사는 한 마디로 말해 절대주의 또는 권위주의의 역사였다. 톰킨스(R. Tomkins) 같은 이는 "러시아 국가의 핵심은 몽골 치하에서 태어나고, 모스크바대공국 시대에 성장하여, 제정러시아 시대에 발전하고,

현대에 이르러 완숙에 도달한 전제정치에 있다"라고 지적했다. 우리가 반드시 이 명제에 동의하지 않는다고 해도, 우리는 러시아 역사의 개관을 통하여 러시아 전체의 역사가 독재체제의 역사였음을 쉽게 깨닫게 된다.

뿌리 깊은 독재체제의 역시를 더욱 심화시키고 강화시킨 것이 바로 볼셰비키 쿠데타였다. 소수의 직업적 혁명가들이 음모적 방식으로 성사시킨 볼셰비키 쿠데타에 의해 수립된 인류역사에서의 최초의 소비에트국가는 처음부터 거대한 비밀경찰국가로 전락하지 않을 수 없었다. 자신들만이 도덕적으로 우월하고, 자신들만이 대중을 진정으로 대표하며, 자신들만이 미래의 물결을 타고 있다는 '독선의 오만'은 어떠한 형태의 이론(異論)과 반대와 저항도 허용하지 않았으며, 그것을 힘으로 억압하기 위해 무수한 감옥과 비밀경찰을 유지했던 것이다. 이러한 맥락에서 볼 때, 모든 쿠데타는 또는 모든 혁명은 결국 또 하나의 쿠데타로 또는 또 하나의 혁명으로 귀결되거나, 아니면 거대한 비밀경찰 기구로 귀결되고 만다는 프랑스의 실존주의 철학자 카뮈(Albert Camus)의 경고는 정곡을 찔렀다고 하겠다.

이처럼 거대한 비인도적 억압기구로 전락한 소련에서 지난 70년 동안 실험한 마르크시즘 – 레닌이즘은, 미국의 세계적 국제정치학자 즈비그뉴 브레진스키(Zbigniew K. Brzezinski)의 표현 그대로 결국 '큰 실패(grand failure)'로 끝났음이 입증되었다. 빵과 자유 모두를 희생시키는 결과를 가져온 소련판 마르크시즘은, 곧 볼셰비즘은, 자신이 봉사한다고 주장하는 대상인 인민들로부터 철저히 외면되었던 것이다.

Ⅳ 러시아연방의 역사

소련이 해체되고, 러시아연방이 국제사회에서 소련의 적법한 후계자로 공인됨으로써 러시아의 역사는 새로운 국면을 맞이하게 되었다. 우선, 소련의 공식적 이데올로기였던 마르크시즘·레닌이즘이 부인됐고, 따라서 볼셰비키 1당독재체제가 부인됐으며, 그것 대신에 의회민주주의와 시장경제원리가 제시되었다.

그러나 독재정치와 명령경제의 뿌리가 너무나 강한 곳에서 의회민주주의와 시장경제원리가 짧은 시일 안에 자리잡기란 결코 쉽지 않았다. 그러므로 러시아는 대내적으로 불안정한 혼란에 빠져들었으며, 대외적으로 '양대 초핵강대국'의 지위로부터 격하됐을 뿐만 아니라, 주요 강대국으로서의 지위도 흔들렸다.

이 점은 약 8년에 걸친 옐친 대통령의 시대에 두드러지게 드러났다. 이 시기에 러시아는 쇠망하는 것이 아니냐는 전망마저 조심스럽게 제기되었다. 그러나 푸틴(Vladimir V. Putin)이 대통령으로 취임한 2000년 5월 이후 상황은 변화하기 시작했다. 러시아연방은 국내적으로 안정을 회복하는 가운데 대외적으로도 위상을 높이는 데 성공한 것이다.

제4부는 러시아연방의 역사를 크게 보아 두 시기로 나누어 살피기로 한다. 옐친 대통령의 시기와 푸틴 대통령의 시기(메드베데프 대통령 시기 포함)가 그것들이다.

제22장_옐친정권 시기의 러시아의 내부상황 (1992~1999)

옐친의 지도력 아래 러시아연방의 역사가 시작되던 때만 해도 옐친에 대한 국내외적 신뢰와 기대는 높았다. 특히, 1991년 8월에 일어난 반동적 보수세력의 쿠데타에 정면으로 대결했던 그의 용기와 행동은 국내외의 많은 사람들에게 깊은 감명을 주었다. 그러나 그의 지도력은 곧바로 한계를 드러냈다. 러시아가 안고 있던 문제들이 너무나 많았고 심각한데다가, 보수세력의 반발이 더욱 표면화되고 조직화되었기 때문이었다. 그리하여 러시아전문가들은 러시아에 '제2의 혼란의 시대'가 열렸다고 평가하기에 이르렀다. 우리가 이 책의 제1부 제4장에서 이미 보았듯, 모스크바대공국 시대에 독재자 이반 Ⅳ세가 죽은 때로부터 로마노프왕조가 세워졌을 때까지 계속된 무질서와 내란 및 외침(外侵)의 시대를 '혼란의 시대' 라고 불렀던 것인데, 그것에 비유될 만한 또 한 차례의 '혼란의 시대'가 펼쳐지고 있다는 견해였다. 이 장은 우선 이 시기의 러시아의 국내상황을 살피기로 한다.

1. 러시아연방의 지리적 인구적 개황

러시아연방은 유럽과 아시아의 두 대륙에 걸친 대륙적 성격의 나라이다. 이 나라의 면적은 17,075,400 제곱킬로미터로 세계에서 가장 크다. 이것은 세계 육지의 약 12.68%에 해당되며 세계에서 두 번째로 큰 캐나다의 면적에 비해 약 1.7배에 해당되고, 미국 면적의 약 1.78배에 해당되며, 중국 면적의 약 1.72배에 해당된다. 한반도에 비한다면 무려 77~78배에 해당된다.

러시아연방의 면적은 소련의 면적에 약 3/4 또는 76.2%에 해당된다. 그런데 여기서 지적되어야 할 점은 소련을 구성했던 공화국들 가운데 (1) 리투아니아, 에스토니아, 라트비아 등 발트해의 세 나라들, 그리고 벨라루스, 우크라이나, 몰도바-소련 당시의 이름은 몰다비아-등, 유럽에 속한 나라들이 독립하고, (2) 아시아에 속하지만 유럽에 가까운 그루지야, 아르메니아, 아제르바이잔 등 소아시아의 세 나라들이 독립함으로써 러시아연방의 영토는 아시아적 성격을 더 많이 갖게 되었다는 사실이다. 또, 카자흐스탄과 우즈베키스탄을 비롯한 중앙아시아의 회교권 국가들이 독립함으로써, 러시아는 중동과의 직접적인 지리적 연결을 잃었다.

소련의 해체는 러시아연방에 지리적으로 러시아연방과 연결되지 않은 한 작은 영토, 이른바 러시안 엑스클레이브(Russian Exclave)를 남겨주었다. 서쪽으로 발트해를 바라보며 북쪽의 리투아니아와 동쪽 및 남쪽의 폴란드 사이에 위치한 칼리닌그라드(Kaliningrad) 오블라스티(oblast)가 그것이다. 오블라스티는 '지역'으로 번역되는데, 벨기에 면적의 절반에 해당되는 이 오블라스티의 수도는 칼리닌그라드시(市)이다. 이 시는 독일의 세계적 철학자 칸트(Immanuel Kant)의 출생지로 독일에 속했던 때는 쾨니히스베르크(Königsberg)라고 불렸다.

러시아연방의 위치는 유럽의 동부에서 우랄산맥과 시베리아를 거쳐 동북아시아에 걸쳐 있다. 동쪽은 베링(Bering)해와 베링해협을 건너 미국의 알래스카 및 태평양에 닿고 있고, 서쪽은 폴란드, 우크라이나, 벨로루시, 에스토니아, 라트비아, 리투아니아, 핀란드, 노르웨이 등과 접경했다. 남쪽은 북한, 중국, 몽골, 카자흐스탄, 아제르바이잔, 그루지야 등과 접경했으며, 북쪽은 북극해에 닿아 있다. 이것은 러시아연방과 접경한 나라의 수가 14개에 이르고 있음을 의미한다.

러시아연방의 면적은 이렇게 넓기 때문에 12개의 지역시간대를 갖고 있다. 그러나 유럽 지역은 2개의 시간대가 하나로 통합되어 있고 동쪽 끝 부근에서 날짜변경선이 크게 구부러져 있어서 10개의 시간대를 사용한다. 이 10개의 시간대 속에 11시간의 시차를 나타내고 있다. 이처럼 지역에 따라 시간이 다르기 때문에 러시아의 열차와 비행기는 모두 수도 모스크바의 시간을 기준으로 운행한다.

러시아연방의 토양, 동식물의 분포, 지형, 기후 등을 기준으로 몇 개의 지대로 나눠진다. 최북부가 북극 사막지대로 얼음으로 덮여 생물을 거의 찾아볼 수 없다. 그 남쪽이 러시아 영토의 약 10%를 차지하는 툰드라(Tundra), 곧 동토대(凍土帶)로써, 이끼와 지의류(地衣類)나 모기만 겨우 살 수 있는 불모지이다. 그러나 툰드라의 남쪽에서는 나무들이 많이 자라고 사슴과 북극여우 등이 서식한다. 동토대의 이남은 러시아 영토의 약 67%를 차지하는 타이가(Taiga), 곧 삼림대(森林帶)로 이어진다. 동서로 1,000마일이 넘고 남북으로 5,000마일에 가까운 이 삼림대는 세계 최대의 것으로, 전세계 목재량의 약 25%가 이 곳에 있는 것으로 추산된다. 담비와 여우를 비롯한 모피동물들과 곰 및 늑대 등도 여기서 서식한다. 삼림대 이남이 스텝(Steppe), 곧 초원대(草原帶)이며, 이 초원대 안에 흑토대(黑土帶)가 있다.

러시아연방의 2/3는 북위 50도 이북에 위치하고 있다. 따라서, 지역적 편차를 보이기는 하나, 대체로 추운 날씨가 압도적으로 많다. 예컨대, 북극해 연안에는 8월까지 서리가 내린다. 기온은 동쪽으로 갈수록 낮다. 예나강 유역의 베르호얀스크(Verkhoyansk)는 1월의 평균기온이 섭씨 영하 46.8도로 세계에서 가장 추운 곳이다. 모스크바의 경우 1월의 평균 기온은 섭씨로 영하 10도이다. 그러나 모스크바에서도 5월 하순이 되면 사과꽃이 핀다. 전반적으로, 러시아연방의 기후는 대륙성기후이지만 아열대성기후를 가진 곳들도 었다. 대체로 이 나라의 여름은 건조하다.

지형은 예니세이강을 경계로 크게 보아 둘로 나뉜다. 서부 및 서시베리아는 평원지역에 속한다. 그러나 우랄지역 및 동시베리아는 산악지대에 속한다. 동시베리아에는 호수이면서 바다 같은 바이칼(Baikal)이 세계 최고(最古)와 최대를 자랑하고 있다. 이 호수 주변에는 3,000여 종에 가까운 동식물들이 살고 있다.

이러한 기후와 지형에 영향받아 농업은 취약한 편이다. 소련시대에는 흑토대에 속하는 광활한 면적의 우크라이나가 소련의 곡창 역할을 수행했으나, 우크라이나가 독립함으로써 오늘날의 러시아는 매우 중요한 '빵 광주리'를 잃었다. 그러나 농지는 국토의 약 1/6에 이르고 그 가운데 60%가 경작지여서, 밀·보리·호밀·귀리 등의 곡물들을 생산한다. 경작지로 쓰지 않는 농지는 대체로 방목장과 목초지로 쓴다.

인구적 개황

러시아연방의 2018년 현재 약 1억 4천 4백만 명이다. 이것은 이 나라의 인구가 중국·인도·미국·인도네시아·브라질·파키스탄·나이지리아·방글라데시에 이어 세계에서 9위이며 인구밀도는 1제곱킬로미터당 9명임을 말한다. 이것은 또한 소련의 인구에 비해 절반으로, 정확하게는 약 51%로 줄었음을 의미한다. 소련이 해체되던 때 독립한 나라들이 인구밀집지대인 유럽과 소아시아에 속했기에 이들이 분리해나가면서 러시아의 인구는 반감한 것이었다.

러시아연방의 인구는 계속해서 줄어들고 있다. 1995년 현재 1억 4천 8백만명이던 인구가 1999년에 1억 4천 6백만 명으로 줄었고, 2003년에는 거기서 1백만 명이 더 준 것이다. 인구가 이처럼 줄어드는 까닭은 우선 서방으로의 이주가 늘고있는 데서 찾아진다. 그러나 그것보다 훨씬 중요한 이유는 출생률이 낮아짐에 비해 사망률은 높아지는 데 있다. 그러면 왜 이러한 현상이 일어나고 있는가? 가장 중요한 이유는 가난과 질병이다. 특히 과음, 에이즈, 건강에 대한 무관심, 산업재해, 교통사고, 살인, 자살 등은 사망률을 증가시키는 요인들로 꼽히고 있다.

자연히 국민의 평균수명은 서방선진국들의 그것에 비해 낮다. 소련이 해체된 직후인 1994년에는 남성이 57.6세였고 여성이 71.0세였다. 소련해체 직후의 혼란이 어느 정도 완화되면서 1998년에는 남성이 61.3세 여성이 72.9세로 늘어났다. 그러나 러시아국민의 평균수명이 더 좋아질 것 같지 않으며 인구감소의 추세는 계속되어 어떤 특별한 대책이 실시되지 않는다면, 이 나라의 인구는 2050년께 약 1억으로 줄어들 것으로 전망된다.

민족적 개황

지난날 소련은 흔히 인종과 민족과 언어 및 종교의 전시장이라고 불렸다. 그 까닭은 소련에는 약 150개의 다른 언어를 사용하는 200여 개의 민족이 섞여 살았기 때문이다. 그러나 그들 가운데 러시안슬라브가 가장 많아, 1990년 현재 전체 인구의 약 73.8%를 차지했다. 그들은 대체로 러시아정교를 신봉했다

오늘날 러시아연방은 소련의 그러한 모습을 비슷하게 유지하고 있다. 이 나라 역시 다민족·다언어·다문화의 복합적 국가이다. 구체적으로 말해, 러시아연방은 100개 이상의 다양한 민족들로 구성되어 있다. 그들 가운데 러시안슬라브가 약 82.6%로 제일 많고, 몽골-타타르인이 약 4%를 차지하고 있으며 기타 약 100개 민족들이 그 다음을 나누고 있다. 고려인은 약 147,000명으로 전체 인구의 약 0.1%를 차지하고 있다. 러시아정부는 소수민족들에게 자치를 허용하면서 각자의 고유한 언어와 습속을 유지하도록 돕는 정책을 쓰고 있다.

러시아연방은 면적이 넓은 데다가 민족이 다양해서 22개의 공화국, 연해주와 하바로프스크주 및 알타이주 등 9개의 주(kray : 크라이), 46개의 지역(oblast: 오블라스티), 1개의 자치주, 4개의 자치관구(自治管區), 3개의 특별행정구 등 85개의 행정단위로 나뉘어 있다. 3개의 특별행정구는 모스크바시, 상트페테르부르크시 및 세바스토폴시를 말한다.

종교의 분포를 보면, 러시아정교가 대종을 이루고 있다. 러시아연

방 출범 당시의 통계에 따르면 전체 성인들 가운데 약 41%가 종교를 가진 사람들인데, 그들 가운데 약 95%가 러시아정교를 신봉하고 있었다. 남성들보다는 여성들이, 청소년보다는 장년층과 노년층의 사람들이 종교를 갖고 있다. 그들은 대체로 러시아정교를 신봉한다.

러시아정교의 성탄절은 12월 25일이 아니라 1월 7일이다. 성탄절을 상징하는 서방세계의 산타클로스는 러시아에서는 니콜라 또는 니콜라이로 알려져 있다. 니콜라이는 키예프 루시 이전 시대에 존재했던 한 수도원의 수도사로, 병을 고치고 악마를 쫓아내는 힘을 가졌던 것으로 믿어지고 있다.

러시아정교는 매년 3월과 4월 사이에 6주의 금식주간을 가진다. 이 기간에는 식사를 될 수 있는대로 간단히 하며, 고기·동물성기름·술·설탕 등을 먹지 않는다. 이 기간이 끝나면 1주에 걸쳐 부활절 축제가 벌어지는데, 축제 첫날에는 음식을 많이 먹는다.

러시아국민의 기질을 한마디로 말하기는 어렵다. 그러나 대체로 평화적이고 너그러우며 인정이 많다. 또 예의가 바르고 체면을 중시하는 경향이 지배적이다. 가정을 중사하는 전통이 강했으나 최근에는 결혼이 물질주의적 경향을 나타내고 이혼율이 매우 높아진다는 보고서들이 나오고 있다. 그러한 흐름 속에서도 가장의 권위는 유지되고 있다. 러시아국민은, 적어도 겉으로는, 여성에 대해 배려하는 자세를 보인다. 건배를 할 때, 셋째 번은 반드시 여성을 위해 해야 하고 이 때 그 자리의 남성은 모두 일어나야 한다.

중요한 자원들

지난날 소련은 천연자원이 세계에서 가장 풍부한 나라들 가운데 하나로, 미국에 버금가는 지위를 차지했다. 이 점은 오늘날 러시아에 거의 그대로 적용된다. 우선 석탄과 이탄(泥炭)은 그 매장량이 세계 1위이다. 석유는 그 생산량이 한때 세계 1위를 차지했다. 러시아정부의 공식발표에 따르면, 1일 석유생산량이 2001년에 696만 배럴, 2002년에

762만 배럴, 2003년에 830만 배럴이었다. 수출량은 사우디아라비아에 이어 세계 2위이다. 천연가스 역시 생산량이 세계 1위인데, 수출량도 세계 1위이다. 석탄, 석유, 천연가스 모두 대부분이 시베리아에 매장되어 있다. 석유의 경우 북카프카스에도 상당량이 매장되어 있다. 철강석과 망간 및 질산염을 비롯해, 구리·납·아연·니켈·보크사이트·텅스텐·수은·유황 등도 모두 그 매장량이 세계 1위인 것으로 추정된다. 러시아에서 양이 부족한 주요자원은 주석과 고무일 뿐이다. 수력발전과 화력발전 모두 풍부한 전력을 생산하고 있다.

이처럼 천연자원이 풍부한 덕분에 러시아는 세계굴지의 공업국가로 자리를 잡았다. 증기보일러·전기발전기·자동차·공작기구 등을 생산히는 기계제조업이 발달했으며 화학공업과 비철금속야금업 역시 발달했다. 섬유산업은 유럽권 러시아에서 활발한데, 의류와 신발류 등은 대부분 이 지역에서 생산된다. 냉장고, 텔레비전, 세탁기 등 내구소비재는 모스크바와 그 주변지역에서 생산된다.

수산업도 러시아의 주요 산업들 가운데 하나이다. 수산업은 대서양과 태평양의 어획지대를 중심으로 삼고 있지만 내륙의 호수와 강에서도 이뤄지고 있다. 대서양연안의 주요 항구들로 칼리닌그라드와 상트페테르부르크 및 무르만스크를, 태평양연안의 주요 항구들로 블라디보스토크와 사할린을 각각 꼽을 수 있다.

수송수단들 가운데 가장 큰 비중을 차지하는 것은 철도로, 화물수송의 90%와 여객수송의 50%를 담당하고 었다. 철도는 세계 최대의 화물량을 수송하는 것으로 평가되고 있다. 도로망은 빈약하며 따라서 철도를 이용하지 않는 경우 내륙의 수로를 더 많이 이용한다. 항공교통은 주로 여객수송을 담당하는데, 국립여행사인 아에로플로트항공회사는 연간 8,000만 명 이상을 나르고 있다.

2. 옐친의 대통령직 제1기

옐친의 이력서

그러면 러시아연방의 초대 대통령 옐친은 어떤 사람이었나? 옐친은 1931년 2월 1일에 우랄산맥지역의 공업중심지인 스베르들로프스크(Sverdlovsk)−옛 이름으로는 예카테린부르크−지구의 한 작은 마을 부트카(Butka)에서 농민의 아들로 태어났다. 집안은 매우 가난했으며, 그래서 아버지는 건설노동자로 전신했다가 다시 집단농장으로 돌아왔다. 자연히 그의 어린 시절은 힘들었다. 집은 너무 추워 보온을 위해 집에서 기르는 산양(山羊)을 끌어안고 자야 했고, 즐거운 일이나 맛있는 것과는 인연이 없이 살아야 했다. 그래도 학교에서는 거의 언제나 우수한 성적을 발휘했고 반장으로 뽑혔다. 그러나 중학생 때 친구들과 수류탄을 훔쳐 분해하는 일을 하다가 수류탄이 터져 손가락 둘을 잃기도 했다.

옐친은 1955년에 우랄지역에 있는 우랄공과대학 토목공학과를 졸업하고 토목기사증을 받았다. 그는 곧 우랄지역의 주택건설공단에서 토목기사로 사회생활을 시작했다. 그는 주로 현장에서 일했으며 참으로 많은 경험을 쌓았다. 1년 뒤인 1956년에 주임기사로 승진함과 아울러 나이나 요시포브나 기리나(Naina Yosifovna Girina)와 결혼했다. 그들 사이에는 옐레나(Yelena)와 타티야나(Tatyana)의 딸들이 태어난다.

옐친은 만 30세가 된 1961년에 소련공산당에 입당했다. 그렇다고 해서 토목기사로서의 일을 그만둔 것은 아니었다. 그는 토목기사로 우수성과 성실성을 발휘해 우랄지역의 주택건설공단에서 건설부장으로 승진할 수 있었다. 당에서도 승진이 계속됐다. 그는 인구 약 120만을 포용한 스베르들로프스크의 당서기로 승진한 데 이어 1976년에는 제1서기로 승진한 것이다. 이때 그는 모스크바에서 수슬로프와 브레즈네프로부터 직접 격려를 받았다.

옐친의 정치적 경력에 있어서 매우 중요한 변화는 1985년 7월에 이뤄졌다. 4개월 전에 소련공산당 중앙위원회 서기장으로 취임한 고르바초프가 그를 중앙위원회의 건설담당서기로 발탁한 것이다. 이로써 모스크바에서의, 그리고 중앙정계에서의 생활이 시작됐다. 5개월 뒤에 그는 모스크바시당의 제1서기로, 동시에 중앙당의 정치국 후보위원으로 승진했다. 그의 이러한 승진은 고르바초프의 보살핌에 힘입은 것이었다. 고르바초프는 옐친이 '개혁가'라고 평가하고 있었던 것이다.

그러나 옐친은 서서히 고르바초프를 비판하기 시작했다. 고르바초프의 개혁이 너무 늦게 진행되고 있다는 것이었다. 옐친의 거침없는 비판은 1987년 10월 21일에 공개적으로 나타났다. 이에 모스크바시당위원회는 11월 11일에 고르바초프의 참석 아래 회의를 열고 옐친을 제1서기로부터 해임했다. 그는 곧 정치국 후보위원으로부터도 해임됐으며, 스베르들로프스크지구당으로 전임되었다.

그러나 우리가 이미 제20장에서 보았듯 1989년 3월에 그는 모스크바의 한 선거구에서 제1차 인민대표회의에 압도적 지지를 받아 대의원으로 선출되었다. 이때부터 그는 부패의 척결을 외치는 개혁의 선봉장으로 국민의 기대를 모았으며, 그 기세로 1990년 5월에 소련의 한 구성공화국으로서의 러시아연방의 최고소비에트 의장으로 당선되었는데, 이 자리가 러시아연방의 국가원수로 간주되었다. 그는 새 헌법에 따라 1991년 4월에 실시된 직접선거에서 마침내 대통령에 당선되기에 이르렀다. 1991년 8월에 일어난 쿠데타는 그에게 새로운 도전이었다. 그는 쿠데타에 감연히 맞서 싸움으로써 '민주주의의 수호자'라는 칭송을 국내외에서 받았으며, 그 해 말에 소련이 해체되었을 때 소련의 적법한 계승자로서의 러시아연방의 대통령으로 러시아역사의 대전환을 관리하게 되었다.

러시아 제1공화국의 시기

옐친 대통령은 집권 초기부터 과감한 개혁을 추진했다. 여기서 개혁이라고 할 때, 그것은 '탈(脫)사회주의 개혁'을 의미하는 것이었으며, 동시에 '사회주의 체제로부터 시장경제 체제로의 전환' 그리고 1당독재체제로부터 자유민주주의체제로의 이행'을 의미하는 것이었다.

옐친 대통령이 개혁정책을 어떻게 추진하려고 했는지를 이해하려면 우리는 개혁정책의 추진세력들을 총괄적으로 부르는 '민주개혁세력'의 뜻을 먼저 살피는 것이 좋겠다. 한국의 소련 전문학자 이인성(李仁誠) 교수의 설명에 따르면, 당시 러시아의 '민주개혁세력'은 네 갈래로 나뉘었다. 첫째는 고르바초프 정권 당시의 소련공산당 내부에서 개혁을 지지하고 추진하던 세력이다. 둘째는 소련에서 지식사회의 상층부를 형성하던 지식엘리트들이다. 셋째는 그 지식 엘리트들 밑에서 소련지식사회의 중·하위층을 구성하던 젊은층의 전문직업인들이다. 넷째는 소련의 통치계급의 중간층을 형성하던 지방행정관료와 산업조직체관리자들로, 고르바초프정권 말기에 선거를 통해 의회를 비롯한 여러 정치기관들에 진출한 전문가들이다.

'민주개혁세력'의 그 네 갈래가 언제나 단결되어 있었던 것은 아니다. 그들 사이에는 오히려 경쟁과 갈등이 두드러졌다. 그 점은 그 세력들의 각각의 지도자들이 별개의 정당들을 구성한 사실에서도, 그리고 그 정당들 모두가 내부적으로 분파 현상을 보이는 사실에서도 확인됐다. 예컨대, 첫째 갈래의 개혁세력은 1990년 1월에는 「민주강령」이라는 정치단체를 결성했지만 그 뒤 중도 우파의 「러시아민주당」과 중도 좌파의 「러시아공화당」으로 나뉘었다. 둘째 갈래의 개혁세력은 「러시아사회민주당」, 「기독교 민주당」, 「농민당」 등을 출범시켰다. 한편, 정당 분출의 시대적 흐름 속에 극우적 민족주의자들은 「자유민주당」을 출범시켰고, 공산주의자들은 마르크시즘·레닌이즘과 1당독재이론을 공식적으로 부인하는 전제 아래 「러시아연방공산당」을 출범시켰다.

옐친 대통령은, 앞에서 설명한 네 갈래의 민주개혁세력들 가운데 대체로 셋째 갈래와 넷째 갈래를 중심으로 자신의 개혁정책을 추진하고자 했다. 이 점과 관련해 한국의 러시아 전문가 이인성은 다음과 같이 썼다.

옐친정권에서 그 처음 기회는 소장 지식인 배경의 선진 정치세력에게 주어졌다. 초기 옐친정부를 대표했던 부르불리스(Gennady Burbulis) 국무장관이나 가이다르(Yegor Gaidar) 총리서리, 그리고 그와 함께 내각을 구성했던 소위 가이다르 팀이 그 대표적 예라 할 수 있다. 이들은 1980년대 중반 러시아 민주개혁운동을 주도했던 지식 엘리트처럼 이념적이거나 혁신적이지 않았고, 오히려 지식 엘리트보다 제한적인 지적 범위 안에서 체제변화와 관련된 현실문제들에 관심을 가지고 있었던 실용주의적 근대화론자들이었다.

옐친 대통령은 가이다르 내각을 중심으로 가격자유화를 핵심으로 하는 경제개혁을 추진했다. 자신의 권력을 강화하는 등, 권력구조에 큰 변화를 주는 새 헌법 안을 인민대표회의에 내놓기도 했다. 그러나 보수세력의 반대는 완강했다. 보수세력은 가이다르 총리서리에 대한 인준을 거부했을 뿐만 아니라 가이다르 내각의 총사퇴와 심지어 옐친 정권의 퇴진을 요구했다. 그들은「구국 전선」을 출범시키고 소련의 단계적 부활을 목표로 활동할 것임을 발표했다. 다른 한편으로, 옐친은 고르바초프를 탄압하기 시작했고, 고르바초프는 옐친에 반대하는 투쟁을 선언했다.

옐친 대통령 세력과 반(反)옐친 대통령 세력 사이의 갈등과 반목은 격화되었으며, 러시아정치에는 위기가 조성되었다. 인민대표회의 의장 하스불라토프(Ruslan I. Khasbulatov)는 반옐친쪽에 섰다. 그는 인민대표회의도 국민의 직선으로 구성됐음을 강조하면서 대통령의 행정권에 맞서는 '의회의 행정권'을 행사하고자 했던 것이다. 다행히 타협이 성립되어, 1992년 12월에 가이다르 총리서리는 퇴진하고 산업계 관료 출신의 체르노미르딘(Viktor Chernomyrdin) 부총리가 총리로 기용됐으며 옐친이 제출한「새 헌법」안에 대해서는 1993년 4월 11일에 국민투표를 실시해 채택 여부를 결정하기로 합의됐다.

다른 한편으로, 옐친 대통령은 러시아연방이 150만 명 규모의 독자적 군대를 창설할 것임을 선언히는 포고령을 1992년 3월에 발표했다.

1993년 10월 4일 발생한 의회 진압 후의 광경

그리고 스스로 러시아군최고사령관에 취임했다. 그러나 뒤따라 마련된 「러시아 국방에 관한 법」은 국방과 관련해 대통령의 권한을 크게 줄였다.

1993년에도 개혁세력과 보수세력 사이에 정치적 투쟁이 계속되었다. 첫 싸움은 보수세력의 승리로 돌아갔다. 그들은 4월 11일로 예정된 「새 헌법」 안에 대한 국민투표를 좌절시킨 데 이어 여세를 몰아 옐친을 탄핵하려 했다. 그러나 탄핵안은 부결되었다. 여기서 타협이 이루어져 옐친 대통령에 대한 신임 여부 옐친 대통령의 개혁정책에 대한 지지 여부, 옐친 대통령의 임기 단축과 대통령선거의 조기 실시에 대한 지지 여부, 현 의회의 임기 단축과 새 의회의 조기구성에 대한 지지 여부 등 4개 문항에 대해 국민투표를 실시하기로 결정했다.

1993년 4월 25일에 실시된 국민투표는 대체로 옐친의 승리로 매듭지어졌다. 옐친 대통령과 그의 개혁정책 및 새 의회 조기구성에 대한 지지와, 대통령 임기단축에 대한 반대가 모두 절반을 넘어섰던 것이다. 힘을 얻게 된 옐친은 1993년 9월 21일에 기존의 최고회의 및 인민대표회의를 해산시키고, 새로운 의회를 구성하기 위한 선거를 실시할 것임과 「새 헌법」 안을 확정할 것임을 발표했다. 보수파는 의회를 중심으로 반옐친운동을 펴면서 의회의 포고령을 통해 루츠코이(Aleksandr V. Rutskoi) 부통령을 대통령권한대행으로 선출하고 공무원과 군인은 모두 이 정부를 따르라고 명령했다. 그러나 이 '쿠데타'는 곧바로 진압되었다.

허스키(Eugene Huskey) 교수가 지적했듯, 1992년부터 1993년까지 지속된 "러시아 제1공화국 국내정치의 많은 문제들은 준(準)대통령제(semi-presidentialism)의 부산물들이었다" 대통령과 의회가 모두 국민직선의 산물이어서, 그들은 각가 자신의 정통성을 내세울 수 있었고, 린츠(Juan Linz) 교수가 말한 이러한 '이중적 민주정당성'은 그들을 대결로 몰고간 요인으로 작용했던 것이다. 따라서, 러시아 제1공화국의 시기는 '준대통령제의 위기'의 시기였다고 하겠다.

이러한 상황은 새 헌법의 채택으로 크게 바뀌게 되었다. 9.21 쿠데타의 성공적 진압으로 힘을 얻게 된 옐친은 1993년 12월 12일에 「새 헌법」 안에 대한 국민투표와 새 의회 구성을 위한 선거를 동시에 실시했다. 우선 「새 헌법」 안은 여유 있게 통과됐다. 여기서 중요하게 지적되어야 할 것은 「새 헌법」 안은 대통령에게 훨씬 더 강력하고 독자적인 힘을 준 반면에 대통령과 행정부에 대한 의회의 견제를 상당히 약화시켰다는 사실이다. 이 헌법으로 말미암아 러시아연방의 대통령은 '초(超)대통령'이 되었으며 대통령제는 '초대통령제'가 되었다는 분석이 제시되었다. 이로써 러시아에서는 세계적으로 저명한 정치학자 오도넬(Guillenno O' Donnell) 교수가 라틴아메리카에서 발견했던 '위임적 민주주의(Delegative Democracy)'의 특징들이 나타나게 되었다.

「새 헌법」 안의 통과는 옐친에게 커다란 정치적 성취였다. 그러나 '국가회의'라고 번역될 수 있는 두마 선거의 결과는 옐친에게 만족스럽지 못했다. 가이다르가 이끄는 개혁세력 중심의 「러시아의 민주적 선택」 당이 원내 제1당이 되기는 했으나, 극우적 민족주의자들의 집결체인 「자유민주당」, 그리고 정반대 성향의 「러시아연방공산당」이 뜻밖에 많은 의석을 확보했기 때문이었다. 두마와 별개로 '연방회의'도 구성되어 전자를 하원으로 하고 후자를 상원으로 하면서 양원제는 여전히 유지되었지만, 후자는 정치적 영향력이 상대적으로 크지 않았다.

12.12 총선 결과와 관련해 중요하게 토론되어야 할 대목은 극우적 민족주의자들의 두마 진출이다. 그들의 상징적 지도자는 폭언과 기행을 일삼는 지리놉스키(Vladimir Zhirinovsky)로, 그는 '러시아민족우월주의'를 표방하면서 소련제국과 같은 러시아제국을 이룩해야 한다고 주장하고, 그 목표를 달성하기 위해서는 3차대전도 불사해야 한다고 선동했다. 그는 미국으로부터 알래스카를 되찾아야 한다는 주장도 제기했다. 미국과 서유럽에 대해서도, 그리고 의회민주주의자들에 대해서도, 욕을 퍼부면서 대외적 공격주의와 호전주의 성향을 노골적으로 드러냈다. 서방 언론인들은 그를 '러시아판 히틀러'라고 불렀다.

이러한 시대착오적 인물이 이끄는 자유민주당이 득표에서 25%를 차지하고 원내에서 2위를 차지했다는 것은 소련제국의 붕괴 이후 러시아사람들이 겪은 심리적 좌절이 상당히 크다는 것을 의미했다. 많은 러시아사람들은 지난날에는 '양대 초핵강대국'으로 대접받던 조국의 국제적 위상이 크게 실추된 데서 분노마저 느끼고 '초핵강대국 소련'에 대한 향수를 느끼게 되었던 것이다. 소련시대에 반체제적 성향을 지닌 시인으로 이름높던 예프투센코와 같은 지성인조차 1993년 11월의 강연에서 "러시아는 새로운 거대한 연방국가가 되어야 한다. 러시아는 다시 강대국으로 떠올라야 한다"고 역설하면서 러시아국수주의의 분위기 조성에 이바지했다.

'러시아 제2공화국'의 시기

새 헌법의 채택과 발효는 러시아연방이 '러시아 제2공화국'의 시기에 접어들었음을 말해주었다. 이제 훨씬 더 강화된 권한을 확보한 옐친은 시장경제체제로의 전환을 가속화시켰다. 1994년 7월에 발표된 「제2단계 사유화 포고령」이 그 대표적 조처였다. 이어 1994년 10월에 경제개혁안이 국민투표를 통과하게 되자 11월에는 급진개혁파인 추바이스(Anatoly Chubais)를 사유화담당부총리로 기용함과 아울러 시장경제에 밝은 실무형 관료들을 내각의 요직들에 포진시켰다.

그러나 시장경제로의 이행은 쉽지 않았다. 1992년과 1993년에 인플레는 400%선 안팎을 기록할 정도로 극심했으며, 1994년 10월에 이르러서는 루블화가 폭락했다. 물자의 부족 역시 극심해져 일반국민들의 생활이 매우 어려워졌다. 1993년 12월 현재 공식통계로 모스크바에는 집이 없어 노숙하는 사람의 수가 약 30,000명에 이르는 것으로 집계됐으며, 유럽연합(EU) 산하의 인도주의적 시혜 기관이 설치한 무료급식소가 무려 스무 곳을 넘어선 것으로 집계됐다. 가난이 극심해지다보니 러시아의 정예군인들 가운데 아프리카의 용병으로 팔려가는 사람들도 나왔으며, 여성들 가운데 '고급 동반여성'이라고 불린 '인터걸' 곧 국제적 매춘부들도 나왔다.

국내총생산은 계속 떨어져 1996년의 경우에는 마이너스 6%를 기록했으며, 인플레는 겨우 잡히기 시작했다고 해도 1996년의 경우에는 21.8%를 기록했다. 따라서, 일반국민들의 경제생활은 개선되지 않은 반면에 극소수의 신흥 부유층이 출현했다. 사람들은 그들을 '비즈네스매니'라고 불렀는데, 이 말은 영어의 '비지네스맨'에서 나온 것이나 나쁜 뜻으로 쓰였다. 전반적으로, 빈부의 격차가 두드러지게 벌어졌다.

여기서 중요하게 지적돼야 할 것은 이 무렵에 러시아에서는 이른바 올리가르히(oligarchy)가 성장해 정치와 경제 및 사회 전반에서 큰 영향력을 행사하고 있었다는 사실이다. 고르바초프가 페레스트로이카 정책을 추진한 이후 사유화가 이뤄지는 등 경제제도가 본질적으로 바뀌는 가운데 소수의 금융 및 산업 자본가들이 등장해 하나의 세력을 형성한 것이다. 그들은 처음에는 소수의 정치인들과 정책결정자들의 보호를 받으며 자신들 각자의 재부(財富)를 키웠으며, 그리하여 국가에 대해 종속적인 지위에 속했다. 그러나 엄청나게 큰 재부를 형성한 뒤에는 소수의 정치인들과 정책결정자들에게 막강한 영향력을 행사하게 된 것이다. 시민들이 그들을 대하는 시각은 매우 부정적이었다. 그들이 온갖 불법적인 방법들을 동원했다고 보았기 때문이다. 이러한 올

베레좁스키

리가르히의 상징적 존재가 로고바스(Logovaz) 그룹의 회장 베레좁스키(Boris Berezovsky)였다.

경제적 상황이 이렇게 대단히 나빠진데다가 사회적 안정은 크게 흔들려 살인과 폭력, 특히 마피아로 상징되는 조직폭력이 난무했다. 1992년 현재, 인구 10만명당 연평균 피살자의 수가 상시적(常時的) 내전상태인 레바논의 20명에 육박하는 16~17명으로, 세계에서 두 번째에 이르렀다. 관리들의 부조리와 부패 및 안일무사도 보편화되었다.

1995년 12월 17일에 실시된 국가두마 총선의 결과는 국민들의 불만을 반영했다. 225석의 지역구선거에서 러시아연방공산당은 유효투표의 22.31%를 얻으면서 58석을 차지했으며, 225석의 비례대표 의석에서 100석을 배분받아 모두 158석을 차지함으로써 제1당이 된 것이다. 지리놉스키의 자유민주당은 제2당이 되었으며 옐친을 지지하는 체르노미르딘의「우리 집 러시아」당은 제3당이 되었고 자유주의적 정당인 야블린스키의「야블로코」당은 제4당이 되었다. 이러한 결과는 개혁을 추구하던 옐친에게 매우 실망스러운 것이었다. 그러나 옐친은 총선의 결과를 존중했다. 그는 추바이스를 비롯한 경제개혁주의자들을 모두 내각에서 해임했다.

3. 옐친의 대통령직 제2기

대통령선거의 결과와 의미

이러한 여건 속에서, 옐친 대통령은 1996년 6월 16일로 예정된 대통령선거에 임하게 됐다. 그는 '민주개혁'을 내세우는 것보다는 보수주의와 민족주의를 내세우는 것이 유리하다는 계산으로 우선 서구주의자로 알려진 코지레프(Andrei Kozyrev)를 외무장관에서 해임하고 민족이익을 앞세우는 프리마코프를 후임으로 임명했으며, 강경민족주의자 예고로프(Nikolai Yegorov)를 대통령행정실장으로 기용했다. 이어 베레좁스키를 비롯한 기업인들을 자신의 지원세력으로 끌어들였다. 거기에 더해, 옐친은 현직 대통령의 권한을 최대한 이용해 언론매체들을 충분히 활용했다. 그 결과, 그에 대한 지지도는 3월부터 1위로 올라섰다.

대통령선거는 예정대로 6월 16일에 실시됐다. 이 선거에서 옐친은 유효투표의 35.28%를 얻어 1위의 자리를 지켰으나 과반수 획득에 실패했다. 2위는 「러시아연방공산당」의 주가노프(Gennady Zyuganov)가 차지했는데, 그의 득표율은 32.04%로 옐친의 득표율에 근접했다. 3위는 「러시아공동체회의」의 레베드(Aleksandr Lebed)가 차지했는데, 그의 득표율은 14.52%에 이르렀다. 4위는 7.3%를 득표한 야블린스키였고, 5위는 5.7%를 득표한 지리놉스키였다. 고르바초프는 0.5%를 득표해 7위에 머물렀다.

어느 후보도 과반수를 얻지 못하게 되자 제1위 득표자와 제2위 득표자를 놓고 7월 3일에 결선투표를 실시하게 됐다. 옐친은 곧바로 레베드와 합의를 이끌어냈다. 옐친이 레베드에게 새 정부에 요직을 주고 차기 대통령후보로 키워주는 대가로 레베드는 옐친을 지지한다는 합의였다. 이에 따라, 옐친은 58.32%의 득표율로 40.31%의 득표율을 보인 주가노프를 물리치고 대통령에 재선됐다.

이 선거는 몇 가지 의미를 지녔다. 첫째, 러시아에서 선거가 하나의 제도로 정착되고 있음을 보여주었다. 둘째, 공산주의로의 회귀기능성이 사실상 봉쇄됐다. 셋째, 민주화세력의 부진이었다. 종합적으로 말해, 러시아의 국민들은 공산체제로의 복귀를 거부하면서도 자유민주주의의 실험에 대해 강한 불신을 나타냈던 것이다. 여기에 옐친의 권위주의적 통치 아래서의 민주주의, 곧 '계몽적 권위주의'가 일정한 안정적 지지를 확보할 수 있는 근거가 마련됐던 것이다.

국내정치와 경제

제2기 임기를 시작하면서 옐친 대통령은 체르노미르딘을 총리로 하고 일류신(Viktor Ilyushin)을 제1부총리로 하는 새 내각을 1996년 8월 14일에 출범시켰다. 체르미르딘은「우리 집 러시아」당을 이끌면서 옐친의 선거를 적극적으로 도왔으며, 일류신은 옐친의 출신지이면서 성장지인 스베르들로프스크에서 옐친을 도왔던 이른바 스베르들로프스크 마피아의 일원이었다. 레베드는 이미 선거과정에서 국가안보위원회의 서기와 대통령부(大統領府)의 안보보좌관으로 기용되어 있었다.

새 정부는 곧 갈등을 드러냈다. 주된 원인은 레베드의 총리에 대한 공개적인 비난으로 마련됐다. 그는 자신이 다음 대통령이라는 뜻을 암시하면서 총리를 되풀이해 공개적으로 공격한 것이다. 옐친은 10월 17일에 그를 두 자리 모두로부터 해임하고, 루브킨(Ivan Rybkin)을 후임으로 임명하면서 베레좁스키를 국가안보위원회의 부서기로 임명했다. 이것은 대기업인 포타닌(Vladimir Potanin)의 입각과 더불어 옐친이 올리가르히와의 관계를 돈독히 하는 것으로 비쳐졌다.

옐친은 그 뒤에도 여러 차례 내각을 바꿨다. 1997년 3월에는 추바이스, 일류신, 넴초프(Boris Nemtsov) 등 개혁지향적 경제전문가들을 기용했으며, 1998년 4월에는 키리옌코(Sergei Kiriyenko)를 총리로 하는 자신의 친정체제를 세웠다. 옐친은 또 베레좁스키를 부서기로부터 서기로 승진시켰다.

옐친은 경제에 대해 많은 조치들을 취했다. 우선 1997년에 1998년 1월부터 루블화 가치를 1천 배 올리는 화폐개혁안을 포함하여 러시아경제를 안정시키기 위한 몇 가지 조처들을 발표하였다. 그러나 '깊은 병'에 걸려 있는 러시아경제가 그러한 조처들로 개선되기는 어려웠다. 더구나 1997년 말부터 시작된 동아시아 금융위기의 여파가 러시아에 밀어닥치면서 1998년 8월에 러시아는 루블화의 평가절하, 그리고 루블화 표시 외채에 대해 90일간의 모라토리엄, 곧 지불유예를 선언하기에 이르렀다. 러시아경제가 더욱 심각한 위기에 빠져든 것이다. 그것은 1998년의 물가상승률이 약 80%를 기록한 데서, 그리고 러시아의 89개 지역들 가운데 22개 지역들에서 식량부족 현상이 일어났고, 일부 지역의 경우, 기아현상이 일어날 가능성이 제시된 사실에서 실증적으로 나타났다.

이처럼 경제가 계속해서 나빠지면서 서민들의 생활은 더욱 힘들어졌다. 국민의 20% 정도가 극빈층에 속했는데 이들의 대부분은 그날그날의 최소한의 의식료품을 걱정하며 살아야 했다. 극빈층에 속하지 않은 사람들도 성인가족 모두가 어떤 일이든 하지 않으면 생계유지가 어려웠다. 국가적 빈곤의 가장 큰 피해자는 여성이었다. 그들은 취업 자체가 어려웠고 취업을 했다고 해도 낮은 임금에 시달려야 했다. 수입수단이 없는 여성은 쉽게 매춘에 나섰으며, 해외로 팔려나가기도 했다. 그래서 러시아는 '석유와 무기 및 아가씨의 3대 품목의 수출국'이라는 조롱을 듣기조차 했다.

1999년에 들어서서는 1월 초부터 금융기관의 파산이 줄을 잇고, 루블화의 폭락이 거듭되는 등 금융위기가 더욱 깊어졌다. 대외부채의 일부에 대해서는 채무불이행 사태가 일어날 것이라는 전망마저 제시되었다. 게다가 1996년 11월에 심장수술을 받은 이후 옐친의 건강은 그가 언제 사망할지 알 수 없다는 말을 들을 정도로 불안정해졌다. 그래서 의회에서는 하야 권고안이 제출되기도 했다. 이것이 그의 정치적 위신을 크게 저하시키자 그는 1998년 8월에 재임 4개월 남짓한 키리옌코를 총리직에서 해임하고 프리마코프를 후임으로 임명했으며, 11월에 프리마코프 총리에게 내정을 이양하고, 자신은 국방과 외교 등에 주력할 것임을 선언했다. 그러나 그것이 러시아의 국내정치를 결코 안정시키지 못했다. '옐친 이후'를 내다보면서 1998년 말 이후 많은 정치인들이 여러 정당들을 새롭게 창당함으로써 러시아의 국내정치가 더욱 혼미해졌던 것이다.

이러한 상황은 1999년에 들어서서 더욱 나쁜 쪽으로 펼쳐졌다. 특히 옐친의 둘째 딸 타티야나가 병약한 아버지를 대신해 국정운영에 깊이 개입한 채 권력형 부정부패의 망(網)을 형성했으며, 그 망의 중심에 베레좁스키가 있다는 비난이 확산되면서, 베레좁스키는 '새로운 라스푸틴'으로 묘사됐다. 이것은 이미 떨어진 옐친 대통령의 위신을 더 떨어트렸다. 러시아는 공산주의를 버린 대신에 '부패한 관료들과 외국의 투자자들이 통제하는 친족중심적이며 패거리중심적 도둑질 정치·경제'를 채택했다는 평가가 공공연히 확산됐다. 다급해진 옐친은 프리마코프를 총리직에서 해임하고 내무장관 스테파신(Sergei Stepashin)을 후임으로 임명했다. 이 무렵 그의 지지도는 1~2%선에 머물렀다.

이 기회를 틈타 「러시아연방공산당」은 1999년 5월에 국가두마에 옐친탄핵안을 제출했다. 그러나 옐친은 이 안을 부결시키는 데 성공했다. 그는 곧 스테파신을 총리직에서 해임하고 국가공안위원회 출신으로 연방보안국장인 푸틴을 총리서리로 임명해 사태를 수습하고자 했다. 그러나 12월 20일에 실시된 두마 총선에서 「러시아연방공산당」이 450석 가운데 114석을 얻어 1당을 차지하는 등 반옐친의 기세는 더욱 높아졌다. 2000년에 실시될 대통령선거에서 옐친이 당선될 가능성은 사실상 완전히 사라졌다. 이에 그는 1999년 12월 31일에 하야를 발표했다.

여기서 잠시 두마선거의 결과에 담긴 의미를 살피기로 한다. 첫째, 이 선거는 다당제의 경향이 계속되고 있음을 다시 확인하면서, 정치적 합의의 기반이 취약하고 따라서 정책의 일관된 추진이 어려운 이유를 보여주었다. 둘째, 이 선거는 유권자들이 민주화 또는 자유주의적 개혁보다 민족주의적 실용주의를 선호하는 경향을 보여주었다. 셋째, 「러시아연방공산당」이 비록 1당이 되기는 했으나 이 당에 대한 지지도가 1993년 12월의 선거 이후 계속해서 내려가고 있음을 보여주었다.

제23장_ 옐친정권 시기의 러시아의 외부상황 (1992~1999)

소련이 해체된 이후, 러시아연방의 대외관계에 표면적으로는 아무런 변화가 없는 것같이 보였다. 국제사회에서 러시아연방이 소련의 적법한 유일계승자로 곧바로 공인됐기 때문이다. 러시아연방은 국제연합 안전보장이사회에서 여전히 상임이사국의 지위를 유지했으며, 세계의 모든 나라들과 국제기구들에서 소련을 대표했던 외교관들과 영사들이 새로운 절차를 밟음이 없이 그 지위를 그대로 유지했다.

그러나 러시아연방의 국제적 위상과 역할에는 많은 변화가 일어났다. 러시아는 초강대국의 지위를 잃었으며 중요한 국제적 분쟁들의 해결과정에 제외되는 경우가 적잖게 일어났다. 이 장은 이것이 옐친정권의 시기에 구체적으로 어떻게 전개되었는지 살피기로 한다.

1. 외교정책결정의 기관들

러시아연방의 외교정책을 결정하거나 그 결정에 중요하게 개입된 기관들은 다양하다. 이것들을 두 시기로 나눠 살피기로 한다.

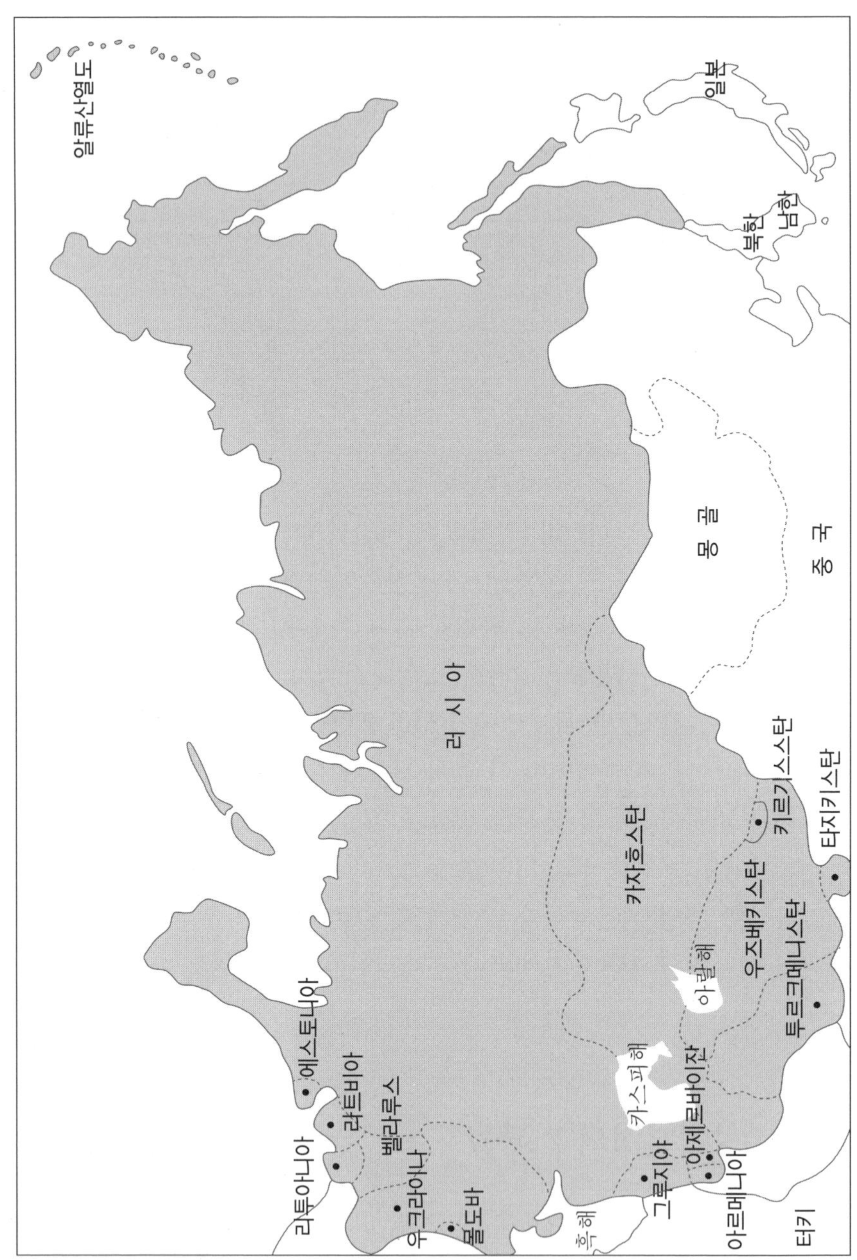
알류산열도
일본
북한
남한
몽골
중국
러시아
카자흐스탄
키르기스탄
타지키스탄
우즈베키스탄
투르크메니스탄
아랄해
카스피해
아제르바이잔
아르메니아
그루지야
터키
흑해
몰도바
우크라이나
벨라루스
리투아니아
라트비아
에스토니아

구소련 붕괴 후의 변화

러시아 제1공화국의 시기

1991년 12월 말부터 1993년 12월 말까지 존속된 제1공화국의 시기에, 헌법은 외교정책을 결정짓는 기관들에 대해 모호하게 규정했다. 구체적으로 말해, 행정부와 입법부 양자에 외교정책을 결정짓는 권한을 분산시킨 것이다. 물론 행정부에 더 많은 권한을 부여했으나 입법부가 관여할 수 있고, 또 견제할 수 있는 여지를 꽤 많이 남겨 놓았다. 실제로 인민대표회의의 대의원들은 외교정책에 대해 발언하거나 개입하는 방식을 통해 행정부를 견제했으며 심지어 국내정치에 활용하기도 했다. 행정부와 입법부 사이의 이러한 갈등을 조정할 수 있는 기관이나 통로가 마련되어 있지 않았기에 이 시기의 러시아외교는 대외적으로 애매모호성과 일관성의 결여를 자주 보여주었다.

이러한 부정적 측면은 행정부의 기관들 사이에서도 갈등이 조정되지 않음으로 말미암아 더욱 두드러졌다. 어떤 중요한 대외적 사안을 놓고 외무부와 국방부가 개별적으로 의사를 표시하는 일도 있었으며, 1992년 5월에 대통령 직속으로 국가안보위원회가 신설된 뒤 이 강력한 기구가 독자적으로 발언하는 일이 때때로 일어났다. 옐친 대통령의 보좌관들이 외무부와 협의하지 않은 상태에서 자신들 각자의 견해를 발언하는 경우도 있었으며, 누구보다도 옐친 대통령 스스로 즉흥적인 발언을 함으로써 국제사회에서 러시아외교의 병폐로 지적된 일관성의 결여를 심화시켰다.

러시아 제2공화국의 시기

1993년 12월 말에 채택된 새 헌법은 대외정책에 관한 종전의 애매모호성을 상당히 제거했다. 구체적으로 말해 대외정책의 결정과 집행에 관한 권한을 대체로 대통령에게 맡긴 것이다. 입법부는 정부가 체결한 조약을 비준하고 정부의 해외파병을 승인히는 권한을 보유하는 것에 한정되었다.

그러나 새 헌법은 행정부 안에서의 권한의 분담을 어느 정도 애매하게 남겨 놓았다. 비록 그렇다고 해도, 새 헌법 그리고 새 헌법에 근거한 몇몇 법령들은, 외교에 관한 대통령의 권한을 증대시켰다. 예컨대, 1995년의 한 법령은 외무부를 비롯한 몇몇 강력한 부(部)들을 국무총리 산하에 두지 않고 대통령 산하에 둠으로써 외교에 관한 대통령의 권한을 확대시킨 것이다.

이상에서 살폈듯, 제2공화국 시기에 와서 러시아의 외교정책 결정과 집행에 혼선을 빚어낼 수 있는 법적 제도적 요인들은 꽤 많이 제거되었다. 그러나 또다른 요인이 남아 있었다. 그것은 러시아의 정책결정자들이 러시아를 어떻게 인식하느냐에 따라 빚어지는 혼선이었다. 풀어 말해, 러시아를 유럽국가로 보느냐 유라시아국가로 보느냐, 또는 중요한 강대국으로 보느냐 그렇지 않게 보느냐에 따라 러시아의 외교노선에는 변화가 일어났던 것이다. 이 문제를 다음 항목에서 자세히 다루기로 한다.

2. 서방세계와의 관계

대서양주의적 외교의 시기

러시아연방은 출범 당시부터 친서방주의자 코지레프 외무장관의 지휘 아래 친서방 외교노선을 표방했다. 옐친은 러시아가 '서방 문명국들'과 동반자 관계를 유지하면서 그들로부터 자신의 개혁정책에 대한 정신적 및 재정적 지원을 받아내고자 했던 것이다. 특히, 미국과 서유럽 및 일본 등 부유한 서방 선진국들로부터 경제적 지원을 받으려면 그들과 우호적 협력 관계를 발전시키는 것이 중요하다고 계산했던 것이다.

친서방 외교노선의 핵심은 미국과의 우호·협력관계의 발전에 있었다. 옐친 대통령은 1993년 4월 3일부터 5일까지 캐나다의 밴쿠버에서 미국의 클린턴(Bill Clinton) 대통령과 정상회담을 갖고 두 나라 사이의 협력을 증진시키기로 합의했으며 클린턴으로부터 경제원조를 약속받았다. 이어 1994년 1월 13일에 클린턴은 자신의 대통령 취임 이후 처음으로 러시아를 방문하고, 옐친 대통령과 더불어 「모스크바선언」을 발표했는데, 이 문서는 두 나라가 탈냉전의 세계적 분위기 속에 평화를 더욱 확산시키기로 다짐했다. 보다 구체적으로, 이 문서는 장거리미사일을 상대국과 그 동맹국들에 겨냥해 배치하지 않는다는 합의를 담았다.

클린턴의 모스크바 방문에 대한 답례로, 1994년 9월 27일에 옐친은 미국을 답방하고 클린턴과 더불어 유럽의 안보문제를 논의했다. 여기서 제2단계 핵무기감축협정(START Ⅱ)의 일정을 앞당겨 핵탄두를 해체하기로 합의했으며, 러시아군과 나토군 사이에 합동군사훈련을 실시하기로 합의했다. 두 대통령 사이의 회담은 1995년 10월 23일에 뉴욕에서 다시 열렸다. 이 회담 역시 두 나라가 핵무기를 포함한 전략무기를 계속해서 감축함으로써 세계의 평화와 안전을 도모한다는 데 합의했다. 두 대통령은 1996년 1월 27일에 전화통화를 통해 기존의 약속을 재확인했다. 옐친은 특히 민주주의와 시장경제의 방향으로 개혁을 촉진시킬 것임을 거듭 다짐했다.

클린턴과 옐친

이에 앞선 1993년 11월 2일에 러시아연방 국가안보위원회는 「신(新)군사 독트린」을 승인했다. 이것은 러시아는 특정한 국가를 가상적국으로 상정하지 않으며 러시아의 국익을 저해하지 않는 나라는 동반자로 여기고, 군사력의 사용은 방어에 한정하며 핵무기는 전쟁수단이 아니라 침략억지를 위한 정치적 수단으로 중요하다는 등의 내용으로 구성됐다.

이처럼 옐친의 친서방 친미 외교는 서방세계에 대한, 특히 미국에 대한, 기대와 믿음에서 출발했다. 따라서 그것은 자연히 미국의 대외정책을 따라가는 모습을 보여주었다. 그러나 서방세계는 러시아를 쉽게 믿으려하지 않았다. 특히 옐친의 특수한 행태 – 예컨대 1994년 9월 30일에 아일랜드 총리와 회담할 예정으로 아일랜드의 섀넌(Shannon) 국제공항에 도착하고도 만취한 탓에 비행기에서 내리지 못해 회담이 연기된 사례 – 는 그에 대한 신뢰를 낮췄다. 따라서, 옐친의 친서방외교는 큰 소득을 얻지 못했다. 더구나 북대서양조약기구가 지난날 소련의 강력한 영향 아래 었던 동유럽국가들에 대해 '평화를 위한 동반(Partnership fon Peace : PfP)'이란 이름 아래 접근하고 그 나라들이 거기에 응하는 모습을 보였을 때 러시아의 자존심은 크게 손상되었다. 다만 1994년에 창립된 범유럽적 정치조직인 유럽위원회(EC: European Commission)가 1996년 2월 28일에 러시아를 39째 번 정회원국으로 받아들인 것이 서방외교에서의 한 작은 소득이었다. 유럽과의 관계가 증진되는 흐름 속에서 독일 총리 콜이 1996년 9월에 모스크바를 방문해 옐친과 회담했다.

유라시아주의적 외교의 시기

이러한 배경에서, 이른바 유라시아주의자들의 비판이 힘을 얻게 되었다. 그들은 독립국가연합의 회원국들 및 아시아·태평양 국가들과의 관계강화에 대해서도 무게를 실어야 할 것을 강조했다. 그들은 거기서 더 나아가 서방세계와의 관계강화를 앞세우는 이른바 대서양주의자들의 외교는 러시아를 서방에 '종속' 시키는 결과를 낳고 있으며, 러시아외교에서 자율성을 감소시킨 반면에 타율성을 증대시키고 있다고 비판한 것이다.

옐친은 유라시아주의자들의 손을 들어주었다. 그는 1996년 1월에 유라시아주의의 선봉장인 프리마코프를 외무장관에 기용했으며, 프리마코프는 러시아가 여전히 강대국임을 공언하면서 러시아가 강대국의 지위를 유지하려면 미국을 추종할 것이 아니라 아시아의 많은 이웃 나라들 및 독립국가연합의 국가들과 관계를 돈독히 해야 한다고 주장했다.

프리마코프는 우선 1996년 4월에 러시아, 중국, 카자흐스탄, 키르기스스탄, 타지키스탄 등 서로 국경을 접한 5개국이 상하이에서 회담해 상호신뢰의 구축을 위한 합의문을 채택하게 하는 데 성공했다. 이로써 '접경5개국 회담'이 연례적으로 열리게 되었는데 국제사회는 이것을 '상하이 화이브(Shanghai Five)'라고 불렀다. 이 회의체는 2001년 우즈베키스탄을 새로운 회원국으로 받아들여 '상하이협력기구(Shanghai Cooperation Organization)'로 새롭게 출범했다. 그는 1996년 7월에 인도네시아의 수도 자카르타에서 열린 아세안지역안보포럼(ASEAN Regional Forum: ARF)에 참석해 러시아가 아시아의 모든 국가들과 선린우호관계를 발전시킬 것임을 다짐했다.

옐친 역시 이 나라들에 대해 적극적으로 접근하는 등 다각적인 노력을 기울였다. 이러한 점에서 1997년은 중요한 기록들을 남겼다. 우선, 3월에 핀란드의 수도 헬싱키에서 열린 클린턴과의 정상회담에서 두 나라는 2007년까지 냉전시절에 두 나라가 가졌던 핵무기 최고보유량의 80%를 줄인다고 합의했다. 두 나라는 또 나토의 동유럽확대를 지지하되 동유럽의 어느 나라에도 나토의 상주군이나 핵기지는 주둔시키지 않는다고 합의했다.

이 합의는 5월 27일에 「북대서양조약기구와 러시아연방 사이의 상호 관계·협력·안전에 관한 협정」이 맺어지는 것으로 이어졌다. 이 협정은 러시아에게 북대서양조약기구의 문제에 대해 '발언권은 주되 투표권은 주지 않는' 조건 아래 '영구적 합동협의회'를 발족시켰다. 이 협정은 그러나 북대서양조약기구가 체코, 헝가리, 폴란드의 세 나라를 북대서양조약기구로 받아들이는 길을 열었다.

3. 독립국가연합과의 관계

러시아의 독립국가연합 중시

우리가 이미 제3부 제21장 제5절에서 보았듯 독립국가연합은 1991년 12월 21일에 11개국으로 출발했다. 이 날 채택된 독립국가연합의 헌장은 (1) 독립국가연합은 초국가적 권한을 갖지 않고 모든 회원국들의 주권평등의 원칙을 확인한다는 것, (2) 독립국가연합은 자신의 최상위 조직으로 국가원수평의회를 연 2회 소집한다는 것, (3) 독립국가연합은 회원국들 사이의 문제들을 협의하기 위해 정부수반회의, 외무장관회의, 국방장관회의 등을 각각 연 4회 소집한다는 것 등을 규정했다. 독립국가연합은 1993년 5월에 상설기관으로 집행서기국을 설립했는데, 이 기구는 벨라루스공화국의 수도 민스크에 있다.

그러나 회원국들은 서로 이해가 다른데다가 이 연합의 장래에 회의를 품어 연합의 유지에 적극적이지 않았다. 우선 1992년 5월에 11개 회원국들 가운데 러시아, 아르메니아, 카자흐스탄, 우즈베키스탄, 투르크메니스탄 등 5개국만이 우즈베키스탄의 수도 타시켄트에서 정상회담을 갖고 집단안보조약을 맺자 연합은 협정 서명국과 협정 비서명국으로 양분되었다. 이어 1992년 10월에 아제르바이잔이 회원국들 가운데 처음으로 탈퇴하고, 1992년 11월에 카자흐스탄공화국이 제의한 공동경제동맹 결성안이 우크라이나 등 분리지향적 회원국들의 반대로 거부되었다.

이러한 상황 속에서 러시아연방의 한 공화국인 체첸공화국이 1994년 12월에 독립을 선언했다. 그것은 독립국가연합에 속한 다른 국가들 내부의 민족분쟁에 자극을 주었고, 또 회원국들 사이의 민족분쟁에 대해서도 자극을 주었다. 소수민족들은 거의 모두 독립을 지향하려는 분위기 속에 휩싸이게 된 것이다. 이에 러시아연방은 체첸을 전격적으로 침공해 무력으로 진압함으로써 소수민족들의 독립요구가 확산되는 현상을 막으려 했다. 그러나 오늘날까지도 소수민족들의 독립 요구는 러시아연방 안에서도, 독립국가연합 회원국들 각자의 내부에서도 끊이지 않고 있다.

한편, 독립국가연합 내부의 회교도국가들은 슬라브계 국가들에 반발하고 있다. 그런데도 독립국가연합은 여전히 유지되었다. 탈퇴했던 아제르바이잔이 1993년 9월에 다시 가입했고, 국내정치의 불안정으로 가입을 주저했던 그루지야(2010년경부터 '조지아'라는 국호로 불림) 정부가 1993년 12월에 가입을 결정한 데 이어 그루지야 의회가 이 결정을 비준함에 따라 연합에 받아들여졌다. 1993년 10월에는 모든 회원국들이 경제공동체 형성에 찬성함으로써 연합의 존속에 힘을 실어 주었다. 이어 회원국들은 경제공동체의 기초적 기구로, 1995년 2월에 국가간통계위원회를, 1995년 5월에 국가간통화위원회를 각각 발족시켰다. 한편, 러시아연방과 벨라루스공화국은 1996년 4월 2일에 두 나라를 '주국가연합'으로 묶는 조약을 맺었으며 1998년 말부터 통합을 협의하고 있다.

1992년 5월에 성립된 집단안보조약의 회원국들도 늘어났다. 1993년에 아제르바이잔, 그루지야, 벨라루스 등 3개국이 동참함으로써 전체 회원국의 수는 8개국이 된 것이다.

이렇게 연합이 유지되는 이유들 가운데 하나는 연합을 중시하는 러시아의 입장이다. 러시아는 연합에 가입한 나라들이 러시아의 안보에 중요하다고 판단하는 것이다. 이 점은 1995년 9월에 러시아정부가 대통령령으로 발표한 「독립국가연합 참여국들에 대한 러시아의 전략적 방침」에 잘 나타났다. 이것은 러시아정부가 독립국가연합 회원국들과의 관계를 자신의 대외정책에서 우선시하고 있음을 보여주었다.

체첸공화국의 문제

우리는 체첸공화국의 독립문제에 대해 간단히 살폈다. 다음에서 이 문제에 대해 자세히 살피기로 한다. 우선 명백히 지적하고자 하는 것은 체첸공화국은 러시아연방의 일원이지 독립국가연합의 일원이 아니라는 사실이다. 따라서, 러시아연방과 체첸공화국 사이의 문제는 러시아연방의 국내문제이지 대외문제가 아니다. 그러나 이 문제는 독립국가연합을 구성하는 회원국들에 꽤 많이 살고 있는 회교도들의 움직임에 연결됐기에 여기서 다루기로 한다.

체첸공화국은 그루지야와 러시아 사이에 위치한 작은 자치공화국이다. 면적은 19,300 제곱킬로미터로 경상북도의 면적에 비슷하다. 인구는 약 120만 명이다. 이 공화국은 회교를 신봉하는 체첸족이 인구의 대다수를 차지하고 있다. 이 공화국은 석유의 매장량이 풍부한 카프카스산맥을 안고 있어서 많은 유전을 개발했으며, 이것이 러시아연방으로 하여금 이 작은 자치공화국을 결코 놓치지 않으려고 노력하게끔 만들고 있다.

체첸공화국은 소련 공군장성 출신인 두다예프(Dzhokhar M. Dudayev) 대통령의 지도력 아래 1994년 11월에 독립을 선언했다. 옐친 대통령은 12월에 무력공격으로 수도 그로즈니를 장악하면서 '평화적 해결'을 제의했다. 이에 대해 체첸은 한편으로는 회담에 응하면서 다른 한편으로는 게릴라전으로 응수했다. 러시아 쪽에서도 사상자가 급증하고 국내에서 반전운동이 확산되는 가운데 전쟁은 길어졌다. 이것은 옐친에게 큰 부담이 되었는데, 1996년 4월에 두다예프가 전사하자 양자 사이에 회담이 빠르게 진전되어 1996년 6월에 휴전협정이 체결되었으며, 1997년 5월에 신(新)평화조약이 체결되었다. 그러나 1999년 4월과 9월 사이에 다시 갈등과 무력충돌이 증폭되면서 결국 제2차 체첸전쟁이 일어났다. 이것은 2000년 2월에 중단되었으나, 체첸 전사들의 저항은 계속되고 있다.

1994년 12월 15일 체첸인을 몰아내려는 러시아의 음모를 밝히고 있는 두다예프 대통령

이 과정에서 독립국가연합 내의 회교도들은 물론 아프가니스탄과 요르단을 비롯한 회교국가들이 부분적으로 체첸전사들을 지원해 러

시아와 외교적 분쟁을 겪기도 했다. 특히 독립국가연합의 회원국들로 독립국가연합의 집단안보협정에 가입했던 나라들 가운데 일부, 곧 그루지야, 우크라이나, 우즈베키스탄, 아제르바이잔, 몰도바 등 5개국은 러시아에 위협을 느껴 이 협정으로부터 탈퇴해 자신들의 머릿글자를 딴 GUUAM을 결성했다. 이들은 북대서양조약기구의 동진정책에 호감을 갖고 러시아로부터 일정하게 거리를 두는 것이 자신들에게 유리하다고 계산한 것이다.

4. 동아시아와의 관계

중국과의 관계

옐친 대통령은 1994년 9월 4일에 모스크바에서 장쩌민(江澤民 : 강택민) 중국 국가주석과 정상회담을 가졌다. 이 회담에서 두 정상은 (1) 강대국들 사이의 핵대결 종식, (2) 두 나라 사이의 국경문제 해소, (3) 두 나라 사이의 무역확대, (4) 북한 핵문제의 평화적 해결 등에 합의했다. 옐친은 1996년 4월 24일에 베이징에서 장쩌민과 다시 정상회담을 갖고, 두 나라 사이에 여러 방면에서 협력할 것을 다짐하는 14개 항으로 구성된 협정에 서명했다. 그 사이인 1996년 1월에 두 나라는 원자력에너지에 관해 서로 협력하기로 약속했다.

옐친은 1997년 4월 23일에 모스크바에서 장쩌민과 제3차 정상회담을 열었다. 이 회담에서 두 나라는 세계의 다극화를 선언하고, 미국이 단독적 패권을 행사하지 못하게끔 두 나라가 공동보조를 취하기로 합의했다. 이어 제4차 정상회담이 11월 중순에 베이징에서 열렸다. 여기서 4,300km에 이르는 동부지역 국경선을 확정하는 협정이 체결됐다. 이로써 두 나라 사이에 분쟁의 불씨로 남았던 국경분쟁이 거의 모두 해소됐다. 옐친과 장쩌민 사이의 정상회담은 1998년 11월과 1999

년 12월에 각각 모스크바와 베이징에서 열렸다. 두 정상은 미국의 부시(George W. Bush) 대통령이 추진하는 국가미사일방어체계(NMD) 구축에 반대하기로 합의했다.

일본과의 관계

옐친 대통령은 1996년 4월 19~20일에 모스크바에서 하시모토 류타로(橋本龍太郎 : 교본용태랑) 일본 총리와 회담하고, 두 나라 사이에 평화조약을 체결하는 문제에 대해 논의했다. 옐친은 1997년 11월 12일에 시베리아의 크라스노야르스크에서 하시모토 일본 총리와 비공식 정상회담을 가졌다. 이 회담은 서로 넥타이를 푼 채 편한 자세로 회담했다고 해 '노 타이 정상회담'이라고 불렸다.

이 회담에서 두 나라는 (1) 2000년까지 두 나라 사이에 제2차 대전을 공식으로 마무리짓는 평화협정을 체결하고 최대현안인 북방 4개 섬을 둘러싼 영토분쟁을 해결하기로 합의했으며, (2) 러시아의 세계무역기구(WTO) 가입과 아시아·태평양경제협력체(APEC) 가입을 일본이 지지한다는 데 대해서도 합의했다. 옐친은 1998년 4월 18-19일에 일본 시즈오카(靜岡 : 정강)현 이토(伊東 : 이동)에서 하시모토 총리를 다시 만나 5개월 전의 합의를 다시 확인했다. 옐친은 11월 12일에 모스크바에서 오부치 게이조(小淵惠三 : 소연혜삼) 일본 총리와 함께 두 나라 사이의 협력을 다짐하는 「창조적 파트너십 구축에 관한 모스크바 선언」을 채택했다.

남북한과의 관계

옐친 대통령은 한반도에 대해서도 관심을 쏟았다. 그는 우선 남한과의 우호협력증진을 위해, (1) 1992년 11월에 서울을 방문해 노태우 대통령과 정상회담을 가졌으며, (2) 1994년 6월에 김영삼 대통령을 모스크바로 초청해 정상회담을 가졌고, (3) 1999년 5월 김대중(金大中)

대통령을 모스크바로 초청해 정상회담을 가졌다. 그 사이인 1994년 3월 24일에 러시아 정부는 북한의 핵문제를 해결하기 위해 남한, 북한, 미국, 중국, 일본, 러시아, 유엔, 국제원자력기구(IAEA)의 8자 회담을 열 것을 제의했다. 이 제의는 어느 쪽에 의해서도 받아들여지지 않았다.

1992년 6월 한국을 방문한 옐친 대통령이 노태우 대통령에게 소련에 의해 격추된 여객기의 블랙박스를 전달하였다.

김영삼 대통령과 옐친 대통령

옐친 대통령은 북한에 대해서는 비교적 냉담했다. 그리하여 러시아정부는 1995년 9월에, 두 나라가 1961년에 맺었던 상호군사원조조약의 유효기간을 연장하지 않을 것이라고 발표했으며, 실제로 이 조약은 1996년 9월 10일에 효력을 잃었다. 그러나 그는 1990년대 후반에 북한에 대한 태도를 바꾸기 시작했다. 남한에 기울어진 정책보다 남북한에 대해 균형잡힌 정책을 취하는 것이 러시아에 유리하다고 계산한 것이다. 그 결과 카라신(Grigory Karasin) 외무차관이 1999년 3월에 평양을 방문해 북한을 상대로 우호선린협력조약에 가조인했다.

5. 핵을 가진 제3세계

이상에서 살폈듯, 러시아는 미국과는 여전히 탈냉전시대에 걸맞는 우호와 협력 및 평화의 관계를 유지하려고 하면서도 중국 및 일본과의 관계도 돈독히 함으로써 그것에 바탕을 두고 미국을 공동견제하려는 입장을 취한 셈이다. 그런데 1998년 말에 미국이 이라크를 기습공격한 사건은 러시아와 미국 사이의 관계에 중요한 영향을 끼쳤다. 미국에 대한 견제력을 전혀 발휘하지 못함으로써 무력함을 다시 드러나게 된 러시아가 마치 그것에 반발이나 하는 듯 미국을 강하게 비난함으로써 두 나라는 긴장을 보여주게 된 것이다. 1999년 3월 24일에 북대서양동맹기구가 세르비아 안의 코소보(Kosovo) 지역에 밀집해 사는 알바니아인들을 돕기 위해 세르비아군을 상대로 공습을 시작했을 때도 러시아는 방관할 수밖에 없었다.

다른 한편으로, 러시아가 놀라거나 두려움을 갖게 된 일들이 일어났다. 첫째, 북대서양동맹기구가 유엔 안전보장이사회의 뒷받침이 없는 상태에서 동맹국이 아닌 곳에 대해서까지 군사적으로 개입한 사실은 그러한 일이 러시아가 이웃 나라들과 갖고 있는 분쟁지역에 대해서도 되풀이될 수 있음을 보여주었다. 예컨대, 소련의 일원이던 중앙아시아의 국가들에 대해서도 북대서양동맹기구가 군사적으로 개입할 개연성이 드러난 현실 앞에 러시아는 경계심을 갖게 되었다. 둘째, 미국의 최첨단군사장비와 정밀폭격에 러시아는 두려움을 느끼게 되었다.

전반적으로, 러시아는 '핵을 가진 제3세계'로 조롱될 만큼, 곧 '초강대국 미국'과 '강대국 제1군 일본과 중국 및 독일'에 이어 '영국 및 프랑스'와 더불어 강대국 제2군'에 속한 것으로 자위할 정도로 위신이 실추되었다. 그만큼 러시아의 국제정치적 영향력은 떨어졌다. 특히, 러시아가 미국과 유럽보다 덜 중요하게 여기는 동아시아에 대해서는 중국과 일본을 빼놓고는 적극적인 정책을 추진할 여력이 크게 줄었고 그것에 비례해 영향력 역시 크게 줄어들었다.

제24장_푸틴정권 제1기의 러시아의 내외상황 (2000~2004)

옐친 대통령이 사임하면서 대통령의 권한을 대행하게 된 블라디미르 푸틴 국무총리는 두 차례의 직접선거를 거쳐 러시아연방의 제3대 대통령과 제4대 대통령으로 취임했다. 이로써 러시아는 새 세기 새 천년대의 개막과 동시에 푸틴정권이 이끄는 시대에 접어들었다. 이 장은 푸틴의 대통령직 제1기의 러시아 내외상황을 살피기로 한다.

1. 푸틴의 정치적 성장과정

국무총리가 되기까지

푸틴이 러시아 국내정치에서 크게 주목받기 시작한 때는 그가 대통령 행정실의 제1차장으로부터 국가공안위원회의 후신인 연방보안국의 국장으로 발탁된 1998년 7월이었다. 옐친 대통령은 러시아 최고정보기관의 책임자자리에 자신의 심복인 푸틴을 임명했던 것이다.

그러면 푸틴은 어떤 사람인가? 그는 1952년 10월 7일에 상트페테르부르크에서 공장노동자로 2차 세계대전에 참전했던 아버지와 가정전업주부인 어머니 사이에서 태어났다. 그는 어려서부터 무술에 관심을 두어 유도와 레슬링을 배합한 삼보(Sambo)라는 운동에 익숙해졌으며, 상트페테르부르크에서 가장 좋은 고등학교라는 평을 듣던 제281 고등학교를 졸업했다. 그는 1970년에 상트페테르부르크대학교 법과대학에 입학해 민법을 전공하면서 무술을 계속 닦아 1974년에 이 대학교의 최우수 유도선수로 선발됐다. 그는 이듬해에 이 대학교를 우등으로 졸업했다.

푸틴은 곧바로 안드로포프가 이끌던 국가공안위원회에 들어갔다. 모스크바의 본부에서 그는 외국에서의 첩보활동과 독일어를 배웠으며 유도에서 유단자로 승단했다. 33세가 된, 그리고 고르바초프가 집권한 1985년에 그는 동독으로 파견됐다. 그는 주로 드레스덴(Dresden)에서 근무하면서 북대서양조약기구에 관한 정보를 입수해 분석한 뒤 본부로 보고하는 일에 종사했다.

베를린 장벽이 무너지고 동독이 서독으로 흡수된 역사적 사변을 경험한 뒤, 푸틴은 1990년에 본부로 돌아왔다. 본부는 그에게 공로훈장을 수여함과 동시에, 국가공안위원회 직원의 지위를 지닌 채 그의 모교인 상트페테르부르크대학교 행정직에서 근무할 것을 지시했다. 여기서 그는 자신의 은사 소브차크(Anatoly Sobchak) 교수를 만났는데, 이 저명한 법학자는 민주개혁 운동가들 가운데 한 사람으로 상트 페테르부르크 시의회 의장직을 맡고 있었다. 소브차크는 그에게 자신을 도와줄 것을 권유했으며, 그는 이 제의를 받아들여 국가공안위원회를 떠나 소브차크의 보좌관으로 새롭게 출발했다. 소브차크는 1991년에 시의 시장으로 선출되자 그를 제1부시장으로 임명했다. 그는 이 시의 일상적 행정을 감독하면서 동시에 남한과 일본을 포함한 자본주의국가들의 기업들이 이 시에 투자하도록 하는 일을 맡았다. 이 자격으로 그는 1992년에 울산을 비롯한 남한의 공업도시들을 방문했다.

그러나 그러한 분야에서보다, 푸틴은 부패척결에서 능력을 발휘했고 이것이 그의 이름을 모스크바에까지 알려지게 만들었다. 소브차크는 1996년 재선에 실패했다. 소브차크는 곧 재임 중의 비리로 재판을 받고 유죄가 확정되었지만, 푸틴은 그는 거기에 전혀 연루되지 않았음이 밝혀졌다. 마침 중앙정부의 재산부장관 보로딘(Pavel Borodin)이 푸틴에게 차관직을 제의함에 따라, 그는 모스크바로 돌아왔다. 그의 출세는 빨랐다. 그는 부패척결을 독려하던 옐친의 주목을 받은 덕분에, 1997년에 대통령 행정실 제1차장으로, 이어 대통령의 명령이 제대로 수행되고 있는지의 여부를 점검하는 중앙감독청장으로, 1998년에 연방보안국의 책임자로 발탁된 것이다. 돌이켜 보면, 그는 페레스트로이카가 추진되던 시절에 거기에 영향받으면서 정치적으로 크게 성장했다. 이러한 맥락에서, 그는 페레스트로이키, 곧 페레스트로이카의 사람들 가운데 한 사람으로 평가됐다.

국무총리에서 대통령으로

푸틴이 다시 주목을 받게 된 때는 국무총리로 지명된 1999년 8월이었다. 정치적으로 공세에 몰린 옐친 대통령은 푸틴을 국무총리로 지명하면서 그가 자신의 후계자로 2000년에 실시될 대통령선거에 입후보한다고 발표했던 것이다. 푸틴은 8월 16일에 국가두마의 인준을 받아 정식으로 국무총리가 됐다. 47세의 비교적 젊은 나이였다. 이 시점에 그는 아내 류드밀라(Lyudmila)와의 사이에 카탸(Katya)와 마리야(Mariya)의 두 딸을 두고 있었다.

푸틴은 말을 적게 하고 웃음을 보이지 않는 싸늘한 인상으로 영화 「터미네이터(끝내는 사람)」의 주인공을 연상시킨다고 해서 터미네이터라는 별명을 갖고 있다. 따라서, 대중적 인기와는 거리가 먼 형의 정치인이다. 그런데 이러한 '냉혈한'의 인상은 역설적으로 그에 대한 관심을 높였다. 무정부상태에 가까운 혼란에 지친 러시아의 많은 국민들은 그가 엄격하면서도 무자비하기조차한 통치로써 러시아에 질서를 회복시켜 줄 것이라는 기대를 품게 됐던 것이다. 러시아의 보통남자답지 않게 보드카를 멀리하고 '일 중독자' 라는 말까지 들을 만큼 일에 욕심이 많다는 사실, 중요한 일을 측근에게 맡기지 않고 직접 챙긴다는 사실도 그에 대한 기대를 높였다.

실제로 푸틴의 인기는 곧바로 상승했다. 그가 '강력한 러시아'를 부르짖으며 '엄격한 법집행'에 착수한 데 이어, 1999년 후반기와 2000년 전반기 사이에 러시아연방으로부터 이탈하려는 체첸공화국과의 전쟁을 '승리'로 이끌자 '강력한 지도자'를 대망하던 러시아국민들 가운데 그를 지지하는 사람들이 빠른 속도로 늘어났기 때문이다. 1999년 하반기에, 그 동안 10년 가까이 침체에 빠졌던 경제가 회복세로 돌아선 것도 그의 인기상승에 도움을 주었다. 이렇게 러시아국민들이 푸틴에 기대를 걸고 높은 지지를 보이는 현상을 사람들은 '푸틴 현상'이라고 불렀다.

1999년 12월 19일에 실시된 국가두마 총선은 푸틴의 정치적 입지를 넓혀주었다. 이 총선에서는 성향이 서로 다른 26개의 정당과 블럭 및 연합세력 등이 후보를 냈다. 그들 가운데 정당지지율이 5% 이상을 얻은 것은 「러시아연방공산당」, 「단합」, 「조국-모든 러시아」, 「지리놉스키 블럭」, 「우파 세력연합」 등이었다. 이 총선에서는 지난 총선에서 나타났던 공산주의진영과 민주주의진영 사이의 이념적 대결성이 약하게 나타났다. 정치인들 사이의 비이념적 경쟁성이 이념적 대결성을 압도한 것이다.

그런데 이 총선에서 옐찬이 급조하고 푸틴이 지원한 「단합」이 득표율 23.68%로 2위를 차지함으로써 정치적으로 큰 성공을 거둔 것으로 평가되었다. 비록 1위는 24.29%를 얻은 「러시아연방공산당」이 차지했지만, 그 당의 득표율은 그 동안 그 당이 보여 주었던 위세에 비해 결코 높은 것은 아니었다. 또, 정치적으로 명성이 높던 프리마코프 전 국무총리가 이끈 「조국-모든 러시아」는 12%대의 낮은 득표율로 3위에 머물렀다.

이 선거의 결과와 관련해 기록으로 남겨야 할 점은 러시아의 최대 재벌이며 옐친 대통령의 자금줄이던 베레좁스키도 또 극우적 언동과 기행으로 주목받던 지리놉스키도 당선됐다는 사실이다. 지리놉스키의 경우, 자신의 「지리놉스키 블럭」이 5.98%를 차지해 5위를 차지함으로써 영향력을 지속적으로 행사할 수 있는 근거를 확보했다.

1999년 12월 31일, 옐친 대통령의 사임과 동시에 헌법에 따라 대통령권한대행의 지위에 오른 푸틴은 곧바로 자신의 고향인 상트페테르부르크 인맥을 대통령궁과 행정부 및 연방보안국 등 러시아 정치권력의 중앙으로 옮겨놓다시피했다. 그래서 러시아의 언론매체들은 푸틴정권의 고위층을 '상트페테르부르크 향우회' 또는 '상트 페테르부르크 마피아'라고 비꼬았다. 거기에는 각각 부총리와 경제개발·통상장관으로 기용되는 쿠드린(Aleksei L. Kudrin)과 그레프(German O. Gref)를 비롯해 각각 대통령 행정실장과 대통령 행정실차장으로 기용되는 메드베데프(Dmitry A. Medvedev)와 코자크(Dmitry N. Kozak) 등이 포함됐다.

그러나 상트페테르부르크 인맥의 부상은 정치적으로 의미가 깊었다. 우리가 제정러시아의 역사에서 이미 보았듯이, 이 도시는 친서방적 지식인들의 중심지였으며, 이 전통은 특히 고르바초프의 개혁정치 이후의 시기에 되살아나 시장경제 원리를 지지하는 친서방적 개혁론자들의 중요한 무대가 되었다. 그러므로 상트페테르부르크에서 활동하던 정치인들과 행정인들의 중앙정계 진출은 푸틴정권이 시장경제 원리에 입각한 친서방적 경제정책을 추진할 것임을 예고했다. 다른 한편으로, 상트페테르부르크 인맥의 중앙정계 진출은 옐친 전 대통령이 자신의 둘째 딸과 베레좁스키 등을 중심으로 형성했던 부패의 고리, 이른바 '옐친 패밀리', 곧 '옐친 가족'에 대한 본격적인 견제를 예고하는것이었다.

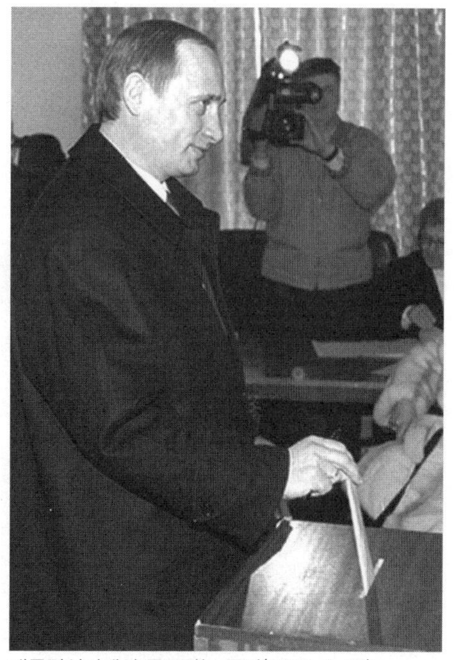
대통령선거에서 투표하는 푸틴(2000. 3. 26)

2000년 3월 26일에 실시된 대통령선거에는 12명이 입후보했다. 그러나 경쟁은 푸틴과 공산당 당수 주가노프 사이에 벌어졌다. 결과는 푸틴의 압승이었다. 그는 1차 투표에서 유효투표의 52.5%를 얻어 2차 투표를 불필요하게 만드는 데 성공한 것이다. 주가노프는 30%에 채 미치지 못한 득표로 끝맺었으며, 3위의 야블린스키는 5.8%를 득표했다. 공산당을 지원했던 농민당이 둘로 나뉘어 한쪽이 공산당을 지지하지 않은 것이 주가노프가 패배한 한 요인이 됐다. 3개월 전에 실시된 국가두마 선거와 이 선거는 러시아의 국내정치에 중요한 의미를 남겼다. 그것은 러시아의 수많은 정당들 가운데 푸틴의 「단합」, 주가노프의 「러시아연방공산당」, 그리고 프리마코프의 「조국-모든 러시아」 등 세 정당이 중심적 정당으로 자리잡았음을 의미했다. 말하자면, 3당체제가 굳어진 셈이었다.

2. 강력한 러시아의 지향

강대국 복귀주의의 선언

푸틴은 2000년 5월 7일에 대통령에 공식취임해 4년 임기를 시작했다. 그는 대통령선거에 나서기에 앞서 기자들과 가진 회견에서 자신이 존경하는 정치가로 우선 프랑스의 대통령을 지낸 드골을 꼽았고 이어 서독의 경제담당부총리 이어 총리를 지낸 에르하르트(Ludwig Erhardt)를 꼽았다. 자신을 국무총리와 대통령권한대행으로 만들어 준 옐친에 대해서는 '내가 끝까지 충성을 다 할 지도자'라고 말했을 뿐 존경하는 지도자에 포함시키지 않았다. 이것은 푸틴이 오늘날의 러시아를 드골이 등장했던 1950년대 말의 혼란스러웠던 프랑스와 에르하르트가 경제부총리를 맡았던 패전복구시기의 서독에 유사한 것으로 보고 있음을 시사했다. 이 두 경우, 모두 '인기에 영합하지 않는 강력한 지도자'가 나라를 위기로부터 구

옐친으로부터 헌법책을 건네받는 푸틴

출했다는 인식을 그는 가졌던 것이다.

푸틴 대통령의 현실인식은 정확한 것이었다. 러시아는 확실히 병약한 국가였다. 러시아연방이 출범한 때로부터 해외로의 이주민이 급증했고, 체첸공화국과의 내전과 같은 전쟁이 때때로 일어난 데다가 사망률이 출생률을 앞질렀기 때문이다. 그리하여 그 사이 약 8년 동안 약 3,500,000명이 줄어들었는데, 1999년 1년 동안에만 무려 900,000명이나 줄었다. 그리고 이러한 인구감소 추세는 그의 대통령 재임기간에 계속된다.

여성의 평균수명은 70세를 넘어섰지만 남성의 평균수명은 60세 정도로, 이것은 소련시대에 비해 내려간 것이며 제3세계 수준에 해당된다. 알콜중독자, 그리고 술 때문에 목숨을 잃는 국민의 수는 엄청나게 많다. 또, 가난에 지쳐 자살하는 사람의 비율이 평균자살률보다 훨씬 높다. 산업재해와 교통사고 및 에이즈로 죽는 사람의 수 역시 급증했다.

부패가 만연하는 가운데, 특히 지난날 당과 정부의 관리였던 처지에서 자본주의로의 이행과정에 국가재산을 횡령해 거부가 되는 발판을 마련한 사람들이 러시아의 경제를 좌지우지하고 있었다. 마피아와 같은 지하의 조직폭력이 사실상 또 하나의 정부 역할을 수행한다는 말이 떠돌 정도로 치안은 어지러웠다.

이상에서 살핀 러시아의 병폐들 가운데 가장 심각한 병폐는 아마도 국가가 공권력을 악용해 저지르는 부패였을 것이다. 앞에서 잠시 지적했듯이, 옐친은 대통령 재직 때 둘째 딸 타티야나 디야첸코(Tatyana Dyachenko)와 대통령 비서실장 발렌틴 유마세프(Valentin Yumashev) 및 대기업인 베레좁스키 등이 결탁해 온갖 이권에 개입함으로써 거부를 축적하게 만든 큰 잘못을 저질렀다. 이 '옐친 패밀리'의 권력형부패에 대해 러시아국민은 크게 실망하고 분노했던 것으로, 푸틴은 대통령권한대행이 된 직후 옐친에 사면령을 내려 옐친이 기소되거나 재판받는 일이 없게 만들었다. 그러나 그 혜택이 '옐친 패밀리'에 미치지는 않게 함으로써 옐친사면에 대한 국민적 반감을 완화시킬 수 있었다. 비단 권력형 부패만이 문제이지는 않았다. '전화(電話)의 지배'라는 유행어가 말해 주었듯, 상급자 또는 유력자가 전화를 걸어 영향력을 행사하는 경우가 빈번했다.

푸틴 대통령의 국가경영에 대한 방향은 그의 취임사, 그리고 취임 직후의 몇 가지 결정들을 통해 선명히 드러났다. 그는 우선 취임사에서 대외문제에 대해서는 언급하지 않은 채 국민에게 "힘을 모아 러시아를 자유롭고 부강하며 문명화된, 그래서 세계가 존경할 만한 나라로 만들자"고 호소했다. 이 호소의 바탕에 깔려 있는 것은 러시아의 '영화(榮華)'를 되찾자는 '강대국 복귀주의'였다.

푸틴의 '강대국 복귀주의'는 7월 8일에 발표한 대통령 교서에서 더욱 확실하게 나타났다. 대통령 취임 이후 처음 발표된 이 교서에서 그는 "러시아는 국가의 주권의 유지와 영토의 보전에서 체계적인 도전과 세계의 지정학적 재편 과정에 직면하고 있다"고 강조한 것이다. 그는 '강한 러시아'를 실현하는 방법으로 '단일 연방국가의 견고한 유지', '국제경쟁력을 상실한 기업의 퇴출', '정치와 재벌의 이해관계에 좌우되어온 언론의 쇄신', '국가 대신 자신만을 위한 권력투쟁의 종식' 등을 제의했다. 그는 비공식적으로는 '법에 의한 독재' 마저 제의했다. 이어 7월 14일에는 기자회견을 통해 '강력하면서도 효율적인 국가의 건설'을 다짐했다. 그러나 "러시아는 경찰국가가 되어서도 안 되고 되지도 않을 것"이라고 덧붙였다.

연방정부의 권한강화

이러한 맥락에서, 푸틴 대통령은 취임 1주일 만인 5월 13일에 우선 연방정부의 권한강화에 나섰다. 구체적으로 말해, 주와 자치주 및 자치공화국 등 89개 지방정부를 묶어 전국을 7개 연방지구로 나눠 각 연방지구에 대통령의 전권대표를 파견히는 내용의 초헌법적인 대통령 포고령을 발표한 것이다. 7개 연방지구는 (1) 중앙연방지구(중심지 모스크바) (2) 서북연방지구(중심지 상트 페테르부르크) (3) 북카프카스연방지구

(4) 볼가연방지구 (5) 우랄연방지구 (6) 시베리아연방지구 (7) 극동연방지구로 명명됐다. 푸틴 대통령은 곧바로 7개 연방지구에 각각 자신의 전권대표를 임명했다.

여기서 중요하게 지적되어야 할 사실은 푸틴이 임명한 전권대표들은 대체로 군과 정보기관에서 일했던 사람들이라는 점이다. 푸틴은 차차 그들 밖에 검찰과 국세청 등에서 일했던 사람들도 중용했다. 이렇게 군정보기관, 검찰, 국세청 등 권력기관들에서 일했던 사람들은 사명감과 충성심이 강한 국가주의자들로서, 이러한 사람들을 러시아에서는 실로비키(Siloviki) 라고 통칭한다. 러시아의 통치엘리트에서 실로비키가 차지하는 비율은 이미 옐친 시대에 10%선을 넘어섰으나 푸틴의 집권 이후 점증해 2003년에는 25%선에 도달한다.

푸틴 대통령은 이어 지방의회의 의장과 지방정부의 행정수반을 겸하는 주와 자치주의 지사와 자치공화국의 대통령 등 지방의 정치지도자들에게 어느 한 쪽만을 선택하도록 요구했다. 또, 주지사로 선출되면 자동적으로 연방상원의 의원을 겸직하게 되는 제도의 변경을 추진했다. 이처럼 지방의 정치지도자들이 보유한 권한을 축소시킴으로써 그는 대통령의 권한과 연방정부의 권한을 상대적으로 높이고자 한 것이다. 그는 또 카시야노프(Mikhail Kasyanov)를 국무총리로 기용하고 자신과 임기를 함께 하게 함으로써 내각의 안정성을 기했으며, 이것은 연방정부의 권한강화에 부분적으로 이바지했다. 카시야노프는 그의 동향인이면서 경제관료 출신으로, 옐친에 의해 제1부총리로 기용되어 러시아의 대외부채에 관한 서방국가들과의 협상을 맡았었다.

러시아연방의 대통령은 '현대판 차르'라고 불릴 정도로 매우 강력한 권한을 행사한다. 선거로 뽑힌 세계의 모든 국가원수들 가운데 가장 막강한 권한을 지녔다는 평을 받는 것은 결코 과장이 아니다. 그런데도 대통령과 연방정부의 위상을 더욱 높이려는 조치를 취하자 지방의 정치지도자들이 반발하고 나선 것은 당연했다.

그러나 지방에서는 그 지방의 행정수반이 사실상 3권을 장악한 채 '지방 차르' 행세를 하면서 연방정부의 지시를 무시하는 경우가 적잖아 연방 전체의 차원에서 혼란이 잦게 일어나는 폐해를 비판하는 사람들에게 푸틴 대통령의 조치는 '개혁'으로 받아들여졌다. 그러한 여론의 지지에 힘입어 그는 지방정부와 지방지도자의 권한을 제한했다. 예컨대, 주지사의 연방상원의원 겸직을 금지시키고 대통령의 주지사 해임권과 지방의회 해산권을 신설하는 데 성공한 것이다. 더구나 자신이 파견하는 연방지구의 전권대표가 그 지구의 민선 행정수반 위에 설 수 있게 만드는 데도 성공했다.

개혁의 추진

푸틴 대통령은 이어 언론 길들이기에 나섰다. 그는 큰 힘을 발휘하던 유대계 언론재벌의 소유주인 구신스키(Vladimir Gusinsky)를 탈세혐의로 구속함과 아울러 여러 유력 언론사들을 압박했다. 그는 또 중요한 텔레비전방송사들을 장악하는 데도 성공했다. 고르바초프 전 소련 대통령이 "푸틴은 언론을 억압해 사회 전체를 공포분위기로 몰고가려는 폭거를 저지르고 있다"고 비난했지만, 그는 고삐를 늦추지 않았다.

이 점은 9월에 공포된 「국가이익 수호-새 정보 안전에 관한 독트린」에서 명백히 드러났다. 이 독트린은 표면적으로는 "정보의 안전이란 국가이익을 지킬 수 있는 능력을 의미한다"고 정의하고, 사회의 도덕적 가치, 애국심과 인류애의 전통, 문화적·과학적 잠재력의 지속과 고양 등 러시아의 정신적 부활을 위해 언론매체들이 봉사해야 한다는 뜻을 담았다. 그러나 전문가들은 이 독트린이 정보의 안전에 대한 개념을 지나치게 포괄적으로 정의함으로써 정보기관이나 국가가 자의적으로 언론매체의 정보를 통제할 수 있는 길을 열어놓았다고 비판했다.

푸틴 대통령은 이어 러시아의 대표적인 올리가르히들의 상징적 존재인 베레좁스키를 압박했다. 앞에서 지적했듯, 베레좁스키는 옐친의 자금줄이었을 뿐만 아니라 푸틴의 자금줄이기도 했다. 그러나 푸틴은 러시아국민들 사이에 '부패한 권력자'의 상정처럼 인식된 베레좁스

푸시킨 동상 앞에서 언론 탄압에 대한 자유를 촉구하는 집회

키의 비리를 폭로하면서 투옥시키고자 한 것이다. 베레좁스키는 결국 자신이 대주주로 있는 한 큰 방송사의 주식 가운데 일부를 사회에 환원하고 하원의원직을 사퇴했다. 동시에 그는 반(反)푸틴을 선언하면서 해외로 망명했다.

이처럼 옐친은 대통령과 연방정부의 위상을 크게 높이면서 국가두마에서는 제1당인 「러시아연방공산당」을 무력화시키는 데 성공했으며, 이로써 의회를 장악하기에 이르렀다. 이 기반 위에서 그는 반부패법과 돈세탁방지법의 제정 및 조세법의 개혁을 비롯해 여러 개혁안들을 통과시킬 수 있었다.

사법개혁도 괄목할 만했다. (1) 2000년 11월 사법개혁을 위한 실무위원회를 설치했고, (2) 2001년 12월에 형사소송법과 법관지위법 및 헌법재판소법 등을 개정했으며, (3) 2002년 7월부터 11월까지 중재소송법과 중재재판소법 및 민사소송법 등을 개정했고 (4) 2003년 7월에 러시아연방사법체계법을 개정했다. 그러나 사법부는 여전히 부패에서 벗어나지 못하고 있다. 그 점은 러시아 국민들이 재판을 '경매'라고 부르고 있는 현실에서 입증된다. 돈을 얼마 쓰느냐에 따라 유무죄와 형기가 달라진다는 비아냥이 그 비유에 깔린 것이다.

여러 분야들에서 문제들이 여전히 적잖게 남아 있는 것은 사실이지만, 푸틴 대통령의 일련의 개혁 시도들은 국민들로부터 지지를 받았다. 예컨대, 그에게 비판적이던 고르바초프도 그를 '유능한 지도자'라고 공개적으로 칭찬했다.

경제의 회생

푸틴 대통령은 「10개년 경제사회발전강령」을 강력히 추진하면서 경제회생에 많은 힘을 쏟았다. 석유생산량이 넉넉한 러시아에게 석유의 국제가격이 상승한 것은 그의 노력에 보탬이 되었다. 부실기업의 과감한 정리와 효율적인 경제운용 역시 보탬이 되었다. 특히 '행정굴레로부터의 기업해방'과 '사유재산의 엄격한 보호'라는 구호 아래 기업인들의 기업의욕을 고취하면서 기업인들이 기업하기에 편하도록 제도와 법령을 고치고 권력자들의 부당한 개입을 억제시킨 것 역시 보탬이 되었다.

그리하여 경제상황은 꽤 호전되어 국내총생산 성장률이 2000년에는 10.0%를 기록하기에 이르렀으며, 외환보유액도 1999년 대비 2배로 늘어났다. 그러나 러시아의 대외부채는 2000년 말 현재 1,500억 달러, 또는 보기에 따라 1,650억 달러에 이르러 러시아경제를 압박했다. 이것은 주요 채권단인 서방의 국가들이 이 외채를 연장 또는 감액시켜 주지 않는다면 러시아는 언제든지 큰 위기에 빠질 수 있음을 뜻했다. 2000년 11월에 발표된 국제통화기금(IMF)의 경고는 그 점을 새롭게 깨닫게 해주었다.

그렇지만 푸틴의 대통령 취임 이후 러시아경제에 활력이 살아났음은 사실이었다. 국내총생산 성장률은 2001년에 5.1 %를, 2002년에 4.7%를, 2003년에 7.3%를 기록하는 등 지속적으로 플러스성장을 나타낸 것이 그것을 증명했다. 그것은 우선 그 매장량이 세계 2위에 이르는 석유의 국제가격 인상에 크게 힘입은 것이었다. 러시아경제가 이처럼 상당히 좋아지면서 러시아의 몇몇 큰 도시들에서는, 특히 모스크바에서는, '새로운 러시아사람들'이 나타났다. 부유층에 속하는 그들은 서방의 주요 도시들을 여행하면서 값비싼 고급사치품들을 쓰며 삶을 즐기기에 이르렀다.

푸틴의 국정전반에 대한 장악은 훨씬 광범위해졌다. 그는 2001년 3월에 자신의 심복들 가운데 한 사람인 이바노프(Sergei Ivanov) 국가안보위원회의 서기를 국방장관에 임명하는 등 개각을 단행해 내각에 대한 자신의 장악을 보다 더 확고하게 했다. 그는 2003년 10월에는 대표적 석유재벌인 유코스(Yukos)의 실세들인 호도르콥스키(Mikhail Khodorkovsky)와 레베데프(Platon Lebedev)를 탈세와 사기혐의로 구속했는데, 실제로는 그들이 야당에 정치자금을 제공한 것에 대한 견제조치였던 것이다.

이러한 분위기에서, 2003년 12월에 실시된 제4대 두마 총선거에서 그의 「단합」이 압도적 지지율로 제1당의 지위를 굳혔을 뿐만 아니라 지리놉스키의 자유민주당을 비롯한 친푸틴계 정당들 역시 적잖은 의석을 확보했다. 비례대표 배분을 받을 수 있는 지역득표율 최저선을 종전의 5%로부터 7%로 올린 것이 소수당의 진출을 어렵게 만들어놓음으로써 결과적으로 다당화의 경향에 일정하게 제동을 걸었으며 「단합」 당의 원내의석 증가에 이바지했다.

3. 푸틴 대통령의 외교 및 안보 독트린

푸틴 대통령은 대통령권한대행 시절이던 2000년 1월과 4월에 각각 「새 국가안보개념」과 「새 군사독트린」을 제시했다. 이것들을 통해 그는 러시아가 핵무장력을 강화할 것과 재래식무기를 증강할 것을 역설하면서 대내적으로 뿐만 아니라 대외적으로도 '강력한 러시아'를 만들어가야 한다고 선언한 것이다.

푸틴은 대통령에 취임한 뒤인 2000년 6월 28일에는 '러시아의 새 외교정책 개념'을 채택했다. 이고르 이바노프(Igor Ivanov) 외무장관을 통해 7월 10일에 발표된 이 개념은 러시아가 국제문제에 대해 훨씬 더 적극적으로 개입할 것임을 밝혔다. 그러면 '러시아의 새 외교정책 개념'의 내용은 무엇인가? 이것은 (1) 기본원칙 (2) 현세계 정세와 러시아의 외교정책의 결정 및 수행 등 5개 장으로 구성되었다. 전반적인 흐름은 유라시아주의적 경향으로의 전환의 재확인이다. 풀어 말해, 1990년대 중반 이후, 특히 1996년 1월에, 프리마코프가 외무장관에 취임한 이후 채택됐던 '전방위지향적 유라시아주의 외교노선'으로의 전환이 가속화될 것임을 밝힌 것이다. 아시아를 '최우선 외교대상 지역'으로 지목한 것이 그 점을 극명하게 밝혔다.

그러면 보다 더 구체적으로 어떤 내용을 담았는가? 첫째, 강력한 국가의 건설과 경제의 발전에 도움이 되도록 외교를 할 것임을 선언했다. 구체적으로, "정치적 및 경제적 측면에서 더 합리적이며 더 이익적인" 방향으로 외교를 펼치겠다고 다짐한 것이다. 동시에 "러시아는 과거에도 초강대국이었고 현재도 초강대국이며 미래에도 언제나 초강대국일 것"이라고 선언했다. 이어 서구의 국제기구들 그리고 서구의 소수 국가들이 이끄는 포럼들 이 국제문제의 해결 과정에서 주도적 열할을 수행하는 데 대해 경계했다. 또, 러시아가 5대 상임이사국들 가운데 하나인 유엔 안전보장이사회의 역할이 약화되고 있는 데 대해서도 경계했다. 종합적으로, 이 세 가지가 러시아의 국익에 대한 새로운 국제적 위협 또는 도전으로 제기되고 있다고 평가했다.

둘째, 미국에 대한 경계심을 분명하게 드러냈다. 미국이 정치적·경제적·군사적 힘을 바탕으로 국제질서에서 단독적 패권국가의 지위를 장기화(長期化)하려고 한다고 주장한 것이다.

셋째, 러시안연방 안에서 분리주의와 민족적 및 종교적 극단주의가 격화되는데 대해 우려했다.

넷째, 북대서양조약기구의 동진정책(東進政策)에 대한 반감을 표시했다. 북대서양조약기구는 러시아와 1997년 5월에 체결한 협정, 그 가운데 신규 가맹국에 핵무기와 북대서양조약기구군을 배치하지 않기로 한 약속을 성실히 지켜야 할 것이라고 강조했다. 다른 한편으로 러시아가 서방세계와 체결한 군축협정을 준수할 것이며 핵무기감축을 위한 협상을 계속할 것임을 약속했다. 또, 미사일 및 미사일 제조 기술의 비확산을 위해 러시아가 제안한 '세계적 통제체제(Global Control System : GCS)'를 출범시킬 것을 다시 강조했다.

다섯째, 국제 테러리즘에 대해 반대한다는 뜻을 분명히 했다. 그리고 국제 테러리즘과의 '전쟁'을 효율적으로 수행하기 위해 국제사회가 긴밀히 협력해야 한다고 강조했다. 또 국제평화의 유지가 매우 중요함을 역설하면서, 이 목적을 위해 유엔 안전보장이사회가 활성화될 수 있도록 유엔 헌장에 부합된 국제법적 토대를 강화해야 한다고 제의했다.

여섯째, 아시아에 대한 접근을 훨씬 더 강조했다. 러시아는, 앞에서 이미 지적했듯이, 1990년대 중반부터 초기의 대서양학파적 유럽중심 외교노선으로부터 벗어나 아시아에 대해서도 깊은 관심을 쏟아 왔다. 제21장 제1절에서 이미 지적되었듯, 소련의 해체를 계기로 러시아는 종전의 유럽 부분을 모두 잃음으로써 아시아대륙으로 꽤 많이 이동한 셈이 됐다. 구체적으로 말해, 오늘날 러시아 전체 영토의 약 75%가 아시아대륙에 속해 있고, 따라서 러시아는 훨씬 더 아시아적 국가가 된 것이다. 더구나 서방의 '동진정책'은 러시아의 '동진정책'을 재촉하게 됐다. 이렇게 볼 때, 「러시아의 새 외교정책 개념」이 아시아중시 정책을 강조한 것은 당연했다고 하겠다.

4. 아시아 및 독립국가연합과의 관계

중앙아시아와의관계

이러한 배경에서, 푸틴 대통령은 우선 2002년 7월 5일에 타지키스탄의 수도 두샨베(Dushanbe)에서 타지키스탄, 키르기스스탄, 카자흐스탄 등 중앙아시아 3개국 및 중국이 참석한 가운데 열린 '상하이협력기구'의 정상회담에 참석했다. 그는 중앙아시아 3개국 정상 및 중국의 장쩌민 국가주석 등과 함께 이슬람 원리주의자들의 국제 테러리즘에 공동으로 대응한다는 원칙에 합의했다. 이 합의는 다른 4개국뿐만 아니라 러시아도 아프가니스탄을 지배하고 있는 무장투쟁단체인 탈레반을 경계하고 있음을 의미했다. 서방세계의 기본적 가치들과 자본주의에 반대하는 이슬람 원리주의를 신봉하는 탈레반 세력은 러시아의 접경지대에서 이슬람 원리주의를 러시아 내부로 침투시키고 있고, 아울러 러시아 내부의 이슬람 교도들로 하여금 러시아연방으로부터 이탈하도록 부추기고 있기 때문이었다. 러시아는 중국과 손을 잡고 자신의 영향권 안에 유지시키려는 중앙아시아에서 분리운동이 일어나지 않도록 쐐기를 박고자 한 것이다.

푸틴 대통령은 2000년 10월 3일에 뉴델리에서 바지파이(Atal Bihari Vajpayee) 인도 총리와 회담했다. 그들은 그 동안 멀어졌던 두 나라 사이의 관계를 긴밀하게 하기 위한 「전략적 동반자 선언문」을 채택했다. 푸틴은 2002년 6월에 카자흐스탄, 키르기스스탄, 타지키스탄, 우즈베키스탄 등 4개국이 발족시킨 '중앙아시아협력기구(CACO)'에 참석해 인도와 파키스탄 사이의 분쟁 해결에 적극개입했다.

중동과의 관계

러시아는 전통적으로 중동국가들에 대해 우호적이다. 그러나 2000년 10월에 중동사태를 해결하기 위해 이집트에서 열린 미국을 비롯한 관계국 정상회담에 참가하지 못했다. 그만큼 러시아의 위상이 떨어진 것이다. 다행히 11월에 팔레스타인자치정부의 수반인 야세르 아라파트(Aaser Arafat)가 러시아를 방문하고 푸틴 대통령과 회담을 가졌을 때 러시아는 '러시아 방안'을 제안하면서 중동사태에 영향력을 행사할 수 있었다.

중동에 있어서의 러시아의 중요한 돌파구는 2003년 9월에 마련되었다. 사우디아라비아의 왕세자가 모스크바를 방문하고 푸틴과 '역사적'인 회담을 가진 뒤, 세계 석유시장에서 협력하기로 합의한 것이다. 이로써 두 나라는 50년 동안의 구원(舊怨)을 풀고 에너지의 모든 분야에서 협력하게 되었다. 왕세자가 "이제 두 나라 관계에 새 지평이 열렸다"고 논평한 것은 푸틴의 중동외교에서의 진전을 대변한 것이었다.

동북아시아와의 관계

푸틴 대통령은 2000년 7월 17일부터 23일까지 동북아시아 3개국을 순방했다. 우선 7월 17일부터 19일까지 중국을 방문해 장쩌민(江澤民) 국가주석과 정상회담을 가졌다. 이 회담을 통해 두 나라는 '중국·러시아 밀월시대'를 열면서 미국의 단독적 패권주의에 맞서기로 다짐했다. 두 나라는 특히 미국이 추진하는 국가미사일방어체제와 전구(戰區)미사일방어체계(TMD)에 반대하는 공동성명을 발표하고, 군사·외교·경제·과학기술 분야의 전면 협력을 다짐하는 「베이징 선언」을 채택했다. 이 가운데 주목되는 것은 두 나라 사이의 경제협력의 방향이다. 푸틴은 러시아의 경제회생을 위해 서방과의 협력 못지않게 중국과의 협력이 중요하다고 믿고 있으며, 따라서 자신의 중국방문

우호친선협력조약에 서명하는 푸틴과 장쩌민(모스크바)

에 러시아의 기업인들 특히 외자도입 전문가들을 대동했던 것이다.

[이 「베이징 선언」의 연장선 위에서, 푸틴은 2001년 7월 16~18일에 모스크바에서 장쩌민과 회담하고 18일에 두 나라 사이의 「선린·우호·협력조약에 서명한다. 그들은 미국의 패권주의에 함께 대응한다는 데 대해서도 합의한다.]

중국 방문을 마치고, 푸틴 대통령은 2000년 7월 19일부터 20일까지 북한을 방문했다. 소비에트 러시아 시대를 포함해 러시아의 역사에서 최고권력자가 북한을 방문한 것은 이 때가 처음이었다. 그는 김정일(金正日) 북한 국방위원장과 정상회담을 갖고 11개항의 공동성명을 발표했다. 여기서도 국가미사일방어체계와 전구미사일방어체계에 대한 공동의 반대가 약속됐다. 김정일(金正日)이 2001년에 러시아를 답방한다는 합의도 이뤄졌다.

다른 한편으로, 북한에 대해 외부로부터의 침략이 있을 경우 '즉각 접촉'한다고 다짐한 2000년 2월의 「조선·러시아우호조약」을 다시 확인했다. 이바노프 외무부 장관의 평양 방문 때 체결된 이 조약은 1961년에 체결된 「조선·소련우호조약」을 갱신한 것으로 북한을 정치와 안보 중심의 우방으로 규정했다. 종합적으로 말해, 푸틴 대통령은 러시아의 남한 수교 이후 소원해진 북한과의 관계 회복에 많은 노력을 기울인 것이다. 이것은 러시아가 북한을 지렛대로 삼아 미국을 압박하면서 남한과의 등거리외교를 통해 남한으로부터 경제적인 실익을 얻겠다는 뜻도 지닌 것으로 풀이되었다. 이처럼 중국과 북한을 순방한 직후 푸틴은 잠시 극동 러시아의 블라고베셴스크(Blagoveshchensk)를 방문하고 "러시아가 극동을 소홀히 하면 이 지역을 남한과 중국 및 일본에 뺏긴다"고 경고했다.

푸틴 대통령은 이어 7월 21일부터 23일까지 일본 오키나와에서 열린 서방선진 7개국(G7)과 러시아의 8개국(G8) 정상회의에 참석했다. 그것은 푸틴에게 '강대국 사교클럽에의 데뷔'로 8개국 정상들 가운데 유일하게 북한을 방문해 김정일 국방위원장을 만났다는 특수한 기록을 활용함으로써 상당한 주목을 받았다. 특히 김정일이 자신에게 미사일개발계획을 중단할 뜻이 있음을 밝혔다고 공개함으로써 북한의 미사일개발계획에 관심이 큰 서방지도자들뿐만 아니라 서방언론의 집중적인 조명을 받았다.

동북아시아 3개국 순방을 끝낸 때로부터 6주가 지난 2000년 9월 3일부터 5일까지 푸틴 대통령은 일본을 방문했다. 이것은 푸틴이 대통령 권한대행이던 때인 2000년 4월에 있었던 모리 요시로(森喜朗) 일본 총리의 러시아 방문에 대한 답방이었다. 그 때도 그러했지만 이 때도 두 나라 사이의 오랜 현안인 평화조약체결 문제에 돌파구를 열지 못했다. 이렇게 볼 때, 옐친 대통령이 두 나라 사이의 평화조약이 2000년까지는 체결되도록 최선을 다하겠다던 약속은 지켜지지 않은 셈이 됐다. 푸틴은 2001년 3월 25일에 모리와 이르쿠츠크에서 회담했으나 이 회담 역시 아무런 결론 없이 끝났다. 푸틴은 2003년 1월 10일에 모스크바에서 고이즈미 준이치로(小泉純一郎) 일본 총리와 회담했다. 이 회담도 두 나라 사이의 평화조약체결 문제에 대해 아무런 진전을 보지 못했다. 그러나 그들은 두 나라 사이에 전략적 동반자 관계를 구축하기 위한 행동계획을 채택했으며, 북한의 핵개발 움직임을 함께 비판했다.

남북한과의 관계

푸틴 대통령은, 2000년 7월의 방북에 나타난 바와 같이, 북한에 대해서는 관계회복에 힘썼다. 그러나 그는 남한에 대해서는 냉랭한 입장을 취했다. 그것은 남한이 러시아와 수교할 때의 약속을 지키지 않았다는 러시아쪽 해석과 연결되어 있다. 러시아는 남한이 러시아를 소홀히 대해 왔다고 분개하면서, 북한과의 관계 회복과 강화로써 남한을 자극해 남한으로 하여금 러시아의 요구에 보다 더 순응하도록 만들겠다는 속셈을 갖고 있다.

그리하여 1999년 5월에 남한의 김대중(金大中) 대통령이 러시아를 방문했었는데도, 푸틴 대통령은 2000년 말까지의 어느 시점에 서울을 방문하겠다는 약속을 지키지 않는 등 답방을 늦추었다. 2000년에 남한은 국방장관, 대통령특사, 외교통상장관, 국무총리를 차례로 모스크바로 보냈으나 푸틴은 아무도 만나주지 않았다. 그러나 그는 2000년 6월 13일부터 15일까지 평양에서 열린 '대한민국 김대중 대통령과 조선민주주의인민공화국 김정일 국방위원장' 사이의 남북정상회담 그리고 그 회담의 결과로 6월 15일에 발표된 5개항 남북공동선언을 지지했다.

푸틴 대통령은 2001년에는 서울을 방문하겠다고 약속했으며, 마침내 2001년 2월 26일부터 28일까지 서울을 방문하고 김대중 대통령과 정상회담을 가졌다. 한편 푸틴 대통령은 2001년 여름과 2002년 여름에 김정일을 러시아로 초청해 정상회담을 가졌다. 남북관계를 이용해 한반도에서 러시아의 영향력을 증대시키려는 의도를 보인 것이다. 실제로 북한의 핵개발에 관한 문제를 둘러싸고 국제적 관심이 높아지자 러시아의 외무차관 로슈코프(Aleksandr Losyukov)는 남북을 오가며 '중재자'의 역할을 수행하고자 했다.

북한의 핵에 대한 러시아의 입장은 무력사용반대와 평화적 해결이다. 이 점은 2001년 7월 16~18일에 모스크바에서 열린 푸틴과 장쩌민 사이의 회담, 2002년 12월 2일에 베이징에서 열린 푸틴과 중국공산당 총서기 후진타오(胡錦濤) 사이의 회담 그리고 2003년 5월 27일에 모스크바에서 열린 푸틴과 후진타오 사이의 회담에서도 확인됐다. 그들은 "북핵문제의 해결을 위한 어떤 군사적 위협이나 행동도 받아들일 수 없다"면서 미국의 북한에 대한 선제공격계획에 대한 반대를 분명히 다짐했던 것이다.

2003년 10월에 방콕에서 열린 아시아태평양경제협력체의 정상회담에서 푸틴 대통령은 노무현(盧武鉉) 대통령과 첫 회담을 가졌다. 이 회담에서 두 대통령은 북한핵문제의 평화적 해결에 합의했다.

대체로 이 시기에, 러시아 학계의 일각에서는 한국과 러시아가 '공생국가(共生國家)'를 건설하는 것이 바람직하다는 의견이 제시됐다. 교육학박사인 블라디미르 수린(Vladimir Surin)은 2005년 11월에 그러한 취지의 「코리아 선언」을 발표하면서, 한국인들의 러시아이주를 적극적으로 권장하고 그들과 함께 시베리아를 개발해 두 나라가 공생할 것을 제의한 것이다.

독립국가연합과의 관계

푸틴 행정부가 출범하기 이전에 이미 러시아연방과 독립국가연합 국가들 사이의 관계는 소원해졌다. 러시아가 자신의 내부사정 때문에 경제적으로나 군사적으로 그 나라들을 제대로 돕지 못했기 때문이다.

푸틴 행정부는 이러한 경향을 억제시키고자 했다. 그 결과, 그들의 탈(脫) 러시아 경향이 다소 약화되었다. 그러나 그것은 어디까지나 잠정적일 뿐이었다. 러시아가 경제적으로나 군사적으로 강대국이 되어 그 나라들을 실질적으로 지원하는 경우를 빼놓고는 그들은 서방세계로의 접근을 가속화하고자 했기 때문이다. 이 점을 인식하고, 푸틴행정부는 2003년 8월엔 중앙아시아협력기구에 가입했을 뿐만 아니라, 9월에 러시아, 우크라이나, 벨라루스, 카자흐스탄 등 4개국 정상회담을 성사시키고 4개국의 단일 경제구역 창설 계획에 대한 합의를 끌어냈다.

푸틴 행정부는 키르기스스탄에 소련의 해체 이후 처음으로 러시아의 첫 해외기지를 설치하는 데도 성공했다. 키르기스스탄은 중앙아시아에서 가장 가난한 작은 나라이다. 따라서, 이 나라는 러시아의 경제원조 제의를 받아들이고 군사기지 설치에 동의한 것이다. 푸틴은 2003년에 9월 22일에 모스크바에서 키르기스스탄 대통령 아카예프(Askar A. Akayev)와 회담하고 이러한 내용의 합의문에 서명했다. 이것은 중앙아시아에서 미군을 견제하겠다는 뜻을 담았다.

푸틴 행정부는 2004년 10월 17일에는 타지키스탄에도 군사기지를 설치할 수 있었다. 이 지역에 대한 러시아의 일련의 군사기지 설치는 일차적으로 미국을 의식한 것이었다. 미국은 이미 아프가니스탄, 타지키스탄, 키르기스스탄에 자신의 군대를 주둔시키고 있었기 때문이다.

5. 서방과의 관계

러시아가 비록 아시아 중시를 강조한다고 해서 미국과 유럽을 중심으로 하는 서방국가들과의 관계를 소홀히 할 수 있는 것은 결코 아니었다. 어느 다른 것보다도 국내경제의 소생을 위해 그리고 '10개년 경제사회발전 강령'의 성공을 위해, 서방의 지원과 협력은 필수적이라는 점 하나만으로도 서방과의 관계를 원만하면서도 긴밀하게 유지해야 할 처지였다. 푸틴 대통령이 2000년 10월에 "러시아와 유럽이 미래의 어느 단계에서 통합의 성격을 띨 수도 있다"라고 말한 것은 러시아가 서방을 얼마나 중시하는가를 우회적으로 표현했다고 하겠다.

실제로 푸틴은 대통령권한대행이던 때인 2000년 3월에 상트 페테르부르크에서 토니 블레어(Tony Blair) 영국 총리를 만난 데 이어, 대통령으로 당선된 직후인 4월에 런던을 방문해 블레어 총리와 다시 회담했다. 두 사람은 그 뒤 몇 차례 더 만나 두 나라 사이의 이해와 협력의 폭을 넓혔다. 푸틴은 대통령에 취임한 뒤인 6월 4일에 모스크바에서 클린턴 미국 대통령의 방문을 받고 두 나라가 1972년에 체결된 탄도탄요격미사일(ABM)협정을 계속해서 지키는 등, 세계평화에 협력하기로 합의했다. 그러나 미국의 국가미사일방어체계계획과 전역미사

유엔 밀레니엄 정상회의에 참석한 각국 정상(좌로부터 클린턴, 장쩌민, 블레어, 푸틴, 시라크)

일방어체계 계획에 대한 러시아의 반대는 여전했다. 만일 미국이 이 계획을 구체적으로 추진하는 경우, 러시아는 거기에 대응하는 독자적 조치를 취하게 될 것임을 경고했다. 푸틴은 곧이어 6월 한 달 동안 스페인과 독일 및 이탈리아를 차례로 방문했다.

푸틴은 2000년 9월 초에는 유엔에서 열린 밀레니엄정상회의에 참석해 미국의 국가미사일방어체계계획과 전역미사일방어체계계획을 격렬하게 비난했다. 이 회의를 계기로 6일에는 클린턴 미국 대통령과 다시 만났으나 분위기는 따뜻하지 못했다. 푸틴은 2001년 6월 16일에 클린턴의 후임인 부시 미국 대통령과, 지난날 유고슬라비아연방의 한 구성국이었던 슬로베니아(Slovenia)의 수도 류블랴나(Ljubljana)에서 첫 정상회담을 가졌다. 이 회담 역시 미국의 미사일방어체계에 대해 아무런 결론을 끌어내지 못했다.

미국과 러시아 사이의 이러한 견제적 관계는 2001년 9월 11일에 일어난 테러사건을 계기로 상당히 많이 바뀌었다. 이슬람 과격주의 단체인 알카에다(Al Qaeda)가 미국의 동부를 상대로 저지른 이 엄청난 테러행위는 부시 행정부로 하여금 반테러전쟁을 수행하기 위해 미사일방어체계를 확립하는 쪽으로 치달리게 만들었으며, 그러한 맥락에서 부시 행정부는 탄도탄요격미사일협정으로부터의 탈퇴를 선언했다. 9·11테러 이전에는 클린턴 행정부와 부시 행정부의 그러한 공통된 정책에 반대했던 러시아는 9·11테러를 본 뒤 미국의 입장을 이해한다는 반응을 보였다. 그리하여 이 협정은 2002년 6월 13일자로 소멸되었다.

푸틴 대통령은 부시 대통령의 2002년 1월의 '악의 축' 발언에 대해서도 사실상 묵인하는 태도를 보였다. 부시가 '악의 축'을 형성하고 있다고 지적한 나라들은 이란과 이라크 및 북한이었다. 러시아가 이 세 나라와 모두 우호적 관계를 갖고 있었는데도, 푸틴을 비롯한 러시아 정부지도자들은 직접적 논평을 피했던 것이다. 이러한 배경에서 푸틴은 2002년 5월 모스크바에서 부시를 맞이해 「전략공격무기감축협정」을 성립시켰다. 6개월 뒤에, 푸틴은 다시 모스크바에서 부시를 맞이

푸틴과 조지 w. 부시(Kremlin.ru)

해 북한핵의 평화적 해결원칙에 합의했다. 2003년 9월에, 푸틴은 미국을 방문하고 캠프 데이비드에서 부시와 다시 회담했다. 푸틴은 미국기업인들이 러시아에 대한 투자를 크게 늘여줄 것을 호소했다.

푸틴은 유럽연합 및 북대서양조약기구와의 관계증진을 위해서도 힘을 기울였다. 그는 우선 2002년 10월 30일에 파리에서 열린 러시아 및 유럽연합 정상회담에 참석해 러시아와 유럽연합 사이의 이해를 증진시키고자 했다. 1999년에 세르비아가 자국 안의 코소보지역 알바니아계 주민들을 학살하자 북대서양조약기구가 대응조치로 코소보에 대해 공습을 가했을 때 러시아는 세르비아편에 서서 북대서양조약기구를 비난함으로써 유럽연합 회원국들의 반발을 불러일으켰었다. 푸틴은 파리 정상회담 참석을 계기로 유럽연합 회원국들의 정상들과 만남으로써 양자 사이의 관계를 원만하게 돌이켜놓고자 시도한 것이다. 그의 외교적 노력은 보상되었다.

2002년 5월 28일에 가진 북대서양조약기구와의 회담에서 러시아는 이 기구 의 동등한 회원 자격을 얻어냈으며, 5월 29일에 가진 유럽연합 정상들과의 회담에서 러시아는 공식적인 시장경제 지위를 얻어냈다.

유럽연합 회원국들과 관계를 보다 순조롭게 하려는 푸틴 대통령의 노력은 부분적으로 미국의 이라크에 대한 무력공격이 준비되던 시기에 나타났다. 그는 2003년 2월에 독일과 프랑스를 순방하고 독일의 슈뢰더(Gerhard Schroeder) 총리 및 프랑스의 시라크(Jacques Chirac) 대통령과 함께 부시 행정부가 이라크를 무력공격하려면 최소한 국제연합의 동의를 얻어야 한다는 입장을 취한 것이다. 이로써 러시아는 독일 및 프랑스와 함께 '반전 3각동맹'을 구성한 것처럼 비쳤다.

그러나 미국은 이라크에 대한 전쟁을 빨리 끝냈다. 이에 따라, 이라크 재건사업에 대한 참여가 중요한 현안으로 떠올랐다. 푸틴은 슈뢰더와 시라크를 상트페테르부르크로 초청해 회담을 가졌는데 그들은 4월 11일에 이라크에서 후세인정권이 붕괴된 것을 환영한다는 데 의견을 같이 했다.

그러나 유럽연합의 확대 추세는 러시아를 불안하게 만들었다. 소련의 일부 국가들과 동유럽의 국가들이 잇달아 유럽연합에 가입하게 되자, 이 국가들에 대한 러시아의 수출액과 영향력이 줄어들기 때문이었다. 이러한 배경에서, 러시아는 2004년 1월에 유럽연합의 지도부를 상대로 14개항의 우려를 담은 문서를 제출했으며, 이에 따라 유럽연합은 러시아의 경제적 우려를 배려한다는 입장을 밝혔다.

이상에서 살폈듯이, 푸틴 대통령은 대통령권한대행 시절을 포함해 1년도 되지 않은 기간에 17회의 해외순방-거기에는 2000년 12월의 쿠바방문이 포함됐다-을 기록할 정도로 활발한 국제외교를 벌였다. 그리고 대체로 성공적이라는 평가를 받았다.

그러나 2000년 8월에 북해함대 소속의 최신예 핵잠수함 쿠르스크(Kursk)호가 침몰하면서 승무원 110여 명이 희생된 참사가 발생하자 그에 대한 비난이 높아졌다. 정부가 늦게 대응함으로써 희생자가 커졌다는 여론 앞에서 그의 인기 역시 일시적으로 내려가기도 했다. 이에 그는 국방비증액과 군개혁을 약속하면서 여론을 달래지 않으면 안 됐다. 실제로 그는 '작지만 정예화된 군'이라는 목표 아래 공수부대와 해군의 정예화에 착수했다. 그러나 이 과제의 성패여부는 러시아의 경제소생에 많이 달려 있었다. 2002년 현재 미국의 1년 국방비의 5% 정도의 국방비밖에는 지출할 수 없는 러시아의 국가예산으로는 군의 정예화란 결코 쉽지 않기 때문이었다.

제25장_ 푸틴정권 제2기 러시아의 내외상황 (2004~2008)

푸틴 대통령은 2004년 3월에 대통령에 재선되어 집권 제2기를 맞이했다. 푸틴 집권 2기의 크렘린은 선거제도 등 민주주의의 외형은 유지한 채 의회를 사실상 복속시키고, 언론 및 시민사회에 대한 통제를 강화함으로써 '관리형 민주주의'의 성격을 나타냈다. 다른 한편으로, 푸틴의 러시아는 서방과의 협력을 이어나가는 가운데서도 안보문제 등에 있어서는 자주 대립함으로써 실용주의적 강대국 지향 외교를 활발하게 펼쳐나갔다. 석유가격 상승에 따른 러시아경제의 고도성장이 푸틴의 대내외정책에 자신감을 불어 넣어주었던 것이다. 이 장은 푸틴정권 제2기의 러시아의 내외상황을 살피기로 한다.

1. 러시아의 정치심리적 분위기와 푸틴의 대통령 재선

2004년 3월 14일에 실시된 대통령선거는 64.3%의 투표율을 기록한 가운데 푸틴에게 약 71.2%의 지지율을 보여주었다. 2위는 러시아연방공산당의 하리토노프(Nikolai Kharitonov) 후보로, 약 13.7%의 지지를 얻는 데 그쳤다. 나머지 4명의 득표는 1% 미만으로부터 5% 미만에 이르기까지 미미했다. 이로써, 2000년 3월에 대통령선거의 경우와 마찬가지로, 그는 2차 투표로까지 가지 않고 1차 투표로 선거를 마감하게 되었다.

재선에 성공한 푸틴의 대통령 취임식(2004)

그러면 무엇이 푸틴의 압승을 가져왔을까? 우선 주가노프와 야블린스키 등 거물급 야당 지도자들이 출마하지 않은 것이 푸틴에 대한 표의 집중에 이바지했다. 또, 정부의 강력한 영향 아래 있는 언론매체들과 공직자들이 직접적으로나 간접적으로 푸틴을 지원한 것이 그의 득표율 제고에 도움을 주었다. 그러나 (1) 1990년대 중반 세 자릿수이던 인플레이션이 2003년 현재 12%로 잡힘과 동시에 경제성장률은 7.3%를 기록했으며 외환보유고가 안정적으로 증가한 것, (2) 세금이 단순화된 것, (3) 러시아경제에 대한 국내외의 신뢰를 살려낸 것, (4) 치안 상태를 크게 개선시킨 것, 그리고 (5) '21세기 차르' 이미지가 푸틴의 정치지도력에 대한 기대를 높인 것 등이 그의 압도적 승리의 요인들로 꼽혔다.

이 밖에, 유권자들의 정치심리적 분위기가 중요하게 작용했음을 간과할 수 없다. 러시아의 중요한 여론조사 기관들이 2003년과 2004년에 실시한 여론조사들에서 응답자들의 약 78%는 "민주주의란 돈 많고 힘있는 패거리들이 통제하는 정부의 간판에 지나지 않는다"고 답변함으로써 민주주의에 대한 강한 불신을 나타냈다. 같은 맥락에서 민주주의나 인권에 대해 관심을 표시한 응답자는 전체 응답자들 가운데 10%에 지나지 않았다.

그러면 그들이 바라는 러시아는 어떤 나라인가? 48%는 '강력한 세계대국'을, 22%는 '풍요롭고 번영하는 나라'를 바란다고 대답했다. 반면에, '교육수준이 높고 문화적인 나라'를 지지한 응답자는 6%에, '평화애호국'을 지지한 응답자는 3%에, '민주주의가 발달한 나라'를 지지한 응답자는 1%에 지나지 않았다. 이러한 분위기는 존경하는 역사적

인물에 대한 반응에서도 같게 나타났다. 표트르 대제와 레닌 및 스탈린이 각각 1위, 2위, 4위로 나타난 것이다. 3위는 푸시킨이었고 5위는 최초의 우주인 유리 가가린이었다.

러시아 유권자들의 이러한 정치심리적 분위기는 2003년 12월에 실시된 제4대 두마선거에서 정당들이 제시한 공약들에 반영되었다. 자신의 공약에 '자유'라는 단어를 포함시킨 정당은 하나도 없었던 반면에, '금지시키겠다', '통제하겠다', '처벌하겠다'라는 단어를 포함시킨 정당이 압도적으로 많았던 것이다.

민주주의를 공고화시켜야 한다고 믿는 쪽에서는 2003년 12월의 선거와 2004년 3월의 선거는 매우 실망스러웠다. 모스크바의 한 여론조사연구소의 소장인 레바다(Yuri A. Levada)는 "이 선거들은, 특히 후자는, 진정한 민주주의적 체제에 대한 희망을 분쇄했다"고 썼다. 그러나 확실해진 것은, 다시 그의 표현으로, "러시아에서 선거가 철저히 제도화되었다"는 사실이다. 소련이 해체된 뒤, 러시아연방에서 지난 13년 동안 국가두마 선거가 네 차례 실시되었고, 대통령선거가 두 차례 실시된 것이다.

2. 주권 민주주의의 등장과 권위주의의 강화

푸틴 대통령은 2004년 5월 26일에 발표한 연례교서를 통해 자신의 국정운영의 방향을 제시했다. 그는 무엇보다도 10년 이내에 국내총생산을 2배로 성장시킴으로써 빈곤을 감소시키고 생활수준을 향상시키겠다고 공약했다. 그는 또 국민건강의 증진, 교육과 과학의 발달, 주택문제의 해결 등 국민생활에 직결된 문제들에 대해 적극적으로 대처할 것임을 약속했다.

푸틴 대통령은 이어 군의 현대화를 다짐했다. 이것은 군을 질적으로 현대화시킴으로써 첨단과학의 발달에 걸맞는 군으로 바꿔놓겠다는 의지의 표시였다. 그는 정치와 제도의 개혁에 대해서도 구체적 프로그램을 제시했다. 거기에는 연금개혁, 세제개혁, 사법개혁, 행정개혁 등이 포함됐다.

이러한 방향의 제시와 더불어 푸틴 대통령은 자신의 직계인 프라드코프(Mikhail Fradkov)를 국무총리로 임명했다. 동시에 실로비키를 대통령 행정실과 내각 등에 광범위하게 포진시켰다. 그는 제1기 때보다 훨씬 더 확실하게 자신의 친정체제를 출범시킨 것이다.

푸틴 대통령의 제2기 개시와 더불어 러시아의 국내외에서는 러시아가 '성숙된 민주주의'로 전진할 것인지 '관리형(管理型) 민주주의'에 멈출 것인지, 아니면 권위주의 체제로 돌아갈 것인지를 둘러싸고 논란이 일어났다. 푸틴 행정부가 중요한 민간기업들을 그들의 '불법'을 명분삼아 억압하면서 국유화하려는 움직임을 보이는 데 대해서도 러시아가 과연 시장경제로의 전환을 순조롭게 진행시킬 것인지 의문이 제기되었다. 이러한 의문은 2004년 10월 초에 푸틴 대통령의 경제보좌관 일라리오노프(Andrei Illarionov)의 공개적 발언을 통해 뒷받침되었다.

일라리오노프는 국무총리 프라드코프를 '보수적 인물'로 평가하면서, 국무총리가 러시아 유가의 상승으로 말미암은 경제상황의 개선에 자기만족해 경제 개혁을 늦추고 있으며, 그리하여 러시아는 시장경제로의 전환에 제동이 걸려 있다고 비판한 것이다. 이러한 논쟁을 바라보며, 서방의 유력한 언론매체들은 푸틴 정부가 러시아를 '국가자본주의'로 전환시키고 있다는 우려를 제기했다.

푸틴 행정부의 국정운영 방향에 대한 우려는 2004년 9월에 북(北)오세티아(North Ossetia)의 베슬란(Beslan)에서 발생한 인질극을 푸틴 행정부가 처리한 방식을 놓고 더욱 커졌다. 체첸의 반군들이 한 초등학교를 점거하고 수백 명의 학생들과 학부모들을 인질로 잡은 채 러시아정부에 저항하자, 러시아의 특수부대가 무자비하게 그리고 서툴게 대응함으로써 상당히 많은 희생자들을 발생시킨 것이다. 이 사건을 푸틴 정부에 예속된 주요한 텔레비전방송국들이 왜곡보도한 것은 더 큰 분노를 불러일으켰다.

그리하여, 영국의 왕립국제문제연구소인 채텀 하우스(Chatam House)가 발행하는 월간지 『월드 투데이(*World Today* : 오늘의 세계)』가 논평했듯, 이 사건은 소련 해체 이후의 러시아 역사에서 '하나의 분수령'을 형성한 것으로 서방세계에서 받아들여졌다. 푸틴의 러시아가 인명경시의 권위주의체제로 돌아섰음을 의미했다는 것이었다.

위에서 지적한 베슬란 초등학교의 테러사건에 대한 푸틴 정부의 의문스러운 대응은 처음이 아니다. 2년 전에도 그와 유사한 사건이 있었다. 2002년 10월 체첸 출신 테러분자 수십 명이 「노르트-오스트(Nord-Ost)」라는 오페라가 상연되고 있던 모스크바의 두브로브카(Dubrovka) 극장을 점거한 사건이 그것이다. 테러범들은 850명의 관람객들을 인질로 잡고 체첸 독립을 인정해줄 것과 체첸공화국으로부터 러시아정부군이 즉각 철수할 것 등을 요구했다. 푸틴 정부는 테러범과 타협하지 않고 단호하고 즉각적인 진압을 선택했다. 그런데 정부군이 테러범들을 진압하는 과정에서 민간인 관람객 130명 이상이 희생되었다. 그리하여 이 무렵에도 러시아 국내외에서 정부군의 미숙한 대응과 과잉진압에 비판이 제기된 바 있다.

테러범들에 의해 어린 초등학생들이 다수 희생된 베슬란 사건은 러시아 정치지형을 크게 변화시키는 계기가 되었다. 푸틴은 테러에 효과적으로 대응할 수 있는 제도적 장치들을 정비해야 한다는 명분으로 중앙집권화를 강화하는 일련의 정치개혁 조치들을 취했다. 첫째, 주지사를 직선제로 뽑는 대신 연방 대통령이 주지사 후보를 지명해 해당 주 의회에서 인준을 받도록 함으로써 사실상 지방의 행정조직까지 크렘린이 장악하게 되었다. 둘째, 국가두마 의원 선거에서 소선거구제 방식의 직접 투표에 의한 의원 선출방식을 폐지했다. 그 대신 450명 전체 하원(두마)의원을 정당명부별 비례대표제 방식으로 선출하기로 했다. 셋째, 푸틴 정부는 법안이 국가두마에 제출되기 이전에 법안을 선별하고 심사하기 위해 새로운 유사입법기관인 '공공심의원(Public Chamber)'을 설치했다. 이러한 변화 때문에 지방의 정치적 자율권은 크게 축소된 반면 중앙정부의 권력은 더욱 비대해지게 되었다. 그 뿐만 아니라 크렘린은 의회에 대해 확고한 장악력을 갖게 되었으며 입법기관으로서의 국가두마의 위상은 더욱 위축되었다. 말하자면, 푸틴은 테러의 빈발이라는 국가적 위기상황에 편승해 소위 '권력의 수직화', 다시 말해 크렘린을 정점으로 하는 고도의 중앙집권화 정책과 행정부로의 권력집중 정책을 펼침으로써 러시아 정치에 있어서 푸틴의 권력기반은 한층 더 공고화되었다.

그러한 일련의 정치개혁 조치에 더해 뒤에서 다시 언급하게 될 '색깔혁명(color revolution)'에 대응해 나오게 된 이른 바 '주권민주주의(sovereign democracy)'는 푸틴 2기 정부의 권위주의적 색채를 더욱 뚜렷하게 만들었다. 2003년 조지아, 2004년 우크라이나, 그리고 2005년 키르기스스탄에서 각각 발생했던 민주화 운동이었던 '색깔혁명'에서 주도적인 역할을 한 것은 시민단체들과 국제적 연대를 갖고 있던 비정부조직(NGO)이었다. 러시아의 통치엘리트들은 포스트소비에트 국가들에서의 이러한 정변에 미국을 비롯한 서방국가들이 재정적, 정치적으로 깊숙이 개입되어있다는 심증을 갖고 있었다. 따라서 이웃국가들에서 발생한 '색깔혁명'이 러시아 내부에까지 확산될 수도 있다는 우려를 갖고 있었던 푸틴과 그의 측근들은 그러한 서방세력의 영향력 침투를 사전에 차단해야 할 필요를 느끼게 되었다.

그러한 필요성을 뒷받침해 준 논리가 2005년 푸틴의 측근 수르코프(Vladislav Surkov)가 제안한 '주권 민주주의'였다. '주권민주주의'는 서방의 영향을 받은 반정부 세력이 러시아의 정치적 안정을 해치는 것을 막고 기존 집권세력의 권력기반을 강화하기 위해 국가의 주권과 사회에 대한 국가권력의 우위를 강조하고 경제부문에 대한 국가 통제를 정당화하는 한편, 국제무대에서 러시아가 강대국의 지위를 회복해야 하며, 민족주의를 유지해야 한다는 내용을 담고 있다. 말하자면, '주권민주주의'는 다원주의와 자유주의를 기반으로 하는 서구식 민주주의를 배격하고 러시아는 러시아에 맞는 정치체제를 발전시켜야 한다는 주장으로서 푸틴의 권위주의적 통치를 이론적으로 뒷받침해주는 기능을 수행했다.

3. 강대국 러시아를 향한 공세적 외교

2000년에 취임한 이래 4년간 자신의 권력기반을 공고히 다진 가운데 경제를 빠르게 성장시키는 데 성공한 푸틴은 두 번째 임기를 맞아 집권 1기 때보다는 상대적으로 공세적인 외교정책을 펼치기 시작했다. 이 무렵 러시아는 서방과의 협력기조를 포기하지 않으면서도 러시아와 포스트소비에트 공간에 대한 서방측의 개입과 영향력 확대 시도에 대해서는 보다 적극적으로 대응하는 모습을 보이게 된다. 다른 한편으로 러시아는 자신의 영향권역인 포스트소비에트 국가들과 외교안보 및 군사적 측면뿐만 아니라 경제적, 문화적 유대를 강화하려는 노력을 기울이게 되었다.

2005년 4월 24일 상하 양원 의원들 앞에서 발표한 연례교서에서 푸틴은 "소련의 해체는 20세기 최악의 지정학적 재앙"이었다고 주장했다. 푸틴의 그러한 언급에는 러시아를 강대국의 반열에 올려놓겠다는 강한 의지가 엿보인다. 현실주의자인 푸틴은 러시아가 옛 소련으로 복귀하는 것은 불가능하다는 것을 누구보다도 더 잘 알고 있었다. 다만, 그는 서방의 부당한 간섭을 배격하면서도 서방과의 협력을 통해 러시아경제를 세계경제에 편입시켜 국력을 배양하는 한편으로, 옛 소련지역에 대한 자국의 패권적 영향력을 유지해야 한다는 원칙을 견지해야 한다는 입장을 갖고 있었다. 이와 같이 러시아가 보다 현실주의적 강대국 지향외교를 추진하게 된 배경으로는 크게 보아 두 가지 요소를 지목할 수 있다.

먼저, 푸틴이 두 번째 임기를 시작할 무렵, 국제유가의 상승에 힘입어 러시아경제는 호황을 누리고 있었다. 푸틴이 재선될 무렵인 2004년의 국내총생산(GDP) 성장률은 7.2%를 기록했고, 2006년에는 8.2%까지 치솟았다. 이러한 고도성장에는 앞서 살펴 본 바와 같이 푸틴 1기 동안에 이룩한 경제개혁이 밑거름이 된 것은 물론이다. 그러나 러시아경제를 고도성장으로 이끈 보다 더 근본적인 요인으로는 국제 석유가격의 지속적인 상승세를 들 수 있다. 국제유가는 서부텍사스산 중질유 기준으로 1998년 11월에 배럴당 16달러 84센트로 바닥을 친 이후 계속적인 상승세를 보인 끝에 푸틴이 1기 임기를 시작한 2000년 5월에는 41달러를 넘어서더니 2006년 1월에는 83달러를 돌파했다. 이러한 경제적 호황에 자신감을 얻은 푸틴은 국제무대에서 러시아를 강대국으로 복귀시키기 위한 노력에 본격적으로 나설 수 있었다.

한편으로 2000년대 초반 무렵 러시아와 이웃한 일부 옛 소련 국가에서는 민주화라는 명분으로 권위주의 정권을 축출하고 반러시아적이고 친서방적인 정권을 수립하는 정치변동, 즉 '색깔혁명(color revolution)'이 연쇄적으로 일어나게 되었다. 2003년 조지아에서 발생한 '장미혁명'과 2004년 우크라이나에서 폭발했던 '오렌지혁명', 그리고 2005년 키르기스스탄에서 일어난 '튤립혁명'이 그것이다. 크렘린 당국은 이러한 연쇄적인 색깔혁명의 배후에 CIS 지역에서 러시아의 패권을 견제하고 자신의 영향력을 침투시키려는 미국 등 서방의 전략이 개입되어 있다고 의심했다.

이러한 분위기 속에서 크렘린은 외국의 간섭과 영향력을 봉쇄하고 국내의 반대 목소리를 통제하기 위해 '주권민주주의'를 내세우게 되었다는 것은 앞에서 지적한 바와 같다. 특히 러시아는 색깔혁명의 와중에서 CIS 국가들이 반러, 친서방으로 기울지 않도록 많은 노력을 기울이게 되었다. 또한 러시아가 국제무대에서 일방주의적 행보를 보이면서 중앙아시아 등 옛 소련지역으로 세력을 확대하려는 미국과 서방에 대해 비판을 가하게 된 것은 '색깔혁명'과 밀접하게 관련되어 있었다. 러시아 주변국의 '색깔혁명'은 서방이 개입해 일어난 반러시아, 친서방 정변이라고 의심하는 러시아의 입장에서는 옛 소련 주변국들에 대해 양면작전을 펼쳤다. 한편으로 러시아는 색깔혁명이 국내로 유입되는 것을 차단하기 위해 역내 국가들과의 협력을 강화하려고 했다. 다른 한편으로 모스크바는 반러시아적 입장을 취하고 있는 국가에 대해서는 힘을 과시하는 정책을 펼쳐 나갔다. 다음 장에서 다룰 2008년의 러시아-조지아 전쟁이 그 대표적인 사례이다.

이러한 국내외적인 배경 하에서 러시아는 실용주의적 강대국 외교를 펼치게 되었다. 즉, 러시아는 서방의 자국에 대한 간섭과 압력에 대해서는 단호하게 맞서면서 자국의 외교·안보적 이익을 지키는 한편으로 경제적으로는 세계시장에의 편입과 서방과의 협력을 도모했다. 한편, 러시아는 포스트소비에트 지역에 대해 자국의 영향력을 더욱 강화시키려는 노력을 계속 기울이게 되었다. 이러한 외교정책의 방향에서 푸틴 2기의 러시아는 강대국으로의 부활을 추구해 서방 국가들에 대한 공세적 태도를 취하면서도 그들과의 협력을 통해 자국의 실리를 추구하는 실용주의적 외교를 펼쳐나간 것이다. 그리하여 푸틴 2기에 접어들어 러시아는 미국을 비롯한 서방세력의 영향력에 종속되어 있는 국가가 아니라 국제체제에서 스스로 중심적인 역할을 담당하는 강대국으로서 '정당한' 지위를 찾아가는 노력을 본격화 한 것으로 평가된다.

러시아가 강대국으로 발전해야 한다는 국가적 목표는 푸틴이 권좌에 오르기 직전인 1999년말에 자신의 이름으로 발표한 「새천년을 맞이하는 러시아」라는 논문에 이미 나타나 있다. 이 논문에서 푸틴은 러시아가 과거에 강대국이었을 뿐만 아니라 현재도 강대국이며, 앞으로도 강대국으로 남아 있어야 한다고 강조했다. 실제로 러시아는 푸틴 집권 이래 에너지 강국이라는 입지를 배경으로 국력을 빠른 속도로 강화시켜 나감에 따라 강대국 재건의 꿈에 가까이 다가설 수 있게 되었다. 2007년 2월에 열린 뮌헨안보회의에서 푸틴은 미국의 일방주의에 대해 강력하게 비판함으로써 국제정치질서의 다극화 필요성을 부각시켰다. 동시에 푸틴은 나토의 "무리한" 회원국 확대가 유럽과 유라시아 대륙의 안보불안정을 불러일으키고 있다고 지적함으로써 옛 소련국가의 나토 추가 가입에 대해 경고하기도 했다. 더 나아가 같은 해 3월에 나온 「러시아 연방의 외교정책에 대한 검토」라는 러시아외무부 외교정책보고서는 러시아가 외교정책의 독립성을 확보하게 되었다고 평가하는 한편으로 국제체제에서 더욱 중요한 역할을 맡아야 한다고 지적함으로써 스스로 강대국으로서의 위상을 천명했다.

4. 포스트소비에트 지역 및 아시아 국가들과의 관계

포스트소비에트 지역과의 관계

앞서 지적한 바와 같이 푸틴은 집권 2기를 맞아 러시아를 강대국으로 만들기 위한 노력에 박차를 가하게 되었다. 그런데 러시아가 글로벌 강대국으로 나아가기 위해서는 포스트소비에트 지역에 대한 지배적인 영향력 유지가 우선적으로 요구되었다. 말하자면, 푸틴의 러시아는 옛 소련지역에 대한 지배적 영향력 유지 여부를 강대국으로의 재부상을 위한 중요한 시금석으로 간주했던 것이다.

러시아는 스스로가 옛 소련 지역의 맹주가 되기 위해 유라시아 지역에서의 새로운 통합이 필요하다고 판단해 포스트소비에트 초기부터 독립국가연합(CIS)을 중심으로 이 지역의 통합에 공을 들였다. 그러나 옛 소련 공화국들의 독자적인 발전전략과 러시아와 나머지 국가들 사이의 다양한 관계양상으로 말미암아 CIS 전체를 대상으로 하는 통합 노력은 사실상 실패로 돌아갔다. 그리하여 2000년대 들어와 러시아는 포스트소비에트 지역에 대해 보다 현실주의적인 접근법을 취하기 시작했다. 즉, 이들 국가들과의 접근방식에 있어서 러시아는 옛 소련 국가들과 다소 축소된 규모의 다자적 접근과 양자적 접근의 병행전략을 채택하게 되었다.

푸틴의 러시아는 CIS 회원국 일부를 중심으로 안보 및 경제 분야에서의 다자 협력체를 발전시켜 포스트소비에트 공간에서 러시아가 중심이 되는 협력구조를 형성하는 데 힘을 쏟았다. 먼저, 안보부문을 보면, 러시아는 2002년 10월에 테러리즘과 마약밀매 등 국제범죄에 공동대처하고 역내의 재난구호 및 평화유지 활동을 공동으로 수행하기 위해 '집단안보조약기구(CSTO)'라는 집단안보체제를 창설했다. 이 조직은 러시아, 벨라루스, 카자흐스탄을 포함 모두 7개국의 회원국을 두고 있다. 또한 러시아는 중국과 손을 잡고 중앙아시아 지역에서 국경선의 안정을 기하고 국제테러리즘, 분리주의 및 극단주의세력의 준동을 막기 위해 역내 국가들과 '상하이협력기구(SCO)'를 통한 다자안보협력을 발전시켜오고 있다.

경제 부문의 다자협력체를 보면, 푸틴의 러시아는 2000년에 벨라루스, 카자흐스탄, 키르기스스탄, 타지키스탄 등과 함께 역내 교역, 투자, 노동시장 개방 등을 촉진시키고 역내 경제통합을 도모하기 위해 '유라시아경제공동체(EurAsEC)'를 출범시킨 바 있다. 유라시아경제공동체는 2006년에 우즈베키스탄이 가입해 그 규모가 확대되었다. 이 조직은 나중에 '관세동맹'을 거쳐 '유라시아경제연합'으로 발전하게 된다.

한편, 러시아는 포스트소비에트 지역 내에서 자국의 영향력을 효과적으로 유지, 확대하기 위해 다자적 접근과 더불어 양자적 접근 방식을 동시에 채택해왔다. 푸틴은 에너지 강국의 위상을 바탕으로 포스트소비에트 에너지 생산국들과 소비국들에게 양자적 접근을 통해 압박을 가했다. 우선, 러시아는 미국과 유럽이 옛 소련 권역에서 러시아의 송유관 및 가스관 독점권을 무너뜨리기 위해 건설한 대체 파이프라인을 무력화시키고 자국과의 에너지 협력을 강화하기 위해 관련국들과 활발한 양자외교를 펼쳤다. 모스크바는 산유국인 카자흐스탄에 대해서는 서방이 건설한 BTC(Baku–Tbilisi–Ceyhan)라인 대신 기존의 러시아 송유관을 계속 사용하도록 유도했다. 또한 러시아는 2007년 투르크메니스탄과 천연가스 도입에 관한 장기계약을 체결했다. 더 나아가 2007년 5월 푸틴 대통령은 카자흐스탄과 투르크메니스탄을 방문해 옛 소련 에너지 생산국 중심의 "유라시아 가스동맹"을 제안하기도 했다.

다른 한편으로 러시아는 색깔혁명 이후 반러, 친서방 행보를 보이고 있던 우크라이나가 가스공급가 인상 요구를 거절하자 2006년 1월과 2009년 1월에 각각 우크라이나를 거쳐 유럽으로 향하는 가스관의 밸브를 전격적으로 닫아버림으로써 큰 파장을 일으키기도 했다. 이는 2004년 오렌지 혁명 이후 반러적 행보를 걸어온 우크라이나에 대한 외교적 압박으로 해석되었다. 그러나 에너지 자원을 외교적 지렛대로 사용하려고 하는 러시아의 그러한 에너지 외교는 양날의 칼로 작용했다. 한편으로는 유럽과 CIS 국가들에게 에너지 자원을 공급하는 러시아가 에너지 공급을 일시적으로 중단하는 강수를 둠으로써 에너지 수입국들에 대해 일정한 외교적 영향력과 경제적 이권을 얻을 수 있을 것으로 기대되었다. 그러나 다른 한편으로 러시아의 그러한 행보는 에너지 공급국으로서의 신뢰성을 훼손함으로써 중장기적으로 러시아와의 에너지 거래를 줄이거나 대체하는 결과를 초래할 수 있다는 우려를 낳았다.

이처럼 러시아는 포스트소비에트 지역에 대한 지배권 확립을 강대국 도약을 위해 매우 중요한 관문으로 간주했다. 그리하여 모스크바는 이 지역에 대해 여러 이슈영역에서 상황에 따라 유화정책과 압박정책 등을 번갈아 사용하는 다차원적인 접근방식을 동원해 자신의 입지를 다지고자 노력했다.

중동과의 관계

푸틴 2기의 러시아는 중동 국가들과 실질적인 경제협력을 활발히 펼침으로써 이 지역에 대해 보다 실용주의적인 접근 방식을 나타냈다. 2004년 12월에 푸틴은 러시아(소련 포함) 최고 지도자로서는 처음으로 터키를 방문했다. 2004년경 러시아와 터키 사이의 교역량은 110억 달러에 달했는데 그 중에서 상당부분은 러시아산 천연가스의 대 터키 수출이 차지하고 있었다. 터키는 대 러시아 무역수지 적자를 줄이기 위해 자국을 경유해서 남유럽으로 수송되는 가스관의 통과료 인상을 요구하기도 했다. 한편, 러시아는 이란 문제를 둘러싸고 서방과 갈등을 노정하기도 했다. 1995년 러시아는 이란과 1,000 메가와트급 부쉐르 원자력발전소 건설 계약을 체결했었다. 그러나 이란이 우라늄 농축을 통한 핵개발 및 미사일 개발 의혹에 휩싸이게 되자 미국의 주도 하에 이란에 대한 유엔 제재가 취해졌다. 이에 따라 러시아와 이란의 원전건설 프로젝트는 차질을 빚게 되었고 2010년에 가서야 1단계 공사가 마무리 되었다. 러시아는 이란과의 협력관계 확대를 위해 대 이란 제재조치의 해제를 위해 노력했으나 수년간 그 뜻을 이루지 못했다.

아시아 국가들과의 관계

푸틴 2기에 접어들어 러시아는 미국 및 유럽과 기본적인 협력관계를 유지하면서도 전반적으로 그들과 긴장과 갈등관계를 나타냈다. 그럼에도 러시아는 포스트소비에트 지역 다음으로 유럽과 미국에 대해 높은 외교적 비중을 두어왔다. 이러한 지역에 비해 동북아를 비롯한 아시아 지역은 러시아외교의 핵심적인 관심에서 벗어나 있었다. 그러나 국익을 중시하는 현실주의자 푸틴은 점차적으로 아시아 국가들과의 협력관계를 확대·강화하는 행보를 나타냈다. 2004년 5월에 발표한 연례교서에서 푸틴은 러시아의 "주요 파트너"로서 미국과 함께 중국, 일본, 인도를 거론함으로써 아시아 주요국들과의 교류와 협력을 증대해 나갈 의향을 표명한 바 있다.

러시아는 특히 중국을 가장 중요한 협력파트너로 간주한다. 2001년 러시아와 중국 사이에 「선린·우호·협력조약」이 체결된 이래 모스크바는 베이징과 다방면에서 전략적 동반자관계를 지속적으로 강화시켜 왔다. 2006년에는 중국이 '러시아의 해'를 선포했으며 이듬해에는 러시아가 '중국의 해'를 기념하는 등 양국은 서로 간에 우호·협력을 증진시키기 위한 노력을 활발히 해왔다. 그리하여 이 무렵 러시아와 중국 사이의 우호협력 관계는 양국관계사에서 가장 높은 수준에 도달하게 되었다는 평가를 받았다. 러시아와 중국은 양국 간에 오랜 현안으로 남아 있던 국경선 획정문제를 마침내 2005년 6월에 매듭지었다. 1999년에 44억 6천만 달러에 머물러 있던 양국의 교역량은 2007년에는 402억 9천만 달러를 넘어섬으로써 8년간 10배에 가까이 늘어났다. 그러나 1992년 12월 양국 간 군사기술협력에 관한 협정이 체결된 이후 꾸준히 늘어가던 러시아산 무기의 대 중국 수출은 2000년대 중반 무렵에 이르면 급격한 감소세에 들어가게 된다. 2005년 러시아 전체 무기수출의 64.3%에 달했던 대중 무기수출 비중이 2008년에는 18%로 크게 줄었다. 이는 첨단기술이 유출됨으로써 자국의 안보에 위협이 될 수 있다는 러시아측의 우려에다가 완제품보다는 기술도입을 선호하는 중국측의 입장이 엇갈렸기 때문이다. 그럼에도 전반적으로 양국은 군사·안보협력을 강화시켜나갔다. 예컨대, 2005년 이래 양국은 상하이협력기구(SCO)의 틀 속에서 테러리즘과 종교적 극단주의에 대한 공동대처를 앞세워 해마다 '평화사명(Peace Mission)'이라는 합동군사훈련을 실시해왔다.

앞서 살펴본 바와 같이, 푸틴은 자신의 첫 번째 대통령직 취임 초기에 일본과 평화조약 체결을 위한 협상을 벌였으나 별다른 성과를 거두지 못했다. 푸틴 집권 2기에 들어서서도 남쿠릴열도 4개섬에 대한 러일 간 영유권 문제에 있어서 별다른 진전이 이루어지지 않았다. 그럼에도 러시아는 일본과 교역, 시베리아·극동 개발, 그리고 에너지 부문에서 협력 기조를 이어갔다. 2004년에는 양국 간 교역이 전년도에 비해 40% 늘어난 80억 달러를 기록했으며 사할린의 주요 광구를 포함해 러시아 에너지 부문에 대한 일본 기업들의 투자도 지속적으로 이루어졌다.

한편, 러시아는 인도와도 협력관계를 발전시키기 위한 공을 들였다. 과거 중소 분쟁 당시에 중국을 견제하기 위한 카드로 여겨졌던 인도는 이제 미국의 독주를 제어하고 다극적 국제질서를 형성하는 데 매우 중요한 전략적 협력 파트너로 떠오르게 되었다. 이러한 관점에서 러시아, 중국, 인도 등 3개국 외무장관들은 2005년 6월부터 정례적으로 회동을 갖고 세계정치의 다극화 필요성을 천명해오고 있다. 2000년대 후반부터 러시아와 인도 사이에는 러시아산 무기와 에너지 부문을 포함한 양자 교역이 꾸준히 늘어나는 추세를 보였다.

앞서 지적한 바와 같이 푸틴은 2000년 취임 이후 줄곧 남북한에 대한 등거리 외교노선을 유지해왔다. 그러한 러시아의 입장은 푸틴 2기에도 지속되었다. 이 시기에 러시아는 기본적으로 한국과는 경제협력을 중심으로, 북한과는 정치적 협력을 위주로 한 한반도 정책을 펼쳤

크렘린 궁에서 노무현 대통령과 푸틴 대통령

다. 2004년 9월 21일 모스크바에서 열린 노무현 대통령과 푸틴 대통령 간의 한러 정상회담은 양국 관계를 기존의 '건설적이고 상호보완적 동반자 관계'에서 '상호 신뢰하는 포괄적인 동반자 관계'로 격상시켰다. 한국과 러시아 간 양자 협력은 꾸준히 증대했다. 1999년에 22억 2,700만 달러에 머물렀던 양국간 교역 규모가 2008년에는 8배 이상 증가한 180억 8,800만 달러에 이르렀다.

한국과 러시아 양국은 2000년대 초반부터 논의되어 왔던 한반도 종단철도(TKR)와 시베리아 횡단철도(TSR)의 연결과 북한을 경유하는 가스관을 통한 러시아 천연가스 도입 등을 포함한 남북러 삼각협력을 추진하기 위한 협의를 계속했다. 그러나 북한의 핵무기 및 미사일 개발 시도와 2006년의 핵실험으로 인해 남북러 삼각협력은 추진력을 잃고 말았다. 북한의 핵개발에 대해 러시아는 일관되게 6자회담을 통한 평화적인 해결을 주장해왔으며, 그 과정에서 스스로 중재자 역할을 담당하고자 했다. 그러나 북러 사이에는 정치·외교적인 우호·협력 분위기를 제외한 양자간 실질 협력은 미미한 수준에 그쳤다. 2005년 무렵 2억여 달러에 달했던 양국간 교역규모는 2008년 무렵에 5,000만 달러까지 떨어졌다.

5. 서방과의 관계

푸틴 2기에 접어들어 러시아는 스스로 강대국으로 발돋움하기 위해 포스트소비에트 지역에 대한 영향력을 강화시키고, 아시아 국가들과의 협력을 강화하는 등 다소 공세적이면서도 실리를 추구하는 현실주의적 대외정책을 펼치는 경향을 보였다. 미국과 유럽 등 서방에 대한 러시아의 대외정책도 그러한 현실주의적이고 강대국 지향의 성격을 나타냈다. 전체적으로 볼 때 푸틴 1기와 비교해 푸틴 2기의 러시아는 서방에 대해 협력과 공조보다는 경쟁과 갈등 기조를 더 강하게 나타냈다.

물론, 푸틴 2기에 접어들어서도 러시아는 미국을 비롯한 서방과의 협력을 계속 유지하고자 했다. 예를 들면, 2004년 5월 푸틴은 연례교서에서 서방과의 협력의 중요성을 언급했다. 이 연설에서 푸틴은 미국과의 협력을 계속하는 것이 러시아의 국가이익에 매우 중요하다는 점을 지적했다. 푸틴은 특히 테러와의 전쟁이 러시아 연방의 일관되고 변함없는 국정과제로 남아 있음을 강조했다. 따라서 푸틴은 러시아가 그러한 목표를 효과적으로 수행하기 위해 미국 등 관련국가들과의 제휴를 지속해 나가는 데 대외정책의 우선 순위를 둘 것이라고 밝혔다. 실제로 러시아는 미국과 함께 글로벌 전략안정의 차원에서 핵확산 방지 레짐을 유지하기 위해 공동의 노력을 펼쳤다. 북한 핵문제를 논의하기 위해 양국은 유엔 안보리와 6자회담을 통해 협력했다. 양국은 이란의 핵연료 재처리에 대해서는 규제를 하면서도 핵의 평화적 사용에 대해서는 허용한다는 입장을 공유함으로써 러시아의 이란 내 원전 사업에 대한 논란을 비켜갔다. 또한 미국이 러시아에게 2006년 12월 모스크바 지하철 테러계획에 관련된 정보를 제공하는 등 테러 문제에 대한 양국 협력을 이어갔다. 그럼에도 푸틴 2기에 접어들어 러시아는 다극적 국제질서의 수립을 강조하는 한편, 스스로 그러한 다극질서의 한 축을 맡아야 한다는 전제 아래 이전 시기보다 공세적이고 독립적이며 강경한 대외정책 기조를 내세우게 되었다.

그렇다면, 이 시기에 러시아와 서방 사이에 협력적 관계보다는 경쟁 및 갈등 기조가 더 뚜렷하게 나타난 이유는 무엇인가? 무엇보다도 그것은 앞서 지적한 바와 같이 포스트소비에트 지역에서 일어난 색깔혁명으로 인해 러시아는 미국과 유럽에 대해 강한 불신을 갖게 되

푸틴과 조시 W. 부시

었다는 사실에 기인한다. 더구나 2002년 미국의 일방적인 ABM 조약 탈퇴와 2007년 무렵부터 본격적으로 추진되기 시작한 유럽 배치 미사일방어체계(MD)는 러시아와 서방 사이의 갈등의 원천이 되었다.

나토가 동유럽에 배치하기로 한 MD 시스템은 미국과 러시아 사이에 가장 첨예한 대립을 불러 일으켰다. 이란 등 소위 불량국가로부터 발사될 수 있는 미사일로부터 유럽과 미국을 방어한다는 논리에서 출발한 MD 시스템의 유럽배치 계획은 체코 등에 레이더 기지를 두고 폴란드, 루마니아 등에 적의 미사일을 추적해서 파괴시킬 수 있는 방어미사일 기지의 건설을 포함하고 있었다. 이에 대해 러시아는 나토의 이러한 MD시스템이 자국의 안보를 심각하게 위협한다는 이유로 강력하게 반대했다. 그러한 나토의 MD 시스템에 반발해 2007년 7월에 러시아는 1990년에 체결되었던 '유럽의 재래식 전력 감축협정(CFE)'의 효력을 정지시키는 조치를 취했다. 더 나아가 러시아는 나토의 MD 시스템을 뚫을 수 있는 신형 미사일을 개발했으며 향후에는 대륙간 탄도탄 토폴 엠(Topol-M)에 다탄두를 탑재할 계획이라고 밝혔다.

미러 갈등의 또 다른 요인으로는 러시아와 서방 간 가치의 충돌을 들 수 있다. 러시아는 자유, 인권, 민주주의 등 서구적 가치 대신 국가와 주권을 강조하면서 사실상 권위주의를 당연시 하는 비서방적 정체성을 강조해 왔다. 이러한 러시아의 입장은 미국 및 유럽과 갈등과 긴장관계를 불러일으킨 주요 원인 가운데 하나로 작용했다. 푸틴 대통령은 2005년 2월 24일에 슬로바키아의 수도 브라티슬라바(Bratislava)에서 부시(George W. Bush) 미국 대통령과 정상회담을 가졌다. 이 자리에서 부시 대통령이 간접적인 표현으로 러시아가 권위주의로 회귀하는 데 대한 우려를 표시하자, 푸틴은 "러시아는 14년 전인 1991년에 민주주의를 선택했으며 과거로 돌아가는 것은 불가능하다"라고 응수했다.

이 시기 러시아와 유럽연합 사이에는 상호 실용적인 협력 기조가 형성되어 있었으나 몇 몇 이슈에서는 이견과 상호불신의 요소도 내재되어 있었다. 우선, 2005년 모스크바에서 열린 러시아-유럽연합 정상회의에서 양측은 경제, 법치, 안보, 교육·문화 등 네 개 부문에서의 공동공간(Four Common Spaces)에 대한 포괄적인 협력원칙에 합의했다. 이에 앞서 2004년 5월 모스크바에서 열린 러시아-유럽연합 정상회의에서 유럽연합은 러시아가 온실가스 배출을 규제하는 교토 의정서를 비준하는 조건으로 이 나라의 세계무역기구(WTO) 가입을 지지한다고 선언했다.

에너지 부문은 러시아와 유럽국가들 사이의 협력관계가 가장 두드러지게 나타난 분야이다. 다수의 유럽국가들이 러시아로부터 천연가스와 석유를 수입함에 따라 양측은 에너지 부문에서 협력을 하지 않을 수 없는 입장이었다. 2008년 글로벌 금융위기 이전까지만 하더라도 유럽이 수입하는 천연가스의 42%와 석유의 33%가 러시아에서 공급되고 있었다. 한편, 러시아 석유 수출량의 약 80%와 천연가스 수출량의 70%를 유럽시장이 차지하고 있었다. 다시 말해, 에너지 부문에서 러시아와 유럽연합은 상호의존적인 관계에 놓여 있었다.

그럼에도 양측 사이에는 갈등의 요소도 동시에 존재하고 있었다. 우선, 유럽연합측은 러시아를 포함한 옛 소련지역에 민주주의, 자유, 인권, 법의 지배 등 유럽적인 가치관을 파급시키려는 노력을 기울여왔다. 그러나 러시아는 그러한 유럽의 행보에 대해 불신과 경계감을 숨기지 않았다. 앞서 지적한 바와 같이 2000년대 중반에 러시아 주변국에서 일어난 색깔혁명은 유럽에 대한 러시아의 그러한 불신과 경계심을 재확인시키는 계기가 되었다.

경제 및 에너지 부문에서도 시장논리를 강조하는 유럽국가들과 국가의 주권을 우선시 하는 러시아 사이에는 갈등과 충돌의 가능성이 잠재되어 있었다. 러시아는 에너지 공급국의 입장에서 에너지 상류 부문, 즉 채굴 부문과 가스관 및 송유관에 대한 통제권을 확고하게 지켜야 한다는 입장인 반면에 유럽측은 투명성과 자유경쟁의 원칙 아래 파이프라인을 포함한 에너지의 전 부문에 대한 접근 및 투자에 관한 제한이 철폐되어야 한다는 입장을 보였다. 이러한 이견으로 인해 러시아는 유럽이 제안해 1997년부터 발효된 에너지헌장조약(Energy Charter Treaty)에 서명을 거부해왔다. 에너지헌장조약은 유럽과 세계 에너지 시장에서 에너지의 거래, 운송, 그리고 투자 등을 규율하는 제도적인 장치로 알려져 있다. 러시아측은 에너지 생산국의 자국내 자원에 대한 '정당한' 권리와 주권을 무시하고 있다는 이유로 이 조약을 받아들이지 않았다. 유럽적 가치와 러시아적 가치 사이의 정체성의 차이로 인해 그러한 잠재적 갈등요인은 대내외적인 조건에 따라 언제든지 현실화될 개연성을 갖고 있었던 것이다.

요컨대, 러시아와 중국 관계의 긴밀화, 러시아와 이란 사이의 우호관계, 9.11 이후 중앙아시아에 주둔하고 있던 미군에 대한 러시아의 철군 요구, 유럽과 포스트소비에트 지역에 대한 러시아의 에너지 무기화 정책, 중동, 중국, 라틴아메리카 국가들에 대한 러시아산 무기 수출 등 모스크바의 공격적인 대외 행보로 말미암아 서방과 러시아 간의 관계는 협력과 공조보다는 갈등과 대립이 더 두드러지게 되었다.

제26장_메드베데프 정권 시기 러시아의 내외 상황(2008~2012)

1. 메드베데프의 권력승계와 탠덤체제의 등장

푸틴에서 메드베데프로의 권력승계

2000년에 권좌에 올라 8년간 러시아를 통치한 푸틴은 빠른 경제성장과 정치안정, 그리고 러시아의 강대국 부상 등 대내외적으로 괄목할 만한 업적을 쌓았다. 그리하여 푸틴은 두 번째 임기 후반에 이르러서도 러시아 시민들의 광범위한 지지를 얻고 있었다. 그런데 1993년에 만들어진 러시아연방 헌법은 현직 대통령의 연임은 허용하고 있지만 특정인이 세 번 연달아 대통령직을 맡을 수 없도록 하고 있다. 자신의 임기말이 가까워지는데도 권력누수는커녕 국정을 완벽하게 장악하면서 국민들의 높은 지지를 얻고 있던 푸틴이 헌법을 개정하여 세 번째 출마를 강행할 것인가, 아니면 후계자를 내세울 것인가라는 문제는 러시아 국내외에서 비상한 관심을 불러 일으켰다. 결국, 푸틴은 현행 헌법을 따르기로 결정하고 후계자를 물색하기 시작했다. 푸틴이 개헌을 통해 자신의 3연임을 시도하지 않았던 것은 무엇보다도 앞서 언급했던 '색깔혁명'을 의식한 행보로 풀이된다. 다시 말해, 푸틴은 헌법을 존중한다는 모양새를 취함으로써 국내적으로 자신에 대한 잠재적인 불만을 제거하는 동시에 대외적으로는 러시아의 민주주의에 대한 서방의 시비를 잠재우고자 했다.

그 무렵 푸틴이 자신의 후계자로 염두에 두고 있었던 인물은 시빌리키, 즉 민간부문 출신인 드미트리 메드베데프 당시 제1부총리와 실로비키, 즉 국가 정보 및 공안 부문 출신인 세르게이 이바노프 당시 부총리였다. 푸틴은 메드베데프에게 보건, 교육, 주택, 농업 등 주로 사회분야의 개혁 프로그램을 맡긴 반면에 이바노프에게는 국방, 안보 부문의 개혁 책임을 맡겨 차기 지도자로서의 자질을 스스로 증명할 수 있도록 두 사람 간의 경쟁을 자연스럽게 유도했다. 메드베데프는 법학교수 출신으로서 푸틴의 추천으로 공직에 몸담은 이후 권부의 핵심에서 일을 해온 인물이었다. 그는 노회하고 강단 있는 정치인의 이미지 보다는 부드러운 학자 또는 전문가의 풍모를 갖고 있었다. 그 반면에 이바노프는 푸틴처럼 오랫동안 소련 국가공안위원회(KGB) 요원으로 활동했던 인물로서 보다 세련된 정치인의 면모를 지니고 있었다. 결국, 2007년 12월에 푸틴은 메드베데프를 자신의 후계자로 발표했다. 메드베데프가 푸틴의 후계자로 최종 낙점된 이유로는 몇 가지를 꼽을 수 있다. 첫째, 푸틴은 메드베데프가 이바노프보다 자신에게 부담이 덜 되고 더 신뢰할 수 있는 인물로 평가한 것으로 보인다. 둘째, 메드베데프가 이바노프 보다는 좀 더 온건하고 친서구적 이미지를 지니고 있었으므로 푸틴으로서는 투자, 테러와의 전쟁 등 주요 이슈에서 서방과의 협력을 이끌어 내는 데 있어 메드베데프가 적임자라고 판단한 것으로 보인다. 셋째, 푸틴은 8년간의 대통령직 재임 중에 자신의 강력한 지지기반이었던 실로비키 세력이 시빌리키, 즉 민간출신 핵심 관료세력을 압도하게 되자 상대적으로 열세에 있었던 시빌리의 대표주자인 메드베데프를 후계자로 삼음으로써 지배엘리트 내에서의 세력균형을 도모하고자 한 것으로 보인다.

제5대 러시아 대통령에 취임하는 메드베데프

어떻든 메드베데프는 푸틴의 전폭적인 후원과 지지에 힘입어 2008년 3월 2일에 치러진 대통령선거에서 70.28%라는 압도적인 득표율로 당선되었다. 푸틴의 후계자이자 피후견인답게 메드베데프는 당초의 약속대로 푸틴을 내각 총리로 임명했다. 이렇듯 세계정치사에서 보기 드문 권력교대의 주인공은 푸틴이었다. 말하자면, 푸틴은 헌법을 준수하는 모양새를 갖추는 동시에 총리이자 집권당인 '통합러시아(United Russia)'의 대표로서 자신의 권력을 유지하는 일석이조(一石二鳥)의 효과를 거둘 수 있었던 것이다.

메드베데프-푸틴 탠덤체제의 특성

대통령 메드베데프가 전임자 푸틴을 총리로 임명한 것은 단순한 권력 교대가 아니었다. 오랫동안 푸틴의 충직한 부하였던 메드베데프가 대통령직에 오른 것이다. 게다가 대부분의 정부요직이 신임 대통령 메드베데프 자신의 사람들이 아닌, 푸틴의 추종자들로 채워져 있었기에 사실상 메드베데프 대통령과 푸틴 총리 두 사람이 각각 국가권력을 나누어 갖게된 것이다. 그 당시 러시아에서 펼쳐지고 있었던 그러한 정치적 상황을 흔히 탠덤체제(tandemocracy) 또는 양두체제(diarchy)라고 한다. 러시아 역사에서 소위 '이중권력'이 없었던 것은 아니다. 제10장에서 살펴보았듯이 1917년 2월혁명 이후 르보프와 케렌스키가 이끌고 있던 임시정부가 러시아의 공식적인 국가조직을 맡고 있었지만, 정치적인 영향력에서는 볼셰비키가 이끌고 있던 노동자·병사 소비에트가 오히려 임시정부를 압도했다. 그러나 그 당시의 '이중권력'은 각각 서로를 적대시하면서 경합을 벌이고 있었던 독립적인 정치세력이었음에 비해, 2008년 메드베데프 대통령의 취임 이후에 형성된 탠덤체제는 두 지도자가 권력을 공유한 채 상호 긴밀한 협의를 통한 역할 분담을 긴밀하게 유지했다는 측면에서, 역사상 그 전례를 찾기 힘든 독특한 정치적 실

메드베데프

험이었다.

탠덤체제를 형식적, 제도적인 측면에서 보자면 메드베데프 대통령이 국가원수이자 행정부의 최고지도자로서 내정과 대외정책을 통틀어 국정 전반을 통제하고 책임지는 자리에 있었고, 푸틴은 총리로서 주로 경제정책과 사회정책 등 내정을 통할하면서 대통령에게 책임을 지는 위치에 있었다. 이것은 러시아의 권력구조가 순수 대통령제가 아닌, 행정권을 대통령과 총리가 분담하고 있는 '준 대통령제(semi-presidentialism)'를 채택하고 있었기 때문에 가능했던 정치적 역할분담이었다. 1993년에 채택된 러시아연방 헌법에서는 대통령이 국정 전반에 대한 지휘권을 갖되 통상적으로 대통령은 외교안보 정책을 직접 관장하는 한편으로, 총리가 사회경제 정책을 책임지는 형태의 권한 배분이 규정되어 있다. 그러나 메드베데프 대통령 취임 이후에 형성된 탠덤체제 하의 실제 역학구도는 그러한 형식적·제도적 권한의 배분과는 매우 달랐다. 메드베데프는 대통령이었지만 주요 국가 정책은 철저하게 푸틴과 긴밀한 협의를 거쳐 결정한 것으로 알려졌다.

탠덤체제가 작동하고 있을 당시에 메드베데프와 푸틴 사이의 정치적 역학관계에 대해서는 많은 추측들이 있었다. 어떤 논평가들은 두 사람 사이에 권력투쟁이 일어나고 있거나 그것이 불가피하다는 주장을 제기했다. 때때로 특정 이슈를 둘러싸고 메드베데프와 푸틴은 각각 서로 다른 의견을 표출하기도 했다. 2011년 3월에 리비아 사태를 둘러싸고 메드베데프와 푸틴이 벌였던 논쟁이 그 대표적인 사례이다. 그 무렵 리비아에서는 무아마르 카다피의 독재정치에 반대해 시민들이 반정부 시위를 벌이자 리비아 정부군이 무력진압에 나서면서 유혈사태가 일어났다. 이에 유엔 안보리는 리비아 민간인들을 보호하기 위한 군사행동을 가능하게 하는 결의안을 채택했다. 이 결의안 표결에서 러시아는 거부권을 행사하는 대신 기권을 선택했다. 이에 푸틴은 유엔의 결의가 "중세의 십자군 원정을 요구하는 것과도 같다"고 언급

카다피

카다피의 퇴진을 요구하는 리비아 시위대

하면서 메드베데프의 결정을 은근히 비판했다. 그러한 푸틴의 언급이 나온 직후 메드베데프는 "'십자군' 운운하면서 '문명충돌'을 야기시킬 수 있는 주장은 어떤 경우에도 용납될 수 없다"라고 응수했다. 리비아 사태에 대한 메드베데프와 푸틴의 그러한 상이한 견해 표출은 탠덤체제에서 메드베데프가 단지 하위 파트너로 머물러 있다는 다수의 견해에 의문을 제기했다.

한편으로 다른 분석가들은 정국의 주도권을 쥔 사람은 푸틴이며, 메드베데프는 푸틴이 허용하는 선에서 상대적으로 온건한 정책과 노선을 제시하는 역할분담을 하고 있었다고 주장했다. 그러한 역할분담을 통해 두 지도자는 국내적으로 정치안정을 도모하고 대외적으로 국가이익을 극대화시키려고 했다. 동시에 탠덤체제는 러시아 리더십이 다소 자유주의적인 이미지를 부각시킴으로써 크렘린에 대한 국내적 지지를 이끌어내는 한편, 서방과의 대테러 협력, 외국인 투자유치 등 국제협력을 위한 유리한 환경을 만들어내고자 했다는 것이다. 따라서 정책결정에 관한 최종적이고 최고의 권력은 여전히 푸틴이 행사하고 있었다는 것이다. 2008년 8월 러시아와 조지아(옛 그루지야) 사이의 전쟁이 일어났을 때 올림픽 참관을 위해 베이징에 가 있던 푸틴이 급거 귀국해 이 전쟁을 직접 지휘한 일화는 당시 러시아의 최고 권력자는 누가인가를 분명하게 보여주었다. 이는 탠덤체제 하에서 푸틴이 여전히 중심적인 역할을 행사하고 있었다는 점을 뒷받침해주는 사례이다. 한편, 애초부터 메드베데프는 4년 임기를 채우면 재선에 나서지 않고 푸틴이 다시 대통령직에 복귀할 수 있도록 길을 터주기로 했을 수도 있다. 메드베데프는 2008년 11월에 취임 후 처음으로 행한 연례교서에서 대통령의 임기를 4년에서 6년으로 연장하는 헌법 개정안을 기습적으로 제안했다. 메드베데프의 개헌 제의는 푸틴의 재집권 가능성을 염두에 둔 포석으로 해석되었다.

이와 같이 탠덤체제 내에서 푸틴과 메드베데프 가운데 과연 누가 실질적인 보스인가에 대해서는 러시아 국내외에서 갖가지 추측과 논쟁이 무성했다. 그리고 많은 사람들은 메드베데프가 과연 대통령 재선에 나설 것인가에 대해 갑론을박했다. 그리고 그러한 논쟁은 2011년 여름까지 이어졌다. 그러나 모든 상황은 그해 9월 24일에 개최된 통합러시아 전당대회에서 메드베데프가 푸틴을 차기 대통령후보로 추천하는 연설을 함으로써 한꺼번에 정리되었다. 되돌아 보건대, 탠덤체제 아래에서 메드베데프가 헌법상 최고 권력자의 지위에 있었지만 실질적인 최고 권력자 자리는 푸틴이 차지하고 있었던 것이다. 어쨌든 역사상 보기 드문 정치실험으로 보였던 메드베데프-푸틴 탠덤체제는 3년여 만에 사실상 종언을 고하게 되었다.

메드베데프의 이력

그러면 푸틴이 직접 선발해 자신의 후계자로 삼았던 메드베데프는 어떠한 인물인가? 드미트리 아나톨리예비치 메드베데프(Dmitry Anatolyevich Medvedev)는 1965년 9월 14일 레닌그라드에서 태어났다. 그의 부모는 모두 교수였는데 아버지는 레닌그라드국립공과대학에서 화학공학을, 어머니는 게르첸 사범대학에서 러시아어를 각각 강의했다. 학자 부모의 외아들이었던 메드베데프는 어릴 때부터 아버지의 서재에서 보내는 시간이 많아 자연스럽게 책을 가까이 하면서 성장했다. 초등학교 때 그를 가르쳤던 교사의 회고에 따르면 메드베데프는 "왜?"라는 질문을 달고 살았던, 매우 진지하고 학구적인 학생이었다. 드미트리는 아버지의 영향을 받아 화학 실험에 관심이 많았고 운동을 즐겨했다.

1982년 가을 메드베데프는 17세의 나이에 푸틴이 다녔던 상트페테르부르크대학교 법학부에 입학했다. 동료학생들의 기억에 의하면 메드베데프는 토론을 할 때에 자신의 주장을 확고하게 펼치면서도 상대방의 기분을 상하게 하지 않는, 올곧으면서도 예의바른 청년이었다. 1987년 대학을 최우등으로 졸업한 메드베데프는 1990년 민법을 전공해 박사학위를 취득했다. 그 이후 대학시절의 은사였던 아나톨리 소브차크의 상트페테르부르크 시장선거를 도왔다. 1991년 소브차크가 시장에 당선된 이후 메드베데프는 소브차크 밑에서 대외담당 부시장직을 맡고 있었던 푸틴의 법률 자문역으로 일했다. 이 시기에 훗날 푸틴의 가장 신뢰하는 측근이 될 인연을 맺게 된 것이다. 메드베데프는 1996년까지 시정부의 자문역을 맡았고, 그 이후에는 변호사로 활동하면서 모교에서 민법과 로마법을 강의하는 교수로 재직했다.

돌이켜 보면 1999년 8월 푸틴의 총리 취임은 러시아 정치판에서 새로운 리더십이 등장했음을 알린 역사적인 사건이었을 뿐만 아니라 메드베데프의 인생행로를 크게 바꾼 계기가 되었다. 중앙정계와 관계에 이름이 거의 알려지지 않은 지방의 한 법학교수에 지나지 않았던 메드베데프가 동향출신의 옛 상관인 푸틴에 의해 모스크바 중앙정부의 요직에 발탁된 것이다. 1999년 12월 옐친 대통령의 조기 사임에 따라 대통령 권한대행이 된 푸틴은 메드베데프를 대통령 행정실 부실장으로 기용했다. 메드베데프는 2000년 대통령선거에서 푸틴후보의 선거캠프 책임자로서 선거운동을 총괄하는 역할을 맡아 성공적으로 임무를 수행했다. 푸틴 대통령의 두터운 신임을 얻은 메드베데프는 2003년 10월에 알렉산드르 볼로신(Aleksandr S. Voloshin)의 뒤를 이어 대통령 행정실 실장에 임명되었다. 그로부터 2년 후인 2005년 11월에 메드베데프는 대통령 행정실을 떠나 내각의 제1부총리를 맡음으로써 정치적 무게감을 더하게 되었다. 이 무렵 푸틴 대통령은 메드베데프에게 사회정책을 총괄하는 책임을 맡겼다. 앞서 지적한 바와 같이 제1부총리로서 메드베데프는 교육, 주택, 보건, 농업 등 네 개 주요 분야에서 국민의 삶의 질을 높이기 위한 개혁정책을 진두지휘했다.

메드베데프는 행정뿐만 아니라 경영 분야에서도 수완을 발휘했다. 그는 2000년에서 2001년까지, 그리고 2002년에서 2008년까지 세계에서 가장 큰 천연가스 기업인 가스프롬(Gazprom)사 이사회 의장을 맡았다. 메드베데프는 자신이 가스프롬 이사장으로 재직하는 동안 경영진의 부패관행을 청산했을 뿐 아니라 부채를 줄이는 등 경영쇄신을 단행해 취임 초에 78억달러에 머물러 있던 시가총액을 2008년 퇴임 때에는 3,000억달러 규모로 성장시킴으로써 경영능력을 입증했다.

이렇듯 메드베데프는 처음에 학자로서 사회생활을 시작했으나 푸틴과의 인연을 통해 공직자의 길을 걷게 되었던 것이다. 1990년대 초 중반에 푸틴과 함께 상트페테르부르크시 행정을 맡은 이후 메드베데프는 푸틴의 두터운 신임과 총애 속에서 행정가로서, 경영자로서, 그리고 정치인으로서 승승장구했다. 말하자면, 메드베데프는 자신에 대한 푸틴의 높은 신뢰에 더해 스스로 역량을 발휘함으로써 최고 지도자가 갖추어야 할 능력과 경력을 착실히 쌓아 나갔던 것이다.

2. 메드베데프의 자유주의적 행보와 현대화 정책

위에서 살펴보았듯이 메드베데프는 실로비키 출신의 다른 엘리트보다는 상대적으로 온건하고 자유주의적인 학자풍의 지도자였다. 그러한 그의 개성은 대통령 취임 이후에 다양한 정책제안과 대중과의 소통을 강조하고 러시아 사회의 투명성 제고와 시민사회의 역할을 강조함으로써 상대적으로 민주적인 국정운영을 시도하는 것을 통해 드러났다. 먼저, 메드베데프는 기존의 언론매체 뿐만 아니라 인터넷 시대에 맞춰 사이버 공간을 통해 대중들과의 다양한 소통을 시도했다. 그는 2008년 10월 블로그를 개설해 영상과 문자메시지를 올려 자신의 활동을 알리고, 네티즌과의 토론과 대화를 나눔으로써 여론을 수렴하고 대중에 친근한 자신의 이미지를 확산시키고자 했다. 그 당시 하루 평균 9만명 이상이 메드베데프의 블로그를 방문한 것으로 알려졌다. 메드베데프 대통령은 스스로 대중과 소통하려는 노력을 기울이는 한편으로 러시아 시민사회의 활성화를 주문했다.

또한 그는 러시아가 한 단계 더 발전하기 위해서는 고질적인 사회문제로 지적되어 온 부패현상이 타파되어야 함을 강조했다. 그러한 관점에서 메드베데프는 대통령에 취임한 직후에 소규모 기업에 대한 국가의 부당한 간섭의 방지를 포함한 부패추방 종합대책을 발표했다. 더 나아가 메드베데프는 취임초기부터 경제정책과 사회정책 등 국가정책 수립과정에서 시민사회의 활발한 참여가 국가의 발전에 필수적이라고 주장했다. 그리하여 메드베데프는 러시아가 글로벌 강대국으로 도약할 수 있도록 국가부문뿐만 아니라 전문가 집단 및 인권단체 등 소수자 그룹을 포함한 다양한 민간분야도 나서서 사회발전을 위한 유용한 아이디어를 제안해 줄 것을 주문했다.

한편, 메드베데프가 권좌에 오른 지 얼마되지 않은 시점인 2008년 가을에 발생한 글로벌 금융위기는 푸틴 집권 이래 고도성장을 계속해 온 러시아경제를 갑작스럽게 불황의 늪으로 빠뜨렸다. 미국발 금융위기는 전 세계적인 경기침체로 이어졌다. 2008년 7월만 하더라도 배럴당 147달러까지 치솟았던 국제석유가격은 그해 12월에 32달러로 곤두박질쳤다. 전체 수출액의 70% 가까이 석유 및 가스부문에 의존하고 있던 러시아경제가 석유가격의 급락 때문에 엄청난 타격을 입게 된 것은 너무나 당연한 일이었다. 국제유가의 급락으로 인해 2009년 국내총생산(GDP)은 8%나 감소했고, 러시아 연방정부는 GDP 대비 7%나 되는 예산적자를 겪었다. 러시아정부는 경제를 지탱하고 루블화 가치의 붕괴를 막기 위해 그동안 에너지 수출세 등에서 획득해 적립해 두었던 안정화 기금을 꺼내서 쓰기 시작했다. 그 결과 2008년의 글로벌 금융위기가 러시아경제에 끼친 파급효과는 1998년에 터졌던 금융위기의 파급력에는 미치지 못했다. 그러나 10년 만에 두 차례에 걸쳐 일어난 전 세계적인 심각한 금융위기는 러시아의 지도자들에게 천연 자원에 주로 의존하는 자국의 산업구조가 얼마나 취약한 것인지를 분명하게 일깨워주었다.

이러한 전지구적 규모의 경제불황을 계기로 러시아경제의 문제점을 새삼 깨닫게 된 메드베데프 대통령은 산업구조를 개편하고, 전반적인 정책결정 시스템을 개혁하기 위한 현대화(Modernizatsiya) 프로젝트를 주창하게 되었다. 그러한 현대화 프로젝트의 개요는 메드베데프 대통령이 집권 2년차인 2009년 9월 10일에 크렘린 홈페이지를 통해 발표된「전진 러시아(Forward, Russia!)」라는 문건에 나타나 있다. 이 문건은 메드베데프가 푸틴의 후계자로서 전임자의 정책을 계승하는 데에 그치지 않고 자신의 독자적인 정책노선을 제시했다는 점에서 그 의미가 있다. 이 문건에서 메드베데프는 천연자원 수출에 지나치게 의존하고 있는 러시아경제구조의 문제점을 극복하기 위해 기술의 발전과 더불어 효율적인 정책결정을 위한 정치체제의 개선을 요구했다. 이를 뒷받침하기 위해 메드베데프는 기존의 국가부문에 더해 민간부문의 활발한 참여를 이끌어 내고 재산권을 비롯한 법적 기반을 강화하는 한편, 부패를 척결할 필요가 있음을 역설했다.

이와 같이 당초 메드베데프는 비단 경제영역뿐만 아니라 정치영역에서도 투명성과 엘리트 간의 경쟁과 참여에 입각한 합리적인 의사결정 구조로의 개혁을 주장했다. 그러나 국가 중심의 수직적 의사결정 구조에 익숙한 정치 엘리트들을 개혁에 참여시키는 것은 매우 어려운 과제였다. 더구나 탠덤체제에서 사실상 실권을 쥐고 있었던 푸틴과 그의 지지세력들은 서구식 자유민주주의 방향으로의 정치개혁을 결코 받아들이려 하지 않았다. 그리하여 메드베데프 집권기에 제시된 현대화 프로젝트는 경제에 국한되었을 뿐만 아니라 다분히 기술적인 수준에 머무를 수밖에 없었다. 결국, 메드베데프의 현대화 프로젝트는 정치 및 사회의 근본적인 변화와는 거리가 있는, 산업생산의 증대와 경제의 효율성 향상에 초점을 둔 다음과 같은 다섯 가지 세부목표를 지향하고 있었다.

첫째, 국내외 시장에 활용될 수 있는 새로운 에너지 자원의 개발과 에너지 효율성을 제고하는 목표이다. 여기에는 신연료 개발, 전력망 현대화, 스마트그리드, LED 조명기술의 개발 등이 포함되어 있었다. 둘째, 질적으로 새로운 수준의 원자력 기술을 개발하고 유지하는 목표이다. 이러한 목표에는 원자력 발전소의 확대, 기술력의 극대화 및 부유(浮遊) 원자로의 건설 추진 등이 들어 있었다. 셋째, 모든 형태의 정보를 전달할 수 있는 지상·우주 인프라의 구축이라는 목표이다. 넷째, 정교한 진단장비와 의약 등 의료기술을 개발하는 목표이다. 다섯째, 슈퍼컴퓨터와 소프트웨어개발 등을 포함한 전략적 정보기술 개발이라는 목표이다. 이 목표에는 에너지, 전력망, 교통 등의 분야에 내재된 임베디드 IT 솔루션, 소프트웨어 개발, 전자정부 구축, 클라우딩 시스템 구축 등이 들어 있었다. 이러한 경제의 현대화를 위해 메드베데프 대통령은 모스크바 남서쪽에 위치한 근교 도시 스콜코보에 미국의 실리콘벨리와 유사한 첨단과학기술 연구단지와 테크노파크를 조성하도록 했다.

그러나 정치, 경제, 사회 등 각 분야의 후진성 극복을 목표로 하는 현대화는 어디까지나 국가의 역할을 파괴하거나 급격하게 약화시키지 않으면서 점진적인 방식으로 추진되는 것을 전제로 하고 있었다. 카네기 모스크바 센터장 드미트리 트레닌(Dmitry Trenin)은 그러한 형태의 개혁 프로젝트를 '보수적 현대화(conservative modernization)'라고 불렀다. 그것은 서구식 자유민주주의와 공산주의를 모두 배격하면서 큰 틀에서 시장경제 시스템을 바탕으로 하되 정책결정과정은 탈정치화하면서 국가, 즉 크렘린이 지배적인 역할을 담당한다는 것이다. 현대화는 그러한 틀 속에서 생산성 향상, 신기술 개발, 그리고 산업의 다각화 등을 추진함으로써 러시아경제의 성장을 도모하고자 하는 국가발전 프로젝트였다. 따라서 메드베데프가 현대화 정책에서 주창했던 부패척

결과 투명하고 분권화된 의사결정 구조의 확립은 푸틴 집권 8년간 크렘린의 강고한 권력기반으로 작용했던 실로비키를 중심으로 한 통치 엘리트들의 지지를 얻지 못했다. 그 뿐만 아니라 현대화 정책은 현상유지를 바라는 절대 다수의 관료들로부터도 냉담한 반응을 얻었다.

3. 서방과의 관계 : 리셋 외교와 현대화를 위한 동반자 외교

메드베데프는 기본적으로 푸틴 집권기에 추구했던 강대국 지향 외교의 기조를 이어 받았다. 메드베데프는 취임 다음날 행한 연설에서 "우리는 푸틴 대통령이 러시아를 강대국 반열에 올려놓기 위해 펼쳐온 정책을 잘 알고 있다"고 지적함으로써 전임자의 대외정책 노선을 이어갈 것임을 분명히 했다. 그러면서도 한편으로 메드베데프는 서방의 자본과 기술을 도입해 러시아경제를 한 단계 끌어 올릴 수 있는 실용주의 노선을 지향했다. 말하자면, 앞에서 언급한 현대화 프로젝트를 효과적으로 추진할 수 있는 대외적 환경을 조성하는 것이 러시아 대외정책의 주요한 목표 중의 하나로 간주되었다. 메드베데프 대통령은 2008년 7월에 「새로운 러시아 대외정책개념」을 승인했는데 이는 지난 2000년에 공표된 대외정책개념을 8년만에 개정한 것이다. 이 「개념」에 따르면, 현대화와 러시아경제의 혁신적 발전, 그리고 세계경제에서의 러시아 경쟁력 제고 등을 위한 유리한 대외환경 조성이 대외정책의 기본 목표 가운데 하나였다.

미국과의 관계

이러한 맥락에서 메드베데프는 미국과 협력관계를 발전시키는 한편으로 독일, 프랑스, 이탈리아 등 서유럽 국가들과의 '현대화 동맹

(modernization alliance)'이 필요하다고 역설했다. 우선 메드베데프 대통령은 푸틴 집권 2기 때 악화된 미국과의 관계를 복원시키기 위한 노력을 기울였다. 이러한 대미 관계 개선은 2009년 1월 출범한 버락 오바마(Barak Obama) 행정부가 대러 '리셋'외교를 내세움으로써 시작되었다. 2009년 2월 뮌헨에서 열린 안보회의에서 바이든(Joseph Biden) 미국부통령은 미러관계에 대해 언급하면서 "재설정 단추(reset button)를 누르고 우리가 할 수 있고, 또 함께 일해야만 하는 많은 영역들을 재논의할 때가 되었다"고 천명했다. 2009년 7월 오바마 미국 대통령은 모스크바 방문 기간에 고등경제대학교에서 가진 특강을 통해 "미국은 강하고, 평화적이며, 번영하는 러시아를 원한다"고 언급함으로써 러시아와의 협력관계 복원에 대한 희망을 피력했다. 이러한 미국의 대러 관계개선 의지와 더불어 위에서 언급한 바와 같이 2008년 가을부터 러시아경제에 타격을 가하게 된 글로벌 금융위기는 러시아로 하여금 현대화 정책에 나서도록 만드는 한편으로, 미국에 대한 강경정책을 재검토하는 계기가 되었다.

리셋외교의 가장 중요한 가시적인 성과는 「새로운 전략무기제한협정(New START)」의 체결이다. 1991년 당시 소련의 미하일 고르바초프 대통령과 미국의 조지 부시(George H. W. Bush) 대통령 사이에 START-I, 즉 1단계 전략무기제한협정이 체결된 바 있다. 1994년에 발효된 이 조약은 미국과 소련 각국의 핵탄두 보유 상한선을 6,000개로 제한하고 있었다. 2009년 12월에 이 조약의 효력이 만료됨에 따라 메드베데프 러시아 대통령과 오바마 미국 대통령은 2010년 4월 8일 체코 프라하에서 「새로운 전략무기제한협정(New START)」을 체결했다. 이 협정에 따르면 미국과 러시아 양국은 각각 장거리 핵탄두를 1,550기로 제한하는 것을 비롯해 미사일 및 폭격기는 700기로, 지상발사대, 잠수함 발사대 등은 800기로 줄이도록 되어 있었다. 러시아는 이 협정을 통해 세계 양대 핵강국의 하나로서 전지구적 전략적 안정을 위해 미국과의 협력을 위한 제도적인 틀을 마련함으로써 스스로 강대국의 위상을 확인했다.

전략무기제한 협정에 서명한 오바마와 메드베데프(Kremlin.ru)

한편, 미국과의 리셋 외교가 가져 온 또 하나의 중요한 성과는 여러 해에 걸쳐 러시아가 희망해 오던 세계무역기구(WTO) 가입이 이루어진 것이다. 러시아는 이미 2000년대 중반에 자국의 WTO 가입에 대한 유럽연합의 지지를 확보했으나 미국의 협력을 얻지 못함으로써 가입이 계속 지연되어왔다. 그러다가 미러 간 리셋 외교가 본궤도에 올라 양국 간 협력의 분위기가 성숙됨에 따라 마침내 2011년 12월에 러시아의 WTO 가입이 확정되었고, 2012년 8월 22일자로 정식 회원국이 되었다.

러시아는 이란 문제에 있어서 기본적으로 미국과 협력기조를 유지했다. 오바마는 전임자 부시와는 달리 핵개발을 시도하는 이란을 압박하고 고립화시키는 정책을 펼치는 대신, 이란을 협상테이블로 끌어내 핵문제를 해결하려는 방향으로 대이란 정책의 가닥을 잡았다. 그러한 대(對)이란 포용정책을 위해서는 러시아의 협력이 필요했다. 핵확산 방지를 대외정책의 주요 기둥으로 삼고 있던 러시아 역시 비밀리에 지하 우라늄 농축시설을 건설하려는 이란의 계획에 대해 우려하고 있었다. 그러한 근거에서 러시아도 2009년 6월 이란의 핵개발 시도에 대한 유엔 안보리의 제재결의 1929호에 다른 상임이사국들과 보조를 맞춰 찬성표를 던졌다. 한걸음 더 나아가 러시아는 당초 계획되어 있던 지대공 미사일 S-300 등 이란과 맺은 8억 달러 상당의 무기수출 계약을 취소했다. 이러한 러시아의 조치가 미국으로부터 상당히 긍정적인 반응을 얻었음은 물론이다. 그러나 이란과 전통적인 협력관계를 유지해왔던 러시아와 이란에 대한 추가제재와 엄격한 핵시설 사찰을 주장하는 미국 사이에는 이견과 갈등의 소지가 여전히 남아 있었다. 한편, 러시아는 부셰르 원자력 발전소에 대한 핵연료 공급은 지속함으로써 '평화적인 목적의 핵 이용 보장'이라는 명분 아래 이란과의 경제협력을 계속 시도하는 등 대 이란 협력의 기회를 유지하려고 노력했다.

그 밖에 오바마 행정부가 우크라이나, 조지아 등 옛 소련 공화국의 나토 편입 등 유럽통합의 속도를 늦추게 된 것 역시 미러 관계가 개선되고 있던 흐름과 무관하지 않았다. 또한 오바마 대통령이 공약으로 내세웠던 아프가니스탄에서의 점진적 미군철수와 관련해서 미국은 러시아의 협조를 필요로 했다. 우선, 미국은 아프가니스탄에서의 대테러 작전에 필요한 군수물자를 효과적으로 조달하기 위해 러시아와 러시아의 영향력이 압도적인 중앙아시아 지역을 통과하는 수송로를 확보할 필요가 있었다. 러시아측으로서도 미국이 주축이 된 나토의 전투병력이 아프가니스탄에서 테러조직을 효과적으로 제어해 준다면 자국과 중앙아시아 지역에서의 이슬람 극단주의 세력이 차단됨으로써 안정이 유지될 수 있을 것으로 기대했다. 실제로 2009년에 러시아와 미국 사이에 소위 '북부 보급망(Northern Distribution Network)'에 관한 협정이 맺어져 2012년 말까지 컨테이너 7만 여 개 분량의 나토군 보급물자가 러시아 영토와 영공을 통해 수송되었다. 이는 미러 간 '리셋외교'의 주요 성과 가운데 하나로 꼽힌다.

유럽과의 관계

앞 장에서 살펴 본 바와 같이 푸틴 2기의 러시아는 색깔혁명의 배후에 유럽연합이 있었다고 믿었다. 그 뿐만 아니라 러시아는 유럽이 자국 주변국들에게 소위 '유럽적 가치'를 전파시킴으로써 그들을 유럽연합 및 나토에 가입시키려는 계획을 갖고 있다고 의심하고 있었다. 그리하여 러시아와 유럽연합 사이에는 협력의 필요성에 대한 공감대가 존재하는 가운데서도 상호 불신이 강하게 자리 잡고 있었다. 양측의 그러한 불편한 관계는 메드베데프 시기에 접어들어 다소 호전되는 기미를 보였다. 위에서 지적한 바대로 메드베데프는 '현대화'를 자신의 주요 정책노선으로 내세웠다. 그리하여 메드베데프 정부는 현대화 프로젝트의 실질적인 성과를 얻기 위해 유럽국가들을 주요 파트너로 삼고 그들과의 협력관계 구축에 많은 노력을 기울였다.

2010년 5월 러시아의 로스토프-나-도누(Rostov-na-Donu)에서 열린 제25차 러시아-유럽연합 정상회의는 메드베데프의 현대화 정책 추진에 있어서 중요한 외교무대가 되었다. 이 회의에서 정상들은 공동성명을 통해 러시아-유럽연합 관계를 '현대화를 위한 동반자(Partnership for Modernization)' 관계로 선언했다. 이 자리에서 양측 정상들은 러시아가 현대화를 달성하기 위해서는 성장과 혁신을 이끌 수 있는 분야에 대한 투자기회 확대를 통한 양자 간 교역 제고와 경제관계의 심화, 중소기업 발전, 기술 규정 및 표준 통일, 지적 재산권 보호, 에너지효율성 발전 촉진, 기후변화에 대한 국제협상에 있어서의 협력, 혁신과 연구개발을 위한 협력 등이 필요하다는 데 합의했다. 또한 양측 정상들은 사법 체계의 효과적 운영, 부패와의 전쟁, 인적교류 촉진, 시민사회와의 대화 강화 등이 필요하다는 데에도 의견을 같이 했다.

나토를 옛 소련지역으로 확대하려는 서방측의 시도와 러시아-조지아 전쟁 등은 러시아와 유럽 사이의 관계를 악화시켰다. 그러나 메드베데프의 현대화 프로젝트 추진과 서방과의 관계개선 노력은 러시아와 나토 사이의 대화를 재개시키는 데 기여했다. 푸틴이 자신의 1~2기 집권기간에 나토의 확대문제로 미국 및 유럽과 대립각을 세운 것과는 대조적으로 메드베데프는 나토와 우호적인 관계를 복원시키려는 노력을 기울였다. 그러한 분위기 속에서 2010년 9월에 개최된 유엔총회 기간에 나토-러시아 위원회의 비공식 장관급 회의가 열렸다. 러시아의 라브로프 외무장관이 참석한 이 회의에서는 나토-러시아 위원회의 현 상황과 향후 발전 전망이 논의되었으며, 유럽 공동의 안보적 도전과 위험에 대한 위원회 차원의 실제적 상호협조 등을 포함하는 유럽 안보구조 개선 방안 등이 폭넓게 논의되었다. 그로부터 2개월 뒤인 2010년 11월 포르투갈 리스본에서 열린 나토 정상회의에서는 북대서양조약기구가 더 이상 러시아의 위험이 아니라는 내용이 포함된 「방위 및 안보를 위한 전략개념(Stragetic Concept for the Defense and Security)」이 채택되었다. 특히, 이 회의에서는 2007년 이래 모스크바와 워싱턴 및 브뤼셀 사이에 첨예한 갈등의 원인으로 작용했던 미사일 방어체계의 유럽배치에 대해 러시아와 나토가 협력하기로 합의함으로써 일단 이 문제는 수면 아래에 잠복하게 되었다.

한편, 이 시기에 러시아정부는 제13장에서 살핀 바 있는 카틴 숲 학살사건에 대한 소련의 책임을 인정했다. 이에 따라 러시아와 폴란드 사이의 관계가 일시적으로 회복되기도 했다. 냉전 종식 이후 폴란드가 줄곧 러시아에 대해 강경정책을 주장해 왔음을 상기한다면 이러한 변화는 유럽연합과 러시아 사이의 관계개선에 유리한 환경으로 작용했음은 물론이다.

이렇듯 서방과의 관계가 개선되어가는 상황에서 러시아는 안보 문제에 관해 과감하고 선제적인 제안을 내놓았다. 메드베데프는 유럽의 기존 안보구조가 장기적인 안정을 가져다 주지 못할 것이라는 근거를 들어 새로운 안보구조의 구축을 제안한 것이다. 2008년 6월 5일 베를린을 방문한 자리에서 메드베데프 대통령은 이른 바 '베를린 독트린(Berlin Doctrine)'을 발표했다. 이 구상은 유럽-대서양 지역 내의 공동안보의 중요성을 강조했다. 다시 말해, 메드베데프 구상의 핵심은 역내 어느 국가 또는 국제기구도 특정 국가의 안보를 위해 다른 국가의 안보를 희생시켜서는 안 된다는, 안보의 불가분성을 강조한 데 있다. 메드베데프는 유럽연합, 나토, 독립국가연합, 유럽안보협력기구, 집단안보조약기구 등 기존의 국제기구와 조직들은 각각 자신의 이익과 관심사를 앞세우는 경향이 있었다고 지적하면서 이제 유럽은 전체를 포괄하는 '새로운 유럽안보구조(New European Security Architecture)'를 만들어내야 한다고 주창했다. 새로운 안보구조에는 유라시아 역내의 개별 국가들뿐만 아니라 국제기구들이 모두 망라되어야 한다는 것이다. 그러나 미국과 나토를 비롯한 대부분의 서방 국가들과 국제기구들은 현실성이 없다는 이유로 이 구상을 받아들이지 않았다.

4. 포스트소비에트 지역 및 아시아 국가들과의 관계

포스트소비에트 지역

메드베데프 대통령 취임 이후 러시아는 서방과 현대화를 위한 협력 외교를 펼친 것과는 별도로 포스트소비에트 지역에 대해서는 여전히 자국의 전반적인 영향력 강화에 노력을 기울였다. 러시아는 경제분야와 안보분야에서 각각 유라시아경제공동체(EurAsEC)와 집단안보조약기구(CSTO)를 통해 포스트소비에트 국가들과의 다자협력을 도모하는 한편으로 양자관계를 통해 이 지역에 대한 자국의 지배적인 영향력을 확고히 하려는 노력을 계속했다.

이 지역에 대한 패권적 영향력을 확립하고 강대국의 이미지를 세계적으로 과시하려는 러시아의 야심은 메드베데프 대통령 취임 3개월 뒤에 일어난 러시아-조지아 전쟁을 통해 생생하게 드러났다. 1936년에 소연방의 구성 공화국으로 편입되었던 그루지야는 소련 해체 이후 독립국이 되면서 조지아로 국호를 변경했다. 조지아는 체첸, 다게스탄, 북오세티아 등 테러와 민족분규 등이 자주 발생하는 카프카스 지역과 국경을 접하고 있어서 치안 상의 불안요소를 지니고 있었다. 또한, 조지아는 내부적으로 압하지아, 남오세티아 등 비조지아계 자치공화국의 분리·독립 요구에 직면해 있었다. 그 뿐만 아니라, 북쪽에는 압하지아와 남오세티아의 분리·독립운동을 지지하는 거대한 이웃 러시아가 위치하고 있었기에 조지아는 항상 안보 위협을 느끼고 있었다.

이러한 상황에서 등장한 조지아의 새로운 리더십은 러시아와의 우호관계 대신 친서방정책을 펼침으로써 북쪽의 강력한 인접국과 갈등의 길로 접어들게 된다. 미국에서 대학을 나와 변호사 활동을 한 친서방주의자 미헤일 사카슈빌리(Mikheil Saakashvili)가 2004년 1월에 조지아의 새 대통령에 당선된 것이다. 사카슈빌리는 당선 직후부터 조지아의 나토 가입과 유럽연합 가입을 추진하기 시작했다. 그 뿐만 아니라 사카슈빌리는 분리·독립을 도모하는 압하지아와 남오세티아에 대한 통제를 강화했다. 이러한 사카슈빌리의 행보는 러시아의 우려와 반발을 불러일으키기에 충분했다.

때마침 러시아에게 조지아의 친서방 행보에 쐐기를 박을 수 있는 좋은 기회가 왔다. 2008년 8월 7일 조지아 정부군이 분리·독립을 요구하던 남오세티아의 수도 츠힌발리(Tskhinvali) 를 공격했다. 이에 남오세티아에 거주하는 자국민의 보호와 평화유지를 명분으로 삼아 8월 8일 러시아 군이 조지아 국경을 넘어 공격을 개시함으로써 전쟁이 시작되었다. 8월 9일에 러시아는 츠힌발리 남방 25km에 위치한 고리(Gori)에 대한 공습을 시작해 13일에 이곳을 점령했다. 러시아군은 여세를 몰아 8월 15일에는 조지아 수도 트빌리시(Tbilisi) 북방 55km 지점까지 진격하는 등 사실상 조지아 전역을 점령하게 되었다. 이러한 러시아의 군사행동에 대해 미국은 콘돌리자 라이스(Condoleeza Rice) 국무장관을 통해 강력한 경고 메시지를 보냈다. 또한, 니콜라 사르코지(Nicolas Sarkozy) 프랑스 대통령 등 유럽 지도자들은 휴전을 위한 중재 노력을 활발히 전개했다. 그 결과 메드베데프 러시아 대통령은 마침내 8월 16일에 휴전협정에 서명했고, 그 이후 러시아군이 전선에서 철수하기 시작함으로써 이 전쟁은 단기간에 종료되었다. 러시아는 국제사회의 비난을 받기는 했으나 과거 1990년대 체첸 전쟁 때와는 판이하게 압도적인 화력과 인상적인 군사 작전능력을 과시함으로써 포스트소비에트 역내에서 자신의 패권적 영향력을 재확인시켜주었으며, 바깥 세계에는 '강대국' 러시아의 힘을 과시하는 성과를 얻었다.

러시아-조지아 전쟁을 계기로 러시아는 옛 소련 지역에 대해 한층 더 공세적인 정책을 펼치기 시작했다. 휴전 직후인 2008년 8월 31일 메드베데프 대통령은 옛 소련지역에 대한 러시아의 영향력 강화를 골자로 한 '러시아연방의 대외정책에 관한 5개 원칙'을 발표했다. 이 원칙에서 특히 눈에 띄는 것은 러시아는 포스트소비에트 지역을 '특권적 이익'에 근거해 자신의 세력권으로 규정하는 한편으로 이 지역에 거주하는 러시아인들에 대한 '보호'를 강조함으로써 포스트소비에트 국가들에 대한 개입의 가능성을 공식화했다는 점이다.

이와 같이 러시아는 조지아에 대한 군사개입을 강행함으로써 국제사회를 향해 스스로를 강대국으로 부각시키는 데 성공했다. 동시에 모스크바는 옛 소련 지역에 대해서도 자신의 확고한 영향력을 재확인 시키는 성과를 올렸다. 또한 이 전쟁을 계기로 러시아는 조지아와 우크라이나의 나토 가입 논란을 일단 잠재울 수 있었다. 그럼에도 러시아는 중앙아시아 국가들과 중국 등으로부터 압하지아와 남오세티아 독립에 대한 지지를 얻지 못함으로써 불완전한 성공에 만족해야 했다.

한편, 메드베데프 시기의 러시아는 소원한 상태에 있던 옛 소련 국가들과의 관계 회복에 주력해 일정한 성과를 냈다. 우선, 러시아는 우크라이나와 협력관계를 회복했다. 오렌지혁명 이후에 집권해 러시아와 내내 불편한 관계를 유지했던 친서방 성향의 빅토르 유셴코(Viktor A. Yushchenko)는 처음의 기대와는 달리 오히려 극심한 경제침체와 정치권의 분열을 초래함으로써 민주화가 반드시 경제발전과 정치안정을 가져다 주는 것은 아니라는 사실을 확인시켜주었다. 그러한 상황에서 치러진 2010년 1월의 우크라이나 대통령선거에서 친러 성향의 빅토르 야누코비치(Viktor F. Yanukovych)가 당선되었다. 야누코비치의 당선은 러시아에게 우크라이나와의 관계를 호전시킬 수 있는 기회를 가져다 주었다. 우크라이나의 새 정부 출범 직후 푸틴과 메드베데프는 잇따라 우크라이나를 방문했다. 그 해 4월 키예프에서 열린 메드베데프와 야누코비치 사이의 정상회담에서 두 지도자는 흑해 함대의 주둔지인 세바스토폴항의 임대기간을 2042년까지 연장시키는 데 합의했다. 그 대가로 러시아는 2017년까지 30% 할인된 가격으로 우크라이나에 천연가스를 공급하기로 했다. 모스크바는 키예프와의 에너지 협력을 지렛대로 삼아 흑해함대의 주둔 연장에 성공했다.

메드베데프와 야누코비치

한편, 2010년 7월 카자흐스탄 아스타나에서 열린 유라시아경제공동체 정상회의에서 러시아, 벨라루스, 카자흐스탄 등 3개국 사이에 관세장벽을 허물고 교역과 투자 및 노동력의 이동을 자유화하는 관세동맹(Customs Union)이 채택되었다. 이로써 러시아는 자국이 주도하는 유라시아 경제통합체 건설에 한 걸음 더 다가서게 되었다.

중동과의 관계

메드베데프의 러시아는 중동평화의 급소인 이스라엘-팔레스타인 갈등을 중재하는 데 일정한 역할을 맡음으로써 중동지역에서 자국의 영향력을 회복하고, 더 나아가 글로벌 강대국으로 발돋움하려는 강한 의지를 나타냈다. 그러한 노력의 일환으로 러시아는 2010년 3월 모스크바에서 유엔, 유럽연합, 그리고 미국과 함께 중동문제를 논의하기 위한 4자회의를 개최했다. 모스크바 4자회담 이후 러시아는 이스라엘이 팔레스타인 점령지 정착을 확대함으로써 이 지역의 갈등이 고조되고 있다는 근거로 이스라엘을 비판했다. 모스크바는 이 문제를 논의하기 위해 팔레스타인측 하마스의 대표들과 접촉을 하는 한편, 관련 당사국들을 포괄하는 중동평화회의를 제안했다. 그러나 그러한 러시아의 제안은 이스라엘측이 정착촌의 확대 중지를 거부함으로써 성사되지 못했다.

한편, 2011년 경 중동의 여러 국가들에서 연쇄적으로 일어난 민주화 운동인 '아랍의 봄'이 진행되는 과정에서 터져 나온 내전과 폭력사태에 대한 개입문제를 둘러싸고 러시아와 서방은 첨예한 갈등을 겪었다. 특히, 2011년 봄 리비아의 독재자 무아마르 카다피 제거작전에 있어서 나토가 개입하는 문제를 둘러싸고 러시아는 미국 등 서방과 갈등을 빚었다. 또한 같은 시기에 민주화를 요구하는 시민들을 학살하는 만행을 저지르면서 독재권력을 유지하려고 한 시리아의 바샤르 알아사드(Bashar Hafez al-Assad) 정권을 보호하려는 러시아와 시민들의

알아사드

민주화 요구를 지지하는 서방 사이에 팽팽한 긴장관계가 형성되었다.

인도와의 관계

메드베데프 집권기에 러시아는 냉전시기부터 우호협력 관계를 맺어온 인도와의 전략적 연대를 더욱 강화시키기 위한 노력을 기울였다. 2010년 3월 푸틴 총리는 인도를 방문해 광범위한 영역에서 양국간 협력을 성사시켰다. 그 가운데서 주목할 만한 성과로는 러시아가 인도에 각각 1,000 와트급 규모의 원자력 발전소 두 곳을 건설하기로 한 것이다. 또한 양국정부는 러시아산 무기의 인도 수출에도 합의했다. 양국간 무기교역에는 미그-29 전투기 29대 및 최신형 미그-35 전투기를 비롯한 러시아산 첨단무기가 포함되었다. 그 밖에도 러시아연방 우주청과 인도 정부는 우주선 공동 제작 등 우주개발과 러시아가 자체 개발한 글로벌 위성 항법시스템인 글로나스(GLONASS)의 인도 진출에도 합의했다.

동북아시아와의 관계

러시아는 푸틴 1~2기와 마찬가지로 메드베데프 시기에 접어들어서도 중국과의 전략적 동반자 관계를 한층 더 강화시켰다. 무엇보다도, 러시아는 중국과 활발한 정상외교를 펼쳤다. 메드베데프 대통령은 취임 직후인 2008년 5월 23일 중국을 국빈 방문했다. 방중 기간 메드베데프는 쓰촨 대지진을 겪은 중국 국민들에게 위로의 메시지를 전했다. 5월 12일 일어난 이 지진으로 87,000명이 사망하거나 실종되었으며 수십만 명의 부상자와 이재민이 발생했다. 러시아는 메드베데프의 방중에 앞서 쓰촨성 지진 피해자들을 위한 구호물자를 보내 양국 사이의 우의를 과시했다. 메드베데프는 후진타오 중국 국가주석과의 정상회담에서 러중 사이의 확고한 동반자관계를 재확인했다. 양국 정상은 2010년 한 해에만 다섯 차례나 정상회담을 가졌다.

메드베데프 시기에 양국은 경제협력 부문에서 괄목할 만한 진전을 이루었다. 2010년 무렵 중국과의 교역은 450억 달러를 기록했는데 이는 러시아와 독일 사이의 교역에 버금가는 규모이다. 양국의 경제협력은 에너지 부문에서 두드러졌다. 2009년 2월 중국 국가개발은행은 러시아의 국영석유기업 로스네프트(Rosneft) 및 국영 송유관사업체 트란스네프트(Transneft)와 함께 시베리아 유전개발에 공동투자하기로 하고 러시아측에 일차 투자분 2,500만 달러를 제공했다. 2010년 9월 베이징에서 메드베데프는 후진타오와 정상회담을 갖고 석유, 천연가스, 석탄, 원자력 발전소 건설 등 포괄적인 에너지 협력에 합의했다. 메드베데프는 정상회담 후 귀국 길에 동시베리아·태평양 송유관(ESPO)의 중국 지선(스코보로디노-다칭) 완공행사에 참석해 러중 간 에너지 협력이 양국간 전략적 협력을 더욱 강화시켜 줄 것이라고 말했다.

메드베데프와 후진타오

한편, 메드베데프 시기에 러시아와 일본과의 관계는 다소 복잡한 양상을 띠었다. 오랜 시간에 걸쳐 양국 사이의 현안문제가 되어 왔던 쿠릴열도 문제를 둘러싼 갈등이 증폭되는 가운데 에너지 협력 등 경제협력의 기조는 이어갔다. 2010년 9월 센카쿠 열도(댜오위다오) 부근에서 일어난 중국 트롤어선의 나포사건으로 중국과 일본 간에 충돌이 빚어졌을 때 러시아는 중국의 편을 들어줌으로써 일본의 불만을 샀다. 그 뿐만 아니라 메드베데프 대통령은 2010년 11월 남쿠릴열도의 쿠나쉬르 섬을 전격 방문해 이 지역에 인프라시설을 확충할 것을 제안하는 동시에 미사일을 포함한 최신 무기를 증강 배치해야 한다고 주장함으로써 일본의 강력한 항의를 유발했다.

그럼에도 메드베데프는 일본과 에너지 협력 등 경제협력을 강화시키기 위한 노력을 기울였다. 러일 양측의 공동투자로 사할린 근해의 천연가스를 개발하는 '사할린-2' 프로젝트는 2008년부터 본격 생산에 들어가 생산된 가스를 액화천연가스(LNG)의 형태로 일본과 한국 등에 수출하기 시작했다. 2011년 11월 아시아·태평양경제협력체(APEC)에 참석한 메드베데프는 노다 요시히코(野田佳彦) 일본 총리와 정상회담을 갖고 에너지 부문을 포함한 경제협력 증진에 합의했다. 또한 이 자리에서 메드베데프 대통령은 그해 3월 동일본 대지진 때 발생한 후쿠시마 원전사고와 관련해 효과적인 방사능 폐기물의 처리 등을 위해 양국이 협력하기로 했다.

남북한과의 관계

푸틴 집권기와 마찬가지로 메드베데프 시기에 접어들어서도 러시아는 남북한 등거리 외교를 한반도정책의 기본으로 삼았다. 그러나 전체적으로 볼 때, 현대화를 앞세우며 서방과 협력적 관계를 선호한 메드베데프는 대한민국과의 호혜적인 협력강화에 더 많은 관심을 두었다. 2008년 9월 모스크바에서 열린 한러정상회담에서 이명박(李明博) 대통령과 메드베데프 대통령은 양국관계를 “전략적 협력동반자관계”로 격상시켰다. 양국 간 경제협력은 2011년 한러 교역규모가 240억 달러를 기록할 정도로 상당한 성과를 나타냈다. 한러 양국은 2008년부터 정부차원에서 차관급 전략대화를 개최하기 시작했으며, 1.5트랙 형태의 양자대화 포럼인 한러대화(KRD)가 2011년 11월 서울에서 제1차 회의를 개최함으로써 양국 간 포괄적인 민관 대화채널이 열리게 되었다.

이명박 대통령과 메드베데프 대통령

한편, 한러협력에 있어서 주목할 만한 성과에도 북핵문제와 남북한 문제에 대한 러시아의 입장은 기본적으로 양비론적 성격을 나타냈다. 다시 말해 러시아는 북한의 핵무기 및 미사일 개발에 반대하는 입장이지만, 북한을 자극하고 압박하는 것에 대해서는 반대함으로써 한국과 미국의 입장과는 다른 행보를 보였다. 또한 2010년에 발생했던 천안함 폭침사건 및 연평도 포격도발사건에 대해서도 명백하게 대한민국을 지지하기보다는 북한의 도발과 한미합동군사훈련 등 한미동맹의 대북 압박조치를 동시에 지적함으로써 남북한 등거리 외교노선을 분명히 했다.

메드베데프와 김정일

앞서 살펴 본 바와 같이, 러시아는 지난 2000년대 초반부터 남북러 삼각협력을 추진하고자 하는 강한 의지를 보여왔다. 한반도와 러시아 사이에 철도, 천연가스, 전력망 등을 연결함으로써 러시아 극동지방의 개발과 아시아·태평양 국가들과의 협력을 촉진시키려는 장기적인 전망을 갖고 있는 러시아로서는 남북한을 동시에 협력의 틀로 묶으려는 노력을 해왔다.

그러나 그러한 노력은 평양측의 비협조와 북한의 핵 및 미사일 개발에 따른 한반도의 위기상황으로 말미암아 진전되지 못했다. 그런데 2011년경 러시아가 소련시기에 북한이 지고 있었던 110억 달러의 대러 채무 가운데 90%를 탕감해주는 조치를 취하면서 러시아와 북한의 협력 분위기가 고조되었다. 그러한 분위기 속에서 2011년 8월 24일 동시베리아 울란우데에서 열린 김정일-메드베데프 정상회담에서 양측은 남북러 가스관 사업에 대한 의견접근을 이룸으로써 삼각협력에 대한 논의가 재점화되는 듯했다. 그러나 그해 12월 김정일의 사망 이후 새로운 지도자로 등장한 김정은(金正恩)이 핵개발을 가속화함에 따라 남북러 삼각협력은 또 다시 중단되고 말았다.

제27장_ 푸틴정권 제3기의 내외상황과 푸틴 4기의 출범(2012~2018)

1. 탠덤체제의 종식과 푸틴의 재등장

앞장에서 살펴보았거니와 푸틴이 후계자로 낙점했던 메드베데프가 2008년부터 4년간 대통령직을 맡은 시기에는 대통령과 총리가 실질적으로 권력을 분담하는 양두체제 또는 탠덤체제라는 보기 드문 정치현상이 펼쳐졌었다. 이러한 탠덤체제 하에서 과연 누가 실질적인 권력자인가라는 의문에 대해 러시아 국내외에서 갖가지 추측과 논의가 무성했다. 그러나 다음 대통령선거를 반년 정도 남겨 둔 시점에서 그러한 논란은 분명하게 정리되었다. 결론적으로 권력의 실질적 주인은 푸틴이었음이 드러난 것이다. 2011년 9월 24일에 개최되었던 통합러시아(UR) 전당대회에서 메드베데프가 푸틴을 차기 대통령후보로 추천하고 푸틴은 이를 수락함과 동시에 메드베데프를 차기 정부의 총리로 임명할 것을 약속함으로써 메드베데프의 재선 출마 가능성을 둘러싸고 벌어졌던 갖가지 궁금증과 추측이 일거에 해소되었다. 푸틴의 재등장에 대해서는 여러 가지 해석이 있지만 무엇보다도 리비아 사태를 비롯한 중동지역의 정치변동에 대해 푸틴이 지니고 있던 위기감이 자신의 출마 결심을 굳히게 만든 것으로 보인다. 푸틴은 리비아의 최고 지도자였던 무아마르 카다피의 몰락과정에서 보여준 미국과 유럽 등 서방의 일방주의에 대해 강한 의구심과 반감을 갖고 있었을 뿐만 아니라 그러한 서방의 개입주의에 대해 미온적으로 대응했던 메드베데프에 대해서도 불안감과 불만을 갖고 있었던 것이다.

일단 차기 후보에 대한 불확실성이 해소된 이후 푸틴의 재집권을 위한 정치일정은 일사천리로 진행되었다. 그러나 2008년 글로벌 금융위기 이후 푸틴 1기와 2기 집권기에 고공행진을 유지하던 푸틴의 지지율은 점차 하락하기 시작했다. 그것은 생활수준의 지속적인 향상이 이루어지지 못하는 것에 대한 대중의 실망감과 더불어 푸틴 집권기에 만연했던 지도층의 부패현상에 대한 반감, 그리고 푸틴의 장기 집권에 대한 피로감 누적 등이 작용한 결과로 볼 수 있다. 그러한 분위기 속에서 2011년 12월 4일에 치러진 국가두마 총선에서 통합러시아는 다수당을 유지하는 데에는 성공했으나 2007년 총선에 비교해 보잘 것 없는 성과를 거두었다. '권력당'인 통합러시아는 의석수로는 77석이나 줄어든 238석, 지지율은 14.98%나 줄어든 성적표를 받아든 것이다. 게다가 총선 직후에 부정선거를 규탄하는 시민들의 시위가 터져 나옴으로써 대통령직에 대한 푸틴의 세 번째 도전은 질서 있고 정돈된 분위기 속에서 치러진 이전의 대선과는 달랐으며 대선 이후에 펼쳐질 그의 세 번째 임기가 결코 평온하고 순탄하지만은 않을 것임을 예고했다.

푸틴은 1, 2기 때 1990년대의 혼란을 극복하고 질서를 회복함으로써 강력한 국가를 건설하고 시민들의 생활수준을 끌어 올려 강대국 러시아를 재건하겠다는 약속을 통해 얻었던 정치적 자산을 더 이상 활용하기 어려워졌다. 푸틴 1, 2기에 형성된 광범위한 중산층은 반부패, 투명하고 제도화된 통치, 법과 제도의 확립 등 새로운 수준의 정치적 요구를 제기하기 시작했다. 푸틴의 통치 첫 8년간 상승세를 타고 있었던 국제 석유가격 덕분에 에너지에 과도하게 의존하는 경제구조의 개혁 없이도 국민들의 소득수준은 향상될 수 있었다. 그러나 2008년에 일어난 글로벌 금융위기는 그러한 푸틴체제(또는 푸틴-메드베데프 체제)에 대한 믿음을 크게 약화시켰다. 이제는 기존의 정치, 경제,

사회 시스템을 개혁해야 한다는 주장들이 러시아 시민사회에서 제기되기 시작한 것이다. 1998년 무렵에 전국민의 5~10%에 불과하던 중산층 비율이 10년 만에 20~30%로 늘어났다. 2011년 12월부터 터져나온 반푸틴 시위는 그렇게 확대된 중산층이 주축이 된 러시아 시민들의 요구가 집약적으로 표출된 현상이었다.

이러한 분위기 속에서 세 번째 집권을 위한 선거전을 치러야 했던 푸틴은 한편으로는 현재의 국제질서를 다극체제로 규정하고 러시아는 그러한 체제가 야기할 수 있는 불확실성에 대비하면서 특정 국가나 세력의 독주를 견제하고 스스로 주요 역할을 떠맡을 수 있도록 준비해야 한다고 주장했다. 이를 위해 푸틴은 임기 내에 국방예산을 대폭 증대시킬 것이라고 약속했다. 다른 한편으로 푸틴은 일정한 자유화와 민주화 조치의 필요성을 언급함으로써 기존 체제와 자신을 향한 시민들의 반대와 저항을 완화시키고자 했다. 특히 푸틴은 주지사 직선제의 부활과 정당의 설립요건 완화 등을 공약으로 내세워 자신의 과거 재임시에 제약을 가했던 시민들의 정치참여를 활성화시키고, 지방분권화를 확대할 것을 약속함으로써 유권자들의 지지를 얻고자 했다. 또한 경제분야에서도 푸틴은 사적 부문에서의 경쟁보장과 경제에 대한 국가의 개입축소, 그리고 경제 현대화를 위한 투자환경 개선 등을 공약으로 내세웠다.

2012년 3월 4일 자신에 대한 반대시위라는 악재를 안고 치른 대통령선거에서 블라디미르 푸틴은 63.64%의 득표율로 임기가 6년으로 늘어난 대통령직에 무난하게 당선되었다. 이러한 결과는 개혁에 대한 실망감과 경제침체, 그리고 고질적인 부패현상의 지속 등에 대한 대중의 반감이 존재하고 있었음에도 뚜렷한 대안이 없었다는 점과 급격한 개혁이 불러올 혼란보다는 안정을 희망하는 다수 시민들의 정서를 반영하고 있었다. 대통령선거에서 승리해 다시 크렘린의 주인이 된 푸틴은 자신이 약속했던 정치 및 경제의 자유화를 부분적으로 실천하기는 하였으나, 메드베데프 집권기에 비해 시민사회에 대한 통제는 더욱 강화하는 행보를 보였다. 3기 취임 이후 푸틴은 대통령 행정실에는 실로비키 출신의 측근들을 대거 배치시킴으로써 국정 장악력을 높이고자 했으며, 내각에는 실로비키 출신과 더불어 전문성을 갖춘 테크노크라트들을 기용함으로써 정책의 효율성을 추구했다. 또한 외교정책에 있어서도 러시아의 국가이익과 강대국으로서의 독자노선을 강조함으로써 미국 및 서방과의 협력과 공조보다는 경쟁과 대립의 구도를 만들게 되었다.

2. 부분적인 자유화 조치와 시민사회에 대한 강력한 통제

모스크바와 상트페테르부르크 등 대도시를 중심으로 반푸틴 시위가 연달아 일어나는 등 어수선하고 불안정한 분위기 속에서 2012년 5월 크렘린에 재입성한 푸틴 대통령은 취임을 전후해 몇 가지 정치개혁 조치를 단행하는 한편으로 시민사회에 대한 통제를 강화해 나갔다. 우선, 부분적인 정치개혁 조치로서 정당법 및 국가두마 선거법 개정과 주지사 선출방식의 변경을 들 수 있다. 메드베데프 대통령은 임기만료를 얼마 남겨놓지 않은 시점인 4월에 의회를 통과한 개정 정당법에 서명했다. 새로운 정당법에 따르면 정당설립에 필요한 최소 당원의 숫자를 5만 명에서 500명으로 크게 완화시킴으로써 다수의 정당이 선거에 참여할 수 있는 공간을 열어주었다. 또한 2004년 이래 폐지되었던 주지사 직선제를 부활시키는 개정 선거법이 5월 2일자로 효력을 발생하였다. 새로운 정당법은 외형적으로는 서구 민주주의처럼 2~3개의 정당이 경쟁하도록 하는 모양새를 띠었다. 그러나 실제로는 대부분의 정당들이 크렘린에 충성하거나 최소한 우호적인 입장을 유지해야 했다.

한편, 재야세력이 주도하고 다수의 시민들이 참여한 반정부 시위 속에서 세 번째 임기를 시작한 푸틴 대통령은 자신의 권력기반을 다지고 정국을 안정시키기 위해 시민사회를 통제하는 일련의 법안을 마련하게 된다. 푸틴은 집권 한달 뒤인 6월 8일 의회에서 가결된 개정 집회 및 시위에 관한 법률에 서명했다. 새로 개정된 집시법에 따르면 개인이 이 법을 위반할 경우 이전 법률에 규정된 벌금보다 150배나 무거운 벌금이 부과되며 강제 노역에 처해질 수도 있다. 여기서 그치지 않고 푸틴은 시위를 조직하거나 대중의 반정부 활동에 영향을 끼칠 수 있다고 간주되는 비정부조직(NGO)에 대한 단속에도 나섰다. 러시아 내에서 활동 중인 NGO가 외국 정부 또는 단체로부터 자금지원을 받을 경우 '해외대리기관'으로 등록해 사실상 그 재정내역과 활동상황을 낱낱이 당국에 보고하도록 하는 새로운 NGO법을 만들었다. 이 법은 7월 13일 하원을 통과한 뒤 7월 18일에는 상원의 의결을 거쳐 7월 21일 대통령의 서명을 거쳐 11월 21일 정식 발효되었다. 이 법률은 외국의 정부, 단체 또는 개인으로부터 자금을 받아 정치활동에 관여하는 NGO는 러시아정부에 '해외대리기관'으로서 정부의 회계감사를 받는 것은 물론 그 활동 내역을 보고하도록 규정했다. 특정 NGO가 이 법률을 위반할 경우 당국은 최대 6개월까지 해당 조직의 활동을 정지시키는 권한을 갖게 되었다. 크렘린 당국은 외국의 "부당한" 간섭과 압력으로부터 러시아를 지키기 위해 이 법률이 필요하다고 주장했으나, 러시아의 시민단체 관련자들은 정부에 비판적인 사회조직의 활동을 제어하기 위한 조치라고 비판했다.

그 밖에 인터넷 공간에 대한 통제도 가해졌다. 11월 1일에는 러시아정부당국이 인터넷 사이트에 대한 검열권을 갖도록 함을 물론 유해사이트를 지정할 수 있도록 한 '인터넷 통제법'이 효력을 발생하였다. 형식적으로는 이 법률은 폭력적, 선정적 내용 등을 포함하고 있는 사이트로부터 어린이들을 보호한다는 명분을 내세우고 있지만 실질적으로 러시아연방 통신감독위원회(로스콤나드조르)가 유해성 여부를 결정하고, 그것을 감독할 수 있는 권한을 갖도록 함으로써 국가가 네티즌들의 자유로운 표현과 의견표출의 기회를 제한할 수 있는 제도적 장치를 부여하게 되었다. 이러한 일련의 보수적인 시민사회 통제정책으로 말미암아 2011년 연말부터 고개를 들기 시작하던 반푸틴 대중시위는 점차 약화되었다.

한편, 푸틴 정부는 소위 '전통적 가치'를 보호하기 위한 법률도 만들었다. 성소수자의 활동을 제약하는 법안은 그 가운데 하나이다. 2013년 6월 30일에 발효된 이 법안의 정식 명칭은 '전통적 가족가치 부정을 옹호하는 행위로부터 어린이들을 보호하기 위한 법률'(일명 "게이 선동법")이다. 이 법은 레즈비언, 게이, 양성애자, 성전환자 등 성소수자들의 공개적인 활동을 규제하기 위해 마련되었다. 서방측은 이 법률을 표현의 자유를 억압하는 악법으로 비판했다.

푸틴정부는 그러한 시민사회에 대한 통제정책이라는 직접적인 대응 이외에도 서방에 대한 비판과 러시아의 강대국 이미지를 고양시킴으로써 국민들의 단합을 이끌어내고 자신의 권력기반을 공고화시키는 간접적이고 보다 정교한 책략을 구사했다. 푸틴정권은 시민사회의 반정부 시위가 미국 등 서방측의 반러시아 움직임과 긴밀하게 연계되어 있다는 의혹을 갖고 있었다. 크렘린측은 2004년 우크라이나의 오렌지혁명 이후 미국과 유럽연합이 민주주의의 확산이라는 명분으로 옛 소련국가들의 내정에 간섭해왔으며, 2011년말에 터져 나온 러시아 시민들의 반정부 시위에서도 그러한 서방의 입김이 작용했다는 의혹을 갖고 있었다. 그러한 논리를 바탕으로 푸틴정권은 반정부활동이 국가의 정체성과 이익을 해치는 비애국적인 행위로 규정함으로써 반대의 목소리를 잠재우고 정국의 안정을 도모했다.

3. 강대국 러시아를 향한 외교적 행보: 리셋외교를 접고 서방과 대립하다

앞에서 살펴본 바와 같이 2008년 글로벌 경제위기는 러시아경제에 큰 충격파를 던졌다. 거기에 더하여 2011년 말부터 불거져 나온 푸틴과 그가 이끌던 정부에 대한 대중의 반발은 4년 만에 크렘린에 복귀한 푸틴 대통령에게 적지 않은 부담을 안겨주었다. 이러한 상황에서 푸틴은 안으로는 시민사회를 통제하는 한편으로 국제무대에서 러시아의 존재감과 위상을 강화시키기 위해 서방과의 대립과 갈등도 불사하는 공세적인 대외정책을 취함으로써 대중의 지지를 얻고 자신의 권력을 강화시키려는 전략을 선택하게 된다. 우선, 푸틴은 취임 직후부터 메드베데프 대통령 시기에 미국의 오바마 행정부와 약속했던 '리셋외교' 즉 양국관계를 협력관계로 '재설정'하려던 대미관계의 노선을 변경하기 시작했다. 무엇보다도 동유럽 배치 미사일방어체계(MD)를 둘러싸고 러시아와 미국은 첨예한 갈등을 빚었다. 2012년 5월 20일 시카고에서 열린 나토 정상회의에서는 이란 등 적성 국가로부터의 미사일 위협에 대처한다는 명분으로 유럽 배치 MD 1단계 조치를 발표했다. 이 조치는 터키에 레이더 시스템, 스페인 로타항에 요격미사일을 탑재한 미국의 이지스함 4척을 각각 배치하고 그 통제권은 북대서양조약기구군 사령부가 갖도록 했다. 이러한 유럽 배치 MD 계획이 최초로 발표된 2007년경부터 자국의 안보에 심대한 타격을 줄 수 있다는 이유로 반대 입장을 견지해오던 푸틴의 러시아가 사실상 미국이 주도하는 나토의 그러한 MD 실전 배치 결정에 강력하게 반발한 것은 전혀 놀라운 일이 아니다. 푸틴은 이에 대한 항의의 표시로 6월 멕시코의 로스카보스(Los Cabos)에서 열린 G20 정상회의에 불참했다.

엎친 데 덮친 격으로 러시아의 인권문제를 겨냥해 미국의회가 통과시킨 소위 '마그니츠키법(The Magnitsky Act)'은 양국관계를 더욱 경색시켰다. 러시아연방 국세청 관리들의 부정을 조사했던 러시아 변호사 겸 세무사 세르게이 마그니츠키(Sergei Magnitsky)가 모스크바의 한 교도소에 수감되어 있던 중 2009년에 의문사를 당했다. 이에 2012년 6월 미국 하원 외교위원회가 이 사건에 관련이 있다고 판단되는 인사들에 대한 제재를 가하기 위해 통과시킨 법안이 이른 바 '마그니츠키법'이다. 이러한 일련의 사건들로 인해 푸틴 3기 출범 벽두부터 양국관계는 갈등과 긴장이 고조되어가는 양상을 보였다.

이러한 상황에서 2013년 6월에 벌어진 스노든의 러시아 망명사건은 메드베데프 시기에 미국과 합의했던 리셋외교에 조종을 울렸다. 스노든 사건이란 전직 미국 중앙정보국(CIA) 요원으로 활동했던 에드워드 스노든(Edward Snowden)이 2013년 6월초 국가안보국(NSA) 등 미국 정보당국이 미국 시민들뿐만 아니라 외국 지도자들과 일반인이 올린 사이버상의 정보와 교신내용을 무차별적으로 수집하고 사찰하는 '프리즘(PRISM)'이라는 컴퓨터 프로그램을 운영해왔다는 사실을 폭로해 국제사회에 큰 충격을 준 사건이다. 이후 스노든은 미국 수사당국의 집요한 추적을 피해 홍콩을 거쳐 6월 23일 러시아로 망명했고, 이것은 미국과 러시아 사이에 또 다른 쟁점으로 떠올랐다. 러시아는 오바마 행정부의 송환요구를 묵살한 채 미국정보기관의 비리를 폭로한 스노든의 망명신청을 받아들임으로써 국제사회에서 미국이 보여준 이중적인 행태에 일격을 가했다. 이로써 푸틴과 오바마 사이의 감정의 골은 더욱 더 깊어졌다.

스노든 사건으로 신경전을 벌이던 미러 양국 지도자들은 시리아 사태의 해법을 둘러싸고 우여곡절 끝에 합의에 도달하게 되었다. 2013년 8월 하순에 아사드의 시리아 정부군은 민간인에 대한 화학무기 공격을 감행해 1,400여 명의 희생자를 발생시켰다. 미국은 이를 묵과할 수 없는 폭거로 규정하고 리비아에 대한 공습을 감행하고자 했다. 이러한 상황에서 러시아는 증거 부족을 이유로 미국의 시리아 공습에 강력하게 반대하면서 아사드 정권을 비호했다. 러시아는 시리아가 제2의 리비아가 되어서는 결코 안 된다는 입장을 확고하게 갖고 있었던 것이다. 2013년 9월 상트페테르부르크에서 열린 G20 정상회의 기간 중 푸틴은 오바마와 별도의 회동을 갖고 미국의 공습 대신, 미국과 러시아가 아사드 정권을 압박해 화학무기를 제거시키는 데 함께 나설 것을 제의했다. 오바마는 이 제의를 받아들였고 푸틴은 일거에 피비린내 나는 전쟁을 피하고 평화적인 해법을 마련한 국제사회의 리더로 부각되었다. 러시아 언론은 시리아에서 전쟁을 막은 푸틴은 노벨 평화상을 받아 마땅하다고 분위기를 잡았다. 이는 푸틴의 기민한 외교

모스크바에서의 반푸틴 시위(2011. 12. 24)

전략이 빛을 발한 사례라고 할 것이다.

메드베데프 대통령 시기에 대외정책의 주요 안건으로 취급되었던 유럽연합과의 현대화를 위한 협력외교도 사실상 폐기 수순을 밟게 되었다. 푸틴은 서방과의 협력에 바탕을 둔 현대화 프로젝트보다도 더 중요한 것은 러시아의 핵심적 국가이익을 방어하는 것이라는 인식을 갖고 있었다. 그렇지 않아도 2011년말에 일어난 반정부 시위가 외부로부터의 개입과 지원에 힘입어 일어난 것이라는 인식을 갖고 있던 푸틴과 그의 측근들은 옛 소련국가들을 서방의 영향권으로 끌어들이려는 유럽연합의 정책에 강한 의구심을 갖고 있었다. 한편, 유럽연합측은 2012년 러시아정부의 개정 NGO법이 서방 인권단체들을 비롯한 외국계 시민단체들의 활동을 제약한다는 이유로 비난함으로써 러시아와 유럽연합 간의 관계는 더욱 악화되었다. 또한, 러시아 내의 석유·가스전 등의 에너지원 개발과 수송 등에 있어서 개방과 경쟁의 도입 문제를 놓고 각각 시장경제의 원칙과 주권을 강조하는 유럽과 러시아 사이에 팽팽한 줄다리기가 계속되었다.

게다가 2009년부터 유럽연합이 우크라이나, 벨라루스, 조지아, 몰도바, 아르메니아, 아제르바이잔 등 옛 소련 국가들을 대상으로 경제협력, 인적교류 및 문화교류를 확대하기 위해 추진했던 동방파트너십(Eastern Partnership, EaP) 프로그램은 러시아와 EU와의 관계를 결정적으로 악화시켰다. 동방파트너십 프로그램은 나토 팽창과 MD의 유럽배치와 더불어 러시아의 안보에 상당한 부담과 위협을 가하려는 시도로 간주되었다. 이러한 서방의 움직임에 대응하여 러시아는 뒤에서 서술하는 바와 같이 아시아·태평양 지역과의 협력을 강화하는 '신동방정책'을 펼치는 한편으로 우크라이나를 포함한 옛 소련 국가들을 묶어 유럽연합에 상응하는 러시아 중심의 유라시아 통합체를 건설하려는 비전을 갖고 있었다. 그러나 유럽연합의 동진정책과 모스크바의 유라시아 통합 비전의 충돌은 마침내 2014년에 발생한 우크라이나 사태라는 지정학적 변동의 주된 요인의 하나로 작용하게 된다.

4. 크림반도의 병합과 러시아 정치·사회의 변화

크림반도의 병합

1990년대 이래 옛소련 국가들을 유럽연합과 나토 세력권으로 편입시키려는 서방측과 이를 핵심적인 국가이익에 대한 심대한 위협으로 보고 강한 반대의 목소리를 내는 러시아 사이에 1990년대 이래 줄곧 긴장과 갈등의 기류가 형성되어왔다. 그러한 지정학적 대립은 2008년 8월 러시아-조지아 전쟁의 주요 배경이 되었으며, 2013년말 무렵 우크라이나에서 일어난 정변의 직접적인 원인이 되었다. 더 나아가 우크라이나의 정치적 혼란의 와중에서 첨예화된 러시아와 서방 사이의 갈등은 2014년 3월 러시아의 크림반도 병합이라는 엄청난 지정학적 변동으로 귀결되었다.

우크라이나 사태의 보다 먼 원인은 위에서 서술한 바와 같이 포스트소비에트 지역에 대한 세력권을 놓고 러시아와 서방 사이의 경쟁과 충돌에서 찾을 수 있다. 냉전 종식 이후 미국과 유럽은 동유럽뿐만 아니라 포스트소비에트 국가들까지 나토의 회원국으로 만들려고 하는 팽창정책을 지속했다. 그리고 유럽연합의 경우에도 옛 소련의 세력권에 속하는 중·동유럽까지 그 영역을 확대하는 한편으로 포스트소비에트 국가들과 유럽적 가치에 기반을 둔 정치, 경제 및 문화협력을 확대해 나갔다. 그리하여 이러한 서방의 행보는 러시아와 지정학적 및 지경학적 경쟁을 유발했을 뿐만 아니라, 러시아와 서방 사이에 정체성

경쟁을 촉발하게 되었다. 우크라이나 위기는 러시아와 서방 간의 그러한 경쟁과 날카로운 충돌에서 비롯되었다고 할 것이다.

그런데, 우크라이나 사태의 직접적인 발단은 2013년 유럽연합과 우크라이나 간에 체결하기로 되어 있던 협력협정(Association Agreement, AA)에 대한 빅토르 야누코비치 우크라이나 대통령의 정치적 입장과 행태에서 찾을 수 있다. 앞서 살펴 본 바와 같이 이미 유럽연합과 동방파트너십을 맺은 우크라이나는 유럽으로의 통합을 국가발전 전략으로 삼고 유럽연합과의 협력을 더욱 심화시켜 나가기 위한 노력을 기울였다. 그 일환으로서 우크라이나 야누코비치 정부는 2013년 11월에 유럽연합과 자유무역협정을 포함한 경제 및 인적교류를 촉진시키기 위한 협력협정을 체결하기로 되어 있었다. 그러나 우크라이나의 친서방화를 필사적으로 막으려고 한 푸틴의 회유와 압박으로 인해 야누코비치는 막판에 마음을 바꿔 EU와의 협력협정 체결을 포기하고 러시아와의 협력을 결정하게 된다. 그 배경에는 러시아의 선심공세가 있었음은 말할 것도 없다. 그해 12월 17일 푸틴은 모스크바에서 야누코비치와 회담을 갖고 금융위기 상황에 처해있던 우크라이나에 150억달러에 이르는 대규모의 경제지원을 제공함으로써 키예프의 친유럽 노선을 저지하려고 했다.

예상을 뒤집은 야누코비치의 친러 행보는 많은 우크라이나인들에게 분노와 좌절감을 안겨주었다. 수도 키예프 한 가운데 위치한 독립광장(마이단)은 분노한 시민들의 집결지가 되었다. 경제적인 어려움에 처한 일반 시민들이 대다수를 차지하고 있던 시위대는 야누코비치 일가를 비롯한 공직자들의 부패와 무능에 엄청난 분노감을 갖고 있었다. 그들은 유럽으로의 통합이 그러한 부패와 빈곤의 악순환으로부터 벗어날 수 있는 길이

푸틴과 야누코비치

라고 믿고 있었다. 따라서 야누코비치가 갑작스럽게 유럽연합과의 협력협정을 중단하고 러시아와 손잡기로 결정을 내린 것은 그들에게 엄청난 배신감과 충격을 안겨주었다. 처음에는 시민들이 주축이 된 시위대에 서부 우크라이나에 기반을 둔 극우 민족주의 세력이 합세하면서 시위의 성격이 크게 변화하기 시작했다. 마이단 시위는 급기야 야누코비치 정권에 대한 반대뿐만 아니라 러시아에 대한 반대와 서방과의 통합을 촉구하는 정치운동으로 비화되었다. 2014년 2월 중순 키예프 도심에서의 시위는 폭력사태로 번졌으며, 당국은 강경진압을 함으로써 수십 명의 사상자를 내는 등 우크라이나 사태는 파국을 향해 치달았다. 2월 21일 이러한 상황을 수습하고자 독일, 프랑스, 폴란드 등 유럽연합 국가 당국자들과 우크라이나 정부 및 야권 지도자들은 조기 대통령선거 실시 등 향후 정치일정에 합의했다. 그러나 정작 마이단 시위대는 이 합상결과를 거부함으로써 정국은 걷잡을 수 없는 혼미 상태에 빠졌다. 협상 당일 시위대의 습격을 받은 야누코비치는 키예프를 탈출해 러시아로 망명했고 키예프 도심 거리에서 경찰은 철수했다.

성난 시위대가 야누코비치를 축출함으로써 우크라이나 사태가 마이단 혁명의 성공으로 일단락되는 듯했다. 그러나 이것은 우크라이나 위기의 시작에 불과했다. 우크라이나 정변에 대한 러시아의 개입이 본격화된 것이다. 러시아인들은 우크라이나를 단지 지리적으로 가까운 외국이 아니라 역사적, 지정학적으로 불가분의 요충지로 여겨왔다. 따라서 러시아는 우크라이나가 한꺼번에 서방진영으로 통합되는 것은 결코 허용할 수 없었다. 이를 위해 푸틴의 러시아는 두 가지 전략적 목표를 추구했다.

첫째, 러시아계 주민들이 절대다수를 차지하고 있으면서 흑해함대가 주둔하고 있는 크림반도를 친서방적인 키예프 정부로부터 분리하는 것이었다. 러시아는 크림자치공화국 지도부를 비롯한 친러 세력을 지원하고 고무시켜 크림자치공화국을 러시아와 합병하기 위한 주민투표를 실시토록 했다. 소치 올림픽 폐막 당일 아침에 러시아는 비밀 군

크림병합 조약에 서명하는 푸틴(2014. 3. 18. 모스크바)

사작전을 개시했으며, 나흘 뒤인 2월 27일 새벽에 러시아 특공대와 흑해함대 소속 병력이 크림자치공화국의 비행장 두 곳과 의회건물을 비롯한 주요건물들을 장악했다. 2014년 3월 1일 러시아 상원은 우크라이나에 러시아군을 파견할 수 있도록 해달라는 푸틴의 요청을 승인하는 모양새를 취했다. 이러한 분위기 속에서 3월 16일에 치러진 크림자치공화국 주민투표는 96.6%라는 압도적인 찬성으로 러시아와의 병합을 결정했다. 3월 18일 모스크바 크렘린에서 푸틴 대통령과 크림공화국의 지도부가 서명한 병합조약에 대해 사흘 뒤인 3월 21일 러시아 의회가 비준을 완료함으로써 크림반도는 신속하고도 일사불란하게 러시아에 통합되었다. 이는 2차 세계대전 이후 처음으로 이루어진 비자발적인 영토병합이다. 유엔총회는 3월 27일 러시아의 크림병합이 주권 및 영토의 완전성 원칙을 훼손시킨 것이므로 무효라고 규정하는 결의안을 채택했다. 더 나아가 미국, 유럽연합, 일본 등 주요 서방 국가들은 러시아에 대한 경제적 압박을 가했다. 러시아 에너지 기업 및 주요 금융기관의 거래를 중지시키는 것을 포함한 대러 제재조치가 취해진 것이다. 이에 대항해 러시아는 이러한 대러 제재에 가담한 서방국가들로부터 농수산물의 수입을 금지하는 조치를 취함으로써 맞불을 놓았다.

둘째는 우크라이나를 새로운 연방체제로 만들어 러시아가 친러 세력인 동부우크라이나 지역을 앞세워 우크라이나 대외정책에 있어서 사실상의 거부권을 행사하는 목표이다. 그렇게 함으로써 러시아는 우크라이나의 나토 가입과 서유럽으로의 통합을 막을 수 있을 것으로 기대했다. 때마침 크림반도의 병합이 이루어질 무렵, 동부 우크라이나의 도네츠크와 루한스크 자치공화국(흔히 돈바스 지역으로 불림)에서는 우크라이나 정부군에 맞서 분리·독립을 주장하는 반군세력의 활동이 확산되기 시작했다. 러시아는 이들 반군세력에 무기를 공급하고 우크라이나 국경부근에 자국 군대를 증강 배치함으로써 돈바스 지역을 분쟁지역화하려고 했다. 그렇게 함으로써 러시아는 우크라이나가 서방에 통합되는 것을 막고 키예프에 대한 영향력의 수단을 유지하고자 했다.

날로 격화되는 돈바스 지역의 분쟁을 중단시키기 위해 러시아와 우크라이나는 2014년 9월 3일 휴전협정을 발표했다. 그러나 휴전협정 체결 이후 채 두 달도 되지 않아 우크라이나 정부군과 동부 반군 사이에는 다시 치열한 전투가 벌어졌다. 그 결과 그해 말까지 이 지역의 희생자 숫자는 5천여 명을 헤아리게 되었다.

이렇듯 우크라이나 돈바스 지역에서 점차 높아지는 위기상황을 진정시키기 위해 이번에는 유럽연합의 중심인 독일과 프랑스가 나섰다. 독일의 메르켈 총리와 프랑스의 올랑드 대통령의 중재 하에 2015년 2월 11일 푸틴 러시아 대통령과 포로센코 우크라이나 대통령은 우크라이나 반군과 정부군 사이의 교전중지, 동부 우크라이나 지역에 대한 자치권 부여 등을 골자로 하는 휴전협정에 서명했다. 그럼에도 이 지역에서의 분쟁은 완전히 종식되지 못했으며 2017년말 무렵까지 모두 1만 여 명의 희생자를 낳았다.

크림반도의 병합에 대한 서방측과 러시아측의 주장은 상반된다. 서방측은 러시아가 크림반도를 병합한 것은 주권국가의 영토를 침탈한, 명백한 국제법 위반으로 보고 러시아에 대해 원상회복을 요구했다. 서방측이 러시아에 대해 경제제재를 취한 것은 그러한 논리에 바탕을 두고 있다. 2014년 9월 유엔총회 연설에서 미국의 오바마 대통령은 러시아가 크림반도를 병합한 사건은 “에볼라 바이러스 확산에 버금가는 국제사회에 대한 위협”이라고 비판했다.

반면에 러시아로서는 소련 해체 이후 옛 소련 국가들 사이의 영토문제에 대한 정리가 제대로 이루어지지 않았다는 관점에서 크림반도의 병합은 해묵은 현안을 해결한 것이라는 입장을 갖고 있다. 푸틴 대통령은 크림자치공화국 병합조약 서명식에서 소련시절에 크림반도의 관할권이 비합적으로 우크라이나에 이전되었음을 지적함으로써 크림반도를 러시아 영토로 통합시킨 것은 '역사적 정의의 회복'이라고 주장했다. 기본적으로 모스크바는 포스트소비에트 지역에서 자신의 영향력과 기득권을 인정받아야 한다는 입장을 갖고 있다. 그 중에서도 우크라이나는 러시아인들에게 역사적, 문화적, 지정학적으로 떼려야 뗄 수 없는 특별한 의미를 갖는 국가이다. 그 때문에 푸틴은 마지막 순간까지 우크라이나로 하여금 유럽과의 협력협정 대신 러시아와의 협력의 길로 들어서도록 총력을 기울였다. 그러나 러시아의 그러한 희망과는 반대로 서방과의 통합을 부르짖는 마이단 시위대에 의해 야누코비치의 축출이 이루어지고, 그 이후 우크라이나 과도정부가 나토 가입을 포함하는 급진적 서방 통합을 추진하려고 하자 러시아는 사활적 국익의 마지노선을 수호하기 위해 전격적인 크림병합을 감행하였다.

크림 컨센서스와 러시아 정치사회의 변화

크림반도의 병합은 국제적으로 엄청난 논란과 파장을 불러 일으켰으나 러시아 국내적으로는 크렘린을 정점으로 정치와 사회, 그리고 국민들을 견고하게 응집시키는 촉매가 되었다. 이로써 푸틴과 크림병합에 대한 러시아 시민 절대다수의 지지 분위기를 일컫는 이른 바 '크림 컨센서스(Crimean Consensus)'가 러시아 정치, 경제, 사회 전반을 지배하게 되었다. 크림병합이 러시아에 끼친 영향은 다음과 같다. 첫째, 3기 집권을 전후해 다소 흔들리던 푸틴의 지지율은 급상승했으며, 이를 바탕으로 푸틴의 일인 통치와 러시아 정치체제의 권위주의적 성격이 한층 더 강화되었다. 2016년 1월에 실시된 여론조사에 따르면, 83%의 응답자가 크림병합을 찬성했으며, 푸틴에 대한 지지자의 비율은 82%를 기록했다. 이는 푸틴이 진두지휘한 크림반도의 러시아 병합에 대해 대다수의 러시아인들이 전폭적인 지지를 보내고 있음을 보여준다. 푸틴은 이를 토대로 자신의 권력기반을 한층 더 견고하게 다지려고 했다. 2016년 4월에 내부 소요사태 또는 쿠데타 같은 잠재적인 불안요소에 대응하기 위해 20만 병력으로 구성된 '국가수비대'를 창설한 것이 그 대표적인 사례이다.

둘째, 크림병합은 엘리트들을 결속시키는 힘으로 작용했다. 특히, 크림병합 전후의 과정에서 고조된 서방과의 대립과 마찰은 실로비키를 비롯한 러시아 지배엘리트의 자존감과 푸틴에 대한 충성심을 고양시키는 데 크게 기여했다. 그리하여 엘리트에 대한 푸틴의 장악력은 한층 더 강화되었다. 나아가 크림병합 이후 공고화된 푸틴의 인기와 권위는 대중과 엘리트를 결속시켜주는 강력한 구심력으로 작용했다. 또한, 크림반도 병합이 가져온 애국주의와 러시아 민족주의의 확산은 그 이전에 존재하고 있었던 엘리트와 대중 사이의 간극을 좁히는 촉매로 작용했다.

셋째, 이러한 분위기 속에서 푸틴 3기 초기부터 진행되고 있었던 국가의 시민사회에 대한 통제와 권위주의적 통치가 한층 더 강화되었다. 2014년 6월 NGO법 개정이 이루어져 해당 조직의 동의 없이도 러시아 법무부가 일방적으로 특정 비정부조직을 '외국 에이전트'로 지정할 수 있게 되었다. 2015년 5월에는 검찰총장이 특정 외국계 NGO를 '바람직스럽지 못한(Nezhelatelnoy)' 조직으로 지정할 수 있도록 하는 법률이 발효되었다. 이 법률에 따라 특정 NGO가 '바람직스럽지 못한' 조직으로 판정을 받을 경우 사무실이 폐쇄된다. 2016년 7월에 발효된 테러방지법은 많은 논란을 낳았다. 일명 '야로바야 법(Yarovaya Law)'이라고 불린 이 법안은 기본적으로 테러행위를 예방하고 그것의 원천이 될 수 있는 사회적 극단주의를 방지하는 것을 주목적으로 하고 있다. 그러나 이 법률은 인권유린, 표현의 자유 제약, 그리고 사기업의 경제적 활동 제약 등 여러 문제들을 야기할 수 있는 가능성을 내포하고 있어 러시아 국내외에서 많은 비판이 제기되었다. 그 뿐만 아니라 2017년 2월에는 전통적 가치의 보전이란 명분 아래 가장이 배우자와 자녀에 대해 가하는 일시적인 가정폭력에 대해서는 처벌을 대폭 완화시키는 내용의 개정 형법이 발효되었다. 러시아 당국이 가정폭력이라는 인권유린 행위를 묵인 내지는 조장하고 있다는 이유로 이 법안은 러시아 국내외에서 많은 논란을 불러 일으켰다. 이러한 일련의 법안들은 크림병합 이후, 러시아 정치 및 사회의 지배적인 가치가 된 '애국주의'의 기치 아래 시민사회에 대한 국가의 확고한 통제가 이루어지고 있음을 보여주는 동시에 러시아 사회에서 팽배한 전통적 가치와 보수주의를 반영하고 있었다.

넷째, 크림병합 이후 러시아 사회에서 서방에 대한 비판과 부정적인 인식이 더욱 강화되었다. 이에 따라 친서방적 언행을 반애국적이고 반역적인 것으로 비판하는 신 매카시즘적인 분위기마저 형성되었다. 러시아는 국제무대에서 반서방 연대의 확대와 강화에 주력하게 되었다. 우크라이나 위기 이후 러시아인들은 자신들이 겪는 경제적 어려움 등 내부적 문제의 근원을 서방—그 가운데서도 특히 미국—의 탓으로 돌리는 경향을 뚜렷하게 보여주었다. 서방과의 대립이 계속되고 돈바스 지역의 분리주의에 대한 러시아의 지원이 지속되면서 실로비키를 비롯한 지배 엘리트는 러시아 정치체제에서 더 큰 정당성과 권위를 획득하게 되었다. 이러한 분위기 속에서 러시아의 지배 엘리트는 크림반도 병합에 이견을 표시하거나 서방에 대한 유화적인 입장을 갖고 있던 소위 자유주의 계열의 야권 인사들에 대해 "서방의 간첩", "제5열", "민족의 반역자" 등의 낙인을 찍어 이들을 무력화시켰다.

다섯째, 크림병합 이후 펼쳐진 대내외적 정세의 변화는 위기에 대한 러시아경제의 내성을 강화시키는 데 기여했다. 크림병합 이후 취해진 서방의 대러 경제제재와 국제유가의 급락으로 인해 러시아 경제는 침체에 빠졌다. 2015년 국내총생산(GDP)은 2.8% 감소했다. 그러나 한편으로, 서방으로부터의 제재는 러시아로 하여금 경제적으로 수입대체산업화에 본격적으로 나서고 자립경제와 경쟁력 강화를 서두르도록 하는 촉매가 되었다. 그 결과 러시아 농산물의 자급률이 크게 증가함으로써 이 부문에서 괄목할 만한 수입 대체 산업화가 이루어졌다. 그 결과, 2014년~2016년 기간에 러시아의 농산물 생산량은 11.1%의 성장을 기록했다. 또한, 항공, 자동차, 북극해 석유·가스 시추기술, 선박엔진 기술, 제약, 의료기기 등 주요 산업부문에서의 국산화가 눈에 띄게 진전되었다. 러시아인들은 어지간한 물질적인 궁핍과 어려움에는 인내심을 발휘하는 데 이골이 나 있다. 또한 소련 시절부터 러시아인들은 다차에서 농작물 재배와 가축 사육 등을 통해 식품 등 생활필수품을 조달하는 등 열악한 환경에 대한 적응능력을 길러왔다. 크림병합 이후 러시아에 가해진 경제제재와 국제석유가격의 하락으로 인한 경제적 어려움은 그러한 러시아인들의 집단적 유전자(DNA)에 각인된 뛰어난 적응능력의 발현을 촉진시켰다.

여섯째, 크림병합은 러시아인들 사이에 '강대국 러시아'에 대한 그리움과 염원을 자극시키는 계기로도 작용한 것으로 보인다. 2016년 12월 소련 해체 25주년을 맞아 레바다 센터가 실시한 한 여론조사에 따르면 러시아인 절반 인상인 56%가 소련 해체를 아쉬워하는 것으로 나타났다. 무엇보다도 러시아인들은 국가가 무상의료, 무상교육 등 복지를 전적으로 제공해주던 소련시기를 긍정적으로 평가한다는 것이다. 특히, 크림병합 이후, 러시아인들은 역사적, 문화적 정체성을 중시하는 경향을 보였고, 옛 소련에 대한 향수 즉 소비에트 노스탤지어의 분위기도 짙어지게 되었다.

그러나 푸틴의 3기 집권 말 무렵, 이러한 크림 컨센서스가 도전에 직면하고 있는 징후가 나타나기 시작했다. 2017년 3월 러시아 99개 도시에서 수만 명의 러시아 시민들이 지배층의 부패를 규탄하는 시위가 동시다발적으로 발생했다. 특히 이 시위의 주된 참여자들이 SNS를 일상적으로 사용하는 10대 및 20대 등 젊은층이었다는 점은 향후 러시아 정국의 변화를 가늠하는 데 있어서 주목할 만한 부분이다.

5. 우크라이나 사태 이후의 대 서방 관계

러시아의 크림병합과 동부 우크라이나 반군에 대한 지원으로 인해 러시아와 서방 사이의 관계는 바닥을 치게 되었다. 크림병합 직후 미국은 러시아가 국제법과 유엔헌장을 명백하게 위반했다고 비난하면서 크림반도를 우크라이나에 즉각 반환할 것을 요구했다. 이어 오바마 행정부는 러시아에 대한 단계적인 경제제재 조치를 취했다. 유럽연합도 미국에 동조해 크림반도를 원상회복할 것을 주장하면서 러시아에 대한 독자적인 경제제재에 돌입했다. 이로써 푸틴 3기 집권 이후 가뜩이나 경색되어가던 러시아와 서방 사이의 관계는 우크라이나 사태로 인해 더욱 얼어붙게 되었다.

미국과의 관계

오바마 행정부는 러시아의 크림병합을 명백한 국제법 위반이자 영토침탈로 규정하고 동맹국들과 우방국가들에 대해 대러 제재에 동참해줄 것을 촉구했다. 미국은 2014년 3월에 푸틴 측근들의 미국 입국을 금지시키는 것부터 시작해 그 해 7월에는 러시아 에너지 기업 및 주요 은행들의 미국 내 거래중지와 함께 자산의 동결조치를 단행했다. 또한, 미국과 유럽 등 서방측은 크림병합에 대한 보복으로 러시아를 주요 8개국회의(G8) 제외시키는 한편, 러시아의 경제협력개발기구(OECD) 회원국 가입절차도 중지시켰다. 우크라이나 사태가 해결의 기미를 보이지 않은 채 장기화되자 미국은 2015년 3월부터 2017년 3월에 이르기까지 대러 경제제재 조치를 계속 연장했다. 한발 더 나아가 미국 의회는 2017년 7월 말 북한, 이란과 함께 러시아에 대한 추가 제재법안을 통과시켰다. 이 법안은 러시아의 크림병합과 시리아의 아사드 정권 지원 등 기존의 사안에 더해 해킹 등 사이버 공간을 통한 미국 대선 개입 의혹에 대해서도 새로운 제재 근거로 추가시켰다. 또한, 새로운 제재는 주로 러시아 에너지 기업의 미국 및 유럽 내 석유·가스 프로젝트의 추진을 억제시키는 데 초점을 두었다. 또한 러시아의 방위산업 및 석유·가스 프로젝트에 대한 서방기업의 참여를 금지시켰다. 특히, 이 추가제재 법안은 미국 대통령이 임의로 대러 제재를 완화 또는 해제할 수 없도록 법제화시킴으로써 미러관계의 회복에 상당한 걸림돌이 될 것이라는 평가를 받았다.

안보면에서 러시아-나토 협의체(Russia-NATO Council)가 중단되는 등 러시아와 북대서양조약기구 간의 협력 체제가 사실상 와해되었다. 오바마 행정부는 우크라이나 사태 이후 발트3국, 폴란드 등 러시아에 인접한 나토회원국들에 최신형 미국 전투기를 순환배치하는 등 러시아의 추가적인 공세에 대응하는 조치를 취했다. 러시아와 안보협력 채널을 유지해오던 서방측은 크림병합 이후에는 러시아를 오히려 현상타파 세력(revisionist power)으로 규정하고 공세적 입장을 억지해야 할 대상으로 인식하게 되었다. 이러한 미국의 입장은 2017년 12월에 발표한 「국가안보전략」에서도 잘 드러나 있다. 이 문건에서 미국은 러시아를 국제질서의 현상을 변경하려는 "수정주의적 강대국(revisionist power)"로 규정하고, 유럽 동맹국들과 함께 러시아의 공세와 불안 야기 행위에 대응할 것이라고 천명하고 있다.

러시아와 미국은 시리아 사태의 해법을 둘러싸고도 상당한 이견과 갈등을 나타냈다. 양국은 시리아 내에서 이슬람국가(IS) 등 극단주의 테러집단을 퇴치해야 한다는 점에서는 같은 입장을 취했다. 그러나 시리아 내전의 해결방향을 둘러싸고 양국의 입장은 첨예하게 대립되었다. 미국은 시리아 사태의 근본책임이 아사드 정권에 있다고 보고 시리아의 정권교체를 시리아 사태의 궁극적인 목표로 삼았다. 반면에 러시아는 시리아의 정치 리더십은 시리아 국민들이 선택해야 해야 한다는 논리를 내세워 사실상 아사드 정권을 보호하려는 입장을 견지했다.

한편, 미러 양국은 이전에 합의했던 전략 핵무기에 관련된 협정의 준수 또는 갱신 여부에 대해서도 이견을 노출하기 시작했다. 미국의 트럼프 대통령은 지난 2010년에 체결되었던 새로운 전략무기감축협정(New START)이 미국의 핵전력을 제약시킨 잘못된 협상이라고 지적하고 만기가 도래하는 2020년에 이 협정을 갱신하지 않을 것이라고 시사함으로써 양대 핵강대국 간의 전략적 안정 레짐의 지속가능성에 불확실성이 높아지게 되었다.

미러 양국은 지난 1987년에 체결되었던 중거리핵전력(INF) 폐기조약의 준수 여부를 둘러싸고도 논란을 벌였다. 미국은 2017년 초 러시아가 시리아 내전에 개입한 이후 3M-54 칼리브르(Kalibr) 함상 및 잠수함 발사 크루즈 미사일 등을 실전에 사용했다고 주장하면서 이는 중거리핵전력(INF) 조약 위반이라고 지적함으로써 INF 조약 위반을 둘러싼 미러 공방이 벌어졌다. 이에 대해 푸틴정부는 러시아가 INF를 포함, 과거 미국과 체결한 군축관련 조약을 위반한 일이 없으며, 오히려 미국측이 군축의 원칙을 지키지 않는다고 비난했다.

한편, 2017년에 접어들어 도널드 트럼프 미국대통령의 취임을 계기로 미러관계가 다소 진전될 것이라는 기대가 있었다. 그러나 2016년 미국 대통령선거에 대한 러시아의 개입과 그 과정에서 트럼프 측근이 연루되었다는 의혹이 제기됨에 따라 미러관계는 이전보다 더욱 악화되는 양상을 나타내게 되었다. 더구나 2016년 미국 대선 과정에서 힐러리 클린턴 후보 선거본부에 대한 러시아의 해킹의혹이 불거지면서 미러 양국은 서로에 대한 사이버 공격 의혹을 제기함으로써 사이버 공간을 통한 정보 탐지 및 가짜정보의 유포 의혹 등이 양국 간 갈등의 새로운 불씨로 등장하게 되었다.

한편, 양국 관계의 악화는 외교관의 추방과 맞추방을 야기하기도 했다. 2016년 말 미국은 대러 제재의 일환으로 자국에 주재하고 있던 러시아외교관 35명에 대한 추방령을 내렸다. 이에 대한 보복으로 러시아는 2017년 7월 자국에서 근무하는 미국 외교관 가운데 755명을 감축하는 조치를 단행했다.

이러한 미러 간의 갈등양상은 양국의 상대국에 대한 공공외교의 중요채널인 언론활동에 대한 규제로 이어졌다. 미국 정부는 2017년 11월 러시아의 해외홍보 방송인 RT를 외국의 이익을 대변하는 로비 단체로 규정하고, 외국대행사등록법에 따라 미국정부에 등록하도록 했다. 이에 대한 대응 조치로서 러시아 의회 또한 외국의 자금지원을 받는 언

미국과 러시아 정상 회담장에서의 푸틴과 트럼프(2018. 7. 16, 헬싱키)

론매체들을 외국대행사로 지정할 수 있는 외국대행사등록법 개정안을 통과시켰고, 푸틴 대통령은 11월 25일 최종 서명했다. 이에 따라 '미국의 소리(VOA)' 등이 외국대행사로 지정되었다.

그와 같은 미러 간 갈등 양상에도 푸틴은 트럼프 행정부와의 관계 개선에 대한 가능성을 남겨두었다. 푸틴은 2017년 10월에 '발다이 클럽'에서 행한 기조연설에서 미러관계가 악화된 것은 러시아에 대한 편향된 인식을 갖고 있는 미국 정치 시스템이 트럼프의 운신을 제약하기 때문이라고 주장했다. 다시 말해, 푸틴은 러시아에 편향된 인식을 갖고 있는 미국의 정치권은 비난하면서도 트럼프 개인에 대한 비난을 피해감으로써 향후 대미 관계 개선의 여지를 남겨두었다.

유럽연합과의 관계

러시아의 우크라이나 병합은 가뜩이나 벌어지고 있던 러시아와 유럽연합 간의 관계를 더욱 악화시켰다. 유럽연합과 러시아는 냉전 종식 이후 오랫동안 각각 서로에 대한 불신을 지니고 있었다. 유럽연합 국가들은 러시아가 소위 '보편적 가치'를 받아들이지 않은 채 강대국 논리로 군사·안보와 에너지 분야 등에서 자신들을 압박해오고 있다고 여긴다. 반면, 러시아는 유럽연합이 자국의 주권과 이익을 존중하지 않음은 물론, 포스트소비에트 지역에 있어서의 지배적 영향력을 인정해주지 않는다는 불만을 갖고 있다. 더 나아가 모스크바는 유럽연합이 미국과 더불어 소위 '인권'과 '민주주의' 등 소위 '보편적 가치'의 확산을 명분으로 궁극적으로 정권교체를 도모하려고 한다는 의구심을 갖고 있다. 또한 러시아는 자신의 주도로 추진되어 온 유라시아 통합 노력이 서방 국가들에 의해 방해를 받아 왔다는 인식을 갖고 있었다. 위에서 살펴본 바와 같이, 그러한 유럽연합과 러시아 간의 갈등과 불신은 크림병합과 동부우크라이나 내전상황 등 우크라이나 사태의 중요한 원인 가운데 하나로 작용했다.

미국과 마찬가지로 유럽연합 국가들은 러시아의 크림반도 병합을 주권침탈로 규정하고 강력한 대러 규탄과 함께 러시아에 대한 별도의 경제제재 조치를 단행했다. 특히, 동부 우크라이나 의 갈등이 고조되고 있던 2014년 7월 말레이시아 민항기 MH-17의 격추사건이 터진 이후 유럽연합은 러시아에 대한 제재의 강도를 높였다. 이 격추사건의 배후에 러시아가 있다고 본 유럽연합은 러시아 국책은행들의 유럽연합 내 거래를 금지시켰으며 에너지와 방위산업 관련 교역을 제한하는 조치를 취했다. 미국과 보조를 맞춰 유럽연합 또한 2015년 3월부터 계속해서 대러 제재를 연장해왔다.

크림병합 이후 러시아와 유럽연합 사이의 관계가 악화됨에 따라 교역을 비롯한 경제협력에도 한파가 불어닥쳤다. 2014년에 2,850억 유로에 달했던 양측 간의 교역규모는 2016년에 1,810억 유로를 기록함으로써 이 기간에 36.5%의 감소를 기록했다. 그런데 러시아와 유럽연합 사이의 경제적 상호의존으로 인해 유럽연합의 대러 경제제재는 러시아뿐만 아니라 유럽국가들에게도 상당한 타격을 안겨주었다. 한 연구에 의하면 크림병합이 이루어진 2014년초부터 2015년말까지 양측이 입은 경제적 손실은 총 1,140억 달러에 달했는데 그 가운데 미국과 유럽연합의 손실액은 무려 500억 달러에 달했다.

이렇듯 서방측의 대러 제재는 러시아뿐만 아니라 서방 국가들에게도 상당한 경제적 손실을 초래하게 되어 이 문제로 유럽연합 국가들 사이에 그리고 미국과 유럽연합 간에 대러 제재의 지속 또는 강화 여부를 놓고 이견과 미묘한 갈등이 노정되었다. 예를 들어, 벨기에, 폴란드, 발트국가 등 일부 유럽국가들은 러시아에 대한 제재를 지속해야 한다는 입장을 갖고 있었다. 또한, 위에서 살펴 본 바와 같이, 미국은 러시아에 대한 추가 제재법안을 제정하는 등 러시아에 대한 압박을 강화시키려는 입장을 갖고 있었다. 그 반면에, 러시아와 에너지 협력을 추진해 온 일부 유럽 국가들은 그러한 미국의 대러 강경정책에 반대하는 입장을 나타냈다. 예컨대, 러시아에 대한 경제제재로 인한 서방측 손실액의 40%를 떠안아야 했던 독일의 경우, 러시아의 국제법 위반에 대한 응징과 경제적 실리 사이의 균형을 선호했다. 특히,

독일은 러시아 천연가스 수입을 증대시키기 위해 발트해저에 부설된 기존의 가스관인 '노르트스트림 1호(Nord Stream-1)' 와 나란히 가는 새로운 가스 수송로인 '노르트스트림 2호(Nord Stream-2)'의 건설을 위해 러시아와 협력을 추진하고자 했다. 따라서 독일 등 일부 국가들은 러시아에 대한 제재 강화를 반대하는 한편, 대러 제재의 점진적인 해제 필요성을 제기했다.

한편, 러시아인들은 2016년 영국의 유럽연합 탈퇴 결정, 즉 브렉시트(Brexit)가 자국에게 의미 있는 지정학적인 이익을 가져다 준 것으로 평가한다. 첫째, 브렉시트는 유럽의 단결을 약화시킴으로써 유럽연합을 통해 유럽국가들에 대한 영향력을 행사해온 미국의 전략에 차질이 발생할 수 있다는 것이다. 둘째, 러시아는 유럽연합이 약화됨에 따라 자국이 유럽 각국들과의 개별적 관계에서 전통적인 접근법으로 채택해온 소위 '분리-지배' 전략을 더욱 효과적으로 사용함으로써 이들과의 양자관계에 있어서 우위를 차지할 수 있게 되었다고 본다. 셋째, 중단기적으로 영국이 유럽연합에서 떨어져 나감으로써 미국이 주도하는 대러 제재가 이완될 수 있는 가능성이 더 커지게 되었다는 것이다. 러시아 당국은 브렉시트가 자국에 끼친 영향에 대해 명시적인 언급은 하지 않았지만 영국의 유럽연합 이탈이 실현될 수 있도록 브렉시트의 투표과정에 영향력을 행사하려고 시도한 것으로 보인다. 예컨대, 2016년 6월 23에 실시된 투표과정에서 러시아는 해킹, SNS, 인터넷 등을 통해 이슬람 이민자들의 영국 내 유입이 테러의 위험성을 높일 수 있다는 가짜뉴스를 유포함으로써 영국의 유럽연합 탈퇴 여론을 조작했다는 의혹을 받았다.

한편, 러시아는 우크라이나 사태의 해결을 위해 노력한다는 이미지를 보여주기 위해 돈바스 지역 안정을 위한 몇 가지 조치를 취했다. 2017년 9월에 푸틴 대통령은 돈바스 지역에 파견된 유럽안보협력기구(OSCE) 휴전 감시단 보호와 휴전협정의 준수를 위해 돈바스 휴전선 일원에 배치할 평화유지군 파견 결의안을 유엔 안보리에 제출하도록 지시했다. 이는 평화유지군의 활동범위에 러시아와 우크라이나 국경

일대를 모두 포함시켜야 한다는 입장을 갖고 있던 우크라이나와 서방측에 의해 거부되었으나 돈바스 지역의 안정을 위해 유엔 차원의 개입 필요성을 제시했다는 점에서 의미가 있다.

6. 러시아의 포스트소비에트 정책: 유라시아 통합노력의 가속화

1990년대 중반 이래 러시아는 포스트소비에트 공간을 대외정책에서 핵심적인 지역으로 간주해 왔다. 그럼에도 1990년대 후반 이래 포스트소비에트 지역은 러시아뿐만 아니라 유럽연합과 나토 등 서방측과 중국, 터키, 이란 등 다양한 역외세력들이 각축을 벌이는 경쟁의 무대가 되었다. 이러한 상황에서 러시아는 자국의 지배적 영향력을 유지하기 위해 집중적인 외교적 노력을 기울여왔다. 그러한 입장은 푸틴 3기에 들어와서 더욱 강화되었다. 특히 러시아는 옛소련지역으로 영향력을 확대하려는 유럽연합과 나토 시도를 자국의 안보와 지정학적 이익에 대한 중대한 도전으로 간주하고, 이에 대응하기 위해 유라시아 통합을 서두르게 된다.

2013년 2월에 공표된 「러시아연방의 대외정책 개념」은 독립국가연합(CIS) 구성국가들이 러시아외교정책에서 가장 큰 비중을 차지하고 있다는 것을 밝히고 있다. 무엇 보다도 러시아는 포스트소비에트 공간에서 정치적, 외교적, 군사적 분쟁을 해결하고, 역내 국가들 사이의 경제협력을 촉진시키며, 더 나아가 지역통합에 있어서 주도적 역할을 수행해야 한다는 입장을 견지하고 있다. 그러한 목적을 위해 러시아는 안보영역에서는 집단안보조약기구(CSTO), 경제영역에서는 유라시아경제연합(Eurasian Economic Union, EEU/EAEU)을 통해 포스트소비에트 지역에서의 다자협력과 지역통합을 도모해왔다.

그러한 맥락에서 유라시아 지역의 경제통합은 푸틴 3기 러시아 대외정책의 가장 중요한 기둥 가운데 하나였다. 자신의 세 번째 대선 출마를 선언한 직후인 2011년 10월 블라디미르 푸틴은 『이즈베스티야』에 게재한 기고문에서 유라시아 연합의 창설이 향후 러시아 대외정책의 중요한 목표가 될 것이라고 천명했다. 이 기고문에 따르면 유라시아경제연합은 기존의 관세동맹과 공동경제공간을 기반으로 포스트소비에트 지역을 묶는 경제통합체이자 유럽과 아·태지역을 연결하는 초국적 조직의 모델이 된다는 것이다.

그러한 정책기조는 2015년 1월 유라시아경제연합(Eurasian Economic Union, EAEU)의 출범으로 나타났다. 원래 유라시아 경제통합 아이디어는 1994년 카자흐스탄의 누르술탄 나자르바예프(Nursultan Nazarbayev) 대통령에 의해 처음으로 제안되었다. 그러한 제안에 근거해 2000년에 러시아, 벨라루스, 카자흐스탄 등 3개국은 포스트소비에트 국가들 간 경제협력과 궁극적인 경제통합을 지향하는 '유라시아경제공동체(EurAsEC)'를 창설했다. 이 조직의 틀 내에서 2010년 '유라시아 관세동맹(Eurasian Customs Union)'이 창설되었다. 이후 유라시아 관세동맹은 2012년에 '공동경제공간(Single Economic Space, SES)'로 발전되었다. 이러한 과정을 거쳐 유라시아경제공동체는 '유라시아경제연합(Eurasian Economic Union)'으로 대체됨으로써 유라시아 통합의 본격적인 과정이 시작되었다. 2014년 8월 카자흐스탄의 아스타나에서 러시아, 카자흐스탄, 벨라루스 등 3개국 사이에 유라시아경제연합 조약이 서명되었고, 이듬해인 2015년 1월 1일에 유라시아경제연합은 법적, 제도적 장치를 갖춘 정식 국제기구로 출범했다. 이어 1월 2일에는 아르메니아가 회원국으로 합류했고, 그 해 8월 12일자로 키르기스스탄이 다섯 번째 회원국으로 가입했다. 이로써 1억 8천만 명이 넘는 인구에 4조 달러(구매력 기준)에 이르는 국내총생산 규모를 갖는 경제공동체가 탄생

푸틴과 나자르바예프

하게 된 것이다. 유라시아경제연합은 회원국들 간에 상품, 자본, 서비스, 인적자원 등의 자유로운 이동을 보장하는 단일시장을 형성할 뿐만 아니라 거시경제, 공업, 농업, 에너지, 교통, 교역 및 투자, 관세, 경쟁 및 반독점 규제, 기술규제 등에 관한 공동정책을 추진하게 된다. 이제 실행 단계에 들어간 유라시아통합의 비전은 2016년 11월에 채택된 새로운「러시아연방의 대외정책 개념」에 잘 표현되어 있다.「2016년 개념」은 이전의 대외정책개념과는 달리 EEU 회원국들 사이의 통합심화 및 확대를 핵심적인 과제로 제시하고 있다.

그러나 유라시아경제연합은 만만치 않은 과제와 불확실성을 안고 출범하게 되었다.

첫째, 우크라이나 사태는 유라시아경제연합에 상당한 타격을 안겨주었다. 다시 말해, 크림병합과 동부우크라이나 분쟁으로 인해 우크라이나가 유라시아연합에 가입하는 것이 불가능하게 됨으로써 유라시아의 통합을 지향하는 당초의 목표에 차질이 불가피하게 된 것이다.

둘째, 유라시아연합의 지향점에 대해 러시아와 여타 회원국 사이에 상당한 이견이 존재하고 있다는 점이다. 러시아는 유라시아연합이 포스트소비에트 지역의 경제통합에 그치지 않고 궁극적으로 유럽연합과 유사한 형태의 공동 화폐제도, 공동 군사 및 외교·안보정책, 의회 등 공동의 정치제도, 문화적 통합 등 포괄적인 영역에서의 통합을 추구해왔다. 그러나 이에 비해 카자흐스탄을 비롯한 여타 회원국들은 유라시아경제연합이 그러한 정치·외교적인 통합보다는 경제통합에 주로 초점을 맞추는 것을 선호한다. 그러한 이견은 러시아의 크림병합 이후 더욱 두드러지게 되었다.

셋째, 우크라이나 위기 이후에 러시아에 가해진 서방측의 제재와 국제유가의 폭락으로 인한 러시아경제의 침체로 인해 러시아 주도의 유라시아경제통합 프로젝트가 난관에 부딪히게 되었다. 이에 따라 러시아는 중국과의 협력을 통해 그러한 어려움을 돌파하려는 전략을 채택하게 되었다. 이에 따라 2015년 5월 모스크바에서 열린 푸틴과 시진핑(習近平) 간 러중 정상회담에서 유라시아경제연합과 중국의 일대일로의 중심축인 '실크로드 경제벨트(Silk Road Economic Belt, SREB)'와의 통합이 합의되었다. 이로써 러시아는 자국 주도로 옛 소련지역을 통합하려는 유라시아 통합정책의 속도와 전략을 상당 부분 수정하게 되었다.

푸틴의 세 번째 임기 동안 러시아는 포스트소비에트 지역의 통합에 박차를 가하는 한편으로 중앙아시아 국가들과의 양자 관계 증진을 위해서도 노력을 기울여왔다. 우선, 기본적으로 러시아는 벨라루스와 1996년에 체결된 국가연합조약의 틀 속에서 우호·협력관계를 유지해왔을 뿐만 아니라 포스트소비에트 지역의 경제통합 과정에서도 긴밀한 협력을 발전시켜왔다. 그러나 알렉산드르 루카셴코(Aleksander Lukashenko)가 이끄는 벨라루스는 특히 2014년 크림병합 이후 러시아뿐만 아니라 유럽과의 협력 가능성도 열어두면서 자국의 대러 협상력을 증대시키려는 노력을 기울여 왔다. 이에 러시아는 석유·가스 등 에너지협력과 안보협력 카드를 바탕으로 한 압박과 포용정책을 통해 벨라루스와 긴밀한 파트너십을 유지해왔다.

한편, 푸틴의 러시아는 포스트소비에트 지역에 대한 자국 영향력의 공고화와 유라시아통합의 성공적인 실현을 위해 중앙아시아 국가들과의 협력에 심혈을 기울여왔다. 우선, 러시아는 유라시아경제연합의 출범의 핵심적 파트너로서 카자흐스탄과의 협력에 많은 노력을 기울여왔다. 에너지 부문에서는 카자흐스탄에서 생산된 석유를 러시아 송유관을 통해 유럽으로 수출할 수 있도록 양국 간 협력을 유지해오고 있다. 또한 카자흐스탄은 러시아의 '유라시아경제연합' 창설 구상을 가장 적극적으로 지지했다. 그럼에도 카자흐스탄은 자국에 대한 러시아의 정치적 영향력이 지나치게 커지는 막기 위해 미국, 유럽, 중국, 터키 등 역외 국가들과의 교류를 증대하는 등 외교와 대외경제협력에서 운신의 폭을 넓히려는 행보를 보임으로써 때때로 러시아와 갈등을 빚기도 했다. 예컨대, 2014년 이후 카자흐스탄은 우크라이나와 교역을 확대함으로써 러시아와 마찰을 겪기도 했다. 그럼에도 안보와 경제 등 주

루카셴코

요 이슈에 있어서 양국은 서로를 필요로 하고 있고, 특히 카자흐스탄의 입장에서 중앙아시아 지역에서의 잠재적인 분쟁을 해결하는 데 있어서 러시아와의 협력 이외의 마땅한 대안이 없다는 측면에서 양국 간 협력은 공고화될 것으로 보인다.

또한, 러시아는 9.11 이후 중앙아시아에서 대테러 전쟁 명분으로 주둔하고 있던 미군들을 2005년 우즈베키스탄에서, 2014년에는 키르기스스탄에서 철수시키는 데 성공했다. 그 대신 러시아는 키르기스스탄, 타지키스탄, 그리고 아르메니아에 자국군 기지를 운영함으로써 역내에서 영향력을 확보할 수 있는 기반을 마련했다. 우즈베키스탄은 CIS 출범 초기부터 러시아와 거리를 두는 행보를 보여왔다. 그리하여 우즈베키스탄은 러시아가 주도했던 유라시아경제공동체와 집단안보조약기구에도 적극적으로 참여하기를 꺼려했다. 러시아와 우즈베키스탄 사이의 다소 껄끄러운 관계는 우즈베키스탄을 25년 이상 통치했던 이슬람 카리모프(Islam Karimov)가 사망한 이후에 점차 정상화되어갔다. 2017년 4월에는 카리모프의 사망 이후에 집권한 샤브카트 미르지요예프(Shavkat Mirziyoyev) 우즈베키스탄 신임 대통령이 모스크바를 방문해 푸틴 러시아 대통령과 정상회담을 갖고 양국 간 우호협력을 증진시키기로 합의하는 등 양국 관계가 협력관계로 전환되기 시작했다. 2017년에 러시아와 우즈베키스탄 간 교역량이 전년 대비 21%나 증대한 것으로 나타난 것은 그러한 양국 간 협력관계의 진전을 반영하는 것으로 보인다.

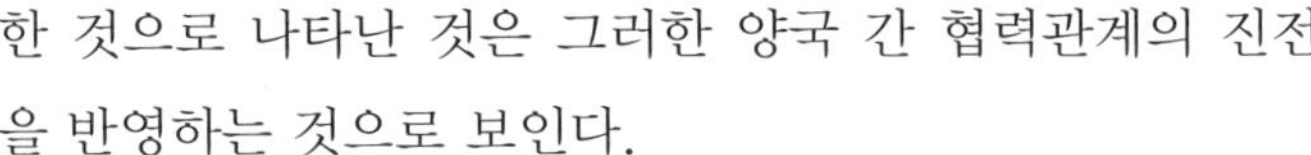

미르지요예프

한편, 러시아는 중앙아시아 국가들 가운데 가장 독립적인 행보를 보여왔던 투르크메니스탄과도 우호협력관계를 강화해오고 있다. 천연가스의 주요 생산국 가운데 하나인 투르크메니스탄은 러시아의 가스관을 통해 자국에서 생산한 천연가스를 유럽으로 수출하는 등 러시아와 에너지 협력을 유지하는 가운데서도 때때로 가스관의 관리와 가스공급가격에 대한 이견 등으로 인해 갈등도 노출해왔다. 또한 투르크메니스탄은 준회원국으로서 독립국가연합에 참여하지만 러시아가 주도하는 유라시아 통합정책에는 관여하지 않는 행보를 보임으로써 모스크바와 불가근 불가원(不可近 不可遠)의 관계를 유지해왔다. 그런 가운데서도 2017년 10월 푸틴 러시아 대통령과 구르방굴리 베르디무하메도프(Gurbanguly Berdimuhamedov) 투르크메니스탄 대통령 간에 카스피해 지역의 군사적 안정을 위한 협력을 포함한 전략적 동반자 협정을 체결한 것은 푸틴 3기에 접어 들어 양국 관계가 안정화되고 진전되고 있음을 보여주는 사례이다.

이와 같이 푸틴의 러시아는 중앙아시아 국가들과의 협력을 포스트소비에트 통합에 있어서 핵심적인 지역으로 간주해 이들 국가들과의 협력에 우선적인 비중을 두고 있다. 더 나아가 2014년에 미국이 아프가니스탄에서의 철군을 결정함에 따라 러시아와 중앙아시아 국가들을 비롯한 포스트소비에트 국가들은 이슬람 극단주의에 대처하기 위한 협력의 필요성을 공유하게 되었다. 또한, 경제적 측면에서도 러시아와 중앙아시아 국가들 사이에 교역, 에너지, 금융, 산업 및 기술개발 등 다양한 영역에서 협력을 증대시켜나가야 한다는 공감대가 형성됨에 따라 유라시아경제연합을 중심으로 협력관계가 강화되는 추세를 나타냈다. 따라서 푸틴 3기에 들어와서 러시아와 중앙아시아 국가들을 비롯한 포스트소비에트 국가들 사이의 전략적 협력관계는 이전 보다 공고화되고 제도화되는 양상을 보였다. 그럼에도 포스트소비에트 국가들은 러시아뿐만 아니라 중국, 터키, 유럽, 미국 등 역외 국가들과의 교류·협력을 확대시켜나가는 다변화 외교를 펼침으로써 모스크바와 일정한 긴장관계가 형성되기도 했다. 그러한 역외세력의 포스트소비에트 공간으로의 진입은 자국 주도로 유라시아통합을 달성하려고 하는 러시아에는 적지 않은 도전으로 떠올랐다.

7. 러시아와 아시아와의 관계

신동방정책: 러시아판 아시아 중시정책

푸틴 3기 러시아 대외정책의 주요 변화 가운데 하나는 아시아 국가들에 대한 외교정책의 비중을 이전보다는 훨씬 높여나갔다는 점이다. 물론, 러시아는 이전에도 아시아·태평양 지역에 대한 중요성을 강조하면서 이 지역에 속한 국가들과의 협력 증진을 위해 외교적인 노력을 기울인 것은 사실이다. 그러나 러시아 연방정부가 아시아 중시정책을 외교정책의 주요 과제로 공식화하면서 이 지역과의 협력을 자국의 극동 및 시베리아의 발전과 연계시키는 전략을 펼치기 시작한 것은 푸틴 집권 3기 출범을 전후한 시기부터이다. 이 무렵부터 러시아는 흔히 '신동방정책'이라고 불리는 아시아 국가들과의 협력 중시정책을 본격적으로 추진해 나갔다. 푸틴은 2012년 2월 일간지 『모스콥스키예 노보스티(*Moskovskie Novosti*)』에 게재된 기고문 「러시아와 변화하는 세계」에서 미국 등 서방의 일방주의에 맞서 러시아는 국제무대에서 독자적인 목소리를 내야 한다고 주장했다. 이 문건에서 특히 눈에 띄는 것은 낙후된 극동·시베리아의 경제발전이 필요하다는 것과 이 지역의 발전을 위해 아·태 국가들과의 협력이 중요하다고 강조한 부분이다.

이러한 러시아의 신동방정책 노선은 푸틴이 세 번째 임기를 시작한 2012년 이후 본격적으로 추진되었다. 푸틴 대통령이 자신의 세 번째 임기가 시작된 2012년 5월에 러시아 극동지방의 개발을 전담할 컨트롤 타워로서 연방부처인 '극동개발부'를 설치한 것은 아·태지역과의 협력과 극동·시베리아 개발을 연계시키려는 자신의 강력한 의지를 나타낸 분명한 신호였다. 같은 해 9월에 러시아가 의장국 자격으로 블라디보스토크에서 개최한 아시아·태평양경제협력체(APEC) 정상회의는 러시아의 신동방정책을 대내외에 널리 알리는 계기가 되었다. 블라디보스토크 APEC 정상회의를 전후해 러시아연방정부는 러시아 극동지역의 개발사업에 6천억 루블을 투자했다. 이렇듯 푸틴정부의 신동방정책이 가시화되고 있었음에도 러시아의 신동방정책은 재원부족과 외국기업과의 협력의 어려움, 러시아의 유럽중시 전통 등으로 인해 뚜렷한 성과 없이 말잔치에 그칠 것이라는 부정적이고도 비판적인 시각도 존재하고 있었다.

신동방정책에 대한 일각의 회의적인 시각을 불식시키기라도 하듯이 푸틴은 2013년 12월 러시아 상·하 양원 의원들 앞에서 행한 연례교서에서 러시아 극동지역과 시베리아 지역에 신규 투자하는 기업을 위해 교통, 통신 등 인프라 시설을 제공함은 물론, 일정기간 세금을 면제시켜주는 것을 포함한 파격적인 혜택을 제공할 것을 약속하는 한편, 기업활동에 대한 행정당국의 규제와 간섭을 최소화할 것이라고 천명했다. 그러한 방침에 따라 러시아연방정부는 2014년부터 극동지역에 '선도경제개발구역'과 '블라디보스토크 자유항'을 지정해 첨단산업체를 비롯한 러시아 국내외 기업들의 투자를 적극적으로 유치하는 한편, 통관절차의 간소화 등을 통해 대외교역을 촉진시킴으로써 낙후된 시베리아·극동지역의 개발을 가속화시키고자 했다. 이를 뒷받침하기 위해 러시아정부는 2015년부터 블라디보스토크에서 '동방경제포럼'을 개최해오고 있다. 이 포럼은 푸틴 대통령이 직접 참석한 가운데 동북아지역의 국가수반을 비롯한 정부대표, 기업인, 전문가 등이 참여해 러시아와 동북아 국가들 간의 양자 및 다자협력 방안에 대한 논의와 함께 러시아 극동지역의 개발프로젝트에 대한 투자 상담과 계약이 이루어지는 장이 되어왔다.

중국과의 관계

1990년대 중반 이래 러시아와 중국은 전략적 동반자관계를 지속적으로 발전시켜옴으로써 최근 수년간 양국 관계는 역사상 가장 좋은 단계에 도달했다는 평가를 받아왔다. 러시아는 몇 가지 측면에서 신동방정책의 핵심적인 파트너로서 중국과의 긴밀한 협력을 추구해왔다. 우선, 러시아는 중국과 함께 미국의 패권적 영향력을 견제하고자 하는 공동의 목표를 갖고 있다. 그러한 측면에서 유럽에서의 나토 확대와 유럽 배치 미사일방어체계(MD)에 대해 양국은 한 목소리로 미국의 일방주의를 비판하고 견제해왔다. 또한 러시아와 중국은 2016년 한미 양국이 한반도에 배치하기로 결정을 내렸던 고고도미사일방어체계(THAAD, 사드) 역시 유럽에 배치된 MD와 마찬가지로 미국의 글로벌 탄도미사일방어체계(BMD)의 일부로 간주해 강력하게 반대했다. 둘째, 양국은 권위주의 체제로 인한 정당성의 결여와 소수민족으로 인한 잠재적인 정치 불안정이라는 공통의 고민을 지니고 있다. 따라서 양국은 체제의 정당성에 대한 서방의 문제제기와 색깔혁명처럼 민주화를 내세운 서방의 영향력 주입 시도에 대해 단호하게 대처하고자 하는 공통의 정치적 입장을 갖고 있다. 셋째, 양국은 교역증대, 에너지 협력 강화, 투자확대 등 실용적이고 호혜적인 협력을 증대시키고자 하는 공동의 관심사를 갖고 있다.

특히 크림반도의 러시아 병합 이후 양자협력관계는 더욱 더 강화되었다. 2014년 5월 푸틴의 중국방문 기간에 러시아의 가스프롬(Gazprom)과 중국 석유공사(CNPC)는 동시베리아의 코빅타와 차얀다 가스전에서 생산되는 천연가스를 중국으로 공급하는 대규모 천연가스 공급협상을 타결했다. 이에 따라 러시아는 약 550억 달러를 들여 '시베리아의 힘(Power of Siberia)'이라는 동부 가스관을 건설해 2018년부터 연간 380억m³씩 30년간 중국에 공급하기로 했다. 이는 무려 4천억 달러에 달하는 사상 최대 규모의 천연가스 협력프로젝트로 알려졌다. 그 밖에 러중 양국은 러시아 내의 중국산 고속철도 건설 등을 포함하는 인프라 부문과 서시베리아 유전에 대한 중국의 지분매입 등

러시아 에너지 외교 중심축인 가스프롬 본사

에너지 부문에 있어서의 투자, 통화스왑 등 금융협력, S-400 방공 시스템의 대중 수출 등을 포함하는 군사협력 등 다양한 분야에서 협력을 확대, 심화시켰다.

이렇듯 전체적으로 볼 때 푸틴 3기에 들어서서 러중 협력관계가 더 공고화된 것은 부인하기 어렵지만 양국관계에는 상당한 제약요인도 존재하고 있었다. 무엇 보다도, 러시아는 중국의 급부상에 대해 우려와 불안감을 갖게 되었다. 특히, 러시아는 중국이 자국의 독점적인 세력권 지역인 중앙아시아와 옛 소련지역에 대해 활발하게 진출하는 것에 대해 경계해 왔다. 또한, 러중 양국 간 교역의 구조에 있어서 불균형이 두드러졌다. 러시아는 주로 에너지와 광물자원 등 1차 산품을 중국으로 수출하는 대신 중국으로부터 소비재와 기계류, 전자제품 등 공산품을 수입해 왔다. 이러한 비대칭적인 교역구조는 마치 러시아가 중국을 위한 자원공급처의 역할을 하는 것으로 비쳐짐으로써 러시아에게는 불만족스러운 현상으로 받아들여졌다. 그 뿐만 아니라 양국 간 교역 가운데 가장 큰 비중을 차지하고 있는 에너지 교역에 있어서도 러시아측은 중국에 대한 지나친 의존을 경계하는 입장을 나타내온 반면, 중국은 러시아정부의 예측가능성이 낮은 정책에 대한 불만을 갖고 있음으로써 불확실성이 존재해왔다. 또한, 러시아인들은 중국이 약속한 투자계획을 제대로 이행하지 않았다는 불만을 때때로 표출해 왔다.

일본과의 관계

앞 장에서 살펴본 바와 같이, 메드베데프 시기에 러시아가 쿠릴열도에 대한 실효지배를 강화하는 움직임을 보임으로써 러일 양국 간에 한때 갈등이 증폭되기도 했으나 러일 양국 간 호혜적인 협력은 계속 이어졌다. 2011년 동일본 대지진 때 일어난 후쿠시마 원전사고 이후 일본은 한때 탈원전 정책을 추진하면서 러시아천연가스 수입을 증대시키고자 했다. 이러한 에너지 협력 이외에 러시아는 자국의 극동 및 시베리아 개발을 위해 일본의 투자를 필요로 했다. 게다가 아·태 국가들과의 협력을 적극적으로 모색하는 데 방점을 두는 러시아의 신동방정책은 러일관계의 진전에 유리한 환경으로 작용할 것으로 기대되었다.

이러한 분위기 속에서 러시아와 일본은 실용주의적인 관점에서 양자 협력을 조심스럽게 모색했다. 2013년 4월 일본의 아베 신조(安倍晋三) 총리는 모스크바를 방문해 푸틴과 정상회담을 갖고 영토문제와 평화조약에 대한 협상을 재개하기로 하는 한편, 시베리아와 러시아 극동지방의 개발, 에너지 협력 등의 측면에서 호혜적인 경제협력을 확대해 나가기로 합의했다. 그러나 2014년 크림병합 이후 서방의 대러 제재에 일본이 동참함으로써 양국관계는 상당히 냉각되었다. 그럼에도 러시아와 일본은 여러 형태의 대화와 교류의 채널을 열어 두고 양국 관계 악화를 방지하려고 노력했다. 그러한 노력은 2016년 5월 러시아 소치에서 열린 러일 정상회담에서 의미 있는 성과를 도출하는 데 기여했다. 소치 정상회담에서 양국은 보건, 도시개발, 중소기업 발전, 첨단산업, 에너지, 러시아의 산업다변화, 극동지역 산업발전, 민간교류 확대 등 8개 부문에 걸쳐 총 6조 5천억 원 규모의 협력 프로젝트를 추진해 나가기로 합의했다. 이러한 양국 간 협력 무드는 2016년 12월 15일 푸틴의 일본 방문 기간에 열린 두 차례의 러일 정상회담에서도 재확인되었다. 이 회담은 비록 일본이 기대했던 남쿠릴 4개섬(북방영토)의 해결을 향한 의미 있는 진전에는 미치지 못했지만 양국 간 실용적 협력과 우호관계의 증진을 위한 토대를 다졌다는 평가를 받았다. 이렇듯 기존의 영토문제에 대한 이견과 일본의 대러 제재 참여라는 악재에도 러일 양국은 서로 실용적 협력을 계속해 나가는 것이 필요하다는 공감대를 갖고 있었다.

이와 같이 러시아와 일본이 꾸준하게 양자관계를 강화해 온 이유는 양국이 서로 전략적인 이익을 공유하고 있었기 때문이다. 우선, 일본의 아베 정부는 러시아와의 관계개선을 통해 영토문제 해결의 실마리를 찾으려고 노력해왔다. 또한, 일본은 러시아와의 협력을 통해 에너지 자원을 확보함은 물론, 북극해 진출의 기반을 마련함으로써 자국의 글로벌 영향력을 확대하고자 했다. 러시아로서는 일본과의 협력을 통해 에너지 수출시장 다변화를 도모하는 한편으로 극동·시베리아 개발을 위한 자본과 기술을 확보할 수 있는 기회를 모색하고자 했다. 게다가 이러한 실용적인 이해관계의 차원을 넘어 양국은 보다 더 큰 전략적 이익을 추구해왔다. 그것의 공통분모는 중국에 대한 경계심이다. 러시아는 중국과의 전략적 동반자 관계를 강화하면서도 중국에 대한 과도한 의존이 자국을 중국의 하위파트너로 전락시킬 것을 우려하고 있다. 일본은 동아시아에서 중국의 패권이 강화될 경우 자국의 안보적, 전략적 이익에 심대한 위협이 될 수 있을 것으로 보고 중국의 급부상을 경계해 왔다. 중국에 대한 양국의 그러한 인식은 양자협력을 강화시키는 중요한 촉매로 작용해 왔다고 할 것이다.

남북한과의 관계

푸틴의 신동방정책이 본격화될 무렵, 대한민국의 박근혜(朴槿惠) 정부는 '유라시아 이니셔티브'를 주요 외교정책 아젠다로 들고 나옴으로써 양국 간 협력 증진을 위한 유리한 환경이 조성되었다. '유라시아 이니셔티브'는 한국이 유라시아 대륙 국가들과의 포괄적이고 지속적인 협력을 통해 새로운 미래 성장동력을 창출하는 한편, 한반도의 평화 정착에 기여할 수 있는 장기적인 국가전략의 비전으로 제안되었다. 그러한 정책비전에서 러시아는 가장 중요한 협력 파트너로 간주되었다. 그러한 구상은 2013년 11월 서울에서 개최된 한러 정상회담에서 남북러 3자 협력에 대한 합의가 이루어짐으로써 확인되었다. 박근혜 대통령과 푸틴 대통령은 러시아의 하산에서 철도를 통해 북한의 나진항까지 러시아의 석탄 등 물자를 운반해 이것을 한국과 제3

푸틴 대통령과 박근혜 대통령(서울)

국으로 수송하는 남북러 삼각협력 형태의 합작사업을 시작으로 남북한과 러시아 간 삼각협력을 확대해 나가기로 합의한 것이다. 그러나 이러한 한러 합의는 2016년 1월 6일 북한이 4차 핵실험을 강행한 이후 유엔 안보리의 대북제재 및 한국의 대북 독자제재가 결정됨으로써 사실상 무산되고 말았다. 게다가 2014년 크림병합 이후에 나온 서방의 대러 제재조치로 말미암아 기존에 합의된 한러 경제협력이 차질을 빚게 되는 등 한러 관계는 침체를 면치 못했다.

그러나 2017년에 이루어진 한국의 정부교체는 러시아와의 협력을 위한 기회의 창이 다시 열리는 계기가 되었다. 그해 5월에 조기 대통령선거를 통해 새롭게 출범한 문재인 정부는 '신북방정책'이란 이름으로 러시아와의 협력을 중시하는 정책을 채택함으로써 한러협력은 탄력을 받게 되었다. 문재인(文在寅) 대통령은 2017년 9월 7일 러시아 블라디보스토크에서 열린 제3차 동방경제포럼에 참석해서 행한 기조연설에서 러시아 극동 지역과 중국 동북 3성, 중앙아시아와 몽골 등 유라시아 지역 국가들과의 경제협력을 활성화하는 정책비전인 '신북방정책' 선포했다. 특히, 문재인 대통령은 러시아의 신동방정책과 한국의 신북방정책이 만나는 지점이 러시아 극동이라고 지적하고, 한국과 러시아 사이에 가스·철도·항만·전력·북극항로·조선·일자리·농업·수산 등의 분야에서 9개의 다리를 놓아 동시다발적인 협력을 이뤄 나갈 것을 제안했다. 푸틴 러시아 대통령도 한국의 신북방정책이 다방면에서 한러 협력에 기여할 수 있는 건설적인 정책이라고 긍정적으로 평가했다. 한 걸음 더 나아가 문 대통령과 푸틴 대통령은 2018년 6월 22일 모스크바에서 열린 한러 정상회담에서 4·27 판문점 남북정상회담 이후에 본격화되기 시작한 '한반도 비핵화'와 '평화정착', 그리고 '유라시아 공동번영'을 위해 긴밀한 협력을 해 나가기로 했다.

한편, 푸틴 집권 3기에 접어들어 북러관계는 현저하게 진전되었다. 앞에서도 살펴보았거니와, 1990년대와는 달리 푸틴은 집권 초기부터 남북한 등거리 외교정책의 원칙 아래 북한과의 관계를 빠른 속도로 회복시켰다. 그러다가 2014년 크림병합 이후 서방과의 관계가 악화된 러시아와 국제사회의 반대에 아랑곳하지 않고 핵실험과 미사일 시험발사를 강행해 국제사회에서 외톨이가 되어 있던 북한 사이의 관계는 더욱 더 돈독해지게 되었다. 2014년 한 해 동안에만 러시아 연방정부의 트루트네프(Yury P. Trutnev) 부총리와 알렉산드르 갈루쉬카(Aleksandr Galushka) 극동개발부 장관을 비롯한 고위 관리들과 기업인들이 잇따라 북한을 방문해 북한측 관계자들과의 회동을 가졌다. 이러한 연쇄적인 북러 접촉을 통해 양국은 2020년까지 교역량을 10억 달러로 증대시키고 북한 철도의 현대화 등 인프라 건설사업에 러시아가 주도적으로 참여하기로 하는 한편, 남북러 철도연결과 가스관 사업 등 삼각협력에 대해서도 양국이 협력하기로 합의했다. 물론, 북러 사이의 그러한 합의가 모두 실행에 옮겨지지는 못했다. 예컨대, 북한철도의 현대화 사업 등은 자본조달 문제 등으로 인해 제대로 착수조차 하지 못한 채 사실상 중단되었으며, 남북러 삼각협력 역시 핵실험과 잇따른 미사일 시험발사로 인해 북한이 국제사회의 제재를 받게 되면서 사실상 무산되고 말았다. 또한 북러 간 교역량의 증대 합의도 실제로 달성되기는 쉽지 않을 것이다. 그러나 그러한 대북 제재의 국면 하에서도 북러 간 정치적 연대는 계속 유지되었으며, 2017년 9월 북한의 6차 핵실험 이후 국제사회의 강력한 요구에도 러시아는 북한에 대한 원유 수출을 중단하지 않았다. 2017년 상반기의 북러 교역은 전년도 같은 기간에 비해 2배나 증가한 총 5천만 달러에 도달했다.

이와 같이 북러 관계가 빠른 속도로 밀착하게 된 데에는 김정은의 장성택 처형 이후 북중관계가 급속도로 악화된 상황에서 신동방정책의 일환으로 한반도와 동북아에서 자국의 존재감을 유지하려고 하는 모스크바의 전략적 필요성이 작용했다. 이와 동시에 핵·미사일 개발로 인해 고강도의 유엔 제재를 받으면서 국제적 고립을 겪어 온 북한측이 그러한 고립을 탈피하고 외교적 활동공간을 넓히려는 목적에서 러시아를 파트너로 삼아 난국을 타개하려고 했기 때문이다. 또한 경제적인 측면에서 남북러 삼각협력을 이끌어내 극동 및 시베리아 지역의 개발에 박차를 가하고자하는 러시아의 의도와 대러 협력을 통해 경제적 실리를 획득하는 한편으로 국제적 고립을 탈피하고 극단적인 대중국 의존도를 분산시켜보려는 북한의 이해관계가 맞아 떨어진 결과로 볼 수 있다.

신동방정책의 핵심 가운데 하나인 시베리아와 극동의 개발을 위해서는 한반도의 안정이 필수적이다. 이에 따라 러시아는 기본적으로 한반도의 현상유지를 바라면서 한편으로는 한반도 문제에 있어서 일정한 영향력을 확보하려는 입장을 추구해 왔다. 또한 러시아는 북한의 핵·미사일 개발을 억제하기 위해 대북 제재와 압박의 필요성을 내세워 한반도와 동북아에서 미국이 영향력을 증대시키려고 시도하는 것은 지역의 안정을 훼손시키는 것이라고 본다. 북한 핵문제에 대한 러시아의 입장은 바로 그러한 전제에 입각해 있다. 따라서 러시아는 한반도의 비핵화를 줄곧 주장해오면서도 북한 핵문제는 제재와 압박만으로 해결될 수 없으며, 대화와 정치적인 방법을 통해 평화적으로 해결되어야 한다는 입장을 고수해왔다. 특히 러시아는 북핵문제를 명분으로 한미 합동군사훈련 등 한미동맹의 대북 압박 시도에 대해 일관되게 반대해왔다. 러시아는 중국과 유사하게 북핵문제에 대한 단계적 접근을 제시했다. 2017년 11월 서울에서 열린 '발다이 클럽' 토론회에서 이고르 모르굴로프(Igor Morgulov) 외무차관은 '핵을 포함한 동북아의 지속가능한 평화메커니즘 형성을 위한 로드맵'을 북핵문제의 해결 방안으로 제안했다. 이 방안에 따르면 첫 번째 단계는 북한의 핵·미사일 실험 동결 및 한미 합동군사훈련 축소를 결정하는 것이다. 둘째 단계는 북미 간 비핵화 협상과 남북한 간 대화와 협상을 포함한다. 그리고 세 번째 단계에서는 동북아 지역의 관련 당사국들 간에 역내의 포괄적인 집단안보협력체의 구축을 위한 협상을 해 나간다는 것이다.

동남아 및 인도와의 관계

러시아의 대 동남아 정책에서 핵심을 차지해온 국가는 과거 냉전시기부터 맹방이었던 베트남이었다. 러시아는 베트남과 '포괄적인 전략적 동반자관계'를 맺고 매년 정상회담을 개최해왔을 뿐만 아니라 캄란만 해군기지 우선 사용권을 보유하는 등 정치적, 전략적 협력을 강화해오고 있다. 그 뿐만 아니라 러시아는 베트남과 석유·가스 개발 및 원자력발전소 건설 등 에너지 부문, 무기거래 및 2016년 베트남-유라시아경제연합 사이의 자유무역협정 발효를 포함한 교역부문, 그리고 투자 등 다양한 측면에서 양자 경제협력 증진을 꾀해 왔다.

그러나 러시아는 베트남을 제외한 나머지 동남아 국가들과의 교류·협력은 제한적이고 단편적으로 이루어져온 것이 사실이다. 이는 냉전시기 양측 간 갈등의 유산이 작용해온 데다가 상호 관심사의 부족, 그리고 동남아 지역에 대한 미국과 중국의 상대적으로 강한 영향력 등에서 기인했다. 그러나 푸틴 3기에 접어들어 러시아외교의 주요 기조가 된 신동방정책은 동북아 지역에 그치지 않고 동남아 10개국이 참여하는 아세안(ASEAN)과의 우호협력 관계를 심화, 확대하는 데까지 나아갔다. 그런데 2013년 무렵까지만 하더라도 러시아는 동남아 국가들에 대해 그다지 큰 관심을 표출하지 않았다. 그러다가 2014년 우크라이나 위기 이후 러시아가 서방으로부터의 제재와 외교적 고립에 처하게 되자 돌파구를 마련하기 위해 아·태지역 국가들과의 협력을 더욱 강화하게 되었다. 러시아의 이러한 아시아 중시정책은 러시아-아세안 간 협력관계가 강화된 중요한 계기가 되었다. 러시아는 자국과 아세안 간 대화 파트너십 수립 20주년을 기념하기 위해 2016년 5월 소치에서 러시아-아세안 정상회의를 개최했다. 이 회의에서 푸틴 대통령은 양측 간에 농업, 석유·가스 생산, 기술혁신을 위한 제휴, 연료 및 에너지, 광업, 철도건설 등 다양한 영역에서 협력이 가능할 것이라고 강조했다. 향후 러시아와 아세안 사이의 협력은 꾸준히 증대되어 갈 것으로 보인다. 러시아는 신동방정책 아래 아·태국가들과의 협력 증진에 역점을 두어왔으며, 아세안 국가들은 다양한 역외국가들의 참여를 원하는 경향을 나타내왔기 때문이다.

한편, 푸틴 3기에 접어들어 러시아는 이전과 마찬가지로 자신의 경제적 실리와 전략적인 이익을 위해 인도와의 협력을 꾸준히 발전시켜

왔다. 2017년 인도는 상하이협력기구(SCO)의 정식 회원국이 되었다. 중국의 반대에도 인도의 가입이 성사된 데에는 러시아의 적극적인 역할이 있었다. 러시아는 인도와 함께 유라시아 지역에서 중국의 영향력이 지나치게 커지는 것을 견제하는 한편, 러시아-인도-중국을 축으로 다극적 국제질서를 모색해왔다. 러시아와 인도는 중국의 급속한 부상을 견제하고 미국과 중국 중심의 국제질서 재편을 견제하려는 목적을 공유하고 있다. 더구나 해묵은 국경분쟁의 당사국인 중국은 인도에게 가장 큰 위협이다. 이러한 맥락에서 러인 양국은 2000년 이래 서로 '전략적 동반자관계'를 유지해왔다.

이러한 맥락에서 푸틴 3기의 양국관계는 인상적인 성과를 이루어냈다. 우선, 교역부문에서 상당한 증가가 이루어졌다. 예컨대, 2017년 상반기 양국 간 교역은 전년도 같은 기간에 비해 22% 증가했다. 양국 정부는 교역장벽 제거를 위한 메커니즘 창출, 농업 및 제약 분야의 협력을 위한 실무그룹 결성 등에 합의했다. 또한, 러시아 국영석유기업 로스네프트가 129억 달러 규모의 인도 정유공장을 인수하는 등 러시아의 직접투자가 성사되었다. 또한 인도는 S-400 지대공 미사일, Ka-226T 경무장 헬기 등 러시아산 무기를 구매하기로 했다. 그러나 인도는 점차 방위산업 협력, 교역, 투자 등의 대상을 다변화하는 정책을 펼침으로써 러시아-인도 간 실질협력이 순탄하지만은 않을 것임을 보여주었다. 더구나, 미국과 인도와의 관계 변화도 러시아-인도 관계에 적지 않은 변수가 되었다. 2017년 트럼프 행정부가 출범한 이후 미국은 중국을 견제하기 위한 전략의 일환으로 '인도-태평양 협력' 비전 아래 인도와의 관계를 강화했다. 이에 따라 중·장기적인 관점에서 러시아와 인도와의 관계는 다소 불확실성을 내포하게 되었다.

중동지역과의 관계

푸틴 3기의 러시아외교정책에서 가장 큰 성과를 거둔 곳 가운데 하나는 중동지역이다. 냉전종식 이후 소위 '근외지역' 이외의 지역에서는 최초로 러시아가 시리아 내전에 직접적으로 군사력을 투입해 상황을 주도하면서 성공적인 작전을 수행한 사실이 그것을 말해준다.

시리아 내전에는 다양한 세력이 개입하게 됨으로써 국제적인 대리전 양상이 나타났다. 미국과 사우디아라비아는 온건 반군을 지원해 왔고, 러시아와 이란은 정부군을 지원했다. 그 반면에 2009년경부터 시리아에 활동근거지를 마련하게 된 극단주의 세력인 이슬람국가(IS)에 대해서는 모든 국가들이 공통적으로 반대하는 입장이었다. 이렇듯 시리아 내전은 다양한 국가와 분파들이 개입되면서 여러 갈래의 전선이 형성되는, 매우 복잡한 양상으로 치닫게 되었다. 이러한 상황에서 러시아는 IS의 격퇴를 가장 큰 명분으로 내세우면서 기본적으로 아사드 정권을 보호하는 데 중점을 두었다. 그럼에도 IS와 여타 반군의 세력은 급속도로 커지게 되었고 아사드 정권은 위기상황에 놓이게 되었다. 이러한 상황이 전개됨에 따라 러시아는 아사드 정권을 보존하고 중동지역에서의 지정학적 이익을 지키기 위해 2015년 9월 30일 시리아 반군을 겨냥한 대규모 공습을 감행함으로써 시리아 내전에 군사개입을 공식화하기에 이르렀다. 러시아의 개입으로 반군의 기세는 꺾였고, 시리아 정부군이 수년 만에 공세로 전환해 알레포(Allepo) 등 주요 거점 도시를 점령하는 등 정부군과 반군 사이의 역학관계가 역전되었다. 2016년 2월 러시아와 미국은 시리아 내전 종료 로드맵을 제시한 2015년 12월 유엔 안보리 결의 2254호의 방침에 따라 시리아 휴전협정을 체결했다. 그러나 반군과 IS가 러시아군 철수를 계기로 또다시 공세를 펼치기 시작함으로써 휴전협정이 깨지게 되었다. 이에 따라 러시아는 2016년 6월 시리아에 군사개입을 재개하게 되었다.

로하니(좌) 푸틴(중앙) 에르도안(우)

2016년 말 경에 이르면 시리아에 대한 러시아의 군사개입은 미국 등 주요 강대국들과의 직접적인 충돌 없이 시리아 반군의 기세를 꺾고 아사드 정권을 안정화시키는 데 성공하게 된다. 이에 12월 23일 쇼이구(Sergei K. Shoygu) 러시아 국방장관은 푸틴 대통령에게 향후 러시아의 임무는 시리아 내전의 종식을 위한 협상과 시리아 문제의 포괄적 해결에 집중해야 한다고 보고했다. 2015년에 시리아 군사개입을 시작했을 때만 하더라도 제2의 아프가니스탄 상황이 될 것이라는 서방 일부의 비판적 시선이 있었으나, 러시아는 오히려 작전을 성공적으로 수행하고 중동의 교두보인 시리아에서 자신의 영향력을 확고히 하는 한편으로 스스로를 중동평화를 위해 노력하는 성실한 중재자로 부각시킬 수 있는 기회까지 얻게 된 것이다. 정권 교체기에 있던 미국이 소극적인 태도를 취하는 사이에 러시아는 이란, 터키와 함께 2017년 1월 카자흐스탄의 수도 아스타나에서 시리아 정부군과 온건 반군 대표, 그리고 유엔 대표를 초청해 시리아 휴전협상을 진행했다. 2017년 5월 러시아는 이란, 터키와 함께 시리아 내 4개의 안전지대 설정에 합의함으로써 시리아 내전 종식을 위한 중요한 진전을 이루어냈다. 미국의 트럼프 행정부도 이러한 안전지대 안에 대해 지지를 표명했다. 아사드 정권의 보존을 원하는 러시아 및 이란과 아사드의 축출을 주장하는 미국 및 미국의 지원을 받는 온건 반군 간의 갈등의 불씨가 여전히 살아 있고, 터키는 시리아 내의 쿠르트족의 세력확산을 저지하려는 시도를 해왔기 때문에 시리아 문제의 완전한 해결까지는 많은 난관이 놓여 있다. 그럼에도 러시아는 시리아 내전 종식을 위한 주도권을 쥐고 휴전협상을 이끌어 나갔다. 같은해 11월 3일 러시아 소치에서 푸틴의 초청으로 이란의 로하니 대통령과 터키의 에르도안 대통령이 모여 3자 정상회담을 갖고, 시리아 내전을 종식시키기 위한 해법으로서 시리아 정부와 반군 사이의 협의체인 '국민회의(national congress)'를 조직해 새로운 정부 구성을 포함한 정치일정을 논의할 수 있도록 합의한 것이 그 대표적인 사례이다. 시리아 내전의 판도가 정부군에게 확실히 유리하게 전개되자 러시아는 2017년 12월에 시리아 내 작전 종료를 선언하고 타르투스항과 흐메이밈 공군기지에 일부 병력만 남겨 놓고 대부분의 병력을 철수시키기로 했다.

2015년 11월 터키에 의한 러시아 공군기 격추사건 이후 급속히 냉각되었던 모스크바-앙카라 관계는 2016년 중반에 접어들어 빠른 속도록 회복되었다. 에르도안 터키 대통령은 그해 6월에 푸틴 대통령에게 서한을 보내 격추된 러시아 공군기 조종사 유족에 대한 위로와 애도, 그리고 그 사건에 대한 "유감"을 표시했다. 그리고 7월에 발생했던 터키의 군부 쿠데타 진압에 대해 푸틴은 에르도안 정부를 지지한다는 입장을 표명함으로써 오히려 푸틴-에르도안 관계는 더욱 가까워졌다. 이러한 양국간 우호관계를 바탕으로 지난 2014년말에 무산되었던 터키와의 가스관 협력사업인 '터키스트림(Turkish Stream)' 프로젝트가 다시 추진되는 등 러시아와 터키 사이에 전략적 협력이 강화되었다. 한편, 러시아는 이란과의 협력관계도 꾸준히 강화시켜 왔다. 시리아 내전에서의 러시아와 이란 간 연대에 더해 푸틴은 2018년 5월에 이란 핵협상을 무력화시킨 트럼프의 정책을 비판함으로써 이란을 옹호하는 입장을 밝히는 동시에 국제사회의 원칙과 약속을 지키는 러시아의 이미지를 부각시켰다. 이와 함께 러시아는 300억 달러에 이르는 이란의 유전개발권을 획득하는 등 이란과의 밀착을 통해 상당한 실리도 함께 챙겼다.

이상에서 살펴본 바와 같이 푸틴 3기 출범 무렵 러시아의 중동에 대한 정책은 당초에는 아랍의 봄이 자국에 확산되지 않도록 하는 방어적인 입장에 머물렀다. 그러나 시리아에서 반 아사드 시위가 내전으로 확산하면서 친러적인 아사드 정권의 존립기반이 위협받고, 시리아 내에 구축해 놓은 자국의 영향력 기반이 흔들리게 되자 러시아는 시리아 내전에 직접 개입하였다. 시리아의 군사개입이 예상외로 성공을 거두게 되자 러시아는 이제 기존 영향력의 유지라는 소극적 입장에 머물지 않고 보다 공세적인 스탠스를 취하게 되었다. 즉, 러시아는 아사드 정권의 보호에 같은 입장인 이란 및 권위주의 통치가 강화되면서 서방과 점차 불편한 관계에 놓이게 된 터키와 손을 잡고, 중동지역에서 견고한 영향력을 구축해 에너지 협력 등 지경학적 이익을 추구함과 동시에 글로벌 무대에서 미국 등 서방의 독주를 견제하고자 하는, 보다 적극적인 강대국 외교의 노선을 추구하였다.

8. 푸틴주의와 그 이후: 푸틴 3기의 특징과 푸틴 4기의 전망

푸틴 3기의 특징

2008년 글로벌 금융위기 이후 경제회복세가 주춤한 가운데 아랍의 민주화운동에 직·간접적인 영향을 받은 러시아 여론으로 말미암아 푸틴이 세 번째 대통령직 도전에 나설 무렵 그의 지지율은 상당한 폭으로 떨어졌다. 더구나 2011년 12월 총선에서의 부정선거 의혹이 불거지면서 러시아 주요 도시에서는 반푸틴 시위가 일어나 푸틴 3기는 상당히 불안한 출발을 보였다. 그러한 정치환경의 변화에 대해 푸틴정부는 양면 전략을 구사했다. 한편으로 크렘린은 주지사 직선제를 부활시키고 정당의 설립요건을 완화하는 등의 부분적인 자유화 조치를 취했다. 다른 한편으로 푸틴정부는 외국의 러시아 시민사회에 대한 영향력 차단과 표현의 자유 및 집회·결사의 자유를 제한하기 위한 법안들을 잇따라 제정함으로써 안정을 회복했다. 또한, 권력당국은 동성애를 억압하고 가부장적 권리를 옹호하는 등 전통적 가치의 보존을 주창함으로써 상당히 보수적인 성격을 드러냈다. 그러한 시민권의 제한 조치와 시민사회에 대한 국가의 통제, 그리고 다양성과 개인의 권리에 대한 제한 조치들은 권위주의 통치의 강화라는 국내외의 비판을 야기했다. 한편, 푸틴의 러시아는 밖으로 미국을 비롯한 서방국가과 대립각을 세우면서 자국의 독자적인 외교노선을 견지해 나가는 한편으로 자국이 중심이 되어 포스트소비에트 지역을 통합하려는 '유라시아 통합' 프로젝트에 본격적으로 나서게 되었다.

그런데 푸틴의 3기 집권 2년 만에 러시아의 정치, 경제, 사회 등에 지각변동을 초래한 사건이 발생했다. 2014년의 크림반도 병합이 그것이다. 크림반도의 병합은 서방국가들의 강력한 비판과 함께 러시아에 대한 경제제재를 불러 일으켰다. 이는 모스크바의 외교적 고립을 초래했을 뿐만 아니라 러시아경제의 버팀목인 석유·가스 가격의 급락과 함께 러시아경제를 침체상태에 빠뜨렸다. 그리하여 당초에는 푸틴의 크림병합이 스스로를 곤란에 빠뜨린 자충수로 보였다. 그러나 국내적으로 크림병합은 러시아의 엘리트와 대중이 푸틴을 정점으로 똘똘 뭉치는 이른 바 '크림 컨센서스(Crimean Consensus)'를 만들어 냈다. 크림병합은 서방측에서는 격렬한 비난과 반대를 야기했으나 국내적으로는 러시아의 정치와 사회를 안정화시킨, 결과적으로 푸틴의 묘수로 드러났다. 크림 컨센서스는 푸틴에게 자신에 대한 대중의 견고한 지지와 엘리트의 절대적 충성을 이끌어 낸, 전화위복의 새로운 기회를 만들어주었던 것이다.

푸틴은 크림반도의 병합을 통해 소련의 붕괴로 인해 크게 훼손되었던 러시아인들의 자존심을 일거에 회복시켜 줌으로써 자신에 대한 압도적인 지지를 이끌어 냈다. 자신에 대한 절대적인 지지를 바탕으로 푸틴은 경제적 위기를 돌파하면서 대외적으로는 신동방정책을 통해 아·태국가들과의 협력을 확대하고, 브릭스, 상하이협력기구 등 다자협력체와의 협력외교를 강화하면서 서방에 의한 대러제제의 파급효과를 최소화하고자 했다. 또한, 러시아는 2013년 이후 수십만 명의 난민을 발생시키면서 국제사회의 주요 이슈로 떠올랐던 시리아 내전에 깊숙하게 개입했다. 러시아는 시리아 개입을 통해 IS 등 테러분자들을 소탕하는 데 앞장서는 국가로서의 이미지를 쌓는 동시에 아사드 정권의 보호와 시리아에 대한 군사적인 교두보를 유지, 강화함으로써 중동지역에 대한 지정학적 이익을 지키는 실리를 챙겼다.

이렇듯 블라디미르 푸틴은 자신의 세 번째 임기 동안에 위기를 기회로 바꾸는 탁월한 수완을 발휘함으로써 안으로는 정치안정과 자신의 권력기반 강화에 성공했고, 밖으로는 서방으로부터의 제재와 대서방관계의 악화라는 비용을 치르면서도 전략적 요충지 크림반도를 자신의 통제하에 편입시켰다. 그 뿐만 아니라 푸틴의 러시아는 중국, 인도, 남북한, 일본, 동남아 등 아시아국가들과의 우호 협력관계를 강화하는 데 일정한 성과를 올림으로써 강대국으로서의 위상 정립에도 긍정적인 결과를 얻었다.

이러한 푸틴의 대내외적인 통치 스타일은 '푸틴주의(Putinism)'로 일컬어진다. 앞서 살펴보았듯이 푸틴은 집권 초기에 특정한 국가이념을 배격하고 오히려 경제개발과 기술의 발전 등 실용적인 가치를 강조했다. 그러나 러시아의 경제가 빠른 속도로 성장하는 한편으로 나토의 팽창과 미국 주도의 유럽 MD 배치가 추진되면서 러시아는 서방과 갈등을 일으키게 되었다. 게다가 러시아는 2000년대 초반에 자국과 인접한 조지아, 우크라이나, 키르기스스탄 등에서 일어난 색깔혁명의 배후에 미국정부 및 그 관련조직들이 개입되어 있었고, 그것의 최종 목표는 러시아 내의 정권교체라고 생각함으로써 서방과의 갈등은 점점 더 깊어졌다. 특히, 푸틴 집권 3기 출범을 전후해 러시아에서 발생한 반푸틴 시위는 푸틴과 러시아 통치엘리트 그룹의 미국과 서방국가들에 대한 불신을 더욱 증폭시켰다. 이러한 일련의 사태변화는 당초에 실용주의적 성격을 띠고 있던 푸틴정부의 통치방식이 이념적인 지향성을 띠게 만들었다.

푸틴주의는 몇 가지 특징을 지니고 있다. 첫째, 푸틴주의는 기본적으로 권위주의의 통치체제를 바탕으로 하고 있다. 푸틴의 집권 2기가 시작된 이래 러시아의 정치과정에서 자유경쟁과 다원주의는 제한되고 국가권력은 대통령을 정점으로 중앙정부에서 지방자치 조직에 이르기까지 서열화, 계층화 구조를 이루게 되었다. 러시아의 정치체제는 외형적으로 삼권분립과 절차적 민주주의를 허용하는 장치를 갖추어왔다. 그러나 실제로는 수직계열화 된 국가권력의 구조 속에서 크렘린이 의회 및 사법부뿐만 아니라 기업과 시민사회조직들까지 사실상 장악해 왔다는 점에서 푸틴의 통치체제는 권위주의적 통제를 기반으로 삼고 있다. 그리고 이러한 권위주의적 통치는 블라디미르 푸틴이 자신의 대중적 인기와 카리스마를 기반으로 국가조직은 말할 것도 없고, 언론 및 시민단체 등 어떠한 제도와 정치 행위자들로부터도 별 다른 견제를 받지 않은 채 국정과 사회 전체에 대해 절대적인 영향력을 행사하고 있다는 점에서 푸틴체제는 '개인화된 권위주의(personalist autocracy)'의 특징을 갖고 있다.

둘째, 푸틴주의는 현상유지(satus quo)와 보수주의를 지향한다. 푸틴주의의 이러한 특성은 과거 한국을 비롯한 아시아와 라틴아메리카의 개발도상국에서 등장했던 '발전주의적 권위주의(developmentalist authoritarianism)'와는 구분된다. 발전주의 국가들에서는 근대화에 대한 뚜렷한 비전을 가진 국가지도자들이 근대적 교육시스템을 통해 유능한 인력과 정책전문가들을 양성하고 합리적인 관료제도를 갖춰 국민들을 경제발전에 동원함으로써 빠른 시간 내에 국민경제를 성장시키고 현대화시키는 데 성공했다. 그러나 푸틴의 러시아는 석유·가스에 의존하는 산업구조를 근본적으로 혁신하는 대신에 기존 산업구조에 기대어 지대를 추구하는 통치엘리트 구조를 그대로 유지시켜주고 오히려 그들에게 의존함으로써 권력기반을 유지해 왔다. 또한 푸틴체제는 대중들에게는 일정한 복지혜택과 경제적 이익을 제공해주는 대신 그들의 정치참여를 제한하려는 정책을 펼쳐왔다. 이러한 측면에서 푸틴주의는 과거 소련시기의 브레즈네프가 채택한 현상유지정책과 상당히 유사한 측면을 보여주고 있다.

한편, 푸틴주의는 전통적인 가치를 강조함으로써 대중으로부터의 지지를 획득하는 원천으로 삼아 왔다. 푸틴정부는 현대 서구사회와는 달리 동성애자 등 성소수자에 대한 부정적인 가치관을 강조하는 한편으로 가장에 의한 가정폭력 등에서는 관대한 정책을 펼침으로써 러시아는 "퇴폐적이고 개인주의적이며 물질주의적"인 서구문명에 대한 대안적인 가치관을 강조해 왔다.

셋째, 푸틴주의는 서구와는 다른 국가 발전의 방향성, 즉 러시아적 또는 슬라브적 발전경로를 상정한다. 이러한 논리에 따르면, 러시아는 18세기 이래 서구로부터 끊임 없이 압박을 받고 고립의 위협을 받아왔다는 것이다. 다시 말해 러시아는 서구에 의해 '포위된 성채

구밀료프 탄생 100주년을 기리는 카자흐스탄 기념우표

(besieged fortress)'와 같은 입장에 처해 있다는 것이다. 러시아인들은 2014년 크림반도의 병합의 배경뿐만 아니라 그 이후 미국 등 서방국가들이 러시아에 대해 가한 제재조치 역시 그러한 러시아에 대한 압박과 고립시도에 다름 아니라는 입장을 갖고 있다. 따라서 러시아의 지도부뿐만 아니라 일반 시민들은 러시아가 서구와는 독립적이고 독자적인 발전의 길을 추구해야 한다는 생각을 갖고 있다.

넷째, 푸틴의 러시아는 그러한 독립적이고 독자적인 발전 노선의 구체적인 대안으로 레프 구밀료프(Lev Gumilyov)를 비롯한 일부 사상가들이 주창한 유라시아주의(Eurasianism)에 입각해 유라시아 통합을 향후 러시아 국가발전의 중심축으로 설정했다. 유라시아주의는 유럽과 아시아를 아우르는 대륙국가로서의 러시아가 동서양의 문명을 이어주는 가교역할을 맡아야 한다고 주장한다. 이러한 논리에 따라 위에서 살펴본 바와 같이 푸틴은 자신의 집권 3기 출범을 앞두고 옛소련지역을 자신의 주도로 통합하기 위해 '유라시아경제연합(EEU)'을 출범시켜 포스트소비에트 국가들 사이의 통합을 제도화 해 나가자고 제안했다.

이렇듯, 푸틴 3기의 러시아는 국내적으로 '푸틴주의'가 공고화되고 있는 사이에 대외적으로는 '강대국' 러시아를 향한 꾸준한 행보가 이어진 시기로 규정할 수 있다.

푸틴의 재당선 및 집권 4기 전망

2018년 3월 18일에 실시된 러시아 대통령선거에서 블라디미르 푸틴은 예상대로 압승을 거두었다. 푸틴은 전체 유효투표의 76.67%(총 5,600만표)를 얻어 득표율 11.79%(총 854만표)에 그친 2위 파벨 그루디닌(Pavel Grudinin) 러시아연방공산당 후보를 매우 큰 차이로 누르고 네 번째 대통령직에 무난히 당선되었다. 2024년까지 임기를 보장받은 푸틴은 이제 스탈린 이후 가장 오랫동안 러시아(옛 소련 포함) 최고 권력자의 위치를 지키는 지도자가 되었다.

2014년 크림 병합 이후에 취해진 대러 경제제재의 부정적인 파급효과와 더불어 국제유가 급락의 여파로 인해 러시아경제가 아직 침체국면을 벗어나지 못한 상황에서 치러진 2018년 러시아 대선에서 경제 이슈 보다는 안보 이슈가 대선의 분위기를 압도했다. 대선 유세 기간 중 푸틴은 안보에 대한 강조와 더불어 애국주의 마케팅에 공을 들였다. 예컨대, 대선 직전인 2018년 3월 3일 모스크바의 루즈니키 경기장에 10만여 명의 시민들이 운집한 가운데 푸틴 후보 지지집회가 열렸다. 이 자리에서 푸틴 후보측은 평창 동계올림픽 메달리스트를 비롯한 스포츠 스타, 유명 연예인 및 문화·예술계 저명인사들을 참석시킨 가운데 러시아 국가를 제창하는 등 자신에 대한 지지와 조국 러시아에 대한 애국을 동일시하는 분위기를 연출하기도 했다.

한편, 러시아 권력당국은 대중적 인기를 모을 수 있는 유력 야권주자를 선거판에 끼어들지 못하도록 막음으로써 선거결과에 불확실성을 가져올 수 있는 요소를 사전에 제거하고자 했다. 2018년 대선에는 푸틴 이외에도 그루디닌 러시아 공산당 후보를 포함해 7명의 후보가 선거전에 뛰어 들었다. 그러나 러시아연방 중앙선거관리위원회는 야권에서 가장 강력한 영향력을 갖고 있던 알렉세이 나발니(Aleksei Navalny)의 후보등록을 취소시킴으로써 일찌감치 푸틴의 무난한 당선을 위한 길을 닦아 놓았다. 나발니는 러시아의 파워블로거로서 러시아 엘리트들의 부패혐의를 폭로하고 푸틴의 실정을 비판함으로써 소셜미디어상에서 많은 팔로워를 갖고 있었다. 나발니는 그러한 인기를 바탕으로 2013년 모스크바시장 선거에서 27.7%라는 인상적인 득표율을 기록함으로써 전국적인 정치인으로 클 수 있는 잠재력을 보여주었다. 그러나 그는 2014년에 판결받은 횡령죄를 이유로 2018년 대선에서는 중앙선거관리위원회에 의해 후보등록조차 거부되었던 것이다.

특히 2018년 대선을 전후해서 주목할 만한 점은 젊은 층 가운데 상당수가 열렬하게 푸틴을 지지했다는 사실이다. 대선을 석 달 정도 앞

두고 있던 2017년 12월에 실시된 한 여론 조사 결과에 따르면, 전체 응답자의 81%가 푸틴을 지지한다고 답변한 것에 비해, 18세에서 24세까지의 젊은 연령대의 푸틴 지지율은 86%에 이르렀다. 자신의 생애 대부분을 푸틴의 통치 하에서 보냈던 젊은이들이 정치사회화 과정에서 국가지도자를 푸틴과 동일시해온 청년들이 푸틴을 전폭적으로 지지한 것은 어쩌면 당연한 일인지도 모른다.

러시아인들이 2018년 선거에서도 푸틴을 압도적으로 지지한 것은 변화의 필요보다는 안정을 더 원한 결과라고 볼 수 있다. 그러한 현상유지에 대한 대중의 희망과 더불어 기존의 리더십을 대체할 만한 지도자가 존재하지 않는다는 현실도 푸틴의 당선에 크게 기여한 것으로 보인다. 다시 말해, 대다수의 러시아인들은 푸틴이 최상의 후보라서 그를 지지한 것이 아니라, 푸틴 이외의 다른 지도자가 등장함으로써 나타날 수 있는 불확실성에 대한 두려움과 우려 때문에 현직 대통령에게 러시아의 미래를 맡긴 것이라고 볼 수 있다.

그렇다면, 향후 푸틴 4기의 러시아는 어떻게 전망할 수 있을까. 푸틴 4기에 대한 전망은 앞으로 '푸틴주의'가 어떻게 유지 또는 변화될 것인가라는 전망에 다름 아니다. 푸틴주의는 국내정치, 사회의 안정에 기여하고 국제무대에서 러시아의 영향력을 투사하는 데에 효과적으로 작동했다. 그것은 러시아가 크림병합 이후의 크림 컨센서스의 확립, 유라시아 통합, 시리아 내전 개입 등에서 성공을 거두는 데 크게 기여했다. 러시아는 당분간 미국을 비롯한 서방과의 경쟁과 갈등을 지속하면서 유라시아통합을 공고히 하는 등 강대국 외교를 지속해 나갈 것이다. 러시아는 또한 시리아를 거점으로 중동지역에 대한 영향력을 유지·확대해 나가는 한편으로 신동방정책을 통해 아·태지역과의 협력도 강화하는 등 글로벌 강대국 도약을 위한 외교의 다변화를 꾸준히 추구해 나갈 것이다.

푸틴은 2018년 대선 캠페인 과정에서 러시아 국민들을 향해 2020년대 중반까지 러시아를 세계 5대 경제 대국으로 성장시키는 한편으로 1인당 국내총생산(GDP)을 50% 증대시킬 것이라는 공약을 제시했다. 그런데, 향후 러시아가 안으로 국민들의 복지를 향상시키고, 밖으로 강대국의 위상을 유지해 나가기 위해서는 경제 및 사회전반의 활력을 창출하는 것이 필수적이다. 그러나 국가중심주의 기조 아래 현상유지적이고 보수적이며 일인 지배적 권위주의 성격을 내포하고 있는 '푸틴주의'가 과연 그러한 활력을 만들어 나가는 데 성공할 것인가? 산업다각화와 국가 및 사회시스템의 생산성과 경쟁력 확보는 그러한 활력을 전제로 한다. 그러나 위에서 지적한 바대로 '푸틴주의'의 작동원리는 어떤 측면에서는 과거 브레즈네프 시기의 현상유지 정책을 연상시킨다.

현상유지는 무사안일과 부정부패를 낳기 쉽고 그러한 사회적 경향은 사회, 경제의 정체상태를 초래할 가능성이 높다. 푸틴 3기가 막바지에 도달했던 2017년 3월 26일 모스크바, 상트페테르부르크 등을 포함해 러시아 전역에서 동시다발적으로 일어난 반부패 시위는 '푸틴주의'가 낳은 러시아 사회의 어두운 단면이 이미 등장하고 있음을 잘 보여준 사건이었다. 그러한 측면에서 푸틴 4기를 맞이해 러시아가 직면한 진정한 도전은 그러한 정체상태 대신에 러시아경제 및 사회가 글로벌 경쟁에서 통할 수 있는 경쟁력, 생산성, 투명성 등을 갖추기 위해 국가와 민간이 동시에 주체가 되는 현대화를 이루어 내는 것이다. 다시 말해, '푸틴주의'가 지속가능하려면 '푸틴주의'의 근간을 이루는 일인 지배체제와 국가중심적 접근을 과감히 개혁해야 한다. 그러한 측면에서 '푸틴주의'는 내적인 모순을 지니고 있다. 과연 '푸틴주의'에 기반을 두고 있는 러시아가 그러한 스스로의 근본을 혁파할 수 있는 현대화에 성공할 수 있을 것인가? 러시아는 '푸틴주의'의 대안적인 정치체제로 연착륙할 수 있을 것인가? 그리고 보다 현실적인 문제는 제도화된 승계절차가 갖춰지지 않은 현재의 '푸틴주의' 체제 아래서 당장 리더십의 공백이 생길 경우, 푸틴 없는 러시아가 과연 큰 혼란 없이 새로운 리더십을 창출할 수 있을 것인가? 이는 네 번째로 대통령직을 맡아 러시아호를 이끌고 있는 푸틴이 스스로 풀여야 할 과제이다.

부 록

주요 사건 연표(한국 연표)

연 대	사 건
BC 8C	우라르투 국가의 발흥
8~3C	스키타이족의 흑해 초원 지대 지배
AD 6C	'루시'와 루스'에 대해 처음 알려짐
862	루리크의 노브고로드 창건
882	노브고로드의 올레그의 키예프공국 건설
918	왕건, 고려 건국
936	고려, 후삼국 통일
988	키예프 공후 블라디미르, 그리스 정교로 귀의
1019	귀주대첩
1125	블라디미르 모노마흐, 키예프공국 재건
1231	몽골침입(1차)
1240~1243	바투의 키예프 점령과 킵차크칸국(汗國) 건설
1328	이반 I 세, 모스크바대공이 됨
1371	러시아의 제후들, 몽골에 대한 조공 거부
1392	고려 멸망, 조선 건국
1443	훈민정음 창제
1446	훈민정음 반포
1480	킵차크칸국의 지배 종결, 모스크바대공국의 자립
1485	경국대전 완성
1547	모스크바 대화재와 봉기, 이반 Ⅳ세, 전러시아의 차르 자칭
1564~1572	이반 Ⅳ세의 폭정과 비밀경찰 체제 강화
1581	농민의 이주권 축소와 농노제의 강화
1589	러시아정교가 그리스정교로부터 독립(러시아총주교구 창설)
1592~1598	임진왜란
1595~1596	카자크족의 대반란
1601~1613	대기근, 질병, 혼란시대, 3 차에 걸친 위제(僞帝)사건
1607~1612	농민폭동, 러시아·폴란드전쟁
1608	대동법 실시(경기도)
1613	로마노프왕조의시작

연 대	사 건
1623	인조반정
1624	이괄의 난
1627	정묘호란
1636	병자호란
1648	모스크바 도시민중의 소금 봉기
1654	나선 정벌(1차)
1655~1658	러시아 · 스웨덴전쟁(제1차북방전쟁)
1658	나선 정벌(2차)
1670~1671	스테판 라진의 대반란
1677~1681	러시아 · 터키전쟁
1696	안용복, 독도에서 일본어민 축출
1697~1698	표트르 대제의 서유럽 여행
1700~1721	대북방전쟁
1703	페테르부르크 시(市) 기공, 1713년 천도
1712	백두산 정계비 건립
1716~1717	표트르 대제의 제2차 유럽 여행
1725	탕평책 실시
1733~1735	폴란드 계승전쟁 참가
1746	오스트리아 계승전쟁 참가
1754	국내 관세 폐지(단일 국내 시장 성립)
1756	7년 전쟁 참가
1757	프랑스 및 오스트리아와 동맹
1772	오스트리아 · 프로이센 · 러시아간의 1차 폴란드 분할
1773~1775	푸가초프의 반란
1776	규장각 설치
1785	귀족 특권령
1793	프로이센 · 러시아의 제2차 폴란드 분할
1799	러시아 · 스웨덴 방위 동맹
1801	신유박해
1802	부제(部制)와 대신 회의 창설, 원로원을 최고 법원으로 개조

연 대	사 건
1804	보통교육 제도와 대학자치 확립
1806~1812	러시아·터키전쟁
1810~1815	국가회의 창설, 나폴레옹 침입, 러시아·오스트리아·프로이센 신성동맹
1825	데카브리스트의 반란
1854~1856	크림전쟁에서의 패배
1860	최제우, 동학 창시
1861	농노해방령
1863	고종 즉위, 흥선 대원군 집권
1864	젬스트보 설치, 사법 제도 개혁
	동학 교조 최제우 처형
1866	병인박해
1871	신미양요, 척화비 건립
1874	의무병역제의 채택 및 나로드니키운동의 발생
1876	강화도 조약 체결
1886	노비 세습제 폐지
1893~1905	산업개혁
1894	동학농민운동, 갑오개혁
1895	을미개혁, 을미사변
1896	아관파천
1897	대한 제국 성립
1897~1898	공장노동시간법, 플레하노프와 레닌 등 러시아사회민주당 결성
1899~1903	공황, 군대 반란, 학생 폭동, 사회혁명당 및 입헌민주당 결성
1904	시베리아철도 개통
	한일 의정서 체결, 베델 · 양기탁, 대한매일신보 창간
1904~1905	러 · 일전쟁에서의 패전, 제1차 러시아혁명
1906	스톨리핀의 농업 개혁
1907	국채 보상 운동, 고종 황제 퇴위, 순종 황제 즉위
1910	한일합방
1917	러시아 2월혁명, 임시 정부 수립, 10월혁명

연 대	사 건
1919	연합국의 러시아출병, 코민테른의 결성
	2·8독립선언(동경), 3·1운동, 대한민국 임시정부수립
1921~1927	신경제 정책
1922	소비에트사회주의공화국연방국수립
1924	레닌 사망, 헌법 공포(1월), 영국 · 이탈리아 · 프랑스의 소련 승인
1926	6·10만세운동
1927	7시간노동제, 사회주의적 건설 정책 결정(집단농장 건설)
	신간회 조직
1928	토지사유금지령, 제1차 5개년 계획
1932	이봉창 의거, 윤봉길 의거
1932~1934	대기근
1933	농업집단화달성, 대숙청, 미국의 소련 승인, 제2차 5개년계획
1934	국제연맹 가입
1935	프랑스와 상호원조조약, 모스크바지하철 개통, 코민테른 7차 대회, 스타하노프운동 시작
	진단학회 조직
1936~1938	대숙청, 스탈린헌법 제정, 제3차 5개년 계획
1939	일본과 충돌, 독일과 불가침 조약, 핀란드 침공
	창씨개명 강요, 한국광복군 창설
1940	핀란드와 강화, 루마니아로부터 베사라비아 및 북(北)부코비나 획득, 발트 3국 병합, 트로츠키 멕시코에서 피살
1941	유고와 불가침조약 독일군의 소련 공격으로 대조국전쟁 시작
	대한민국 임시정부, 대일 선전 포고
1942	런던에서 영국과 상호원조조약, 미국과 무기대여협정
1943	스탈린그라드전투승리, 코민테른 해산, 미 · 영 · 소 테헤란 회담
1945	얄타회담(2월), 일본과의 불가침조약 폐기(4월), 베를린 점령(5월), 포츠담회담(7월), 일본에 선전포고, 만주와 한반도에 출병(8월), 중국과 우호동맹조약(8월), 미 · 영 · 소 외무장관회의(12월)
	8·15광복
1947	모스크바 4국 외상회의 및 코민포름 결성

연 대	사 건
1948	베를린 봉쇄, 코민포름 유고공산당 제명
	대한민국 정부수립
1949	동유럽 6개국 경제상호원조회의(COMECON), 베를린 봉쇄해제, 원폭보유선언, 중국국민당 정부와 단교, 중공 승인
1950	중공과 우호동맹조약, 금(金) 루블 실시, 동유럽 외상회의
	6·25전쟁
1951	1·4후퇴
1953	스탈린의 사망과 베리야의 처형
	휴전 협정 조인
1955	소련과 동유럽 7개국 우호상호원조조약(바르샤바 조약) 체결, 불가닌과 흐루쇼프의 유고 방문, 신형 수소폭탄 완성 발표
1956	제6차 5개년 계획, 제20차 소련공산당대회와 스탈린격하운동, 코민포름 해산, 폴란드와 헝가리 반소운동, 일본과 국교회복
1957	미사일(ICBM) 성공 및 인공위성 스푸트니크 1호 성공
1958	농업정책 개혁, 흐루쇼프 중공 방문
1959	신경제 7개년계획, 미 · 소 캠프데이비드회담
1960	흐루쇼프 동남아 순방, 프랑스 · 소련 정상 파리회담, 81개국 공산당모스크바회의 공동성명 발표
	3·15부정선거, 4·19혁명
1961	유인 우주선 보스토크 Ⅰ호 발사, 소련공산당의 신강령 채택
	5·16군사정변
1962	리베르만 이론, 티토의 모스크바 방문, 쿠바 미사일 위기
1963	박정희 정부 수립
1964	흐루쇼프 중공 비난, 흐루쇼프 아랍연합 및 북유럽 3국 순방, 흐루쇼프 실각, 브레즈네프 제1서기에 취임, 코시긴 총리에 취임
1965	코시긴의 중국 및 월맹 방문 포드고르니 최고회의간부회 의장 취임
	베트남 파병
1966	바르샤바조약기구, 유럽안전강화 공동선언, 코시긴 프랑스 방문
1967~1969	이스라엘과 단교, 체코슬로바키아 침공, 중 · 소 국경충돌사건
1969	3선 개헌안 변칙 통과

연 대	사 건
1970	바르샤바통합군 결성, 이탈리아 및 서독과 무역협정 체결
	새마을운동 제창, 경부고속도로 개통
1971	아랍연합과 우호협력조약 인도와 평화우호협력조약
1972	7·4남북공동성명, 제1차 남북적십자 회담, 10월 유신
1973	프랑스와 정상회담, 브레즈네프 미국 방문, 다탄두유도핵미사일 실험 성공, 브레즈네프-티토 회담
	6·23평화통일선언
1974~1975	브레즈네프 쿠바 방문, 영국과 경제협력협정, 블라디보스토크에서 미 · 소회담, 브레즈네프 프랑스 방문, 미 · 소통상협정 파기
1974	긴급 조치 선포, 서울 지하철 1호선 개통
1976	제10차 5개년 계획, 미일과 천연가스탐사협정, 미 · 소 어업협정
1977	신헌법 공포, 신국가 제정, 브레즈네프 국가원수 및 당 서기장 겸임, 브레즈네프 프랑스 방문
	제4차 경제개발 5개년 계획, 수출 100억 달러 달성
1979	미 · 소 SALT II 조인
	YH무역사건, 부마 민주화운동, 10·26사태, 12·12사태
1980	사하로프 국내 유형, 모스크바 올림픽, 코시긴 사망
	5·18민주화운동, 언론기본법 공포
1981	폴란드의 반혁명 세력에 대한 경고, 브레즈네프 서독 방문
	전두환 정부 출범
1982	브레즈네프 사망, 안드로포프 당 서기장 취임
1983	미 · 소 전략핵무기감축협의 재개, KAL기 피격 사건
	KBS 이산가족찾기, KAL기 피격, 아웅산 사건
1984	안드로포프 사망, 체르넨코 당 서기장 취임
1985	체르넨코 사망, 고르바초프 당 서기장 취임
1986	제27차 당 대회, 체르노빌 원전사고, 레이캬비크 미-소 정상회 담, 고르바초프 인도 방문, 사하로프 유배 해제
	서울아시아경기대회개최
1987	합작기업설립 허용 사기업법 발효, 지방선거에서 복수후보제 실시, 미 · 소 정상회담
	박종철 고문 치사, 6월민주항쟁

연 대	사 건
1988	아제르바이잔 인종분규, 고르바초프 유고 방문과 신베오그라드 선언, 민주연합당 창당, 모스크바 미 · 소 정상회담, 19차 당회의 고르바초프 개혁안 채택, 발트 연안 3국 독립 요구, 최고회의간부회의장에 고르바초프 선출, 헌법개정안 승인
	노태우 정부 출범, 제24회 서울올림픽대회개최
1989	그루지야공화국 독립시위, 고르바초프 중국 방문과 양국관계 정상 화, 인민대표회의 최고소비에트 의장에 고르바초프 지명, 우즈베크공화국 및 타지크공화국 인종폭동, 몰타 미 · 소 정상회담
1990	고르바초프 초대 대통령에 당선, 워싱턴 미 · 소 대통령 I 차 회담, 샌프란시스코 한 · 소 정상회담, 제 28 차 당 대회 개최와 새로운 당 규약 채택, 고르바초프 당 서기장 재선, 헬싱키 미 · 소 정상회담, 한 · 소 수교 합의, 시장경제이행계획 최종 승인
	3당(민정, 민주, 공화당) 합당, 소련과 국교수립, 남북한 총리 회담 개최
1991	보수파의 쿠데타 실패와 소련공산당의 불법화, 독립국가연합의 성립과 소련의 해체, 러시아연방공화국의 수립
	남북한 유엔 동시 가입
1992	러시아연방공화국의 독자적 군대 창설령 발표
	인공위성 우리별 1호 발사, 중국과 국교 수립
1993	옐친의 국민투표 승리, 보수파의 쿠데타 실패, 새 헌법, 두마선거
	김영삼 정부 출범, 금융실명제 실시
1994	제2단계 사유화 포고령 발표, 옐친의 방미, 체첸공화국의 독립선언과 러시아의 무력진압
1995	지방자치제 실시
1996	옐친 대통령 재선, 체첸과의 평화협정
	경제협력개발기구(OECD) 가입
1997	IMF 구제금융 요청
1998	화폐개혁 실시, 외채에 대한 모라토리엄 선언
	김대중 정부 출범
1999	옐친의 대통령직 사임과 푸틴의 대통령직 대행
2000	푸틴 대통령 당선, 푸틴 초헌법적 대통령 포고령 발표를 통해 연방 정부 권한 강화, '러시아의 새 외교정책 개념' 채택, 푸틴의 북한 방문 및 G8회담 참석, 푸틴의 유엔 밀레니엄 정상회의 참석
	6·15남북공동선언

연 대	사 건
2002	2002 월드컵 한일 공동 개최
2003	푸틴, 고이즈미 일본 총리와 회담, 모국어 순화법 채택, 미국과의 전략핵무기감축 협정 비준, 석유재벌 호도르코프스키 구속, 제4대 두마 선거에서 크렘린계 정당들 압승
	노무현 정부 출범
2004	푸틴 대통령 재선, 베슬란 초등학교 인질사건 발생, 주지사 직선제 폐지
2005	러시아 중국 및 인도와 전략적 제휴에 관해 합의, 우크라이나, 벨라루스, 폴란드 경유 가스관 노선을 우회하기 위한 발트해 해저 가스관 프로젝트(나중에 노르트 스트림으로 명명됨)를 착수함
2006	러시아, 우크라이나 경유 가스공급 일시 중단하는 등 에너지 위기 발생, 상트페테르부르크에서 주요 8개국(G8) 정상회의 개최, 극단주의 금지 및 비정부조직(NGO) 활동 규제에 관한 법률 제정
2007	러시아와 벨라루스 간 송유관 분쟁 발생, 국제올림픽위원회(IOC), 소치를 2014년 동계올림픽 개최지로 선정
2008	푸틴이 자신의 후임자로 지명한 드미트리 메드베데프, 대통령에 당선, 남오세티아 및 압하지아 독립을 둘러싼 갈등으로 러시아·조지아 전쟁이 발발, 러시아, 글로벌 금융위기로 인해 경제 침체에 빠짐, 대통령 임기를 6년으로, 두마 의원 임기를 5년으로 각각 연장하는 헌법개정
	호주제 폐지, 이명박 정부 출범
2009	러시아, 우크라이나 경유 가스공급 재차 일시 중단, 미.러 '리셋' 외교 출범, 메드베데프, 현대화 프로젝트 발표
2010	러시아, 벨라루스, 카자흐스탄 간 '관세동맹' 출범, 미.러, '신 전략무기감축협정' 체결, EU·러시아 연례정상회의에서 '현대화를 위한 파트너십' 합의
	천안함 피격 사건, 연평도 포격 사건
2011	메드베데프, 쿠릴열도에 추가 무기 배치를 지시함으로써 일본과 마찰, 메드베데프, 통합러시아당 전당대회에서 푸틴의 차기 대선 출마를 발표하는 한편, 푸틴은 메드베데프를 차기 총리 내정자로 발표, 국가두마 총선 부정선거를 규탄하는 시위가 반푸틴 시위로 확산
2012	푸틴, 세 번째 대통령직에 취임, '집회와 시위에 관한 법률' 및 '비정부조직(NGO)에 관한 법률'을 개정, 러시아연방정부, 〈극동개발부〉를 신설해 극동 · 시베리아의 개발을 전담하도록 함으로써 '신동방정책'을 본격화

연 대	사 건
2013	러시아, 전직 미국 정보요원 에드워드 스노든의 망명을 허용, 러시아, 미국과 합의해 시리아의 화학무기 제거 추진, 푸틴, 유럽연합과 '협력협정'을 체결하려던 야누코비치 우크라이나 대통령을 회유해 러시아와의 협력을 유도 박근혜 정부 출범
2014	러시아, 주민투표를 통해 우크라이나 크림 자치공화국을 병합, 미국, EU 등 서방 국가들은 대러 경제제재 조치를 가함, 러시아, 중국과 4천억 달러에 달하는 천연가스 공급계약을 체결
2015	유라시아경제연합(EEU) 출범, 러시아, 우크라이나와 민스크 휴전협정(Minsk II)을 체결, 러시아, 시리아 반군에 대한 대대적 공습 시작
2016	러시아 정부, 테러 대응을 명분으로 엄격한 정보통신 규제를 포함하는 '야로바야' 법 제정, 소치에서 러시아·아세안(ASEAN) 정상회의 개최
2017	2012년 이래 최대의 반부패, 반정부 시위 발생, 러시아, 자국 주재 미국외교요원 755명 감축 결정, 러시아, 시리아에서의 작전 성공을 선포하고, 철군 시작 최순실 국정농단, 박근혜 대통령 탄핵, 박근혜 전 대통령 구속, 문재인 정부 출범
2018	푸틴, 네 번째 대통령직에 취임 이명박 전 대통령 구속, 남북정상(문재인·김정은)회담, 북미정상(김정은·트럼프)회담

러시아의 왕조들

제정러시아 이전

키예프공국 : 루리크조(朝)

862~879	루리크
879~912	올레그
912~945	이고르
945~955	올가(섭정)
945~973	스뱌토슬라프
973~978	야로폴크
980~1015	블라디미르 I 세
1015~1019	스뱌토폴크 I 세
1019~1054	야로슬라프 I 세
1054~1073	이쟈슬라프
1073~1076	스뱌토슬라프
1076~1093	프세볼로드
1093~1113	스뱌토폴크 II세
1113~1125	블라디미르 모노마흐
1125~1132	므스티슬라프

블라디미르공국 : 루리크조(朝)

1149~1157	돌고루키
1157~1174	보골류프스키
1174~1176	미하일 I 세
1176~1212	프세볼로드 III세
1212~1216	유리 II세
1216~1218	콘스탄틴
1218~1238	유리 II세

1238~1246	야로슬라프 II세
1246~1248	스뱌토슬라프 III세
1249~1252	안드레이 II세
1252~1263	네프스키

모스크바공국 : 루리크조(朝)

1263~1303	다닐
1303~1325	유리
1325~1340	이반 I 세
1340~1353	고르드이
1353~1359	이반 II세
1359~1389	돈스코이
1389~1425	바실리 I 세
1425~1462	바실리 II 세
1462~1505	이반 III세
1505~1533	바실리 III세
1533~1547	이반 IV세에 대한 모후의 섭정 시대
1547~1584	이반 IV세
1584~1598	표도르 I 세
1598~1613	혼란의 시대
1598~1605	고두노프
1605	표도르 II세
1605~1606	가짜 드미트리 I 세, II세
1606~1610	바실리 IV세
1610~1613	공위(空位)

제정러시아

제정러시아 : 로마노프조(朝)

1613~1645	미하일 로마노프
1645~1676	알렉세이
1676~1682	표도르 III세
1682~1689	이반 V 세
1682~1725	표트르 I 세
1725~1727	예카테리나 I 세
1727~1730	표트르 II세
1730~1740	안나
1740~1741	이반 VI세
1741~1762	옐리자베타
1762~1762	표트르 III세
1762~1796	예카테리나 II세
1796~1801	파벨 I 세
1801~1825	알렉산드르 I 세
1825~1855	니콜라이 I 세
1855~1881	알렉산드르 II세
1881~1894	알렉산드르 III세
1894~1917	니콜라이 II세

소비에트사회주의공화국연방

당서기장

1922~1953	스탈린
1953~1964	흐루쇼프[1]
1964~1982	브레즈네프
1982~1984	안드로포프
1984~1985	체르넨코
1985~1991	고르바초프

총리[2]

1917~1924	레닌
1924~1930	리코프
1930~1941	몰로토프
1941~1953	스탈린
1953~1955	말렌코프
1955~1958	불가닌
1958~1964	흐루쇼프
1964~1980	코시긴
1980~1985	티호노프
1985~1991	리지코프
1991.1~1991.8	파블로프
1991.9~1991.12	실라예프[3]

1) 1952년부터~1964년까지 제 1서기
2) 1946년까지 '인민위원회의 의장(Chaiman of the Council of People's Commissars)', 이후 '각료회의 의장(Chaiman of the Council of Ministers)'
3) 이 시기에는 총리의 명칭이 '국가간경제위원회의장'으로 바뀜

국가원수

1919~1946	칼리닌
1946~1953	시베르니크
1953~1960	보로실로프
1960~1964	브레즈네프
1964~1965	미코얀
1965~1977	포드고르니
1977~1982	브레즈네프
1982~1984	안드로포프
1984~1985	체르넨코
1985~1988	그로미코
1988~1990	고르바초프
1990~1991	고르바초프(대통령)

부통령

1990~1991	야나예프

러시아연방

대통령

1991~1996 옐친
1996~1999 옐친
1999~2000 푸틴(권한대행)
2000~2004 푸틴
2004~2008 푸틴
2008~2012 메드베데프
2012~현재 푸틴

부통령

1991~1993 루츠코이

총리

1991~1992 가이다르(총리대행)
1992~1998 체르노미르딘
1998~1998 키리엔코
체르노미르딘(총리대행)
1998~1999 프리마코프
1999~1999 스테파신
1999~2000 푸틴
2000~2004 카시야노프
2004~2007 프라드코프
2007~2008 주브코프
2008~2012 푸틴
2012~현재 메드베데프

참고 문헌

제정러시아 이전

스이로프 저, 기연수 역, 『러시아의 역사: 고대 루시에서 볼셰비키 혁명까지-』(동아일보사, 1989).

Clarkson, Jesse D., *A History of Russia*, 5th printing(New York : Random House, 1966).

제정 러시아

김형주, 『문화로 본 러시아』(두리, 1997).

소연방과학아카데미 역사연구소 레닌그라드지부 편, 이경식, 한종호 역, 『러시아문화사』(논장, 1990).

이인호, 『러시아 지성사 연구』, 증보판(지식산업사, 1989).

Blum, Jerome, *Lord and Peasant in Russia from the Ninth to the Nineteenth Century* (Princeton : Princeton University Press, 1961).

Ferro, Marc, *The Russian Revolution of February 1917*, trans. by John Lamb Richards(London : Routledge & Kegan Paul, 1972).

소 련

Churchward, L. G., *Contemporary Soviet Government*, 2nd ed.(London : Routledge & Kegan Paul, 1975).

Hammer , Darrell P., *U.S.S.R.: The Politics of Oligarchy*(Hinsdale, IL.: Dryden Press, 1974) Second Edition: Fully Revised and Updated(Boulder: Westview Press. 1986).

Hough, Jerry F. and Merle Fainsod, *How the Soviet Union Is Governed*(Cambridge : Harvard University Press, 1979).

McNeal, Robert H., *The Bolshevik Tradition : Lenin, Stalin, Khrushchev, Brezhnev*, 2nd ed.(Englewood Cliffs , N.J.: Prentice-Hall, 1975).

Osborn, Robert J., *The Evolution of Soviet Politics*(Homewood , IL.: Dorsey Press,

1974).
Thompson, John M., *A Vision Unfulfilled : Russia and the Soviet Union in the Twentieth Century*(Reading, M A. : D.C. Heath and Co., 1996).

러시아연방공화국

강봉구,「우크라이나 위기와 미국-러시아 관계」,『슬라브학보』, 제30권 3호(2015).
김경순,「1996년 옐친대통령의 재선과 정치적 함의」,『중소연구』, 제22권 제1호(1998년 봄).
김성진,「러시아 개혁정책과 지역주의(1990~1993) :「러시아 의회를 중심으로」,『한국정치학회보』, 제35집 제3호(2001년 가을).
김학준 · 장덕준 외『현대 러시아의 해부』(동북아역사재단, 2014).
박수헌(Soo-Heon Park), “Putin's ‘Reset’ since the Rise of Protest Movement: Toward Hegemonic Electoral Authoritarianism?”『슬라브학보』, 제32권 3호(2017).
변현섭,「EU의 동방파트너십과 러시아의 대응」,『슬라브학보』, 제31권 2호(2016).
서동주,「러시아 푸틴정부의 정치개혁 : 집권 1기 평가와 2기 전망」,『국제정치논총』, 제44집 제3호(2004).
신범식,「러시아 정치세력의 이데올로기적 분포와 가치체계」,『국제정치논총』, 제40집 제3 호(200).
유세희 · 이재영,「구소련지역의 재통합 움직임과 전망」,『중소연구』, 제21권 제2호(1997년 여름).
이선우,「메드베데프-푸틴 양두체제의 제도적 기반: 러시아 정부형태의 준대통령제적 작동가능성을 중심으로」,『국제정치논총』, 제55집 2호(2015).
이영형,「러시아 외교정책의 성격변화」,『한국정치학회보』, 제31집 제2호(1997년 여름).
이인성,「러시아 민주개혁세력의 구성요소와 구조적 특정」,『국제정치논총』, 제37집 제3호(1998).
이종문,「트럼프의 경제정책과 러시아 경제」,『슬라브학보』, 제32권 4호(2017).
장덕준,「체제전환기 국가의 성격 : 러시아의 국가- ‘올리가르히’ 관계를 중심으로」,『한국정치학회보』, 제36집 제2호(2002년 여름).
장세호,「푸틴 3기 내각 대통령행정실 인적구성의 특징과 함의」,『슬라브학보』제 28권 4호(2013), 419-450쪽.
전홍찬,「러시아 정치의 사회경제적 요인 : ' 93년, ' 95년 총선에 나타난 정당별 지지기반

분석을 중심으로」,『국제정치논총』, 제38집 제1호(1998).
정은숙,『러시아 외교안보정책의 이해 : 고르바쵸프에서 푸틴까지』(세종연구소, 2004).
제성훈,「탈냉전기 미.러관계의 변화와 '우크라이나 위기'」,『국제지역연구』, 제20권 1호 (2016).

Blavvisrud, Helge & Elana Wilson Rowe (eds.), *Russia's Turn to the East: Domestic Policymaking and Regional Cooperation* (Cham, Switzerland: Palgrave Macmillan, 2018).
Brown, Archie(ed.), *Contemporary Russian Politics : A Reader*(Oxford : Oxford University Press, 2001).
Colton, Timothy J. "Paradoxes of Putinism," *Daedalus: The Journal of the American Academy of Arts & Sciences,* Vol.146, No.2 (Spring 2017).
Gel'man, Vladimir. *Authoritarian Russia: Analyzing Post-Soviet Regime Changes* (Pittsburgh: University of Pittsburgh Press, 2015).
Pipes, Richard , "Flight from Freedom : What Russians Think and Want," *Foreign Affairs*, Vol. 83, No. 3(May June, 2004).
Sakwa, Richard. *Putin Redux: Power and Contradiction in Contemporary Russia* (New York: Routledge, 2014).
Sheleifer, Andrei and Treisman, Daniel , "Rethinking Russia," *Foreign Affairs*, Vol. 83, No. 2(March–April , 2004).
Tsygankov, Andrei P. *Russia's Foreign Policy: Change and Continuity in National Identity* (Lanham, MD: Rowman & Littlefiled, 2016).

찾아보기

ㄱ

ㄴ

ㄷ

ㄹ

ㅁ

ㅂ

ㅅ

ㅇ

ㅈ

ㅊ

ㅋ

ㅌ

ㅍ

ㅎ

기타